大学赤本シリーズ

434

早稲田大学

教育学部〈理科系〉

理学科・数学科・複合文化学科〈理科系－Ｂ方式〉

JN062787

教学社

は　し　が　き

おかげさまで，大学入試の「赤本」は，今年で創刊 70 周年を迎えました。

これまで，入試問題や資料をご提供いただいた大学関係者各位，掲載許可をいただいた著作権者の皆様，各科目の解答や対策の執筆にあたられた先生方，そして，赤本を使用してくださったすべての読者の皆様に，厚く御礼を申し上げます。

以下に，創刊初期の「赤本」のはしがきを引用します。これからも引き続き，受験生の目標の達成や，夢の実現を応援してまいります。

本書を活用して，入試本番では持てる力を存分に発揮されることを心より願っています。

編者しるす

＊　　　＊　　　＊

学問の塔にあこがれのまなざしをもって，それぞれの志望する大学の門をたたかんとしている受験生諸君！　人間として生まれてきた私たちは，自己の欲するままに，美しく，強く，そして何よりも人間らしく生きることをねがっている。しかし，一朝一夕にして，この純粋なのぞみが達せられることはない。私たちの行く手には，絶えずさまざまな試練がまちかまえている。この試練を克服していくところに，私たちのねがう真に人間的な世界がはじめて開かれてくるのである。

人生最初の最大の試練として，諸君の眼前に大学入試がある。この大学入試は，精神的にも身体的にも，大きな苦痛を感ぜしめるであろう。あるスポーツに熟達するには，たゆみなき，はげしい練習を積み重ねることが必要であるように，私たちは，計画的・持続的な努力を払うことによって，この試練を克服し，次の一歩を踏みだすことができる。厳しい試練を経たのちに，はじめて満足すべき成果を獲得できるのである。

本書は最近の入学試験の問題に，それぞれ解答を付し，さらに問題をふかく分析することによって，その大学独特の傾向や対策をさぐろうとした。本書を一般の参考書とあわせて使用し，まとはずれのない，効果的な受験勉強をされるよう期待したい。

（昭和 35 年版「赤本」はしがきより）

挑む人の、いちばんの味方

赤本創刊70周年

　1954 年に大学入試の過去問題集を刊行してから 70 年。赤本は大学に入りたいと思う受験生を応援しつづけてきました。これからも，苦しいとき落ち込むときにそばで支える存在でいたいと思います。

　そして，勉強をすること，自分で道を決めること，努力が実ること，これらの喜びを読者の皆さんが感じることができるよう，伴走をつづけます。

そもそも赤本とは…

受験生のための大学入試の過去問題集！

70年の歴史を誇る赤本は，500点を超える刊行点数で全都道府県の370大学以上を網羅しており，過去問の代名詞として受験生の必須アイテムとなっています。

・・・・・・・・・・ なぜ受験に過去問が必要なのか？ ・・・・・・・・・・

大学入試は大学によって問題形式や頻出分野が大きく異なるからです。

赤本の掲載内容

傾向と対策

これまでの出題内容から，問題の「**傾向**」を分析し，来年度の入試に向けて
具体的な「**対策**」の方法を紹介しています。

問題編・解答編

✓ 年度ごとに問題とその解答を掲載しています。

✓ 「**問題編**」ではその年度の試験概要を確認したうえで，実際に出題された
過去問に取り組むことができます。

✓ 「**解答編**」には高校・予備校の先生方による解答が載っています。

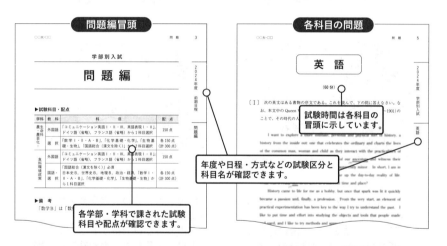

他にも，大学の基本情報や，先輩受験生の合格体験記，
在学生からのメッセージなどが載っていることがあります。

2024年度から
見やすい
デザインに！
NEW

受験勉強は 過去問に始まり，

STEP 1（なにはともあれ）
まずは
解いてみる

しずかに…
今，自分の心と
向き合ってるんだから

ムーン

それは
問題を解いて
からだホン！

過去問は，**できるだけ早いうちに解くのがオススメ！**
実際に解くことで，**出題の傾向，問題のレベル，今の自分の実力が**つかめます。

STEP 2（じっくり具体的に）
弱点を
分析する

分析の結果だけど
英・数・国が苦手みたい

スリー

必須科目だホン
頑張るホン

間違いは自分の弱点を教えてくれる**貴重な情報源。**
弱点から自己分析することで，**今の自分に足りない力や苦手な分野**が見えてくるはず！

合格者があかす 赤本の使い方

傾向と対策を熟読
（Fさん／国立大合格）

大学の出題傾向を調べるために，赤本に載っている「傾向と対策」を熟読しました。

繰り返し解く
（Tさん／国立大合格）

1周目は問題のレベル確認，2周目は苦手や頻出分野の確認に，3周目は合格点を目指して，と過去問は繰り返し解くことが大切です。

過去問に終わる。

STEP **3** 志望校にあわせて

苦手分野の重点対策

明日からはみんなで頑張るよ！
参考書も！ 問題集も！
よろしくね！

なにを!?
どこから!?

呼んだ？

グッ　グッ

参考書や問題集を活用して，苦手分野の**重点対策**をしていきます。**過去問を指針に**，合格へ向けた具体的な学習計画を立てましょう！

STEP **1** ▶ **2** ▶ **3**

実践を繰り返す

サイクルが大事！

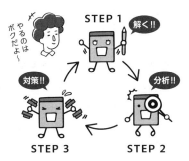

やるのはボクだよ〜

STEP 1　解く!!

分析!!

対策!!

STEP 3　　　STEP 2

STEP 1〜3を繰り返し，実力アップにつなげましょう！
出題形式に慣れることや，時間配分を考えることも大切です。

目標点を決める
(Yさん／私立大合格)

赤本によっては合格者最低点が載っているので，それを見て目標点を決めるのもよいです。

時間配分を確認
(Kさん／私立大学合格)

赤本は時間配分や解く順番を決めるために使いました。

添削してもらう
(Sさん／私立大学合格)

記述式の問題は先生に添削してもらうことで自分の弱点に気づけると思います。

新課程入試 Q&A

2022年度から新しい学習指導要領（新課程）での授業が始まり，2025年度の入試は，新課程に基づいて行われる最初の入試となります。ここでは，赤本での新課程入試の対策について，よくある疑問にお答えします。

Q1. 赤本は新課程入試の対策に使えますか？

A. もちろん使えます！

旧課程入試の過去問が新課程入試の対策に役に立つのか疑問に思う人もいるかもしれませんが，心配することはありません。旧課程入試の過去問が役立つのには次のような理由があります。

● 学習する内容はそれほど変わらない

新課程は旧課程と比べて科目名を中心とした変更はありますが，学習する内容そのものはそれほど大きく変わっていません。また，多くの大学で，既卒生が不利にならないよう「経過措置」がとられます（Q3参照）。したがって，出題内容が大きく変更されることは少ないとみられます。

● 大学ごとに出題の特徴がある

これまでに課程が変わったときも，各大学の出題の特徴は大きく変わらないことがほとんどでした。入試問題は各大学のアドミッション・ポリシーに沿って出題されており，過去問にはその特徴がよく表れています。過去問を研究してその大学に特有の傾向をつかめば，最適な対策をとることができます。

出題の特徴の例	・英作文問題の出題の有無 ・論述問題の出題（字数制限の有無や長さ） ・計算過程の記述の有無

新課程入試の対策も，赤本で過去問に取り組むところから始めましょう。

Q2. 赤本を使う上での注意点はありますか？

A. 志望大学の入試科目を確認しましょう。

　過去問を解く前に，過去の出題科目（問題編冒頭の表）と2025年度の募集要項とを比べて，課される内容に変更がないかを確認しましょう。ポイントは以下のとおりです。科目名が変わっていても，実際は旧課程の内容とほとんど同様のものもあります。

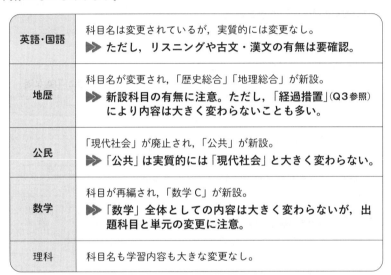

英語・国語	科目名は変更されているが，実質的には変更なし。 ▶▶ ただし，リスニングや古文・漢文の有無は要確認。
地歴	科目名が変更され，「歴史総合」「地理総合」が新設。 ▶▶ 新設科目の有無に注意。ただし，「経過措置」(Q3参照)により内容は大きく変わらないことも多い。
公民	「現代社会」が廃止され，「公共」が新設。 ▶▶ 「公共」は実質的には「現代社会」と大きく変わらない。
数学	科目が再編され，「数学C」が新設。 ▶▶ 「数学」全体としての内容は大きく変わらないが，出題科目と単元の変更に注意。
理科	科目名も学習内容も大きな変更なし。

　数学については，科目名だけでなく，どの単元が含まれているかも確認が必要です。例えば，出題科目が次のように変わったとします。

旧課程	「数学 I・数学 II・数学 A・数学 B（数列・ベクトル）」
新課程	「数学 I・数学 II・数学 A・**数学 B（数列）・数学 C（ベクトル）**」

　この場合，新課程では「数学C」が増えていますが，単元は「ベクトル」のみのため，実質的には旧課程とほぼ同じであり，過去問をそのまま役立てることができます。

Q3. 「経過措置」とは何ですか?

A. 既卒の旧課程履修者への対応です。

　多くの大学では，既卒の旧課程履修者が不利にならないように，出題において「経過措置」が実施されます。措置の有無や内容は大学によって異なるので，募集要項や大学のウェブサイトなどで確認しておきましょう。

○旧課程履修者への経過措置の例

- ●旧課程履修者にも配慮した出題を行う。
- ●新・旧課程の共通の範囲から出題する。
- ●新課程と旧課程の共通の内容を出題し，共通範囲のみでの出題が困難な場合は，旧課程の範囲からの問題を用意し，選択解答とする。

　例えば，地歴の出題科目が次のように変わったとします。

旧課程	「日本史B」「世界史B」から1科目選択
新課程	「**歴史総合，日本史探究**」「**歴史総合，世界史探究**」から1科目選択※ ※旧課程履修者に不利益が生じることのないように配慮する。

　「歴史総合」は新課程で新設された科目で，旧課程履修者には見慣れないものですが，上記のような経過措置がとられた場合，新課程入試でも旧課程と同様の学習内容で受験することができます。

新課程の情報は WEB もチェック!
より詳しい解説が赤本ウェブサイトで見られます。
https://akahon.net/shinkatei/

科目名が変更される教科・科目

	旧 課 程	新 課 程
国語	国 語 総 合 国 語 表 現 現 代 文 A 現 代 文 B 古 典 A 古 典 B	現 代 の 国 語 言 語 文 化 論 理 国 語 文 学 国 語 国 語 表 現 古 典 探 究
地歴	日 本 史 A 日 本 史 B 世 界 史 A 世 界 史 B 地 理 A 地 理 B	歴 史 総 合 日 本 史 探 究 世 界 史 探 究 地 理 総 合 地 理 探 究
公民	現 代 社 会 倫 理 政 治 ・ 経 済	公 共 倫 理 政 治 ・ 経 済
数学	数 学 I 数 学 II 数 学 III 数 学 A 数 学 B 数 学 活 用	数 学 I 数 学 II 数 学 III 数 学 A 数 学 B 数 学 C
外国語	コミュニケーション英語基礎 コミュニケーション英語 I コミュニケーション英語 II コミュニケーション英語 III 英 語 表 現 I 英 語 表 現 II 英 語 会 話	英語コミュニケーション I 英語コミュニケーション II 英語コミュニケーション III 論 理 ・ 表 現 I 論 理 ・ 表 現 II 論 理 ・ 表 現 III
情報	社 会 と 情 報 情 報 の 科 学	情 報 I 情 報 II

大学のサイトも見よう

目　次

解答編　※問題編は別冊

2024 年度

●一般選抜：理科系（Ｂ方式，Ｃ方式，Ｄ方式）

2023 年度

●一般選抜：理科系（Ｂ方式，Ｃ方式，Ｄ方式）

サンプル 問題

●一般選抜：理科系（Ｃ方式，Ｄ方式）

掲載内容についてのお断り

- 複合文化学科の A 方式（文科系）・C 方式の問題は，『早稲田大学（教育学部〈文科系〉）』に掲載しています。

基本情報

🏛 沿革

1882（明治 15） 　大隈重信が東京専門学校を開校

1902（明治 35） 　早稲田大学と改称

1904（明治 37） 　専門学校令による大学となる

1920（大正　9） 　大学令による大学となり，政治経済学部・法学部・文学部
　　　　　　　　　・商学部・理工学部を設置

　　　　　　　　　✐1922（大正 11）早慶ラグビー定期戦開始。アインシュタイン来校
　　　　　　　　　　　　　　　　　✐1927（昭和　2）大隈講堂落成

1949（昭和 24） 　新制早稲田大学 11 学部（政治経済学部・法学部・文学部
　　　　　　　　　・教育学部・商学部・理工学部〔各第一・第二／教育学部
　　　　　　　　　除く〕）発足

　　　　　　　　　　✐1962（昭和 37）米国司法長官ロバート・ケネディ来校

1966（昭和 41） 　社会科学部を設置

　　　　　　　　　✐1974（昭和 49）エジプト調査隊，マルカタ遺跡の発掘

1987（昭和 62） 　人間科学部を設置

　　　　　　　　　✐1993（平成　5）ビル・クリントン米国大統領来校

2003（平成 15）	スポーツ科学部を設置
2004（平成 16）	国際教養学部を設置
2007（平成 19）	創立 125 周年。第一・第二文学部を文化構想学部・文学部に，理工学部を基幹理工学部・創造理工学部・先進理工学部に改組再編
2009（平成 21）	社会科学部が昼間部に移行

シンボル

　1906（明治 39）年に「弧形の稲葉の上に大学の二字を置く」という校章の原型が作られ，創立 125 周年を機に伝統のシンボルである校章・角帽・早稲田レッドをモチーフとし，現在の早稲田シンボルがデザインされました。

▌早稲田大学について

　早稲田大学の教育の基本理念を示す文書としての教旨は，高田早苗，坪内逍遥，天野為之，市島謙吉，浮田和民，松平康国などにより草案が作成されました。その後，教旨は初代総長・大隈重信の校閲を経て 1913（大正 2）年の創立 30 周年記念祝典において宣言され，今日の早稲田の校風を醸成するに至っています。

早稲田大学教旨

早稲田大学は学問の独立を全うし学問の活用を効し
模範国民を造就するを以て建学の本旨と為す

早稲田大学は**学問の独立**を本旨と為すを以て
之が自由討究を主とし
常に独創の研鑽に力め以て
世界の学問に裨補せん事を期す

早稲田大学は**学問の活用**を本旨と為すを以て
学理を学理として研究すると共に
之を実際に応用するの道を講し以て
時世の進運に資せん事を期す

早稲田大学は**模範国民の造就**を本旨と為すを以て
個性を尊重し　身家を発達し　国家社会を利済し
併せて広く世界に活動す可き人格を養成せん事を期す

教旨の概要

◉学問の独立

学問の独立は**在野精神**や**反骨の精神**などの校風と結び合います。早稲田大学は，自主独立の精神をもつ近代的国民の養成を理想とし，権力や時勢に左右されない科学的な教育・研究を行うことを掲げています。

◉学問の活用

歴史上，日本が近代国家をめざすため，学問は現実に活かしうるもの，すなわち近代化に貢献するものであることが求められました。これが学問の活用です。ただし，早稲田大学はこの学問の活用を安易な実用主義ではなく，**進取の精神**として教育の大きな柱の一つとしました。

◉模範国民の造就

早稲田大学は庶民の教育を主眼として創設されました。このことが反映された理念が模範国民の造就です。模範国民の造就は，グローバリゼーションが進展する現代にも通ずる理念であり，豊かな人間性をもった**地球市民の育成**と解釈されます。

早稲田大学校歌

作詞　相馬御風
作曲　東儀鉄笛

一、
都の西北　早稲田の森に
聳ゆる甍は　われらが母校
われらが日ごろの　抱負を知るや
進取の精神　学の独立
現世を忘れぬ　久遠の理想
かがやくわれらが　行手を見よや
わせだ　わせだ　わせだ　わせだ
わせだ　わせだ　わせだ

二、
東西古今の　文化のうしほ
一つに渦巻く　大島国の
大なる使命を　担ひて立てる
われらが行手は　窮り知らず
やがても久遠の　理想の影は
あまねく天下に　輝き布かん
わせだ　わせだ　わせだ　わせだ
わせだ　わせだ　わせだ

三、
あれ見よかしこの　常磐の森は
心のふるさと　われらが母校
集り散じて　人は変れど
仰ぐは同じき　理想の光
いざ声そろへて　空もとどろに
われらが名をば　たたへん
わせだ　わせだ　わせだ　わせだ
わせだ　わせだ　わせだ

学部・学科の構成

（注）下記内容は 2024 年 4 月時点のもので，改組・新設等により変更される場合があります。

大　学

●政治経済学部　早稲田キャンパス
　政治学科
　経済学科
　国際政治経済学科

●法学部　早稲田キャンパス
　法律主専攻（司法・法律専門職，企業・渉外法務，国際・公共政策）

●教育学部　早稲田キャンパス
　教育学科（教育学専攻〈教育学専修，生涯教育学専修，教育心理学専
　　修〉，初等教育学専攻）
　国語国文学科
　英語英文学科
　社会科（地理歴史専修，公共市民学専修）
　理学科（生物学専修，地球科学専修）
　数学科
　複合文化学科

●商学部　早稲田キャンパス
　　経営トラック，会計トラック，マーケティングトラック，ファイナン
　　ストラック，保険・リスクマネジメントトラック，ビジネスエコノミ
　　クストラック

●社会科学部　早稲田キャンパス
　社会科学科（『平和・国際協力』コース，『多文化社会・共生』コース，
　　『サスティナビリティ』コース，『コミュニティ・社会デザイン』コー
　　ス，『組織・社会イノベーション』コース）

●国際教養学部　早稲田キャンパス
　国際教養学科

●**文化構想学部**　戸山キャンパス

　文化構想学科（多元文化論系，複合文化論系，表象・メディア論系，文芸・ジャーナリズム論系，現代人間論系，社会構築論系）

●**文学部**　戸山キャンパス

　文学科（哲学コース，東洋哲学コース，心理学コース，社会学コース，教育学コース，日本語日本文学コース，中国語中国文学コース，英文学コース，フランス語フランス文学コース，ドイツ語ドイツ文学コース，ロシア語ロシア文学コース，演劇映像コース，美術史コース，日本史コース，アジア史コース，西洋史コース，考古学コース，中東・イスラーム研究コース）

●**基幹理工学部**　西早稲田キャンパス

　数学科

　応用数理学科

　機械科学・航空宇宙学科

　電子物理システム学科

　情報理工学科

　情報通信学科

　表現工学科

●**創造理工学部**　西早稲田キャンパス

　建築学科

　総合機械工学科

　経営システム工学科

　社会環境工学科

　環境資源工学科

　※学科を横断する組織として「社会文化領域」を設置。

●**先進理工学部**　西早稲田キャンパス

　物理学科

　応用物理学科

　化学・生命化学科

　応用化学科

　生命医科学科

　電気・情報生命工学科

●**人間科学部**　所沢キャンパス
　人間環境科学科
　健康福祉科学科
　人間情報科学科

●**スポーツ科学部**　所沢キャンパス／一部の授業は東伏見キャンパス
　スポーツ科学科（スポーツ医科学コース，健康スポーツコース，トレー
　　ナーコース，スポーツコーチングコース，スポーツビジネスコース，
　　スポーツ文化コース）

（備考）学科・専攻・コース等に分属する年次はそれぞれ異なる。

大学院

政治学研究科 / 経済学研究科 / 法学研究科（法科大学院）/ 文学研究科 /
商学研究科 / 基幹理工学研究科 / 創造理工学研究科 / 先進理工学研究科 /
教育学研究科 / 人間科学研究科 / 社会科学研究科 / スポーツ科学研究科 /
国際コミュニケーション研究科 / アジア太平洋研究科 / 日本語教育研究科
/ 情報生産システム研究科 / 会計研究科 / 環境・エネルギー研究科 / 経営
管理研究科（WBS）

教育の特徴

　早稲田大学には，各学部の講義やカリキュラムのほか，グローバルエデュケーションセンター（GEC）により設置された科目や教育プログラムもあります。GEC の設置科目はすべて学部・学年を問わず自由に履修でき，国内外の幅広く多様な分野で活躍するための「第二の強み」を作ることができます。GEC の教育プログラムは 4 つに大別されます。

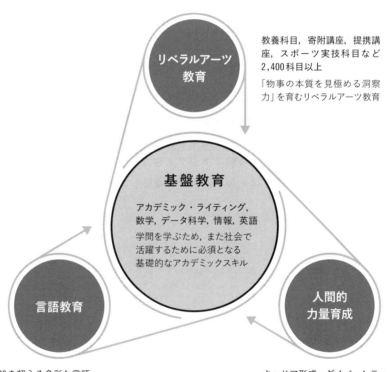

リベラルアーツ教育

教養科目，寄附講座，提携講座，スポーツ実技科目など 2,400 科目以上

「物事の本質を見極める洞察力」を育むリベラルアーツ教育

基盤教育

アカデミック・ライティング，数学，データ科学，情報，英語

学問を学ぶため，また社会で活躍するために必須となる基礎的なアカデミックスキル

言語教育

20 を超える多彩な言語

言葉だけでなく，その言語圏の歴史や文化についても知ることで，グローバルな視野を養う

人間的力量育成

キャリア形成，ダイバーシティ，ボランティア，地域連携，リーダーシップ，ビジネス創出

理論だけでなく実践を通した学びで，人類社会に貢献するグローバル人材を育成する

📅 イベント情報

　早稲田大学は，高校生・受験生に向けた情報発信の機会として，全国各地においてイベントを実施しています。

◎ **キャンパスツアー**
　キャンパスの雰囲気を体感できるイベントです。在学生ならではの声や説明を聞くことができ，モチベーション UP につながります。
　　対面型ツアー／オンライン型ツアー

◎ **オープンキャンパス**
　例年 7 ～ 8 月頃に東京をはじめ，仙台・大阪・広島・福岡にて実施されています。学生団体によるパフォーマンスも必見です。

◎ **進学相談会・説明会**
　全国 100 カ所近くで開催されています。

受験生応援サイト「DISCOVER WASEDA」
　講義体験や詳細な学部・学科紹介，キャンパスライフ，施設紹介，合格体験記といった様々な動画コンテンツが掲載されています。

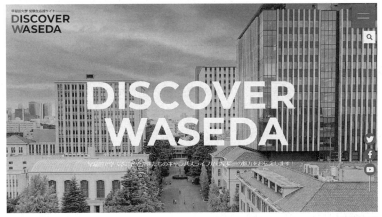

DISCOVER WASEDA
https://discover.w.waseda.jp

奨学金情報

　奨学金には，大学が独自に設置しているものから，公的団体・民間団体が設置しているものまで多くの種類が存在します。そのうち，早稲田大学が独自に設置している学内奨学金は約150種類に上り，すべて卒業後に返還する必要のない給付型の奨学金です。申請の時期や条件はそれぞれ異なりますが，ここでは，入学前に特に知っておきたい早稲田大学の学内奨学金を取り上げます。（本書編集時点の情報です。）

○めざせ！ 都の西北奨学金 　入学前

首都圏の一都三県（東京都・埼玉県・千葉県・神奈川県）以外の国内高校・中等教育学校出身者を対象とした奨学金です。採用候補者数は1200人と学内の奨学金の中でも最大で選考結果は入学前に通知されます。

　　給付額⇨年額45〜70万円　　収入・所得条件⇨1,000万円未満※
　　※給与・年金収入のみの場合。

○大隈記念奨学金 　入学前　　入学後

入学試験の成績，または入学後の学業成績を考慮して学部ごとに選考・給付されます。公募を経て選考される一部の学部を除き，基本的には事前申請が不要な奨学金です。

　　給付額⇨年額40万円（原則）　　収入・所得条件⇨なし

○早稲田の栄光奨学金 　入学後

入学後に海外留学を目指す学生を支援する制度で，留学出願前に選考から発表まで行われます。留学センターが募集する，大学間協定によるプログラムで半期以上留学する学生が対象です。

　　給付額⇨半期：50万円，1年以上：110万円　　収入・所得条件⇨800万円未満※
　　※給与・年金収入のみの場合。

その他の奨学金も含む詳細な情報は，
大学Webサイト及びその中の奨学金情報誌を
ご確認ください。

大学ウェブサイト
（奨学金情報）
▼

入 試 デ ー タ

 ## 入学試験の名称・定義

〔凡例〕

●：必須　　―：不要　　▲：以下の注意事項を参照

※1　英語以外の外国語を選択する場合に必要
※2　数学を選択する場合に必要
※3　提出しなくても出願可能（提出しない場合は，加点なしの扱い）
※4　出願時に「スポーツ競技歴調査書」「スポーツ競技成績証明書」の提出が必要

一般選抜

早稲田大学の試験場において試験を受ける必要が**ある**入試。

学　部	入試制度	共通テスト	英語4技能テスト	大学での試験
政 治 経 済 学 部	一般	●	―	●
法　　学　　部	一般	▲※1※2	―	●
教　育　学　部*	一般（A方式）	▲※1	―	●
	一般（B方式）	▲※1	―	●
	一般（C方式）	●	―	●
	一般（D方式）	●	―	●
商　　学　　部	一般（地歴・公民型）	▲※1	―	●
	一般（数学型）	▲※1	―	●
	一般（英語4技能テスト利用型）	▲※1	●	●
社 会 科 学 部	一般	―	―	●
国 際 教 養 学 部	一般	●	▲※3	●
文 化 構 想 学 部	一般	▲※1	―	●
	一般（英語4技能テスト利用方式）	―	●	●
	一般（共通テスト利用方式）	●	―	●

（表つづく）

学　　部	入試制度	共通テスト	英語4技能テスト	大学での試験
文　　学　　部	一般	▲※1	—	●
	一般（英語4技能テスト利用方式）	—	●	●
	一般（共通テスト利用方式）	●	—	●
基幹理工学部	一般	—	—	●
創造理工学部	一般	—	—	●
先進理工学部	一般	—	—	●
人間科学部	一般	—	—	●
	一般（共通テスト＋数学選抜方式）	●	—	●
スポーツ科学部	一般（共通テスト＋小論文方式）	●	—	●

＊教育学部の2022・2021年度については，下記の通りの実施であった。

学　　部	入試制度	共通テスト	英語4技能スコア	大学での試験
教　育　学　部	一般	—	—	●

大学入学共通テスト利用入試

早稲田大学の試験場において試験を受ける必要が**ない**入試。

学　　部	入試制度	共通テスト	英語4技能テスト	大学での試験
政治経済学部	共テ利用（共通テストのみ方式）	●	—	—
法　　学　　部	共テ利用（共通テストのみ方式）	●	—	—
社会科学部	共テ利用（共通テストのみ方式）	●	—	—
人間科学部	共テ利用（共通テストのみ方式）	●	—	—
スポーツ科学部	共テ利用（共通テストのみ方式）	●	—	—
	共テ利用（共通テスト＋競技歴方式）	●※4	—	—

入試状況（競争率・合格最低点など）

○基幹理工学部は学系単位の募集。各学系から進級できる学科は次の通り。

　　学系Ⅰ：数学科，応用数理学科

　　学系Ⅱ：応用数理学科，機械科学・航空宇宙学科，電子物理システム学科，情報理工学科，情報通信学科

　　学系Ⅲ：情報理工学科，情報通信学科，表現工学科

○先進理工学部は第一志望学科の志願者数・合格者数を表記。合格最低点は，「第二志望学科」合格者の最低点を除く。

○合格者数に補欠合格者は含まない。

○競争率は受験者数÷合格者数で算出。ただし，共通テスト利用入試（共通テストのみ方式）の競争率は志願者数÷合格者数で算出。

○合格最低点は正規・補欠合格者の最低総合点であり，基幹理工・創造理工・先進理工学部を除き，成績標準化後の点数となっている。成績標準化とは，受験する科目間で難易度による差が生じないように，個々の科目において得点を調整する仕組みのこと。

○ 2022 年度以前の教育学部理学科地球科学専修志願者で，理科の地学選択者については，理学科 50 名のうち若干名を「地学選択者募集枠」として理科の他の科目選択者とは別枠で判定を行っている。合格最低点欄の〈　〉内は地学選択者募集枠の合格最低点を示す。

○基幹理工学部・創造理工学部の「得意科目選考」の合格最低点は除く。

〈基準点について〉

○教育学部：すべての科目に合格基準点が設けられており，基準点に満たない場合は不合格となる。また，以下の学科は，それぞれ次のような条件を特定科目の合格基準点としている。

　　　国語国文学科⇨「国語」：国語国文学科の全受験者の平均点

　　　英語英文学科⇨「英語」：英語英文学科の全受験者の平均点

　　　数学科⇨「数学」：数学科の全受験者の平均点

○商学部：英語 4 技能テスト利用型では，国語，地歴・公民または数学それぞれにおいて合格基準点が設けられており，基準点に満たない場合は不合格となる。

○スポーツ科学部：小論文が基準点に満たない場合は不合格となる。

2024 年度一般選抜・共通テスト利用入試

大学ホームページ（2024 年 3 月 12 日付）より。

2024 年度合格最低点については本書編集段階では未公表のため，大学公表の資料でご確認ください。

学部・学科・専攻等			募集人員	志願者数	受験者数	合格者数	競争率
政治経済	一般	政　　　　　治	100	1,005	846	294	2.9
		経　　　　　済	140	1,269	995	318	3.1
		国 際 政 治 経 済	60	402	327	148	2.2
	共通テスト	政　　　　　治	15	401	—	133	3.0
		経　　　　　済	25	1,672	—	606	2.8
		国 際 政 治 経 済	10	293	—	103	2.8
法	一　　　　般		350	4,346	3,809	703	5.4
	共　通　テ　ス　ト		100	2,044	—	567	3.6
教育	一般（A方式・B方式）	教育　教育学	95	1,008	934	100	9.3
		生涯教育学		1,123	1,046	76	13.8
		教育心理学		632	578	57	10.1
		初 等 教 育 学	20	355	333	30	11.1
		国　語　国　文	80	1,308	1,226	179	6.8
		英　語　英　文	80	1,379	1,269	318	4.0
		社会　地 理 歴 史	140	1,712	1,609	207	7.8
		公 共 市 民 学		1,464	1,413	255	5.5
		理　地 球 科 学	20	704	625	86	7.3
		数	45	841	757	132	5.7
		複　合　文　化	40	924	865	110	7.9
	一般（C方式）	教育　教育学	20	22	19	5	3.8
		生涯教育学		41	35	15	2.3
		教育心理学		22	19	9	2.1
		初 等 教 育 学	5	9	7	3	2.3
		国　語　国　文	15	61	54	15	3.6
		英　語　英　文	15	106	92	42	2.2
		社会　地 理 歴 史	25	52	47	22	2.1
		公 共 市 民 学		38	35	16	2.2

（表つづく）

学部・学科・専攻等			募集人員	志願者数	受験者数	合格者数	競争率
教育	一般（C方式）	理 生 物 学	15	235	116	51	2.3
		地 球 科 学	5	41	34	13	2.6
		数	10	127	71	38	1.9
		複 合 文 化	10	87	72	12	6.0
	一般（D方式）	理 生 物 学	10	160	145	31	4.7
商	一般	地 歴 ・ 公 民 型	355	7,730	7,039	695	10.1
		数 学 型	150	2,752	2,329	400	5.8
		英語4技能テスト利用型	30	412	359	76	4.7
社会科学	一	般	450	8,864	7,833	869	9.0
	共 通 テ ス ト		50	1,384	—	361	3.8
国際教養	一	般	175	1,352	1,229	380	3.2
文化構想	一般	一 般	370	6,898	6,618	783	8.5
		英語4技能テスト利用方式	70	2,410	2,355	339	6.9
		共通テスト利用方式	35	1,123	993	206	4.8
文	一般	一 般	340	7,755	7,330	860	8.5
		英語4技能テスト利用方式	50	2,375	2,307	326	7.1
		共通テスト利用方式	25	1,057	873	191	4.6
基幹理工	一般	学 系 Ⅰ	45	581	524	189	2.8
		学 系 Ⅱ	210	2,822	2,534	703	3.6
		学 系 Ⅲ	65	1,128	1,032	205	5.0
創造理工	一般	建 築	80	763	675	176	3.8
		総 合 機 械 工	80	1,029	931	217	4.3
		経 営 システム 工	70	660	594	148	4.0
		社 会 環 境 工	50	452	412	113	3.6
		環 境 資 源 工	35	370	338	94	3.6
先進理工	一般	物 理	30	798	735	195	3.8
		応 用 物 理	55	457	422	134	3.1
		化 学 ・ 生 命 化	35	391	355	103	3.4
		応 用 化	75	1,196	1,097	303	3.6
		生 命 医 科	30	827	724	148	4.9
		電気・情報生命工	75	517	465	133	3.5

（表つづく）

学部・学科・専攻等			募集人員	志願者数	受験者数	合格者数	競争率
人間科学	一般	一般　人間環境科	115	2,180	1,973	320	6.2
		一般　健康福祉科	125	2,124	1,977	296	6.7
		一般　人間情報科	100	1,528	1,358	200	6.8
		数学選抜方式　人間環境科	15	236	223	59	3.8
		数学選抜方式　健康福祉科	15	162	153	44	3.5
		数学選抜方式　人間情報科	15	258	242	70	3.5
	共通テスト	人間環境科	5	452	—	102	4.4
		健康福祉科	5	233	—	77	3.0
		人間情報科	5	352	—	99	3.6
スポーツ科学	一般	一般	150	1,090	914	303	3.0
	共通テスト	共通テストのみ方式	50	460	—	93	4.9
		競技歴方式	50	359	—	141	2.5

2023年度一般選抜・共通テスト利用入試

学部・学科・専攻等				募集人員	志願者数	受験者数	合格者数	競争率	合格最低点／満点
政治経済	一般	政 治		100	824	708	260	2.7	151.5/200
		経 済		140	1,481	1,192	322	3.7	159.0/200
		国 際 政 治 経 済		60	561	462	131	3.5	158.5/200
	共通テスト	政 治		15	358	—	103	3.5	
		経 済		25	1,632	—	467	3.5	—
		国 際 政 治 経 済		10	353	—	111	3.2	
法	一 般			350	4,780	4,269	811	5.3	90.25/150
	共 通 テ ス ト			100	1,836	—	510	3.6	—
教育	一般（A方式・B方式）	教育	教育学	95	942	867	112	7.7	93.682/150
			生涯教育学		687	655	114	5.7	90.002/150
			教育心理学		722	677	64	10.6	94.023/150
			初 等 教 育 学	20	632	590	40	14.8	92.795/150
		国 語 国 文		80	1,194	1,120	199	5.6	106.451/150
		英 語 英 文		80	1,642	1,520	328	4.6	107.858/150
		社会	地 理 歴 史	140	1,929	1,827	217	8.4	97.546/150
			公 共 市 民 学		1,771	1,686	248	6.8	94.899/150
		理	地 球 科 学	20	670	597	94	6.4	89.272/150
		数		45	903	806	149	5.4	122.042/150
		複 合 文 化		40	1,216	1,130	129	8.8	117.045/150
	一般（C方式）	教育	教育学	20	35	27	9	3.0	173.200/240
			生涯教育学		21	21	10	2.1	155.700/240
			教育心理学		15	15	6	2.5	167.000/240
		初 等 教 育 学		5	13	13	2	6.5	170.200/240
		国 語 国 文		15	66	60	17	3.5	185.500/240
		英 語 英 文		15	78	66	32	2.1	168.200/240
		社会	地 理 歴 史	25	61	58	26	2.2	175.400/240
			公 共 市 民 学		57	51	20	2.6	182.000/240

（表つづく）

学部・学科・専攻等			募集人員	志願者数	受験者数	合格者数	競争率	合格最低点／満点
教育	一般（C方式）	理	生 物 学	15	199	129	76	1.7	148.000/240
			地 球 科 学	5	36	35	10	3.5	176.700/240
		数		10	91	74	27	2.7	121.500/240
		複 合 文 化		10	45	41	22	1.9	163.700/240
	一般（D方式）	理	生 物 学	10	204	191	51	3.7	150.300/240
商	一般	地 歴 ・ 公 民 型		355	7,949	7,286	656	11.1	131.6/200
		数 学 型		150	2,490	2,129	370	5.8	109.05/180
		英語4技能テスト利用型		30	279	246	63	3.9	127/205
社会科学	一般			450	8,862	7,855	826	9.5	78.92/130
	共 通 テ ス ト			50	1,329	—	355	3.7	—
国際教養	一般			175	1,357	1,222	304	4.0	142.8/200
文化構想	一般	一 般		370	7,353	7,049	736	9.6	131.7/200
		英語4技能テスト利用方式		70	2,694	2,622	355	7.4	85/125
		共通テスト利用方式		35	1,164	992	217	4.6	146/200
文	一般	一 般		340	7,592	7,110	840	8.5	129.8/200
		英語4技能テスト利用方式		50	2,429	2,339	332	7.0	85/125
		共通テスト利用方式		25	1,115	875	203	4.3	146/200
基幹理工	一般	学 系 Ⅰ		45	509	463	177	2.6	190/360
		学 系 Ⅱ		210	3,048	2,796	640	4.4	206/360
		学 系 Ⅲ		65	1,079	993	194	5.1	199/360
創造理工	一般	建 築		80	768	697	169	4.1	196/400
		総 合 機 械 工		80	988	909	267	3.4	179/360
		経 営 シ ス テ ム 工		70	629	584	154	3.8	191/360
		社 会 環 境 工		50	507	452	129	3.5	184/360
		環 境 資 源 工		35	280	259	90	2.9	180/360
先進理工	一般	物 理		30	738	668	145	4.6	205/360
		応 用 物 理		55	565	517	119	4.3	188/360
		化 学 ・ 生 命 化		35	379	345	119	2.9	194/360
		応 用 化		75	1,060	962	325	3.0	195/360
		生 命 医 科		30	736	637	170	3.7	196/360
		電 気・情 報 生 命 工		75	557	509	147	3.5	188/360

（表つづく）

学部・学科・専攻等			募集人員	志願者数	受験者数	合格者数	競争率	合格最低点／満点
人間科学	般	一　般	人間環境科	115	1,977	1,794	283	6.3	87.40/150
			健康福祉科	125	2,038	1,865	273	6.8	85.72/150
			人間情報科	100	1,951	1,761	221	8.0	86.92/150
		数学選抜方式	人間環境科	15	166	161	66	2.4	276.7/500
			健康福祉科	15	204	194	46	4.2	282.2/500
			人間情報科	15	240	232	74	3.1	296.0/500
	共通テスト		人間環境科	5	343	—	90	3.8	—
			健康福祉科	5	366	—	92	4.0	
			人間情報科	5	387	—	92	4.2	
スポーツ科学	一	般		150	972	804	257	3.1	159.9/250
	共通テスト	共通テストのみ方式		50	455	—	92	4.9	—
		競技歴方式		50	270	—	143	1.9	—

（備考）合格最低点欄の「—」は非公表を示す。

2022年度一般選抜・共通テスト利用入試

学部・学科・専攻等			募集人員	志願者数	受験者数	合格者数	競争率	合格最低点／満点
政治経済	一般	政　　　　　治	100	908	781	252	3.1	152/200
		経　　　　　済	140	1,470	1,170	312	3.8	155/200
		国 際 政 治 経 済	60	523	424	133	3.2	155.5/200
	共通テスト	政　　　　　治	15	297	—	85	3.5	
		経　　　　　済	25	1,365	—	466	2.9	—
		国 際 政 治 経 済	10	309	—	89	3.5	
法	一般		350	4,709	4,136	754	5.5	89.895/150
	共　通　テ　ス　ト		100	1,942	—	550	3.5	—
教育	一般	教育学 教 育 学	100	950	889	106	8.4	95.160/150
		教育学 生 涯 教 育 学		1,286	1,221	94	13.0	96.741/150
		教育学 教 育 心 理 学		691	623	65	9.6	95.679/150
		初 等 教 育 学	20	444	408	39	10.5	93.047/150
		国 語 国 文	80	1,389	1,312	190	6.9	106.903/150
		英 語 英 文	80	2,020	1,871	340	5.5	110.163/150
		社会 地 理 歴 史	145	2,057	1,929	228	8.5	97.443/150
		社会 公 共 市 民 学		2,100	2,002	275	7.3	96.009/150
		理 生 物 学	50	554	503	122	4.1	85.250/150
		理 地 球 科 学		687	610	98	6.2	86.571/150〈83.250〉
		数	45	903	818	178	4.6	120/150
		複 合 文 化	40	1,427	1,326	150	8.8	114.255/150
商	一般	地 歴 ・ 公 民 型	355	8,230	7,601	694	11.0	130.6/200
		数 学 型	150	2,648	2,276	366	6.2	109.4/180
		英 語 4 技 能 テ ス ト 利 用 型	30	899	774	80	9.7	133.7/205
社会科学	一般		450	9,166	8,082	823	9.8	89.451/130
	共　通　テ　ス　ト		50	1,132	—	305	3.7	—
国際教養	一般		175	1,521	1,387	342	4.1	151.1/200
文化構想	一般	一般	370	7,755	7,443	832	8.9	134/200
		英語4技能テスト利用方式	70	3,004	2,929	375	7.8	85.5/125
		共通テスト利用方式	35	1,183	957	203	4.7	142.5/200

（表つづく）

学部・学科・専攻等			募集人員	志願者数	受験者数	合格者数	競争率	合格最低点／満点
文	一般	一　般	340	8,070	7,532	741	10.2	131.9/200
		英語4技能テスト利用方式	50	2,646	2,545	332	7.7	86.5/125
		共通テスト利用方式	25	1,130	862	170	5.1	148/200
基幹理工	一般	学　系　I	45	615	559	142	3.9	178/360
		学　系　II	210	2,962	2,675	673	4.0	181/360
		学　系　III	65	967	886	165	5.4	176/360
創造理工	一般	建　　築	80	759	684	151	4.5	185/400
		総合機械工	80	968	875	240	3.6	161/360
		経営システム工	70	682	623	158	3.9	178/360
		社会環境工	50	464	416	133	3.1	163/360
		環境資源工	35	239	222	62	3.6	163/360
先進理工	一般	物　　理	30	697	643	162	4.0	196/360
		応用物理	55	471	432	143	3.0	176/360
		化学・生命化	35	437	388	120	3.2	175/360
		応用化	75	1,173	1,059	259	4.1	180/360
		生命医科	30	695	589	146	4.0	186/360
		電気・情報生命工	75	594	543	138	3.9	172/360
人間科学	一般	一般 人間環境科	115	1,845	1,671	242	6.9	88.5/150
		一般 健康福祉科	125	1,923	1,757	266	6.6	85.5/150
		一般 人間情報科	100	1,921	1,715	252	6.8	87/150
		数学選抜方式 人間環境科	15	135	126	48	2.6	306.1/500
		数学選抜方式 健康福祉科	15	111	106	41	2.6	293.5/500
		数学選抜方式 人間情報科	15	239	227	75	3.0	321.9/500
	共通テスト	人間環境科	5	266	—	85	3.1	—
		健康福祉科	5	198	—	77	2.6	
		人間情報科	5	273	—	98	2.8	
スポーツ科学	一般	一　般	150	988	847	223	3.8	163/250
	共通テスト	共通テストのみ方式	50	475	—	109	4.4	—
		競技歴方式	50	331	—	119	2.8	

（備考）合格最低点欄の「―」は非公表を示す。

2021 年度一般選抜・共通テスト利用入試

学部・学科・専攻等			募集人員	志願者数	受験者数	合格者数	競争率	合格最低点／満点
政治経済	一般	政　　　　治	100	870	738	261	2.8	148/200
		経　　　　済	140	2,137	1,725	331	5.2	156/200
		国 際 政 治 経 済	60	488	387	138	2.8	151/200
	共通テスト	政　　　　治	15	382	—	104	3.7	
		経　　　　済	25	1,478	—	418	3.5	—
		国 際 政 治 経 済	10	314	—	113	2.8	
法	一	般	350	4,797	4,262	738	5.8	90.295/150
	共 通	テ ス ト	100	2,187	—	487	4.5	—
教育	一般	教育学 教　育　学	100	1,440	1,345	77	17.5	97.688/150
		教育学 生 涯 教 育 学		876	835	76	11.0	93.818/150
		教育学 教 育 心 理 学		521	484	59	8.2	95.653/150
		初 等 教 育 学	20	378	344	30	11.5	92.096/150
		国 語 国 文	80	1,260	1,195	166	7.2	107.224/150
		英 語 英 文	80	1,959	1,834	290	6.3	110.955/150
		社会 地 理 歴 史	145	2,089	1,974	214	9.2	97.496/150
		社会 公 共 市 民 学		1,630	1,558	244	6.4	95.140/150
		理 生 物 学	50	454	395	89	4.4	86.245/150
		理 地 球 科 学		676	612	112	5.5	87.495/150〈84.495〉
		数	45	823	739	173	4.3	118.962/150
		複 合 文 化	40	933	880	142	6.2	112.554/150
商	一般	地 歴 ・ 公 民 型	355	8,537	7,980	681	11.7	131.35/200
		数 　 学 　 型	150	2,518	2,205	419	5.3	107.60/180
		英語4技能テスト利用型	30	250	214	66	3.2	120.05/205
社会科学	一	般	450	8,773	7,883	739	10.7	78.62/130
	共 通	テ ス ト	50	1,485	—	214	6.9	—
国際教養	一	般	175	1,622	1,498	330	4.5	155.94/200
文化構想	一般	一 般	430	7,551	7,273	702	10.4	130.6/200
		英語4技能テスト利用方式	70	2,585	2,532	340	7.4	85/125
		共通テスト利用方式	35	1,348	1,146	172	6.7	149.5/200

（表つづく）

学部・学科・専攻等			募集人員	志願者数	受験者数	合格者数	競争率	合格最低点／満点
文	一般	一　　　　　　　　　般	390	7,814	7,374	715	10.3	130.8/200
		英語4技能テスト利用方式	50	2,321	2,239	243	9.2	87.5/125
		共通テスト利用方式	25	1,281	1,037	162	6.4	150/200
基幹理工	一般	学　　系　　I	45	444	403	150	2.7	198/360
		学　　系　　II	210	2,937	2,689	576	4.7	219/360
		学　　系　　III	65	908	823	169	4.9	213/360
創造理工	一般	建　　　　　　築	80	686	634	141	4.5	218/400
		総 合 機 械 工	80	874	806	215	3.7	192/360
		経 営 システム 工	70	721	662	146	4.5	206/360
		社 会 環 境 工	50	394	374	106	3.5	202/360
		環 境 資 源 工	35	273	260	67	3.9	202/360
先進理工	一般	物　　　　　　理	30	713	661	139	4.8	229/360
		応 用 物 理	55	402	370	125	3.0	210/360
		化 学 ・ 生 命 化	35	392	359	116	3.1	206/360
		応 用 化	75	1,123	1,029	308	3.3	209/360
		生 命 医 科	30	829	716	132	5.4	219/360
		電 気・情 報 生 命 工	75	573	524	154	3.4	198/360
人間科学	一般	一　般　人間環境科	115	1,916	1,745	190	9.2	87.620/150
		一　般　健康福祉科	125	2,043	1,894	244	7.8	85.601/150
		一　般　人間情報科	100	1,407	1,270	161	7.9	85.616/150
		数学選抜方式　人間環境科	15	189	182	43	4.2	―
		数学選抜方式　健康福祉科	15	137	134	36	3.7	―
		数学選抜方式　人間情報科	15	196	186	51	3.6	―
		共通テスト　人間環境科	5	421	―	77	5.5	―
		共通テスト　健康福祉科	5	296	―	76	3.9	
		共通テスト　人間情報科	5	370	―	72	5.1	
スポーツ科学	一般	一　　　　　　　　　般	150	842	686	195	3.5	159.7/250
	共通テスト	共通テストのみ方式	50	482	―	96	5.0	
		競 技 歴 方 式	50	314	―	122	2.6	

（備考）合格最低点欄の「―」は非公表を示す。

募集要項の入手方法

　一般選抜・大学入学共通テスト利用入試の出願方法は「WEB 出願」です。詳細情報につきましては，入学センター Web サイトにて 11 月上旬公開予定の入学試験要項をご確認ください。

問い合わせ先

早稲田大学　入学センター

　〒 169-8050　東京都新宿区西早稲田 1 - 6 - 1

　TEL　(03)3203-4331(直)

　MAIL　nyusi@list.waseda.jp

　Web サイト　https://www.waseda.jp/inst/admission/

早稲田大学のテレメールによる資料請求方法

 スマートフォンから　QRコードからアクセスしガイダンスに従ってご請求ください。

パソコンから　教学社 赤本ウェブサイト(akahon.net)から請求できます。

大 学 所 在 地

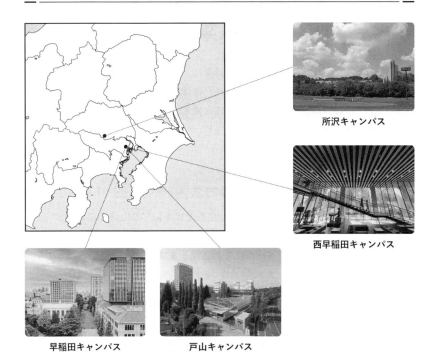

所沢キャンパス

西早稲田キャンパス

早稲田キャンパス　　　　戸山キャンパス

早稲田キャンパス	〒169-8050	東京都新宿区西早稲田 1 - 6 - 1
戸山キャンパス	〒162-8644	東京都新宿区戸山 1 - 24 - 1
西早稲田キャンパス	〒169-8555	東京都新宿区大久保 3 - 4 - 1
所沢キャンパス	〒359-1192	埼玉県所沢市三ヶ島 2 - 579 - 15

早稲田大学を
空から
見てみよう！

各キャンパスの
空撮映像はこちら ▶

合格体験記
募集

　2025年春に入学される方を対象に，本大学の「合格体験記」を募集します。お寄せいただいた合格体験記は，編集部で選考の上，小社刊行物やウェブサイト等に掲載いたします。お寄せいただいた方には小社規定の謝礼を進呈いたしますので，ふるってご応募ください。

• 応募方法 •

下記URLまたはQRコードより応募サイトにアクセスできます。ウェブフォームに必要事項をご記入の上，ご応募ください。折り返し執筆要領をメールにてお送りします。

※入学が決まっている一大学のみ応募できます。

☞ http://akahon.net/exp/

• 応募の締め切り •

総合型選抜・学校推薦型選抜 ………………… 2025年2月23日
私立大学の一般選抜 ………………… 2025年3月10日
国公立大学の一般選抜 ………………… 2025年3月24日

 受験にまつわる川柳を募集します。入選者には賞品を進呈！ふるってご応募ください。

応募方法　http://akahon.net/senryu/ にアクセス！☞

気になること、聞いてみました！

在学生メッセージ

大学ってどんなところ？　大学生活ってどんな感じ？
ちょっと気になることを，在学生に聞いてみました。

以下の内容は 2020〜2023 年度入学生のアンケート回答に基づくものです。ここ
で触れられている内容は今後変更となる場合もありますのでご注意ください。

Message from current students

メッセージを書いてくれた先輩　［政治経済学部］M.K. さん　［法学部］W.S. さん
　　　　　　　　　　　　　　　　［文化構想学部］K.M. さん　［教育学部］S.T. さん
　　　　　　　　　　　　　　　　［商学部］W.S. さん　［国際教養学部］M.G. さん
　　　　　　　　　　　　　　　　［文学部］H.K. さん　N.M. さん　［人間科学部］R.T. さん

大学生になったと実感！

　自分のための勉強ができるようになったこと。高校生のときは定期テス
トや受験のための勉強しかしていなかったのですが，大学に入ってからは
自分の好きな勉強を自分のためにできるようになり，とても充実していま
す。（W.S. さん／法）

　自分で自由に履修を組めることです。高校生までと違い，必修の授業以
外は興味のある授業を自分で選べます。履修登録はかなり手こずりました
が，自分の興味や関心と照らし合わせながらオリジナルの時間割を考える
のはとても楽しいです。（N.M. さん／文）

　高校生の頃は親が管理するようなことも，大学生になるとすべて自分で
管理するようになり，社会に出たなと実感した。また，高校生までの狭い
コミュニティとまったく異なるところがある。早稲田大学は 1 つの小さな

世界のようなところで，キャンパス内やキャンパス周辺を歩いているだけ
で日本語以外の言語が必ず耳に飛び込んでくる。そのような環境にずっと
触れるため，考え方や世界の見方がいい意味ですべて変わった。今まで生
きてきた自分の中で一番好きな自分に出会えるところが大学だと思う。
（K.M. さん／文化構想）

大学生活に必要なもの

　軽くて使いやすいパソコンです。毎日授業がありパソコンを持ち歩くの
で，とにかく軽いものが良い！ Windows か Mac かは学部・学科で指定
されていないのであれば好きなほうを選んで良いと思います！ iPhone と
つなぐことができるので私は Mac がお気に入りです！（S.T. さん／教育）

　大学生になって一番必要だと感じたものは自己管理能力です。特に，私
の通う国際教養学部は必修授業が少なく，同じ授業を受けている友達が少
ないため，どの授業でどのような課題が出ているかなど，しっかりと自分
自身で把握しておかなければ単位を落としかねません。私は今までスケジ
ュール帳を使うことはあまりなかったのですが，大学生になり，授業の情
報やバイト，友達との約束などをまとめて管理することが必要不可欠とな
ったので，スケジュールアプリを使い始め，とても重宝しています。
（M.G. さん／国際教養）

この授業がおもしろい！

　英会話の授業です。学生が英語力別に分けられ，ランダムに3，4人の
グループを組まれます。1グループにつき1人の講師がついて，100 分間
英語だけで会話をします。文法を間違えたときや何と言っていいかわから
ないとき，会話に詰まったときなどに講師が手助けしてくれます。最初は
私には難しすぎると思っていましたが，意外と英語が話せるようになり楽
しかったです。また，少人数のためグループでも仲良くなれて，一緒に昼

ご飯を食べていました。（M.K. さん／政治経済）

　ジェンダー論の授業が興味深かったです。高校までは，科目として習う
ことがありませんでしたが，「ジェンダーとは何か」という基本的な問い
から，社会で起きている問題（ジェンダーレストイレは必要か，など）に
ついてのディスカッションを通して，他の学生の考え方を知ることができ
ました。（H.K. さん／文）

　心理学概論です。心理学の歴史と研究方法の特徴を学んだ後に，心は発
達的にどのように形成されるのか，人が環境についての情報を入手するた
めの心の働き，欲求や願望の充足を求めるときの心の動き方，経験を蓄積
し利用する心の仕組み，困難な場面に直面したときの心の動き方と心の使
い方などについて学ぶ授業です。もともと心理学に興味はあったのですが，
この授業を通してより一層心理学に対する興味・関心が深まりました。
（R.T. さん／人間科学）

 # 大学の学びで困ったこと＆対処法

　大学の課題はレポート形式になっていることが多く，疑問提起が抽象的
で答え方に困ることがあります。同じ授業を履修している学生に話しかけ
てコミュニティを作っておくことで，課題の意味を話し合ったり考えを深
め合ったりできます。（H.K. さん／文）

　レポートの締め切りやテストの日程などのスケジュール管理が大変だっ
たことです。スケジュールが自分で把握できていないとテスト期間に悲惨
なことになります。私はテストやレポートについての連絡を教授から受け
取ったらすぐにスマホのカレンダーアプリに登録するようにしています。
（N.M. さん／文）

Message from current students

Message from current students

 部活・サークル活動

　国際交流のサークルに入っています。人数が多いため，自分の都合が合う日程でイベントに参加することができます。また，海外からの留学生と英語や他の言語で交流したり，同じような興味をもつ日本人学生とも交流したり，と新たな出会いがたくさんあります。（H.K. さん／文）

　受験生に向けて早稲田を紹介する雑誌を出版したり，学園祭で受験生の相談に乗ったりするサークルに入っています。活動は週に1回ですが，他の日でもサークルの友達と遊んだりご飯を食べに行ったりすることが多いです。みんなで早慶戦を見に行ったり，合宿でスキーをするなどイベントも充実しています。（N.M. さん／文）

　私は現在，特撮評議会というサークルに入っています。主な活動内容は，基本的に週に2回，歴代の特撮作品を視聴することです。仮面ライダーやスーパー戦隊をはじめとした様々な特撮作品を視聴しています。また，夏休みには静岡県の別荘を貸し切って特撮作品を見まくる合宿を行います。特撮好きの人にとってはうってつけのサークルだと思うので，特撮に興味のある人はぜひ来てください‼（R.T. さん／人間科学）

 交友関係は？

　語学の授業ではクラスがあり，いつも近くの席に座るような友達が自然とできました。クラス会をしたり，ご飯に行ったりして，より仲が深まりました。（W.S. さん／法）

　入学前の学科のオリエンテーションの後，一緒にご飯を食べに行って仲良くなりました。他にも授業ごとに仲の良い友達を作っておくと，授業が楽しみになり，また重い課題が出た際に協力できるのでおススメです。「隣いいですか？」「何年生ですか？」「学部どちらですか？」等なんでもいいので勇気をもって話しかけてみましょう！　仲の良い友達が欲しいと

みんな思っているはず！（S.T. さん／教育）

いま「これ」を頑張っています

　アフリカにインターンシップに行く予定なので，英語力を伸ばすために外国人ゲストが多く訪れるホテルや飲食店で働いています。また，日本のことをもっとよく知りたいので国内を夜行バスで旅行しています。車中泊の弾丸旅行なので少し大変ですが，安価で旅行できることが最大の魅力です。体力的にも今しかできないことだと思うので楽しみます！（M.K. さん／政治経済）

　英語とスペイン語の勉強です。複合文化学科では第二外国語ではなく専門外国語という位置付けで英語以外の外国語を学びます。体育の授業で留学生と仲良くなったことで，自分も留学したいという思いが強まりました。まだ行き先を決められていないので英語とスペイン語の両方に力を入れて取り組んでいます！（S.T. さん／教育）

　塾講師のアルバイトを頑張っています。授業準備は大変ですが，自分の受験の経験を活かしながらどのように教えたらわかりやすいかを考えるのは楽しいです。保護者への電話がけなどもするので社会に出る前の良い勉強になっています。（N.M. さん／文）

普段の生活で気をつけていることや心掛けていること

　スキマ時間の活用です。大学生は自由な時間が多いため油を売ってしまいがちになります。空きコマや移動時間は話題の本や興味のある分野の専門書を読んだり英語の勉強をしたりして，少し進化した自分になれるようにしています！　もちろん空き時間が合う友達とご飯に行ったり，新宿にショッピングに出かけたりもします！　せっかくのスキマ時間は何かで充実させることを目標に，１人でスマホを触ってばかりで時間が経ってしま

うことがないように気をつけています。(S.T. さん／教育)

　無理に周りに合わせる必要など一切ない。自分らしく自分の考えを貫くように心掛けている。また，勉学と遊びは完全に切り離して考えている。遊ぶときは遊ぶ，学ぶときは学ぶ。そう考えることで自分のモチベーションを日々高めている。(K.M. さん／文化構想)

 ## おススメ・お気に入りスポット

　早稲田大学周辺のご飯屋さんがとても気に入っています。学生割引があったり，スタンプラリーを行ったりしているので楽しいです。また，授業終わりに友達と気軽に行けるのでとても便利です。(W.S. さん／法)

　文キャンの食堂です。授業の後，空きコマに友達と行ってゆっくり課題を進めたり，おしゃべりしたりできます。テラス席は太陽光が入るように天井がガラスになっているため開放感があります。お昼時にはとっても混むため，早い時間帯や，お昼時を過ぎた時間帯に使うのがおススメです。(H.K. さん／文)

　大隈庭園という早稲田キャンパスの隣にある庭園が気に入っています。天気が良い日はポカポカしてとても気持ちが良いです。空きコマに少しお昼寝をしたり，そこでご飯を食べることもできます。(N.M. さん／文)

 ## 入学してよかった！

　いろいろな授業，いろいろな人に恵まれているところが好きです。早稲田大学の卒業生に声をかけていただいて，アフリカでインターンシップをすることにもなりました。授業の選択肢も多く，乗馬の授業や国際協力の授業，法学部や文学部の授業，教員免許取得のための授業など，様々な授業があります。選択肢が多すぎて最初は戸惑うこともあるかと思いますが，

どんな人でも自分らしく楽しむことができる環境が整っているところが私にとっては早稲田大学の一番好きなところです。（M.K. さん／政治経済）

　全国各地から学生が集まり，海外からの留学生も多いため，多様性に満ちあふれているところです。様々なバックグラウンドをもつ人たちと話していく中で，多角的な視点から物事を捉えることができるようになります。また，自分よりもレベルの高い友人たちと切磋琢磨することで，これまでに味わったことのないような緊張感，そして充実感を得られます。（W.S. さん／商）

 ## 高校生のときに「これ」をやっておけばよかった

　学校行事に積極的に参加することです。大学では，クラス全員で何かを行う，ということはなくなります。そのため，学校行事を高校生のうちに全力で楽しむことが重要だと思います。大学に入ったときに後悔がないような高校生時代を送ってほしいです。（H.K. さん／文）

　英語を話す力を養うことだと思います。高校では大学受験を突破するための英語力を鍛えていましたが，大学生になると，もちろんそれらの力も重要なのですが，少人数制の英語の授業などで英語を使ってコミュニケーションを取ることが多くなるため，英語を話す力のほうが求められます。私は高校時代，スピーキングのトレーニングをあまりしなかったので，英会話の授業で詰まってしまうことがしばしばありました。高校生のときに英語を話す力をつけるための訓練をしていれば，より円滑に英会話を進められていたのではないかと感じました。（R.T. さん／人間科学）

Message from current students

みごと合格を手にした先輩に，入試突破のためのカギを伺いました。
入試までの限られた時間を有効に活用するために，ぜひ役立ててください。

　（注）ここでの内容は，先輩方が受験された当時のものです。2025 年
　度入試では当てはまらないこともありますのでご注意ください。

・アドバイスをお寄せいただいた先輩・

　　　　　　　　　　○ **S.K. さん**　　教育学部（理学科地球科学専修）
　　　　　　　　　　一般選抜 2023 年度合格，東京都出身

　当たり前のようですが，周りに流されず最後まで諦めないで勉強し
続けることが合格のポイントだと思います。私の場合，合格した大学
のほとんどが 11 月の模試で E 判定でしたが，強い意志をもち，自分
がやるべきことを日々積み重ねることを大切にし，昨日よりも少しで
も進歩することを目標としていました。また，周りの人への感謝を忘
れないでください。

その他の合格大学　東京理科大（理・薬・先進工），北里大（薬），星薬科
大（薬），工学院大（建築）

古畑翔大さん　教育学部（数学科）

一般入試 2020 年度合格，工学院大学附属高校（東京）卒

　日頃の勉強のみならず，当日のパフォーマンスにも気を配りましょう。入試状況がどうであろうが，自分自身を信じた者が最後に笑う!! どんなときも日割り計算をして，一歩ずつ進めば大丈夫です。

その他の合格大学　立教大（理）

入試なんでも Q & A

受験生のみなさんからよく寄せられる，
入試に関する疑問・質問に答えていただきました。

 「赤本」の効果的な使い方を教えてください。

A　どのような形式で，どのくらいの難易度なのかを知るために，受験する大学の赤本を 10 月の上旬に解いてみました。また，最新年度の過去問は惜しみなく一番初めに使いました。10 月から入試まではあっという間で，1 月は共通テスト対策もしなくてはならなくなるので早めに余裕をもった「赤本計画」を立てることをおすすめします。特に，化学などの典型問題が多く出題される科目においては赤本の復習を入念にしていました。具体的には，ミスノートを作り，間違えた箇所は問題集と資料集と教科書を見直して，忘れていたり，理解していなかったことをまとめて，受験直前までミスノートを復習していました。　　　　（S.K. さん）

Ａ　夏前までは，１週間のうち６日でやる科目を分配して勉強し，日曜日はオフの日にして友人や先輩と遊んだり，ひとりで本屋に行ったり，川で水切りして遊んだり，数学の月刊誌を読んだりして気分転換をすることにしていました。夏以降は，勉強量を増やし，日曜日もちゃんと勉強するようにシフトしましたが，その変化で勉強のリズムが少し崩れました。結局，日曜日は，１週間のうちの６日分の復習と，６日のうちにできなかったことをしたり，基礎事項の確認をしたりするバッファーデイにしました。また，夏以降は模試ごとに期間を区切って，そこから逆算して勉強を進めることにしました。私は塾・予備校に通わず，独学を貫いたのですが，独学の真髄は日割り計算だと思います。どの参考書をいつまでに終わらせたいかの大枠をある程度固めた上で，その予定通りに参考書を回すために，ページ数を勉強する日数で割り算して，１日何ページやればいいのかを計算します。三日坊主とはよく言われることですが，大体３日続けてできたことはその後もずっとできるので，はじめの３日間は特に気合いを入れて勉強を進めます。しかし，予定通りに勉強を進められない場合は，どうしようもないときは飛ばして，とりあえず１周する勇気も大事だと思います。

（古畑さん）

Ａ　化学だと思います。早稲田大学教育学部の化学は基礎的な問題が多く見られるのと同時に，論述問題や教科書の発展事項，化学反応式が頻出です。基礎的な問題に対しては，抜けがあると致命的で他の受験生と差がついてしまうので徹底的に網羅することが肝心です。特に，理論化学のコロイドや電池（起電力，用途，電解質，仕組み），無機化学のセラミックスや肥料，有機化学の糖類や核酸，酵素などは頻出ですが，学習が遅れがちなので早めに対策することをおすすめします。次に，論述問題や教科書の発展事項，化学反応式についてですが，このような問題が数多

く出題される年度もあるので，知っておくことで周りの受験生との差をつけることができます。対策は，赤本を解いて間違えた問題を復習するときにそれと関連した分野を復習することだと思います（例えば，ザイツェフ則を間違えたときにマルコフニコフ則も復習する，など）。また，論述問題は現象を自分で説明ができるかどうかが大切です（例えば，なぜコロイド粒子はブラウン運動をするのか，なぜシリカゲルには吸湿作用があるのか，など）。化学は数カ月で飛躍的に成績が伸びるので直前期まで諦めずに取り組むことが大切だと思います。　　　　　　　　　　　　　　（S.K. さん）

A　数学です。教育学部の数学科では，数学で数学科の全受験者の平均点以上を出さないと不合格になるというルールがあります。要するに，周りの受験生ができる問題は必ず押さえなければならないということです。対策としては，以下の2つが挙げられます。まずは，短時間で問題のレベルを見極める訓練をすることです。具体的に言うと，過去問をざっと見て，はじめの5分で自分が得意な順に問題に番号を振り，5分経ったら赤本の解説を見て，難易度の順番が自分のものと同じかを確認する作業を続けるというものです。次に，解けずに苦しむゾーンに陥っても，ちゃんと時間配分に気を配り，立ち直れるようにすることも大事です。この力は目で問題を解くのではなく，実際に時間を計り，試験当日と同じ時間帯で，手を動かしてやらないと基本的に身につきません。私はこの2つに注意していたので，本番の後，帰りの電車で別段後悔することはありませんでした。　　　　　　　　　　　　　　　　　　　　　　（古畑さん）

Ⓠ　苦手な科目はどのように克服しましたか？

A　私は化学が苦手でした。高校3年の初めの時点で理論化学の理解が不十分で，いつも模試では時間が足りず悪い成績ばかりとっていました。そのため，学校の先生に相談をして夏までに理論化学を完璧にすることを目標に問題集を解いていました。このときに，ただ問題集を解くのではなく，時間を測って記録しておくと2周目や3周目には自分の成長が確認できて，モチベーションにつながりました。無機化学はとにかく覚

えることが多いので，問題集の冒頭の重要事項がまとまったページをコピーしたものを赤シートで隠して，声に出しながら紙に書いて覚えていました。覚えにくいものについては，語呂合わせを使って覚えていました。有機化学は，脂肪族化合物と芳香族化合物の系統図を白紙に書けるようにしたところ，化合物同士のつながりがわかり，解ける問題が多くなり解くことがとても楽しくなりました。私は，さぼり癖があったので，学校の先生と「毎日，問題集の大問を 10 題解いて見せる」ことを約束し，強制的に化学から離れないようにしていました。

（S.K. さん）

受験生のときの失敗談や後悔していることを教えてください。

A 後悔していることは 3 つあります。1 つ目は，ネットの情報を信じ込んで自分に合った計画を立てていなかったことです。こうならないためにも，自分の性格や学力を分析することが大切です。人それぞれ進度や性格，状況は異なっているのでネットの情報を鵜呑みにせず，参考程度に考えておくことが大切だと思います。2 つ目は人と話さなかったことでメンタルが不安定になってしまったことです。高校 3 年生の夏休みにはほとんど朝から晩まで自習室や自分の部屋にこもって，周りの人との会話をする時間を削って勉強していました。次第に「この勉強法で合っているのか」「他の受験生に追い抜かれている気がする」などと心配が募り，8 月下旬頃に心療内科に行くことになりました。受験は，勉強だけでなく精神的な安定も必要不可欠です。3 つ目は過去問を解ききれなかったことです。過去問は自分が思っている以上に時間がかかり，まったく計画通りにいきませんでした。冬頃には過去問以外に共通テスト対策もしなくてはならなくなります。なので，過去問を解くだけで 1 〜 2 時間，休憩時間，復習時間（これに一番時間がかかりました）を考えて過去問の計画を立てることをおすすめします。

（S.K. さん）

Q 受験生へアドバイスをお願いします。

A 　最後まで諦めないでください。私は受験が終わるまで，よく言われるこの言葉を信じていませんでした。しかし，私は11月の模試でE判定だった大学のほとんどに合格することができました。判定に気持ちを左右されないことは難しいですが，模試は模試にすぎませんし，大学の問題との相性でまったく異なります。また，これもよく聞く言葉だと思うのですが，本当に直前期は伸びます。1日1日を大切にして，自分の納得のいく受験生活を送ってください。最後に，自分を支えてくれている人たちへの感謝の気持ちを忘れないでください。　　　　（S.K. さん）

科目別攻略アドバイス

　みごと入試を突破された先輩に，独自の攻略法や
おすすめの参考書・問題集を，科目ごとに紹介していただきました。

英　語

　まずは単語と文法を網羅すること。参考書1冊を3周して覚え切りましょう。次に長文問題の点数を安定してとれるようになること。長文には毎日接して，解くスピードが速い状態を維持しましょう。また，過去に受けた模試の復習も大事です。　　　　　　　　　　　　　（古畑さん）

📖 **おすすめ参考書**　『鉄緑会 東大英単語熟語 鉄壁』（KADOKAWA）
『Next Stage 英文法・語法問題』（桐原書店）
『総合英語 Evergreen』（いいずな書店）
『やっておきたい英語長文 700』（河合出版）

やはり単語力は大切です。単語の意味がわかっているだけで解ける問題は案外多いです。日々の積み重ねが大切だと思います。 （S.K. さん）

📖 **おすすめ参考書** 『英検準1級 でる順パス単』（旺文社）

物 理

定期的に教科書，または主軸とする参考書に戻ること。 （古畑さん）

📖 **おすすめ参考書** 『物理のエッセンス』（河合出版）
『良問の風 物理』（河合出版）
『名問の森 物理』（河合出版）

化 学

知識を網羅すること，また，沈殿生成物や化合物の色を視覚的に覚えることも大切だと思います。 （S.K. さん）

📖 **おすすめ参考書** 『サイエンスビュー 化学総合資料』（実教出版）

TREND & STEPS

傾向 と 対策

　科目ごとに問題の「傾向」を分析し，具体的にどのような「対策」をすればよいか紹介しています。まずは出題内容をまとめた分析表を見て，試験の概要を把握しましょう。

━━━━━━━━━━━━━ 注　意 ━━━━━━━━━━━━━

　「傾向と対策」で示している，出題科目・出題範囲・試験時間等については，2024 年度までに実施された入試の内容に基づいています。2025 年度入試の選抜方法については，各大学が発表する学生募集要項を必ずご確認ください。

英　語

▶B方式

年度	番号	項　目	内　容
2024 ●	〔1〕	読　解	内容説明，空所補充，段落の主題，同意表現，主題
	〔2〕	読　解	内容説明，同意表現，空所補充，語句整序，内容真偽，主題
	〔3〕	読　解	空所補充，欠文挿入箇所，内容真偽，内容説明，同意表現，主題
2023 ●	〔1〕	読　解	内容説明，同意表現，空所補充，段落の主題，内容真偽
	〔2〕	読　解	内容説明，内容真偽，空所補充，語句整序，同意表現，主題
	〔3〕	読　解	内容説明，空所補充，段落の主題，主題
2022 ●	〔1〕	読　解	内容説明，空所補充，内容真偽
	〔2〕	読　解	内容説明，同意表現，空所補充，段落の要約，語句整序，内容真偽
	〔3〕	読　解	内容説明，段落の要約，空所補充，内容真偽
	〔4〕	読　解	内容説明，同意表現，具体例
2021 ●	〔1〕	読　解	語句整序，空所補充，同意表現，内容説明，内容真偽
	〔2〕	読　解	同意表現，同一用法，具体例，内容説明，内容真偽，主題
	〔3〕	読　解	空所補充，同意表現，内容説明，内容真偽
	〔4〕	読　解	同意表現，内容説明，語句整序，アクセント，内容真偽
	〔5〕	会　話　文	内容説明，空所補充，同意表現

（注）　●印は全問，❶印は一部マークシート法採用であることを表す。
　　　　教育（文科系）学部と共通問題。

読解英文の主題

年度	番号	類　別	主　題	語　数
2024	〔1〕	言　語	意味は底が浅い	約 1080 語
	〔2〕	科学技術	AI で人間は劣化するのか	約 970 語
	〔3〕	医　療	なぜ死の直前に意識清明状態が突発するのか	約 1280 語
2023	〔1〕	歴　史	『歴史の書き換え』に心配は無用	約 1040 語
	〔2〕	進化論	ダーウィンの誤り：表情で感情はわからない	約 1840 語
	〔3〕	教　育	脳は同時作業がどれだけ得意なのか	約 910 語
2022	〔1〕	進化論	『人間の由来』150 周年	約 730 語
	〔2〕	人類学	人類初の赤ん坊の世話をしたのは誰か？	約 1050 語
	〔3〕	環境論	気候不安にかかった人に手を貸す人たち	約 1110 語
	〔4〕	教　育	大学入学でアファーマティブ・アクションを支持する 5 つの理由	約 860 語
2021	〔1〕	心　理	文化心理学論	約 650 語
	〔2〕	教　育	2 言語および 2 文化教育	約 950 語
	〔3〕	科学論	宇宙で変わる人間の身体	約 570 語
	〔4〕	心　理	子どもは生まれついての楽観派	約 680 語

 高度な速読力・語彙力が問われる

01 基本情報

試験時間：90 分。

大問構成：大問 3 〜 5 題。2022 年度以降，すべて長文読解問題で会話問題などはなくなっている。

解答形式：全問マークシート法の選択式。

02 出題内容

　2022 年度以降，読解問題のみの出題となっている。設問は内容理解を問うものが中心であるが，空所補充や語句整序が混じる。英文の総語数は 3000 語を超え，入試としては屈指の長さである。設問文も 2021 年度以降すべて英語であり，受験生の負担はさらに重くなっている。読解力重視の

姿勢は鮮明である。

　読解英文については，論説文が用いられることがほとんどで，出典は大学の教科書，著名な新聞，雑誌などが多い。話題は教育学部にふさわしく，教育（児童心理・発達心理）に関係するものが頻出する。また，理系の文章が採用されるのも顕著な特徴である。理解には一定程度の背景知識を要する文章も出題されており，幅広い知的な関心をもつ受験生が求められている。設問は類型的だが，「適さないもの」を選択する設問や，複数解答を求める設問もあり，うっかりミスをしないことが肝心である。設問内容では，英文の内容に関するものが中心となり，段落の要旨，筆者の意図，段落間の関係，さらには全体の表題を問うものが多い。語句整序問題も，①日本語がない，②文法・語彙ではなく，論旨の理解が問われる，という点に注意が必要である。読解力そのものを試そうという鮮明な方向性が表れている。

03 難易度と時間配分

　長文読解問題に使われる英文は，難解な構文が多く含まれて英文を読むこと自体が難しいといったタイプではないが，語彙レベルはかなり高度で，語句注も最低限であり，受験生にとっては相当な覚悟が必要である。設問形式は標準的で，特に練習が必要なものはなく，読解力があれば解ける出題になっている。とはいっても，単なる語学的知識で片づく問題はわずかなので，解答には時間がかかる。まさしく速読即解が求められている。英文の内容と設問の量と質，そして，試験時間を考慮すれば，要求される英語力はかなり高く，相当な難問であるといえよう。

対 策

　読解問題で高得点をとれる力を養成することに尽きる。では，どうすれば，必要な読解力が身につくだろうか。速読力とよく言われる。しかし，内容がわからないのに速く読んでも，意味はない。要するに，英語の意味がすぐにわかる力がないといけない。「力があるから，速く読める」ので

あって，「速い」は，理解の後からついてくるものなのだ。速く読めるようになりたければ，英語力を地道に高めるしかない。それはつまり，語学の王道を歩む，ということである。では，具体的にどうすればよいだろうか。

01 語彙・熟語力をつける

　語彙・熟語力増強というと，単語集で勉強することだと思うかもしれない。それも悪くはないだろう。だが，「標準レベル」では不十分で，「上級レベル」まで進んでおくことが望ましい。もしかすると，それでもまだ足りないかもしれない。だから，「読みながら学ぶ」という姿勢が大切になる。学習素材の隅々まで目を通して，そこに出てきた語彙・表現を学ぶのである。それを単語集が支えるという構図ができれば，力は飛躍的に伸びていくだろう。

02 文法・作文力を伸ばす

　読解問題といいながら，本文該当箇所が理解できるかどうかは，実は語彙力と並び，文法力が鍵になる。さらに，空所補充や語句整序の形式では，それが一層鮮明になる。B方式の入試では現在のところ直接問われていない文法・英作文系の知識が，実は鍵を握っていると言っても過言ではない。試験に出ない，などと考えて，読解力の基礎をなす分野の学習を軽んじると，学力全体の伸びを抑えてしまうことにもなりかねない。文法問題集などで十分に反復練習を積み，知識を積み上げていってほしい。正確な読解のために文法力がどれほど重要かは，どんなに強調してもしたりないくらいである。それに，選択肢には文脈がないことにも注意しよう。文法力に裏付けられた正確な読解力が，選択肢を正確に読み取るのに大きな力を発揮してくれる。こちらも，地道に練習をかさね，丁寧に基礎力を培っていこう。また，江川泰一郎著『英文法解説』（金子書房）などがあると，文法への理解が深まり，学力全体の伸びの基礎になる。

03　構文理解力を養う

　とりたてて難解な構文理解が問われるわけではないが，構文把握の力が
なければ，英文を立ち止まることなくすらすら読み進んでいくことなど不
可能である。読む英文が長ければ長いほど，不正確な理解が重なりやすく
なり，最終的に，論旨の把握は困難になってしまう。「長文だから，細か
い英文理解は不要だ，わからないところは飛ばして読むのだ」といった，
「楽のできる」勉強法が，全く役に立たないことは，本書収載の問題を1
題やってみれば，たちどころにわかるだろう。まずは，国公立難関大向け
の読解参考書・問題集（200 語程度の英文）を，1冊でいいからしっかり
読み込むことが望ましい。参考書・問題集を選ぶ基準は，(i)自分の好みに
合うかどうか，(ii)解説が文法的に整理されているかどうか。その上で，英
文の意味に即した解説が充実していることであろう。01 02 で培った力が
定着するよう意識しよう。

04　多読に挑む

　語学の王道，それは経験値を上げることに尽きる。要するに，なるべく
多くの英文に触れることである。それによって，養った語彙力，文法力・
構文力を自在に使いこなす経験を積むことができる。多くの英文に触れ，
新たな知見に出合うことが，学習意欲を一層かき立てることにもなるだろ
う。内容の濃い，知的刺激に富む文章にたくさん触れることが，学習の好
循環を生む一番の勘どころといってよい。まとまった内容をもった説明文
で，1題がなるべく 500 語以上のものを探そう。800 語超なら理想的であ
る。話題に理系的なものがある程度含まれていることも，選ぶ際の大切な
基準になる。こうした参考書・問題集を探すコツは，設問を無視すること。
マーク式の選択問題がついていることにこだわって探しても，いいものは
ないかもしれない。むしろ，設問の種類を気にせず，レベルの高い英文に
触れることのほうが大切である。国公立大学を含め難関レベルと言われる
他大学の出題問題なども，積極的に利用するのがよいだろう。

早稲田「英語」におすすめの参考書

✓ 『英文法解説』（金子書房）
✓ 『早稲田の英語』（教学社）

赤本チャンネルで早稲田特別講座を公開中
実力派講師による傾向分析・解説・勉強法をチェック ⊖

数 学

▶B方式・C方式

年度	番号	項 目	内 容
2024	〔1〕	小問 4 問	(1) 2 進法による表示 (2) 座標空間における格子点を頂点とする図形 (3) 多角形と対称性 (4) 平面上の点の軌跡と面積
	〔2〕	複素数平面	複素数の累乗からなる集合　　　　　　　　　　⊘証明
	〔3〕	図形と方程式, 微 分 法	放物線の法線, 関数の最大・最小
	〔4〕	微・積分法	媒介変数で表された曲線によって囲まれた部分の面積と回転体の体積　　　　　　　　　　　　　　　　⊘図示
2023	〔1〕	小問 4 問	(1) 放物線と接線, 三角形の面積 (2) 非復元抽出の確率 (3) 連立漸化式と複素数平面 (4) 三角形の辺上を動く 3 点を結ぶ三角形の面積
	〔2〕	微 分 法, 図形と計量	三角形に関する総合的問題
	〔3〕	微・積分法	微分法の最大・最小問題への応用, 回転体の体積
	〔4〕	図形と方程式, 式 と 曲 線	2 つの楕円および直線の位置関係
2022	〔1〕	小問 4 問	(1) 空間図形とベクトル (2) 絶対値記号を含む定積分 (3) 立体を平面で切ったときの切り口の面積 (4) 無限級数
	〔2〕	確 率, 整数の性質	サイコロの目の積の正の約数の個数に関する確率の問題
	〔3〕	図形と方程式, 図形と計量	関連して変動する 2 つの円の面積の積の最大・最小
	〔4〕	微 分 法, 高次方程式	3 次関数の極値, 3 次方程式の実数解
2021	〔1〕	小問 4 問	(1) 4 次方程式の実数解 (2) 回転体の体積 (3) 2 曲線の共通接線 (4) 箱に玉を入れる場合の数
	〔2〕	ベ ク ト ル	円上の 3 点によるベクトルの和が 0 になる条件
	〔3〕	微・積分法	定数を含む 3 次関数のグラフの軌跡
	〔4〕	数 列	正三角形を段に積んでできる正三角形の総数

出題範囲の変更

2025 年度入試より，数学は新教育課程での実施となります。詳細については，大学から発表される募集要項等で必ずご確認ください（以下は本書編集時点の情報）。

2024 年度（旧教育課程）	2025 年度（新教育課程）
数学Ⅰ・Ⅱ・Ⅲ・A・B（「確率分布と統計的な推測」を除く）	数学Ⅰ・Ⅱ・Ⅲ・A・B（「数学と社会生活」を除く）・C（「数学的な表現の工夫」を除く）

旧教育課程履修者への経過措置

2025 年度に限り，新教育課程と旧教育課程の共通範囲から出題する。

微・積分法，極限，ベクトル，確率が頻出
証明問題や図示問題も

01 基本情報

試験時間：120 分。

大問構成：大問 4 題。〔1〕は 4 つの独立した小問からなる。

解答形式：〔1〕の小問 4 問は解答のみを所定欄に記入する形式で，残りの大問 3 題は記述式。2024 年度は証明問題や図示問題が出題された。

なお，2023 年度に新設された数学科 C 方式の「数学」も従来型の B 方式（理科系）と同一問題で実施されている。

02 出題内容

年度を通してみると，やはり微・積分法が重視されている。ほかにはベクトル，極限，確率，図形と計量，図形と方程式もよく出題されている。近年，計算が面倒なものや，考え方が複雑なもの，解答の方針が立てにくいものなどの割合が増えてきているので注意が必要である。

03 難易度と時間配分

問題のレベルは，易しい問題から標準的，さらに少し難しい問題まで含まれているのが例年の特色である。〔1〕の小問の中には結果を答えるだ

けではあるがかなりの難問が含まれていることが多い。記述式の問題には証明問題や図示問題が含まれることもあり，難度は高めである。

　最初にすべての問題に目を通し，難易を見極めることが重要である。その上で，解ける問題から確実に解いていき，残る難問にできるだけ多くの時間を確保したい。

対　策

01　基本事項の確認が重要

　いうまでもないが，各分野の基本事項，定義，公式，定理などは，教科書・参考書で導き方も含めて確実に理解し覚えること。公式を忘れても，基本事項や基本公式が理解できていれば導き出せる場合もある。例題などを通して自分のものにするまで，確実に理解することが大切である。代表的な問題で基礎を固めるには，『大学入試 最短でマスターする数学Ⅰ・Ⅱ・Ⅲ・A・B・C』（教学社）や『チャート式基礎からの数学』シリーズ（青チャート）（数研出版）などが適当である。

02　標準的な問題からやや難しい問題まで幅広く演習

　まずは標準的な入試問題集でしっかり練習すること。それから過去の出題を参考に，標準レベル以上のやや難しい問題まで取り組む必要がある。また，いくつかの分野からの融合問題も出題されるので，各分野間のつながりを十分に理解し，幅広い知識をもって，それらの問題にも対応できる力を養っておきたい。総合的な実力の養成には，『実戦 数学重要問題集』シリーズ（数研出版）が最適である。

03　やや難度の高い問題の特訓

　かなりの思考力を必要とする難しい問題も含まれるので，やや難度の高い入試問題集まで手を広げてハイレベルな実力を養っておいてほしい。ま

た，全分野偏りなく十分演習を積んでおくこと。

04　実戦的演習

　本書を用いて，時間を計って過去問を解くことはいうまでもない。結果だけが要求される〔1〕の小問を手際よく解く練習も非常に大切である。これは論理的な答案を書く記述式とはまた違った訓練を必要とするものである。さらに，試験時間120分の時間配分を考える上では，入試対策問題集などで，小問4問と大問3題を選んで解いてみるという実戦的演習も積んでおくとよいだろう。

——— 早稲田「数学」におすすめの参考書 ———

✓『大学入試 最短でマスターする数学Ⅰ・Ⅱ・Ⅲ・A・B・C』（教学社）
✓『チャート式基礎からの数学』シリーズ（数研出版）
✓『実戦 数学重要問題集』シリーズ（数研出版）

物　理

▶B方式

年度	番号	項　目	内　容
2024	〔1〕	力　　学	剛体のつりあい
	〔2〕	電　磁　気	金属球上の電荷が作る電場・電位
	〔3〕	原　　子	原子核の性質・放射性崩壊と半減期
2023	〔1〕	力学, 原子	放物運動, 万有引力, 宇宙に関する知識
	〔2〕	電　磁　気	コンデンサー・コイルを接続した回路での電磁誘導
2022	〔1〕	力　　学	2物体の単振動
	〔2〕	熱　力　学	単原子分子理想気体の状態変化
	〔3〕	電　磁　気	コンデンサーと誘電体・交流
2021	〔1〕	力　　学	台車と2物体の運動
	〔2〕	電　磁　気	コンデンサーを含む直流回路

傾　向　標準問題が主流
融合問題, 思考力を要する問題への対応力を

01　基本情報

出題範囲：物理基礎・物理

試験時間：60分。

大問構成：2021・2023年度は大問2題, 2022・2024年度は大問3題。

解答形式：計算の結果のみを記述するものが中心。過去には描図問題や論述問題が出題されたこともある。

02　出題内容

　力学が中心で, 次いで電磁気からよく出題されている。力学分野に関し

ては，剛体や万有引力，単振動をはじめさまざまな事項が出題されている。電磁気分野についても，幅広くいろいろな項目が取り上げられている。2023・2024 年度は原子分野からも出題された。複数の分野を融合した問題も出されることがあるので，すべての分野にわたって基本・重要事項をしっかりと押さえておかなくてはならない。

　問題の題材としては，教科書にあるような典型例などではなく，思考力を要する工夫された応用問題が出題されることも多い。

　数学的な知識・思考を要求される問題のほか，数値計算を含め，計算量の多い問題，近似計算を必要とする問題も出されている。しっかりとした数学力も身につけておく必要があるだろう。

03 難易度と時間配分

　標準的な出題が多いが，物理的な応用力や高度な数学力を要する出題もみられ，難易度は一定しているとはいえない。標準レベルから応用レベルまで対応できる十分な学力が必要といえる。

　大問 2，3 題で試験時間 60 分だから，1 題あたり 20〜30 分で解くことになるが，計算量が多いため，時間配分に注意しながら解答することが大切である。

対 策

01 基礎力の完成

　高校物理では扱われないような現象や複雑な文字式を用いた解法を主題にした出題もあるが，まったく手が出せないものではない。基本事項を正確に理解していれば，問題の誘導に従って柔軟に対応することにより解答できる。まず，教科書や授業を通じて基礎力を確実にしておきたい。『大学入試 ちゃんと身につく物理』（教学社）など，解説の詳しい参考書を用いるのもよいだろう。

02 思考力の養成

例年，基礎を重視した問題をベースとして，その上に思考力の問われる応用問題が出題されている。応用問題では，単なる公式の丸暗記では対応できず，物理的センス，物理法則に対する深い理解と知識が必要となる。『体系物理』（教学社）などの応用問題を含んだ問題集で演習を積むことによって思考力を養い，現象と物理法則を結びつけて考えることができるようにしておこう。

03 数学力の充実

数値計算，文字式の計算の内容は多岐にわたり，連立方程式や不等式，近似計算など，さまざまな物理の解法に不可欠な計算方法が出題されるほか，数列や極限，2次関数，三角関数の応用など，通常の物理の解法ではあまり用いないものまで出題される。したがって，数学力の有無は合否に大きく影響するので，数学の実力も身につけておく必要がある。

04 描図・論述問題の練習

計算結果のみの記述が主ではあるが，過去には描図問題や論述問題が出題されたこともある。平素の学習においても，ただ答えを出すだけではなく，問題の題材となっている物理現象をグラフ化したり，文章化してまとめるなどしておくと，物理の総合力の底上げにもなり，描図・論述問題対策にもつながる。

05 過去問による研究

例年，数学力が試される問題に加え，物理的な応用力を問う問題もよく出題されている。これらの出題傾向や難易度を探るためには，本書を通じて過去問に取り組むことが近道となる。数多くの過去問にあたっておきたい。

化　学

▶B方式

年度	番号	項　目	内　容
2024	〔1〕	構造・無機	炭素の同素体，ダイヤモンドと黒鉛の構造，半導体材料　　　　　　　　⊘描図
	〔2〕	変　　化	アンモニアと塩化アンモニウムの緩衝液，細胞内の平衡　　　　　　　　⊘計算
	〔3〕	無機・変化	複塩を構成するイオン，複塩の性質と反応　　⊘計算
	〔4〕	高 分 子	多糖類，合成高分子化合物，ポリ乳酸とリサイクル　　　　　　　　⊘計算・論述
2023	〔1〕	構造・無機	無機物質の結晶と分類，結晶格子　　⊘計算
	〔2〕	変　　化	酸化還元反応，電池，電気分解　　⊘論述・計算
	〔3〕	無　　機	酸素・硫黄の単体と化合物の性質と反応，金属イオンの硫化物沈殿
	〔4〕	有　　機	元素分析，異性体，バイナリー発電への利用　　　　　　　　⊘計算・論述
2022 ◑	〔1〕	構造・無機	生物を構成する元素の性質
	〔2〕	構　　造	イオン結晶の性質，結晶格子，融点　　⊘計算
	〔3〕	無機・変化	銅を含む合金，銅の電解精錬　　⊘計算・論述
	〔4〕	理論・無機	ハロゲンの単体と化合物の性質，共通イオン効果，溶解度積　　　　　　　　⊘論述・計算
	〔5〕	高 分 子	アミノ酸，タンパク質の構造と性質
	〔6〕	高 分 子	酢酸の分子量，DNAとRNA，タンパク質，糖，接着剤，合成高分子化合物　　　　　　　　⊘論述
2021 ◐	〔1〕	構造・無機	金属の性質，アルミニウムの製法と結晶格子　　　　　　　　⊘論述・計算
	〔2〕	理論・無機	分子間力，空気の組成，ハーバー・ボッシュ法，アンモニアソーダ法　　　　　　　　⊘計算・論述
	〔3〕	理論・無機	地球の温暖化，平衡定数，温室効果ガス，気体の溶解度　　　　　　　　⊘論述
	〔4〕	有　　機	芳香族化合物の製法・性質，配向性，高分子，分離方法
	〔5〕	有機・高分子	油脂，合成洗剤，エステル化，ATP，核酸　　⊘計算

（注）　●印は全問，◐印は一部マークシート法採用であることを表す。

理論を軸に無機・有機も幅広く出題
教科書レベル以上の発展・応用的内容にも注意を

01 　基本情報

出題範囲：化学基礎・化学

試験時間：60分。

大問構成：大問4〜6題。

解答形式：2022年度までは記述式とマークシート法の併用，2023年度以降は全問記述式となっている。論述問題は必出で，すべて字数指定なしである。計算問題も多くはないが毎年出題されている。2024年度には描図問題もみられた。

02 　出題内容

　広く高校化学の全範囲から出題されている。設問が発展的，多様であることも特徴で，教科書範囲外の目新しい事柄や，教科書に記載はされているが発展・参考として扱われている事項が出題されている。2021年度は地球温暖化のメカニズム，ATPを基質としたRNA合成，2022年度はL-アラニンの立体構造，DNAとRNAの性質，コンタクトレンズ素材の合成高分子化合物，2023年度はバイナリー発電におけるペンタンの利用，2024年度はダイヤモンド半導体，リサイクルやカーボンニュートラルが出題された。

03 　難易度と時間配分

　標準レベルの問題が中心であるが，思考力や考察力，分析力を試すような問題も出題される。目新しく発展的な題材への対策・準備はなかなか難しいが，基本的知識が身についていれば応用・考察することができるので，まずは教科書をよく理解し，実験や身の回りの物質や環境問題などについても詳しく学習しておく必要があるだろう。

　基本問題や得意な分野を素早く確実に解答し，残りの論述問題などに時

間の余裕をもって取り組みたい。

01 理 論

　出題における理論の割合は比較的高いが，近年計算問題はあまり出題されておらず，3〜4問程度となっている。一方，用語の記述や論述問題が必出である。しっかりと理解した後，論述対策として自分の言葉で説明できるようにしておくとよい。化学史上の重要事項とその年代順や日本人が受賞したノーベル化学賞については過去にもしばしば出題されている。環境問題や化学史に関する教科書の記述も精読しておく必要がある。また，〈傾向〉でも述べたように，教科書で発展・参考として記載されている内容も要注意である。『理系大学受験　化学の新研究』（三省堂）の「SCIENCE BOX」の中から近年の話題を学習しておくとよいだろう。計算問題についても，気体の法則，中和，物質量，熱化学，電気分解，平衡などについては演習しておこう。

02 無 機

　イオンの反応や元素の性質については漏れのないようにまとめ，記憶しておかねばならない。かなり細かな知識まで要求されることもあるため，高得点を狙うには教科書を隅々まで精読しておく必要がある。重要な化学反応式は正確に書けるようにしておきたい。実験や理論的な論述問題の題材として出題されることも多いので，うろ覚えは禁物である。

03 有 機

　有機は理論との関連づけなど幅広く出題されている。化合物の合成法と反応試薬，生成物の検出法は特に重要である。2021・2022 年度は有機分野のほとんどがマークシート法で出題されたため，構造式を書くような問

題はなかったが，2023 年度以降は全問記述式で，構造式を記す問題が出題された。物質の名称や構造式も確実に記憶しておく必要がある。また，元素分析から構造決定をする問題，異性体に関する問題にも対応できるようにしておきたい。高分子や生化学についても近年よく出題されているので，確実にマスターしておこう。

　また，2021 年度には官能基の配向性，ATP を基質とした RNA 合成，2022 年度には L-アラニンの立体構造，DNA と RNA の詳細な知識，コンタクトレンズ素材の合成高分子化合物が出題された。教科書の発展項目についても対応できるよう準備しておきたい。

04　論述問題対策

　論述問題では，理由説明だけでなく，化学的現象に対する探究心を問うものもみられるので，常日頃から掘り下げて物事を考える習慣をつけておくことが大切である。2021 年度〔3〕で出題された地球温暖化と二酸化炭素の増大の因果関係についての考察・論述問題のように，論理的に考えた内容を簡潔に記述するといった出題にも対応できるよう，的確に文章をまとめる演習も積んでおきたい。『化学記述・論述問題の完全対策』（駿台文庫）などで演習しておくことをすすめる。

理　科

（生物学専修）

▶C方式・D方式

年度	番号	項　目	内　容
2024 ◑	〔1〕	遺伝情報, 進化・系統	DNA の構造と複製, 制限酵素と塩基の構造・配列 ⊘描図・論述・計算
	〔2〕	動物の反応, 生殖・発生	鳥の渡りやアリの採餌, 組織における細胞の位置情報獲得のしくみ ⊘論述・描図
	〔3〕	生　態	宇宙空間のコロニーにおける閉鎖生態系の維持 ⊘論述
2023 ◑	〔1〕	代　謝	吸収スペクトルと吸光度, 光合成色素の光の吸収効率と利用効率 ⊘論述・計算
	〔2〕	動物の反応, 遺伝情報	日周性と季節的変動, 遺伝子の発現の調節と振動 ⊘描図・論述・計算
	〔3〕	代　謝, 動物の反応	ATP の合成, 筋肉の収縮とその仕組み ⊘計算・論述
サンプル	〔1〕	生　態	モズの「はやにえ」と求愛行動 ⊘論述
	〔2〕	植物の反応	光照射とフィトクロム ⊘論述
	〔3〕	生　態	大気中の CO_2 濃度, 地球全体での炭素量, 地球の温暖化 ⊘論述・計算

（注）　●印は全問, ◑印は一部マークシート法採用であることを表す。
　　　　2023 年度から出題。
　　　　サンプル問題は早稲田大学ウェブサイトにて 2021 年 8 月 27 日に公開。

**知識問題は少なく, グラフや図の考察, 論述が中心
計算・描図問題も出題**

01　基本情報

　理学科生物学専修では, 2023 年度より C 方式・D 方式が新設され, 両方式に共通の独自問題として「理科」が課された。試験内容については, 「出題は物理, 化学, 生物, 地学からテーマを設定するが, 特定の科目の細かい知識を持たずに解答が導き出せる問題とする。なお, 問題によっては理系数学の基礎的な概念を把握していることが必要な場合もある」とな

っている。

試験時間：90 分。

大問構成：大問 3 題の出題。

解答形式：一部マークシート法で，記述式と 1 行から数行程度の字数指定
　のない論述問題が中心である。

02 　出題内容

　2023 年度は代謝，遺伝情報，動物の反応，2024 年度は遺伝情報，進化
・系統，動物の反応，生殖・発生，生態と総合的な問題が出題された。い
ずれも事前の知識を必要とする問いは比較的少なく，与えられたグラフや
図を読み取って考察する問題が多い。計算問題は，生物でよく出題される
ものだけではなく，物理や数学の理解が必要なものも含まれていた。描図
問題も出題されている。

03 　難易度と時間配分

　大問 3 題とも各分野の細かい知識を必要とせず，グラフや図を読み取っ
て解釈する力や，数的処理能力，論理的な思考能力，読解力，論述力など
が試されている。教科書などを中心とした学習のみでは不十分という点で，
やや難～難のレベルといえる。従来の「生物」と同様に深い考察を要する
問題が出題されている点に加え，字数指定のない論述問題が出題されてい
ることから，時間配分には留意したい。

対 　策

01 　論述問題対策

　字数指定のない論述問題が出題されているため，短時間で要領よく文章
をまとめる練習をしておく必要がある。問題集で字数指定のない論述問題
に数多く当たっておくとよいだろう。その際，設問文で尋ねられているこ

とに対して的確な解答となっているか，模範解答などを参考にして添削をするとよいだろう。

02 実験問題・グラフ問題対策

　実験に限らずグラフや図を読み取って考察する問題が，大問すべてに含まれている。そのため，特にグラフを扱った問題は，問題集でピックアップして取り組んでおきたい。そのグラフから何がわかるのかを深く考えながら解答する練習をしよう。『大森徹の生物 実験・考察問題の解法』（旺文社）や『大森徹の生物 計算・グラフ問題の解法』（旺文社）などがよい練習になる。

03 計算問題対策

　生物の内容に数学や物理の考え方を合わせたものが多く，白紙の状態から自分で情報を整理して，式を導出し，解答の方針を立てなければならない。『生物［生物基礎・生物］標準問題精講』（旺文社）など，難易度が高めの問題集を用いて，すべての範囲の計算問題を繰り返し解いておきたい。

04 「生物」の過去問について

　従来の「生物」においては，知識問題から思考力を要する問題まで出題されており，やや難レベルの問題も少なくない。例年考えさせる良問が多いことから，ぜひ過去問には当たっておきたい。また，従来の「生物」との大きな違いとして，従来は少ない字数指定の論述問題が出題されていたが，サンプル問題と 2023・2024 年度の問題では字数指定のない論述問題だけとなっている。この点は，多少揺り戻すことも考えられるため，あまり字数にこだわらずに従来の「生物」の過去問もしっかり解いて練習しておくことを勧めたい。

（参考）B方式「生物」：2021・2022年度

年度	番号	項 目	内 容
2022	〔1〕	動物の反応	適刺激とヒトの受容器，ヒトの視覚，全か無かの法則（30字3問）　　　　　　　　　　　⊘論述・描図
	〔2〕	総　合	恒温動物と変温動物の体温調節，行動記録，変温動物の分類（15字2問，20字5問）　　　　　　⊘論述
	〔3〕	代謝，生態	植物の光合成反応，生態系における有機物の移動（25・30字）　　　　　　　　　　　⊘論述・計算
2021	〔1〕	生殖・発生，遺伝情報	動物の初期発生，キンギョの遺伝子突然変異（15字，30字2問）　　　　　　　　　　　　⊘論述
	〔2〕	総　合	細胞膜での物質輸送，植物のストレス応答，腎臓でのろ過と再吸収（20字3問，35字）　　　⊘論述・描図
	〔3〕	生　態	植生遷移，バイオームにおける現存量と物質生産（20・25字）　　　　　　　　　　　⊘論述・計算

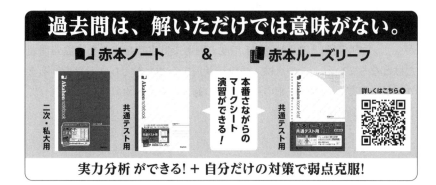

理　　科

（地球科学専修）

▶C方式

年度	番号	項　目	内　　容
2024	〔1〕	海　　洋	海洋を伝わるさまざまな波 　　　　　　　　☑**計算・論述**
	〔2〕	岩　　石	マグマと鉱物の間での元素の挙動 　　　　　　　☑**計算・描図・論述・証明**
2023	〔1〕	地球，地史	地球の磁場，古地磁気と海洋底の拡大 　　　　　　　　☑**計算・論述・描図**
	〔2〕	地　　球	地殻の構成元素，静岩圧，マグマ発生と発泡 　　　　　　　　　　☑**計算・論述**
サンプル	〔1〕	宇宙，地球	地球を構成する元素，後期重爆撃事変，惑星の大移動 　　　　　　　　　☑**論述・計算**
	〔2〕	海洋，地史	海洋の生物ポンプによる炭素輸送 　　　☑**論述**

（注）　2023 年度から出題。
　　　　サンプル問題は早稲田大学ウェブサイトにて 2021 年 8 月 27 日に公開。

 自然科学的な思考力・判断力・表現力を問う，
論述問題を主体とする出題。

01 基本情報

　理学科地球科学専修では，2023 年度より C 方式が新設され，独自問題として「理科」が課された。試験内容は，「物理，化学，生物，地学からテーマ設定を行い，科目にとらわれない自然科学的な思考力を問う問題」となっている。

試験時間：90 分。

大問構成：大問 2 題の出題。

解答形式：2023・2024 年度ともに論述問題のほか，空所補充問題，計算問題，描図問題も出題された。

02　出題内容

地学的な現象を題材とし，情報量の多いリード文や図から読み取れる内容に関して，数量や図の処理と論述を中心とする出題であった。2023・2024年度ともに，物理や化学の基礎的な計算が必要な設問もみられた。地学の教科書範囲を超える内容もあったが，必要な知識は問題中で与えられており，総合的な思考力が要求される内容の出題であった。

03　難易度と時間配分

リード文や図の情報量が多く，その情報を的確に読み取った上での判断力や思考力，表現力が問われる問題が主な出題内容となっていることから，難度は高い。発展的な知識を求める出題ではなく，地学に限らず理科全般の基礎的な技能を自在に用いることが前提とされている。試験時間90分に対し大問2題で，やや設問数が少ない印象であるが，まず問題文を理解し，設問に取りかかるまでに時間を要する。さらに，手のかかる計算問題や，図の読み取りに注意を要する設問もあり，時間配分に注意して取り組みたい。

対　策

01　基礎知識の充実

出題内容を理解し解答を導くには，理科全般についての基本的な理解が必要となる。地学的な事象を題材とする出題であり，問題文で説明がつくされているとはいえ，初見に近いような状態では時間内に読み解くことは困難である。やはり，まず地学の教科書の基本事項の理解を確実にしておくことが重要である。その際，関連する物理法則や化学的性質，さまざまな現象の関連性や相違点，また，それらの探究方法なども重視しながら，科目横断的な視野を持ち，総合的に整理しておくよう心掛けたい。力学，電磁気，気体，濃度など，物理や化学の基礎的な扱いは，ひと通り復習し

ておこう。さらには，生物の基礎的な理解もしておくとよいだろう。

02 論述対策

　「自らの意見を的確に発信できる総合力」を入学者に求めることが公表されており，それが論述の出題形式にも表れている。基礎知識を充実させたら，論理を身につけることに重点を置きたい。講談社のブルーバックスなどから地学関連の書籍を読むなど，一般図書も利用し，自然科学に関する論理の展開方法を早めに吸収しておくとよい。そして，自分の力で仮説・推論・検証・考察の過程をいくつか踏んでおくことも重要である。また，図で提示されている情報や，数式の解釈，そこから考えられる事柄を整理して表現する練習をしておきたい。

03 「地学」の過去問について

　これまでの「地学」でも，教科書範囲を超える内容について，的確に読み取って対応する判断力や思考力が求められる出題はあった。出題形式の変化はあるが，過去問に取り組むのは有意義である。論述や計算，読図への対策を強化する上で，時間の許す限り，国公立大学も含め，他大学の計算量の多い過去問なども利用して練習を積んでおくとよいだろう。

（参考）B方式「地学」：2021・2022年度

年度	番号	項　目	内　容
2022	〔1〕	地球，地史，海　洋	第四紀の氷期・間氷期サイクル，アイソスタシー，熱塩循環　　　　　　　　　　　　　　　　　　✅論述・計算
	〔2〕	鉱物，大気	メッシニアン塩分危機，蒸発岩鉱物，ハドレー循環　　　　　　　　　　　　　　　　　　　　　✅論述
	〔3〕	地質，岩石	火山活動，火山噴出物，放射年代測定，火山岩　✅描図
2021	〔1〕	地質・地史	地質図と断面図，地史の読み取り，海洋プレート層序　　　　　　　　　　　　　　　　　　　✅描図・論述
	〔2〕	地　球	プレートの沈み込み帯と地震
	〔3〕	地　球	地球内部の温度構造，地殻熱流量　　　　✅論述・計算
	〔4〕	宇　宙	太陽系の形成，太陽系天体

2024 年度

解答編

一般選抜：理科系（Ｂ方式，Ｃ方式，Ｄ方式）

解　答　編

英　語

Ⅰ　**解答**　1－b　2－a　3－b　4－d　5－c　6－b
7－c　8－b　9－c　10－a　11－a　12－d
13－b　14－b

・・・・・・・・・・・・・・・・・・・・・・・・・・・・・・　全訳　・・・・・・・・・・・・・・・・・・・・・・・・・・・・・・

《意味は底が浅い》

[1]　就学前の子どもは毎日，10個以上の新たな単語の意味を学習し，その語の意味を十分に理解しているので，それらを用いて円滑な意思伝達ができる。子どもはこうした語を用いて，自分がいいと思ったり悪いと思ったりすることをめぐって，雑多な意見を表明し，すぐさま「ずるい！」と叫ぶ。だが，幼い子どもにしても，そうではない私たちにしても，本当にこうした言葉が何を意味するのかどうしてわかるのだろうか。というのも，数千年間にわたって，最も頭脳明晰な思想家たちは，こうした日常的概念，善とか，正邪の違いとか，公正とは何かとかは，流砂の中に沈んでしまう概念であることを見出してきたからである。どうして幼い子どもに，哲学者たちが分析に苦しんできた概念が習得できるのであろうか。

[2]　答えとしては，哲学者は一般「深層」概念理論を提供するという難題と格闘しているというわけである。その概念とは，生じうるあらゆる事例や場面で機能するはずの概念であり，善とか，公正，大義，精神といった概念の根本的な意味を説明することになる。しかし，子どもも大人も，十分に明確な意味をつかみさえすれば，その場面の具体的な意思伝達にかかわる難題に対処できる。うまく意思疎通するには，「ずるい！」という叫びは，小さいほうのケーキをあてがわれたり，待たされて行列を作った

2024年度　一般選抜

英語

りしているときに子どもが感じている憤慨を表現しなくてはならない。しかし，こうした意思伝達では，その子（あるいは不運な親）が一般公正理論を思い描いている必要はない。実は，私たちがうまくやっていくのに用いる「意味」なるものは，しばしば意外なほどに底が浅いのである。

[3]　たとえば，子どもが「生」と「死」をどう使うかを考えてみよう。ハーバード大学の発達心理学者，スーザン＝ケアリー先生がその話題について，娘のイライザと交わした次のような会話は，有益で実に楽しい。テレビ番組で誰かが銃撃されたときのイライザ（3歳半）の説明は，こうである。「ああ，死んじゃった。私わかるもん。だって，動いてないよ」　これは，私たち大人が「死んでいる」のをどう定義するかと，頼もしいほどよく似ている。だが，次にケアリー先生はイライザのぬいぐるみのクマについて尋ねる。

　　E：…この子，これからはいつも生きてるんだよ。
　　S：今生きてるの？
　　E：いいえ，死んでる。そんなわけないでしょ。
　　S：生きてるの，死んでるの？
　　E：死んでる。
　　S：昔は生きてた？
　　E：いいえ。生きてるのと死んでるのとの中間くらい。ときどき動く
　　　　もん。
　その次に来るのは，驚くべき質問である。
　　E：死んだらどうやってトイレに行くのかな？
　　S：なんですって？
　　E：きっと，トイレは地下にあるんだ。
　　S：死んだらトイレに行かなくていいんだよ。何もしないんだから。
　　　　ただ寝ているだけ。食べたり，飲んだりはしないの。だからトイ
　　　　レに行かなくていいんだよ。
　　E：でも，死ぬ前に食べたり飲んだりしたよ。トイレに行かなきゃ，
　　　　死ぬちょっと前に。

　イライザは，確かに「生」と「死」の明白で明瞭な概念をもっていない。ぬいぐるみのクマは生きてはいない。だがここでもまた，クマはときどき動くのだから，生きていなければならない。あるいはことによると，どこ

か中間段階にあるのかもしれない。また，死者も，見たところ，正常な身体機能を維持している。別の事例で（3歳8カ月），イライザは，「おかしいよ，銅像は死んでるのに，それでも会えるよ」と言い張る。おじいちゃんは死んじゃったから，会えないでしょ，というのである。

[4] イライザは，明らかに観察眼の鋭い理論家である。また言葉の連想ゲームをするのがとても得意だ。「生」と「死」という言葉を人々はむやみに口にしているが，何を言おうとしているのか。そう，死んだものは動かないようだとか，死んだ人には会えないとか。だが，大人の観点からすると，きわめて中心的であるように思える，「生」と「死」は生物にしか当てはまらないという考え方は，イライザには欠けているか，ことによると二義的にすぎないようである。本当に驚くべきなのは，就学前の子どもとの関わりの大半で，たいていは，子どもたちの言葉の理解が私たちとは根本的に異なるなどとは，つゆほども思わないということである。連想ゲームでの行動や身振りの解釈と全く同じように，子どもたちは言葉の意味を十分に理解できるので，言葉が使われるのを聞いている眼前の具体的な状況の意味を理解することができる。撃たれて動かない人物は，「死んでいる」と言われる。親戚やペットもまた，もう会えないと，死んだと言われる。幼い子どもたちは，周囲の大人たちに代わって自らの連想ゲームを生み出し，そうした同じ言葉を驚くほど上手に使うことができる。実際，本当に上手なので，概念的な大矛盾（たとえば，ぬいぐるみのクマは生きても死んでもいる）が，日常会話の中では，まずもって出現しないほどなのである。

[5] しかし，同じことが大人の意思伝達でも生じる。「生きている」とは一体何であろうか。一般的な生物学の教科書にできるのはせいぜい，一覧表を作るくらいのことである。生物は，成長，繁殖，摂食，排泄し，体内の化学反応と体温を制御し，単細胞または多細胞からなり，遺伝子によってその特性を伝える，など。しかし，これではやっかいな事例，たとえばウィルス（細胞はなく，独立して繁殖できない），ウィロイド（寄主植物の内部で自律的に複製される鎖環状RNA），プリオン（伝染性のタンパク質），さらには未来の人造人間（機械は生命をもつことなく意識をもてるのだろうか）が，漏れてしまう。「生」の定義は，「善」や「正義」，「正邪」の定義同様，数千年間にわたる果てしない，解決することのない議論

の主題であった。そして「生」の概念も矛盾に満ちている。あの世の生はある種の生ではないのだろうか。もしそうなら，生物学的な基準は大半が捨て去るべきものなのか。想像上のあの世に暮らす人々は本当は死んでいないのか。人体超低温冷凍術についてはどうなのか。生命活動の一時停止は一種の生なのか，死なのか，それともどこかその中間なのか。

[6]　この種の疑問は，私たちが日常の意思伝達で行っている，圧倒的多数の言葉による連想ゲームでは，ほぼ見当外れである。まず，やっかいな事例は普通の会話ではほぼ生じない。大切なのは，私たちが実際に日常生活で生じる事態に対処する際，きわめてうまくやっていけるということなのである。私たちは「生」の心的な定義を必要とせずに，存命中の親戚や亡くしたペットについて語ることができる。それは，「ゴリラ」の生物学的な定義を必要とせずに，キングコングのまねができるのと同じことである。

[7]　就学前の子どもも大人も，連想ゲームで身振りを使うように，言葉を使う。それは，独創的で，矛盾に満ちたやり方であるが，その場の言語ゲームをうまく切り抜けるには，十分なやり方なのである。言語を学ぶ際に，私たちは言葉によって独創的な会話ゲームをすることができるようになっていく。そして，そうした会話ゲームをするには，想定される意思伝達の目的や，状況の内容，過去の言葉遣いに注意を払わねばならない。というのも，意思伝達という氷山の隠れた部分が，言葉それ自体とちょうど同じだけ重要だからである。

出典追記：The Language Game: How Improvisation Created Language and Changed the World by Morten H. Christiansen and Nick Chater, Bantam Press

═══════════ **解　説** ═══════════

1.「下線部(1)の意味は，…」

　当該下線部は「こうした日常的概念…は，流砂の中に沈んでしまう概念である」という意味。「流砂の中に沈んでしまう概念」とは，次の文に「分析に苦しむ」概念のことであると説明されている。

　選択肢はそれぞれ

a.「こうした思想は異常である」

b.「ありふれた思想は定義し難い」

c.「ありふれた思想は文化を通じて普遍的な意味をもつことはない」

d．「こうした概念を日常的な会話で見出すことは，きわめて珍しい」
という意味だから，正解はｂに決まる。

2．「空所 [2] に入れるのに最もふさわしい答えを選びなさい」

当該空所部分は直前に述べられた「一般深層概念理論」の「深層概念」
を，具体化して説明する部分である。

選択肢はそれぞれ

ａ．「生じうるあらゆる事例や環境で機能するはずの概念」

ｂ．「子どもが理解することも認知することもできない概念」

ｃ．「人々が他者と有意義に結び付くことができるようにする概念」

ｄ．「人間精神の暗いほうの側面にかかわる概念」

という意味。この部分が general theory of relativity「一般相対性理論」
にならった表現であり，空所部分に「一般性」の説明が入るとわかれば，
ａが正解だと判断できる。第１・２段から，古今の思想家や哲学者たちが
日常的な概念に対して挑んだことは，表面的な意味ではなく，物事の奥深
くにある本質的な部分や普遍的な概念をとらえることであったことが読み
取れる。

3．「本文によれば，下線部(3)の例示ではないものは次のうちどれか」

当該下線部は「その場面の具体的な意思伝達にかかわる難題」という意
味。

選択肢はそれぞれ

ａ．「自分の望むものを表現する」

ｂ．「公正の理論を説明する」

ｃ．「自分の感情を伝えるのにふさわしい言葉を見出す」

ｄ．「大きいほうのケーキをねだる」

という意味。この中で「具体的な意思伝達」に関係しないもの，すなわち
抽象的な議論にかかわるものは，ｂである。

4．「筆者は『公正』を段落[1]・[2]でどう定義しているか」

第１段第４文（After all, the …）では「公正の本質」について sunk in
conceptual quicksand と述べている。流砂ということは，固まっていない
ということ。ここから推測が可能。また第２段で述べられているのは「小
さいほうのケーキをあてがわれる」という不正，「待たされて行列を作る」
憤り，という具体例であり，さらに第２段第４文（But this communication

…）に「日常生活の中では，一般的な理論を気にかける必要はない」と述べられている。ここからも「公正の定義」が日常生活では不要であると筆者が考えていることが推測できる。

　選択肢はそれぞれ

a．「誰もが等しい大きさのケーキを受け取ること」

b．「ひいきのない公正な取り扱い」

c．「就学前の子どもは一人ひとり列に並んで待つこと」

d．「明確な定義はなされていない」

という意味だから，解答としてはdが最も適切である。

5.「イライザと，その観察の実例を挙げる理由は何か」

　イライザとの対話からわかるのは，「生と死」をめぐる概念が幼児では整理されていないことである。

　選択肢はそれぞれ

a．「子どもの人生の意義の理解について語るため」

b．「死についての文化的理解を示すため」

c．「子どもの概念的な理解の矛盾を例証するため」

d．「子どもの自然界との関係を探るため」

という意味だから，正解はcに決まる。

6.「イライザの生と死の理解に最もよく当てはまるものはどれか」

　第3段のEとSのやり取りの後にある Eliza doesn't, surely 以下にイライザの認識が提示され，「動いたら生きていて，会えなければ，死んでいる」と述べられている。

　選択肢はそれぞれ

a．「彫像は，それが見えないと生きている」

b．「動かないもの，見えないものは生きていない」

c．「テレビで撃たれた人は実在しないから，死ぬはずはない」

d．「生と死は同じことである」

という意味だから，上記の検討に合致するのはbである。

7.「空所［　4　］を埋めるのに最もふさわしいのはどれか」

　当該空所部分は，「イライザには欠けているか，ことによると（　　　　）にすぎないようである」という意味だから，空所は「欠けている」に近い意味の語だとわかる。

選択肢はそれぞれ，a.「基本的な」，b.「第一義的な」，c.「二義的な」，d.「不可欠な」という意味だから，正解はcだと判断できる。

8.「この文章で，charades が意味しているのは何か」

charades は「連想ゲーム」のことで，第4段第2文（And she is …）と第7文（Just as with …）に登場するが，第7段冒頭に再度出現し，その文末に the language games of the moment と説明してある。

選択肢はそれぞれ，a.「言語変化」，b.「言語ゲーム」，c.「手話」，d.「言語記号」という意味であるが，正解はbであることは明白。

9.「空所 [　A　]，[　B　]，[　C　] を埋めるのに最もふさわしい語の組み合わせを選びなさい」

まず空所 [　C　] から考える。当該部分は「子どもたちの言葉の理解が私たちとは（　　　）異なる」という意味であるから，[　C　] には「全く」という意味になる語が入るとわかる。選択肢中，その意味に近いのは radically「根本的に」である。よって，aとcに絞れる。空所 [　A　] は「『意味』なるものは，しばしば（　　　）底が浅い」という意味になるが，ここには unexpectedly「意外なほどに」を入れれば，うまく文意が通る。第2段では，「その瞬間の意思疎通をうまくやり過ごすだけの意味さえわかればよい，一般的な概念は気にしなくてもよい」とあることから，厳密な，深い「意味」を求めていないことがわかる。よって，正解はcに決まる。なお promisingly は「前途有望なほどに，未来に希望がもてるほどに」の意。

10.「段落[5]の質問すべてを最もよく説明するのはどれか」

当該段落中の質問はすべて，生死の境界を問うもの。

選択肢はそれぞれ

a.「手に入る明確な解答は何もない質問」

b.「哲学者は誰一人考えたことのない質問」

c.「科学者しか答えられない質問」

d.「心霊，宗教的で明確な解答のある質問」

という意味。第5段第5文（The definition of …）に「解決することのない議論の主題であった」とある。よって，正解はaに決まる。

11.「段落[6]で，筆者のいいたいことの要点は何か」

当該段落は「日常の会話では，厳密な概念の定義は要らない」というこ

とが話題の中心である。

　選択肢はそれぞれ

ａ.「大半の人々は，意味のもつ哲学的な問題に関心をもつ必要はない」

ｂ.「私たちは他者の使う語の定義を記憶する必要がある」

ｃ.「人々が生と死の意味をうまくさばいていく理由はたくさんある」

ｄ.「子どものゲームは，生と死に関して学ぶことの重要部分である」

という意味だから，正解はａに決まる。

12.「似たような類比となるように下線部(5)を置き換えるのに最もふさわしいのはどれか」

　当該下線部は「キングコングのまねをするのに，ゴリラの生物学的な定義（は必要ない）」という意味。これは，「日常生活の中で簡単なことをするのに，難しいことは要らない」という意味。

　選択肢はそれぞれ

ａ.「太陽を研究するのに火星の理解（は必要ない）」

ｂ.「スーパーマリオをするのにパイプの分類（は必要ない）」

ｃ.「体重が200キロもある霊長類だというのにゴリラの意味（は必要ない）」

ｄ.「紙飛行機を作るのに飛行の仕組みに関する科学的な知識（は必要ない）」

　この中で上記の検討にあうのは，ｄである。

13.「下線部(6)の意味はどれか」

　当該下線部は「意思伝達という氷山の隠れた部分」という意味。

　選択肢はそれぞれ

ａ.「意思伝達にとって巨大な障害となる母語の違い」

ｂ.「目に見えず未知のままになっている意思伝達の大部分」

ｃ.「しばしば深く，冷たく，有害な，子どもと大人の間の意思伝達」

ｄ.「世代間の意思疎通で示されない真の意図」

という意味だから，正解はｂに決まる。

14.「本文の要旨として最も適切なのはどれか」

　本文の要旨は「人間の意思伝達では，実は厳密な意味はそれほど大きな役割を果たしていない」ということ。

　選択肢はそれぞれ

a.「人間が言葉を使ってはっきり意思疎通できるのは，共通の理解をすでに分かち合っているからである」

b.「日常的なふれ合いであってさえ，私たちは常にさまざまな概念の意味をうまくさばいていく」

c.「幼い子どもが連想ゲームをするのは，大人と同じように言語を使うのが上手ではないからである」

d.「暮らす国が違えば，話す言葉がないとき，用いられる非言語的な戦略はさまざまである」

という意味だから，正解はbに決まる。

―――――――――――――――― 語句・構文 ――――――――――――――――

(第1段) pre-school「就学前の」　fluent「流ちょうな」　welter「混乱状態，ごった混ぜ」　all too「ひどく」　wail「泣き叫ぶ」　after all「だって～だから（「理由」を表す）」　millennia（複数形）「数千年」　notion「観念，概念」　quicksand「流砂」　analyse「分析する」

(第2段) wrestle「格闘する，取り組む」　only have to *do* to *do*'「～しさえすれば…できる」　deal with～「～を処理する，～に対処する」　outrage「激怒」　queue「行列」　have～in mind「～を考えている」　get by「うまく切り抜ける，なんとかやっていく」　shallow「浅い，浅薄な」

(第3段) developmental psychologist「発達心理学者」　instructive「教育上ためになる，教育的な」　interchange「交換，やり取り」　can tell「わかる，知る」　in between「～の中間に」　distinct「明瞭な，はっきりわかる」　intermediate「中間の，中級の」　carry on with～「～を続ける，続行する」　exclaim「叫ぶ，絶叫する，言う」　statue「彫像，立像」

(第4段) observant「よく見ている，めざとい，観察眼が鋭い」　reasoner「論理的に考える人，推論する人」　astute「機敏な，目先の利く，抜け目のない」　verbal「言葉の，言葉による」　biological organism「生物，生物学的有機生命体」　perspective「遠近法，見方，眺望，展望」　not have the faintest inkling that SV…「SV…であるということなど全くわからない，～などとはこれっぽっちも思わない」　as with～「～と同様に」　interpretation「解釈」　hear a word used「言葉が使われるのを耳にする」　describe *A* as *B*「*A*を*B*だと言う，評する」　well enough

that S V「十分よく～なので S V できる，S V するほど十分にうまく～」
that 節が不定詞と同様に enough と相関的に使われている。conceptual
contradiction「概念的な矛盾」　show up「出現する，姿を現す」

(第5段) S can do no better than X「(S は X よりましなことなど全く
できない→) S にできるのはせいぜい，X くらいなものだ」　descriptive
list「例示表」　reproduce「繁殖する，生殖する」　excrete「排出する，
分泌する」　chemistry「化学反応」　trait「形質，特質」　tricky「扱いに
くい，ひねくれた」　viroid「ウィロイド（小型の RNA からなる植物病原
体)」　replicate「複製する」　autonomously「自律的に」　host「寄主，
宿主」　android「人造人間，ヒト型ロボット」　unresolved「未解決の」
afterlife「来世，死後の生」　criteria<criterion「基準，標準」　cryogenic
「人体冷凍術の」　animation「生命活動」(suspended animation は「仮死
状態」のこと)

(第6段) irrelevant「見当違いの，関連性のない」　What matters is that
S V「重要なのは～ということだ」　get along well「うまくいく」　no
more need A to B than need X to Y「A がなくても B できるのは，X が
なくても Y できるのと同じだ」　mime「～のものまねをする」

(第7段) contradictory「矛盾した，相容れない」　get through ～「～を
切り抜ける，やり抜く」　communicative objective「意思伝達する目的」
linguistic usage「言葉の使い方，語法」　iceberg「氷山」

 **解答**　　**1**—c　**2**—b　**3**—d　**4**—d　**5**—a
6. 4th：b　5th：a　**7**—a　**8**—a　**9**—c
10—d

⋯⋯⋯⋯⋯⋯⋯⋯⋯⋯⋯⋯⋯⋯⋯ **全訳** ⋯⋯⋯⋯⋯⋯⋯⋯⋯⋯⋯⋯⋯

《AI で人間は愚劣化するのか》

[1]　現代の歴史家は 1967 年を特に盛りだくさんの年であると考える。第
三次中東戦争，愛の夏（ヒッピー運動），サージェント・ペッパー（ビー
トルズのアルバム），記録に残る最初の米国人宇宙飛行士たちの死，郊外
ユートピア・ミルトンキーンズの創設。それに，いろいろなことが起こり
すぎて半ば忘れられているが，ことによると全件中最重要かもしれないこ
と。それ以降，我々の脳の一部を使わずに済ますようにしてくれた，最初

の機器の発明である。

[2] ダラスの青年技師，ジェリー＝メリマン氏とその同僚が，その雇用主，テキサス・インスツルメンツのおかげで，カルテック電子計算機を私たちにもたらした。400ドルでシャツのポケットサイズのプラスチック製の箱が手に入ったのである。それについているボタンと記号を押せば，瞬時に，しかも非の打ち所のない正確さで，どんな単純な算術計算問題を聞いても，答えを出してくれたのだ。そしてきわめて重要なことに，その箱がやってのける仕事は目に見えなかった。ソロバンや計算尺は，頭脳労働節約機器だったかもしれないが，それでもなお私たちが，一定の灰白質を使う必要があった。カルテック計算機は私たちをすっかり解放してくれ，日常生活から数学的な退屈をすべて除去してくれた。

[3] メリマン氏の魔法を生み出す役に立ったのは半導体とアルゴリズムだった。そして以来60年間，そして他の同じだけ恵まれた技術者の手中にあって，ずっとそうあり続けてきた。情け容赦のないほどに。

[4] ただ彼らからの贈り物ばかりを，私たちはずっと欲していたのかもしれない。私たちの脳は今や，楽をしていられる。たとえば，私たちが紙の地図を読むのに，あるいは六分儀と羅針盤と経線儀とを使って，自分がどこにいるかを知るのに，どんな大脳の隅々を使っていたにしろ，それらは今や，冷蔵倉庫に保管されることとなった。GPSによってこれまで必要になりそうな方角はすべて示されてしまった。単語の綴り方とか，一番うまい文章の綴り方がはっきりしないって？　（そういう場合は）1980年代以降は，OEDやファウラー現代用法辞典が一冊，至急必要になったりなどすることは，もうなくなってしまった。コモドール社のワードチェックとその後継版が，そうした問題の面倒を見てくれる。

[5] そして1998年4月，ブリスベーンの会議で（現在大富豪の）ペイジとブリンという2人の米国青年による「大規模ハイパーテキスト・ネット検索エンジンの分析」という論文のプレゼンの後，グーグルができ，それがこの四半世紀間，私たちの抱くあらゆる疑問に，ほとんどどんなことに関してでも，数マイクロ秒で答えを出してきた。オープンAI社は，より一層先進的なものを現在生み出しつつあり，それによって，頭脳労働の必要があることでまだ残っていた，ありとあらゆることが吹っ飛んでしまいそうである。

［6］　このことで，この数カ月間，深い絶望感が広まることになった。曰く，私たちの頭は必然的に使われなくなって，萎縮するか，膨張するか，どちらであれ悪いほうになるそうだ。

［7］　悪夢のごときモデル，といっても私たちの身体のことであるが，それは『ウォーリー』のような映画であり，人間は汚染されたゴミだらけの世界を捨てて，準軌道宇宙に浮かぶコクーンの中で死ぬまで暮らすという2008年公開のディストピア的世界観である。ここでは人間が筋力の衰えた無気力な人々に進化してしまい，リクライニングチェアに閉じこもり，粥状高カロリー食をチューブから絞り出して摂りながら，ぼんやりテレビ画面を眺めているのである。

［8］　そこで今やって来るのは，人間の知力に対する同じだけ恐ろしい世界観である。機械が日常的な知的作業をすべて代わりに行うようになって，私たちの脳は文字通り思考しなくなり，私たちの頭は終わりなき白昼夢を見る安息の場となる。私たちの精神は死を迎えるであろう。内在する知識は消え去っていく。もうあまり必要ないのである。いつでもタッチパネルをほんのちょっとこすれば，今やいつでも出てくるのだから。それにつれて，人間の英知という概念は，それが知識と経験の混合物である以上，蒸発してしまうだろう。社会は，ゆっくりともがき，朽ちてゆくだろう，身も心もすべて。

［9］　こうした見方も，私たちの未来の命運の一つである。だが，私は災難を予言しようというのではない。少なくとも，人間の知力に関する限りは。今やすべてが知の地獄へと向かっているという考えは，怪しいと私は思っている。むしろ，楽観するだけの十分な理由が見て取れる。また，私がこの希望を見出すのは，古代ギリシャの六賢人である。彼らこそ，知識という思想それ自体の基礎を築き，それを定義したのだった。ピタゴラス，ソクラテス，プラトン，アリストテレス，ヘロドトス，ユークリッドである。

［10］　これらの人物は，当然時代を経て尊崇を集め，神聖視されてきたが，彼らの知力は基本的に今日の私たちの最上層とほとんど変わらない。ただし一つ重要な点が違う。この男たちが暮らしていた時代には，彼らが知るべきことは，うんと少なかったのである。

［11］　カール゠ポッパーの吹き出しそうになる，よく引かれる発言，「知

は有限だが，無知は無限」は，もちろん客観的真実であるが，それでも現代の知的宇宙の知識量は，古典時代の知的エリート層が存在していた頃に比べて，計り知れないほどに巨大である。この六賢人のような人々はほとんど旅することはなく（アリストテレスは別にして），ほとんど知られていない地理，ほんのわずかしかない歴史，既存のほんのわずかしか書かれなかった先行記載に取り囲まれるのが必然の世界に暮らしていた。

[12]　だから，彼らの知能は，同時代の知識全体にどっぷりとつかっていたとはいえ，ほぼ「白紙」，空っぽに近く，何でも取り込み，考える準備ができており，目的のために準備が整っていた。

[13]　それゆえに，現代の知性は，今日のアルゴリズムが今や「不要」だとみなしかねないあらゆる情報が除去されてしまうや，彼ら同様に考え，探求し，驚嘆し，熟慮し，想像し，独創を生む準備が整うであろう。

[14]　だから私は今日のアルゴリズム革命を，必要不可欠な浄化作業だと考えている。それは，私たちが現代の知的生活でたまりにたまったブリコラージュすべてを除去し，今よりまともな音声対雑音の割合に回帰し，新たなる無邪気さを私たちに恵み，可能性で満たしてくれる手段となる運動なのである。

[15]　夢物語に聞こえるかもしれないが，このできたばかりのポスト AI 社会には，新たなユークリッド，新たなプラトン，新たなヘロドトスの登場を見ることさえあり得る。そうした人物は今，出を待ち構え，ミルトンキーンズを創設したのが誰であれ，その遺灰から復活し，私たちに新版の倫理学を書き著したり，新たに人間の幸福の価値を指し示してくれたりするばかりになっているかもしれない。アリストテレスが 2500 年前，見事にそうしてくれたように。

[16]　電子人間に任せるのが一番かもしれない時間つぶしの見せかけの労働を，私たちの知能から除いてくれることの真の利益がこういうことであるなら，私はそれが待ちきれない。

=====　解　説　=====

1.「筆者が下線部(1)を詳細に論じる理由はどれか」

　当該下線部に対する筆者の評価は，前段落末尾に「それ以降，我々の脳の一部を使わずに済ますことができるようになった，最初の機器」とある。

　選択肢はそれぞれ

a.「筆者は 1967 年を懐かしく思っている」

b.「筆者は，その非の打ち所のない正確性に感銘を受けている」

c.「筆者はそれが，私たちの脳の一部を使わずに済ませられるようにしてくれた最初の機器であると考えている」

d.「筆者は電子計算機が私たちの生活を，この 60 年間安楽にしてくれたことを強調したいと思っている」

という意味。よって，正解は c に決まる。

2.「下線部(2)を置き換えるのに最もふさわしいのはどれか」

　当該下線部は「(灰色の物質→)(脳の)灰白質」という意味。

　選択肢はそれぞれ，a.「計算本能」，b.「脳細胞」，c.「曖昧な発想」，d.「電子計算機」という意味だから，正解は b に決まる。

3.「下線部(3)の『広まった絶望感』を示しているのは誰か」

　それが誰かは，当該下線部の直後の「私たちの頭は必然的に使われなくなって，萎縮するか，膨張するか，どちらであれ悪いほうになる」という発言を語っている人物である。

　選択肢はそれぞれ

a.「毎日しなくてはならない時間つぶしにする仕事の量のせいで，自分の手のことを心配している人々」

b.「実行する必要のある，辛い知的作業について心配している人々」

c.「ディストピア的な見方のせいで，汚染された世界を放棄することになるだろうと心配している人々」

d.「自分の脳を現在のようには使わなくなってしまうだろうと心配している人々」

という意味だから，正解は d に決まる。

4.「筆者が下線部(4)に言及する理由はどれか」

　第 7 段では，「人の身体」が AI に頼りきった未来には映画のような悪夢になってしまうとしている。続く第 8 段冒頭で「同様の悪夢が人の知力（精神）に対してやってくる」とある。つまり nightmare model for our bodies と dire vision for our minds の対比である。なおこの（悪夢の）モデルに対する筆者の姿勢は第 9 段第 2 文（But I am …）に「不同意」だと述べられている。

　選択肢はそれぞれ

a.「筆者は，人々にその映画は未来のディストピア的な見方を提示し，それは悪夢であると警鐘を鳴らしたいと思っている」

b.「筆者は，将来人間はついには，本当に毎日を来る日も来る日も，自宅内でテレビ画面の前で，高カロリーゼリーを食べながら過ごすことになりかねないと心配している」

c.「筆者は，この映画の中で人間の体に起きたのと似たようなことが，将来人間の精神にも起きるだろうと，読者を説得しようと試みている」

d.「筆者は，人間の身体の未来に関する悲観的な見方を，人間精神の未来に関する悲観的な見方と対比したいと思っている」

という意味。よって，正解はdに決まる。

5.「空所 [5A]，[5B]，[5C] に最もふさわしい単語の組み合わせを選びなさい」

与えられている語は「地獄」「楽観」「希望」である。

[5A] 部分は「今やすべてが知の（　　　）へと向かっているという考え」という意味。これは第7段に登場した nightmare model を受けるのだから「地獄」がふさわしいとわかる。

[5B] 部分は「（　　　）だけの十分な理由が見て取れる」の意。ここは先の「地獄に向かっているという考え」に対する「不同意」の継承と読み取れるから，「楽観すること」がふさわしいとわかる。

[5C] 部分は「私がこの（　　　）を見出すのは，古代ギリシャの六賢人である」の意。この部分は先行する「楽観」を受けた叙述なのだから「希望」がふさわしいとわかる。

以上より，aが適当である。

6.「下の5つの選択肢を用いて空所 [6] を最もふさわしい仕方で埋めなさい。4番目と5番目の位置の選択肢を記しなさい」

当該空所部分は「彼らの知能は，…，ほぼ『白紙』，空っぽに近く，（　　　）になっていた」という意味。選択肢から (be) ready to *do*「～するばかりになっている，準備が整っている」，take it all in「何でも取り込む」という意味が読み取れる。そこで (be) ready to take it all in とすれば，文意が通る。

7.「下線部(7)が筆者によって用いられている理由はどれか」

当該下線部は「夢物語に聞こえるかもしれないが」という意味。この後

に続く主節の内容が，「夢物語だ」と周りから言われることをあらかじめ認容していることがわかる。

　選択肢はそれぞれ

ａ．「筆者は，AI 後の社会の知的生活に関する自分の見解に対する批判を予期している」

ｂ．「筆者は，AI 後の社会の新たなる無邪気さの出現に疑いを抱いている」

ｃ．「筆者は，AI 後の社会でアリストテレスの重要性に人々が気づいているかどうかに確信がもてない」

ｄ．「筆者は，AI 後の社会に新たな哲学者が出現するきっかけを AI が作るかもしれないと考えている」

という意味だから，正解はａに決まる。

8.「本文の内容に沿わないのは次のうちどれか」

　選択肢はそれぞれ

ａ．「古代ギリシャに比べると，現代人の頭はほぼ空っぽである」

ｂ．「GPS はほぼ六文儀や羅針盤，経線儀に取って代わった」

ｃ．「AI 技術のおかげで，知的生活は今よりまともな音声対雑音の割合に回帰するかもしれない」

ｄ．「1967 年に発明された最初の電子計算機は，ソロバンとは全く違っていた」

という意味。第 12 段に「古代ギリシャ人の頭はほぼ空っぽだった」とある。よって，不一致なのはａだとわかる。

9.「筆者の考えを最もよく反映しているものは次のうちどれか」

　最終段から，筆者が AI の能力が人間にプラスになるかもしれないと考えていると読み取れる。選択肢はそれぞれ

ａ．「筆者は，AI が未来の人間を怠惰な夢想家に変えてしまうのを恐れている」

ｂ．「筆者は，AI に反対しているのではなく，起きるかもしれないマイナスの影響を心配している」

ｃ．「筆者は，AI によって私たちの知的能力がより十全に発揮できるようになると考えている」

ｄ．「筆者は，AI のアルゴリズムが古代ギリシャの哲学者の才覚を超える

だろうと考えている」

という意味。よって，上記の検討に合致しているのは，cだとわかる。

10.「この文章に最もふさわしい表題は何か」

　本文の主旨は，「AIで人間は怠惰になると思われているが，AIのおかげでくだらないことをせずにすめば，古代ギリシャ世界の再来になるかもしれない」というAI推しである。

　選択肢はそれぞれ

a．「人間の脳は，くつろぐことができるようになるのだろうか」

b．「アリストテレスとカール＝ポッパーは正しかった」

c．「アルゴリズム革命は悪夢である」

d．「AIで人間は愚劣化するのか」

という意味だから，上記のAI推しにふさわしいのはdである。

─────── **語句・構文** ───────

（第1段） count O as C「OをCだと考える」 astronaut「宇宙飛行士」 founding「創建，創設」 suburban「郊外の」 utopia「理想郷，理想の地」 crush「押し合い，雑踏，群衆」 consequential「重要な，重大な」 henceforward「これからは，今後は」

（第2段） courtesy of〜「〜のおかげで，好意によって」 electronic「電子の，電子的な」 calculator「計算機」 instant「瞬間，瞬時」 impeccable「非の打ち所のない，申し分ない」 accuracy「正確，精密」 arithmetical「算数の，計算の，算術の」 abacus「ソロバン」 slide rule「計算尺」 mental labour「頭脳労働」 device「装置，機器」 make use of〜「〜を利用する」 tedium「退屈，単調」

（第3段） semiconductor「半導体」 algorithm「アルゴリズム，計算法」 relentlessly「容赦なく，冷酷に，厳しく」

（第4段） X is all (that) S V…「S V…なのは X だけだ」 wish for〜「〜を望む，欲する」 cerebral「大脳の，脳の」 nook and cranny「隅々」 sextant「六分儀」 compass「羅針盤，方位磁石」 chronometer「経線儀，精密な時計」 put A into storage「A を倉庫で保管する」 urgent need「緊急の必要，必要に迫られること」

（第5段） presentation「プレゼン，発表，説明」 conference「会議，協議，相談会」 anatomy「解剖，分析，詳細な調査」 web search「ネッ

ト検索」 microsecond「マイクロ秒，百万分の一秒」 blow *A* out of the water「*A* を完全にやっつける，撃沈する」 what remains of ～「～のうちで残っていること」

(第6段) inevitably「必然的に」 atrophy「衰える，退化する」 distend「拡張する，膨張する」

(第7段) dystopian「ディストピアの，暗黒郷の」 abandon「放棄する，遺棄する」 choke「窒息させる，詰まらせる」 live out *one's* life「余生を送る，最後まで過ごす」 cocoon「繭，保護するもの（本文では宇宙ステーションのこと）」 suborbital space「準軌道宇宙」 maroon「閉じ込める，置き去りにする」 mush「粥状のどろどろしたもの」 glassily「ガラスのように，ぼんやりと，無表情に」 telescreen「テレビスクリーン」

(第8段) dire「恐ろしい，悲惨な，不吉な」 haven「安息の地，避難所」 daydream「白昼夢を見る，空想にふける」 moribund「瀕死の，絶滅しかけている」 inherent「内在する，固有の，本来備わっている」 on tap「いつでも使える」 evaporate「蒸発する」

(第9段) doom「悲運，破滅，悪い運命」 doomsayer「厄災を予言する人」 so far as S is concerned「S に関する限り」 sextet「六人組，六重奏（団）」 foundation「基盤，根本，基本原則」

(第10段) figure「人物，姿，図形，数字」 revere「あがめる，尊崇する」 sanctify「神聖にする，聖別する，神聖視する」 essentially「本質的に，本来」

(第11段) droll「ひょうきんな，おどけた」 finite「有限の，限界のある，限定された」 infinite「無限の，不定の，果てしない」 objectively「客観的に，事実に基づいて」 contemporary「現代の，同時代の」 immeasurably「計り知れないほど，とても」 classical times「古典時代，古代ギリシャ・ローマ時代」 circumscribe「～の周囲に線を引く，線で取り囲む，境界を定める」 prior「先行する，前の，以前の」 description「記述，叙述，説明」

(第12段) be steeped in ～「～に没頭する，夢中になる，浸りきる」 *tabulae rasae*（複数形）「タブラ・ラサ，何も書かれていない白紙状態」 be primed for ～「～の用意ができている」

(第13段) Which is why ～ ≒ And that is why ～「それゆえに～」 purge

A of *B*「*A* から *B* を取り除いてきれいにする，浄化する」 contemplate「熟考する，熟慮する」

（第 14 段） revolution「革命」 cleanse「洗浄する，清める，浄化する」 rid *A* of *B*「*A* から *B* を取り除く，除去する」 accumulate「蓄積する，貯める，積み上げる」 bricolage「ブリコラージュ（ありあわせのものを利用して作ること）」 sound-to-noise ratio「音声対雑音比」 gift *A* with *B*「*A* に *B* を贈る，与える」

（第 15 段） Fanciful though it may sound ≒ Fanciful as it may sound ≒ Though it may sound fanciful post-AI society「ポスト AI 社会，AI 後社会」 emergence「出現，登場」 in the wings「舞台の袖に隠れて，待ち構えて，控えて」 rise from the ashes「廃墟から立ち上がる，復活する」 the Ethics「倫理学」 *cf.* the Nicomachean Ethics「ニコマコス倫理学」（アリストテレスの主著） afresh「新たに，再び」

（第 16 段） clear *A* of *B*「*A* から *B* を取り除く，一掃する」 can hardly wait「待ちきれない」

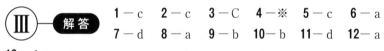

Ⅲ 解答	1 ― c	2 ― c	3 ― C	4 ―※	5 ― c	6 ― a
	7 ― d	8 ― a	9 ― b	10 ― b	11 ― d	12 ― a
13 ― d						

※ 4については，選択肢の記述に不適切な部分があったため，適切な解答に至らないおそれがあると判断し，解答の有無・内容にかかわらず，受験生全員に得点を与える措置が取られたことが大学から公表されている。

·· **全 訳** ··

《なぜ死の直前に意識清明状態が突発するのか》

[1] 数十年の間，研究者やホスピスの看護者，呆然とした家族たちが，畏怖しながら見つめていたのは，アルツハイマーやその他の認知症を患う人々が突然，記憶と人格を死の直前に取り戻す姿であった。家族の人々にとって，それは再出発の機会のように思えるかもしれないが，多くの熟練した医療従事者にとっては，それは死期が近いしるしにもなりかねない。クリストファー＝カー先生は，ニューヨーク州バッファロー市のホスピス・緩和ケア・センター最高執行責任者であり，最高医療責任者であるが，先生は数百人の末期患者の意識清明状態を研究してきた。先生は，こうし

た事態は「たいてい人生最後の数日間に起きます」と語る。このような「終末期清明状態」は，言葉や他者との「連結性」といった認知能力の突発回復と定義される。これは，ジョージ・メイソン・ユニバーシティのアンドリュー＝ピータースン先生に従った定義である。先生は，生命倫理学と意識の研究者であり，ナショナル・インスティテュート・オブ・ヘルスによって委嘱されたその現象の研究論文の共著者である。

[2]　この連結性は，失われた意思疎通能力や状況認識の回復にとどまらない。「清明状態を目にする家族の人々にとって，とても感銘深く思われることは，いわば『昔の本人』の出現ですね」と，ピータースン先生は語る。「彼らは周囲がわかるだけでなく，自分と他者との関係がどういうものかをも理解している明白な証拠があるように思われます」それがあだ名を使うことであったり，昔からの内輪の冗談を言うことであったりしても，である。

[3]　こうした事態が驚くべきことに思えるとはいえ，それらはごくありふれている。「私たちの研究は，はやりの研究ではありません」と語るのは，ジェイソン＝カーラウィッシュ先生（ペン・メモリー・センターの老年病の学者であり，NIH 研究の上級主任研究員）である。にもかかわらず，「私たちが意識清明であるのを見出した時期は，認知症患者では例外というよりむしろ，普通にあることなのです。それが示唆しているのは，そうなれば終わりだという考え方はすべて正しいわけではない，ということです」とつけ加える。代わりに先生が示唆するのは，意識清明の発現は病態の一部であって，異常事態ではないと見るべきだということである。「実際に私たちは，こうした様々な事態が死亡する数カ月，さらには数年前に生じることがあったのを見出したのです」と，カーラウィッシュ先生は述べる。そうであるとしても，カー先生やパーニア先生を含め多くの専門家は，こうした事態の大半は死期の接近と結びついていることで意見が一致している。「彼らは死を迎える支度をしているようなものでしょうか」と，パーニア先生は語る。

[4]　こうした広範な一時的な認知的復活のもつ潜在的な意味は深く大きい。「それが示唆するのは，残っている神経組織があるかもしれない，経路や神経機能とかも，ということです。ことによるとそれが認知機能の回復に役立つかもしれないのです。それがなければ永遠に機能が損なわれた

と考えていた人たちなんですよ，それって」と，ピータースン先生は語る。

[5]　とはいえ，この現象に関する研究はいまだ揺籃期にある。「何らかの形でこういった症状の出現（清明状態）に結びついているかもしれない死の間際に，脳内で何が起きているのか実際はわかっていません」とピータースン先生は言う。このような不確実性にもかかわらず，死の間際や死んだときの脳活動に関する他の研究は，科学者や臨床医に病気や死にかけの脳の内部で起きているプロセスの一部に，より深い洞察を与える可能性がある。

死を迎えるとき脳に何が起きるのか？

[6]　『プロシーディングズ・オブ・ザ・ナショナル・アカデミー・オブ・サイエンス USA』5月号に掲載された研究で，ミシガン大学の研究者は，生命維持装置を外した後，心停止を生じつつあった昏睡状態の4名中2名に，組織的脳活動が急増するのを観察した。この研究は，10年以上に及ぶ動物研究を踏まえていたが，その一つが，2013年の PNAS 研究であり，そこでは心臓毒に暴露されたラットの同期性脳活動の同様の急増が明らかになった。また，2015年の研究では，ラットは窒息死であった。こうした調査のすべてで，研究者はガンマ波の活動が心停止の最初のわずか数分内で急増し，それから停止するのを見出した。ガンマ波は，たいていは覚醒や緊張，記憶想起と結びついた脳波の周波数である。

[7]　ジモ＝ボルジギン先生は，神経学者でありミシガン大学の分子・統合生理学の准教授であるが，この3研究すべてに関与している。臨死の被験者のガンマ波の急増は，先生が「後部皮質の『ホットゾーン』」と呼んでいる脳領域で特に激しかった。そこは，頭蓋後部に位置している。他の研究者の一部は，この領域は意識的経験にも，不可欠なのかもしれないと考えている。この領域の脳部位は，視覚，聴覚，運動知覚に関係するが，その知覚は，臨死体験をして回復した人が報告する体外離脱体験に関係していると先生が信じている現象である。昏睡状態の人間で観察されたものに類似したガンマ波活性化パターンは，健康な人間の，おなじみの映像，たとえば人間の顔などの認知が含まれる活動と関係していると，先生は付言する。

[8]　人間と動物の研究両方で，実験対象の脳は，酸素供給の急減の後に

活動の急増を示したと，ボルジギン先生は語る。「それが酸素を取り戻すために，この恒常性の仕組みを活性化させるわけです。激しく呼吸するか，心拍を速くするかのどちらかでね」と，先生は付言する。ボルジギン先生が立てている仮説は，心停止となったヒトや動物で観察された，より複雑な脳活動の急増の多くは，脳が恒常性すなわち生物的平衡を，酸素欠乏を探知した後，再確立しようとしている結果でもあるというものである。先生はさらに推測を進めて，こうした生存機能は，死をめぐる認知の他の変化に関係しているのかもしれないと考える。「私は，認知症患者の終末期清明状態は，脳の行うこうした類の最後の最後の努力のおかげかもしれないと思っています」とボルジギン先生は語る。それは，生理組織が不全となったときに自らを保護するためになされるのである。

[9] NYUランゴンのパーニア先生は，酸素不足に対する脳の反応は，少なくとも一部，臨死清明経験の原因であるとすることに賛成である。2017年から2020年にかけて，パーニア先生はAWARE IIと命名された研究を主導した。研究者が米国と英国の500名以上の心肺蘇生法を実施された重篤患者の脳活動を監視する研究であった。患者は心肺蘇生法を受けながら視聴覚刺激に暴露された。心停止後の出来事の記憶を検査するためであった。生き延びた人々は後に，蘇生過程中に，どれだけの意識があったかに関して，面接を受けた。パーニア先生によれば，生存者5人に1人が心停止後に起きた清明経験を報告した。AWARE IIチームは心肺蘇生法実施中に脳活動の不意の急増をも観察したと，先生は語る。「心停止から20秒以内に，脳は死んでしまいます」と，先生は語る。しかし，「たいてい5分以内に，まあ，長引くこともありますが，ほんの短期間の脳電流の復活を見ることになります」。先生は，観察される脳活動の周波数は，意識経験と結びついた周波数に近いと付言する。

[10] パーニア先生は，死にゆく脳が，日々の暮らしを営む間，個別の課題に集中できるようにしてくれる通常の抑圧機能を失うのだと思っている。「死ぬ際には，脳は酸素と栄養がなくなり，それで終了となるのです」と，先生は語る。「この終了過程がブレーキを外すのです…，それで突然起きるらしいことは，正常時は接続できない部分の脳に接続できるようになるのです…。すべての思考，記憶，他のあらゆる人々との交流が出現します」　しかし，先生は，心停止を経験する人々は，清明状態を経験するの

であって，幻覚ではないことを強調する。「錯覚ではないのです」と，パーニア先生は自分の研究した蘇生者について語り，彼らが経験しているのは，「夢でも幻覚でもない」という。先生の以前の研究は，蘇生した重篤患者が中心であったとはいえ，先生は昏睡状態であったり，認知症を患ったりしている人々の終末期清明状態は，類似過程の産物なのかもしれないと思っている。先生は後者の現象の研究に，最近は加わっている。

[11]　死にゆく人々の覚醒経験の完全な説明は，つかみどころのないままである。しかし，研究の描く死の構図はますます，信じがたいほどに活発で複雑なものとなっており，ことによるとさらに重要なことに，カー先生の説明するとおり，「人間らしいもの」になっている。認知症のある人々に関しては，カーラウィッシュ先生は，そうした人たちの意識は，変わり果てて二度と取り戻せなくなっていると考えたりせず，「彼らの心になお細心の注意を払わなければいけないのです。一部はまだ残っているのですから。ひどく損傷しているとしても，です」と語る。

出典追記：Why Dying People Often Experience a Burst of Lucidity, Scientific American on June 12, 2023 by Jordan Kinard

=== **解　説** ===

1.「空所 α を埋めるのに最もふさわしいのはどれか」

当該空所部分は「清明状態を目にする家族の人々にとって，とても（　　　）思われることは，いわば『昔の本人』の出現である」という意味。認知症だった人が元に戻るのを目にした家族がどう思うかを考える。

選択肢はそれぞれ，a.「キラリと光る」，b.「ありふれた」，c.「感銘深い」，d.「稀な」という意味だから，c がふさわしいとわかる。

2.「空所 β と γ を埋めるのに最もふさわしい語の組み合わせを選びなさい」

当該空所部分は「意識清明の発現は（　　　）の一部であって，（　　　）事態ではないと見るべきだ」という意味。第3段第3文（Nevertheless, he adds, …）に「認知症患者では例外というよりむしろ，普通にある」と述べられているから，β には「普通のこと」，γ には「例外的なこと」を表す言葉が入るとわかる。

選択肢に含まれる単語はそれぞれ，abnormal「異常な」，disease「病気」，afterlife「あの世，来世」，exceptional「例外的な」という意味。よ

って，βには disease が，γには abnormal または exceptional がふさわ
しいとわかる。そうなっているのは，cである。

3.「空所A，B，C，Dは，次の文がどこに入るかを示している。最も
ふさわしいものを選びなさい」

　入れるべき文は「とはいえ，この現象の研究はいまだに揺籃期である」
という意味。よって，この文の後には，研究がまだまだ不足していること
を示す文がくるとわかる。そうなっている箇所は，「私たちは実は，…ど
んなことが脳の中で起きているのかわからないのです」が続いている空所
Cである。

5.「段落[6]のラットを使った実験の記述で，言及されていないのは次の
うちどれか」

　選択肢はそれぞれ

a.「脳活動は毒が与えられた後に観察された」

b.「ガンマ波の活動は酸素不足になったときに観察された」

c.「組織的な脳活動の急増は，最後の数日間生きていたときに観察され
た」

d.「心臓が止まった後の時期に，もっとはっきり覚醒していたかもしれ
ない」

という意味。本文にはラット実験において「最後の数日間」という言及は
ない。よって，正解はcに決まる。

6.「段落[7]・[8]のジモ＝ボルジギン先生の主張に一致しないものは，
次のうちどれか」

　選択肢はそれぞれ

a.「人と動物の両方が含まれる実験で，実験対象の脳活動は酸素レベル
が突然低下した後，減少した」

b.「頭蓋後部近くの脳領域は，死に向かう個人の身体離脱経験と関係す
る」

c.「昏睡状態の患者のガンマ波活性化のパターンは，よく知っている映
像を識別する健常人に見られる様式に類似している」

d.「脳が酸素不足を認識したとき，生物学的均衡を回復しようとする試
みは，終末期清明状態の原因かもしれない」

という意味。第8段第1文（In both the …）に「酸素供給の急減の後に

活動の急増を示した」とある。よって，ａの記述は不一致だとわかる。

7.「段落[8]とそれ以前の２つの段落の関係をどう評するのが最も適当か」

　第８段に述べられているのは，先行段落の研究成果をもとに，仮説が立てられているということである。

　選択肢はそれぞれ

ａ．「段落[8]は，先行段落を補強する追加の証拠を提供する」

ｂ．「段落[8]は，先行段落の成果をまとめている」

ｃ．「段落[8]は，先行段落の記述を批判している」

ｄ．「段落[8]は，先行段落で提供された議論を深めている」

という意味。上記の検討に合致するのは，ｄだと判断できる。

8.「AWARE II 研究の説明として適切でないものは，次のうちどれか」

　選択肢はそれぞれ

ａ．「心停止数秒前に脳活動は消失するのがわかった」

ｂ．「研究者は危篤患者の脳活動を監視した」

ｃ．「蘇生過程の患者の記憶が探査された」

ｄ．「研究者は心肺蘇生法実施中に脳活動が予期せず急増するのを観察した」

という意味。第９段第３文（The patients were …）に「心停止後の出来事の記憶を検査するため」とある。よって，ａが一致しないとわかる。なお，ｂは同段第２文（Between 2017 and …），ｃは同段第３・４文（The patients were … the resuscitation process.），ｄは同段第６文（The AWARE II …）にそれぞれ一致する。

9.「下線部(1)の言い換えとして最もふさわしいのはどれか」

　当該下線部は「錯覚の」という意味。

　選択肢はそれぞれ，ａ．「珍しい」，ｂ．「誤解した」，ｃ．「筋の通った」，ｄ．「心理的な」という意味。よって，一番近いのはｂだと判断できる。

10.「下線部(2)の意味に最も近いのはどれか」

　当該下線部は「つかみどころがない，とらえにくい」という意味。

　選択肢はそれぞれ，ａ．「前途有望な」，ｂ．「不完全な」，ｃ．「圧倒的な」，ｄ．「有意義な」という意味。よって，一番近いのはｂといえる。

11.「ジェイソン＝カーラウィッシュ先生は，認知症を患う人々をどう考

えているか」

　同先生の考えは最終段末尾（"we should still …）に「その心になお細心の注意を払わなければいけないのです。一部はまだ残っているのですから。ひどく損傷しているとしても」と述べられている。

　選択肢はそれぞれ

a．「その人々の意識は，信じがたいほどに活発なままである」

b．「その人々の意識は徐々に消えていく」

c．「その人々の意識は永遠に損なわれている」

d．「その人々の意識は一部は変わらずに残っている」

という意味だから，正解はdに決まる。

12.「筆者は（　　　　）と本文から推論できると考えるのが妥当である」

　選択肢はそれぞれ

a．「認知能力の衰えは，後戻りできない過程であるという考えを疑わしく思っている」

b．「科学的な思考をもとに，死に関して迷信を抱いている」

c．「死に向かう過程を検証する新理論を確立した」

d．「心停止の処理に対する投資を支援している」

という意味。最終段落に述べられているのは，「認知機能を失っているように見える人間にも，回復の可能性は残されている」ということ。rather than assuming their consciousness has been irrevocably changed「取り戻すことができないように変化してしまったと想定するのではなく…」や，some aspects are still there「いくつかの意識の側面はまだそこに（生きて）ある」とあることからわかる。これに合致するのは，aだと判断できる。

13.「この本文に最も適切な表題は何か」

　本文の主旨は「終末期清明状態の研究からわかったこと」である。

　選択肢はそれぞれ

a．「心停止となるとき人間の脳に何が起きるか」

b．「アルツハイマー病の患者が死に向かうときに何を経験するか」

c．「脳科学は生と死をどう説明するか」

d．「なぜ死に向かう人々はよく清明期の発現を経験するのか」

という意味。上記の主旨に最もふさわしいのは，dだとわかる。

~~~~~~~~~~~~~~~~ 語 句 ・ 構 文 ~~~~~~~~~~~~~~~~

(第1段) stunned「唖然としている，呆然としている」 dementia「認知症」 a second lease on life「人生の第2ラウンド（lease は「人生での限られた期間」という意味）」 chief executive officer「最高執行責任者」 palliative care「緩和ケア」 lucid「意識清明な，正気の」 terminally ill people「末期患者」 terminal lucidity「終末期清明状態」 cognitive「認知の，認知的な」 bioethics「生命倫理（学）」 co-author「共同執筆する」 phenomenon「現象」 commission「委任する，委嘱する」

(第2段) situational awareness「状況認識」 additionally「そのうえ，さらに加えて」 be it the use… ＝whether it may be the use… longstanding「ずっと昔からの，長く行われている」 inside「内情に通じた」

(第3段) As surprising as these events might seem＝Though these events might seem surprising prevalence「普及，流行，優勢」 gerontologist「老人学，老年学」 investigator「調査員，研究員」 episode「（病気の）段階，期間，発現」 a variety of ～「さまざまな～」

(第4段) potential「潜在的な，起こりうる」 implication「影響，結果，含意」 temporary「一時的な，束の間の」 resurgence「復活」 neural network「神経組織，神経網」 pathway「通路，進路，細道」 impair「害する，損なう」

(第5段) uncertainty「不確実性，不明確，曖昧」 provide A B「A（人）に B（もの）を供給する」 clinician「臨床医，臨床学者」 diseased「病気にかかった，罹患した」

(第6段) surge「急上昇，急増，殺到，大波」 life support「生命維持装置」 build on ～「～を足場とする」 PNAS＝Proceedings of the National Academy of Sciences synchronized「同期した，同期性の」 cardiac toxin「心臓毒，心臓に害になる毒素」 typically「たいていは，概して」 wakefulness「目がさえていること」

(第7段) neurologist「神経学者」 associate professor「准教授」 physiology「生理学」 subject「被験者，実験動物」 intense「強烈な，激しい」 refer to O as C「O を C と呼ぶ」 posterior cortical「（頭蓋）後部皮質の」 hot zone「慎重な対処を要する危険地域」 auditory「聴覚

の，聴覚にかかわる」 out-of-body experience「体外離脱体験」 activation「活性化，活動化」 akin to〜「〜に似通っている，類似している」

（第8段） spike「（グラフの）山形に折れた部分，急増，急上昇」 hypothesize that S V「S V であると仮定する」 biological equilibrium「生物学的平衡，生物平衡」 speculate that S V「S V と推測する，見当をつける」 last-ditch「のっぴきならない，死力を尽くした」

（第9段） be responsible for〜「〜の原因である」 monitor「監視する，監視調査する」 audiovisual「視聴覚の，視聴覚による」 stimuli＝ stimulus「刺激」の複数形。flatline「（脳波の水平化→）生命活動の徴候を失う，死ぬ」 reemergence「再出現」 transient「一時的な，束の間の」

（第10段） suppression「抑圧，抑制，鎮圧，隠蔽」 day-to-day「毎日起きる，日々の」 shut down「電源が切れる，終了する，落ちる」 hallucination「幻覚，幻影，妄想」 participate in〜「〜に参加する」

（第11段） incredibly「信じがたいほど，とても」 humanized「人間らしい，人間的な」 irrevocably「取り返しがつかないほど，取り戻せないほど」 pay close attention to〜「〜に細心の注意を払う」

講評

2024 年度も 2023 年度同様，読解問題だけの構成である。小問数は 2023 年度の 32 問から増加して 37 問となった。総語数は 3400 語弱で，2023 年度に比べると 1 割減少したが，試験時間は 90 分なので，1 分当たり 40 語程度の速度でないと，問題を読み切ることさえできない計算である。受験生には非常に厳しい出題が続く。

Ⅰは，幼児の言語特性を論じる評論文で，一般書籍からの出題。発達心理学と言語論を融合した論述で，身近な話題であったが，幼児語，あるいはその発想をうまくつかめるかどうかがポイント。設問 4 に苦しめられた受験生もいたことだろう。

Ⅱは今話題の「テクノロジー論」で，2023 年度に続き英国の高級紙『ガーディアン』からの出題。ユーモアもあり，ひねりもきいていて，

読解にかなりの力を要する問題だった。その意味で設問 9 および 10 で戸惑った受験生が多かったかもしれない。

　Ⅲは「終末期清明状態」を論じる評論文で，こちらも 2023 年度に続き『サイエンティフィック・アメリカン』誌からの出題。医療系学部でみられるような文章で，詳細な注があるにしても，論旨把握に手こずった受験生は少なくなかったと思われる。

　総じて，強固な文法的基礎の上に，十分な語彙力と読解スピードが備わっている英語力が必要な問題ばかりである。英文が読めていれば，設問は解ける。その意味では素直な出題なのである。だが，単語の意味を並べるだけだったり，大雑把な意味がなんとなくわかる程度だったりの英語力では，解けない。大学で学問をするのに必要十分な英語力を身につけるべしという大学の発する強いメッセージを受け取ろう。それに応えて一歩ずつ，コツコツ努力を重ねよう。語学の王道，日々の努力の積み重ねである。今から，始めよう。

$$数\quad学$$

①

(1) 分子・分母をそれぞれ2進法で表してから、2進法で割り算の筆算をすればよい。これが一番自然な発想である。その他の解法として無限級数を利用する方法もあるが、この場合は式変形を工夫する必要がある。

(2) 一見難しそうに見えるが、図を描きながら考えればそれほど難しくはない。答えを出すだけなら簡単である。

(3) これも一見難しそうに見えるが、図を描いてみれば簡単である。図形の対称性に注意して考えること。

(4) 与えられた変換によって、三角形 OAB がどのような図形にうつされるかを調べれば答えを出すのには十分である。三角形 OAB の辺ごとに確認するとよい。

解 答 (1) $0.0\dot{1}1100\dot{0}_{(2)}$ (2) $\sqrt{2}$ (3) 6 (4) $\dfrac{1}{6}$

解 説

《小問4問》

(1) $4=2^2=100_{(2)}$, $9=2^3+1=1001_{(2)}$ より

$4 \div 9$ すなわち $100_{(2)} \div 1001_{(2)}$

を計算すればよい。

右の筆算により

$$\frac{4}{9}=0.0\dot{1}1100\dot{0}_{(2)}$$

```
           0.01110001
1001)100
     1001
      111
     1001
      101
     1001
        1
     1001
      111
```

別解 $\dfrac{4}{9}$ を $\displaystyle\sum_{k=0}^{\infty}\dfrac{a_k}{2^k}$ (a_k は 0 または 1) の形で

表すことが目標である。そこで、$\dfrac{4}{9}$ に無限級数を利用することで、$\dfrac{1}{2}$ の累乗の和で表すことを考えてもよい。

$$\frac{4}{9} = \frac{28}{63} = \frac{28}{2^6 - 1}$$

$$= \frac{2^4 + 2^3 + 2^2}{2^6} \cdot \frac{1}{1 - \frac{1}{2^6}}$$

$$= \left(\frac{1}{2^2} + \frac{1}{2^3} + \frac{1}{2^4}\right)\left\{1 + \frac{1}{2^6} + \left(\frac{1}{2^6}\right)^2 + \cdots\right\}$$

$$= 0.0111_{(2)} \times \left\{1 + \frac{1}{2^6} + \left(\frac{1}{2^6}\right)^2 + \cdots\right\}$$

$$= 0.0111_{(2)}$$
$$\quad + 0.000000\,|\,0111_{(2)}$$
$$\quad + 0.000000\,|\,000000\,|\,0111_{(2)}$$
$$\quad + \cdots$$
$$= 0.0\overset{\cdot}{1}11000_{(2)}$$

（注）　記号 | は目印のための線

(2)　1 辺の長さが 1 である立方体の 2 つの頂点を結ぶ線分の長さは，小さい方から順に

$$1,\ \sqrt{2},\ \sqrt{3}$$

であるが，頂点がすべて格子点である正 6 角形で 1 辺の長さが 1 であるものは明らかに存在しない。そこで，1 辺の長さが $\sqrt{2}$ となるものを探す。

　まず，xy 平面上に，2 点

$$A(0,\ 0,\ 0),\ B(1,\ 1,\ 0)$$

をとり，次に

$$C(1,\ 2,\ 1)$$

をとると

$$\overrightarrow{BA} = (-1,\ -1,\ 0),\ \overrightarrow{BC} = (0,\ 1,\ 1)$$

であるから

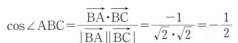

$$\cos\angle ABC = \frac{\overrightarrow{BA} \cdot \overrightarrow{BC}}{|\overrightarrow{BA}||\overrightarrow{BC}|} = \frac{-1}{\sqrt{2} \cdot \sqrt{2}} = -\frac{1}{2}$$

より

$$\angle ABC = 120°\quad（これは正 6 角形の一つの内角の大きさ）$$

　これにより，6 つの頂点を次のように選べば，頂点がすべて格子点であ

る正6角形で1辺の長さが $\sqrt{2}$ であるものが作れることがわかる。

A$(0,\ 0,\ 0)$, B$(1,\ 1,\ 0)$, C$(1,\ 2,\ 1)$

D$(0,\ 2,\ 2)$, E$(-1,\ 1,\ 2)$, F$(-1,\ 0,\ 1)$

この6つの点を頂点とする正6角形は、上の図のような立方体を4点 A, B, D, E を通るように切断したときの断面であるから、この6つの点は同一平面上にある。

⑶　x 軸と直線 $y=\dfrac{\sqrt{3}}{3}x$ が対称軸である

ことから、次の直線も対称軸であることが わかる。

　　　直線 $y=-\dfrac{\sqrt{3}}{3}x$

さらに

　　　直線 $y=\sqrt{3}\,x$, 直線 $y=-\sqrt{3}\,x$

ここで、対称軸について

　　　・対称軸は多角形の辺の垂直二等分線である。

または

　　　・対称軸上に多角形の頂点がある。

のいずれかが成り立つことに注意する。

　以上のことから、条件を満たす多角形のうち、辺の数が最小となるのは 正6角形であることがわかる。

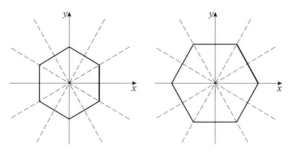

⑷　三角形 OAB の周および内部にある点 $(x,\ y)$ は

　　　$0\leqq x\leqq 1$　かつ　$0\leqq y\leqq x$

を満たす。

　　　$X=x+y$, $Y=xy$ とおくと、x, y は t の2次方程式 $t^2-Xt+Y=0$ の

実数解である。$0 \leqq y \leqq x \leqq 1$ より，この 2 次方程式のすべての解が 0 以上 1 以下であるような X，Y の条件を求める。

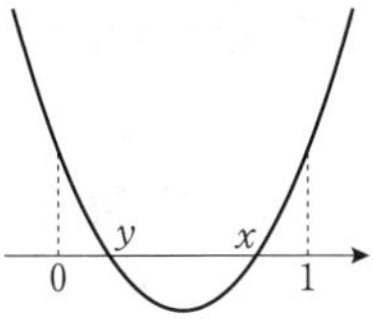

$f(t)=t^2-Xt+Y$ とおくと，条件は

$f(0) \geqq 0$，$f(1) \geqq 0$

$X^2-4Y \geqq 0$　（判別式の条件）

よって

$$Y \geqq 0 \quad \text{かつ} \quad Y \geqq X-1 \quad \text{かつ} \quad Y \leqq \frac{1}{4}X^2$$

以上より，右図の網かけ部分の面積を求めればよい。

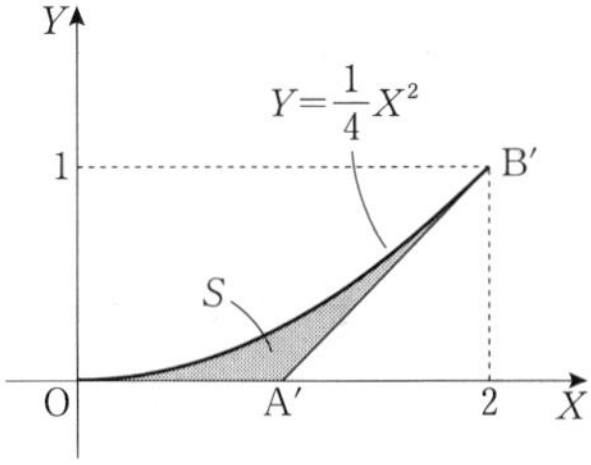

求める面積を S とすると

$$S=\int_0^2 \frac{1}{4}X^2 dX-\frac{1}{2}\times 1\times 1$$

$$=\left[\frac{1}{12}X^3\right]_0^2-\frac{1}{2}$$

$$=\frac{2}{3}-\frac{1}{2}=\frac{1}{6}$$

2

発想

(1) まず何をしたらよいのか，とまどうだろう。このような場合，とにかく与えられた条件から得られることを，できる限りたくさん書き出してみることが重要である。その中から証明に使えそうなものを拾っていくとよい。

(2) これもただちに方針は立てにくい。(1)の証明の中でわかったことをよく観察して，題意の集合の“正体”を見抜くことがポイントになる。この正体がつかめると解答への道筋が見えてくる。

解答　**(1)** 条件 P からただちに

$$z_k \neq 1 \quad (k=1,\ 2,\ 3)$$

であることがわかる。

次に，条件 P から

$$z_1=z_2{}^s \quad \cdots\cdots ①, \quad z_1=z_3{}^t \quad \cdots\cdots ②$$

を満たす整数

$$s, \ t \quad (\text{ただし}, \ s \neq 1, \ t \neq 1, \ s \neq t)$$

が存在することがわかり，さらに

$$z_2 = z_1{}^p \quad \cdots\cdots ③, \ z_3 = z_1{}^q \quad \cdots\cdots ④$$

を満たす整数

$$p, \ q \quad (\text{ただし}, \ p \neq 1, \ q \neq 1, \ p \neq q)$$

が存在することがわかる。

①と③より

$$z_1 = z_2{}^s = (z_1{}^p)^s = z_1{}^{sp}$$

よって　　$z_1{}^{sp-1} = 1 \quad \cdots\cdots ⑤$

②と④より

$$z_1 = z_3{}^t = (z_1{}^q)^t = z_1{}^{tq}$$

よって　　$z_1{}^{tq-1} = 1 \quad \cdots\cdots ⑥$

⑤より　　$|z_1|^{sp-1} = 1$

⑥より　　$|z_1|^{tq-1} = 1$

よって，$|z_1| \neq 1$ とすると

$$sp - 1 = 0 \quad \text{かつ} \quad tq - 1 = 0$$

となるが，$s, \ t, \ p, \ q$ はすべて 1 でない整数であることから

$$s = t = p = q = -1$$

このとき，$z_2 = z_3 = z_1{}^{-1}$ となり，$z_2 \neq z_3$ に反する。

したがって　　$|z_1| = 1$　　　　　　　　　　　　　　　　　　　（証明終）

上の計算から

$$sp - 1 \neq 0 \quad \text{または} \quad tq - 1 \neq 0$$

であることがわかるが，値が 0 でない方の値を r とすると

$$z_1{}^r = 1$$

であるから

$$z_1{}^{-r} = 1$$

も成り立つ。

よって，r は自然数（正の整数）としてよい。

以上より

$$\{z_1{}^n \mid n \ \text{は整数}\} = \{1, \ z_1, \ z_1{}^2, \ \cdots, \ z_1{}^{r-1}\}$$

となり，要素の個数は有限（r 個）である。 （証明終）

(2) (1)の証明より

$$\{z_1{}^n \mid n \text{ は整数}\} = \{z_2{}^n \mid n \text{ は整数}\} = \{z_3{}^n \mid n \text{ は整数}\}$$

は 1 の r 乗根の全体からなる集合であり，また，z_1, z_2, z_3 はいずれも 1 ではないことに注意すると，$r \geqq 4$ でなければならない。

(i) $r = 4$ のとき

1 の 4 乗根は

$$z = \cos\frac{2k\pi}{4} + i\sin\frac{2k\pi}{4} \quad (k = 0, 1, 2, 3)$$

$$= 1, i, -1, i$$

であり，互いに異なる複素数 z_1, z_2, z_3 は i, -1, i のいずれかである。

$$(-1)^2 = 1$$

であるため

$$\{(-1)^n \mid n \text{ は整数}\} = \{1, -1\}$$

となり不適。

(ii) $r = 5$ のとき

1 の 5 乗根は

$$z = \cos\frac{2k\pi}{5} + i\sin\frac{2k\pi}{5} \quad (k = 0, 1, 2, 3, 4)$$

であり，この場合，1 以外の 4 つの値から，z_1, z_2, z_3 として，どのように異なる 3 つの値を選んでも，条件 P を満たすことは明らかである。

以上より，集合 $\{z_1{}^n \mid n \text{ は整数}\}$ は

$$\left\{ \cos\frac{2k\pi}{5} + i\sin\frac{2k\pi}{5} \mid k = 0, 1, 2, 3, 4 \right\} \quad \cdots\cdots(答)$$

=============== 解説 ===============

《複素数の累乗からなる集合》

(1) ただちに解答の道筋が見えてこない難しい問題である。まずは，条件 P から得られる内容を書き出してみる。そこから，証明したい事柄に使えそうなものを考えながら，試行錯誤するしかない。条件 P を漏れなく活用するという意識がポイントになる。

(2) (1)の証明の中で明らかになったことに注意して考える。特に，問題の集合の“正体”（1 の累乗根の集合）を見抜くことがポイントである。

③

～～～～～～～～～＼ 発 想 ／～～～～～～～～～

(1) 点 P における法線の方程式がただちに確認できるので，あとは PQ=1 という条件と，点 Q の y 座標が点 P の y 座標よりも大きいという条件に注意すれば，点 Q の座標は容易に求まる。

(2) 導関数を求めて，その正負を考察するだけである。

～～～～～～～～～～～～～～～～～～～～～～～～～～

解答

(1) $y=x^2$ より $y'=2x$

点 P$(t,\ t^2)$ における接線の方程式は

$y-t^2=2t(x-t)$ すなわち $2t(x-t)-(y-t^2)=0$

よって，点 P$(t,\ t^2)$ における法線の方程式は

$(x-t)+2t(y-t^2)=0$

そこで，Q$(X,\ Y)$ とおくと

$(X-t)+2t(Y-t^2)=0$ ……①

また，PQ=1 より

$(X-t)^2+(Y-t^2)^2=1$ ……②

①，②より，X を消去すると

$\{-2t(Y-t^2)\}^2+(Y-t^2)^2=1$

$(4t^2+1)(Y-t^2)^2=1$

より $Y-t^2=\pm\dfrac{1}{\sqrt{4t^2+1}}$

ここで，条件より，$Y>t^2$ であるから

$Y-t^2=\dfrac{1}{\sqrt{4t^2+1}}$

よって，①より $X=t-\dfrac{2t}{\sqrt{4t^2+1}}$

すなわち $f(t)=t-\dfrac{2t}{\sqrt{4t^2+1}}$ ……(答)

(2) $f(t)=t-\dfrac{2t}{\sqrt{4t^2+1}}$ より

$f'(t)=1-\dfrac{2\cdot\sqrt{4t^2+1}-2t\cdot\dfrac{4t}{\sqrt{4t^2+1}}}{4t^2+1}$

$$=1-\frac{2(4t^2+1)-8t^2}{(4t^2+1)\sqrt{4t^2+1}}$$

$$=1-\frac{2}{(4t^2+1)^{\frac{3}{2}}}$$

そこで

$$f'(t)=1-\frac{2}{(4t^2+1)^{\frac{3}{2}}}>0$$

とすると

$$(4t^2+1)^{\frac{3}{2}}>2 \qquad 4t^2+1>2^{\frac{2}{3}}$$

より

$$t^2>\frac{2^{\frac{2}{3}}-1}{4}$$

$t\geqq0$ より $\qquad t>\dfrac{\sqrt{2^{\frac{2}{3}}-1}}{2}$

以上の計算より，次のことがわかる。

$0<t<\dfrac{\sqrt{2^{\frac{2}{3}}-1}}{2}$ のとき，$f'(t)=1-\dfrac{2}{(4t^2+1)^{\frac{3}{2}}}<0$　（$f(t)$ は減少）

$t>\dfrac{\sqrt{2^{\frac{2}{3}}-1}}{2}$ のとき，$f'(t)=1-\dfrac{2}{(4t^2+1)^{\frac{3}{2}}}>0$　（$f(t)$ は増加）

したがって，求める最小値は

$$f\left(\frac{\sqrt{2^{\frac{2}{3}}-1}}{2}\right)=\frac{\sqrt{2^{\frac{2}{3}}-1}}{2}-\frac{\sqrt{2^{\frac{2}{3}}-1}}{\sqrt{2^{\frac{2}{3}}}}$$

$$=\frac{\sqrt{2^{\frac{2}{3}}-1}}{2}-\frac{\sqrt{2^{\frac{2}{3}}-1}}{2^{\frac{1}{3}}}$$

$$=\frac{\sqrt{2^{\frac{2}{3}}-1}}{2}-\frac{2^{\frac{2}{3}}\sqrt{2^{\frac{2}{3}}-1}}{2}$$

$$=-\frac{(2^{\frac{2}{3}}-1)\sqrt{2^{\frac{2}{3}}-1}}{2}$$

$$=-\frac{1}{2}(2^{\frac{2}{3}}-1)^{\frac{3}{2}} \quad \cdots\cdots（答）$$

━━━━━━━━━━ 解 説 ━━━━━━━━━━

《放物線の法線，関数の最大・最小》

⑴　点 P における接線の方程式を確認すれば，点 Q における法線の方程式もわかる。あとは，条件 PQ＝1 と，点 Q の y 座標が点 P の y 座標よりも大きいことに注意すれば，点 Q の座標が求まる。

⑵　関数 $f(t)$ の増減を確認すればよく，基本問題である。

⧼ 発 想 ⧽

⑴　後の計算を楽にするために，まず軌跡の対称性を調べておくとよい。

⑵　軌跡の対称性に注意して，曲線で囲まれた部分のうち，第 1 象限の面積を計算すればよい。

⑶　これは回転体の体積の典型的な基本問題である。

解答

⑴　$P(\cos\theta,\ \sin\theta)$, $Q(\cos3\theta,\ \sin3\theta)$　より
$$R(\cos\theta,\ \sin3\theta)$$
である。

　まず，点 R の軌跡である曲線の対称性について調べておく。

　そこで
$$x(\theta)=\cos\theta,\quad y(\theta)=\sin3\theta$$
とおくと
$$x(2\pi-\theta)=\cos(2\pi-\theta)=\cos(-\theta)=\cos\theta=x(\theta)$$
$$y(2\pi-\theta)=\sin(6\pi-3\theta)=\sin(-3\theta)=-\sin3\theta=-y(\theta)$$
であるから，点 R の軌跡である曲線は，x 軸に関して対称である。

　さらに
$$x(\pi-\theta)=\cos(\pi-\theta)=-\cos\theta=-x(\theta)$$
$$y(\pi-\theta)=\sin(3\pi-3\theta)=\sin(\pi-3\theta)=\sin3\theta=y(\theta)$$
であるから，点 R の軌跡である曲線は，y 軸に関して対称である。

　以上の計算から，$0\leqq\theta\leqq\dfrac{\pi}{2}$ の範囲について調べればよい。

$x(\theta)=\cos\theta$ より

$$x'(\theta)=-\sin\theta$$

$y(\theta)=\sin3\theta$ より

$$y'(\theta)=3\cos3\theta$$

また，$x(\theta)=0$ となるのは

$$x=\frac{\pi}{3}$$

のときである。

よって，$0\leqq\theta\leqq\frac{\pi}{2}$ の範囲における，$x(\theta)$，$y(\theta)$ の増減の様子は下表のようになる。

θ	0	$\cdots$	$\frac{\pi}{6}$	$\cdots$	$\frac{\pi}{2}$
$\dfrac{dx}{d\theta}$		$-$	$-$	$-$	
$\dfrac{dy}{d\theta}$		$+$	0	$-$	
x	1	$\searrow$	$\dfrac{\sqrt{3}}{2}$	$\searrow$	0
y	0	$\nearrow$	1	$\searrow$	-1

この増減の様子と，初めに考察した対称性により，点 R の軌跡の概形は下図のようになる。　……(答)

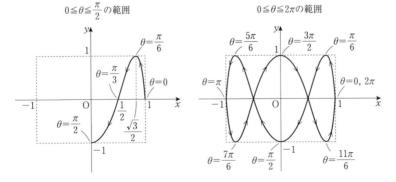

(2)　求める面積を S とするとき，対称性に注意して，曲線の $0\leqq\theta\leqq\frac{\pi}{2}$ に対応する部分 $y=y(x)$ を考えることにより

$$\frac{1}{4}S=\int_0^{\frac{1}{2}}(-y)\,dx+\int_{\frac{1}{2}}^1 y\,dx$$

$$=\int_{\frac{\pi}{2}}^{\frac{\pi}{3}}(-\sin3\theta)(-\sin\theta)\,d\theta+\int_{\frac{\pi}{3}}^0\sin3\theta(-\sin\theta)\,d\theta$$

$$=\int_{\frac{\pi}{2}}^{\frac{\pi}{3}}\sin3\theta\sin\theta\,d\theta-\int_{\frac{\pi}{3}}^0\sin3\theta\sin\theta\,d\theta$$

$$=-\frac{1}{2}\int_{\frac{\pi}{2}}^{\frac{\pi}{3}}(\cos4\theta-\cos2\theta)\,d\theta+\frac{1}{2}\int_{\frac{\pi}{3}}^0(\cos4\theta-\cos2\theta)\,d\theta$$

$$=-\frac{1}{2}\left[\frac{1}{4}\sin4\theta-\frac{1}{2}\sin2\theta\right]_{\frac{\pi}{2}}^{\frac{\pi}{3}}+\frac{1}{2}\left[\frac{1}{4}\sin4\theta-\frac{1}{2}\sin2\theta\right]_{\frac{\pi}{3}}^0$$

$$=-\frac{1}{2}\left\{\left(-\frac{\sqrt{3}}{8}-\frac{\sqrt{3}}{4}\right)-0\right\}+\frac{1}{2}\left\{0-\left(-\frac{\sqrt{3}}{8}-\frac{\sqrt{3}}{4}\right)\right\}$$

$$=\frac{3\sqrt{3}}{8}$$

よって，求める面積は

$$S=\frac{3\sqrt{3}}{2}\quad\cdots\cdots(答)$$

(3)　求める回転体の体積を V とすると

$$\frac{1}{2}V=\pi\int_0^1 y^2\,dx$$

$$=\pi\int_{\frac{\pi}{2}}^0\sin^23\theta(-\sin\theta)\,d\theta$$

$$=\pi\int_{\frac{\pi}{2}}^0\frac{1-\cos6\theta}{2}(-\sin\theta)\,d\theta$$

$$=\frac{\pi}{2}\int_{\frac{\pi}{2}}^0(-\sin\theta+\cos6\theta\sin\theta)\,d\theta$$

$$=\frac{\pi}{2}\int_{\frac{\pi}{2}}^0\left\{-\sin\theta+\frac{1}{2}(\sin7\theta-\sin5\theta)\right\}d\theta$$

$$=\frac{\pi}{2}\left[\cos\theta+\frac{1}{2}\left(-\frac{1}{7}\cos7\theta+\frac{1}{5}\cos5\theta\right)\right]_{\frac{\pi}{2}}^0$$

$$=\frac{\pi}{2}\left\{1+\frac{1}{2}\left(-\frac{1}{7}+\frac{1}{5}\right)\right\}$$

$$=\frac{18}{35}\pi$$

よって，求める体積は

$$V = \frac{36}{35}\pi \quad \cdots\cdots(\text{答})$$

=== 解 説 ===

《媒介変数で表された曲線によって囲まれた部分の面積と回転体の体積》

(1) 最初に点 R の軌跡である曲線の対称性について調べておくと，後の計算が楽になる。

(2) 点 R の軌跡である曲線の対称性に注意して，曲線で囲まれた部分のうち，第 1 象限の面積を計算すればよい。

(3) 回転体の体積の基本問題である。

（講 評）

2024 年度も例年どおり大問 4 題の出題で，試験時間は 120 分である。1 は小問 4 問で解答のみを所定の欄に記入する方式で，残りの 3 題の 2，3，4 は記述式である。結果だけを問う 1 の小問の中に，きちんとした答案を書くことが難しい問題が含まれているのが例年の特徴である。ただし，1 では結果だけを答えればよいので，きちんとした答案を考える必要がないことも大切なポイントである。

1 (1)与えられた分数を 2 進法の循環小数で表す問題である。分子・分母をそれぞれ 2 進法で表しておいてから，2 進法で割り算の筆算を行うのが一番自然な発想である。別解としては，無限級数を利用する方法もあるが，この場合は式変形を工夫する必要がある。

(2)座標空間における格子点を頂点とする正 6 角形に関する問題で，あまり類題を見かけない問題である。ただし，答えを出すだけでよいので，結果を予想して考えれば易しい問題である。図を描きながら考えればすぐに答えを出すことができる。

(3)与えられた対称軸をもつ多角形のうち，辺の数が最小のものを求める問題であるが，これもあまり類題を見かけない問題である。やはり結果を書けばいいだけの問題で，答えを出すだけなら簡単である。対称性に注意して，図を描けばすぐに答えを出すことができる。ここでも実験的に考える能力が試されている。

(4)平面上の点の軌跡の問題としてはよくある問題である。厳密には不等式で表された領域が，与えられた変換によってどのような領域にうつるかを調べることになるが，本問では境界がどのような曲線にうつされるかを調べれば答えを出すのには十分であり，それ以上を要求しないのであれば基本的な問題と言ってよい。

結果だけを問われる1では，易しい問題と難しい問題が混ざっているが，時には「結果だけを答えればいい」ということに注意したアプローチも大切であることに注意しよう。

2　(1)難しい問題である。解答についての基本的な方針がまず定まらない。とりあえず，与えられた条件 P から得られる内容をできるだけたくさん書き出してみることが重要である。そこから，証明すべき事柄に使えそうなものを拾ってきて，試行錯誤することが必要となる。単純に方針が立てられる問題ではなく，試行錯誤が不可欠という意味では，数学的に非常に面白い問題であるとも言える。

(2)これも難しい問題ではあるが，(1)の証明から，題意の集合の"正体"（1の累乗根の集合）を見抜くことがポイントである。それがわかれば，ある程度，解答への道筋が見えてくる。

3　(1)基本問題である。点 P における法線の方程式を確認した後，PQ＝1という条件と点 Q の y 座標が点 P の y 座標よりも大きいという条件に注意すれば，点 Q の座標は容易に求まる。

(2)関数 $f(t)$ の増減を調べるだけの問題である。

4　(1)このような曲線の概形を描く問題はよくある基本問題である。最初に軌跡の対称性を調べておくと後の計算が楽になる。

(2)・(3)これらも典型的な頻出問題で，軌跡の対称性に注意して要領よく計算することがポイントである。積分の計算力が必要なのは言うまでもない。

全問題を通して総括してみよう。結果だけを問われている1は，やや難しめの問題もあったが，結果を答えるだけでよいので要領よく取り組むことが大切である。答えを出すだけならさほど難しい問題ではない。図をあれこれと描いたりして，実験的に結果を見抜く力をつけることがポイントである。記述式の2～4については，3と4は易しい基本問題であったが，2は難問であった。難易度に大きな開きがあるので，試験

本番では，易しい問題から確実に仕上げていくことが大切である。2024年度の問題であれば，3と4は簡単に得点できるであろうから，これらを手早く仕上げてから2に取り組むなど，解答の順番にも注意が必要である。3と4がごく簡単な問題であったので，2024年度は例年に比べて易しかった。

物　理

Ⅰ　**解答**　**問1**．$F=\dfrac{1}{2}Mg\cos\theta$　**問2**．$\dfrac{1}{2}MgL\varDelta\theta$

問3．$\dfrac{1}{2}MgL$　**問4**．$F'=\dfrac{\sqrt{4L^2-H^2}}{2L}Mg$　$F_{\mathrm{w}}=\dfrac{H\sqrt{4L^2-H^2}}{4L^2}Mg$

問5．$F'=\dfrac{2Lx}{x^2+H^2}Mg$　**問6**．F' の最大値：$\dfrac{L}{H}Mg$　$x=H$

═══════════════════════ 解説 ═══════════════════════

《剛体のつりあい》

問1．壁に接している棒の一端のまわりの力のモーメントのつりあいより

$$F\times L=Mg\times\dfrac{L}{2}\cos\theta\quad\therefore\quad F=\dfrac{1}{2}Mg\cos\theta$$

問2．$\varDelta W=F\times L\varDelta\theta=\dfrac{1}{2}MgL\varDelta\theta\times\cos\theta$

問3．人がした仕事を W とすると，重力の位置エネルギーの変化より

$$W=Mg\times\dfrac{1}{2}L=\dfrac{1}{2}MgL$$

参考　W は微小な仕事 $\varDelta W$ を積分したものなので

$$W=\int_0^{\frac{\pi}{2}}\dfrac{1}{2}MgL\cos\theta d\theta=\left[\dfrac{1}{2}MgL\sin\theta\right]_0^{\frac{\pi}{2}}=\dfrac{1}{2}MgL$$

として求めてもよい。

問4．棒と床との角度を ϕ とする。水平方向
の力のつりあいより

$$F_{\mathrm{w}}=F'\sin\phi$$

棒の端 A のまわりの力のモーメントのつり
あいより

$$F'\times2L=2MgL\cos\phi$$

また，右図より，$\cos\phi=\dfrac{\sqrt{4L^2-H^2}}{2L}$，$\sin\phi=\dfrac{H}{2L}$

を用いて

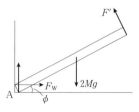

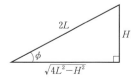

$$F'=\frac{\sqrt{4L^2-H^2}}{2L}Mg,\quad F_{\mathrm{w}}=\frac{H\sqrt{4L^2-H^2}}{4L^2}Mg$$

問5. 棒の端 A のまわりの力のモーメントのつりあいより

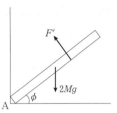

$$F'\times\frac{x}{\cos\phi}=2Mg\times L\cos\phi$$

また，右図より，$\cos\phi=\dfrac{x}{\sqrt{x^2+H^2}}$ を用いて

$$F'=\frac{2Lx}{x^2+H^2}Mg$$

問6. 問5より　　$F'=\dfrac{2MgL}{x+\dfrac{H^2}{x}}$

相加平均と相乗平均の関係より

$$F'\leqq\frac{2MgL}{2\sqrt{x\times\dfrac{H^2}{x}}}=\frac{L}{H}Mg$$

よって，F' の最大値は $\dfrac{L}{H}Mg$ であり，このとき，等号成立条件より

$$x=\frac{H^2}{x}\qquad\therefore\quad x=H$$

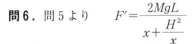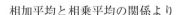

Ⅱ **解答** **問1.** $E=\dfrac{Q}{4\pi\varepsilon_0 x^2}$ **問2.** $\dfrac{4\pi\varepsilon_0 Rr}{R-r}$ **問3.** ⑦

問4. $\rho_1=\dfrac{Q}{4\pi r(r+R)}$ 　 $\rho_2=\dfrac{Q}{4\pi R(r+R)}$

問5. $E_1=\dfrac{Q}{4\pi\varepsilon_0 r(r+R)}$ 　 $E_2=\dfrac{Q}{4\pi\varepsilon_0 R(r+R)}$

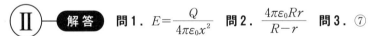

《金属球上の電荷が作る電場・電位》

問1. ガウスの法則より，真空中で電気量 Q の電荷から出る電気力線は $\dfrac{Q}{\varepsilon_0}$ 本なので，中心からの距離が x の点 P での電場の強さは，電場に垂直な単位面積あたりの電気力線の本数に等しいので

$$E = \frac{1}{4\pi x^2} \times \frac{Q}{\varepsilon_0} = \frac{Q}{4\pi\varepsilon_0 x^2}$$

問2. AB 間の電位差を V とすると

$$V = \frac{Q}{4\pi\varepsilon_0}\left(\frac{1}{r} - \frac{1}{R}\right)$$

よって，電気容量を C とすると

$$C = \frac{Q}{V} = \frac{4\pi\varepsilon_0 Rr}{R-r}$$

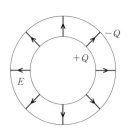

参考 電場の様子は右図のようになる。また，中心からの距離が x $(r<x<R)$ の点での電場は，金属球の中心に電気量 Q の点電荷を固定した場合の電場と同じである。

したがって，点電荷の場合の電位の公式と同様に考えることができ，電位 $V(x)$ は，定数 C_0 を用いて

$$V(x) = \frac{Q}{4\pi\varepsilon_0} \cdot \frac{1}{x} + C_0$$

と表すことができる。ここで，電位の基準が無限遠であること，$R<x$ では電場がなく等電位であること，電位は $x=R$ で連続であることから

$$V(R) = \frac{Q}{4\pi\varepsilon_0} \cdot \frac{1}{R} + C_0 = 0$$

$$\therefore \quad C_0 = -\frac{Q}{4\pi\varepsilon_0} \cdot \frac{1}{R}$$

よって，$r<x<R$ で

$$V(x) = \frac{Q}{4\pi\varepsilon_0}\left(\frac{1}{x} - \frac{1}{R}\right)$$

AB 間の電位差 V は

$$V = V(r) - V(R) = \frac{Q}{4\pi\varepsilon_0}\left(\frac{1}{r} - \frac{1}{R}\right)$$

と求めることができる。ちなみに，真空の誘電率 ε_0 と，クーロンの法則の比例定数 k の間には，$\dfrac{1}{4\pi\varepsilon_0} = k$ の関係が成り立つ。

問3. 一様な電場と中空の金属球の表面に現れた電荷が作った電場を合成すると，次図のようになる。球の右側表面には正電荷，左側表面には負電

荷が分布し，電気力線は正電荷から出て負電荷
に入るか無限遠方に伸びていく。また，金属球
内には合成後の電場が存在しない（静電遮蔽）
が，これは，金属球の表面の電荷による電場が
一様な電場とは逆向きに作られ，一様な電場と
打ち消し合った結果であることに注意する。

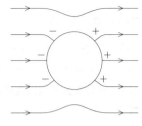

　よって，中空の金属球の表面に現れた電荷が作る電場の様子を最もよく
表している図は，⑦である。

問4. $Q_1 = 4\pi r^2 \rho_1,\ Q_2 = 4\pi R^2 \rho_2$ より

$$\rho_1 = \frac{Q_1}{4\pi r^2},\quad \rho_2 = \frac{Q_2}{4\pi R^2}$$

ここで，CとDは導線で接続されているので，等電位であり

$$\frac{1}{4\pi\varepsilon_0}\cdot\frac{Q_1}{r} = \frac{1}{4\pi\varepsilon_0}\cdot\frac{Q_2}{R}$$

$$\therefore\quad Q_1 : Q_2 = r : R$$

よって，$Q_1 + Q_2 = Q$ と連立して

$$Q_1 = \frac{r}{r+R}Q,\quad Q_2 = \frac{R}{r+R}Q$$

以上より

$$\rho_1 = \frac{Q}{4\pi r(r+R)},\quad \rho_2 = \frac{Q}{4\pi R(r+R)}$$

問5. $E_1 = \dfrac{Q_1}{4\pi\varepsilon_0 r^2} = \dfrac{Q}{4\pi\varepsilon_0 r(r+R)}$

$$E_2 = \frac{Q_2}{4\pi\varepsilon_0 R^2} = \frac{Q}{4\pi\varepsilon_0 R(r+R)}$$

Ⅲ **解答** **問1.** [ア] 278 [イ] 粒子名：中性子 個数：1個

問2. 運動エネルギー：keV 波長：$\dfrac{h}{\sqrt{2MkeV}}$

問3. $6.1\times10^2\,\mathrm{MeV}$

問4. **A.** $^{209}\mathrm{Tl}$ **B.** $^{213}\mathrm{Po}$ **C.** $^{209}\mathrm{Pb}$ (ア)β (イ)α (ウ)β

問5. α 崩壊が6回 β 崩壊が0回 原子核：$^{262}\mathrm{Db}$

問6．a. 1　**b.** 2　**c.** $\dfrac{\varDelta t}{T}$　**d.** 1　**e.** $\dfrac{\log 2}{T}$

問7． (1)**あ**―⑧　**い**―⑨　(2)**う**―⑧　**え**―⑩　(3)**お**―⑧　**か**―③

=== 解 説 ===

《原子核の性質・放射性崩壊と半減期》

問1． 与えられた元素周期表を参考に，原子番号も書き入れて核反応式を記すと

$$^{70}_{30}\mathrm{Zn} + ^{209}_{83}\mathrm{Bi} \longrightarrow ^{278}_{113}\mathrm{Nh} + ^{1}_{0}\mathrm{n}$$

問2． 電気量 $+ke$ のイオン化された亜鉛原子を電圧 V で加速するので，加速後の運動エネルギーは keV である。

　また，亜鉛原子の運動量の大きさを p とすると

$$\frac{p^2}{2M} = keV \qquad \therefore \quad p = \sqrt{2MkeV}$$

　よって，ド・ブロイ波の波長は

$$\frac{h}{p} = \frac{h}{\sqrt{2MkeV}}$$

問3． 質量欠損を $\varDelta m\,[\mathrm{kg}]$ とすると

$$\varDelta m = (1.0073 \times 30 + 1.0087 \times 40 - 6.9909 \times 10) \times 1.66 \times 10^{-27}\,[\mathrm{kg}]$$

　よって，結合エネルギーは

$$\varDelta m \times (3.00 \times 10^8)^2 \times \frac{10^{-6}}{1.60 \times 10^{-19}} \fallingdotseq 6.1 \times 10^2\,[\mathrm{MeV}]$$

問4． α 崩壊では，質量数は -4，原子番号は -2 変化する。また，β 崩壊では，質量数は変化せず，原子番号は $+1$ 変化する。

　よって，崩壊の流れは次のようになる。

$$^{237}\mathrm{Np} \xrightarrow{\ \alpha\ } - - - \xrightarrow{\ \alpha\ } {}^{213}_{83}\mathrm{Bi} \begin{array}{c} \xrightarrow{\ \alpha\ } {}^{209}_{81}\mathrm{Tl} \\[-2pt] \diagdown \qquad \diagup \\[-2pt] \xrightarrow[\ \beta\ ]{} {}^{213}_{84}\mathrm{Po} \end{array} \xrightarrow{\ \beta\ \atop\ \alpha\ } {}^{209}_{82}\mathrm{Pb} \xrightarrow{\ \beta\ } {}^{209}_{83}\mathrm{Bi}$$

問5． $^{278}_{113}\mathrm{Nh}$ と $^{254}_{101}\mathrm{Md}$ を比べると，質量数は -24，原子番号は -12 変化しているので，α 崩壊は6回，β 崩壊は0回である。また，$^{254}_{101}\mathrm{Md}$ の2つ前に生成される原子核は，$^{262}_{105}\mathrm{Db}$ である。

問6． （式1），（式2）より

$$\varDelta N = N_0 \left(\frac{1}{2}\right)^{\frac{t+\varDelta t}{T}} - N_0 \left(\frac{1}{2}\right)^{\frac{t}{T}}$$

$$= N_0\left(\frac{1}{2}\right)^{\frac{t}{T}}\left\{\left(\frac{1}{2}\right)^{\frac{\Delta t}{T}}-1\right\}$$

$$= N\left\{\left(\frac{1}{2}\right)^{\frac{\Delta t}{T}}-1\right\}$$

ここで，与えられた近似式 $A^x = 1 + x\log A$ を用いると

$$\left(\frac{1}{2}\right)^{\frac{\Delta t}{T}} = 1 + \frac{\Delta t}{T}\log\frac{1}{2}$$

$$= 1 - \frac{\Delta t}{T}\log 2$$

よって

$$\Delta N = N\left\{\left(1-\frac{\Delta t}{T}\log 2\right)-1\right\} = -\frac{\log 2}{T}N\Delta t$$

（式2）と比べて　　　$\lambda = \dfrac{\log 2}{T}$

問7. (1)　A_1 は指数関数的に減少する。あ：⑧

$T_1 \ll T_2$ の場合，A_2 はなかなか崩壊せず，増加する一方となる。い：⑨

(2)　A_1 は指数関数的に減少する。う：⑧

$T_1 \gg T_2$ の場合，A_2 は生成された後すぐに崩壊する。え：⑩

(3)　A_1 は指数関数的に減少する。お：⑧

T_1 と T_2 がほぼ同じ場合，A_1 から生成される A_2 ははじめ増加し，その後次第に減少する。なお，時刻 $t = T_1$ のとき，A_2 の数は $\dfrac{N_0}{2}$ よりは少ないので，⑤は不適である。か：③

講評

　2023 年度は大問 2 題の出題であったが，2024 年度は大問 3 題の出題となった。試験時間 60 分では余裕はないであろう。

　I　剛体のつりあいに関する問題である。力のモーメントのつりあいなど，基本〜標準レベルの解法を用いれば良いが，正確に計算する必要がある。

　II　球対称に分布した電荷の作る電場・電位に関する問題である。クーロンの法則の比例定数は与えられておらず，ガウスの法則から，誘電

率を用いて考える。問3では，合成電場ではなく，中座の金属球の表面に現れた電荷が作る電場の様子を問う点は目新しい。また，問4で等電位の条件を立式する必要がある点など，思考力を要求される。

　Ⅲ　ニホニウム原子核に関連して，原子核の諸性質が問われている。結合エネルギーの数値計算，指数関数に関する近似計算を含み，問7では半減期の大小による崩壊の様子の定性的な考察が求められる。

　全体として，物理の標準的な知識・理解を前提として，問題文の読解力，数式処理能力，思考力など，物理の総合力が試されている。

化　学

Ⅰ **解答** 問1．**ア**．価電子　**イ**．同素体　**ウ**．共有結合
エ．ファンデルワールス

問2．性質1：極めて硬い
性質2：融点が高い
問3．SiC
問4．右図。

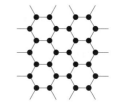

━━━━━━━━ **解説** ━━━━━━━━

《炭素の同素体，ダイヤモンドと黒鉛の構造，半導体材料》

問1．炭素の同素体のうち，ダイヤモンドは炭素原子の価電子4個がすべて共有結合に使われ，正四面体形の立体網目構造をつくっている。黒鉛は3個の価電子が共有結合して正六角形が連続した平面構造をつくり，この平面構造どうしが弱いファンデルワールス力（分子間力）で積み重なった層状構造をしている。

問2．強固な共有結合のみで結晶となっているダイヤモンドは非常に硬く，融点が高い。

問3．ダイヤモンドと同じ正四面体形の立体網目構造をしている共有結合の結晶には，ケイ素 Si，二酸化ケイ素 SiO_2，炭化ケイ素 SiC がある。

問4．黒鉛の平面構造のうち1層分だけを取り出したものをグラフェンという。

Ⅱ **解答** 問1．$NH_4^+ + OH^- \longrightarrow NH_3 + H_2O$
問2．(i)アンモニア：0.10 mol/L
アンモニウムイオン：0.10 mol/L
(ii)9.4
問3．$H_2PO_4^- \rightleftharpoons HPO_4^{2-} + H^+$

━━━━━━━━ **解説** ━━━━━━━━

《アンモニアと塩化アンモニウムの緩衝液，細胞内の平衡》

問1．NH_3 と NH_4^+ が共存する緩衝液に強塩基を少量加えると，NH_4^+

が OH^- と反応して NH_3 と H_2O を生じる。よって，OH^- の濃度変化は小さく，pH はあまり増加しない。

問2. (i)　アンモニア水に塩酸を加えると中和反応が起こる。

$$NH_3 \quad + \quad HCl \quad \longrightarrow \quad NH_4Cl$$

反応前	$0.40 \times \dfrac{100}{1000}$	$0.20 \times \dfrac{100}{1000}$	0 〔mol〕
反応量	-0.020	-0.020	$+0.020$ 〔mol〕
反応後	0.020	0	0.020 〔mol〕

よって

$$[NH_3] = 0.020 \times \frac{1000}{100+100} = 0.10 \,〔mol/L〕$$

$$[NH_4^+] = 0.020 \times \frac{1000}{100+100} = 0.10 \,〔mol/L〕$$

(ii)　アンモニアの電離定数を K_b〔mol/L〕とする。

$$NH_3 + H_2O \rightleftharpoons NH_4^+ + OH^-$$

$$K_b = \frac{[NH_4^+][OH^-]}{[NH_3]} = 2.3 \times 10^{-5} \,〔mol/L〕$$

これと(i)より

$$[OH^-] = \frac{[NH_3]}{[NH_4^+]} \times K_b = \frac{0.10}{0.10} \times 2.3 \times 10^{-5} = 2.3 \times 10^{-5} \,〔mol/L〕$$

$$[H^+] = \frac{K_w}{[OH^-]} = \frac{1.0 \times 10^{-14}}{2.3 \times 10^{-5}} = \frac{1}{2.3} \times 10^{-9} \,〔mol/L〕$$

$$\therefore \quad pH = -\log_{10}\left(\frac{1}{2.3} \times 10^{-9}\right) = 9 + \log_{10} 2.3 = 9.36 = 9.4$$

問3. ヒトの細胞内では，リン酸水素イオン HPO_4^{2-} とリン酸二水素イオン $H_2PO_4^-$ による緩衝作用で，pH が 6.9 付近に保たれている。

Ⅲ　**解答**　**問1.** **ア.** 複塩　**イ.** 酸〔弱酸〕
ウ. 塩化カルシウム　**エ.** $Ca(ClO)_2$

問2. $AlK(SO_4)_2 \cdot 12H_2O \longrightarrow Al^{3+} + K^+ + 2SO_4^{2-} + 12H_2O$

問3. 失った水和水の数：9　化学式：$AlK(SO_4)_2 \cdot 3H_2O$

問4. $Ca(OH)_2 + Cl_2 \longrightarrow CaCl(ClO) \cdot H_2O$

問5. 塩化物イオン：-1　次亜塩素酸イオン：$+1$

問6. $ClO^- + 2H^+ + 2e^- \longrightarrow Cl^- + H_2O$

問7. $Ca(ClO)_2 \cdot 2H_2O + 4HCl \longrightarrow CaCl_2 + 4H_2O + 2Cl_2$

=== 解 説 ===

《複塩を構成するイオン，複塩の性質と反応》

問1．ア・イ． 複塩であるミョウバンの水溶液中では，電離して生じた Al^{3+} は H_2O との間に配位結合が生じ，アクア錯イオンを形成する。アクア錯イオンは「金属イオンの加水分解」を起こし，水溶液は弱酸性を示す。

$$[Al(H_2O)_6]^{3+} + H_2O \rightleftharpoons [Al(OH)(H_2O)_5]^{2+} + H_3O^+$$

ウ． さらし粉 $CaCl(ClO) \cdot H_2O$ の化学式を2倍すると，$CaCl_2 \cdot Ca(ClO)_2 \cdot 2H_2O$ となるように，さらし粉は塩化カルシウムと次亜塩素酸カルシウムの複塩である。

エ． さらし粉の $CaCl_2$ を除き，$Ca(ClO)_2$ だけを抽出したものを，高度さらし粉 $Ca(ClO)_2 \cdot 2H_2O$ という。

問2． カリウムミョウバン $AlK(SO_4)_2 \cdot 12H_2O$ を水に溶かすと，電離して Al^{3+}，K^+，SO_4^{2-} を生じる。

問3． $AlK(SO_4)_2$ の式量は258，H_2O の分子量は18なので，加熱して生じた化合物の式量は

$$(258 + 18 \times 12) \times \frac{65.8}{100} \fallingdotseq 312$$

よって，生成した化合物に残っている水和水の数は

$$\frac{312 - 258}{18} = 3 \text{〔個〕}$$

生成した化合物の化学式は $AlK(SO_4)_2 \cdot 3H_2O$ であり，失った水和水の数は9個となる。

問4． 湿った水酸化カルシウムに塩素を十分吸収させると，さらし粉を生じる。

$$Ca(OH)_2 + Cl_2 \longrightarrow CaCl(ClO) \cdot H_2O$$

問5． さらし粉 $CaCl(ClO) \cdot H_2O$ 中の Cl の酸化数は Cl^- で -1，ClO^- で $+1$ である。

問6． 次亜塩素酸イオン ClO^- は酸化剤として働くと Cl^- を生じる。

$$ClO^- + 2H^+ + 2e^- \longrightarrow Cl^- + H_2O$$

問7． 高度さらし粉 $Ca(ClO)_2 \cdot 2H_2O$ に希塩酸を加えると，まずは弱酸

である次亜塩素酸 HClO が遊離し，生じた HClO と HCl が酸化還元反応を起こすことで塩素 Cl_2 が発生する。

$$ClO^- + H^+ \longrightarrow HClO \quad \cdots\cdots ①$$

$$HClO + HCl \longrightarrow Cl_2 + H_2O \quad \cdots\cdots ②$$

①×2＋②×2 より

$$2ClO^- + 2H^+ + 2HCl \longrightarrow 2Cl_2 + 2H_2O$$

両辺に Ca^{2+}，$2Cl^-$，$2H_2O$ を足すと

$$Ca(ClO)_2 \cdot 2H_2O + 4HCl \longrightarrow CaCl_2 + 4H_2O + 2Cl_2$$

Ⅳ 　解答

問1．ア．鎖状　**イ．**立体網目（状）
　　　ウ．ケミカルリサイクル

問2．エ．アミロース　**オ．**アミロペクチン

問3． 3.50×10^2

問4．

問5．

問6．

問7． CO_2，H_2O

問8．ポリ乳酸を分解または燃焼すると二酸化炭素を生じるが，ポリ乳酸の原料となる糖類が植物の光合成によって生成する際に二酸化炭素が消費される。この循環により二酸化炭素の排出量と吸収量を均衡させることができるため。

=============================== 解　説 ===============================

《多糖類，合成高分子化合物，ポリ乳酸とリサイクル》

問1．ア・イ． 熱可塑性樹脂は長い鎖状構造をもつ高分子，熱硬化性樹脂は立体網目構造をもつ高分子である。

ウ． 合成樹脂に熱や圧力を加えて元の単量体や低分子に戻して新しい樹脂をつくるリサイクル法を，ケミカル（化学）リサイクルという。リサイクル法には他に，マテリアル（材料）リサイクル，サーマル（熱）リサイクルがある。

問2． アミロースはヨウ素デンプン反応で濃青色を，アミロペクチンは赤紫色を示す。

問3． ナイロン66の構造式を以下に示す。

$$\left[N-(CH_2)_6-N-C-(CH_2)_4-C \right]_n$$
$$\quad | \qquad\qquad | \quad \| \qquad\qquad \|$$
$$\quad H \qquad\qquad H \quad O \qquad\qquad O$$

ナイロン66（$(C_{12}H_{22}N_2O_2)_n$）の分子量は $226n$ なので，平均重合度 n は

$$226n = 7.91 \times 10^4 \quad \therefore \quad n = 3.50 \times 10^2$$

問4． 耐熱性・耐薬品性に優れ，食器などによく利用されているアミノ樹脂はメラミン樹脂であり，メラミンとホルムアルデヒドの付加縮合で合成される。

問5． 低分子量のポリ乳酸を加熱すると，2分子の乳酸が脱水縮合した環状の二量体であるラクチドを生じる。これを開環重合させると高分子量のポリ乳酸が得られる。

問6． 乳酸には1つの不斉炭素原子が含まれるので，1対の鏡像異性体が存在する。

問7． ポリ乳酸（$C_3H_4O_2)_n$）からなる合成樹脂は，土壌中で微生物によって二酸化炭素 CO_2 と水 H_2O に分解される。

問8． 「カーボンニュートラル」とは，直訳すると「炭素中立」という意味であり，温室効果ガスの排出量と吸収量を均衡させることを意味する。ポリ乳酸の炭素収支を簡単に図にすると以下の通り。

$$\text{ポリ乳酸} \xrightarrow{\text{分解・燃焼}} \text{二酸化炭素} \xrightarrow{\text{光合成で吸収}} \text{糖類} \xrightarrow{\text{発酵}} \text{乳酸}$$

重合

講　評

　　Ⅰ　炭素の同素体に関する大問。問3は教科書などでは見かけることのないダイヤモンド半導体，炭素を含む半導体材料となる化合物が問われた。この知識をもつ受験生は多くはないだろうが，ダイヤモンドと同じ結晶構造であることから炭化ケイ素を推察したい。問4のグラフェンの構造の描図問題は，知識をもっているかもっていないかで差がついただろう。

　　Ⅱ　緩衝溶液に関する大問。問2の計算問題では，水溶液を混合すると体積が変化することを忘れないようにしたいが，(i)，(ii)とも入試定番の計算問題なので確実に得点したい。問3ではヒトの細胞内での平衡が知識として問われたが，リンを含むイオンには $H_2PO_4^-$，HPO_4^{2-}，PO_4^{3-} があるので，どの平衡を記せば良いかわからなかった受験生が多かっただろう。

　　Ⅲ　複塩をテーマとした大問。ミョウバン，さらし粉とも受験生にとっては知識をやや暗記しにくい化合物ではあるが，無機化学を十分学習できていれば難しいものはなかった。問6は，次亜塩素酸イオンが酸化剤として働くと塩化物イオンに変化することを覚えている必要があった。

　　Ⅳ　高分子化合物に関する大問。問1．ウのケミカルリサイクルの空所補充，問4のメラミンの構造式，問5の乳酸ラクチムの構造式は差がついたと思われる。問8は「カーボンニュートラル」の意味を理解しているかどうかが問われた論述問題であった。近年よく耳にする言葉であり，日頃から環境問題に関するニュースや話題に関心をもつ姿勢が求められたと思われる。

理 科

◀理学科生物学専修▶

Ⅰ 解答

問1. ①

問2.

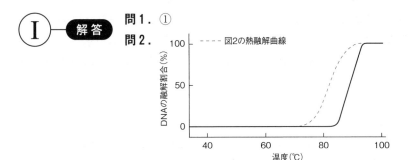

問3. 2-アミノアデニン（Z）を含む塩基対に作用して，水素結合を切断し2本鎖構造をこわす働きをもつ。

問4. X：② Y：⑨

問5. ア. 256 イ. 136 ウ. 16 エ. 64 オ. 異なる構造

カ. 塩基の（分子）構造

問6. 太古の地球では大気の温度は現在より高かったと考えられており，そのような環境下では水素結合の数が多い方が安定性を保てる。しかし，その後，地球の気温が低下して水素結合の数を減らしても2本鎖の安定性を保つことができるようになったため，進化の過程でZ：T対がA：T対に置き換わったと考えられる。

問7. DNAの複製は，一方の鎖を鋳型として行われるが，Tと相補的結合ができる塩基がAとZの2種類あると，どちらが結合するかわからず，同じ塩基配列をもつDNAを正確に複製することができなくなるから。

=== 解 説 ===

《DNAの構造と複製，制限酵素と塩基の構造・配列》

問1. 「本文中の記述から考えて」というのがヒントになっている。ZはAがアミノ化されたものなので，アミノ化されていないaがAと判断できる。AとTの間の水素結合は2つとあるので，aと2つの水素結合を

つくる c が T と判断できる。G が A と同じくプリン塩基なので b が G と判断でき，これと 3 つの水素結合をつくることができる d が C とわかる。

問2. 問題文にあるように，融解は A：T 対の多い領域，すなわち水素結合が 2 つになっていることが多い領域で始まり，G：C 対の多い領域である水素結合が 3 つになっている領域が最後になる。シアノファージの DNA では Z：T 間の水素結合も 3 なので，全ての水素結合が 3 あることになるから，融解する温度は全体的に上昇すると考えられる。

　また，全て同じ結合数であることから，融解はある温度で急激に起こることになり，グラフの上昇の角度は大きくなると考えられる。

問3. リード文に，「Z を取り込んで DNA を合成する酵素」が存在するとの言及があり，問題文の実験結果では Z-ゲノムの 2 本鎖 DNA のみで吸光度が大きくなるとあるので，Z に働きかけることができる酵素で，2 本鎖構造をこわす働きがあると考えられる。また，別解としては，Z ゲノムについて 2 本鎖をほどく働きも考えられる。

問4. DNA の直径を R〔m〕とすると，球状のシアノバクテリアの体積は，$\frac{4}{3}\pi \times (1 \times 10^{-6})^3$〔m^3〕となり，DNA の体積は，円柱状で 4×10^6 塩基対，塩基対間の距離 $\frac{1}{3} \times 10^{-9}$〔m〕なので，$\pi\left(\frac{R}{2}\right)^2 \times 4 \times 10^6 \times \frac{1}{3} \times 10^{-9}$〔m^3〕となる。

　細胞の体積が DNA の体積の 1000 倍とあるので

$$\frac{4}{3}\pi \times 10^{-18} = 1000 \times \frac{\pi}{3} \times R^2 \times 10^{-3}$$

$$R^2 = 4 \times 10^{-18} \quad \therefore \quad R = 2 \times 10^{-9}$$

問5. ア. 4 種類の塩基が 4 つ並ぶ配列なので，$4^4 = 256$ 種類となる。

イ・ウ. 1 本鎖における，「4 塩基からなる配列の種類数」と 2 本鎖における「4 塩基対からなる配列の種類数」の関係について考える。たとえば「5'-ATGC-3'」と「5'-GCAT-3'」という配列は 1 本鎖の場合には異なる配列になる。しかし，それらと相補的な塩基配列も含めた 2 本鎖の配列で考えると次のようになり，この 2 つの配列は同一のものになる。

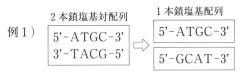

この2つは同一の2本鎖塩基対配列

　つまり，基本的に1種類の2本鎖塩基対配列（4塩基対配列）には，2種類の1本鎖塩基配列（4塩基配列）が対応していることになる。しかし，パリンドローム構造をもつ配列では，1種類の2本鎖塩基対配列に対応する1本鎖塩基配列は1種類のみである（下図参照）。

例1）　　2本鎖塩基対配列　　　　1本鎖塩基配列

5'-ATGC-3'　⇒　5'-ATGC-3'
3'-TACG-5'　　　　5'-GCAT-3'

※2種類の1本鎖塩基配列が対応

例2）
5'-AATT-3'　⇒　5'-AATT-3'
3'-TTAA-5'
（パリンドローム構造をもつ配列）

※1種類の1本鎖塩基配列が対応

　パリンドローム構造をもつ配列では，前半2個の塩基配列が決まれば，後半2個の塩基配列も自動的に決まる（たとえば前半がTGなら後半はCAになる）。

　よって，その種類は$4^2=16$（種類）となる。

　以上より，2本鎖の4塩基対からなる配列の種類数は，1本鎖の4塩基の配列の種類数（256種類）からパリンドローム構造をもった4塩基対の配列の種類数（16種類）を引き，それを2で割った数（120種類）にパリンドローム構造をもった4塩基対の配列の種類数（16種類）を足した数になる。

　よって　　$(256-16)÷2+16=136$

エ. 前半3つの塩基で，パリンドローム構造が決定するので$4^3=64$種類になる。

オ. ファージと異なる構造の塩基を用いてDNAを構成すれば，制限酵素が認識することはないので，切断されない。

カ. メチル化などの化学修飾を塩基に加えれば，制限酵素が認識し切断す

ることができなくなる。

問6. 進化の過程で，高温のマグマオーシャンの状態から温度が下がることで海ができ，生物の進化が始まったことを考えると，温度低下で水素結合を減らしても2本鎖を安定に維持できるようになったので，水素結合の切断に要するエネルギーが少ない塩基の方が選択されたと考えられる。

問7. 半保存的複製が5種類の塩基になった場合，鋳型のTに対してAもZも結合することになるのでうまくいかない。その点を論述すればよいだろう。

問1. ③

問2－1. 地磁気の偏角，伏角ともに位置情報として利用しているが，伏角が0度の場合，飛び立つ方向が定まらないので伏角の値を優先して位置を判断していると考えられる。伏角がプラスの場合は，地磁気の北を左斜め前方に見て飛び立ち，伏角がマイナスの場合は，地磁気の南を左斜め前方に見て飛び立つ。

問2－2. 光を受容するタンパク質と磁鉄鉱さらに細胞膜上の受容体タンパク質が連結して，複合体を形成する地磁気センサーを考える。このセンサーでは，緑色光を受容すると磁鉄鉱が磁気に応じて動けるようになり，その結果，細胞膜上の受容体タンパク質の構造が変化して磁気の情報が細胞に伝えられる。

問3－1. 丘は，平原に生息する砂漠アリにとって巣の位置を示す位置情報となっているが，周辺部に生息する砂漠アリにとっては位置情報となっていない。

問3－2. 丘がある場合，100%帰巣に成功するアリを使い，巣穴の入り口にある丘を，少し離した位置に移動させ，その帰巣行動を観察する。

問3－3. 2回目の実験では，それぞれのアリは施術後の脚で移動して距離を記憶したため，移動距離に関して，施術による差が見られなくなった。

問4－1. ア・イ－④　**ウ・エ**－⑦　**オ**－②

問4－2. ②

問4－3.

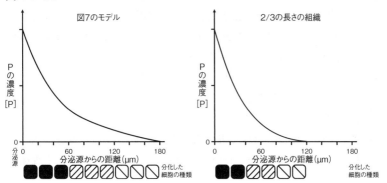

問4－4. Pの濃度について，組織の長さが変化してもPの分泌源付近の濃度と組織の末端における濃度，減り方が常に一定になるように，その値を感知して，分泌源からのPの分泌量や，組織全体でのPの分解速度を調節している。

=== 解　説 ===

《鳥の渡りやアリの採餌，組織における細胞の位置情報獲得のしくみ》

問1. ①正文。基本的には，3基の衛星から等距離にあるのは，地球上の点とその反対で宇宙の側の2つになる。

②正文。衛星からの電波により距離を測定しているので，地下や屋内で電波が十分に届かない場合，位置の特定は困難になる。

③誤文。一定以上に近接すると，極端な場合，1基による測定と同じとみなせることからわかるように，精度は上昇しない。

④正文。衛星からの距離が遠いほど，誤差が大きくなる可能性があるので，衛星の軌道はある程度低い方がよいと考えられる。

問2－1. 図2のCでは，偏角がBと同じで，伏角のみがマイナスに変化しているが，飛び立つ方向はほぼ180度変化している。一方，Dで偏角が180度変化し，伏角がほぼ同じ場合も飛び立つ方向が180度変化しているので，偏角，伏角の両方を位置情報として利用していることがわかる。しかし，伏角が0度のFでは，飛び立つ方向が定まっていないので，伏角の情報を優先して，それに偏角の情報を加えて，位置を判断していると考えられる。

問2－2. 実験2のG，Hの結果から，白色光や緑色光が当たっている

場合は地磁気を位置情報として利用しているが，Ⅰの結果から赤色光が当たっている場合は，地磁気を位置情報として利用することができなくなっていることがわかる。白色光は緑色光を含んでいるので，緑色光を受容すれば地磁気を位置情報として利用できると考えられる。

　以上より，光を受容するタンパク質が緑色光を受容すると，磁鉄鉱に連結した細胞膜上の地磁気の受容体タンパク質が構造変化を起こし，磁気の情報が細胞に伝えられると考えられる。

問3－1. 実験3では，平原で丘ありの場合，巣の近くのみを探索し，100％帰巣が成功しているが，丘なしの場合は巣から離れた場所も探索するようになり，帰巣に成功しないこともある。また，周辺部では丘なしでも平原の丘ありと同様の結果になることから，平原では丘が巣の場所を示す目印，位置情報になっているが，周辺部では丘は位置情報になっていないと考えられる。

問3－2. 丘を目印にしているとしたら，その目印・位置情報を移動させれば，その丘を中心とした探索行動をとると考えられるので，そのような実験を考えればよいだろう。

問3－3. 実験4の1回目では，練習用経路を通って10m離れた給餌器に移動した後に施術をして脚の長さが変化しているが，2回目は変化した脚で移動してその距離を記憶してからの帰巣行動なので，a，b，cどれも10mの所にピークができたと考えられる。なお，1回目の結果と合わせて考えると，アリは給餌器と巣の距離を脚を動かした回数で記憶しているように思われる。

問4－1. ア. 濃度勾配は最初は急で，後は緩やかであるが，連続的に変化しているので，「連続的」が入ると考えられる。

イ. 細胞の種類は $60\,\mu\mathrm{m}$ ごとに入れかわっているので「不連続」である。

ウ. 不連続な変化なので，ある値で0か1の反応をしている「閾値」が適当と考えられる。

エ. 閾値はある値なので「濃度」が解になるだろう。

オ. この空欄は，ア～エとは異なり，受け取る側の応答能なので，濃度が一定でも応答が異なる条件を考えると，受容体となる分子の「数」やPとの結合親和性の違いになると判断される。

問4－2. Pが分解されないとした場合，分泌源での濃度も上がり，拡散

された場所でも蓄積していくので，②が適当と考えられる。

問4－3．組織の長さを2/3にした場合も，細胞の種類と相対的な位置と数の比率を維持するためには，問4－1で述べた閾値に2/3の距離で達するグラフとなり，そこに3種類の分化した細胞を図示すればよいだろう。

問4－4．問4－3で述べたように，組織の長さに応じてPの濃度を調節し，細胞の分化に適切な閾値を維持する必要があると考えられるので，そのような調節のしくみを述べればよい。

Ⅲ 解答　**問1．**⑤　**問2．**④　**問3．**④　**問4．**⑦

問5．植物：生産者がいないことになるので，有機物が生産されず，従属栄養生物である動物，土壌微生物ともに生存できなくなる。

動物：植物の遺骸は土壌微生物によって分解されるので，生態系内の物質の循環は起こる。よって，植物と土壌微生物で構成される新たな生態系が形成されると考えられる。

土壌微生物：植物および動物の遺骸などを分解できないため，植物の成長に必要な無機塩類なども不足し，結果的に植物も動物も生存できなくなる。

問6．このセルラーゼは，直鎖状に結合したβグルコース間の結合を端から切断していくのではなく，セルロース内部にある結合を切断している。

問7．②

問8．生物中の炭素量に対する大気中の炭素量の割合が非常に小さい閉鎖生態系では，生物量の変化によって大気組成は大きな影響を受けることになるので，大気環境を一定に維持することは難しい。

＝＝＝＝ 解　説 ＝＝＝＝

《宇宙空間のコロニーにおける閉鎖生態系の維持》

問1．ある時点 t での個体数 $N(t)$ は，最初の時点の個体数 $N(0)$ に，ある時点 t までの出生数の合計 $\int_0^t B(t)$ とそれまでの死亡数の合計 $\int_0^t D(t)$ の差を加えればよい。

問2．図2のAから，この地域の個体数は，出生数と死亡数の差が一定かつプラスなので，時間に比例して増加していることになるが，これに移入数と移出数の差を加えてみると，図2のBより，5時間から12〜13時

間の間は個体数の増加が大きく，その後次第に傾きが小さくなって，22時間ぐらいでは移入数と移出数の差が −10 になり，出生数と死亡数の差と等しくなるため，個体数増が一度止まり，その後また少しずつ増加していくようになると判断される。よって，④が解となる。

問3．①正文。光合成速度が低い時期があれば，当然酸素発生量も減るので，より広い森林が必要である。

②正文。生産者である植物が酸素を発生させるが，問5にあるような人間以外の動物や土壌微生物も酸素を消費するので，$10\,m^2$ では不十分である。

③正文。コロニーの大きさにもよると考えられるが，「大気が十分に循環」とあるので，必要な森林の広さはかわらないと考えられる。

④誤文。光合成速度が2倍，または葉の面積が2倍になった場合，必要な

森林面積が $\dfrac{1}{2}$ になる可能性はあるが，$\dfrac{1}{4}$ になるとは考えられない。

⑤正文。人口増は当然必要な酸素の量の増加につながるので，より広い森林が必要となる。

問4．ア．光合成は，有機物を「合成」する反応である。

イ〜エ．光合成で作られた有機物の利用という点では，肉を食べる方が牛の「呼吸」により利用できる有機物が「失われる」ので，効率は「低い」ことになる。

問5．植物がいなくなる場合は，生産者がいなくなり，動物の場合は消費者が，土壌微生物の場合は分解者がいなくなるので，その影響を考えればよい。

問6．セルロースを分解するセルラーゼについては，多糖分子内部から切断するエンドグルカナーゼと，末端から分解するエキソグルカナーゼがあり，この問の場合，グルコース量は増加していないので，分子内部の切断であると判断できる。

問7．図3より判断する。

①誤文。酸素濃度は測定期間に21％から15％に変化しているので変化率は 0.7 倍であるが，二酸化炭素濃度は 0.05％ から 0.4％ に変化しているので8倍である。よって，二酸化炭素の方が変化率が大きい。

②正文。100日目までの濃度変化は，全体的には酸素が減り二酸化炭素が増えているが，Aの変化とBの変化では量的に異なっており，また50日

以降100日付近までBは急上昇しているが，Aの減少の方は傾きが小さくなっており，呼吸・光合成のバランスで説明することはできないと思われる。

③誤文。100日目以降の酸素濃度の低下は，光合成の影響も考えられる。

④誤文。Aのグラフから，100日以降，人為的に二酸化炭素を除去しても，酸素濃度は100日以前と同じように下がり続けており，除去が大きな影響を与えているとは言えない。

⑤誤文。実験期間を通じて，Bのグラフで300日以降二酸化炭素濃度は増加しており，その濃度を安定的に維持できているとは言えない。

問8. 題意の把握が難しいが，問7で閉鎖生態系の大気変化では，酸素濃度が下がり続け，人為的に除去しても二酸化炭素濃度は上昇を続けている。この状況を，大気中に含まれる炭素の比率が非常に少ないこととの関係で述べることが題意であると考えられる。

講　評

　　I　DNAの複製と構造に関する問題で，塩基配列に関して制限酵素の働きなどの，考察を要する描図問題や数学的に考える計算問題も出題されている。進化の面から考えたり，分子構造とその性質など論理的考察が必要である，分子生物学的な問題もあった。

　　II　鳥の渡りやアリの採餌行動などについて，実験やそのデータをもとに仮説を立てたり，受容体のモデルを考える問題が出題されている。GPS測定の原理や，地磁気など物理的な見方も要求されている。細胞における位置情報についても，実験をもとにグラフを解析し，さらに描図する考察力が要求される問題であった。

　　III　宇宙空間のコロニーという閉鎖生態系における，物質の循環や各栄養段階の生物の役割について，グラフの解析などをもとに考察が求められる問題であった。コロニー内の個体数変動については，数学的な力も求められている。

　　論述については，字数制限はなく解答用紙の枠内の記述で，1行から数行程度の比較的短いものであるが，科学的な考察力が要求され，ポイントを押さえていかに論理的に論述できるかが問われるものになっている。

◀理学科地球科学専修▶

Ⅰ　**解答**　問1．$T=\dfrac{L}{C}$　問2．$\dfrac{\rho g H}{2}$

問3． 深水波：$\dfrac{gT}{2\pi}$ あるいは $\sqrt{\dfrac{gL}{2\pi}}$　長波：$\sqrt{gh}$

問4． 深水波：イ，オ　長波：ア，ウ

問5． 深水波の場合は，波長の長い成分が速く伝播し，波長の短い成分が遅く伝播するため，合成された波形は維持されず崩れていく。長波の場合は，すべての波長の成分が同時に伝播するため，合成された波形は維持される。

問6． うねり：234時間　津波：11時間

問7． ア． 25　**イ．** 7　**ウ．** 16　**エ．** 0　**オ．** 15　**カ．** 20

問8． A． ツバル　**B．** キリバス　**C．** ホノルル　**D．** グアム

―――― **解説** ――――

《海洋を伝わるさまざまな波》

問1． 周期 T は，波長 L の長さを波速 C で進む時間である。

問2． 平坦な状態と地点1や2の水面の高さには $\dfrac{H}{2}$ の差があり，その厚みの水の荷重による圧力差が生じる。単位底面積の水の体積は $\dfrac{H}{2}$ だから，その質量は $\rho \times \dfrac{H}{2}$，はたらく重力は $\rho g \times \dfrac{H}{2}$ となり，これが求める水圧の変化となる。地点1ではこの分だけ水圧が小さく，地点2ではこの分だけ水圧が大きい。

問3． 波は距離 L を時間 T で進むことから，波速は $C=\dfrac{L}{T}$ で求められる。なお，深水波の場合は，$T=\sqrt{\dfrac{2\pi L}{g}}$ となるので，T を消去して L を残せば，波速は $\dfrac{gT}{2\pi}=\sqrt{\dfrac{gL}{2\pi}}$ と書き表すこともできる。

問4． 問題文の通り，長波は $h<\dfrac{L}{25}$ のとき，つまり $25<\dfrac{L}{h}$ のときに生

じる。アは $\dfrac{L}{h}$＝25 程度なので，長波が発生する可能性はある。イは長波
は発生せず深水波が発生する。問 3 でみたように，深水波の速さは
$\sqrt{\dfrac{gL}{2\pi}}$ で表され，水深 h に依存せず，波長 L の平方根に比例する。長波
の速さは $\sqrt{gh}$ で表され，水深 h の平方根に比例し，波長 L に依存しない。

問 5. 深水波は，波速が波長の平方根に比例するため，波長の長い成分が
速く，波長の短い成分が遅く伝わる。波長ごとに分散して伝わることによ
り，合成された波形は変形していく。さらに，例えば台風直下の海域のよ
うにさまざまな波長の波が一斉に発生したものを遠方で観測するとき，速
く伝わる波長の長い成分のみが先に到達してうねりとして観測され，ゆっ
くり伝わる波長の短い成分は到達する前に減衰してしまって観測されない，
という場合もある。一方，長波では，波速が波長に依存しないため，すべ
ての波長の成分が同じ速さで伝わり，合成されていた波形は維持される。

問 6. うねりの群速度は
$$\dfrac{gT}{2\pi}\times\dfrac{1}{2}=\dfrac{9.8\times12}{2\times3.1}\times\dfrac{1}{2}\fallingdotseq9.48\,[\mathrm{m/s}]$$
だから，トンガから日本までの距離 8000 km を伝わる時間は
$$\dfrac{8000\times10^3}{9.48\times60\times60}\fallingdotseq234\,[時間]$$
となる。津波の速度は
$$\sqrt{gh}=\sqrt{9.8\times4500}=\sqrt{44100}=210\,[\mathrm{m/s}]$$
だから，日本までの距離を伝わる時間は
$$\dfrac{8000\times10^3}{210\times60\times60}\fallingdotseq11\,[時間]$$

問 7. 問 6 から，うねりが日本に到達する時刻は，15 日 13 時の 234 時間
後，つまり 9 日 18 時間後にあたる 25 日の 7 時ごろである。津波が日本に
到達する時刻は，15 日 13 時の 11 時間後にあたる 16 日の 0 時ごろである。
　ラム波の速度は 300 m/s だから，日本までの距離 8000 km を伝わる時
間は $\dfrac{8000\times10^3}{300\times60\times60}$＝7.4[時間] であり，日本に到達する時刻は，15 日 13
時の約 7 時間 30 分後にあたる 15 日の 20 時 30 分ごろである。

問 8. ラム波の速度 300 m/s を時速に直すと

$$\frac{300\times60\times60}{1000}=1080\,[\mathrm{km/h}]$$

　よって，ラム波が発生してから各地点に到達するまでの時間を図1から読み取り，トンガから各地点までの距離を図4から読み取ると，1.4時間の地点Aは約1500kmのツバル，3.0時間の地点Bは約3200kmのキリバス，4.6時間の地点Cは約5000kmのホノルル，5.3時間の地点Dは約5700kmのグアムに該当することがわかる。

Ⅱ　解答　**問1．ア.** $\dfrac{4}{3}\pi r^{3}(\rho_{\mathrm{c}}-\rho_{\mathrm{m}})g$

イ. $\rho_{\mathrm{c}}-\rho_{\mathrm{m}}$　**ウ.** 終端　**エ.** $\dfrac{2r^{2}}{9\eta}(\rho_{\mathrm{c}}-\rho_{\mathrm{m}})g$

問2． 1.0×10^{-5}

問3．(i)　鉱物B　(ii)　+20.3重量%

(iii)

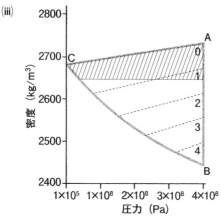

(iv)　メルトよりも密度の大きい鉱物A，C，Dが多く沈積して，マグマだまり上部よりも濃集している。

問4．(i)**オ.** $1-F$　**カ.** $(1-D^{\mathrm{bulk}})F+D^{\mathrm{bulk}}$

(ii)直線A：1　曲線D：5

(iii)　元素X，Yの初期濃度を $C_{0\mathrm{X}}$，$C_{0\mathrm{Y}}$ とする。また，任意の F のときのメルトでの濃度をそれぞれ C_{LX}，C_{LY} とする。条件から D^{bulk} は共通である。(i)より

$$\frac{C_{\mathrm{LX}}}{C_{\mathrm{0X}}}=\frac{1}{(1-D^{\mathrm{bulk}})F+D^{\mathrm{bulk}}}, \quad \frac{C_{\mathrm{LY}}}{C_{\mathrm{0Y}}}=\frac{1}{(1-D^{\mathrm{bulk}})F+D^{\mathrm{bulk}}}$$

だから，$\dfrac{C_{\mathrm{LX}}}{C_{\mathrm{0X}}}=\dfrac{C_{\mathrm{LY}}}{C_{\mathrm{0Y}}}$ であり，$\dfrac{C_{\mathrm{LX}}}{C_{\mathrm{LY}}}=\dfrac{C_{\mathrm{0X}}}{C_{\mathrm{0Y}}}$ である。

　よって，XとYのメルト濃度の比は，初期状態と任意の F のときで等しい。

　また，任意の F のときの鉱物での濃度についても，それぞれ C_{SX}，C_{SY} とすると，

$$C_{\mathrm{SX}}=D^{\mathrm{bulk}}C_{\mathrm{LX}}, \quad C_{\mathrm{SY}}=D^{\mathrm{bulk}}C_{\mathrm{LY}}$$

だから，$\dfrac{C_{\mathrm{SX}}}{C_{\mathrm{SY}}}=\dfrac{D^{\mathrm{bulk}}C_{\mathrm{LX}}}{D^{\mathrm{bulk}}C_{\mathrm{LY}}}=\dfrac{C_{\mathrm{0X}}}{C_{\mathrm{0Y}}}$ となり，やはり，初期状態と任意の F のときで等しい。　　　　　　　　　　　　　　　　　　　　（証明終）

(iv)―①

(v)キ. 1　**ク・ケ.** ざくろ石，単斜輝石（順不同）　**コ.** 小さい

━━━━━━━━━━━━━━ **解　説** ━━━━━━━━━━━━━━

《マグマと鉱物の間での元素の挙動》

問1. 鉱物の体積は $\dfrac{4}{3}\pi r^3$，質量は $\dfrac{4}{3}\pi r^3\rho_{\mathrm{c}}$ だから，はたらく重力の大きさは $\dfrac{4}{3}\pi r^3\rho_{\mathrm{c}}g$ である。一方，浮力の大きさは鉱物が排除したメルトの重量に等しいので，$\dfrac{4}{3}\pi r^3\rho_{\mathrm{m}}g$ である。これらの合力は，鉛直方向下向きを正にとると $\dfrac{4}{3}\pi r^3(\rho_{\mathrm{c}}-\rho_{\mathrm{m}})g$ である。ここで，$\rho_{\mathrm{c}}-\rho_{\mathrm{m}}>0$ ならば鉱物はメルト中で沈降し，$\rho_{\mathrm{c}}-\rho_{\mathrm{m}}<0$ ならば浮上する。

　鉱物の速度が大きくなると，抵抗力も大きくなり，やがて鉱物にはたらく合力が0になると，鉱物は等速度運動をおこなう。このときの速度が終端速度である。鉱物が沈降する場合の終端速度 v に対し，抵抗力は上向きに $6\pi\eta rv$ の大きさではたらくので，$\dfrac{4}{3}\pi r^3(\rho_{\mathrm{c}}-\rho_{\mathrm{m}})g=6\pi\eta rv$ が成り立つ。

　よって，$v=\dfrac{2r^2}{9\eta}(\rho_{\mathrm{c}}-\rho_{\mathrm{m}})g$ となる。

問2. 問1のエから，終端速度 v は，マグマの粘性率 η に反比例する。

　　2つのマグマの v の差が最大になるのは，玄武岩質マグマが $\eta=10^2$〔Pa·s〕，安山岩質マグマが $\eta=10^7$〔Pa·s〕の場合である。

　このとき，玄武岩質マグマに対し安山岩質マグマの粘性率が 10^5 倍なので，終端速度は 10^{-5} 倍となる。

問3.（i）　図4の直線的な変化傾向とは，マグマに含まれる SiO_2 が多いほど CaO は少なく，MgO と TiO_2 は多いというものである。この傾向が単一鉱物種の体積比の変化で説明できる場合，その鉱物は CaO に乏しく SiO_2 と MgO，TiO_2 に富んでいるか，その逆でなければならない。

　表1の鉱物 A〜D のうち該当するのは，CaO に富み SiO_2 と MgO，TiO_2 に乏しい鉱物 B であり，マグマ β に比べてマグマ α の方が鉱物 B をより多く含んでいるとすれば，図4の変化傾向に合致する。

（ii）　（i）より，鉱物 B の重量比はマグマ α の方で高い。マグマ β と比べ，マグマ α では鉱物 B の重量比が x〔%〕高いとする。マグマ β における鉱物 B の重量比を 0 %としたとき，マグマ α は，マグマ β と鉱物 B を $(100-x):x$ の重量比で混合したものと考えることができる。表1の SiO_2 の重量比について

$$52.42=53.82\times\frac{100-x}{100}+46.94\times\frac{x}{100}$$

が成り立つので，これを解くと $x\fallingdotseq20.3$〔重量%〕となる。

（iii）　鉱物 B の重量比が大きいマグマ α が，マグマだまりの天井部にあることから，鉱物 B の密度 $2650\,kg/m^3$ はマグマの密度よりも小さく，メルト内を浮上してきたことがわかる。よって，マグマの密度が $2650\,kg/m^3$ 以上となる領域を図示すればよい。

（iv）　図5によると，メルトのもちうる密度の最大は $2730\,kg/m^3$ 程度である。表1の鉱物 A，C，D はいずれもメルトより密度が大きいため，マグマだまり内で沈降し，下部へ濃集する。その結果，マグマだまり下部には密度の大きい部分が生じる。

問4.（i）　系全体のうちメルトが F，鉱物が $1-F$ を占めているとき，各々の部分での元素 E の濃度を用いると，系全体を平均した元素 E の濃度は，$(1-F)C_S+FC_L$ であり，これは初期状態の濃度 C_0 と等しい。

　ここで，分配係数 D^{bulk} は $D^{\mathrm{bulk}}=\dfrac{C_S}{C_L}$ と表されるので，$C_S=D^{\mathrm{bulk}}C_L$ を

用いて，$C_0=(1-F)D^{\text{bulk}}C_L+FC_L$ と書ける。よって

$$\frac{C_L}{C_0}=\frac{1}{(1-F)D^{\text{bulk}}+F}=\frac{1}{(1-D^{\text{bulk}})F+D^{\text{bulk}}}$$

となる。

(ii)　図 6 の右端の値に着目する。(i)で作った式で，$F=0$ のとき，

$\dfrac{C_L}{C_0}=\dfrac{1}{D^{\text{bulk}}}$ だから，上から曲線 A，B，…の順に，$D^{\text{bulk}}=0.01$，0.1，

…と決まる。

(iii)　(i)で作った式 $\dfrac{C_L}{C_0}=\dfrac{1}{(1-D^{\text{bulk}})F+D^{\text{bulk}}}$ を元素 X，元素 Y について

書き，初期状態での濃度 C_0 の比が，任意の F のときのメルトの濃度 C_L
の比と等しいことを示す。さらに，鉱物での濃度についても，$C_S=D^{\text{bulk}}C_L$
を用いて，同様のことを示す。

(iv)　(iii)の原理によると，親子関係にあるマグマは $\dfrac{\text{元素 X の濃度}}{\text{元素 Y の濃度}}$ の値が

等しい。この値を計算すると，①は約 0.6，②〜④はそれぞれ約 0.3 とな
り，①だけが明らかに異なるので，親子関係にない。

(v)　縦軸に $\dfrac{C_L}{C_0}$ をとった図 7 より，マントルの岩石の部分溶融において

は，対象のすべての元素について $\dfrac{C_L}{C_0}>1$，つまり，$C_S<C_0<C_L$ だから，

$D^{\text{bulk}}=\dfrac{C_S}{C_L}<1$ であることがわかる。

　ところが，図 8 によれば，重希土類元素について，ざくろ石と単斜輝石
では分配係数 D が 1 を上回っている。他の鉱物では $D<1$ が成り立って
いるので，全体としてどの元素でも $D^{\text{bulk}}<1$ となるには，式 2 において，
ざくろ石と単斜輝石の重量比は小さい必要がある。このとき，とけ残り鉱
物に占めるざくろ石と単斜輝石の体積比も小さいことになる。

（講 評）

　2023 年度同様に，大問 2 題の出題であった。必要な知識は問題文や
図表にていねいに与えられている。自然科学の基本的な考え方に習熟し，

基本的な数量の処理ができれば，答えられる問題である。しかし，試験時間内に長大な問題文を読み解いて思考を進め，合格点を確保するには，題材となっている地学の各現象について，基礎的な知識と理解を持っておく方が圧倒的に有利である。また，物理や化学（生物も）の，基礎的な理解と数量の処理は，一通り経験しておくべきであろう。

　Ⅰ　海洋分野からの出題で，2022年のトンガの噴火に関する興味深い問題である。風浪やうねりと長波のちがいは，問題文で説明されているものの，通常の地学の学習ですでに理解できている受験生の方が速く有利に解き進められる。さらに，物理で学ぶ力学や波の基本的な性質などを知っているかどうかで，解き上げる時間にかなり差がつくだろう。

　Ⅱ　岩石分野から，マグマの分化の場面，およびマグマの生成の場面での元素の挙動に関する問題である。長大な問題文と豊富な図表を読み解く必要がある。マグマの生成と分化に関する定性的な理解ができている受験生は，問題文の意味がつかみやすく，時間内で処理することができるだろう。初見で理解して解くのはなかなか難しい。力学や濃度の計算など，物理や化学の基本的な処理も必要である。問題文で与えられた数式が，実際のマグマの現象で何を意味しているのか，対応させて考えたい。

//////////////// · **memo** · ////////////////

//////////////// · **memo** · ////////////////

//////////////// · **memo** · ////////////////

//////////////// · **memo** · ////////////////

/////////////// · **memo** · ///////////////

解 答 編

解答編

■ 英語 ■

I　　**解答**　　1－c　2－c　3－c　4－d　5－c　6－b
　　　　　　　　7－b　8－b・d　9－d　10－d　11－d

◆全　訳◆

≪「歴史の書き換え」に心配は無用≫

〔1〕　人々は出し抜けに，歴史を書き直す危険のことをひどく心配している。どうやら私たちは，過去の大部分が忘れられたり，ひどくなると「消去」されたりする可能性を警戒しないといけないらしい。私たちは，歴史があたかも世の中にたっぷり白い塗料があるかのごとく「白塗り」され，やっかいで複雑な部分が消えてしまう危険を警戒していないといけない。一方，生み出したあらゆる論争など素知らぬふりで，エドワード＝コルストン像は，ブリストル湾の底に鎮座している。

〔2〕　歴史家は「歴史の書き換え」によって生じる脅威をあまり心配していない。歴史の書き換えは自分の職業であり，プロとして努力していることだからである。私たちはいつでも，過去を再評価し，自分が知っていると思っている筋書きを解釈し直す作業に携わっている。レオポルト＝フォン＝ランケは近代的歴史研究の創始者の一人であるが，氏が語ったこととは裏腹に，歴史は「それが実際にどう生じたのか」ばかりではなく，私たちが過去や，過去と自分たちとの関係をどう考えているかをも見出すことが中心にあるのである。過去は亡きものかもしれないが，歴史は生きていて，今このときに構築されているのである。

〔3〕　この議論でもう1つ，忘れてはならない大事なことは，立像が過去を記録したり，過去のことを人々に教育したりするのに，とりわけ効果的な役目をするわけではないということである。英国民の「帝国の郷愁」という思いと，私たちの多くにとって生まれる前に消えていた帝国に，私たちは国家として憧れているという考えとをめぐって，近年多くが書かれて

きた。しかし，この国の帝国の過去との関係は，記憶よりむしろ抹消と忘却の上に築かれている。それは過去に口を閉ざし続けることである。他の人間を奴隷としたり，数百の丸腰の市民たちを殺害したり，帝国の職務として他のぞっとする犯罪を実行した男たちや，彼らを統轄した一人の女性の記念碑の数は，帝国の犯罪をめぐって私たちが真剣に交わした会話の数とは対照的である。立像が倒されるたびに，私たちは少しずつ学ぶ。

［4］　一部の人々は，英国人はただあまりにお行儀がいいので，帝国主義の影の面を語れないのだと言うだろう。しかし，こうした会話がないのは，過去を恥じているからではない。英国人が自らの帝国の歴史を恥じるには，それを知らなければならないし，帝国の暴力の最悪の暴挙と，帝国の統治の単純な日々の不正をどちらも理解しなければならない。

［5］　しかし，多くの英国人はこのことを知らないし，たいてい知ろうともしない。それどころか，国家として，私たちは過去の人々の行動を，ただ時代が違い，価値観も違ったと言い張って免罪し，当時多くの勇敢な人々がこうした残虐行為に抗議し，抵抗し，倦むことなく力を尽くしてそれらを明らかにし，非難しようとしたことを忘れている。

［6］　立像の撤去をめぐる罵声は，英国の一部の人々が英国の過去へのいかなる批判にも不快感を抱くことを示している。だが彼らのそれの望み方には，2方向ある。歴史的な悪業の罪悪感を免れようとするが，しかし，自らが歴史的業績だとみなしているものを誇りたくもある。その最も明白な一例は，英国人がうれしそうに，奴隷貿易の終了に英国の果たした大いに称揚される役目ばかりを挙げて，奴隷貿易を論じるその語り口である。しかし，引き倒される立像の主の男たちは，奴隷廃止論者ではなく，奴隷商たちであった。その人たちの罪状を認めることは，多くの英国人にとって，ただ街頭で彼らの前を通り過ぎるのより，はるかに難しい。そして別の英国人にとっては，毎日この像を目にせざるを得ず，この男たちにちなんで名づけられた講堂や演奏会場にいることは，日々の暴力行為であり，それに耐えられなかったのだ。

［7］　こうした立像や，演奏会場，講堂の多くは，ビクトリア朝末期か，20世紀半ばの帝国最後の日々に建造され，その名がついた。偶然ではない。帝国は，植民地とその住民たちが海外で従属を強いられた間も，そうした植民地が反撃し独立を勝ちえたときも，常に，政治的・文化的事業と

して母国で構築された。帝国はただ英国で「たまたま」生じたのではなかったのだ。帝国は一時のぼんやりとした考えで手に入るようなものではなかったのであり，帝国主義は政治的，軍事的，経済的な企みであると同様，文化的な事業でもあった。そしてそれは，常に更新されなければならないものだった。こうした立像はこの国の歴史を中立的に物語ることはない。それらは建立された時代の英国の地位をめぐる不安に対する政治的な記念碑なのだ。

［8］　立像を撤去することは歴史を「白塗り」することだという主張は，こうした立像がともかくも英国の帝国主義の過去についての微妙な意味合いの話術の一環であったという弁解である。しかし，そうではなかったのだ。とりわけ，私たちには奴隷所有者の立像はあるが，奴隷貿易の犠牲者や帝国の暴力の他の犠牲者たちの立像はないのだから。2007 年以来，リバプールに奴隷制博物館はあったが，帝国博物館はない。もっとも，私たちの博物館には，英国の以前の帝国財産であった略奪宝物が満ち満ちているのだけれど。また，奴隷貿易の犠牲者のための国立記念館もない。もし歴史の白塗りについて語りたいのなら，ここから始めるのがよかろう。

［9］　私たちの世界観が変化するように，当然ながら，私たちの祖先が祝うことに決めた英雄や勝利に対する私たちの態度もまた変わる。そうした英雄たちが英雄であるどころではなくなったら，その立像を建てておくことは，私たちが手にしていると力説する近代的な価値観に対する侮辱となるのである。これは，悪意ある歴史抹消なのではない。これは新たな証拠と思想に基づく，歴史の再評価なのだ。歴史記述とは，こうしたものである。そして，もしコルストン像を引き倒すのであれば，もういくつか立像を引き倒さねばいけなくなるのではないかと批判するなら，そう，その通り。やればよい。筆者は賛成である。

━━━━◀解　説▶━━━━

▶1．「本文から，エドワード＝コルストン像の撤去は（　　　）だと筆者は考えていると推論できる」

　最終段最終文（This historian …）に，前文の「コルストン像を引き倒すことがいくつか他の立像を引き倒すことにつながるのではないか」という批判を受けて，「筆者は賛成である」とある。その理由は，同段冒頭（As our ideas …）に「私たちの世界観が変化するにつれ，…英雄や勝利

に対する私たちの態度もまた変わる」とある。

　選択肢はそれぞれ

ａ．「よい考えだ。なぜなら，撤去は帝国主義の過去について人々の心配を減らすからだ」

ｂ．「よい考えではない。なぜなら，撤去は単に不都合な歴史を抹消するだけだからだ」

ｃ．「問題ではない。なぜなら，人々の歴史観は研究が進歩するにつれて変わるからだ」

ｄ．「問題だ。なぜなら，帝国主義の過去について学ぶ機会が永遠に失われるからだ」

という意味。上記の検討に合致するのは，ｃである。

▶２．「下線部(1)を置き換えられないのは（　　　　）」

　当該下線部は「白塗りされる」という意味。選択肢はそれぞれ，ａ．「抹消される」，ｂ．「除去される」，ｃ．「磨かれる」，ｄ．「一掃される」という意味だから，正解はｃに決まる。

▶３．「空所 ［　２Ａ　］，［　２Ｂ　］，［　２Ｃ　］に当てはまる言葉を選びなさい」

　当該空所部分は「過去は ［　２Ａ　］ かもしれないが，歴史は ［　２Ｂ　］ しており，今このときに ［　２Ｃ　］ いるのである」という意味。直前の２文（We are … relationship to it.）を参照すれば，それぞれ ［　２Ａ　］ には dead「亡きもの」，［　２Ｂ　］ には alive「生きている」，［　２Ｃ　］ には constructed「構築される」が入るとわかる。そうなっているのは，ｃである。

▶４．「筆者が下線部(3)を導入するのは（　　　）するためである」

　当該下線部は「英国民の『帝国の郷愁』という思いをめぐって，近年多くが書かれてきた」という意味。下線部を含む文の次文以降，段落最後まで，筆者はそうした「郷愁」に批判的な態度を取っている。

　選択肢はそれぞれ

ａ．「英国帝国史は忘れられても抹消されてもいないと言う」

ｂ．「英国の偉大な伝統は現在まで伝わらなかったという無念を示す」

ｃ．「一部の人々は英国の国粋主義のために苦しんだことを示唆する」

ｄ．「英国の過去をロマンチックに描く保守的な傾向に警鐘を鳴らす」

という意味だから，「郷愁」への批判的な見方を示しているのは，ｄだとわかる。

▶5.「空所［　4　］を埋めるのに最もふさわしい解答を選びなさい」

設問は要するに，「帝国主義時代の英雄の記念碑の数と，帝国の悪事を論じる回数がどのような関係になっているのか」を問うている。空所を含む文直前の silences from the past から「議論の数が圧倒的に少ない」ことが読み取れる。選択肢はそれぞれ stand と組み合わさった場合，ａ．「目立つ」，ｂ．「〜に比べて立つ」，ｃ．「〜と対照的である」，ｄ．「〜を表す」という意味だから，正解はｃだとわかる。

▶6.「段落［4］の要旨は，英国民は（　　　　）すべきだということである」

第4段最終文（For the…）などから，当該段落の主旨は「英国民は，その帝国の歴史を知らなければならない」ということだとわかる。

選択肢はそれぞれ

ａ．「帝国主義の過去について不用意な会話を避ける」

ｂ．「帝国主義的統治と暴力という遺産を理解する」

ｃ．「自分自身の過去の帝国主義的歴史を賛美する」

ｄ．「帝国主義的歴史について語るときは行儀が悪くなる」

という意味だから，前述の検討にふさわしいのは，ｂだとわかる。

▶7.「下線部(5)を置き換えるのに最もふさわしいのは（　　　　）」

当該下線部は「〜を免除（解放）する≒〜を容赦する」という意味。選択肢はそれぞれ，ａ．「〜に有罪宣告する」，ｂ．「〜を許す」，ｃ．「〜を非難する」，ｄ．「〜を強調する」という意味だから，正解はｂに決まる。

▶8.「次のうちのどれが段落［6］の筆者の考えを最もよく表しているか。最も適したものを2つ選びなさい」

当該段落に示された筆者の考えは，「（記念碑取り壊しに反対する）英国人は過去の悪業を免れたくも，業績を誇りたくもあるが，一部それ（＝そういった記念碑を見かけること）に耐えられないと思う人もいた」ということ。

選択肢はそれぞれ

ａ．「一部の人々は，歴史的な人物像の前を歩いて通ることは，歴史的な罪業の贖罪と英国の業績の回復につながると信じている」

ｂ.「一部の人々は，ある種の歴史的な記念碑をたまたま目にすることがあってもよいとする考えに反対している。それらがあまりにもぞっとするようなものだからである」

ｃ.「一部の人々は，歴史的な立像は公開展示されるべきではなく，どこか以前の英国植民地とは無関係な場所に保存しておくべきであると言い張っている」

ｄ.「一部の人々は，過去に対して責任を取ることと，過去を尊重することの間に葛藤を感じているがゆえに，特定の記念碑の取り壊しに抗議している」

ｅ.「一部の人々は，元奴隷所有者の記念碑は，人々がその歴史的な背景について思いを巡らせるのに役立つがゆえに，重要であると言い張っている」

という意味だから，特定の記念碑に対する「不寛容」を示すｂと，「葛藤」を示すｄが正解だとわかる。

▶9.「段落 ［7］ の主目的は，（　　　　）を示すことである」

　当該段落第 3 文（Empire was …）に「帝国は，…常に政治的，文化的事業として…構築された」とある。

　選択肢はそれぞれ

ａ.「大英帝国は国内でも海外の植民地でも重要な文化的，政治的事業であることが知られていた」

ｂ.「一部の人々は歴史的な記念碑の存在に反対意見をもっているが，私たちはそれらを引き倒したり，歴史的な事実を白塗りしたりする危険をもっと知る必要がある」

ｃ.「私たちは特定の立像や，会館，講堂の歴史的な価値を見くびってはならない。というのも，ひとえに，それらは今より以前の世紀に設立されたからである」

ｄ.「歴史的な事物は，植民地が独立のために戦っていた間に，どうして英国民が自分自身の歴史を語って，自分自身の強さを示そうとしたのかを示している」

という意味だから，上記の記述に合致するのは，ｄだとわかる。

▶10.「下線部(6)は，筆者が（　　　　）したいと望んでいることを示している」

当該下線部は要するに「像撤去に反対するのは，帝国主義の過去を擁護する口実だ」ということ。

選択肢はそれぞれ

a．「歴史的な記念碑を建立することに関して代替的な仮説を提示する」

b．「歴史を別の立場から見るために，新たな議論を導入する」

c．「歴史的な記念碑の重要性をめぐる自分の議論に支持を与える」

d．「対立する視点を拒絶して，自分の意見を強化する」

という意味だから，正解は d に決まる。

▶11．「次の文のうち，筆者の歴史に対する姿勢を最もよく表しているものはどれか」

筆者の歴史に対する姿勢を端的に示すのは，最終段第 3 文（This isn't a sinister…）後半のコロン以下の記述である。

選択肢はそれぞれ

a．「新たな証拠と思想をもってしても，過去の英雄や勝利に対する私たちの姿勢をあたらめることは倫理的に誤っており，厳に慎まなければならない」

b．「立像は，現代の価値観というレンズを通して詳細に観察する限り，大英帝国に関して微妙な意味合いの視点を提供してくれるのだから，それらから大いに学ぶことができる」

c．「歴史は，証拠と思想の堅牢で明確な出どころを提供してくれるのだから，私たちは祖先の歴史的な業績を顕彰し，一般大衆からの批判を無視しようとするのは当然だ」

d．「歴史家は常に歴史を書き直しているのだから，人々は新たな証拠と思想に基づくことで，自分の意見を評価し直すことに心配する必要はないのだ」

という意味。前述の記述に沿っているのは，d だとわかる。

◆━━●語句・構文●━━◆

（第 1 段）peril「危険，危難」 vigilant「油断のない，警戒を怠らない」 swath「帯状の場所，（大部分の）地帯」 erase「～を抹消する，～を拭って消す」 alert「油断のない，警戒している」 whitewash「白い塗料（名詞），白い塗料で～を塗る，～（表面など）を取り繕う」

（第 2 段）pose a threat「脅威となる」 endeavour「真剣な努力，試み」

pioneer「先駆者，草分け，開拓者」

（第3段）hold on to～「～をもち続ける，～を手放さない」 document「～を記録する，～を文書で立証する」 nostalgia「郷愁，ノスタルジー」 yearn for～「～を切望する，～を慕う」 enslave「～を奴隷にする」 unarmed「武装していない，丸腰の」 civilian「一般人，民間人，市民，文民」 horrific「ぞっとする，恐ろしい」 service「職務，服務，兵役，軍務」 preside「主宰する，統轄する，座長をする」 critically「決定的に，注意深く，批判力をもって」 every time S V「S が V するたびごとに」 every time は接続詞的に働き，副詞節を導く。

（第4段）have it that S V「S が V であると言う」 the dark side「暗黒面，影の部分」 imperialism「帝国主義」 For the British to be …, they … have to *do.*「英国民が…であるためには，～しなければならない…」 For the British は to 不定詞の意味上の主語。この to 不定詞は〈目的〉を表し，〈義務・必要〉を表す have to と，相関して用いられる。

（第5段）atrocity「残忍，残虐行為」 so that S might *do*「S が～するために」は〈目的〉の副詞節を導く。uncover「～を暴く，～をむき出しにする」

（第6段）outcry「抗議（を示しての絶叫・悲鳴），怒声」 critique「批評，評論」 laud「～を賛美する」 abolitionist「（奴隷）廃止論者」 own up to～「～を認める，～を白状する」 lecture theatre「講堂」 name *A* after *B*「*A* に *B* にちなんで名前をつける」

（第7段）Victorian「ビクトリア朝の，ビクトリア女王時代（1837～1901年）の」 coincidence「偶然の一致，符合」 subjugate「～を支配下に置く，～を征服する」 fight back「抵抗する，攻撃を食い止める」 fit「発作，興奮，気まぐれ」 absence of mind「放心状態，上の空」

（第8段）pretence「弁明，言い訳，口実」 nuanced「微妙な差異のある，陰影を帯びた」 not least「特に，とりわけ」 victim「犠牲者，被害者，餌食」 plunder「～を略奪する，～を強奪する」

（第9段）as S V, so do *X*「S が V するように，*X* もまた V する」 so 以下には倒置が生じ，V S となる。commemorate「～を記念する，～を祝う」 anything but「少しも～でない」 insult「侮辱の言葉，無礼な行為」 sinister「不吉な，悪い，悪意ある」 historiography「歴史記述，修史，

史料編纂」 bring on ～ 「～を引き起こす」 This historian の This は，この文を書いている人を指す。よって，訳は「この歴史家」ではなく「筆者」とした。

Ⅱ 解答

1 — b　2 — c　3 — d　4 — b　5 — b　6 — c
7 . 5 — b　6 — e
8 — d　9 . Third : c　Seventh : a　10 — a　11 — c　12 — a
13 — c　14 — b　15 — b　16 — a

◆全　訳◆

≪ダーウィンの誤り：表情で感情はわからない≫

[１]　表情の動きは，自分の感情を他者に伝えるのだろうか。はいと答えると思うのなら，考え直した方がいい。この問題は論争を起こしている。一部の専門家は，世界中の人間が特定の感情を表す，明確で見分けのつく表情をすると主張する。たとえば，嬉しいと微笑み，怒るとしかめっ面になり，怖いと息が詰まって目を見開く。微笑みやしかめっ面などが感情を示す普遍的な表情であることを示しているとおぼしき数百の研究を彼らは指摘する。彼らはまた，チャールズ＝ダーウィンの 1872 年の著書『人及び動物の表情について』をよく引用して，普遍的表情が自然選択によって進化したという主張の支えにしようともした。

[２]　別の科学者が指摘するのは，情動の間の表情の動きはあまりに広範に変化するので，感情的な意味の普遍的な標識にはなり得ないことを示す大量の反証である。人間は自分の敵の転落を企てるとき，憎みながら微笑んだり，ひどい駄洒落を耳にして，楽しみながらしかめっ面をするかもしれない。メラネシア文化では，目を見開いて息を詰めた表情が象徴するのは，攻撃であって，恐怖ではない。こうした専門家は，普遍的と言われている表情は，単に文化的な固定観念を表しているに過ぎないと語る。はっきりさせておこう。論争している両陣営とも，表情の動きは，所定の感情に対して変化するという点については認めている。意見の違いの中心にあるのは，誰かが何を感じているかを探知することができるほどの画一性があるかどうかということなのだ。

[３]　この議論は学問の世界だけの話ではない。その帰趨（≒帰結）は重大な結果を生じる。今日では，カメラで観察している，いわゆる感情読み

取り装置が，人工知能を用いて面接の間の表情の動きを不利に評価したために，仕事で不採用になるかもしれない。米国の法廷では，被告の表情に悔悟の念が欠けているとみなされた場合，裁判官や陪審員の下す判決が，ときに重くなり，さらに死刑にもなりかねない。全国の保育園児は，微笑みは満足，しかめっ面は怒りと見分けるよう教わり，その他表情に関する固定観念を，本や，ゲーム，顔だけのポスターから教わる。そして，自閉症スペクトラムのある子どもは，一部は他者の感情を感じ取るのが難しいのだが，その子たちにとって，こうした教育が意思伝達の改善に転化することはない。

［4］　では，正しいのは誰なのか。その答えにかかわってくるのは，何も知らなかった医師と，科学的な過誤，ダーウィンの著作の1世紀に及ぶ誤読である。皮肉にも，彼自身の観察によって提供される強力な解法は，現代の感情の理解に変容をもたらしているのである。

［5］　普遍的な表情という想定の出どころをたどると，いくつかの根源に行き着くが，極めつきは，19世紀のフランス人医師，ギヨーム＝ベンジャミン＝アマン＝デュシェンヌによる一連の写真である。写真術の初期に，デュシェンヌは人間の表情筋を電気的に刺激して，その収縮を撮影したのだった。

［6］　氏の撮った写真は，ダーウィンが『表情』の中で，特定の表情の動きは感情の普遍的徴候となると提起するきっかけになった。ダーウィンの書には，嬉しいと人間は微笑むとある。悲しいと，顔をしかめる。よく話として語られるように，ダーウィンは感情が，普遍的に生み出され，識別され，他の動物と共通する，生まれつきの，生物学的根拠のある表現をもつことを発見したわけである。その話では，表情の動きはある種の通信システムであり，人の顔を見て，その感情状態を探知し，重要な情報を受け取って，自分も，それに相手も，元気に生き延びていけることになっている。

［7］　というか，そういうことになっているらしい。（実際には）ダーウィンは間違っており，その誤りは桁外れなことを示す証拠の方が優勢だ。実生活では，人間が特定の感情を表現する仕方には，途方もない変異がある。たとえば，怒ると，都市文化の人間が顔をしかめる（あるいは顔をしかめる表情の動きをある程度する）のは，そういった場面のたった35%

ほどだということが，情動の間の表情の動きの研究の二次解析によって示されている。しかめっ面は怒りに特有というのでもない。人間は他の理由，たとえば，集中しているときやおなかが張っているときにも，顔をしかめる。同じだけの途方もない変異が，研究されたあらゆる感情にも，人の感情状態を教えてくれるとされる他のあらゆる手段にもある。生理機能でも，声でも，脳の活動であってもである。

［8］　だから，感情 AI システムは，感情を探知できない。それは身体の信号，たとえば表情筋の動きを探知しているが，そうした信号のもつ心理的な意味は探れない。動きと意味の融合は，西欧の文化や科学に深く埋め込まれている。一例は，600 万を超えるインターネット上の顔の動画に機械学習を応用した，最近注目を浴びている研究である。AI システムを鍛えた人間の評価者が，動画の表情の動きを標識するよう依頼を受けたのだが，彼らに与えられた使用できる標識は，「怒っている」といった感情語だけで，「顔をしかめる」といった身体的記述ではなかった。そのうえ，動画の匿名の人間が，そのときに感じているのは何か（それがあれば，の話だが）を確かめる客観的な方法はなかったのである。

［9］　また，表情の動きは単に，人の脳が取り入れる，ずらりと並ぶ，はるかに大量の環境情報の中の，ほんの 1 つの信号に過ぎないという証拠もかなりある。人間に顔をしかめている表情を単独で見せるとしよう。そうすれば彼らは苦痛や失望を感じ取るかもしれない。しかし，全く同じ顔をレースのゴールラインを越える走者につけて見せてみよう。そうすると同じしかめっ面が勝利の喜びを伝えるのである。表情は，人間の内的な状態を伝える信号としては，居並ぶ他の信号よりも，力が劣ることがよくある。

［10］　ダーウィンの『表情』は，怒りといった特定の感情の事例は，明確で不変の身体的な原因または状態，すなわち本質なるものを共通してもつと示唆している。それは事例を，たとえ表面上の差異があっても，同じものにする。科学者はこれまで，様々な本質を提起してきており，その一部は，表情の動きのようにすぐに目にすることができるが，また別のもの，たとえば複雑で，精緻な様式のある心拍と呼吸，体温といったものは，専門の機器を用いてはじめて観察できる。このような本質信仰は，本質主義と呼ばれるが，それは直観的に納得できる。が，有害でもある。本質など存在しないと証明することはほぼ不可能だからである。本質を信じてはい

るが，何度やっても目にすることができない場合，それでも信じ続けることはよくある。とりわけ，研究者は，道具や手法が不十分だから，求める本質が見つからないなどとすることで，その信念を正当化しがちである。

[11] この謎の解答は，ダーウィンのさらに名高い著書『種の起源』に見出すことができる。『表情』に先立つこと13年前の著書である。皮肉にも，それが名高いのは，生物学が「本質主義の身動きできなくなるほどの握力を回避する」のに役立ったからであるとは，有名な生物学者エルンスト＝マイヤーの言である。『起源』出版以前，学者が信じていたのは，それぞれの生物種には理想型があり，それは神の手によるのであり，決定的な特性があって，それが他のすべての生物種とその生物種とを分け隔てる本質なのだということだった。これを「イヌの品評会」的な生物学と考えてほしい。イヌの品評会では，それぞれの出場犬は仮説上の理想のイヌに照らして評価される。理想からの逸脱は，誤りと考えられる。ダーウィンの『起源』が提起したのは，根源的なことに，1つの生物種は多様な個体の巨大な集合であり，その中心に本質などありはしないということだった。理想のイヌなど存在しない。それは，多数の多様なイヌを統計的にまとめたものなのだ。変異は過誤ではない。それは環境による自然選択に不可欠の成分なのだ。しかし，感情ということになると，ダーウィンは本質主義の虜になり，自らの最重要知見に目を塞いだのである。

[12] 本質主義の力がダーウィンを，感情に関する見事なほどに馬鹿げた思想へと導いた。それには，感情の不安定は縮れ毛の原因となるとか，昆虫は恐怖と怒りとを身体の一部を狂ったようにこすり合わせることで表現するといったことが含まれる。

[13] 本質主義は同じく感情AIシステムの設計者を誘惑し，ダーウィンの後ろについて，この心地よい道を進み，感情は自然選択によって進化し，重要な機能を果たすという想定を抱かせたようである。しかし，実際に『表情』を読んでみれば，ダーウィンはほとんど自然選択に言及していないことがわかるだろう。ダーウィンは表情が進化によって機能をもつようになったとも書いていない。実は，正反対を書いたのだ。微笑み，しかめっ面，目を見開くなどの身体表現は，「無目的」であって，もはや機能を果たすことのない痕跡としての運動である，と。ダーウィンは，この記述を10回以上『表情』で述べた。ダーウィンにとって感情表現は，人間は

動物であり，人間は進化したのだという動かしがたい証拠だった。その論理により，もしも人間が表情を他の動物と共有してはいるが，その表情が機能的に無益であるなら，それらは，その表情が役目を果たしていた，失われて久しい共通の祖先に由来したことになるからである。

[14] 『表情』は 100 余年の間，誤って引用されてきた。どうしてそんなことになったのか。私は解答を見つけた。それは，20 世紀初頭の心理学者，フロイド＝オールポートの研究に潜んでいた。1924 年の著書，『社会心理学』にて，オールポート氏はダーウィンの著作から概括的な推論を行って，表情は新生児では痕跡として始まるが，すぐに有益な社会的機能をもつと言った。氏は，「祖先には生物として有益な反応であったが，子孫には表情の痕跡が残っているのではなく，この両方の機能が子孫に残っており，前者は後者が発達する土台としての役目を果たすと考えられる」と書いた。

[15] オールポート氏の考えは，不正確ではあったけれど，遡ってダーウィンの考えであるとされ，考えの似かよった科学者に熱心に採用された。彼らは今度は表情が普遍的であると書けて，不可侵のチャールズ＝ダーウィンの後継者を名乗ることができた。ただ 1 つの文章で，オールポート氏は西欧の感情理解を誤導したのだった。それは，科学だけでなく，法律，医学，大衆の目も，そして今や感情 AI システムにも及んだ。

[16] にもかかわらず，この科学小話にはハッピーエンドがある。実生活上の感情の事例で私たちが観察するような変異には名前があるからである。それは，ダーウィン自身が動物で観察したのと同じ変異である。『起源』の中で，ダーウィンは，動物が多様な個体の集合であり，その中心に生物としての本質はないと述べた。この重要な観察は集団思考として，より広く知られるようになり，現代の遺伝学研究でも支持されている。

[17] 集団思考は，生物学を過去 100 年間変革し続け，今では感情の科学を変革している。生物の種同様，所定の感情，たとえば，恐怖，悲嘆，高揚といったものは，様々な事例の巨大な集団である。人間は実際に，恐ろしくて目を見開いて息が詰まるが，恐ろしくて顔をしかめたり，恐ろしくて泣いたり，恐怖に直面して大笑いしたり，一部の文化では，恐ろしくて眠りに落ちたりすることにさえなりかねない。本質などありはしない。変異が普通であり，それは人間の生理と状況に密接に結びついている。種の

変異が，それを構成する個体の暮らす環境に結びついているのとちょうど同じである。

[18] ますます多くの情動の研究者が集団思考をより重視し，過去の本質主義的な発想を乗り越えつつある。感情 AI の支持者とこの製品を製造，販売する企業にとって，余分をそいで，表情筋運動は，特定の感情に普遍的に対応しているわけではないと認めるときである。感情が同じでも，それに伴う表情の動きは違っていたり，表情の動きは同じでも，感情の意味が違ったり（あるいはなかったり）することもあるのは，証拠上明らかである。原則は，変異の方であって，同一性ではないのである。

[19] ダーウィンの『表情』は，科学的な手引き書の定番ではなく，歴史的文書であるとみるのが一番いい。それによって，ここではさらに意義深い教訓が得られる。科学は権威によって得られる真理ではない。科学とは様々な環境下で繰り返される観察による，疑問の定量化のことなのだ。どんな別格の科学者であれ，誤りを犯しうる。幸い，誤りは科学の過程の一部である。それらは発見を生む好機なのだ。

出典追記：Facial Expressions Do Not Reveal Emotions, Scientific American on April 27, 2022 by Lisa Feldman Barrett

━━━◀解　説▶━━━

▶1.「第2段の下線部(1)をどう解釈するのが最もよいか」

当該下線部は「普遍的と言われている表情は，単に文化的な固定観念を表しているに過ぎない」という意味。

選択肢はそれぞれ

a.「外見上の普遍的な表情は文化的な固定観念のようなものだ」

b.「他者が普遍的な表情と呼んでいるものは，文化的な固定観念の事例である」

c.「文化的な固定観念として知られているものは，普遍的な表情によって引き起こされる」

d.「いわゆる文化的な固定観念は普遍的な表情にほとんど取って代わってしまった」

という意味だから，正解はbに決まる。

▶2.「次の文のうち，どれが第3段の下線部(2)の適切な言い換えになっていないか」

当該下線部は「この議論は学問の世界だけの話ではない。その帰趨（≒

帰着）は重大な結果を生じる」という意味。

　選択肢はそれぞれ

ａ.「この議論に無関心であってはならない重要な理由がある」

ｂ.「表情が普遍的なものかどうかはどうでもいいという意見もあるかもしれないけれど，実際に重要なのだ」

ｃ.「表情が正しく識別されない以下の重要な事例を考えてみよう」

ｄ.「その議論の帰趨が決定的になり得る事例を考えるのは，難しくない」

という意味だから，当該下線部と同様の意味にならないのは，ｃだとわかる。

▶ 3.「次のうち，本文の内容にそぐわないものはどれか」

　選択肢はそれぞれ

ａ.「表情に関する議論の帰趨は，実生活に影響を及ぼし，たとえば仕事に就けなかったりする」

ｂ.「一部の専門家は，いわゆる普遍的な表情は文化的な固定観念を表しているに過ぎないと主張する」

ｃ.「議論の両陣営の学者は，表情は特定の感情に応じた変異があることで意見が一致する」

ｄ.「感情を表す普遍的な表情があるかどうかをめぐる議論は，もっぱら理論的なものである」

という意味。下線部(2)に「学問的であるだけでなく，重大な影響がある」とあるから，「もっぱら理論的」ではないとわかる。よって，ｄは明らかに本文に反する。theoretical は実際の経験などと対比的に，「（実践に基づかない）理論的な，理論上の」という意味で用いられる。

▶ 4.「第4段の下線部(3)の『科学的な過誤』を犯したのは誰か」

　第6段以下から，それが Darwin の仕業であることがわかる。特に第7段第2文の A preponderance of evidence shows that Darwin was wrong や，第 11 段最終文の When it came to emotions, however, Darwin [6 (fell prey to)] essentialism からそれが読み取れるだろう。Duchenne は，下線部直前の an unwitting physician のことで第5段に出ており，Mayr は第 11 段第2文（Ironically, it …）の heralded biologist であり，Allport は下線部の後の a century-long misinterpretation の張本人である。

▶5.「次のうち，本文の内容にそぐわないものはどれか」

　選択肢はそれぞれ

a.「一部の人々は集中しているときに，顔をしかめる」

b.「しかめっ面は都会文化の人々にとって，たいてい怒りを意味する」

c.「顔をしかめることは，喜びを表すこともある」

d.「顔をしかめることは，必ずしもおなかが張っていることを示すとは限らない」

という意味。第7段第4文（In anger, for …）に「都会人のたった35%」とある。bの more often than not は「たいてい」の意なので，不一致だとわかる。

▶6.「下線部(4)は何か」

　当該下線部は「この謎」という意味。

　選択肢はそれぞれ

a.「特定の感情が本質を共有している事例」

b.「科学者によって提起された本質の多様性」

c.「直観的で有害な本質思考」

d.「本質のありかを突き止める道具や手法の欠如」

という意味。ここでの conundrum の具体的な意味は，直前の第10段第3～最終文（This belief in … they seek.）に記述がある。第10段第3文（This belief in …）に「intuitive である」，第10段第4文（It's also …）に「pernicious（≒injurious, harmful）だ」と述べられている。よって，正解はcに決まる。

▶7.「空所 ［　5　］ に入れるのに最もふさわしいものをa～dから，空所 ［　6　］ に入れるのに最もふさわしいものをe～hから選びなさい」

　当該空所 ［　5　］ 部分は「本質主義の身動きできなくなるほどの（　　　）を回避する」という意味。選択肢はそれぞれ，a.「捕獲」，b.「握力」，c.「握りこぶし」，d.「打撃」という意味。直前の修飾語 paralyzing「麻痺させるような」にふさわしい名詞はbである。

　当該空所 ［　6　］ 部分は「ダーウィンは本質主義を（　　　　）した」という意味。選択肢はそれぞれ，e.「～の虜になる」，f.「～と衝突する，～と口論する」，g.「～に頼る，～に依存する」，h.「～とけんかす

る」という意味。本文から空所には「信奉した」といった意味の語が入る
と読み取れる。そうなっているのは e である。

▶ 8.「第 5 〜11 段の内容に関する以下の文のうち，正しいのはどれか」
　選択肢はそれぞれ

ａ.「ダーウィンは，表情が自然選択によって感情の進化に重要な役割を
果たしたという意見だった」

ｂ.「ダーウィンは，エルンスト＝マイヤーによって提起された本質主義
の概念を生物学の発展に重要な役割を果たしたといって称賛した」

ｃ.「ダーウィンは，フランス人医師デュシェンヌに人間の表情の写真を
撮るよう命じた」

ｄ.「ダーウィンは，自然選択の研究の後に，表情と感情の関係について
執筆した」

という意味。第 11 段冒頭（A solution …）の記述から，「『種の起源』の
後で『表情』を著した」ことが読み取れる。よって，ｄ が正しいとわかる。

▶ 9.「下の 8 つの選択肢を用いて空所 ［　7　］ を埋めなさい。3 番目
と 7 番目を示すこと」

　当該空所部分は「ダーウィンにとって感情表現は，（　　　），人間は進
化したのだという（　　　）だった」という意味。選択肢から空所 ［　7
　］ の直後の that は evidence に続く同格節を導くと読み取れる。そうす
ると，evidence that S V and that … という全体の構造が決まる。そこで，
残った単語でできる英文を考えると「人間は動物である（という動かしが
たい証拠だった）」という内容にすればよいとわかり，were compelling
evidence that humans are animals and … という英文が得られる。

▶10.「下線部(8)を置き換えることができるのは（　　　）」

　当該下線部は「潜んでいる」という意味。選択肢はそれぞれ，ａ.「隠
れている」，ｂ.「曝されている」，ｃ.「あらわにされている」，ｄ.「忘れ
られている」という意味だから，正解はａに決まる。

▶11.「空所 ［　9 A　］ と ［　9 B　］ にふさわしい語を選びなさい」

　当該空所部分は「祖先には生物として ［　9 A　］ な反応であったが，
子孫には ［　9 B　］ な痕跡が残っているのではなく，この両方の機能が
子孫に残っており，前者は後者が発達する土台としての役目を果たすと考
えられる」という意味。直前文（In his 1924 …）に expressions begin as

vestigial in newborns「表情は新生児では痕跡」とあるので，[　9 B　]には expressive が入るとわかる。なお，第 13 段第 4 文（In fact, …）の expressions were "purposeless" － vestigial movements にも対応している。[　9 A　]には useful「有益な」を入れると，同段最終文（By his …）にある common ancestor for whom the expressions were useful に対応して，祖先にとって生物的反応だった表情の原型が進化したことになる。よって，正解は c に決まる。

▶12.「空所［　10　］を埋めるのに最もふさわしいのは（　　　　）」

　当該空所部分は「ただ 1 つの文章で，オールポート氏は西欧の感情理解を（　　　　）した」という意味。選択肢はそれぞれ，ａ.「～を誤導した」，ｂ.「～を誤解した」，ｃ.「～を虐待した」，ｄ.「～を誤算した」という意味。目的語は「感情理解」であるから，空所には「～を誤らせる」という意味の動詞が入るとわかる。そうなっているのはａである。

▶13.「次のうち，本文の内容にそぐわないものはどれか」

　選択肢はそれぞれ

ａ.「集団思考は感情の研究者の間でますます人気が高まっている」

ｂ.「集団思考は人間と動物には本質がないとみなしている」

ｃ.「集団思考はもともと，有名な心理学者，フロイド = オールポート氏によって提唱された」

ｄ.「集団思考は遺伝学の見地から理にかなっている」

という意味。オールポートの提唱したのは，ダーウィンの本質論の修正であって，集団思考ではなかったことは，第 14 段全体や第 15 段第 1 文（Allport's idea, …）から明らか。よって，正解は c である。

▶14.「空所［　11　］を埋めるのにふさわしい語句を選びなさい」

　当該空所部分の直前に「感情が同じでも，それに伴う表情の動きは違っていたり，表情の動きは同じでも，感情の意味が違ったり（あるいはなかったり）することもあるのは，証拠上明らかである」とある。よって，それに続くのにふさわしいのは，「同じ感情を，様々な表情が表し，同じ表情が様々な感情を示す」という内容の文だとわかる。

　選択肢はそれぞれ

ａ.「原則は，画一性の方であって，変異ではない」

ｂ.「原則は，変異の方であって，画一性ではない」

ｃ．「原則は，変異と画一性の両方である」

ｄ．「変異と画一性は，原則ではない」

という意味だから，前述のような意味になるのは，ｂだとわかる。

▶15．「筆者が同意すると本文から推論できるとするのが理にかなう考え
は（　　　）」

　選択肢はそれぞれ

ａ．「表情は感情の普遍的な徴表（徴候）である」

ｂ．「生物の種に本質はない」

ｃ．「昆虫は身体の局所をこすり合わせることで恐怖や怒りを表現する」

ｄ．「感情は自然選択によって進化した」

という意味。第 16 段最終 2 文（In *Origin*, … of genetics.）から「動物に
本質はないという考えが，現代遺伝学でも支持されている」ことがわかる。
よって，筆者はｂに賛成すると読める。

▶16．「この文章の最も適切な表題は（　　　）」

　選択肢はそれぞれ

ａ．「ダーウィンの誤り：表情で感情はわからない」

ｂ．「ダーウィンの『種の起源』と『人及び動物の表情について』：比較
論」

ｃ．「表情論：ダーウィンは本質主義の先駆者」

ｄ．「ダーウィンは恩人：表情に関するダーウィンの研究がいかにして AI
産業を改革したか」

ｅ．「ダーウィンからオールポートまで：社会心理学の歴史」

という意味。本文の主旨は，端的に「表情に普遍性はない」とまとめられ
る。それを表現しているのは，ａである。

◆━◆━◆━◆━◆　●語句・構文●　◆━◆━◆━◆━◆━◆━◆

（第 1 段）contentious「論争を起こす，係争の」 specific「特定の，明確な，
具体的な」 scowl「顔をしかめる」 gasp「あえぐ，息が止まる」 frown
「眉をひそめた顔，渋面」 universal「普遍的な」

（第 2 段）a mountain of counterevidence「山ほどの反証」 beacon「かが
り火，標識，指標」 plot「～を企む，～をひそかに計画する」 downfall
「転覆，破滅」 pun「地口（≒韻を利用した駄洒落），駄洒落」
aggression「攻撃，侵略行為」 alleged「真偽の疑わしい」 stereotype

「固定観念，通念」

（第3段）outcome「結果，所産」　consequence「成り行き，帰結」　harsh sentence「過酷な判決」　defendant「被告（人）」　remorse「悔悟，悔恨，後悔」　disembodied「肉体のない，実体のない」　autism spectrum「自閉症スペクトラム（症）」　translate「至る，つながる，生み出す」

（第4段）unwitting「うっかりした，無意識の，知らずにしでかした」　resolution「解決，解答，決断，決議」

（第5段）notably「特に，顕著に」　stimulate「～を刺激する，～を興奮させる」　contraction「収縮，短縮」

（第6段）the way S V,「S が V するように」　the way は〈様態〉の副詞節を導く接続詞として働く。innate「生まれつきの，固有の」　signaling system「通信システム」

（第7段）preponderance「優勢，優位，多数」　doozy「どでかいもの，すごい（ひどい）もの」　variability「変異性，変わりやすいこと」　meta-analysis「二次分析，メタ分析」　purportedly「噂によれば，評判では」　physiology「生理（学）」

（第8段）conflation「合成，融合」　embedded「埋め込まれた，深くに置かれた」　high-profile「人目をひく，異彩を放つ」　objective「客観的な」　if anything「もしあるとしても」　anonymous「匿名の」

（第9段）considerable「かなりの，相当の」　array「隊列，列挙，ずらりと並んださま」　grimace「しかめっ面をする，しかめっ面」　identical「全く同じ，同一の」

（第10段）distinct「はっきりした，明瞭な」　immutable「不変の，変えられない」　superficial「浅薄な，皮相な，見せかけの」　intertwined「もつれ合った，絡み合った」　intuitive「直観的な，直観でわかる」　pernicious「破滅的な，有害な」　virtually「ほとんど（ない），事実上」

（第11段）*On the Origin of Species*『種の起源』　ダーウィンの進化論を世に問うた著作（1859 年）。正式には *On the Origin of Species by means of Natural Selection, or the preservation of favoured races in the struggle for life* という題名。celebrate「～を称賛する，～を祝賀する」　defining properties「決定的な特質，特徴」　dog show「イヌの品評会，展覧会」　hypothetical「仮説上の，仮定された」　deviation「逸脱，偏向」

ingredient「成分，原料，内容物」　when it comes to ～「～ということ
になると」

(第 12 段) imbalance「不安定，不均衡，不つり合い」　frizzy「細かく縮
れている」　frantically「半狂乱で，気も狂わんばかりに」　rub「～をこ
する〔もむ／なでる／さする〕」

(第 13 段) lure「～を誘惑する，～をおびき寄せる」　assumption「仮説，
想定，仮定」　via「～によって，～を通じて」　barely「辛うじて，どう
にか，ほとんど～ない」　vestigial「痕跡的な，名残の，退化した」　long-
gone「かなり前からなくなってしまった」

(第 14 段) psychologist「心理学者」　sweeping「広範な，包括的な」
inference「推論，推測」　reaction being present の being は動名詞なの
で「反応が存在していること」という意味になる。descendant「子孫，
末裔」

(第 15 段) attribute *A* to *B*「*A* を *B* に起因すると考える」　heir「相続人，
承継者」　unassailable「難攻不落の，議論の余地のない，疑いえない」

(第 16 段) name for ～「～を表す名前〔名称〕」　genetics「遺伝学」

(第 17 段) given「一定の，所定の，特定の」　elation「高揚，意気揚々」
intimately「密接に，親密に」

(第 18 段) market「～を市場で売る〔販売する〕」　map「(位置が) 対応
する」　accompany「～を随伴する，～を伴う」

(第 19 段) definitive「決定的な，完成した」　quantification「定量化，数
量化」

Ⅲ　解答　　1－d　2－a　3－d　4－c　5－b

━━━━◆全　訳◆━━━━

≪脳は同時作業がどれだけ得意なのか≫

[1]　文字打ち，電子メール，フェイスブックその他のソーシャルメディ
アへの投稿は，学生が勉強しながら行っている活動のうちで，飛び抜けて
ありふれたデジタル活動である。そう語るのは，ローゼン先生である。こ
れは問題である。こうした活動は実際は知能面でとても複雑であり，それ
らは学業で求められるのと同じ知能的な資源である，言語を使い，意味を

解析することに依存しているからである。

［2］ デイビッド＝マイヤー先生は，ミシガン大学の心理学教授であるが，先生は学習時の注意分割の効果を研究してきたので，脳の同時作業能力に強硬路線をとっている。「大半の条件下では，脳は 2 つの複雑な仕事を同時には全くできません。そんなことができるのは，2 つの仕事がどちらもとても単純であるか，同じ知能的な資源をめぐって互いに競合しないときだけです。一例は，洗濯物をたたむこととラジオで天気予報を聞いているといったことでしょう。それは結構です。しかし，テキストを打ちながら講義を聴くとか，宿題をしつつフェイスブックを見ていることなんて，こうした課題のそれぞれがとても大変であり，それぞれが脳の同一領域を使うのですよ。すなわち，前頭前野をです」

［3］ 若者が 2 つの難しい課題を同時にこなせると考えているのは，マイヤー先生も認めているが，「若者は錯覚しています」と先生は断言する。誰にとっても自分の心的な過程がどれほどうまく作用しているのかを正しく評価するのは難しいと，先生は指摘する。こうした過程の大半は意識されないからである。そして，と，マイヤー先生は付け加える。「いわゆる『デジタル世代』の脳に，同時作業の非効率を被らずに済ませる魔法など何もありません。彼らはそうするのが好みでしょうし，その中毒だとさえ言えるかもしれませんが，始めから終わりまで 1 つの課題に集中する方がはるかによいという事実を避けて通ることはできないのです」

［4］ 研究者は，学業の最中に学生が同時作業をするときに続々と生じるマイナスの結果を記録してきた。最初に，宿題は，仕上げるのに時間がかかるようになる。注意をそらす活動に時間が取られ，また，宿題に戻ったときに題材のことをおさらいし直さなければならないからである。

［5］ 第 2 に，何度も頭の中で作業を中断しては再開することで生じる知能的疲労によって，間違いが増えてしまうのである。そうした課題転換の認知的な負担が，とりわけ高くなるのは，学生が異なる表現「規則」を要求する課題を交互に行う場合である。たとえば，国語の論文に求められる正式で，正確な言語と，友人に送る電子メールのくだけた，仲間内の語り口といったものである。

［6］ 第 3 に，学生の注意が分散されると，自分が取り組んでいるものの記憶の持続が損なわれることである。私たちは，事柄や概念を思い出せな

いときに，記憶がなくなったとよく考えるけれども，記憶がなくなったのは，実はもっと前，はじめに記憶を保存，変換したときに起きていたかもしれないのである。記憶に最も大切なのは，変換の時点であり，数十の研究室内研究によって，変換中に注意が分散していると，その情報の記憶がうまくいかなくなったり，全くできなかったりすることが証明された。ローゼン先生によって注目された不運な学生が証明しているように，私たちはそもそも自分の意識に本当に入らなかったものは，記憶できない。そして先月の研究によって，授業中にノートパソコンで同時作業する学生は，自分だけでなく，その人が何をしているのかを見ている周りの学生にも，注意散漫を引き起こしてしまうことが示された。

［7］　第4に，ある研究の示唆するところでは，気が散ると，脳は実際に情報を異なる，あまり有用ではない仕方で処理，貯蔵するのである。『米国科学アカデミー紀要』の 2006 年の研究で，テキサス・オースティン大学のラッセル＝ポルドラック先生と同僚2名が被験者に，コンピュータで学習活動をしながら，第2の課題もするよう依頼した。勉強している間に鳴る楽音を数えてもらったのだ。2つの課題を同時にこなした調査被験者は，第1の課題だけをした被験者とほぼ同じだけ，きっちり学習しているように見えた。しかし，さらに調査してみると，前者の集団は新しい知識を新規環境に拡張して，それに基づいて考えるのがあまりうまくないとわかった。それは心理学者が学習転移と呼ぶ基幹能力なのである。

［8］　ポルドラック先生の実験中に撮影された脳スキャン写真から明らかになったのは，異なる脳領域が2つの条件下で活性化しているということであり，脳は同時に2方向の情報に注意しなければならない場合，別種の記憶を行っていることが示された。結果が示唆しているのは，「たとえ注意散漫が学習の全体水準を落としていないとしても，獲得された知識が新状況の下で柔軟に応用しにくくなっていることもありうる」ということだと，科学者は述べた。

［9］　最後に，研究者は，学習中のメディアを利用した同時作業が学生の成績と負の相関があることを明らかにし始めている。ローゼン先生の調査では，15分間の観察期間中にフェイスブックを使った学生は，そのサイトに行かなかった学生より学業平均値が低かった。また，レイノル＝ジャンコ先生は，ハーバード大学インターネットと社会のためのバークマン・

センターのファカルティ・アソシエイトであるが，氏による最近の 2 つの研究で，テキスト打ちやフェイスブックを，授業中と宿題の勉強中に使っていると，それが大学生の学業平均値とマイナスの相関を示すことがわかった。「きちんと勉強しようとしながらフェイスブックの使用やテキスト打ちに手を出していると，学生の認知処理の能力に大きな負荷がかかり，深いところの学習を妨げることになりかねない」と，ジャンコ先生と共著者は書く（もちろん，テキストを打ったりフェイスブックを使ったりする学生は，意志力が弱かったり，やる気がなかったりする学生であって，それゆえに，彼らのテクノロジー使用はさておいても，学業平均値が低いということも十分ありうる）。

━━━━━━━━━━◀解　説▶━━━━━━━━━━

▶ 1.「マイヤー先生によれば，同時作業が問題なのは，どのような場合か」

　マイヤー先生に関する記述は第 2 段および第 3 段にある。第 2 段第 1 文のコロン（：）の直後の引用符中の第 1 文（"Under most …）には「脳は 2 つの複雑な仕事を同時には全くできない」とある。

　選択肢はそれぞれ

a.「複数のたやすい仕事は同時にできる」

b.「どちらの課題も脳の前頭前野が必要ではない」

c.「遠く離れた脳領域を要する課題がまとめてなされる」

d.「同じ脳領域を使う 2 つの課題を同時にする」

という意味だから，「2 つの複雑な仕事を同時にする」の意味になるのは，d だとわかる。

▶ 2.「空所 〔　1　〕 を埋めるのに最もふさわしいものはどれか」

　当該空所部分は「研究者は，（　　　　）を記録〔立証〕してきた」という意味。よって，空所には次文の First 以下，Second（第 5 段冒頭）以下，Third（第 6 段冒頭）以下…と続く具体例が表す事態が入るとわかる。

　選択肢はそれぞれ

a.「（学業の最中に学生が同時作業をするときに）続々と生じるマイナスの結果」

b.「能率的に勉強するためのたくさんの方策」

c.「学習を促進する一連の現象」

ｄ．「一連の報告された共通の学生の感覚」

という意味だから，正解はａに決まる。

▶3．「第6段で筆者が述べていることの要点は何か」

　当該段落の要点は「変換中に注意が分散していると，その情報の記憶が

うまくいかなくなったり，全くできなかったりする」ということ。第6段

第1～3文（Third, students'… at all.）の内容がヒント。

　選択肢はそれぞれ

ａ．「同時作業実行中に保存された情報は，新情報の貯蔵を妨げる」

ｂ．「同時作業は，記憶に情報が貯蔵されることに影響しない」

ｃ．「脳を同時作業によって刺激することは，記憶容量を増やす」

ｄ．「変換しようとしている情報は，同時作業実行中は正しく保存できな

い」

という意味。前述の検討内容に合致しているのは，ｄである。

▶4．「筆者がポルドラック先生の脳スキャン写真に言及するのは，（

　）を指摘するためである」

　ポルドラック先生の脳スキャン写真に関する記述は第8段全体にある。

そこで指摘されているのは「獲得された知識が新状況の下で柔軟に応用し

にくくなっているかもしれない」ということ。

　選択肢はそれぞれ

ａ．「より広い脳領域が同時作業実行中の記憶の転換にかかわっているこ

と」

ｂ．「脳活動が同時作業実行中に突然増加する瞬間」

ｃ．「同時作業実行中に変換された記憶の性質の独自性」

ｄ．「同時作業実行中に変換された記憶がどのように後から思い出されるか」

という意味。ｃの「独自性」とは，「応用のしにくさ」だと読めるので，

これが正解。

▶5．「この文章の表題として最もふさわしいのは，次のうちどれか」

　本文の主旨は「同時作業を実行すると学習に害がある」ということ。

　選択肢はそれぞれ

ａ．「同時作業を実行すると，学生の履修成績は向上するか」

ｂ．「脳は同時作業がどれだけ得意なのか」

ｃ．「同時作業を実行するデジタル世代の脳は，どれだけ特別か」

d.「同時作業が有効なのは，どんなときか」

という意味。脳は同時作業は苦手かもしれない，という含みのある b が正解になる。

◆━◈━◆━◈━◆　●語句・構文●　◆━◈━◆━◈━◆━◈━◆

（第1段） by far「ずば抜けて，群を抜いて，断然」 undertake an activity「活動を行う〔企てる〕」 draw on 〜「〜に頼る」 parse「〜を解析する，〜を解剖する」

（第2段） divided attention「注意分散」 take a firm line on 〜「〜に強硬路線をとる」 multitask「同時作業する，並行処理する，マルチタスクをする」 compete with A for B「A と B をめぐって競争〔競合〕する」 demanding「過度に要求する，厳しい，きつい」 prefrontal cortex「大脳の前頭前野〔前頭前皮質〕」

（第3段） at once「同時に」（ここでは，「すぐに」という頻出の意味ではない） "they are deluded," の deluded は「錯覚している，勘違いしている」という意味の形容詞。there is nothing magical about 〜「〜には魔法じみたところは，どこにもない」 keep O from *doing*「O が〜しないようにする〔妨げる〕」 addicted「中毒している，溺れている」 get around 〜「〜をうまく避ける，〜を避けて通る」

（第4段） assignment「宿題，課題」 distract「〜の気を散らせる」 re-familiarize「〜をもう一度習熟させる〔ならす〕」

（第5段） pick up the〔a〕thread(s)「中断していたものを再び始める，よりを戻す」 cognitive「認知の，認知的な」 alternate between 〜「〜の間を行きつ戻りつする」

（第6段） subsequent「次の，続いて起きる」 work on 〜「〜に取り組む」 impair「〜を害する，〜を悪くする」 encode「〜を暗号化する，〜を符号に転換する」 retention「保持，記憶」 laboratory study「研究室内研究」 attest「証言する，証明する」 laptop「ノートパソコン」

（第7段） probe「精査する，探査する」 adept「熟練した，熟達した，うまい」 extrapolate A to B「A をもとに B に当てはめて推論する〔推定する／敷衍する〕」 transfer「（学習の）転移」

（第8段） brain scan「脳走査写真，脳スキャン写真」 result in 〜「〜に終わる，〜に帰着する」 acquisition「獲得」

（第9段）grade-point average（＝GPA）「学業平均値」 correlate「～を相関させる，～を相互に関係させる」 preclude「～を妨げる〔邪魔する／排除する〕」 plausible「もっともらしい，もっともな」

❖講　評

　2023 年度も，2022 年度同様，読解問題だけの構成である。小問数は 2022 年度の 40 問からさらに減少して，32 問となった。読解問題の話題は，文系 1 題，理系 1 題，教育関係 1 題という構成になっている。総語数は 3800 語弱で，2022 年度から変化はなく，試験時間は 90 分なので，1 分当たり 40 語の速度でないと，問題を読み切ることさえできないことになる。受験生には非常に厳しい出題である。

　Ⅰは歴史をめぐる論説文で，英国の高級紙『ガーディアン』からの出題。語彙レベルが高く，議論の展開も単純ではないから，受験生は論旨把握に苦労したであろう。設問は実はそれほど高級なことを聞いているのではないのだが，全般に厳しい出題であった。

　Ⅱは「心理学＋進化論」をめぐる論説文で，『サイエンティフィックアメリカン』誌からの出題。2000 語に迫る長文であり，進化論理解の基礎がないと，読み通すだけでも至難だったと思われる。『日経サイエンス』誌などを読んでいると，あるいは有利だったかもしれない。例年通り，語句整序も内容理解力が問われており，単なる作文力では対応できなかった。

　Ⅲは「ながら勉強」というきわめて身近な話題で，教育関係の記事からの出題であった。設問も素直で，逆にこの大問ではミスができないというプレッシャーがかかったかもしれない。5 の表題は，困った受験生も多かろう。

　総じて，強固な文法的基礎の上に，十分な語彙力と読解スピードが備わっている英語力が必要な問題ばかりである。ノウハウやテクニックに依存しない正確な読解力，論旨把握力を涵養するようにという，大学の発する強いメッセージが感じ取れる。それに応えるには一歩ずつ，コツコツ努力するしかない。語学の王道は，日々の努力の積み重ねである。さあ，始めよう。

■■■■■ **数学** ■■■■■

1

◇**発想**◇　(1)　接点の x 座標が満たすべき方程式を求め，三角形 OP_1P_2 の面積を b で表せばよい。あとは基本的な関数の最大・最小問題である。

(2)　ステップ1で赤玉を何個取り出したかで場合分けして考える。(1)と同様，特別な発想は要らない。

(3)　やや難しいかもしれないが，与えられた連立漸化式を複素数平面で考えることが最初のポイントである。これによって $x_n + y_n i$ が容易に求まり，したがって x_n も簡単に求まる。ただし，このあと x_n を最小にする最初の n を求めるところで注意を要する。x_n を表す式の中の角の変化の様子を，図を描いて具体的に観察することがポイントである。

(4)　これもやや難しいかもしれない。答えだけが問われていることに気付き，〔参考〕のように三角形の時間変化の様子を図に描きながら，具体的に追いかけていくことも可能である。最初に指摘したように，本問は結果だけが問われているので，記述式の答案を書く必要はない。きちんと図を描いてよく観察すれば，自然と面積がいつ最大になるかがわかる。

解答　(1) $\dfrac{2000\sqrt{3}}{9}$　(2) $\dfrac{11}{42}$　(3) 13　(4) $\dfrac{24}{5}$

━━━━━ ◀解　説▶ ━━━━━

≪小問4問≫

▶(1)　$y = x^2$ より

$$y' = 2x$$

よって，点 $(t,\ t^2)$ における C の接線の方程式は

$$y - t^2 = 2t(x - t)$$

より

$$y = 2tx - t^2$$

これが点 $(10, b)$ を通る条件は

$$b = 20t - t^2$$

より

$$t^2 - 20t + b = 0$$

したがって，$P_1(\alpha, \alpha^2)$, $P_2(\beta, \beta^2)$ とおくと，α, β はこの 2 次方程式の解であるから，解と係数の関係より

$$\alpha + \beta = 20, \quad \alpha\beta = b$$

三角形 OP_1P_2 の面積を S とすると

$$S = \frac{1}{2}|\alpha \cdot \beta^2 - \beta \cdot \alpha^2| = \frac{1}{2}|\alpha\beta(\beta - \alpha)|$$

であるから

$$S^2 = \frac{1}{4}(\alpha\beta)^2(\beta - \alpha)^2$$

$$= \frac{1}{4}(\alpha\beta)^2\{(\alpha + \beta)^2 - 4\alpha\beta\}$$

$$= \frac{1}{4}b^2(20^2 - 4b) = -b^3 + 100b^2$$

ここで

$$f(b) = -b^3 + 100b^2 \quad (0 < b < 100)$$

とおくと

$$f'(b) = -3b^2 + 200b$$

$$= -3b\left(b - \frac{200}{3}\right)$$

b	(0)	$\cdots$	$\dfrac{200}{3}$	$\cdots$	(100)
$f'(b)$		$+$	0	$-$	
$f(b)$		$\nearrow$		$\searrow$	

よって，面積 S が最大になるのは $b = \dfrac{200}{3}$ のときである。このとき

$$S^2 = -\left(\frac{200}{3}\right)^3 + 100\left(\frac{200}{3}\right)^2$$

$$= \left(\frac{200}{3}\right)^2\left(100 - \frac{200}{3}\right) = \left(\frac{200}{3}\right)^2 \cdot \frac{100}{3}$$

であるから，三角形 OP_1P_2 の面積の最大値は

$$S = \sqrt{\left(\frac{200}{3}\right)^2 \cdot \frac{100}{3}} = \frac{200}{3} \cdot \frac{10}{\sqrt{3}} = \frac{2000\sqrt{3}}{9}$$

▶(2)　2回取り出した後, 赤玉が合計 3 個になるのは, ステップ 1 で, (i)赤玉を 3 個取り出した場合, (ii)赤玉を 2 個取り出した場合　の互いに排反な 2 つの場合のみである。

(i)ステップ 1 で赤玉を 3 個取り出した場合

ステップ 2 で 3 個とも白玉を取り出せばよいから, (i)の確率は

$$\frac{_5C_3}{_{10}C_3}\times\frac{_5C_3}{_7C_3}=\frac{10}{120}\times\frac{10}{35}=\frac{1}{12}\times\frac{2}{7}=\frac{1}{42}$$

(ii)ステップ 1 で赤玉を 2 個取り出した場合

ステップ 2 で赤玉と白玉を 1 個ずつ取り出せばよいから, (ii)の確率は

$$\frac{_5C_2\cdot{_5C_1}}{_{10}C_3}\times\frac{_3C_1\cdot{_4C_1}}{_7C_2}=\frac{10\cdot5}{120}\times\frac{3\cdot4}{21}=\frac{5}{12}\times\frac{4}{7}=\frac{5}{21}$$

よって, 求める確率は

$$\frac{1}{42}+\frac{5}{21}=\frac{11}{42}$$

▶(3)　与えられた連立漸化式より

$$x_{n+1}+y_{n+1}i=\left(\cos\frac{3\pi}{11}\right)x_n-\left(\sin\frac{3\pi}{11}\right)y_n+\left(\sin\frac{3\pi}{11}\right)x_ni$$
$$+\left(\cos\frac{3\pi}{11}\right)y_ni$$

$$=(x_n+y_ni)\left(\cos\frac{3\pi}{11}+i\sin\frac{3\pi}{11}\right)$$

よって

$$(x_n+y_ni)=(x_0+y_0i)\left(\cos\frac{3\pi}{11}+i\sin\frac{3\pi}{11}\right)^n$$

$$=(x_0+y_0i)\left(\cos\frac{3\pi n}{11}+i\sin\frac{3\pi n}{11}\right)$$

ここで, $x_0=0$, $y_0=-1$ より

$$(x_n+y_ni)=-i\left(\cos\frac{3\pi n}{11}+i\sin\frac{3\pi n}{11}\right)$$

$$=\sin\frac{3\pi n}{11}-i\cos\frac{3\pi n}{11}$$

したがって, $x_n=\sin\dfrac{3\pi n}{11}$ であり, 次図より, x_n が最小値をとる最初の n は

$n=13$

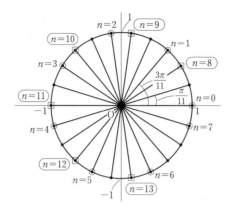

(注)　$\sin\dfrac{5\pi}{11}=\sin\left(\pi-\dfrac{6\pi}{11}\right)=\sin\dfrac{6\pi}{11}$

　　　$\sin\dfrac{16\pi}{11}=\sin\left(\pi+\dfrac{5\pi}{11}\right)=-\sin\dfrac{5\pi}{11}$

　　　$\sin\dfrac{17\pi}{11}=\sin\left(\pi+\dfrac{6\pi}{11}\right)=-\sin\dfrac{6\pi}{11}=-\sin\dfrac{5\pi}{11}$

▶(4)　時刻を t（$0\leqq t\leqq12$）とすると，3 点がそれぞれ異なる辺上に存在する $0<t<1.5$ における面積は次のようになる。

$$6\left(1-\dfrac{1.5-t}{3}\times\dfrac{2+t}{4}-\dfrac{2-t}{4}\times\dfrac{2.5+t}{5}-\dfrac{2.5-t}{5}\times\dfrac{1.5+t}{3}\right)$$

これは t^2 の係数が正の 2 次関数，すなわ
ち，グラフが下に凸の 2 次関数である。
よって，$0<t<1.5$ では面積は最大になら
ない。このような計算から，3 点がそれぞ
れ異なる辺上に存在するときは面積が最大
にはならないことがわかる。したがって，

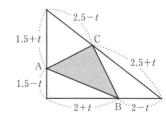

面積が最大になり得るのは，1 つの辺上に 2 点が存在している時間帯であ
る。そこで，1 つの辺上に 2 点が存在する時間帯を考えると以下の 3 つの
場合に限られ，それぞれの時間帯における面積の最大値を調べてみる。1
つの辺上に存在している 2 点間の距離は一定であるから，その 2 点を結ぶ
線分を三角形の底辺とみて，高さに着目する。

(i)$1.5\leqq t\leqq2.5$ のとき

㋐1.5≦t≦2 のとき, 底辺 AB の長さは 3.5 で, 頂点 C はだんだん高くなっていく。

㋑2≦t≦2.5 のとき, 底辺 BC の長さは 4.5 で, 頂点 A はだんだん低くなっていく。

したがって, 面積が最大になるのは t=2 のときで, その最大値は

$$6\times\frac{3.5}{4}\times\frac{4.5}{5}=6\times\frac{7}{8}\times\frac{9}{10}=\frac{189}{40}$$

(ii) 5.5≦t≦7 のとき

底辺 AB の長さは 3.5 で, 頂点 C はだんだん低くなっていく。したがって, 面積が最大になるのは t=5.5 のときで, その最大値は

$$6\times\frac{3.5}{5}=6\times\frac{7}{10}=\frac{21}{5}\left(=\frac{168}{40}\right)$$

(iii) 9.5≦t≦10.5 のとき

㋐9.5≦t≦10 のとき, 底辺 CA の長さは 4 で, 頂点 B はだんだん高くなっていく。

㋑10≦t≦10.5 のとき, 底辺 CA の長さは 4 で, 頂点 B はだんだん低くなっていく。

したがって, 面積が最大になるのは t=10 のときで, その最大値は

$$6\times\frac{4}{5}=\frac{24}{5}\left(=\frac{192}{40}\right)$$

以上より, 面積の最大値は　　$\dfrac{24}{5}$

【参考】本問は結果だけを答える問題であり, そのための方法としては以下のように各時刻, 特に整数値の時刻における位置を具体的に調べて正解を導いてもよい。

　三角形の周の長さは 12 であるから点の移動の周期は 12 であり, 整数値の時刻 t=0, 1, 2, …, 11 における 3 点 A, B, C の位置は次図のようになる。

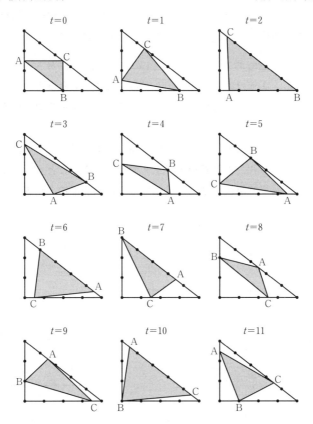

図より，整数値以外の時刻を含めても，面積が最大になるのは $t=2$ のとき，または，$t=10$ のときのいずれかであることがわかる。

$\left(\begin{array}{l}\text{注：図から次のこともわかることに注意する。} t=1.5 \text{ から } t=2 \text{ まで面} \\ \text{積は増大し，} t=2 \text{ から } t=2.5 \text{ まで面積は減少する。} t=9.5 \text{ から } t=10 \\ \text{まで面積は増大し，} t=10 \text{ から } t=10.5 \text{ まで面積は減少する。}\end{array}\right)$

$t=2$ のときの三角形の面積は

$$6 \times \frac{7}{8} \times \frac{9}{10} = \frac{189}{40}$$

$t=10$ のときの三角形の面積は

$$6 \times \frac{4}{5} = \frac{24}{5}\left(=\frac{192}{40} > \frac{189}{40}\right)$$

したがって，求める面積の最大値は　　　$\dfrac{24}{5}$

2 ◇発想◇ (1) 比 $\dfrac{s}{t}$ を a で表すことを考える。三角形 ABC が

正三角形であり，点 P が $\angle A$ の二等分線上にあるから，容易である。あとは微分法を利用して最小値を求めればよい。

(2) 角の二等分線の長さを面積に着目して求める典型的な問題である。

(3) ただちに解決に至る方針が思いつくわけではない。(2)の結果と与えられた不等式をとりあえず使ってみることが大切である。その過程で解決の糸口が見えてくる。相加平均・相乗平均の関係の利用も頻出であるから，有効に活用することも大切である。

解答 (1) 比を考えるので，正三角形の一辺の長さを 2 としてよい。

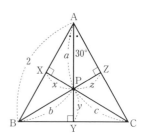

$$x=z=a\sin30°=\dfrac{1}{2}a,\ y=\sqrt{3}-a$$

より

$$t=x+y+z=a+(\sqrt{3}-a)=\sqrt{3}$$

また

$$b=c=\sqrt{(\sqrt{3}-a)^2+1}$$

より

$$s=a+b+c=a+2\sqrt{(\sqrt{3}-a)^2+1}$$

よって

$$\dfrac{s}{t}=\dfrac{a+2\sqrt{(\sqrt{3}-a)^2+1}}{\sqrt{3}}$$

ここで

$$f(a)=\dfrac{a+2\sqrt{(\sqrt{3}-a)^2+1}}{\sqrt{3}}\quad(0<a<\sqrt{3})$$

とおくと

$$f'(a)=\dfrac{1}{\sqrt{3}}\left(1-\dfrac{2(\sqrt{3}-a)}{\sqrt{(\sqrt{3}-a)^2+1}}\right)$$

ここで

$$f'(a)=\frac{1}{\sqrt{3}}\left(1-\frac{2(\sqrt{3}-a)}{\sqrt{(\sqrt{3}-a)^2+1}}\right)\geqq 0$$

とすると

$$\frac{2(\sqrt{3}-a)}{\sqrt{(\sqrt{3}-a)^2+1}}\leqq 1$$

$$4(\sqrt{3}-a)^2\leqq(\sqrt{3}-a)^2+1$$

$$(\sqrt{3}-a)^2\leqq\frac{1}{3}$$

$0<a<\sqrt{3}$ より

$$0<\sqrt{3}-a\leqq\frac{1}{\sqrt{3}}=\frac{\sqrt{3}}{3}$$

より

$$\frac{2\sqrt{3}}{3}\leqq a<\sqrt{3}$$

よって，増減表は右のようになり，求める最小値は

$$f\left(\frac{2\sqrt{3}}{3}\right)$$

a	(0)	$\cdots$	$\dfrac{2\sqrt{3}}{3}$	$\cdots$	$(\sqrt{3})$
$f'(a)$		$-$	0	$+$	
$f(a)$		$\searrow$		$\nearrow$	

$$=\frac{1}{\sqrt{3}}\left(\frac{2\sqrt{3}}{3}+2\sqrt{\left(\frac{\sqrt{3}}{3}\right)^2+1}\right)$$

$$=\frac{1}{\sqrt{3}}\left(\frac{2\sqrt{3}}{3}+2\cdot\frac{2\sqrt{3}}{3}\right)=\frac{6}{3}=2\quad\cdots\cdots(\text{答})$$

(2)　三角形の面積に着目して

$$\triangle PAX'+\triangle PBX'=\triangle PAB$$

より

$$\frac{1}{2}\cdot a\cdot PX'\sin\gamma+\frac{1}{2}\cdot b\cdot PX'\sin\gamma$$

$$=\frac{1}{2}ab\sin 2\gamma$$

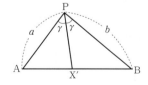

が成り立つから

$$\frac{1}{2}\cdot a\cdot PX'\sin\gamma+\frac{1}{2}\cdot b\cdot PX'\sin\gamma=\frac{1}{2}ab\cdot 2\sin\gamma\cos\gamma$$

より

$$(a+b)\text{PX}'=2ab\cos\gamma$$

よって

$$\text{PX}'=\frac{2ab}{a+b}\cos\gamma \quad\cdots\cdots\text{(答)}$$

(3) ∠BPC の二等分線と直線 BC の交点を Y′, ∠CPA の二等分線と直線 CA の交点を Z′ とすると, (2)と同様にして

$$\text{PY}'=\frac{2bc}{b+c}\cos\alpha, \quad \text{PZ}'=\frac{2ca}{c+a}\cos\beta$$

が成り立つことがわかる。与えられた不等式より

$$a+b+c\geqq 2(\sqrt{ab}\cos\gamma+\sqrt{bc}\cos\alpha+\sqrt{ca}\cos\beta)$$

$$=2\left(\sqrt{ab}\cdot\frac{a+b}{2ab}\text{PX}'+\sqrt{bc}\cdot\frac{b+c}{2bc}\text{PY}'+\sqrt{ca}\cdot\frac{c+a}{2ca}\text{PZ}'\right)$$

$$=\frac{a+b}{\sqrt{ab}}\text{PX}'+\frac{b+c}{\sqrt{bc}}\text{PY}'+\frac{c+a}{\sqrt{ca}}\text{PZ}'$$

ここで, 相加平均・相乗平均の関係より

$$\frac{a+b}{\sqrt{ab}}\geqq 2, \quad \frac{b+c}{\sqrt{bc}}\geqq 2, \quad \frac{c+a}{\sqrt{ca}}\geqq 2$$

$$\text{(すべての等号成立は } a=b=c \text{ のとき)}$$

であるから

$$a+b+c\geqq\frac{a+b}{\sqrt{ab}}\text{PX}'+\frac{b+c}{\sqrt{bc}}\text{PY}'+\frac{c+a}{\sqrt{ca}}\text{PZ}'\geqq 2(\text{PX}'+\text{PY}'+\text{PZ}')$$

X′ は直線 AB 上の点より, X の点の決め方から, つねに

$$\text{PX}'\geqq\text{PX}$$

同様にして

$$\text{PY}'\geqq\text{PY}, \quad \text{PZ}'\geqq\text{PZ}$$

が成り立つ。よって

$$a+b+c\geqq 2(\text{PX}'+\text{PY}'+\text{PZ}')\geqq 2(\text{PX}+\text{PY}+\text{PZ})=2(x+y+z)$$

より

$$s\geqq 2t$$

すなわち

$$\frac{s}{t}\geqq 2$$

ここで, 題意の最小値は, 三角形 ABC とその内部の点 P をいずれも任

意に動かしたときの最小値を考えているので，(1)の結果より，$\dfrac{s}{t}=2$ を満

たすような三角形 ABC と点 P は確かに存在する。

以上より，求める最小値は　　2　……(答)

━━━━━━━◀解　説▶━━━━━━━

≪三角形に関する総合的問題≫

▶(1)　正三角形の一辺の長さを 2 などと決めて一般性を失わないことに注

意した上で，条件から $\dfrac{s}{t}$ を容易に a で表すことができるので，あとは関

数の増減を調べればよい。

▶(2)　これは角の二等分線の長さを面積に着目して求める基本問題である。

▶(3)　(2)の結果と与えられた不等式を工夫して活用する。相加平均・相乗

平均の関係の利用にも注意する。なお，題意の最小値は，三角形 ABC と

その内部の点 P を任意に動かしたときの最小値であり，(1)の結果からそ

のような最小値が確かに存在することの確認も忘れないこと。

$\boxed{3}$　◆発想◆　(1)　まず初めに，点 $(2,\ -1)$ と曲線 $y=\log x$ 上の点

$(x,\ \log x)$ との距離の増減の様子を調べておくとよい。b の値の

範囲はそのあとで考える。

(2)　回転体の体積 $S_{1,b}$ を定積分で表すのは簡単である。定積分

の計算では，まず不定積分を先に計算しておくとよい。

(3)　$S_{a,a+1}$ が最小となる a の値を問われているので，$S_{a,a+1}$ の増

減の様子を調べるだけでよい。すなわち，$S_{a,a+1}$ そのものを計算

する必要はない。$S_{a,a+1}$ の微分 $\dfrac{dS_{a,a+1}}{da}$ を求めることは容易であ

る。必要な計算は何かに注意すること。

$\boxed{\text{解答}}$　(1)　点 A$(2,\ -1)$ と点 P$(x,\ \log x)$ $(x>0)$ との距離は

$$AP=\sqrt{(x-2)^2+(\log x+1)^2}$$

そこで

$$f(x)=(x-2)^2+(\log x+1)^2$$

とおくと

$$f'(x) = 2(x-2) + 2(\log x + 1)\frac{1}{x}$$

$$= \frac{2}{x}(x^2 - 2x + \log x + 1)$$

$f'(x)$ の正負の変化を調べるために

$$g(x) = x^2 - 2x + \log x + 1$$

とおくと

$$g'(x) = 2x - 2 + \frac{1}{x}$$

$$= \frac{1}{x}(2x^2 - 2x + 1)$$

$$= \frac{1}{x}\left\{2\left(x - \frac{1}{2}\right)^2 + \frac{1}{2}\right\} > 0$$

より,$g(x) = x^2 - 2x + \log x + 1$ は単調増加で,また

$$g(1) = 1 - 2 + \log 1 + 1 = 0$$

であるから

$$\begin{cases} 0 < x < 1 \text{ のとき,} g(x) < 0 \\ x > 1 \text{ のとき,} g(x) > 0 \end{cases}$$

よって

$$\begin{cases} 0 < x < 1 \text{ のとき,} f'(x) < 0 \\ x > 1 \text{ のとき,} f'(x) > 0 \end{cases}$$

したがって,$f(x)$ の増減表は右のようになる。
題意の最小値を m とする。

x	0	$\cdots$	1	$\cdots$
$f'(x)$		$-$	0	$+$
$f(x)$		↘		↗

(i) $0 < b \leq 1$ のとき

増減表より,$b \leq x \leq 2$ における $f(x)$ の最小値は

$$f(1) = (1-2)^2 + (\log 1 + 1)^2 = 2$$

であるから

$$m = \sqrt{f(1)} = \sqrt{2}$$

(ii) $1 \leq b \leq 2$ のとき

$b \leq x \leq 2$ において,$f(x)$ は単調増加だから,$f(x)$ の最小値は

$$f(b) = (b-2)^2 + (\log b + 1)^2$$

であるから

$$m=\sqrt{f(b)}=\sqrt{(b-2)^2+(\log b+1)^2}$$

(iii) $b\geqq 2$ のとき

$2\leqq x\leqq b$ において，$f(x)$ は単調増加だから，$f(x)$ の最小値は

$$f(2)=(2-2)^2+(\log 2+1)^2=(\log 2+1)^2$$

であるから

$$m=\sqrt{f(2)}=\sqrt{(\log 2+1)^2}=\log 2+1$$

以上より，求める最小値は

$$m=\begin{cases} \sqrt{2} & (0<b\leqq 1) \\ \sqrt{(b-2)^2+(\log b+1)^2} & (1\leqq b\leqq 2) \\ \log 2+1 & (b\geqq 2) \end{cases} \quad\cdots\cdots(\text{答})$$

(2)　積分の向きに注意すると

(i) $0<b\leqq 1$ のとき

$$S_{1,b}=\pi\int_b^1(\log x)^2dx=-\pi\int_1^b(\log x)^2dx$$

(ii) $b\geqq 1$ のとき

$$S_{1,b}=\pi\int_1^b(\log x)^2dx$$

ここで，不定積分

$$\int(\log x)^2dx=\int 1\cdot(\log x)^2dx$$

$$=x\cdot(\log x)^2-\int x\cdot 2(\log x)\frac{1}{x}dx$$

$$=x\cdot(\log x)^2-2\int\log x\,dx$$

$$=x(\log x)^2-2(x\log x-x)+C \quad(C\text{ は積分定数})$$

より

$$\int_1^b(\log x)^2dx=\left[x(\log x)^2-2(x\log x-x)\right]_1^b$$

$$=b(\log b)^2-2(b\log b-b)-2$$

$$=b(\log b)^2-2b\log b+2b-2$$

以上より

$$S_{1,b}=\begin{cases} -\pi\{b(\log b)^2-2b\log b+2b-2\} & (0<b\leqq1) \\ \pi\{b(\log b)^2-2b\log b+2b-2\} & (b\geqq1) \end{cases} \quad \cdots\cdots(\text{答})$$

(3)　$\displaystyle S_{a,a+1}=\pi\int_a^{a+1}(\log x)^2dx$

$$=\pi\left\{\int_1^{a+1}(\log x)^2dx-\int_1^a(\log x)^2dx\right\}$$

（（注）積分の下端は 1 以外でもよい。)

より，両辺を a で微分すると

$$\frac{dS_{a,a+1}}{da}=\pi\{(\log(a+1))^2-(\log a)^2\}$$

$$=\pi\{\log(a+1)-\log a\}\{\log(a+1)+\log a\}$$

$$=\pi\{\log(a+1)-\log a\}\log(a+1)a$$

ここで

$$\log(a+1)-\log a>0$$

であり，また

$$(a+1)a-1=0$$

とすると

$$a^2+a-1=0$$

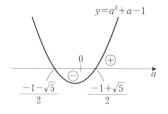

より

$$a=\frac{-1\pm\sqrt{5}}{2}$$

よって，$S_{a,a+1}$ の増減表は右のようになり，
$S_{a,a+1}$ が最小となる a の値は

$$a=\frac{\sqrt{5}-1}{2} \quad \cdots\cdots(\text{答})$$

a	(0)	$\cdots$	$\dfrac{\sqrt{5}-1}{2}$	$\cdots$
$\dfrac{dS_{a,a+1}}{da}$		$-$	0	$+$
$S_{a,a+1}$		$\searrow$		$\nearrow$

■■■■■■■■　◀解　説▶　■■■■■■■■

≪微分法の最大・最小問題への応用，回転体の体積≫

▶(1)　b の値の範囲を考える前に，点 A$(2,\ -1)$ と点 P$(x,\ \log x)$
$(x>0)$ との距離の増減を調べておくとよい。

▶(2)　$S_{1,b}$ を定積分で表すことはただちにできる。計算は不定積分の計算
を先にしておけばよい。

▶(3)　$S_{a,a+1}$ の増減だけが問題であるから，$S_{a,a+1}$ そのものを計算する必

要はない。$\dfrac{dS_{a,a+1}}{da}$ は簡単に求まり，$S_{a,a+1}$ が最小となる a も簡単な計算で求まる。

4 **◇発想◇** (1) 点 P と円 C の中心との距離が $1+ay$ であることを数式に表す。

(2) 点 P と円 C の中心との距離が $1-ay$ であることを数式に表す。

(3) どのような方針で考えるのがよいか悩むところであるが，(1)，(2)で求めた楕円の概形を把握して図形的に考察するのがよい。機械的な計算に進みがちであるが，図形的に考えてみる習慣をつけることは重要である。

解答 (1) 点 P が円 C の円周上または外部にあるとき，P と C の中心 $(0,\ 1)$ との距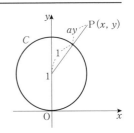
離は $1+ay$ であるから
$$x^2+(y-1)^2=(1+ay)^2$$
よって，求める方程式は
$$x^2+(1-a^2)y^2-2(1+a)y=0 \quad \cdots\cdots(答)$$

(2) 点 P が円 C の円周上または内部にあるとき，P と C の中心 $(0,\ 1)$ との距離は $1-ay$ であるから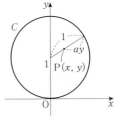
$$x^2+(y-1)^2=(1-ay)^2$$
よって，求める方程式は
$$x^2+(1-a^2)y^2-2(1-a)y=0 \quad \cdots\cdots(答)$$

(3) (i)点 P が円 C の円周上または外部にあるときの方程式は(1)より
$$x^2+(1-a^2)y^2-2(1+a)y=0$$
であるから
$$x^2+(1-a^2)\left(y-\dfrac{1}{1-a}\right)^2=\dfrac{1+a}{1-a}$$
より

$$\frac{x^2}{\dfrac{1+a}{1-a}}+\frac{\left(y-\dfrac{1}{1-a}\right)^2}{\dfrac{1+a}{1-a}\cdot\dfrac{1}{1-a^2}}=1$$

$$\frac{x^2}{\left(\sqrt{\dfrac{1+a}{1-a}}\right)^2}+\frac{\left(y-\dfrac{1}{1-a}\right)^2}{\left(\dfrac{1}{1-a}\right)^2}=1$$

したがって，このときの点 P の軌跡は右図
のような楕円になる。この楕円を楕円Iとす
る。

(ii)点 P が円 C の円周上または内部にあると
きの方程式は(2)より

$$x^2+(1-a^2)y^2-2(1-a)y=0$$

であるから

$$x^2+(1-a^2)\left(y-\frac{1}{1+a}\right)^2=\frac{1-a}{1+a}$$

より

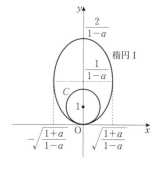

$$\frac{x^2}{\dfrac{1-a}{1+a}}+\frac{\left(y-\dfrac{1}{1+a}\right)^2}{\dfrac{1-a}{1+a}\cdot\dfrac{1}{1-a^2}}=1$$

$$\frac{x^2}{\left(\sqrt{\dfrac{1-a}{1+a}}\right)^2}+\frac{\left(y-\dfrac{1}{1+a}\right)^2}{\left(\dfrac{1}{1+a}\right)^2}=1$$

したがって，このときの点 P の軌跡は右図
のような楕円になる。この楕円を楕円IIとす

る。なお，このとき $y\leqq\dfrac{2}{1+a}$ であるから

$$1-ay\geqq1-a\cdot\frac{2}{1+a}=\frac{1-a}{1+a}>0$$

$$(0<a<1 \text{ より})$$

となり，楕円II全体が点 P の軌跡であるこ
とも確認できる。

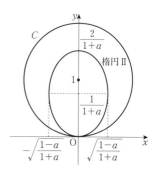

まず, 楕円 I が点 $\left(\dfrac{1}{2},\ 2\right)$ を通るときの

a の値を求める。

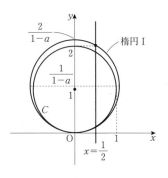

$$\dfrac{1}{4}+4(1-a^2)-4(1+a)=0$$

$$4a^2+4a-\dfrac{1}{4}=0$$

より

$$a=\dfrac{-2\pm\sqrt{5}}{4}$$

$0<a<1$ より

$$a=\dfrac{\sqrt{5}-2}{4}$$

楕円 I は a の増加とともに大きくなっていき

$\left\{\begin{array}{l}\end{array}\right.$ ・$0<a\leqq\dfrac{\sqrt{5}-2}{4}$ のときは直線 $x=\dfrac{1}{2}$ 上の 2 交点はともに $y\leqq2$ を満

たす。

・$a>\dfrac{\sqrt{5}-2}{4}$ のときは直線 $x=\dfrac{1}{2}$ 上の 2 交点のうち片方だけ $y\leqq2$

を満たす。

となる。

次に, 楕円 II が直線 $x=\dfrac{1}{2}$ と接するとき

の a の値を求める。

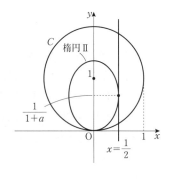

$$\sqrt{\dfrac{1-a}{1+a}}=\dfrac{1}{2}$$

とすると

$$\dfrac{1-a}{1+a}=\dfrac{1}{4}$$

$$4-4a=1+a$$

より

$$a=\dfrac{3}{5}$$

楕円 II は a の増加とともに小さくなっていき

$$
\begin{cases}
\cdot\ 0<a<\dfrac{3}{5}\ \text{のときは直線}\ x=\dfrac{1}{2}\ \text{との共有点は}\ 2\ \text{個である。}\\[2mm]
\cdot\ a=\dfrac{3}{5}\ \text{のときは直線}\ x=\dfrac{1}{2}\ \text{との共有点はただ}\ 1\ \text{個である。}\\[2mm]
\cdot\ a>\dfrac{3}{5}\ \text{のときは直線}\ x=\dfrac{1}{2}\ \text{と共有点を持たない。}
\end{cases}
$$

となる。以上より，$a=\dfrac{3}{5}$ のときは $a=\dfrac{3}{5}>\dfrac{\sqrt{5}-2}{4}$ であるから，条件を満たす点 P の個数は $1+1=2$ 個となり不適。$0<a<\dfrac{3}{5}$ のときは，条件を満たす点 P の個数が 3 個であるためには $a>\dfrac{\sqrt{5}-2}{4}$ であればよい。

したがって，求める a の範囲は

$$
\dfrac{\sqrt{5}-2}{4}<a<\dfrac{3}{5}\quad\text{……(答)}
$$

━━━━━ ◀解　説▶ ━━━━━

≪2 つの楕円および直線の位置関係≫

▶(1)　点 P と円 C の中心との距離が $1+ay$ となることに注意する。

▶(2)　点 P と円 C の中心との距離が $1-ay$ となることに注意する。

▶(3)　この設問は難しいが，図形をよく見て考えるとよい。(1)，(2)で求めた楕円の概形をきちんと把握することがポイントである。

❖講　評

　2023 年度も大問 4 題の出題で，試験時間は 120 分である。①は小問 4 問で解答のみを所定の欄に記入する方式で，残りの 3 題の②〜④は記述式である。結果だけを問う①の小問の中に，きちんとした答案を書くことは難しい問題が含まれるのが例年の特徴である。もちろん，①では結果だけを答えればよいので，きちんとした答案を書く必要はないことも大切なポイントになる。

　① (1)放物線にある点から 2 本の接線を引いたときにできる 2 つの接点と原点を結んでできる三角形の面積の最大値を求める問題で，典型的な基本問題である。ここは素早く解決して先に進みたい。

　(2)非復元抽出の確率の問題で，これも典型的な基本問題である。これ

も簡単に解いて先に進む必要がある。

（3）連立漸化式であるが，三角関数で表された係数に少し戸惑うだろう。単に数列の問題とだけ思って考えていては厳しい。複素数平面を利用することで，見通しよく連立漸化式が解けることに注意しよう。この問いは連立漸化式が解けた後にもう一仕事待っている。x_n が最小値をとる最初の n を求めるために，x_n の式に現れた角の変化の様子を，図を描いて丁寧に観察する必要がある。（3）は（1），（2）のような典型的な問題ではない。しっかりと図形的に考察する力も大切である。

（4）記述式であれば大変な問題である。この問題では〔参考〕のように，結果だけを答えればいいことに注意して考え，3 点の時間的変化の様子を図を描きながら丁寧に追いかけてみると，自然と三角形 ABC の面積が最大になるときが見えてくる。これも型にはまらない"力"が要求される問題である。解法の暗記のような勉強スタイルでは全く通用しないだろう。

結果だけを問われる ① では易しい問題と難しい問題が混ざっているが，時には「結果だけを答えればいい」ということに注意した解法も大切であることを覚えておこう。

② （1）三角形 ABC は正三角形で，点 P が ∠A の二等分線上にあることから，比 $\dfrac{s}{t}$ を a で表すことは易しい。その際，比が問題になっているので，正三角形 ABC の一辺の長さを 2 などと決めて差し支えない。$\dfrac{s}{t}$ を a で表せたら，あとは微分法を利用して最小値を求めるだけである。これは基本問題である。

（2）角の二等分線の長さを三角形の面積に着目して求めることは典型的な基本問題で説明の必要はないだろう。

（3）一見どこから手をつけていいのか戸惑うだろう。このような場合，誘導に乗ること，すなわち，（2）の結果と与えられた不等式をとりあえず使ってみることが大切である。その過程で展望が開けてくる。また，相加平均・相乗平均の関係などを臨機応変に活用できることも重要である。

③ （1）点 $(2,\ -1)$ と曲線 $y=\log x$ の一部分である $C_{2,b}$ 上の点との距離の最小値を答える問題であるが，まずは b のことはいったん忘れて，

点 $(2, -1)$ と曲線 $y=\log x$ 上の点との距離の増減を調べることが大切で，問題を大局的にとらえる力も必要となる。

(2)ここでも $S_{1,b}$ を求めるためには何を計算するべきか，押さえておくべき中心的な計算を的確に把握することが重要である。

(3) $S_{a,a+1}$ を最小にする a の値が問われているので，$S_{a,a+1}$ の増減を調べればいいだけである。$S_{a,a+1}$ そのものを計算する必要はない。必要のない計算に時間を費やさないことも時間の限られた入試では大切なポイントである。

④　(1)・(2)基本的な問題である。条件をそのまま数式で表せばよい。

(3)この最後の設問が本題で，ここが難しい問題である。(1)，(2)で求めた曲線の概形をきちんと図示して図形的な考察をすることが大切である。つい機械的な計算だけで解こうとしがちになるが，しっかりと図を描きながら考えることは数学で非常に重要である。図形的な考察をすることによって面倒な場合分けなどを避けられることも多い。

全問題を通して，結果だけを問われている①と記述式の②～④とで解答への取り組み方を少し変えることも注意したい。きちんと解こうとすると大変であるが結果を答えるだけならそれほど大変ではないという問題はしばしばある。そのようなときに必要以上に厳密な解答を書いて時間を浪費することは避けたい。また，図形的考察をおろそかにして面倒な計算にはまり込まないようにすることも大切である。できるだけ速やかに最適なアプローチを判断できるように日頃から意識して学習しておくことも重要である。

物理

I **解答** 問 1．$\tan\alpha = \dfrac{h}{l_B}$　問 2．$v_A = \sqrt{\dfrac{g(l_B{}^2 + h^2)}{h}}$

問 3．$v_A = \sqrt{\dfrac{g(l_B{}^2 + h^2)}{2h}}$　問 4．$l_C = \dfrac{v_C{}^2}{g}$　問 5．$v_y = 2 \times v_x + \dfrac{1}{\sqrt{2}} \times v_C$

問 6．(う)　問 7．(い)　問 8．$r_m = (R_e + r_e)\sqrt[3]{\dfrac{M_m}{M_e}} - R_m$

問 9．加速度の大きさ$= g_m - \dfrac{kv}{m_s}$　問 10．$v_e = \dfrac{m_s M_e R_m{}^2 g_m}{400 k M_m R_e{}^2}$

問 11．【A】—(4)　【B】—(3)　【C】—(8)　【D】—(9)　【E】—(17)　【F】—(20)
【G】—(27)　【H】—(31)

◀ 解　説 ▶

≪放物運動，万有引力，宇宙に関する知識≫

▶問 1．物体 A を打ち出してから，物体 B と衝突するまでの時間を t_1 とすると，衝突する条件は

$$\begin{cases} v_A\cos\alpha \cdot t_1 = l_B \\ v_A\sin\alpha \cdot t_1 - \dfrac{1}{2}gt^2 = h - \dfrac{1}{2}gt^2 \end{cases} \quad \therefore \quad \begin{cases} v_A\cos\alpha \cdot t_1 = l_B & \cdots\cdots① \\ v_A\sin\alpha \cdot t_1 = h & \cdots\cdots② \end{cases}$$

式②の両辺を，式①の両辺でそれぞれ割ると

$$\tan\alpha = \dfrac{h}{l_B}$$

▶問 2．式①，②の両辺をそれぞれ 2 乗し和をとると，$t_1 > 0$ より

$$(v_A t_1)^2 = l_B{}^2 + h^2 \quad \therefore \quad t_1 = \dfrac{\sqrt{l_B{}^2 + h^2}}{v_A}$$

この時間 t_1 が経過したとき，物体 B の落下距離が $\dfrac{h}{2}$ であればよいので

$$\dfrac{1}{2}gt_1{}^2 = \dfrac{h}{2}$$

$$\dfrac{1}{2}g\left(\dfrac{\sqrt{l_B{}^2 + h^2}}{v_A}\right)^2 = \dfrac{h}{2}$$

$$\therefore \quad v_A = \sqrt{\frac{g(l_B{}^2 + h^2)}{h}}$$

▶問 3．時間 t_1 が経過したとき，物体 B の落下距離が h であればよいので

$$\frac{1}{2}g\left(\frac{\sqrt{l_B{}^2 + h^2}}{v_A}\right)^2 = h$$

$$\therefore \quad v_A = \sqrt{\frac{g(l_B{}^2 + h^2)}{2h}}$$

▶問 4．物体 C が仰角 θ で発射されるとき，発射から着地までの時間を t_2 とすると

$$\begin{cases} v_C\cos\theta \cdot t_2 = l_C & \cdots\cdots③ \\ v_C\sin\theta \cdot t_2 - \dfrac{1}{2}gt_2{}^2 = 0 & \cdots\cdots④ \end{cases}$$

$t_2 > 0$ なので，式④から

$$t_2 = \frac{2v_C\sin\theta}{g}$$

式③に代入して

$$l_C = \frac{2v_C{}^2\sin\theta\cos\theta}{g} = \frac{v_C{}^2}{g}\sin2\theta$$

よって，l_C は $\theta = 45°$ のとき最大となるので，$\beta < 90°$ より $\quad \beta = 45°$

このとき $\quad l_C = \dfrac{v_C{}^2}{g}$

▶問 5．水平方向に運動する装置から発射された物体 C の初速度の水平成分は $\dfrac{1}{\sqrt{2}}v_C + v_x$，鉛直成分は $\dfrac{1}{\sqrt{2}}v_C$ である。発射から落下までの時間を t_3 とすると，$t_3 = \dfrac{2 \cdot \dfrac{1}{\sqrt{2}}v_C}{g} = \dfrac{\sqrt{2}\,v_C}{g}$ なので

$$l_x = \left(\frac{1}{\sqrt{2}}v_C + v_x\right)t_3 = \frac{(v_C + \sqrt{2}\,v_x)v_C}{g}$$

また，鉛直方向に運動する装置から発射された物体 C の初速度の水平成分は $\dfrac{1}{\sqrt{2}}v_C$，鉛直成分は $\dfrac{1}{\sqrt{2}}v_C + v_y$ である。発射から落下までの時間を t_4 とすると，$t_4 = \dfrac{2\left(\dfrac{1}{\sqrt{2}}v_C + v_y\right)}{g}$ なので

$$l_y = \frac{1}{\sqrt{2}}\, v_C t_4 = \frac{v_C(v_C + \sqrt{2}\, v_y)}{g}$$

ここで $l_x = \frac{1}{2} l_y$ が成り立つとき

$$\frac{(v_C + \sqrt{2}\, v_x) v_C}{g} = \frac{1}{2}\, \frac{v_C(v_C + \sqrt{2}\, v_y)}{g}$$

$$\therefore \quad v_y = 2v_x + \frac{1}{\sqrt{2}}\, v_C$$

▶問 6．物体の質量を $m = 500\,[\mathrm{kg}]$，地球の質量を $M = 5.97 \times 10^{24}\,[\mathrm{kg}]$，半径を $R = 6.4 \times 10^6\,[\mathrm{m}]$，第一宇宙速度の大きさを $v\,[\mathrm{m/s}]$ とすると，円運動する物体の運動方程式より

$$m\frac{v^2}{R} = \frac{GMm}{R^2}$$

$$\therefore \quad v = \sqrt{\frac{GM}{R}} = \sqrt{\frac{6.67 \times 10^{-11} \times 5.97 \times 10^{24}}{6.4 \times 10^6}}$$

$$= 7.887 \times 10^3 \fallingdotseq 7.89 \times 10^3\,\mathrm{m/s} \fallingdotseq 473\,[\mathrm{km/min}]$$

▶問 7．赤道上の地表面の自転速度の大きさを $V\,[\mathrm{km/min}]$，角速度を $\omega\,[\mathrm{rad/min}]$ とすると，周期が 24 時間であることを用いて

$$V = R\omega = 6400 \times \frac{2\pi}{24 \times 60} = 27.91 \fallingdotseq 27.9\,[\mathrm{km/min}]$$

よって，第一宇宙速度の大きさ v と比べると

$$\frac{V}{v} = \frac{27.9}{473} \fallingdotseq 0.058$$

最も近いものは 5 ％である。

▶問 8．静止衛星の質量を m' とすると，円運動する衛星の運動方程式はそれぞれ

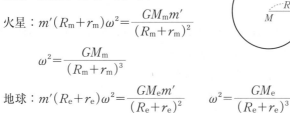

火星：$m'(R_m + r_m)\omega^2 = \dfrac{GM_m m'}{(R_m + r_m)^2}$

$$\omega^2 = \frac{GM_m}{(R_m + r_m)^3}$$

地球：$m'(R_e + r_e)\omega^2 = \dfrac{GM_e m'}{(R_e + r_e)^2}$ $\qquad \omega^2 = \dfrac{GM_e}{(R_e + r_e)^3}$

2 式より，ω^2 を消去して

$$\frac{M_\mathrm{m}}{(R_\mathrm{m}+r_\mathrm{m})^3}=\frac{M_\mathrm{e}}{(R_\mathrm{e}+r_\mathrm{e})^3}$$

$$\therefore\quad r_\mathrm{m}=(R_e+r_e)\sqrt[3]{\frac{M_\mathrm{m}}{M_\mathrm{e}}}-R_\mathrm{m}$$

▶問 9．探査車の運動方程式より，加速度を a として

火星での探査車 S1 の降下

$$m_\mathrm{s}a=m_\mathrm{s}g_\mathrm{m}-kv$$

$$\therefore\quad a=g_\mathrm{m}-\frac{kv}{m_\mathrm{s}}$$

▶問 10．火星での空気抵抗が $2kv$ のとき，地球での空気抵抗は，$200\times2kv=400kv$ と表せるので，力のつりあいより

地球での探査車 S2 の降下

$$400kv_\mathrm{e}=m_\mathrm{s}g\quad\therefore\quad v_\mathrm{e}=\frac{m_\mathrm{s}g}{400k}$$

ここで，火星および地球での重力加速度はそれぞれ

$$g_\mathrm{m}=\frac{GM_\mathrm{m}}{R_\mathrm{m}{}^2},\quad g=\frac{GM_\mathrm{e}}{R_\mathrm{e}{}^2}$$

と表すことができるので

$$g=\frac{M_\mathrm{e}R_\mathrm{m}{}^2}{M_\mathrm{m}R_\mathrm{e}{}^2}g_\mathrm{m}$$

の関係が成り立つ。以上より

$$v_\mathrm{e}=\frac{m_\mathrm{s}M_\mathrm{e}R_\mathrm{m}{}^2g_\mathrm{m}}{400kM_\mathrm{m}R_\mathrm{e}{}^2}$$

▶問 11．遠い天体からの光は波長が伸びて、スペクトルは赤い方にずれる。この現象は赤方偏移とよばれる。

　陽子や中性子を総称して核子といい，これらはクォークで構成されている。

(注)　核力などの強い力のはたらくハドロンのうち，陽子や中性子などはバリオン（重粒子）ともよばれる。

　ビッグバン（宇宙開始時の爆発的膨張）は，今から約 138 億年前に起こったとされる。現在，天球上の全方向から観測されるマイクロ波の放射は，宇宙マイクロ波背景放射とよばれ，ビッグバン理論の証拠と考えられている。

　アインシュタインの一般相対性理論によれば，大きな天体が重力源となって周囲の空間を歪める。それによって像が歪んだり，複数の位置に同時に観測されたりする。これを重力レンズ効果という。また，天文学の現象を説明するためには，既知の物質の質量だけでは不足と考えられており，観測できていない未知の物質であるダークマターの存在が疑われてる。

II　解答

問 1．電気量＝$CvBd$　　問 2．合力＝$mg\sin\theta - IBd$

問 3．$I = C\dfrac{\Delta v}{\Delta t}Bd$　　問 4．電流＝$\dfrac{mgCBd\sin\theta}{m + C(Bd)^2}$

問 5．速さ＝$\sqrt{\dfrac{2mgx\sin\theta}{m + C(Bd)^2}}$　　問 6．$\dfrac{\Delta I}{\Delta x} = \dfrac{Bd}{L}$　　問 7．電流＝$\dfrac{Bd}{L}x$

問 8．振幅＝$\dfrac{mgL\sin\theta}{(Bd)^2}$，周期＝$\dfrac{2\pi\sqrt{mL}}{Bd}$

━━━━◀解　説▶━━━━

≪コンデンサー・コイルを接続した回路での電磁誘導≫

▶問 1．導体棒 PQ に生じる誘導起電力の大きさを V とすると

　　　$V = vBd$

よって，コンデンサーに蓄えられる電気量 Q は

　　　$Q = CV = CvBd$　……①

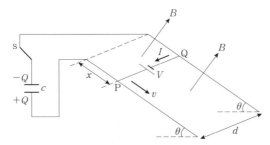

▶問 2．導体棒 PQ にはたらく合力を，レールに沿って下向きを正として，F とすると

　　　$F = mg\sin\theta - IBd$

▶問 3．式①より，$\Delta Q = C\Delta vBd$ の関係が成り立つので

　　　$I = \dfrac{\Delta Q}{\Delta t} = C\dfrac{\Delta v}{\Delta t}Bd$

▶問 4．問 2 の結果を用いて，導体棒 PQ の運動方程式は

$$m\frac{\Delta v}{\Delta t}=mg\sin\theta-IBd$$

ここで，問 3 の結果を代入して

$$m\frac{\Delta v}{\Delta t}=mg\sin\theta-C\frac{\Delta v}{\Delta t}(Bd)^2$$

$$\therefore\quad\frac{\Delta v}{\Delta t}=\frac{mg\sin\theta}{m+C(Bd)^2}$$

よって，導体棒 PQ に流れる電流は

$$I=\frac{mgCBd\sin\theta}{m+C(Bd)^2}$$

▶問 5．求める速さを v_1 とすると，問 4 より，導体棒 PQ は等加速度直線運動するので

$$v_1{}^2-0^2=2\frac{\Delta v}{\Delta t}x$$

$$\therefore\quad v_1=\sqrt{2\frac{\Delta v}{\Delta t}x}=\sqrt{\frac{2mgx\sin\theta}{m+C(Bd)^2}}$$

▶問 6．キルヒホッフの第二法則より

$$vBd-L\frac{\Delta I}{\Delta t}=0$$

ここで，$v=\dfrac{\Delta x}{\Delta t}$ であるから

$$\frac{\Delta x}{\Delta t}Bd-L\frac{\Delta I}{\Delta t}=0$$

$$\therefore\quad\frac{\Delta I}{\Delta x}=\frac{Bd}{L}\quad\cdots\cdots②$$

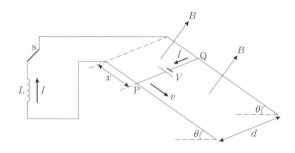

▶問7. 式②より, I は x に対して傾き $\dfrac{Bd}{L}$ の一次関数である。ここで, $x=0$ のとき, $I=0$ であることから

$$I=\frac{Bd}{L}x \quad \cdots\cdots ③$$

▶問8. 導体棒 PQ の加速度を, レールに沿って下向きに a とすると, PQ の運動方程式は

$$ma=mg\sin\theta-IBd$$

式③を代入して

$$ma=mg\sin\theta-\frac{(Bd)^2}{L}x$$

$$=-\frac{(Bd)^2}{L}\left\{x-\frac{mgL\sin\theta}{(Bd)^2}\right\}$$

よって, 導体棒 PQ は, $x=\dfrac{mgL\sin\theta}{(Bd)^2}$ の位置を中心として単振動する。

ここで, $x=0$ で $v=0$ であることから, 振幅は $\dfrac{mgL\sin\theta}{(Bd)^2}$ である。また, 周期を T とすると

$$T=2\pi\sqrt{\frac{m}{\frac{(Bd)^2}{L}}}=\frac{2\pi\sqrt{mL}}{Bd}$$

❖講　評

　2022 年度は大問 3 題の出題であったが, 2023 年度は大問 2 題の出題となった。やや難化しており, 煩雑な数値計算も含み, 試験時間に余裕はないだろう。

　I　前半は, 放物運動を題材としており, モンキーハンティングや相対速度についての基本的な理解が問われる。問 6・問 7 では少々煩雑な数値計算が要求される。ただし, 選択肢から選ぶ形式なので, 大胆に近似しながら概算値を求めることも有効である。火星, 地球での探査車の降下では, 問題の誘導を正しく読み取ることが重要である。問 11 では, 宇宙に関する知識が問われている。受験勉強以上の興味を持って物理に取り組んでいた受験生に有利であっただろう。

Ⅱ 傾いたレール上を運動する導体棒に関する電磁誘導の問題である。抵抗ではなく，コンデンサーやコイルを接続するタイプなので，典型問題であるが，難度は高い。丁寧な誘導に従えば解き進められるが，類題の経験の有無で差がついたであろう。

全体として，物理の標準的な理解を前提として，問題文の読解力，正確な数式処理能力が問われており，物理の総合力が試されている。

化学

I **解答** 問1．ア．非晶質（アモルファス）　イ．8　ウ．4
　エ．石油（灯油）

問2．③　問3．分子結晶　問4．アルゴン，カリウム，ケイ素

問5．$1.66\,\mathrm{g/cm^3}$

━━━━◀解　説▶━━━━

≪無機物質の結晶と分類，結晶格子≫

▶問1．ア．構成粒子の配列が不規則で，一定の融点をもたない物質を非晶質（アモルファス）という。

イ．ダイヤモンド型結晶格子の単位格子中の原子数は

$$\frac{1}{8}\times 8+\frac{1}{2}\times 6+4=8\ \text{個}$$

ダイヤモンド型結晶格子

ウ．ダイヤモンド型結晶格子の配位数は4である。

エ．カリウムは水や酸素と反応するため，石油（灯油）中に保存する。

　水との反応：$2K+2H_2O \longrightarrow 2KOH+H_2$

　酸素との反応：$4K+O_2 \longrightarrow 2K_2O$

▶問2．単位格子の $\frac{1}{8}$ の立方体で考える。

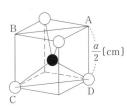
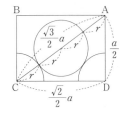
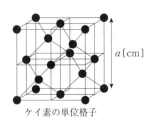
ケイ素の単位格子

上図の AC の $\frac{1}{2}$ が $2r$ なので

$$\frac{a}{2}\times\sqrt{3}\times\frac{1}{2}=2r \qquad \therefore \quad r=\frac{\sqrt{3}}{8}a$$

▶問 3．アルゴンは単原子分子であり，分子間にはたらくファンデルワールス力で引き付けあうことで分子結晶となる。

▶問 4．結合力は分子結晶（アルゴン）＜金属結晶（カリウム）＜共有結合の結晶（ケイ素）である。

▶問 5．銀は金属結晶の面心立方格子の構造であり，単位格子内に含まれる原子数は

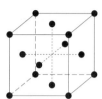

$$\frac{1}{8}\times 8 + \frac{1}{2}\times 6 = 4 \text{ 個}$$

よって，銀と同じ結晶構造のアルゴンの結晶の密度は

$$\frac{\dfrac{40.0}{6.02\times 10^{23}}\times 4}{(5.43\times 10^{-8})^3} = \frac{40.0\times 4}{6.02\times 160\times 10^{-1}} = \frac{10}{6.02} = 1.661 \doteqdot 1.66\,[\text{g/cm}^3]$$

Ⅱ　**解答**　問 1．ア．酸化　イ．放出　ウ．酸化
問 2．鉄よりもイオン化傾向が小さく酸化されにくいスズをめっきしたものだから。

問 3．$O_2 + 4H^+ + 4e^- \longrightarrow 2H_2O$

問 4．$+3 \rightarrow +4$

問 5．(1)陽極：$2Cl^- \longrightarrow Cl_2 + 2e^-$

陰極：$2H_2O + 2e^- \longrightarrow H_2 + 2OH^-$

(2)0.21 L

━━━━━◀解　説▶━━━━━

≪酸化還元反応，電池，電気分解≫

▶問 1．ア・イ．電池の負極では酸化反応が起こり，電子を放出する。ウ．電池の正極に接続されている電気分解の陽極では電子が奪われる酸化反応が起こる。

▶問 2．ブリキは鉄にスズをめっきしたものである。スズはイオン化傾向が鉄よりも小さく，酸化されにくい。

▶問 3．水素燃料電池には電解質にリン酸水溶液を用いる酸性型，水酸化カリウム水溶液を用いるアルカリ型があるが，負極で水素がイオン化し，正極で水が生成するのは酸性型である。

　負極：$H_2 \longrightarrow 2H^+ + 2e^-$

正極：$O_2+4H^++4e^- \longrightarrow 2H_2O$

▶問４．シュウ酸が還元剤として反応すると二酸化炭素を生成する。

$$(COOH)_2 \longrightarrow 2CO_2+2H^++2e^-$$

$(COOH)_2$ の C の酸化数は +3，CO_2 の C の酸化数は +4 である。

▶問５．(1)　陽極に炭素，陰極に鉄を用いて塩化ナトリウム水溶液を電気分解すると，陽極では Cl^- が酸化されて Cl_2 を発生，陰極では H_2O が還元されて H_2 を発生する。

陽極：$2Cl^- \longrightarrow Cl_2+2e^-$

陰極：$2H_2O+2e^- \longrightarrow H_2+2OH^-$

(2)　流れた電子の物質量は

$$\frac{0.50\times30\times60}{9.65\times10^4}=\frac{9}{965}[mol]$$

発生する H_2，Cl_2 の物質量は電子の $\frac{1}{2}$ 倍である。よって，発生する気体の合計の体積は

$$\frac{9}{965}\times\frac{1}{2}\times2\times22.4=\frac{9\times22.4}{965}=0.208 \fallingdotseq 0.21[L]$$

 III **解答** 問１．ア．16　イ．6　ウ．2　エ．共有　オ．イオン　カ．遊離　キ．酸化

問２．②，⑤

問３．$Na_2SO_3+H_2SO_4 \longrightarrow Na_2SO_4+H_2O+SO_2$

問４．$SO_2+2H_2S \longrightarrow 3S+2H_2O$

問５．グループ１：①，⑤　グループ２：③

◀解　説▶

≪酸素・硫黄の単体と化合物の性質と反応，金属イオンの硫化物沈殿≫

▶問１．ア～ウ．O，S は周期表 16 族の非金属元素である。価電子を 6 個もち，電子を 2 個受け取り 2 価の陰イオン O^{2-}，S^{2-} になりやすい。

エ・オ．O，S は非金属元素なので非金属元素と結合するときは共有結合を，金属元素と結合するときはイオン結合を形成する。

カ．弱酸の塩に強酸を加えると，強酸の塩と弱酸を生じる。この反応を弱酸の遊離という。

キ．二酸化硫黄が強い還元剤である硫化水素と反応するとき，二酸化硫黄は酸化剤としてはたらく。

▶問２．①誤文。オゾンは酸化作用のある気体である。

　酸性条件下：$O_3+2H^++2e^- \longrightarrow O_2+H_2O$

　中性，塩基性条件下：$O_3+H_2O+2e^- \longrightarrow O_2+2OH^-$

③誤文。硫化水素は無色の気体である。

④誤文。極性分子である硫化水素の方が，無極性分子である酸素よりも沸点は高い。

▶問３．弱酸（亜硫酸 H_2SO_3）の塩である亜硫酸ナトリウム Na_2SO_3 に強酸である希硫酸 H_2SO_4 を加えると，弱酸である亜硫酸 H_2SO_3 が遊離する。亜硫酸はただちに二酸化硫黄 SO_2 と水 H_2O になる。

$$Na_2SO_3+H_2SO_4 \longrightarrow Na_2SO_4+H_2O+SO_2$$

▶問４．二酸化硫黄と硫化水素の反応は以下の通り。

$$SO_2+4H^++4e^- \longrightarrow S+2H_2O　\cdots\cdots①$$
$$H_2S \longrightarrow S+2H^++2e^-　　　　\cdots\cdots②$$

①＋②×２より

$$SO_2+2H_2S \longrightarrow 3S+2H_2O$$

▶問５．グループ１：イオン化傾向が中程度の Mn^{2+}，Zn^{2+}，Cd^{2+} は中性〜塩基性条件下で硫化物沈殿となる。MnS は淡赤色（桃色），ZnS は白色，CdS は黄色である。

グループ２：イオン化傾向が大きい Ca^{2+}，Na^+，Al^{3+} は液性に関係なく硫化物の沈殿を生じない。ただし，Al^{3+} は塩基性条件下で H_2S を通じると，$Al(OH)_3$ の白色沈殿を生じる。

Ⅳ　**解答**　　問１．元素分析　問２．CuO　問３．①
　　　　　　問４．組成式：C_5H_{12}　分子式：C_5H_{12}

問５．$CH_3-CH_2-CH_2-CH_2-CH_3$　　$\underset{\underset{CH_3}{|}}{CH_3-CH-CH_2-CH_3}$

問6．ペンタン

問7．常温で液体であり，沸点が非常に低く，比較的低温の熱水で気化させることができるため。

━━━━━ ◀解 説▶ ━━━━━

≪元素分析，異性体，バイナリー発電への利用≫

▶問1．有機化合物の構成元素の割合を決定する一連の操作を元素分析という。

▶問2．試料をバーナーで加熱しただけでは，試料中の C は完全燃焼されずに CO を生成してしまうことがあるため，高温の CuO を通すことで完全に CO_2 に変化させる。

▶問3．塩化カルシウムは中性の乾燥剤，ソーダ石灰は塩基性の乾燥剤である。まず，塩化カルシウムで水蒸気を吸収し，次いで，ソーダ石灰で二酸化炭素を吸収する。ソーダ石灰を先にしてしまうと，水蒸気も二酸化炭素も吸収してしまうため不適。

▶問4．試料中の C，H の質量は

$$C : 13.20 \times \frac{12.0}{44.0} = 3.60 \, [mg]$$

$$H : 6.48 \times \frac{2.0}{18.0} = 0.72 \, [mg]$$

$$C : H = \frac{3.60}{12.0} : \frac{0.72}{1.00} = 0.30 : 0.72 = 5 : 12$$

よって，組成式は C_5H_{12} である。分子式は $(C_5H_{12})_n$ だが，$n=1$ しか成立しない（$C_{10}H_{24}$ などは水素が過剰）ので分子式も C_5H_{12} である。

▶問5・問6．分子式 C_5H_{12} の構造異性体は以下の3つ。

$$CH_3-CH_2-CH_2-CH_2-CH_3$$
ペンタン

$$CH_3-\underset{\underset{CH_3}{|}}{CH}-CH_2-CH_3$$
2-メチルブタン

$$CH_3-\underset{\underset{CH_3}{|}}{\overset{\overset{CH_3}{|}}{C}}-CH_3$$
2,2-ジメチルプロパン

側鎖のない分子はペンタンである。

▶問7．ペンタンの沸点は約 36℃ なので，この温度以上の熱水であれば

気化させることができる。

❖講　評

　試験時間は 60 分，大問数は 4 題であった。2022 年度まではマーク式，記述式の併用だったが，2023 年度は全問記述式であった。字数制限のない論述問題が 2 問含まれていた。

　Ⅰは無機物質の結晶に関する大問であった。問 1・問 2 でダイヤモンド，ケイ素の結晶構造について，原子数，配位数，一辺の長さと半径の関係が問われたが，結晶構造の図は与えられておらず，単位格子の図を覚えていないと解答できなかった。また，問 5 ではアルゴン結晶の密度を計算する問題が出題されたが，アルゴン結晶は銀と同じ結晶構造であることしか与えられておらず，銀が面心立方格子であることを覚えていないと解答できなかった。2022 年度にも結晶格子の図が与えられない同様の問題が出題されており，今後も結晶格子は名称だけで出題される可能性がある。

　Ⅱは酸化還元反応，電池，電気分解に関する大問であった。問 2 はブリキが錆びにくい理由を答える論述問題であった。鉄の表面にめっきされている金属はスズであること，スズは鉄よりもイオン化傾向が小さいことを記すことが必須である。問 3 は燃料電池の正極での反応を記す問題であった。酸性型，アルカリ型の明記はないが，正極で水が生成するのは酸性型燃料電池である。しっかりと読み落とさず，正答したい。大問として，難問は含まれていないので，完答が望ましい大問であった。

　Ⅲは酸素および硫黄の単体，化合物の性質や反応に関する無機の大問であった。問 1 の空所補充問題，問 2 の正文選択問題，問 3・問 4 の化学反応式を記す問題のいずれも基本的な知識を問うものであり，ミスなく解答したい問題である。問 5 の金属イオンに共通する性質を選択する問題では，マンガン，カドミウムが含まれていたことがやや難しかったかもしれない。ZnS の白色沈殿は教科書に必ず載っているが，MnS の淡赤色（桃色），CdS の黄色はあまり頻出ではないので覚えていない受験生もいたのではないだろうか。また，CdS は CuS や Ag_2S と同様に酸性条件下でも沈殿し，ZnS と MnS は中性，塩基性ならば沈殿するので，①を選択し損ねた受験生もいたかもしれないが，CdS はいずれの

液性でも沈殿するということなので，注意して①も忘れず選択したい。

　Ⅳは有機化合物の元素分析，異性体，バイナリー発電への有機化合物の利用に関する問題が出題された。問 1 〜問 6 は有機分野の基本，標準的な設問であった。元素分析の計算も煩雑になることなく，きれいに値が出るので迅速かつ丁寧に組成式を決定したい。組成式を決定後，分子量などで分子式を決定させることが多いが，この問題では組成式 C_5H_{12} がアルカンの分子式になっているので，分子式も C_5H_{12} 以外ありえないという決め方であった。問 7 で出題された「バイナリー発電」というテーマは目新しい。沸点の低いペンタンやアンモニアを温水で気化させ，その蒸気でタービンを回して発電するというシステムであり，実際，国内でも地域によって実用化されている。この問題で初めて知ったという受験生がほとんどだったと思うが，問題文をきちんと読めば，何を記すことが求められているかは推察できただろう。

理科

◀理学科生物学専修▶

I **解答** 問1. ④　問2. ②

問3. 容器に何も入れずに光を照射して，通過してきた光の量を測ってその量を基準とし，次に容器に硫酸銅水溶液を入れ，光を照射して通過してきた光の量を測って比較する。

問4. ③

問5－1. 吸収した光子あたりの酸素発生量は 550 nm のときと 650 nm のときでほぼ差がないため，吸収した光の利用効率にはほぼ差がないが，照射した光あたりの酸素発生量は 650 nm のときには 550 nm のときの 5 倍となっているため，光の吸収効率が 650 nm では 550 nm よりも高いと考えられる。

問5－2. 480 nm の波長では β-カロテンのみが光を吸収するため，この波長では β-カロテンの方がクロロフィル a よりも光の吸収効率が高いといえる。一方，480 nm における吸収した光子あたりの酸素発生量は他の波長に比べて低下していることから，β-カロテンはクロロフィル a よりも光の利用効率が低いと考えられる。

問6. ア. 12　イ. 5.0×10^{-19}　ウ. 13　エ. 高く

━━━◀解　説▶━━━

≪吸収スペクトルと吸光度，光合成色素の光の吸収効率と利用効率≫

▶問1. 硫酸銅の水溶液が肉眼で青く見えるのは，青色の光が吸収されず，青色以外の可視光線が吸収されるためだと考えられるので，青色の波長である 400 nm から 500 nm の間でほとんど吸収がないことと，600 nm から 700 nm の間に吸収があることは関係しているが，可視光線ではない赤外線の波長である 800 nm の大きな吸収は関係がない。

▶問2. 図2から吸光度については，液体の濃度〔g/m^3〕と光が液体を通過する距離〔m〕に比例すると考えられるので，その単位は（g/m^3）×m

で〔g/m^2〕になる。

▶問3．容器自体の透過率が 100 ％でないことからも，まず容器による影響を取り除くための対照実験を考えねばならない。そこで，試料を入れていない容器だけでまず透過する光の量を測り，これを基準として，試料を入れて測定したものと比較すればよいと考えられる。

▶問4．図2の例では，吸光度1で吸収率 90 ％，吸光度2で吸収率 99 ％になっている。下線部(1)と合わせて考えると，吸光度3で吸収率 99.9 ％となる。また，図1において 500 nm では吸光度0なので吸収率も0％，650 nm では吸光度1なので吸収率 90 ％，680 nm では吸光度2なので吸収率 99 ％となる。このような増減を示すグラフは③である。

▶問5－1．設問文中の「吸収した光の利用の効率」とは，吸収した光子数と生成した光合成産物の比として捉えることができる。これはスペクトルCが表している。スペクトルCを見ると，吸収した光子あたりの酸素発生量は 550 nm のときと 650 nm のときでほぼ差がない。しかし，スペクトルAを見ると，照射した光あたりの酸素発生量は，650 nm のときには 550 nm のときの5倍となっている。この酸素発生量の差は，光の吸収効率によるものと考えられる。

▶問5－2．スペクトルBから，480 nm 付近では β-カロテンのみが光を吸収することがわかる。一方，クロロフィルaは 400〜450 nm と 670 nm 付近の波長の光をよく吸収し，特に 670 nm 付近ではクロロフィルaのみが光を吸収することがわかる。次にスペクトルCを見ると，β-カロテンのみが光を吸収する 480 nm 付近では，クロロフィルaのみが光を吸収する 670 nm 付近よりも酸素発生量が低下している。これは，β-カロテンではクロロフィルaよりも吸収した光の利用効率が低いためと考えられる。

▶問6．ア．図3のCのグラフより，400 nm における光子1個あたりの酸素発生量は約 0.082 分子なので，1分子の酸素を発生するためには

$$1 \div 0.082 = 12.1 \fallingdotseq 12 \text{ 個}$$

の光子が必要となる。

イ．リード文の式に代入して

$$E = \frac{6.6 \times 10^{-34} \times 3.0 \times 10^{8}}{400 \times 10^{-9}} = 4.95 \times 10^{-19} \fallingdotseq 5.0 \times 10^{-19} \text{〔J〕}$$

と求まる。

ウ．1 分子の酸素を発生させるのに要するエネルギーは

$$(480\times10^3)\div(6.0\times10^{23})=8.0\times10^{-19}\,\text{[J]}$$

約 12 個の光子のエネルギーはイより

$$12\times5.0\times10^{-19}=60\times10^{-19}\,\text{[J]}$$

だから，そのエネルギー効率は

$$\frac{8.0\times10^{-19}}{60\times10^{-19}}\times100=13.3\fallingdotseq13\,\text{[％]}$$

となる。

エ．680 nm と比較して 400 nm の光子のもつエネルギーの方が約 1.7 倍大きいが，発生する酸素の分子数，すなわち変換されたエネルギーの量はほぼ同じなので，変換効率は波長の長い 680 nm の方が高くなる。

II **解答**　問 1．⑧　問 2 － 1．④

問 2 － 2．

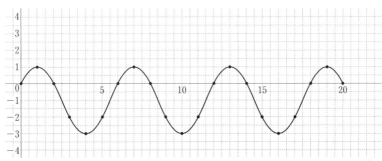

問 2 － 3．X_{t-2} を除くと，$X_t=X_{t-1}-1$ となり単純な減少を示す式となるので，X_{t-2} は振動を起こすのに必要な条件になっていると考えられる。

問 3 － 1．対照群 A と実験群 B では光環境が異なるにもかかわらず，遺伝子発現量はほぼ同じように変化しているので，*Cry1* の発現は，生物時計の調節を受けていると考えられる。

問 3 － 2．③

問 3 － 3．スバールバルライチョウは，主に明期で活動量が増加すると考えられる。

問3－4．③

問3－5．体内のリズムを整えるため，光条件に関わらず採餌や睡眠など24時間周期で行う必要のある活動もあるため。

問3－6．スバールバルライチョウは，特定の時期の繁殖行動などにおいて，その個体群の中で同調して変化行動することで，より繁殖の成功率が上昇すると考えられる。

問4－1．⑥

問4－2．記号：d　変更内容：分解を遅くする。

別解　a・c：合成を早くする。　b：分解を遅くする。

━━━━◀解　説▶━━━━

≪日周性と季節的変動，遺伝子の発現の調節と振動≫

▶問1．①二足歩行は，④振り子の振動に近い周期性を持って行われている。②心拍や⑥睡眠，⑤昆虫の羽ばたき，⑦細胞分裂は繰り返しのリズムを持っており，③冥王星の動きや⑨潮汐は天文学的な周期で行われている。しかし，⑧サイコロの出目は偶然に支配されるので，周期性は示さない。

▶問2－1．図2のAの△では最初の振動の後，酸化型の青色を呈することが示されており，●では最初の振動の後，還元型の赤色を呈するが，再度振動が起こり，最終的には還元型の赤色を呈することが示されている。○では最初の振動の後，還元型の赤色を呈することが示されている。

①誤文。図2のBよりマロン酸の初濃度が変化すれば，振動パターンは△，●，○と変化するので，常に赤色を呈するとは言えない。

②誤文。図2のBより，①同様に臭素酸イオンの初濃度により，反応停止時の色は変化する。

③誤文。臭素酸イオンの初濃度を調節しても，図2のBにあるように，マロン酸の初濃度が $0.05\,mol/L$ であれば，△の振動パターンとなり溶液は青色になる。

④正文。図2のBより臭素酸イオンの初濃度に関係なく，マロン酸の初濃度が，$0.125\,mol/L$ 以上であれば，振動パターンは●，○となり，溶液は赤色になる。

⑤誤文。図2のBより振動が再開される●になるためには，マロン酸初濃度が $0.1〜0.125\,mol/L$ でなければならない。

▶問2－2．数式1に値を代入していくと

$$X_2 = 1 - (0+1) = 0$$
$$X_3 = 0 - (1+1) = -2$$
$$X_4 = -2 - (0+1) = -3$$

となり，以下 $X_5 = -2$，$X_6 = 0$，$X_7 = 1$ となって，以下同様の値を繰り返し，振動することになる。これをグラフにすればよい。

▶問2−3．X_{t-2} を取り除くと，数式は $X_t = X_{t-1} - 1$ となり，単純に減少していくことになるので，この X_{t-2} が振動を発生するもとになっていると考えられる。

▶問3−1．実験1の結果である図3のBでは，対照群Aと実験群Bがほぼ同じ結果になっているので，*Cry1* の発現は，生物時計により調節されていると判断される。

▶問3−2．実験2の実験群Bの *Dio3* の発現量は明期が連続することで，図4にあるように抑制され，徐々に低下していく。その後も明期を続ければさらに低下するか，低下した状態を維持するかのいずれかだと考えられるので，グラフの中でそれを示しているのは③である。

▶問3−3．図5のA，Bを比較すると，図5のAにおいて光を照射している時間帯に，活動量が高くなることが読みとれる。

▶問3−4．*Tshb* の遺伝子発現量について，実験2で対照群Aと実験群Bで最も差が大きかったのは，約13時間後である。そのため，実験3でも同様にこの時間帯の脳組織を取り出して測定すればよいと推定される。

▶問3−5．実験結果と論理的に矛盾しない内容で，24時間の周期的な活動を例に考えて，論述すればよいだろう。

▶問3−6．「各個体間で季節性周期が同調している」意義について尋ねられている。各個体間で同調する必要があるのは，雌雄で同調する必要がある生殖行動や，集団で移動する場合が多い渡りなどがある。ライチョウは一般に渡りはしないが，渡りについて述べても可だろう。

▶問4−1．dの分解を遅くすると，eの抑制が長くなるので，aの合成とcの合成が減少する時間が長くなるため，結果的に振動が遅くなると考えられる。eの抑制を取り除くと，フィードバックをかける仕組みがなくなるので，合成反応が続くことになり，振動は見られなくなると考えられる。したがって，⑥が正しい。

▶問4−2．図7の結果から，ハツカネズミは約150分に1回の振動周期

を持つが，ヒトでは約 300 分に 1 回の振動周期を持つことがわかる。したがってヒトの振動周期を再現するためには，分解を遅くすればよいことになる。

| **Ⅲ** | **解答** | 問 1．④　問 2 － 1．⑧ |

問 2 － 2．すりつぶした直後では，ニンジンやトマトの細胞に含まれる ATP に反応するため。

問 3．70%　問 4 － 1．③

問 4 － 2．生筋ではカルシウムイオンが能動輸送により筋小胞体内に取り込まれるが，グリセリン筋には筋小胞体が存在しないのでカルシウムイオンが回収されない。

問 5 － 1．③　問 5 － 2．①

問 5 － 3．代謝が完全に停止すると，ATP の供給が止まり，また筋小胞体へのカルシウムイオンの回収がされなくなる。そのため，アクチンフィラメントとミオシンフィラメントは結合した状態のまま離れることができなくなると考えられる。これにより，筋肉が弛緩できず，硬直する死後硬直が起こると考えられる。

━━━━ ◀解　説▶ ━━━━

≪ATP の合成，筋肉の収縮とその仕組み≫

▶問 1．ATP の合成に使われたエネルギーは

$$1680 \times 0.5 \times 4.2 = 3528 \text{(kJ)}$$

となる。A さんの体内にある ATP の量は

$$4 \times 10^{13} \times 0.001 \times 10^{-9} = 4 \times 10 \text{(g)}$$

なので，その物質量は $\dfrac{40}{500} = 0.08 \text{(mol)}$ となる。また，1 回の ATP 合成には

$$0.08 \times 30 = 2.4 \text{(kJ)}$$

が必要になる。よって

$$3528 \div 2.4 = 1470 \fallingdotseq 1500 \text{ 回}$$

再合成されたことになる。

▶問 2 － 1．誤っているものを選ぶことに注意する。

c．誤文。酵素反応はすみやかに起こるので，3 時間もおくと反応がすで

に終了していて，発光が測定できない可能性がある。

e．誤文。カビや細菌の持つ ATP を検出する実験であり，ADP を加えても対照実験にはならない。

▶問2-2．生きたニンジンやトマトの細胞では，生命活動のために ATP が合成されているので，すりつぶした直後の野菜ジュースにはニンジンやトマトに由来する ATP が含まれていると考えられるから。

▶問3．ATP 分解により発生したエネルギーは

$$6.0 \times 10^{-3} \times 30 \times 10^3 = 180 (\text{J})$$

となるので，変換効率は

$$\frac{126}{180} \times 100 = 70 (\%)$$

となる。

▶問4-1．生筋では，(a)電気刺激で筋繊維が興奮し収縮するが，(c) ATP を含む溶液に浸しても，(e)カルシウムイオンを含む溶液に浸しても，細胞内に入らないので筋肉は収縮しない。一方，グリセリン筋の場合は，グリセリン処理によって細胞膜が失われているので(b)電気刺激では収縮しないが，(d) ATP を含む溶液に浸すと，アクチンフィラメントとミオシンフィラメント間で反応が起こり収縮する。(f)カルシウムイオンを含む溶液に浸しても，ATP が存在しないので収縮しない。したがって正解は③a，d になる。

▶問4-2．収縮した筋肉が弛緩するためには，放出されたカルシウムイオンが筋小胞体へ回収される必要がある。しかし，グリセリン筋では小胞体膜が壊れているため，これを回収することができない。

▶問5-1．ATP 濃度を下げると，図3のステップ②から④にかけての時間が長くかかるようになると考えられるので，可動腕がスイングした状態が長くなり，bの時間が長くなることになる。aは可動腕のスイングの大きさなので変化はない。

▶問5-2．可動腕の長さが人工的に2倍になれば，スイングの大きさも大きくなると考えられるので，aは高くなるが，bの時間については無関係なので変化しないと考えられる。

▶問5-3．死後は，カルシウムイオンの回収がされなくなるため，トロポミオシンによるアクチンとミオシンの結合を阻害する機能も失われ，

ATP も合成されないので，図 3 のステップ②の状態のまま，筋肉が弛緩することなく硬直すると考えられる。

❖講　評

　Ⅰ　吸収スペクトルと吸光度，光合成色素の吸収効率などに関する問題であった。光合成の反応などを問う問題ではなく，物理的な計算を含め，吸光度測定の実験方法や原理などを，論理的に考察する問題であった。

　Ⅱ　動物の日周性や季節的変動などを，光条件の下で遺伝子発現がどう変化するか，その量的振動についてモデルを考える問題であった。数学的思考も必要とされ，グラフや図を解析考察する力が求められる問題であった。

　Ⅲ　ATP 合成に関する計算問題や，筋肉収縮の仕組みとそれに関連した実験からの考察が求められる問題であった。筋収縮の仕組み自体は，リード文中で解説されているので，その仕組みを理解した上で，考察に取り入れることが要求される問題であった。

　論述については，字数は指定されず，数行程度の比較的短いものであるが，単なる知識問題や描図問題ではなく，与えられたリード文の内容を理解し，グラフや表などのデータをもとに考察する，科学的な思考方法ができるかどうかが試されるものとなっている。

◀理学科地球科学専修▶

$\boxed{\text{I}}$ **解答** 問1．ア．$\dfrac{I_p}{2\pi r_p}$　イ．第2

ウ．$\dfrac{I_A}{4\pi a}+\dfrac{(I_B+I_C)\sin\theta}{2\sqrt{5}\,\pi a}$　エ．$\dfrac{(I_B-I_C)\cos\theta}{2\sqrt{5}\,\pi a}$　オ．$\dfrac{I_q}{2r_q}$　カ．赤道面

キ．東　ク．西　ケ．1.88×10^{10}

問2．$30°$

問3．日本の北西方向のシベリアで地磁気が最も強くなっているため。

問4．

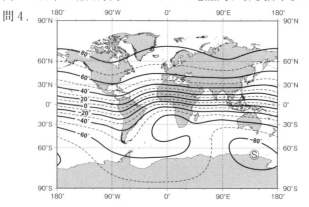

問5．カラブリアン末期は逆磁極期だったが，チバニアンになると地磁気が逆転して正磁極期となった。

問6．北アメリカ大陸とヨーロッパ大陸は，約4.4億年前から約2.0億年前までの期間は接合しており，1つの大陸として移動していたが，その後，大西洋の拡大によって分裂し，現在の大陸配置となった。

問7．約8000万年前以降，海洋底拡大速度は約2.3cm/年でほぼ一定だが，約6600万年前から約4600万年前までは一時的に拡大速度がやや低下していた。

■■■■■■■■■ ◀解　説▶ ■■■■■■■■■

≪地球の磁場，古地磁気と海洋底の拡大≫

▶問1．ア．直線電流による磁場は，直線電流に垂直な平面において電流を中心とする同心円状に生じ，強さは電流に比例し電流からの距離に反比

例する$\left(\text{比例定数は}\dfrac{1}{2\pi}\right)$。

イ．右ねじの法則により，図 1 の導線 α, β, γ を流れる電流によって生じる磁場の向きは，図(ⅰ)のようにそれぞれ時計回り，反時計回り，反時計回りであり，原点に生じる各磁場の向きは図(ⅱ)のようになる。このとき，導線 β, γ から原点までの距離は等しく，$I_B > I_C$ であることから，導線 β を流れる電流によって生じる磁場の方が，導線 γ を流れる電流によって生じる磁場に比べて大きい。よって，足し合わせた磁場の向きは，原点の左上側にあたる第 2 象限方向となる。

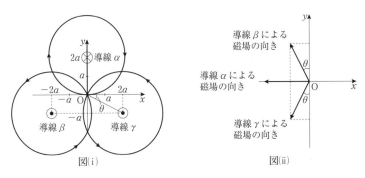

図(ⅰ)　図(ⅱ)

ウ・エ．導線 α, β, γ を流れる電流によって原点に生じる磁場の強さをそれぞれ H_A, H_B, H_C とすると，各導線から原点までの距離 $2a$, $\sqrt{5}\,a$, $\sqrt{5}\,a$ を用いて

$$H_A = \frac{I_A}{2\pi \cdot 2a} = \frac{I_A}{4\pi a}$$

$$H_B = \frac{I_B}{2\pi \cdot \sqrt{5}\,a} = \frac{I_B}{2\sqrt{5}\,\pi a}$$

$$H_C = \frac{I_C}{2\pi \cdot \sqrt{5}\,a} = \frac{I_C}{2\sqrt{5}\,\pi a}$$

と書ける。各磁場の向きは図(ⅱ)のとおりであるから，H_x, H_y は x 方向，y 方向の成分をそれぞれ足し合わせて，$I_B > I_C$ に注意すると

$$H_x = H_A + H_B \times \sin\theta + H_C \times \sin\theta = \frac{I_A}{4\pi a} + \frac{(I_B + I_C)\sin\theta}{2\sqrt{5}\,\pi a}$$

$$H_y = H_A \times 0 + H_B \times \cos\theta - H_C \times \cos\theta = \frac{(I_B - I_C)\cos\theta}{2\sqrt{5}\,\pi a}$$

なお, $\sin\theta=\dfrac{1}{\sqrt{5}}$, $\cos\theta=\dfrac{2}{\sqrt{5}}$ であるから, これらはさらに

$$H_x=\frac{I_A}{4\pi a}+\frac{I_B+I_C}{2\sqrt{5}\,\pi a}\times\frac{1}{\sqrt{5}}=\frac{I_A}{4\pi a}+\frac{I_B+I_C}{10\pi a}$$

$$H_y=\frac{I_B-I_C}{2\sqrt{5}\,\pi a}\times\frac{2}{\sqrt{5}}=\frac{I_B-I_C}{5\pi a}$$

と書き換えることができる。

オ. 円形電流による磁場は, 円形電流の中心においては, 円の面に垂直な向きに生じ, 強さは電流に比例し円形電流の半径に反比例する $\left(\text{比例定数は}\dfrac{1}{2}\right)$。

カ〜ク. 図2の赤道断面に示された円形電流の方向から, 右ねじの法則により, 地球の中心に生じる磁場は赤道断面に垂直で紙面手前側から裏側に向かう方向となる。この磁場を打ち消すためには, 赤道断面に垂直で紙面裏側から手前側に向かう磁場を生じさせる必要がある。磁場は電流に直交し右ねじの法則に従う向きに生じるため, 次図のように, 直線導線を赤道面方向に配置し, 90°E 側から 90°W 側, すなわち東から西に電流を流せばよいということになる。

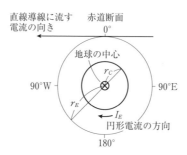

ケ. 求める直線電流を I, 生じさせたい磁場の強さを H とすると, $H=\dfrac{I}{2\pi r_E}$ なので, $H=5.00\times10^2\,[\text{A/m}]$, $r_E=6.00\times10^6\,[\text{m}]$ を代入して

$$I=2\pi r_E H=2\times3.14\times6.00\times10^6\times5.00\times10^2$$
$$=1.884\times10^{10}\fallingdotseq1.88\times10^{10}\,[\text{A}]$$

なお, 本問では不要であるが, $r_C=3.00\times10^6\,[\text{m}]$ を用いれば, $H=\dfrac{I_E}{2r_C}$

より I_E を求めることができる。

▶問 2 ．水平成分が 20784nT，鉛直成分が 12000nT より，伏角を θ とすると

$$\tan\theta = \frac{12000}{20784} = \frac{1}{1.732}$$

なので，$\theta = 30°$ となる。

▶問 3 ．図 3 より，北半球で最も磁束密度が大きく地磁気が強い場所が，磁北極からずれたシベリアに位置することがわかる。日本の近くにそのような地磁気が強い場所があると，日本付近の地磁気は磁北極よりもそちらに引かれるため，偏角が西向きになると考えられる。

▶問 4 ．磁極は伏角が $\pm 90°$ となる地点である。よって，磁南極（南磁極）の位置は，南半球で伏角が $-90°$ であると考えられる地点を選べばよい。

▶問 5 ．伏角は N 極が水平面よりも下向きの場合を正，上向きの場合を負で表す。現在の地球において，伏角は北半球で正の値，南半球で負の値となっている。図 5 から，77.4 万年前までのカラブリアンには伏角が $-50°\sim-30°$ 程度と負の値だが，チバニアンになると正の値に変化し始め，数万年程度で現在と同じ $+50°$ 程度に収束していることが読み取れる。同一地点で記録された古地磁気の伏角の正負が入れ替わっているということは，南半球から北半球へ大きく移動したか，地磁気が逆転したかのいずれかが考えられるが，数万年以内という短時間でそこまで急激に大陸が移動することは考えられない。また，設問文に「地球の磁場に大きな変化があった」と示されていることから，ここでの変化が地磁気の逆転であると判断できる。

▶問 6 ．図 6 において，A→B→C→D を結ぶ軌跡と，F→G→H→I→J を結ぶ軌跡はほぼ平行であることが読み取れる。各時代における磁北極は 1 つなので，同時代の磁北極が重なるように軌跡を時計回りに回転させると，大西洋が閉じて北アメリカ大陸とヨーロッパ大陸が接合することになる。したがって，この軌跡の期間である約 4.4 億年前から約 2.0 億年前は両大陸が接合した状態にあり，その上で，磁北極が大きく移動していることから，接合した大陸が 1 つにまとまって移動していたと考えられる。約 2.0 億年前以降は磁北極の移動が大陸によって異なることから，大陸が

分裂し，それぞれの大陸が異なる動きをするようになったと考えらえる。

▶問 7．図 7 において，距離と年代の関係はほぼ直線状の比例関係であるが，約 6600 万年前から約 4600 万年前の期間だけ一時的に傾きが若干大きくなっていることが読み取れる。図は，横軸が距離，縦軸が年代を示すグラフなので，一時的に傾きが大きくなっている期間は，他の期間と比べて海洋底の拡大速度が小さかったということである。

Ⅱ　**解答**　問 1．元素 A：O　元素 B：Si　元素 C：Al
元素 D：Fe　元素 E：Ca

問 2．ア．$\dfrac{mg}{S}$　イ．ρgh

問 3．3.9m

問 4．岩石 A：$1.2×10$km　岩石 B：$2.5×10$km

問 5．温度一定の場合は圧力が低下し，圧力一定の場合は温度が上昇すればよい。

問 6．(i)$2.19×10^{-1}$L　(ii)$1.80×10\%$

問 7．ア．体積　イ．分子間　ウ．大きく　エ．高　オ．熱運動
カ．極性

◀**解　説**▶

≪地殻の構成元素，静岩圧，マグマ発生と発泡≫

▶問 1．地殻の構成元素は主要造岩鉱物であるケイ酸塩鉱物に多く含まれる元素であり，質量%の多い順に O，Si，Al，Fe，Ca である。これらの元素については，設問文中の説明からも判断できる。なお，図 3 のその他のうち，多いものは Mg や Na，K である。

▶問 2．圧力 P〔Pa〕は面 S〔m²〕を垂直に押す力 F〔N〕なので

$$P=\frac{F}{S}=\frac{mg}{S}\text{〔Pa〕}$$

である。また，密度 ρ〔kg/m³〕，底面積 S〔m²〕の岩石柱の高さが h〔m〕の場合，質量 m〔kg〕は体積と密度の積なので

$$\frac{mg}{S}=\frac{S×h×\rho×g}{S}=\rho gh$$

▶問 3．求める深度を h〔m〕とすると

$$2600 \times 9.8 \times h = 1.0 \times 10^5$$

$$\therefore \quad h = \frac{1.0 \times 10^5}{2600 \times 9.8} = 3.92 \fallingdotseq 3.9 \, \text{(m)}$$

▶問 4．岩石 A，岩石 B からなる層の高さをそれぞれ h_A, h_B(km) とすると，$h_A + h_B = 37$ より $h_B = 37 - h_A$ と表せるので

$$2600 \times 9.8 \times h_A \times 10^3 + 2750 \times 9.8 \times h_B \times 10^3 = 9.8 \times 10^8$$

$$2600 h_A + 2750 \times (37 - h_A) = 1.0 \times 10^5$$

$$150 h_A = 1.0175 \times 10^5 - 1.0 \times 10^5 = 1.75 \times 10^3 = 1750$$

$$\therefore \quad h_A = \frac{1750}{150} = 1.16 \times 10 \fallingdotseq 1.2 \times 10 \, \text{(km)}$$

$$h_B = 37 - 12 = 2.5 \times 10 \, \text{(km)}$$

▶問 5．設問文で岩石の溶融開始温度が圧力の上昇とともに高くなることが示されているので，温度もしくは圧力が一定の場合，右図に白矢印で示したように圧力ないし温度が変化すれば岩石が溶融することになる。

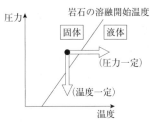

▶問 6．(i)　設問文より，マグマの密度は $2.20 \times 10^3 \, \text{g/L}$ なので，マグマ 1.00 L から発生する H_2O の気体の質量（マグマの 2.00%）は

$$2.20 \times 10^3 \times \frac{2.00}{100} = 44.0 \, \text{(g)}$$

H_2O の気体の体積 V(L) を気体の状態方程式を用いて求めればよい。温度 807℃ は 1080 K なので

$$1.00 \times 10^8 \times V = \frac{44.0}{18.0} \times 8.31 \times 10^3 \times 1.080 \times 10^3$$

$$V = \frac{44.0 \times 8.31 \times 10^3 \times 1.080 \times 10^3}{18.0 \times 10^8} = 44.0 \times 8.31 \times 0.06 \times 10^{-2}$$

$$= 2.193 \times 10^{-1} \fallingdotseq 2.19 \times 10^{-1} \, \text{(L)}$$

(ii)　元のマグマ 1.00 L において H_2O が占めていた体積は無視できるものとすると，気体発生後のマグマ全体の体積は，元のマグマの体積と，気体となった H_2O の体積の和であると考えられる。よって，マグマ全体における気体部分の体積比は

$$\frac{2.19\times10^{-1}}{1.00+2.19\times10^{-1}}\times100=1.796\times10\fallingdotseq1.80\times10〔\%〕$$

❖講　評

　2023 年度は，大問数が 2 題で，試験時間は 90 分であり，サンプル問題と同じであった。全体を通して，サンプル問題よりも難度の低い設問が多く，論述問題も少なかったが，従来の「地学」やサンプル問題と比較して，物理や化学の教科書的な設問が多くみられた。

　Ⅰ　古地磁気と海洋底の拡大に関する出題。問 1 の空所補充は，電流と磁場について物理の教科書的な知識を求められる問題であり，従来の「地学」にはなかったタイプの設問であった。問 2 は伏角に関する基礎的な設問。問 4 は描図問題だが，磁極に関する基礎知識を確認するものであった。問 3 および問 5 ～問 7 の論述は図の読み取りが求められる設問だが，内容はオーソドックスなものであった。

　Ⅱ　地殻とマグマに関する出題。問 1 は地殻の構成元素を問う基礎問題。問 2 の空所補充は物理の教科書的な設問であった。問 3 と問 4 は問 2 を用いた静岩圧に関する計算問題だが，難度は高くない。問 5 はマグマの発生に関する基本的な内容を問う論述問題。問 6 は気体の状態方程式を用いた基本的な計算問題であった。問 7 の空所補充は化学の教科書的な基礎問題であり，やや題意のとりにくかった問 6 の(ⅱ)の補足にもあたる内容であった。

サンプル
問題

解

答

編

解答編

理学科生物学専修C・D方式「理科」

Ⅰ　**解答**　問1．縄張りを維持することによって，食糧や繁殖場所，配偶者を専有することができ，結果的に自分の子孫を残せる可能性が高くなる。

問2．①　問3．⑤

問4．「はやにえ」を除去した状態で，その3倍量の給餌をする操作。

問5．④

問6．「はやにえ」を多く食べることにより，歌唱の音量が大きくなり，遠くのメスにまで歌が聞こえるようになったため，つがい相手の獲得成功率が高まった。

別解　「はやにえ」を多く食べることにより，歌唱時間が長くなり，メスが聞く機会が増えたため，つがい相手の獲得成功率が高まった。

◀**解　説**▶

≪モズの「はやにえ」と求愛行動≫

▶問1．縄張りは，哺乳類，鳥類，魚類，昆虫類などで広く見られる。縄張りを専有することによって，食糧や配偶者の獲得，営巣地や子育て場所の確保など，その利益は種により異なる。

▶問2．①不適。図1より，「はやにえ」は11月をピークに，10月から12月にかけてつくられる。一方，平均最低気温は10月から2月まで下がり続けており，反比例しているとはいえない。

▶問3．①不適。歌唱速度に上限があるのは当然であり，これだけでは「はやにえ」の消費量と歌唱速度との関係性について何も述べることはできない。

②不適。「はやにえ」となった動物の種類が歌唱速度に影響を与える可能性はあるが，「はやにえ」の消費量と歌唱速度との関係を結論づけるために，「はやにえ」となった動物の種類までは考慮する必要はない。

③不適。何ら検証することもなく，「はやにえ」を多く食べたことで歌唱速度が上がるのは不自然と決めつけることはできない。

④不適。今回の一連の実験は，「はやにえ」の生産量でなく，消費量との関係に着目して行われているため，生産された「はやにえ」の数が不明であっても，結論を導くことに問題はない。

⑤適当。「はやにえ」の消費量と歌唱速度との関係は，因果関係にはなく，相関関係にある可能性がある。

▶問4．図3のはやにえ除去群を①，無処理群を②，給餌群を③として表にまとめると，次表のようになる。これより，「はやにえ」を除去した状態で給餌をする操作を対照実験として追加すればよいことがわかる。

		はやにえ	
		除 去	無処理
給餌	なし	①	②
	あり		③

▶問5．①不適。基本的につがい相手の獲得競争は同種他個体間で行われる。仮に求愛給餌のためにメスに「はやにえ」が与えられたとしても，他種と競合するとは考えられない。

②不適。リード文中に，「モズは，冬には植物の実も食べる」とあり，また，実験3でははやにえ除去群も生き残っていることから，「はやにえ」を食べずともオスは冬を越せると考えられる。

③不適。メスの栄養状態がよくなることで，オスの求愛行動の成否に影響を与えるとは考えられない。また，メスの栄養状態がよくなれば，むしろその後の産卵や子育てに有利となる。よって，「はやにえ」が求愛給餌に使われない理由としては不適当である。

⑤不適。リード文より，モズは縄張り争いが落ち着いてから「はやにえ」をつくり始めて食べることがわかる。縄張りが確定した後であれば，「はやにえ」を失ったからといって他のオスに縄張りを侵害されることは少ないと考えられる。

▶問6．〔解答〕と〔別解〕は，歌唱速度以外の歌唱に関する条件に影響される場合を考えた。歌唱以外にも，「はやにえ」を多く消費することによって求愛ダンスが上達する，婚姻色がより目立つようになる等の現象が生じ

たとも考えられるだろう。

Ⅱ **解答** 問1．④
　　　　　問2．増加する条件：①

論理の流れ：図3より，葉を透過した光には多くの遠赤色光とわずかの赤色光が含まれることがわかる。また，図2より，最後に遠赤色光を照射した場合でも，40〜50％の種子が発芽することがわかる。よって，暗所に置いた種子に葉を透過した光を照射すると，割合は低いものの，赤色光により生じたPfr型フィトクロムが核内ではたらき，発芽率が10％ほどしかない実験1の場合よりも発芽率は上昇すると考えられる。

問3．上層に葉が多く繁る林床などでは，赤色光よりも遠赤色光の割合が相対的に高くなる。このような場所では，発芽しても光合成を十分に行うことができず，生育することは難しい。そのため，赤色光が照射された場合に発芽を促進することで光環境の良好な場所で発芽し，生存率を高めることができる。

問4．N領域：赤色光を受容し，葉を広く展開させることに関する遺伝子の発現を促進する。
C領域：フィトクロムタンパク質の核内移行に関わる。

問5．林床などの光があまり当たらない環境で発芽した場合，光合成に十分な光の届く明るい環境に一刻も早く到達できるよう，茎を伸長させるとともに，葉の展開を抑制する。

問6．④

◀解　説▶

≪光照射とフィトクロム≫

▶問1．フィトクロムは，赤色光を吸収するとPfr型になる。よって，Pfr型が蓄積しているのは，最後に赤色光を照射した⑵，⑷，⑹となる。

▶問2．葉を透過した太陽光には，遠赤色光が多く含まれるが，少ないとはいえ，波長660nmの赤色光も含まれる点がポイント。図2より，最後に遠赤色光を照射した場合の発芽率は，40〜50％である。よって，図2の⑴〜⑹の直後に遠赤色光を照射すると，⑴暗所は確実に発芽率が増すと考えられる。

▶問3．葉を通った太陽光しか当たらない自然環境というのは，上層に葉

が茂る森林の林床である。遠赤色光しか当たらない環境で発芽したとして
も，生育が難しいことは想像できるであろう。

▶問4．図4のC，Eより，フィトクロムタンパク質のN領域のみをもつ
場合，赤色光条件下でもモヤシ形状となったが，N領域に核移行シグナル
を付けた場合には，赤色光条件下で葉を展開することがわかる。すなわち，
N領域には赤色光を受容して，葉を展開させるために必要な部位が含ま
れているが，核内に入るための部位が含まれていないことが示されている。

▶問5．林床などの光が弱い環境や，落ち葉などの障害物によって光をさ
えぎられた状況で発芽した場合，葉を展開させて光合成を始めるよりも，
まずは十分に光が当たる場所まで到達する必要がある。そのため，葉の展
開を抑制する一方，茎だけを伸長させてモヤシ（黄化芽生え）の形となる。
黄化芽生えが十分光を受けられる環境に到達すると，葉を展開するととも
に葉緑体を発達させる。これが脱黄化である。

▶問6．①誤文。リード文より，フィトクロムは，Pr型が赤色光，Pfr
型が遠赤色光を吸収することがわかる。赤色光と遠赤色光を1つの分子が
同時に吸収することはできない。

②誤文。遠赤色光ではなく，赤色光の吸収によってPfr型となったフィ
トクロムが核内に入る。

③誤文。Pr型とPfr型のフィトクロムは可逆的に相互変換し，一度構造
が変化しても，また元の構造に戻ることができる。

⑤誤文。赤色光が当たると，Pfr型フィトクロムの割合が増加するが，フ
ィトクロムタンパク質の量が増加するわけではない。

　解答　　問1．④
　　　　　　問2．植物の純一次生産，従属栄養生物呼吸（動物・微
生物）

問3．②

問4．北半球は南半球よりも陸地が広く，光合成によりCO_2を吸収する
植物が多いため，大気CO_2濃度の季節変化幅が大きくなる。

問5．-1.4（$\times 10^{15}$ g/年）　問6．825（$\times 10^{15}$ g）　問7．370年

問8．(2)の因果関係をもたらすメカニズムとして，地球の温暖化により海
水温が上昇し，海洋からのCO_2放出量が海洋での吸収量よりも上回った

ことが考えられる。

　これについて，化石燃料の使用による CO_2 放出量，大気中の CO_2 量，そして海洋からの CO_2 放出量を継続的に測定することにより，海洋からの CO_2 放出量ではなく化石燃料の使用と大気中の CO_2 量との間に比例関係が認められれば，大気 CO_2 濃度増大の要因が化石燃料の使用によるものと推測できる。これにより，CO_2 濃度の増大の原因を地球の温暖化であるとする(2)の因果関係を否定することができ，(1)の因果関係が正しいと判断できる。

━━━━◀解　説▶━━━━

≪大気中の CO_2 濃度，地球全体での炭素量，地球の温暖化≫

▶問１．①・②・③不適。いずれの地点でも，この期間中に増加した大気 CO_2 濃度は 5～10 ppm ではなく，20～25 ppm である。

⑤不適。南極での大気 CO_2 濃度は，4 月から 8 月にかけては減少せず，増加している。

⑥不適。サモアでの大気 CO_2 濃度の年間変化幅は，いずれの年も 1 ppm を上回っている。

▶問２．大気 CO_2 濃度の季節的な変化は，おもに陸上生物の活動によるもの，すなわち，光合成による吸収と呼吸による排出によって生じる。北半球中緯度域では，植物による光合成が活発となる春から夏にかけて大気 CO_2 濃度は減少し，逆に秋から冬にかけては光合成が不活発になるとともに土壌有機物の分解が優勢となることから大気 CO_2 濃度は増加する。

▶問３．大気 CO_2 濃度の変化率を図 3 で大まかに見てみると，1 月から 5 月にかけてはプラス，5 月から 9 月にかけてはマイナス，9 月から 1 月にかけてはプラスであることがわかる。各選択肢のグラフで，変化率 0 を示す直線よりも上がプラス，下がマイナスを示していることから，一致するグラフは②とわかる。時間に余裕があれば，図 3 における各月の間での変化量を縦軸の値で読み取ると，以下の表のようになることがわかるであろう。この表の変化量は，②のグラフの各点と一致する。

期　間	1月〜2月	2月〜3月	3月〜4月	4月〜5月	5月〜6月	6月〜7月	7月〜8月	8月〜9月	9月〜10月	10月〜11月	11月〜12月	12月〜1月
変化量	+0.5	+1.0	+1.5	+1.0	−0.5	−1.5	−3.0	−1.0	+0.5	+1.5	+1.0	+0.5

▶問4．北半球と南半球の違いを考えよう。北半球と南半球とでは，北半球の方が陸地が広く，陸上生物が多く分布している。そのため，季節による生物の活動の違いによって変化幅が大きくなる。

▶問5．大気中の炭素が年間 6.2×10^{15} g 増加しているうち，化石燃料による放出は，図2より 7.6×10^{15} g である。よって，この分がないと仮定すると

$$6.2 \times 10^{15} - 7.6 \times 10^{15} = -1.4 \times 10^{15} \text{〔g/年〕}$$

▶問6．2020年の化石燃料由来の炭素放出量は 7.6×10^{15} g であるから，1％高くなる2021年以降の増加量は

$$7.6 \times 10^{15} \times 0.01 = 0.076 \times 10^{15} \text{〔g/年〕}$$

1年間での大気中の炭素の増加量は 6.2×10^{15} g であるから，10年間での増加量は

$$(6.2 + 0.076) \times 10^{15} \times 10 = 62.76 \times 10^{15} \text{〔g〕}$$

よって，10年後の大気中の炭素量は

$$(762 + 62.76) \times 10^{15} = 824.76 \times 10^{15} \fallingdotseq 825 \times 10^{15} \text{〔g〕}$$

▶問7．深層水から堆積物への炭素の移動を無視するとすれば，深層水からの炭素の移動先は表層水のみであり，その移動量は 100×10^{15} g/年 である。よって，炭素が貯留量 37000×10^{15} g の深層水中に留まる時間は

$$\frac{37000 \times 10^{15}}{100 \times 10^{15}} = 370 \text{ 年}$$

▶問8．(2)の因果関係をもたらすメカニズムとしては何を書いてもよいが，リード文中に「水温が低いほうがより多くの CO_2 が溶け込めるため，結果的により多くの CO_2 が表層水に吸収される」とあることから，〔解答〕では地球の温暖化によって海水温が上昇すれば表層水への CO_2 吸収量が減少し，大気中の CO_2 濃度が上昇することを述べた。どのような測定データを用いれば判断できるかだが，前問をヒントに考えることができるだろう。すなわち，問5より，大気中の炭素の年間変化量は，化石燃料の使用さえなければ増加せず，むしろわずかに減少することがわかる。また，問6より，化石燃料の消費が微量でも増えれば，大気中の炭素量はますます増加することがうかがえる。一方，問7からは，海洋での炭素の移動は安定したものであることが示されている。これらのことから，化石燃料の

使用による CO_2 放出量，大気中の CO_2 量，そして海洋からの CO_2 放出量を継続的に測定すればよいと考えられる。

❖講　評

Ⅰ　モズの「はやにえ」と求愛行動についての問題であった。生態学分野の知識は必要とせず，グラフを読み取り考察する力，論理性，実験を計画する力などが問われた。解答が限定されず，自分の考えを述べる論述問題も出題された。

Ⅱ　フィトクロムによる光応答に関する問題であった。図を見て考察する力が問われたほか，6問中4問が論述問題であり，考察力とともに論述力が求められる出題であった。問2は，最も適当ではない選択肢を選んでも，論理に矛盾のない説明を記せば部分点が与えられる問題であった。

Ⅲ　大気中の CO_2 濃度とその変動を扱った問題であった。事前の知識は必要とせず，グラフを読み取り解釈する力，図を見て考察する力，論述力，数的処理能力などが問われた出題であったが，特に問8は読解力と論述力が試される問題であった。

　単なる知識問題，描図問題，字数の指定された論述問題は出されていない。グラフなど与えられたデータをもとに考察する力，論理的に文章にまとめる力が，どの大問においても求められている。単に暗記した知識で勝負する受験生よりも，考える習慣が身についた受験生を求めている大学側の姿勢が十二分に感じられる出題といえる。

理学科地球科学専修C方式「理科」

I 解答

問1．典型元素において，周期表の同じ族に並ぶ元素は最外殻電子の数が等しい。そのため，それらの元素は価電子の数が等しく，化学的な性質が類似するから。

問2．(a)・(c)

問3．(b)

問4．惑星の公転周期 T を公転速度 v と太陽からの距離 a を用いて表すと

$$T=\frac{2\pi a}{v} \quad \cdots\cdots ①$$

また，引力と遠心力が釣り合っていることから，$G\dfrac{Mm}{a^2}=\dfrac{mv^2}{a}$ より

$$a=\frac{GM}{v^2} \quad \cdots\cdots ②$$

$T^2=ka^3$ より，$k=\dfrac{T^2}{a^3}$ なので，これに①と②を順に代入すると

$$k=\left(\frac{2\pi a}{v}\right)^2 \times \frac{1}{a^3}=\frac{4\pi^2}{v^2}\times\frac{1}{a}$$

$$=\frac{4\pi^2}{v^2}\times\frac{v^2}{GM}$$

$$=\frac{4\pi^2}{GM} \quad \cdots\cdots(答)$$

問5．(a)・(b)・(c)

問6．時間：太陽から遠いほど惑星の材料となる物質の存在する密度が小さいことに加え，太陽から遠い小天体ほど公転速度が小さいため，天王星や海王星の位置では公転軌道上の小天体の衝突頻度が低くなり，大型惑星に成長するには時間がかかると考えられるから。

時期：太陽系の惑星は同じ原始惑星系円盤の中で形成されたものであり，木星型惑星や天王星型惑星の材料となるガスは太陽系形成の初期に散逸したと考えられているため。

━━━━◀解　説▶━━━━

≪地球を構成する元素，後期重爆撃事変，惑星の大移動≫

▶問1．価電子の数が等しい元素は原子の結合等における化学的な性質が類似する。典型元素では，貴ガスを除いて最外殻電子と価電子の数が等しい。

▶問2．図3において，白金族元素の存在度の理論値は，最小のイリジウム（Ir）で約 10^{-5}，最大のパラジウム（Pd）で約 10^{-2} となっている。一方，マントル存在度の実測値は，いずれの元素も 10^{-2} 程度となっている。したがって，マントル存在度が予想されている存在度（理論値）よりも最も過剰な Ir のマントル存在度は理論値のおよそ $\dfrac{10^{-2}}{10^{-5}}=1000$ 倍，理論値が最大である Pd のマントル存在度は理論値の約1倍となっている。よって，(a)と(c)が正しい。

▶問3．リード文で後期重爆撃事変は40～38億年前に起こったことが示されている。生物の外形を残す最古の化石として約35億年前のものが発見されており，約38億年前の岩体から生命の痕跡も発見されていることから，生命の誕生は後期重爆撃事変の時期に重なっていると考えられる。よって，(b)が正しい。なお，多くの種・属の大量絶滅事変が起こったのは顕生代であり，地球大気が酸素を主成分にするものに変化したのは太古代末にシアノバクテリアが出現して以降のことである。

▶問4．定数 k を万有引力定数 G と太陽質量 M を用いて答えるには，$T^2=ka^3$ における惑星の公転周期 T や太陽からの距離 a を，G と M を含む他の要素に置き換えて式変形をすればよい。設問文で示されている通り，公転周期は円軌道の周の長さを速度で割ったものであるから，$T=\dfrac{2\pi a}{v}$ と置き換えることができる。また，引力と遠心力が釣り合っていることから，$G\dfrac{Mm}{a^2}=\dfrac{mv^2}{a}$ を用いて，$a=\dfrac{GM}{v^2}$ と置き換えることができる。なお，$T^2=ka^3$ という関係は，ケプラーの第三法則を表す。

▶問5．(a)図5において，惑星誕生当時は海王星が天王星よりも太陽に近い距離にあったことが読み取れる。よって正しい。

(b)図5において，土星，天王星，海王星の軌道の幅を移動前後で比べると，

移動前の誕生当時は長半径と短半径の差が小さく，移動後はいずれも長半径と短半径の差が大きくなっている。したがって，移動前は円軌道に近かったが，移動後に楕円軌道に変化したと考えられるため，正しい。

(c)誕生当時の海王星は太陽から約 12 AU の距離にあり，その後約 25 AU の距離まで移動したことが読み取れる。したがって，海王星の移動は約 13 AU であり，これは地球と太陽の間の距離（1 AU）の 13 倍ほどであるので，正しい。

(d)天王星は約 17 AU から約 19 AU に移動しており，これは地球と太陽の間の距離の 2 倍程度なので，誤り。

▶問 6．太陽の周りで惑星形成の場となる原始惑星系円盤は，中心である太陽に近いほど密度が大きいと考えられる。また，問 4 で示されている引力と遠心力の釣り合いの関係から，太陽からの距離 a が遠い惑星ほど公転速度 v が小さいことがわかる。惑星が成長するためには軌道上の材料である小天体（微惑星）を集積させる必要があるため，太陽からの距離が遠い惑星では，成長に長時間を要することになってしまう。天王星と海王星が他の惑星と同程度の時期に形成されたとすると，現在よりも太陽に近い距離に位置する必要性があることも，惑星の大移動が考えられる理由となっている。

Ⅱ 解答 問 1．正味の一次生産が増加すると粒子の衝突確率は増加し，一次生産が減少すると衝突確率も減少する。

問 2．本モデルは，炭素生物ポンプの移送効率に関わる様々な要素の中に，水温や酸素濃度の効果が，有機物の分解速度に関わる因子として組み込まれているのが特徴である。このモデルを現世の海洋に当てはめたシミュレーション結果は，実際の現世の海洋における観測結果と傾向がおおむね一致していることから，全地球史を通じた炭素生物ポンプの移送効率の再現に適したものであると考えられる。

問 3．大気中の酸素濃度によらず，シナリオ(ア)から(イ)への変化に際して，炭素移送効率にはほとんど変化がない。

問 4．図 2 からわかること：シナリオ(ア)から(ウ)への変化に際して，大気中の酸素濃度が現在と同程度であれば移送効率はほぼ変わらないが，酸素濃度が現在の 10％の条件下であれば移送効率が約 5 ％上昇する。

変化：糞粒による海洋中深層への炭素移送が増加することで，その分解に酸素がより消費され，海洋中深層での酸素濃度が減少すると考えられる。

問5．図3より，海面水温が低いほど炭素移送効率が高くなり，また，酸素濃度が低いほど炭素移送効率が高いことがわかる。同じ水温の場合，酸素濃度が10倍異なれば，炭素移送効率は数10％も異なっている。一方，図2より，酸素濃度が10倍異なっても，シナリオ㋐からシナリオ㋓までの炭素移送効率の違いはせいぜい10％程度であることがわかる。

　したがって，図3と図2を比較すると，炭素移送効率に対しては，プランクトンの生態変化よりも，海面水温や酸素濃度の変化の方が大きな影響力をもつことがわかる。

問6．海洋生態系の変化がもたらす作用と，大気中の酸素濃度や海面水温の変化がもたらす作用を，炭素生物ポンプの移送効率の変化の要因としてシミュレーションを行った結果，大気中の酸素濃度や海面水温の変化の方が影響が大きいことが示された。このことは，地質時代を通じた炭素生物ポンプの移送効率の変化の歴史が，酸素濃度の変化や全球凍結のような海水温の変化と深く関係していることを意味する。

━━━━━━　◀解　説▶　━━━━━━

≪海洋の生物ポンプによる炭素輸送≫

▶問1．一次生産により海洋中の粒子が増加すると，粒子の存在する密度が高くなることで衝突頻度が増加し，衝突確率も高くなると考えられる。また同様に，一次生産の減少は衝突頻度および衝突確率の減少につながると考えらえる。設問文中で示されている式から，正味の一次生産が増加すると粒の凝集確率が増加することが読み取れるが，それも整合的である。

▶問2．リード文中に，水温や酸素濃度の効果についても，有機物の分解速度に関わる因子であることが述べてあり，本論文ではこの因子の効果が明らかにされているので，モデルの特徴として記述しておくことが大切であろう。そしてこのモデルから得られる結果の傾向が，現世の観測結果とおおむね一致することから，モデルの妥当性を述べればよい。

▶問3．図2において，シナリオ㋐と㋑における炭素移送効率は，いずれの酸素濃度においてもほぼ同じ値となっていることから，シナリオ㋐から㋑への変化に伴う炭素移送効率の変化はほぼないと考えられる。

▶問4．シナリオ㋐から㋒への変化として，動物プランクトンによる糞粒

の形成開始が挙げられ，図1-aにおいては糞粒が海洋中深層において沈降している様子が示されている。海洋中の酸素は有機炭素の分解によって消費されることから，糞粒の沈降によって海洋中深層にもたらされる有機炭素が増加することで，その分解のために消費される酸素が増加し，酸素濃度は減少すると考えられる。

▶問5．図2において，生態系の変化による移送効率の変化は最大でも8％程度であるが，図3では，海面水温と酸素濃度の変化によって，それ以上の移送効率の変化があることが読み取れる。

▶問6．図4において，海洋生態系の変遷におけるシナリオ(イ)，(ウ)，(エ)の開始時期よりも，大気中の酸素の増加時期や気温が低下していた全球凍結時代と，移送効率の減少および増加時期とが重なっていることが読み取れる。

❖講　評

　大問数は2題で，従来の「地学」と比較して大幅に減少している一方，試験時間はこれまでの60分から増加し，90分となっている。各大問における問題文は自然科学に関する専門的な内容の長文で，図で提示される情報量も多い。計12問の小問のうち多くが論述問題であり，単に教科書的な知識を問う設問ではなく，情報を的確に読み取る力や思考力を問われる設問となっており，難度は高い。

　Ⅰ　後期重爆撃事変を題材として，地球の構成元素と惑星の運動に関する出題。問1の論述は基本的な内容であり，化学の教科書的な設問であった。問2，問3，問5は選択問題で，そのうち2問が図からの読み取り内容を選択する設問。問4では，従来の「地学」ではほぼみられなかった，惑星軌道に関する計算が出題された。問6の論述は，太陽系惑星の軌道と形成に関するやや発展的な知識を前提とした論述問題であった。

　Ⅱ　海洋の炭素生物ポンプによる炭素輸送に関して，自然科学の論文をもとにした出題。問1から問6まで，主に図の読み取りからわかることや考えられることについて論述しながら，順を追って理解を深めていく形式の設問であったが，教科書的な図や内容ではなく，問題文の情報量も多いため，難度が高い出題であった。

解答編

英語

I

解答　1−d　2−a　3−c　4−b　5−b　6−c
7−b・d　8−c　9−b　10−c

◆**全　訳**◆

≪『人間の由来』150 周年≫

　1871 年に，チャールズ＝ダーウィンは「生物学者にとって最も高度で最も興味深い問題，人間の由来の問題」に取り組んでいた。現状に異を唱え，ダーウィンは自然選択と性選択論，また，最近採用した「最適者生存」論を展開し，人間の出現のための筋書きを作成した。ダーウィンは進化の歴史や解剖学，知的能力，文化的な素質，人種，性の差異を探った。一部の結論は，斬新で洞察に満ちていた。人間と他の動物とは，程度の違いであって，質の違いではないという氏の認識は，先駆的なものだった。氏は協力と社会的な学習，累加的な文化に焦点を当て，それが人間の進化研究の核心であり続けた。しかし，ダーウィンの他の主張の一部は，無様で危険なほどに誤っていた。『由来』は，学びを得る文献であり，尊崇するものではない。

　ダーウィンは，人間を自然界の一部であり，すべての生物にとって同じ過程と様式に従って祖先の霊長類から進化した（その子孫である）とみなした。ダーウィンにとっては，人体や人知を知るためには，他の動物と，血統と時間に沿って進んでいく変化を伴ったその由来を知らねばならないわけである。しかし，こうした理想的な枠組みと一部の革新的な推論があったにもかかわらず，『由来』はしばしば，問題をはらみ，偏見が生じ，害を生む。ダーウィンが人間の進化の結末を記述したとき，自分は資料と客観性，科学的な思考に基づいていると思っていた。しかし，その書物の多くで，そうではなかった。『由来』は，きわめて多数のダーウィンの時代の科学的な書物と同様，人種差別的，性差別的な人間観を提示している。

　ダーウィンはアメリカ大陸とオーストラリアの原住民の資質と行動が欧州人以下であるように描写している。アフリカ大陸の民族は一貫して認知的に発育不全であり，低能で，他の人種より劣等だと言っていた。こうした主張は混乱を生む。なぜなら，『由来』の中でダーウィンは自然選択を人種を区別する過程とすることに反論し，人種を特徴付けるのに使われる特徴は，成功を得るための素質に比べて機能していないと述べていたからである。科学者として，ここで立ち止まって考えなければいけなかったのに，ダーウィンは依然，人種間の進化的な差異を根拠もないのに言い募るのである。単なる人種の順位付けにとどまらず，帝国や植民地主義，そして大量虐殺を，「最適者生存」説によって正当化するのである。これもまた，混乱を生む。ダーウィンが奴隷制に対して強硬な姿勢をとっていたからである。

　『由来』の中で，ダーウィンは女性を（白人）男性より，素質に劣り，しばしば「下等人種」同様だと決めつけた。具体的な資料も生物学的な査定評価もなかったにもかかわらず，男性の方が，勇敢で活力にあふれ，独創的で頭脳的であると記述し，自然選択と性選択を使ってそれを正当化した。人間でも，動物界でも，進化の過程で男性の力が中心であり，女性は受動的とする，その確固たる主張は，ビクトリア朝と現代に相通ずる女性嫌悪と響き合うのである。

　自分自身の生涯では，ダーウィンはエディンバラでアフリカ系の子孫である南米人の生物学者ジョン゠エドモンストーンから学び，英軍艦ビーグル号でフエゴ島人とかなり深い付き合いを経験した。娘のヘンリエッタは『由来』の重要な編集者であった。ダーウィンは洞察力のある科学者だったのだから，人種と性に関する本人の見解が資料と自分自身が味わった経験からもっと影響を受けるべきだった。だが，ダーウィンの人種差別，性差別の思想は，同僚の科学者と自らの属する社会の見解のこだまとなって，ダーウィンの現実の知覚を仲介する強力な役割を果たした。

　今日，学生はダーウィンが「進化論の父」であり，天才科学者であると習う。学生はダーウィンが有害で根拠のない偏見をもっていたため，資料と経験に対する自らの見方を歪めてしまった英国人であることもまた，習わなければならない。人種差別主義者や性差別主義者，白人至上主義者は，その一部に学者もいるが，そういった人々は，『由来』の中に現存してい

ることによって「確認された」概念や命題を誤った信念の支えとして利用しているのであり，大衆はその多くを無批判に受け入れているのである。

　『人間の由来』は，人間の進化科学の歴史上最大の影響力をもつ書物の一つである。私たちはダーウィンを重要な洞察については，認めてもよいが，その無根拠で有害な主張は押し戻さねばならない。今日，『由来』のことを考えるとき，人種は人間の生物としての変異の有効な記述ではなく，「男の」脳と「女の」脳，あるいは性差に関連するいかなる単純な生物学的パターンにも，生物学的に首尾一貫性はないのであり，「最適者生存」が進化の過程の変動の型を適切に表現しているわけではないということを，はっきりと証明する資料に注意を向けた方がよい。学会は進化科学の受け継がれてきた偏見と害悪を拒絶することができるが，それには様々な意見をいれる必要を見据え，それに基づいて活動し，包括的なやり方を進化研究の中心とすればよいのである。最終的に，『由来』から学ぶことによって照らし出されるのは，今日の人間の進化研究の最も高度で最も興味深い問題である。それは，人間の進化科学への移行である。「男」を人間の代わりにするのはやめにして。

━━━━◀解　説▶━━━━

▶1．「第1段と第2段の関係は，どう言えるか？」

ａ．「第2段は前段の議論を支える追加的な証拠を提供している」

ｂ．「第2段は前段と対照をなす」

ｃ．「第2段は前段とは異なる話題を論じている」

ｄ．「第2段は前段で提供された議論を深めている」

　第2段は前段で提示されたダーウィンの『由来』の誤りが何かを具体的に論じている。よって，正解はｄだとわかる。

▶2．「ＡとＢの両方を埋めるのに最もよいのは（　　　）である」

　空所Ａを含む文の前半は「こうした主張は（　　　）である」という意味。どちらの空所の前後の記述も相矛盾している。ａ．「混乱を招く」，ｂ．「累加的な」，ｃ．「魅力的な」，ｄ．「影響力をもつ」という意味だから，正解はａに決まる。

▶3．「著者が下線部(1)の人々に言及しているのは（　　　）を示すためである」

ａ．「ダーウィンのこうした人々との関係がその進化論の基礎を形成した」

ｂ．「ダーウィンはこうした人々に対して，個人的な関係に基づいて人種差別的，性差別的な見解をもっていた」

ｃ．「ダーウィンは，こうした人々と密接な関係をもっていたにもかかわらず，人種と性に関して偏見をもっていた」

ｄ．「ダーウィンはこうした人々とともに，その最も重要な著作を書いた」

　当該下線部の 2 文後（Darwin was a …）に「人種と性に関するダーウィンの見解が資料と自分自身が味わった経験からもっと影響を受けるべきだった」とある。それはつまり，「受けるべきだったにもかかわらず，実際は受けなかった」ということ。正解は c に決まる。

▶ 4．「著者はチャールズ = ダーウィンとその進化論についてどう考えているか？」

ａ．「根拠のない有害な主張をより子細に見れば，科学的な資料と経験に関するダーウィンの見解を見分けられる」

ｂ．「科学に対するダーウィンの貢献を尊重しながら，その進化論にある偏見と危険も見分けなければならない」

ｃ．「『人間の由来』をさらに学ぶことにより，男女の生物としての特性の理解を深めることができる」

ｄ．「『最適者生存』の思想に基づいて，人間の進化の重要性を批判的に考慮し直さなければならない」

　筆者の考えは，第 6 段第 1・2 文（Today, students are … data and experience.）および第 7 段第 1・2 文（"The Descent of … and harmful assertions.）から「ダーウィンの進化論に関する先駆的な洞察は評価に値するが，根拠のない有害な偏見については批判されねばならない」と読み取れる。正解は b に決まる。

▶ 5．「著者によれば，ダーウィンの女性に対する見解は，（　　　　）である」

　ダーウィンの女性論は第 4 段第 1・2 文（In "Descent," Darwin … and biological assessment.）にあり，これは第 5 段最終文（But Darwin's racist …）で著者によって女性蔑視的だと指摘されている。選択肢はそれぞれ，ａ．「世間知らずの」，ｂ．「差別的な」，ｃ．「微妙な」，ｄ．「偏執的な」という意味だから，正解は b に決まる。

▶ 6．「本文によれば，次のうちどれが正しい記述か？」

ａ.「ダーウィンの人間や他の動物に関する分析の大半は，科学的に誤っていることが判明した」

ｂ.「『最適者生存』と『自然選択』の理論は，個別に取り扱わなければならない」

ｃ.「男女についてのダーウィンの思想は，当時の社会的な性に関する固定観念を反映している」

ｄ.「人種差別主義者や性差別主義者，白人至上主義者について学生はより多くを学ばねばならない」

　第5段最終文（But Darwin's racist …）に「ダーウィンの偏見は，社会の見解の反映である」という趣旨の記述がある。よって，正解はｃに決まる。

▶7.「次の記述のうち本文の内容に沿わないものを2つ選べ」

ａ.「ダーウィンの社会的な性に関する偏向は，科学に対するその貢献とともに認知されなければならない」

ｂ.「ダーウィンの進化論は，ヨーロッパの生存競争に対する今日の認識に影響している」

ｃ.「ダーウィンの思想は，多くの人々が気付いていない数多くの論争を巻き起こすような側面を含んでいる」

ｄ.「ダーウィンは，人種の違いから生じた反証ゆえに，自然選択という自説を捨ててしまった」

ｅ.「ダーウィンは欧州人と非欧州人の知的能力には差があると考えていた」

　ｂは，英文の意味自体が判然とせず，本文との対応が不明瞭である。また，「ダーウィンが自然選択論を捨てた」という記述は本文にはない。よって，正解はｂとｄであると判断できるだろう。

▶8.「本文に基づくと，著者はダーウィンがどう取り扱われるべきだと考えているか？」

ａ.「人間の進化をよりよく理解するには，ダーウィンの思想を拒絶しなければならない」

ｂ.「社会的な性と人種の平等の先駆者として，ダーウィンは認められなければならない」

ｃ.「ダーウィンの理論の正負の両面に照らして，ダーウィンを提示しな

ければならない」

d．「ダーウィンをその性差別的，人種差別的な見解ゆえに，教科書から除外しなければならない」

　第 6 段第 1 ・ 2 文（Today, students are … data and experience.）および第 7 段第 1 ・ 2 文（"The Descent of … and harmful assertions.）から，ダーウィンの善悪両面を示すことが望ましいと考えているとわかる。よって，正解は c に決まる。

▶ 9．「本文はどんな人の見解から書かれていると推論するのが合理的か？」

a．「現場報告を行う有名な社会科学者」

b．「人類学分野の最近の議論への参加者」

c．「人種や社会的な性の違いを見ている心理学者」

d．「学者の言論の自由の権利を守る法律活動家」

　本文は『人間の由来』についての論文であり，ダーウィンの人間の由来に関する考え方を論じている。それを論じるのは，人類学者がふさわしいであろう。よって，正解は b に決まる。

▶ 10．「著者が支持する研究の好例にならないものは次のうちどれか？」

a．「人間の進化に女性が果たした役割に焦点を当てる研究」

b．「ダーウィンの思想がどのように植民地主義を正当化するのに使われたかをさらに明らかにする研究」

c．「人種的な優越を確認するため，遺伝検査を用いる研究」

d．「性的な差異の 2 重の性質を問う研究」

　第 7 段第 3 文（Reflecting on "Descent" …）の記述から，「人種的優越」は無用の概念だとわかる。よって，正解は c だとわかる。

◆━◆━◆━◆━◆　●語句・構文●　━◆━◆━◆━◆━◆

（第 1 段）tackle「～に取り組む」　descent「由来，起源，系統，家系，降下」　status quo「現状」　deploy「～を配置する，～を展開する」　sexual selection「性選択」　scenario「台本，筋書き，シナリオ」　innovative「革新的な」　trailblazing「先駆的な，開拓する」　cumulative「累積的な」　venerate「～を尊敬する，～をあがめる」

（第 2 段）ancestral primates「祖先の霊長類，サル類」　modification「変更，修正」　lineage「血統，家系」　inference「推論，推定」　injurious

「有害な，害をなす」　objectivity「客観性」　outcome「結果，成り行き，結末」　tome「本，学術書」　racist「人種差別的な，人種差別をする」

（第3段）consistently「一貫して」　refer to O as C「O を C と呼ぶ」　cognitively「認知的に」　depauperate「発育不全の，貧弱な」　refutation「反駁，反論」　colonialism「植民地主義」　genocide「大量虐殺，集団殺戮」　robust「強い，強硬な，確固とした」

（第4段）identify O as C「O を C と確認する，O を C と認定する」　akin「同族の，同種の」　invoke「～を行使する，～を発動する」　assessment「査定，評価」　adamant「きわめて堅い，強固な，不屈の」　agency「作用，働き，力」　resonate「反響する，共鳴する」　misogyny「女性不信，女性嫌悪」

（第5段）substantive「実質的な，かなり多くの」　Fuegian「フエゴ島人」　perceptive「洞察の鋭い，鋭敏な，知覚の」　echo「反響させる，～のこだまを返す」　mediator「仲介者，媒介者，仲裁人」

（第6段）warp「曲げる，歪める，曲解する」　supremacist「至上主義者」　academic「大学教職員，学徒，学者」　validate「～の正当性を立証する，～を有効にする，～を認可する」　uncritically「無批判に」

（第7段）influential「強い影響力のある」　acknowledge「認める，同意する」　push against「押しつける，押し当てる」　unequivocally「明確に，はっきりと」　valid「正当な，有効な」　variation「変形物，異体，変異体」　coherence「統一，一貫性」　simplicity「単一性，簡単，単純，簡素」　dynamics「変動の型，力学，活力，動力学，動学」　legacy「遺産」　diverse「種々の，多様な」　inclusive「包括的な，非差別的でない，両性を含む」

II　解答　1—c　2—c　3—b　4—a　5—b　6—c　7—a　8—c　9—a・e　10—b

◆全　訳◆

≪人類初の赤ん坊の世話をしたのは誰か？≫

　最初の赤ん坊の面倒を誰が見たんですか？　困ったことに，このきわめて適切な質問は，私たちが本当は知らない事実を知っていることを前提としているのである。あるいは，ティム＝ホワイト先生という，カリフォル

ニア大学バークレー校の，助けになる，あざ笑うことなど決してない古人類学者が語ったとおり，「最初の赤ん坊が見つかったら儲けもの！」なのだ。

　先生は，進化の鎖は長く，はっきりした始まりもないと言いたいのである。化石の記録を見て，見つけたものを「人間」と「非人間」という区分に分類するのはたやすいが，それは，後知恵で得た有利な立場のおかげである（そしてそうした区分けでさえ，実はそれほどたやすいことではない。しかし，それはまた後ほど触れよう）。

　その時点では，誰も特定の赤ん坊が最初の人間であるとは，わからなかっただろう。サルに似たアウストラロピテクスのルーシーが人間の子どもを産んで，誰もが「ほう！　この子に一体何が起きちゃったんだ⁉　（元のアウストラロピテクス語からの翻訳です）」のようになった日など，決してなかったのだ。もっとヒトに近縁の直接の祖先である直立原人が周りに立ってヒトの赤ん坊をじっと見つめていた瞬間さえも，ありはしなかった。そうではなく，むしろ木々の最初のつぼみに目をとめて…次にある日見渡してみると，春が満開になっているのに気づくみたいなものだ。一夜のうちに起こったりはしなかった。ゆっくりと，徐々に変化したのだ。

　生物を種類に分けて個別のくっきりとした区分に入れるという仕事は重要な科学であると同時に，これぞインチキみたいなものでもある。「種」の考えは元々，進化論がまとまる以前の時代の産物である。カール＝リンネなどのヨーロッパの初期科学者は，キリスト教の神が動物や植物，人間を今の形に創造し，それぞれの種は互いに明確に異なっていると信じていた。

　しかし，分類学は，その分類の対象と同様，進化した。その進化の一つは，種の間の境界は実はかなりいい加減だという認識である。種の視覚的な見分け方は，固定されたものでなく，数世代のうちに動物は，どこか新たな場所に移動したり，住んでいる場所が変化したりすれば，行動や見かけを変えていく。そうなった場合，なお同じ種だと言えるのだろうか？

　同様に，学校で違う種は生存できる子孫をともに作ることはできないと習ったかもしれない。だがしかし，違う種の動物は多くは交雑可能である（ライガーを考えてみればよい）。

　「厳格な分類は，流動的な進化を反映しません。そんなこと，とてもで

きないのですよ」と，ホワイト先生は語った。

　そして，もし生きて呼吸している動物を明瞭で明確な種に分類することが，それほどやっかいなことなら，化石記録でそれをするのをちょっと考えてみてほしい。手元にはどれか所定の種に当たるかもしれない生物のたった１個か２個の標本しかないというのに。１つの小さな化石集団を取り上げ，それを別の集団と比較し，そうだ，それらは異なる２種だと全員の意見がほぼ一致していると決定するには「時には数十年にわたる未確定と論争の時期を要することになりかねません」と，古人類学者のリック＝ポッツ先生は語った。ポッツはスミソニアン学術協会のヒューマンオリジンズプログラムを率いている。

　ポッツ先生が教えてくれたが，概して，科学者はヒトと，それ以前に現れたヒト未満とを丸い頭骨といった特徴に基づいて区別している。「何か長めで引き伸ばされて見え，額が低いものとは違っているわけです」とポッツ先生は語った。また，ヒトの特徴は，はっきり顔が小さく，脳を入れておく頭骨の部分のほぼ真下に位置することだとした。「初期人類って，顔が脳の入れ物の前部についた柄みたいに見えます。突き出しているんですね」と，先生は語った。

　しかし，こうした特徴から，必ずしも何が現生人類で，何がそうではないかを決めるのがたやすくなるわけではない。例えば，南アフリカのフロリスバッド遺跡で見つかった25万9千年前の化石を取り上げてみよう。この部分頭骨は，「世界最古の人間化石」の資格を争う候補の一例であるが，それが本当にヒトなのか原生人なのかを決める事情を，私たちはまったく把握していないのです，とポッツ先生は語った。

　その頭骨は丸いので，ヒトであることを期待するだろうが，通常の私たちの頭骨よりは厚くもある。だいたいは，明確にヒトだという特徴があるけれど，他に，古い方の種と結びつくいくつかの特徴もある。その遺跡からごっそり頭骨が出ていれば，何が起きたのかを明瞭に示す構図が得られるだろうと，ポッツ先生は語った。これが特に初期のヒトの集団なのか，ほんのたまたまヒトの側にちょっと近づいた原生人集団の一個体なのかを知ることができるだろう。しかし，たった一つ頭骨があるだけなのだ。だから科学者たちはそれを議論し続けている。

　最初の赤ん坊が誰であれ，誰かが確かにその世話をした。進化論的には，

誰かがそれをしなくてはいけなかったのだ。現生人類の赤ん坊は，祖先の類人猿の赤ん坊より余計に，またより長い期間（そしておそらくより多くの人が）面倒をみなければならないからである。300 万年前，そうした祖先は今日の私たちよりはるかに早く成人した。化石歯のエナメル質の層の検査によって，初期のヒト科生物は 3 歳で最初の臼歯がはえたことが知られており，これは私たちの倍の速度である。現生人類はもっとゆっくり大人になるが，それは大きくて複雑な脳の発育に大量のエネルギーを費やすからだとポッツ先生は語った。「脳は本当に高くつきます。私たちはゆっくり大人になるのであり，その脳が成熟するのに長期間かかるのです」

そして，私たちヒトが発達するにつれ，赤ん坊の世話をすることや，赤ん坊を亡くしたことを取り巻く儀式や文化もまた発達した。

ちょうど先週，雑誌『ネイチャー』が，アフリカ大陸のヒトの知られる限り最古の埋葬を明らかにした論文を掲載した。墓穴は，ケニヤの洞窟の突出部の下で見つかったのだが，そこには約 7 万 8 千年前に生きていた 2，3 歳の子どもの骨が含まれていた。その子は，明らかにヒトであり，明らかに世話をされてもいた。骨の配置から，その体にはしっかりと死者を覆う布が巻かれ，横向きに安置され，頭は枕の上に置かれていたことが示唆される。

その種の入念な世話をする行動と，ヒトの赤ん坊の存在という概念そのものは，分かちがたく結びついている。脳が大きくなるにつれ，赤ん坊はより多くを必要とするようになり，常に増大し続ける脳をもつ親は，その必要を満たすためにさらに独創性を増したのである。ヒトではない親をもつヒトの赤ん坊が見つかることなど決してないだろう。変化は余りにゆっくりだから，それは無理な相談なのだ。しかし，完全にヒトとなった赤ん坊を生み出す過程はまた，完全にヒトとなった養護者をも生み出したのである。

「その子の父と母にとって，その子は 2 人の赤ん坊だったのです」と，ホワイト先生は語った。「そして，亡くなったのです」

◀解 説▶

▶ 1.「なぜティム＝ホワイト先生は下線部(1)を語ったのか？」

a.「なぜなら，それがきわめて優れた質問だったから」

b.「なぜなら，手助けしたかったけれども，自分で研究できなかったか

ら」

c．「なぜなら，先生は成功の可能性に疑いを抱いていたから」

d．「なぜなら，先生は後知恵で得た有利な見方をすべきだと考えているから」

　当該下線部は「最初の赤ん坊が見つかったら儲けもの」という意味。第2段第1文（His point is …）から，「そんなことはうまくいきそうにない」と考えていたとわかる。よって，正解はcに決まる。

▶2．「下線部(2)を一番うまく言い換えているのはどれか？」

a．「現在の時点で」

b．「ちょうどよい時期に」

c．「その時点で」

d．「すぐに」

　当該下線部は「その時点では」という意味。正解はcに決まる。

▶3．「著者はなぜ下線部(3)はアウストラロピテクス語からの翻訳ですと付言したのか？」

a．「追加の情報を与えるため」

b．「本文にユーモアの味を加えるため」

c．「ルーシーが話していた言語に関して誤解が生じるのを避けるため」

d．「ルーシーに関してなされた議論の威力を高めるため」

　Australopithecine は Australopithecus の（固有）形容詞形であるから，「アウストラロピテクス語」の意。そんな言語があるかどうかも怪しいのだから，翻訳したというのはユーモラスな著者のしゃれ。なお，austral は「南の」，pithecus は「サル，類人猿」の意。正解はbに決まる。

▶4．「下線部(4)は何を意味するか？」

a．「山のようなでたらめ」

b．「多くの優れた科学」

c．「よく出来たレシピ」

d．「重要な発見」

　当該下線部は文字通りには「たっぷりの混じり気なしのリンゴソース」だが，それでは何のことか意味不明。この applesauce は，nonsense の含みで使われる語でもある。正解はaに決まる。

▶5．「なぜ著者は下線部(5)の species という言葉を引用符で挟んだの

か？」

a．「種はほとんどの人々が知っている言葉ではないから」

b．「種の考えは，造語当時から変わってしまったから」

c．「赤ん坊は人間の違う種であり，世話を要するから」

d．「人間は他の動物と比べて，特別な種だから」

　当該下線部直後に「元々は…」とあって，昔とは異なる概念となっていることがわかる。正解はbに決まる。

▶6．「空所A，Bを埋めるのに最もよい言葉はどれか？」

a．A．「流動的な」　B．「柔軟な」

b．A．「静的な」　B．「厳格な」

c．A．「厳格な」　B．「流動的な」

d．A．「柔軟な」　B．「静的な」

　当該空所部分は「（　A　）な分類は，（　B　）な進化を反映しないので，そんなことはできないのです」という意味。直前の2つの段に「種の概念」が実は明確ではなく揺れ動くものだと示されていた。文意に沿うような文章を作るには，Aには「きっちりとした」，Bには「変化していく」という意味がふさわしい。そうなっているのはcである。

▶7．「第9段を最もよく要約している文章はどれか？」

a．「初期人類と人になる前の原人とでは，頭骨の特徴が異なる」

b．「大きな顔をもつ人間は，人になる前の原人により近縁である」

c．「ヒトの顔は目立って前に突き出ている」

d．「ヒトの丸い頭骨は，小さくなった顔の原因である」

　当該段の主旨は「現生人類は丸みを帯びた頭骨をもっており，それに対して原人は長めで引き伸ばされたような額が低い頭骨をもっている」ということ。正解はaに決まる。

▶8．「下線部(6)を置き換えることができない単語は次のうちどれか？」

a．「明らかに」

b．「明白に」

c．「考えられないほど」

d．「疑いの余地なく」

　当該下線部は「明らかに」という意味。正解はcに決まる。

▶9．「下の8語を使って空所Cを埋めると，どう並べるのが最適か。3

番目と 6 番目の語を記しなさい」

　a．「見つける」，b．「人間」，c．「決して」，d．「非人間の」，e．「ともに」，f．「だろう」，g．「赤ん坊」，h．「親」という意味。これらをヒントに，当該空所部分の意味を考えると，be never going to 〜「決して〜ないだろう」，human baby「ヒトの赤ん坊」，nonhuman parents「ヒトではない親」というグループになる。ここまで考えれば，空所前後の文脈から「初めてのヒトの赤ん坊が，ヒトではない親から生まれるなどということはあり得ない」という英文を作ればいいとわかる。それは You're（never going to <u>find</u> a human baby <u>with</u> nonhuman parents）．となる。

▶10．「本文の内容に沿う文章は，以下のうちどれか？」

a．「科学者は比較的低い額をより複雑な脳と結びつけて考える」

b．「人間の脳の大きさの増大は，養護の需要を高めた」

c．「人間の頭骨は，ヒトの脳の大きさの拡大のために徐々に厚くなった」

d．「化石歯のエナメル質の層は拡大する子育て能力の証拠を形づくる」

　第 15 段第 2 文（As brains got …）と一致するので b が正解。

◆━◆━◆━◆━◆　●語句・構文●　◆━◆━◆━◆━◆━◆

（第 1 段）presuppose「予想する，〜を前提とする」 sardonic「冷笑的な，嘲り笑う」 paleoanthropologist「古人類学者」

（第 2 段）sort A into B「A を B に分類する，A を B に振り分ける」 vantage point「見晴らしのきく位置，有利な立場」 hindsight「後知恵，結果がわかってからの判断」 categorization「類別化，範疇を立てること」

（第 3 段）There was never a day when 〜「〜する日など決してなかった」 when は関係副詞である。Lucy the Australopithecus「アウストラロピテクスのルーシー」 Donald Johanson らによって 1974 年にエチオピアで発見された有名な化石。全身の 4 割ほども出土し，化石個体が The Beatles の名曲 Lucy In The Sky With Diamonds にちなんで命名された。give birth to〜「〜を生む」 What the heck「一体何」 Homo erectus「ホモ・エレクトゥス，直立原人」

（第 4 段）simultaneously「同時に」 piece together 〜「〜をつなぎ合わせる」 Carl Linnaeus「カール＝リンネ」 スウェーデンの植物分類学者。

protoscientist「初期科学者」

（第 5 段）taxonomy「分類学，分類法」　messy「乱雑な，ゴタゴタした」

（第 6 段）viable「生きていける，生育できる」　interbreed「雑種を作る，異種交配する」　liger「ライガー」　ライオン lion とトラ tiger の交雑種。

（第 8 段）complicated「込み入った，入り組んだ，複雑な」　specimens「見本，標本，試料」　To *do* ～ take decades「～するには，何十年もかかる」

（第 9 段）rounded「丸い，丸みのある」　as opposed to ～「～とは対照的に，対立して，まったく違って」　forehead「額」　haft「柄，つかをつける」

（第 10 段）distinction「差異，特徴」　fossil remains「化石（遺体，遺物）」the Florisbad site「フロリスバッド遺跡」　化石人類の主要な産地。vie for ～「競って～を求める」　title「称号，資格」　proto-human「原生人の，原生人のような」

（第 11 段）typically「概して，通常は」　for the most part「大部分は，たいていは」　associate *A* with *B*「*A* を *B* と結びつけて考える」　a bunch of ～「～の束，一団，山」

（第 12 段）ape「類人猿」　hominid「ヒト科の動物」　molar「臼歯」

（第 13 段）so *do* S「S もまた～する」　losing them「赤ん坊を失うこと」caring for babies とともに placed around にかかっている。

（第 14 段）*Nature*『ネイチャー』　イギリスの科学専門週刊誌。アメリカの *Science*『サイエンス』と並ぶ有名高級誌。document「文書で証明する，詳細に報道する」　burial「埋葬」　overhang「突出部，張り出し部分」grave pit「墓穴」　unambiguously「明白に，疑いなく」　shroud「死体を包む布，屍衣，経帷子」　lay *A* on *A*'s side「*A* を横に寝かせる」

（第 15 段）elaborate「精巧な，丹念な，丹精した」　inextricably「分けることができないほど，密接不可分に」　link *A* together「*A* を結びつける，*A* をつなげる」　ever-larger-brained「常に大きくなる脳をもった」

（第 16 段）it died「自分の子が亡くなってしまった」　it は 7 万 8 千年前に埋葬された子のこと。

Ⅲ　解答

1 — b　　2 — d　　3 — c　　4 — b・d　　5 — c　　6 — b

7 — a　　8 — b　　9 — c　　10 — b

━━━━━━◆全　訳◆━━━━━━

≪気候不安にかかった人に手を貸す人たち≫

2017 年に結婚した後で，ブリット＝レイさん夫妻は，子どもを作るかどうかを話し合い始めた。話はすぐに気候変動になり，その子たちが受け継ぐことになるかもしれない地球のことになった。

「本当に重大です」と，レイ先生は語った。彼女は現在スタンフォード大学とロンドンスクールオブハイジーン・アンド・トロピカルメディスンの博士研究員である。「予想外でした」　気分が落ち込み，ストレスがかかって，新たな気候報告を読んだり，活動家が話すのを聞いたりすると，泣いてしまったとレイ先生は語った。

ジェニファー＝アトキンソン先生は，ワシントン大学ボセル校の環境人文科学准教授であるが，学生が社会崩壊や大量絶滅が怖くて眠れないと言ってきた後，鬱状態になった。

2 人の女性が経験したことを表す色々な言葉があり，例えば環境不安とか気候悲嘆とか言ったりするが，レイ先生はそれを環境苦悩と呼んでいる。「気候危機に目覚めたときに現れるのは不安だけではありません」と，先生は語った。「畏怖，悲嘆，恐怖なのです」

これは珍しいことでもないのである。イェール大学とジョージメイソン大学の研究者によれば，この 5 年間のうちに，気候変動を「本当に心配している」米国人の数は 2 倍以上となり，26％に達した。2020 年に，アメリカ精神医学会の世論調査で米国人の半数以上が気候変動の精神的健康に及ぼす影響を懸念していることがわかった。

リーサ＝ヴァン＝サステレン先生はワシントン D. C. を本拠とする精神科医であり，クライメット・サイカイアトリー・アライアンスの共同創設者であるが，その組織は環境意識の高いセラピストの名簿作りをしている。彼女は，近年気候不安のために助けを求める患者の急増を「絶対に」見たと語った。

しかし，気候不安が浸透していくにつれて，自分自身とその周囲の人々両方のためにそれを緩和しようと努める人々の数もまた増えた。

例えば，レイ先生は，科学コミュニケーションで博士号をもっているけ

れど，不安と気候変動に関するあらゆるものをできる限り読むようになり，ついには自分の研究分野を変え，それにすっかり集中することになった。彼女はその研究成果と対処法を週報の『ジェンドレッド』で分かち合っている。週報には 2 千人を超える購読者がいる。2022 年春，彼女はその話題の書籍を刊行する予定である。

「私の目標は，大雑把には皆があまり孤独だと感じないよう手を貸すことです」とレイ先生は語った。「私たちは自分を取り戻すことができれば，燃え尽きたりせずに，これほど長期にわたるこれだけの危機の中で，どうあるべきかがわかるでしょう」

アトキンソン先生は，自分自身と自分の学生の気持ちを和らげたいと願って，環境悲嘆と気候不安のセミナーを計画した。

環境苦悩は一定の仕方で出現し，将来どんなことになるのかという苦悩から，個々の買い物や行動を巡る極端な罪悪感までに及ぶと，ヴァン＝サステレン先生は言う。その症状は臨床的な不安症状を反映することがあるとはいえ，環境苦悩は科学的な事実に対する合理的な反応だと見られると先生は語った。軽い事例では，取り組みは要るけれど，病的とする必要はないものというわけである（極端な不安の事例では，専門的な助力を求めることが大切だとヴァン＝サステレン先生は話した）。

多くの米国人にとって，環境苦悩のカウンセリングは比較的受けやすい。しかし，一部の地域では，とりわけさほど裕福ではない国々では，むしろまれにしかもてない特権のように見えるかもしれない。

クリティーは，エンバイアロンメンタル・ディフェンス・ファンドの上席気候科学者であるが，2 つの世界の両方にまたがって活動している。クリティー先生（彼女の名前は一語だけである）はコロラド州ボルダーに本拠を置きつつ，気候悲嘆を経験している人々のために研修会と避難所の運営を指揮している。また，気候変動に伴う極度の干ばつと洪水によって生計が直接脅かされているインドの農民とともに働いている。

クリティー先生は生化学と微生物学の博士号をもっているが，あらゆる背景をもつ人々が気候変動にまつわる感情を処理しなくてはならないと思っていると語った。彼女は自分の活動を奨学金や段階的な支払い，寄付金ベースの講座により，手の届きやすいものにしている。授業の一部は有色人種の人々専用であるが，こうした人々がしばしば気候変動の最前線にい

るのであり，その環境悲嘆はしばしば人種的なトラウマと渾然一体となっていると彼女は語った。

　おそらく気候変動の最悪の影響を感じることはないだろう白人と富裕層について，クリティー先生は，そういう人々も自分の悲嘆に直面することが重要なのだと語った。彼女曰く，そうすることで，「自分がこれほどに辛い思いをしているのなら，もっと恵まれていない人々の身に何が起きているのだろうか？」といった問題を熟慮するようになれるのである。

　彼女の過去の研修会参加者の一部は，生活様式を変えたり，環境運動に参加したりするきっかけをつかんだ。それは集団で実行されれば，地球全体を利することになり得る選択である。「怒りや悲しみ，恐怖を表現する手段を与えていないのに，根本的に改革するよう人々に促したりはできません」と，クリティー先生は語った。

　シェリー゠ベドニー氏はソーシャルワーカーであり，また，ネイティブアメリカンカウンセリング・アンド・ヒーリングコレクティブという，4人のネイティブアメリカン女性が所有する医療チームの共同創立者であるが，その見方に同感だと語った。担当の患者は，環境不安といった言葉を使わないけれど，ネイティブアメリカンは自らの土地と文化を失ったことを「いつでも悲しんでいる」とベドニー氏は語り，患者にそうした感情に向き合うよう促す。「もしも心の準備ができていなかったり，悲しみから逃げてしまえば，それが何度でも襲ってくるでしょう」と彼女は語った。

　ネイティブアメリカンではない人々については，その悲しみの過程の一部が原住民社会の負わされた過去と現在のトラウマを認めることであるのを望んでいるとベドニー氏は語った。そのとき，私たちは「団結して，母なる大地を癒やす過程につく」ことができるでしょうと彼女は言うのだった。

　そして，気候悲嘆に対処している人々がたいてい力説するのはそのことである。つまり，地球を悲しむことを葬り去ってはならないということだ。実は，社会全体で処理する場合，それが実のところ強力な武器になるかもしれないのである。

　「本当に大切なのは，これが普通となるようにすることです」と，レイ先生は語った。「それは，この実にまっとうな苦悩に対処している人々に手を貸すためだけでなく，こうした変化が生じるのを可能にすることで，

実行可能な気候についての運動が活性化するからでもあるのです」

　レイ先生によれば，気候変動を心配している人々が増えていることが，その解決の触媒になり得るそうだ。これは彼女とその夫が子どもを作ってみようと決断したほどに重大なことなのである。「こうした感情をもっているのがもはや私たちだけではないとなれば，そんなに悪いことではないのです」

　科学がその支えになっている。研究によれば，社会的な支援によって，ストレスに負けない力がつき，所属意識があれば，意欲が強まる可能性があるそうだ。

　アトキンソン先生もまた，自分のセミナーの最大の価値は，同じ志をもつ人々を結びつけられることだったと語った。彼女が言うには，「やっているのは自分一人であるかのごとく感じているのに，立ち上がって組織と戦いたいと思う人が誰かいますか？」とのことだ。

　しかし，歳月のたつうちに，環境苦悩に関する彼女の見方は，変わった。「私たちの怒りは正義を求める欲求から生じ，悲嘆は共感から生じるのです」と，彼女は語った。「もし私たちがそうした感情を失えば，この戦いにとどまろうとする意欲そのものを失ってしまうでしょう。本当に驚いたのはそのことだったのです。私が克服したいと思っていたものが，実際は超能力のようなものだったとわかったのですから」

━━━━━◀解　説▶━━━━━

▶1.「次のうちで，環境不安の例として言及されていないものはどれか？」

ａ.「社会の崩壊や大量絶滅に関する不安による睡眠不足」

ｂ.「深刻な森林伐採についての不安のせいで植樹計画に参加すること」

ｃ.「気候報告や活動家の警告を聞いて，悲しくなったり鬱になったりすること」

ｄ.「気候変動と，自分の子どもが暮らすことになる地球の未来を恐れること」

　環境不安の例は本文冒頭から第3段に記述されている。「植樹計画」といった記述は本文にはない。よって，正解はｂだとわかる。

▶2.「第5段から第8段の要約として最もふさわしいものは，次のうちどれか？」

ａ．「気候不安は広く行き渡ってしまったので，有名大学は不安な人々への支援を拡大するのに重要な役割を果たしてきた」

ｂ．「気候不安は広く行き渡ってしまったので，まず自分の利益を第一に考えるようになった」

ｃ．「気候不安は広く行き渡ってしまったので，学術出版物が正しい情報の重要な情報源だとみなされるようになった」

ｄ．「気候不安は広く行き渡ってしまったので，人々は気候問題を巡る不安を小さくするよう努めるようになった」

　指定段では，気候不安に悩む人々の増加につれ，それに対処しようとする人々も増えているという趣旨が記述されている。よって，正解にふさわしいのはｄだとわかる。

▶３．「空所Ａを埋めるのに最もふさわしいのはどれか？」

　当該空所を含む文は「多くの米国人にとって，環境苦悩のカウンセリングは比較的（　　　）である」の意。直後に「しかし，一部の地域では，…むしろまれにしかもてない特権のように見えるかもしれない」とあるから「たやすく受けられる」といった意味の語が入るとわかる。選択肢はそれぞれ，ａ．「入手できない」，ｂ．「途方もなく高価な」，ｃ．「手に入れやすい」，ｄ．「高価な」という意味だから，正解はｃに決まる。

▶４．「下線部(1)は，次のうちのどの２つに言及しているか？」

　当該下線部は「２つの世界の両方にまたがって活動している」という意味だが，第 12 段および下線部の直後にそれに関する具体的な記述がある。第 12 段では豊かな社会とそうではない社会，下線部の直後では一つは「研修会と患者の避難所」，もう一つは「インドの農民」である。選択肢はそれぞれ，ａ．「生化学と微生物学」，ｂ．「異なる種類の社会」，ｃ．「研修会と患者の避難所」，ｄ．「合衆国とインド」という意味。第 12 段の記述に当てはまるのはｂである。また，研修会などをしているのは先生の本拠がある合衆国のコロラド州だと考えられるので，下線部の直後の記述に当てはまるのはｄということになる。よって，ｂとｄが正解。

▶５．「クリティー先生の研修会の記述として，適切でないものは次のうちどれか？」

ａ．「彼女の研修会で，個々人が異なる経歴にもかかわらず思いや感情を共有できるようになる」

b.「彼女の研修会で，裕福な人々は自分の生活がどのように環境問題の害をますます受けやすくなっているかを知ることができる」

c.「彼女の研修会で，個々人が負の感情を活動を起こすことなく表現できるようになる」

d.「彼女の研修会で，有色人種の人々は環境不安が人種的なトラウマとない交ぜになっていることを知ることができる」

当該の記述は第14〜16段にある。c は，第16段第1文（Some of her …）の内容と矛盾する。よって，c が正解。

▶6.「下線部(2)で，ベドニー氏が言い表していることはどれか？」

a.「私たちは，原住民が他の人には理解できない問題に常に苦しんでいることを知らねばならない」

b.「私たちは，様々な背景をもつ人々が，伝統的な感情を受け止めながら，ともに務めを果たさなければならないということを理解しなければならない」

c.「私たちは，地球は原住民にとって母のごとく絶対的に重要なものなのだから，自然環境を救わねばならない」

d.「私たちは，原住民とその背景にはふさわしくないから，『環境不安』という語の代わりに新語を造語しなければならない」

当該下線部は「母なる大地を癒やす過程につく」という意味。ベドニー氏は第18段第1文（As for non-Native …）で，ネイティブアメリカンではない人たちの grieving process「悲しみの過程」について述べている。ベドニー氏はその「悲しみの過程」が「原住民社会の負わされた過去と現在のトラウマを認めること」を含むのを望んでおり，下線部の the healing process はネイティブアメリカンではない人たちの grieving process と対になるように提示された表現であることがわかる。また，下線部の直前で come together「団結する」という表現があるので，ネイティブアメリカンとそうでない人々がともに「癒しの過程」を始めることが，下線部でベドニー氏が強調したかったことであると考えられる。「原住民社会の負わされた過去と現在のトラウマを認めること」と「ネイティブアメリカンとそうでない人々がともに『癒しの過程』を始めること」という2点に一致するのは b である。

▶7.「空所B，Cに最もふさわしいのはどれか？」

a．B.「まっとうな」 C.「実行可能な」
b．B.「まっとうな」 C.「不合理な」
c．B.「不合理な」 C.「実行可能な」
d．B.「不合理な」 C.「まっとうな」

当該空所部分は「この実に（ B ）な苦悩に対処している人々に手を貸すためだけでなく，こうした変化が生じることを可能にすることで，（ C ）な気候についての運動が活性化するからでもある」という意味。Bには「正当な」といった意味の語，Cには「実行できる」あるいは「当然の」といった意味がふさわしいとわかる。正解はaに決まる。

▶8．「第21段から第24段までで言及されていないのは，次のうちどれか？」
a．「アトキンソン先生の研修会は同じような傾向の人々を結びつけることができる」
b．「科学的な研究は人々の所属感情を強化することができる」
c．「人々の不安は，それに対処する処方箋に変わることもあり得る」
d．「負の感情は，問題と戦うよう人々を駆り立てることもあり得る」

第22段では「所属意識があれば意欲が強まる可能性があると研究が示している」と述べられており，「科学研究が所属感情を強化する」という内容ではないので，bの記述は本文と矛盾する。よって，正解はbに決まる。

▶9．「筆者は環境不安に立ち向かう最も重要な方法は（　　）することだと考えている」
a．「気候問題に極端な不安を感じるときは，医師に診てもらう」
b．「経済的な不均衡や人種差別を，課税計画によって解決する」
c．「人々の不安を分かち合い，気持ちがより強く結びついて行動を起こせるようにする」
d．「自分の不安を楽しみに変え，気候変動の成功を願う」

第23段ではアトキンソン先生のセミナーの「最大の価値」が述べられているが，筆者はこれを紹介することによって気候変動に伴う不安に対処するのに最も重要な論点を述べようとしていると考えられる。それは「同じ志をもつ人々を結びつける」ことによって「立ち上がって組織と戦いたい」という意欲を支えることだとされている。正解はcだとわかる。

▶10.「科学者・活動家に関して，次のうち正しいのはどれか？」

ａ．「ベドニー氏は地球について悲嘆しすぎることは，環境苦悩の人種間の理解を妨げるので避けなければならないと思っている」

ｂ．「クリティー先生は，第１世界の研修会で恵まれない人々への同情の重要性を強調している」

ｃ．「アトキンソン先生は，環境苦悩を外部の助力なしに耐え忍ぶ方法を教えるので，地球の未来に関する学生の不安を和らげることができる」

ｄ．「レイ先生夫妻は，子どもをもつことを諦めた。その子たちの未来が人種的に多様な社会ではあまり希望がないからである」

　第15段の趣旨にほぼ沿っているといえるので，ｂが正解。

―◆―◆―●語句・構文●―◆―◆―

（第１段）inherit「〜を相続する，〜を受け継ぐ」

（第２段）postdoctoral fellow「博士研究員」 activist「活動家」

（第３段）associate professor「准教授」 humanities「人文（科）学」 depressed「鬱（病）の，消沈した」 social collapse「社会崩壊」

（第４段）term for 〜「〜を表す言葉」 dread「大きな恐怖，畏怖の念」

（第６段）psychiatrist「精神科医」 directory「人名録，氏名簿」 therapist「治療専門家，療法士，セラピスト」 surge「大波，うねり，殺到」

（第７段）prevalence「普及，流行，横行」 alleviate「〜を緩和する，〜を軽減する」

（第８段）findings「研究成果，結論」 subscriber「購読者，申込者，加入者，出資者」

（第９段）for the long haul「長期的には，長い目で見れば」

（第10段）assuage「〜を和らげる，〜を緩和する」

（第11段）manifest「〜を明らかにする，〜を明示する」 anguish「苦痛，苦悶，悲痛」 symptom「兆候，症状，症候」 clinical「臨床の，臨床治療の」 address「〜に取り組む」 pathologize「病気だとみなす，病的だと考える」

（第12段）rare privilege「稀な特権，特典，権利」

（第13段）workshop「研修会，研究会，研究集会」 retreat「隠れ家，避難所，退却，後退」 livelihood「暮らし，生計」 drought「干ばつ，日照り，渇水」

（第 14 段）doctorate「博士号」 biochemistry「生化学」 microbiology「微生物学」 affordable「入手可能な，手頃な」 donation「寄付」 the front line「最前線，矢面」 compound「混ぜる，混合する，調合する」 trauma「トラウマ，心的外傷」

（第 15 段）regarding「〜に関して」 affluent「裕福な，豊富な」 crucial「決定的な，きわめて重大な」 contemplate「〜を熟考する」

（第 16 段）collectively「集合的に，集団で」 as a whole「全体としての，ひとまとめでの」 radical「根本的な，基本的な，徹底的な，過激な，急進的な」

（第 17 段）group practice「グループ診療（専門の違う医師が協力して行なう診療）」 client「依頼者，相談者」 haunt「とりつく，出没する，絶えず浮かぶ」

（第 18 段）as for 〜「〜に関しては」 inflict *A* upon〔on〕*B*「*A* を *B* に与える，*A* を *B* に負わせる，*A* を *B* に課する」 come together「集まる，まとまる，和解する」 heal「癒やす，直す，修復する」

（第 19 段）underscore「〜に下線を引く，強調する」 communally「共同で，公共的に，共同社会として」 potent「力強い，有力な，影響力のある」

（第 20 段）normalize「〜を常態にする，〜を正常化する」 transformation「変化，変質，変容，変形」 energize「元気づける，活力を与える，励ます」

（第 21 段）catalyst「触媒（の働きをするもの）」 so much so that 〜「とてもそうなので〜」 not nearly 〜「決して〜でない」

（第 22 段）resilience「弾力，弾性，復元力」 motivation「意欲，自発性，積極性，動機付け，誘因」

（第 23 段）put it（in a way）「（〜のように）言う」 Who wants 〜?「誰が〜望むだろうか？」（誰も望まない）という含み。

（第 24 段）compassion「思いやり，深い同情」 get rid of 〜「〜を取り除く」 superpower「異常な力，超大な力」

IV 解答 1 — d 2 — c 3 — a 4 — b・e 5 — e 6 — b
7 — c 8 — a 9 — c 10 — d

◆全　訳◆

≪大学入学でアファーマティブ・アクションを支持する5つの理由≫

文章1：大学入学でアファーマティブ・アクションを支持する5つの理由

　米国史上長い間，一流大学はほぼ裕福で，大半が白人の米国人のためのものだった。20世紀になってはじめて，こうした機関は積極的に多様性を優先し，アファーマティブ・アクションといった手段を取り入れることで，入学機会を拡大するようになった。アファーマティブ・アクションとは，人種と民族を学生の志願の全体的な評価の一環として考慮する，綿密に組み立てられた方式である。アファーマティブ・アクションは，多様性を拡大し，さもなければアメリカの高等教育制度から閉め出されてしまう人々が，上級学位を獲得する機会を得ることを担保することができる大学がもつ最良の手段の一つである。

　合衆国最高裁判所は繰り返し入学許可に際し，人種を使うことを支持してきたにもかかわらず，一部の集団は有色人種の学生の入学機会を侵害し続けている。こうした勢力は，トランプ政権に強力な盟友を見出した。同政権は連邦政府の権力を最大限利用して，アファーマティブ・アクションを脅かそうとしてきた。アファーマティブ・アクションが白人学生を害していることを証明できなかったものだから，そうした勢力は戦術を変え，一部の有色人種の学生が教育機会を得るのに手を貸すことが，資格十分のアジア系米国人学生に対する差別を生じさせるという俗説を押し立てるようになった。この有害な俗説は，アジア系米国人社会は均等一様であるという間違った話術を永続化し，民族間の重大な社会経済的な差異を無視し，アファーマティブ・アクションが緩和するのに役立ってきた，際だった人種内不均衡に目を塞がせている。この戦術は今に始まったことではない。不当な制度を保守しようとする集団や個人は長きにわたって，有色人種の社会に不和の種を蒔こうとしてきたのだ。

　そうした勢力が，教育の平等に向けたこの国の進歩を阻み，有色人種の社会を互いに対立させようとつとめてきたにもかかわらず，指導的な市民権集団は，アファーマティブ・アクションの利用を守り続けており，また，研究によってその必要が明らかになり続けている。人種を意識した入学方式は，高等教育での人種的平等を求める戦いに不可欠であり続けている。このコラムでは，大学入学制度でアファーマティブ・アクションを支援す

る 5 つの理由を探ってみる。

表 1 ：大学入学制度でアファーマティブ・アクションを支持する 5 つの理由

> 1 ．有色人種の学生は大学のキャンパスでは比率が不当に低いままである
> 2 ．多様性を優先することは，あらゆる人種の学生の利益になる
> 3 ．教育のアファーマティブ・アクションは，収入に焦点を絞るだけではできない仕方で多様性を拡大する
> 4 ．アファーマティブ・アクションは大学が入学者選抜を平等にしていく方に向かうのに役立つ
> 5 ．アファーマティブ・アクションは社会の流動性を高めるのに役立つ

　数十年間，一流大学はその門戸を有色人種の学生に閉ざしてきた。その結果，有色人種の学生は国内最上級機関で，大幅に不当な比率のままになっている。アファーマティブ・アクションは，大学が志願者を評価する手法により意識的になることで，この差別の及ぼす影響に対抗するものだ。簡潔に言えば，アファーマティブ・アクションは，大学がその人種，民族，収入，身分ゆえに歴史上組織から閉め出されていた人々に機会を提供することを保証するのである。それゆえに，政策立案者や立法者が人種を意識した入学者選抜方針の使用を保護しようとつとめることはきわめて重要である。さもなければ，不平等が維持され続け，米国の高等教育制度は最も利益を得られる人々の役に立たなくなるだろう。

文章 2 ：アファーマティブ・アクション反対派は最高裁がハーバード大学の方針に関する訴訟の審理を開くよう求める

　Ⅰ．アファーマティブ・アクションの反対派は木曜に，自身が提起したハーバード大学に反対する主張を最高裁が受け入れて，大学入学に際して人種を配慮することを長く認め，とりわけ黒人とヒスパニック系の人々のための機会を増大させてきた判例を覆すように求める。

　Ⅱ．異議申立人は，ハーバードカレッジがアジア系米国人に固定観念を押しつけ，初年度授業で人数を制限することで違法にアジア系米国人を差別しているのは，一定の少数派学生を有利に扱っているためだと主張する。

　Ⅲ．裁判官が，公正な入学を求める学生対ハーバード大学の議論を聞く

ことに同意するなら，それは，1978 年に高裁によって初めて認められ，2003 年に確認された大学の慣行に対して大きな反対を提起することになるだろう。異議申立人は，ミシガン大学事件，グッター対ボリンジャー訴訟の 2003 年の判決は取り消されるべきだと言う。

Ⅳ．加速する人種的な緊張と是正が生じたこの時期に提起されている以上，弁論は 2021-22 年の最高裁法廷の最大の争議の一つを提起することになるだろう。申告は今期には間に合わない。

Ⅴ．「ハーバード大学のアジア系米国人志願者への不当な扱いはすさまじい」と SFFA の異議申立人は主張し，「ハーバード大学は人種の均衡化を図り」，大学の多様性に向けた「人種中立的な選択肢を無視している」と論じる。

Ⅵ．下級審はハーバード大学を支持し，偏向，人種均衡，多様性創出のための実行可能な人種中立的な選択肢という主張を却下した。11 月に，ボストンを本部とするある控訴裁判所は，ハーバード大学の選抜過程は，アジア系米国人志願者に固定観念を押しつけたり，不利益を課したりしていないと判決した。

━━━━━━◀解　説▶━━━━━━

▶ 1．「文章 1 に基づくと，なぜ大学は 20 世紀にアファーマティブ・アクションを採用したのか？」

ａ．「合衆国最高裁が，志願者を吟味する過程での全体的な評価に人種を用いることを支持したから」

ｂ．「資格十分のアジア系米国人学生に対する差別を防ぐための手段が必要だったから」

ｃ．「一部の集団が，有色人種の学生が一流大学に入る機会をもつことを支持し続けていたから」

ｄ．「大学は様々な民族的，人種的経歴をもつ学生を入学させたいと思っていたから」

　理由は第 1 段第 2 文（Only in the …）に「多様性確保のため」と明示されている。正解はｄに決まる。

▶ 2．「文章 1 に基づくと，アファーマティブ・アクションに関連していないものは，次のうちどれか？」

ａ．「大学キャンパスの多様性を推進すること」

b．「入学の際に民族性を考慮すること」

c．「有色人種の社会に不和の種をまくこと」

d．「高等教育の人種的平等を支援すること」

　アファーマティブ・アクションとは，第 1 段第 2 文（Only in the …）後半に「人種と民族を学生の志願の全体的な評価の一環として考慮する方式」とある。正解は c に決まる。

▶ 3．「下線部⑴の言い換えとして，最も適切なものは次のうちどれか？」

a．「アファーマティブ・アクションが取られなければ」

b．「多様性が拡大されれば」

c．「上級学位が得られなければ」

d．「人種と民族が考慮されれば」

　「それがなければアメリカの高等教育制度から閉め出されてしまうもの」とは，「アファーマティブ・アクション」のことだとわかる。正解は a に決まる。

▶ 4．「下線部⑵の例示となる，文章 2 内の 2 つの段はどれか？」

　当該下線部は「資格十分のアジア系米国人学生に対する差別」という意味。これについて述べている段落はⅡとⅤである。

▶ 5．「表 1 の『5 つの理由』のうち，次の文章が最もよく例証している理由はどれか？」

　「低所得層の学生や有色人種の学生は，高等教育を受ける機会を得るのに直面する障壁にもかかわらず，研究によれば，ひとたび最高位の教育機関に入学を許されれば，低所得層の学生は高い割合で学位を取得，卒業後は富裕層の学生と同程度の収入を得ることがわかっている。こうした研究成果が示唆するのは，すべての学生は，経歴に関係なく，最高位の教育機関が提供する価値から利益を得るということである。だから，一部の人々が低所得層の学生や有色人種の学生はえり抜きの大学での学問の厳しさに圧倒されることがあると論じている一方，研究では，その正反対が示唆されているのである。

　アファーマティブ・アクションは，すべての学生が，資産，特権，経歴を問わず，えり抜きの大学の提供する利益から恩恵を受ける機会を得ることを保証することによって，土俵の公平化に役立ちうる。その結果，低所得層の学生や有色人種の学生は，貧困を脱し中産階級に歩を進める可能性

をみずから高めることになる」

　設問に示された文の第 2 段最終文（As a result, …）に「低所得層の学生や有色人種の学生が中産階級に歩を進める」とあるが，これは生まれつき低所得層だったり有色人種だったりする人々がその階級に固定化されるのを防ぐので，「社会的流動性の担保」になると考えられる。したがって，正解は 5 である。

▶ 6．「文章 1 と文章 2 の関係は，次のうちどれか？」

a．「文章 2 はいくつかの具体例によって文章 1 の見解を支えている」

b．「文章 2 は文章 1 で論じられたアファーマティブ・アクションに反対する弁論の例をあげている」

c．「文章 2 は文章 1 で説明されたアファーマティブ・アクションの利益に関して詳細に論じている」

d．「文章 2 はアファーマティブ・アクションの原因に，文章 1 はその結果に焦点を当てている」

　文章 1 はアファーマティブ・アクションの解説とその社会的意義を述べた文章であるが，文章 2 はアファーマティブ・アクションに反対を唱える人々の法廷での主張と，それが現在のところ受けている判決などを紹介している。適切なのは b のみ。

▶ 7．「文章 2 によれば，アファーマティブ・アクションの反対者はなぜハーバード大学の方針に異を唱えているのか？」

a．「申し立てによれば，ハーバード大学は大学入学で人種を配慮することを長く認めてきた先例を覆した」

b．「ハーバード大学は，黒人とヒスパニック系の学生よりさらに多くのアジア系米国人学生の入学を不当に認めてきたかもしれない」

c．「ハーバード大学はアファーマティブ・アクションを使って，一定の学生集団を差別してきたかもしれない」

d．「ハーバード大学の入学者選抜でのアファーマティブ・アクションの使用は，人種的教育的平等を達成したかもしれない」

　文章 2 の II に，反対理由が「アジア系米国人に対する差別」だと示されている。正解は c に決まる。

▶ 8．「下線部(3)の『異議申立人』は，大学入学者選抜でのアファーマティブ・アクションの使用は（　　　　）と思っていると合理的に推論でき

る」

a.「それは人種の均衡化につながると考えられるから違憲である」

b.「それが多くの要因の中の一つとして人種を扱うなら合憲である」

c.「たとえそれが教室の多様性を拡大するとしても，違憲である」

d.「それがすべての志願者を平等に扱っているから合憲である」

　異議申し立ての主旨は「アファーマティブ・アクションの使用は黒人・ヒスパニックに特に有利で，アジア系に不利だから不当である」というもの。そして，「異議申立人」はそれをⅤで racial balancing という言葉で表している。よって，正解は a に決まる。

▶9.「文章1の筆者は下線部⑷が（　　　　）であると感じる可能性が最も高い」

a.「意外で不合理な決定」

b.「アジア系米国人学生に有利な判決」

c.「アファーマティブ・アクションを支持する合理的な決定」

d.「アジア系米国人社会の均質性を支持する決定」

　当該下線部は「アファーマティブ・アクションに対する異議申立人」に不利な判決である。つまり，アファーマティブ・アクションを支持する人には有利な判決を意味しており，文章1はアファーマティブ・アクションを支持する内容であった。正解は c に決まる。

▶10.「文章1の下線部（A，B，C，D）のうち，設問9に対する解答の根拠として最もふさわしいのはどれか？」

　設問9の解答を導くには，文章1がアファーマティブ・アクションを支持する内容であることを証明する根拠があればよいことになる。下線部⑷は，アファーマティブ・アクションに反対する意見に関する記述であるため不適。下線部(B)も，アファーマティブ・アクションに反対する意見に関する記述であるため不適。下線部(C)は，アファーマティブ・アクション以前の事態の記述であり，これだけでは根拠に乏しいため不適。下線部(D)はアファーマティブ・アクションを支持する内容であり，かつ「政策立案者や立法者」の役割に言及しているので，アファーマティブ・アクションに反対する人々の主張を退けた判決に関する問いである設問9の内容にも合う。よって，正解は d に決まる。

◆━◆━◆━◆━◆ ●**語句・構文**● ━◆━◆━◆━◆━◆━◆

文章 1：（第 1 段）predominantly「主に，大部分は」 prioritize「優先させる，優先順位をつける」 diversity「多様性」 tailored「あつらえた，仕立てた」 ethnicity「民族性，民族意識」 holistic「全体論的な，全人的な」 postsecondary「中等（教育）に続く」

（第 2 段）the U.S. Supreme Court「合衆国最高裁」 uphold「～を支持する」 admissions「入学者選抜」 undermine「～を掘り崩す，～を徐々に害する」 ally「盟友，味方」 administration「政府，政権」 leverage「～にてこ入れする，～を強化する」 tactics「戦術，兵法」 myth「作り話，伝説，俗説」 discrimination「差別」 perpetuate「～を永続化する」 homogeneity「均一，同質」 stark「際だった，厳しい，過酷な」 disparity「不均衡，格差」 division「不和，分割，区分」

（第 3 段）impede「遅らせる，妨げる」 pit *A* against *B*「*A* を *B* に対抗させる」 higher education「高等教育」

（表 1）underrepresented「不十分に代表された，少ない比率で表示された」 mobility「流動性」

（第 4 段）top-tier「最上層の，最上の階層の」 combat「～と戦う，～に反抗する」 intentional「意図的な，故意的な」 applicant「志願者，志望者」 put simply「簡潔に言えば」 identity「身元，正体，自分らしさ」 persist「固執する，持続する，残存する」

文章 2：（Ⅰ）opponent「反対者，敵対者」 overrule「～を覆す，変更を強いる」 precedent「先例，判例」 enhance「増進する，高める，強める」

（Ⅱ）unlawfully「不法に，法に違反して」 stereotype「～に決まり切った見方をする」

（Ⅲ）justice「裁判官，判事」 endorse「裏書きする，是認する，支持する」 affirm「（原判決を）確認する，支持する」 strike down「（裁定を）取り消す，無効にする」

（Ⅳ）accelerate「加速する」 session「開廷（期間）」 file「正式に提起する，提出する，申請する」

（Ⅴ）mistreatment「虐待，酷使」 appalling「ぞっとする，恐ろしい，すさまじい」 contend「主張する，争う」 alternative「選択肢，代案」

〔VI〕side with「～に味方する，～の側につく」 reject「却下する，退ける」 workable「実行可能な，実現できる」 screen「選別する，ふるいにかける，選考する」

❖講　評

　2022 年度は，2021 年度まで大問で出題されていた会話文はなくなり，読解問題 4 題のみとなった。小問数も 50 問から 40 問に減少した。読解問題のテーマは，理系が 2 題，環境問題が 1 題，教育関係が 1 題という構成になっている。総語数は 3800 語弱となり，会話文の減少を加味すると 2021 年度から 700 語ほど増えたが，試験時間は 90 分のままなので，受験生には大変厳しい出題となっている。

　Ⅰは，ダーウィン論で，科学誌『サイエンス』からの論説文。語彙レベルが高すぎて，逆に余り差がつかなかったかもしれない。難解でも，粘り強く挑戦する姿勢が問われたといえる。

　Ⅱは「人類学」が話題で，ユーモアと感動にあふれるシャレた文であったが，それだけにくだけた表現が多く，これも受験生には厳しかっただろう。語句整序も内容理解力が問われており，単なる作文力では対応できないことに注意。

　Ⅲは「気候変動の心理的負担」が話題で，2 年続けて『ニューヨークタイムズ』紙からの出題。4 は，設問の意図の把握に苦労した受験生が多かっただろう。

　Ⅳは「アファーマティブ・アクション」が話題。人種差別と大学という政治の絡むデリケートな話題。米国社会の抱える人種問題と高等教育の関わりを考えるという，社会的視野の広さが問われた。8 は，選択肢の読み方が難しく，解答に困ったかもしれない。

　総じて，強固な基礎の上に，十分な語彙力と読解スピードとが加わった英語力が必要な問題ばかりである。ノウハウやテクニックに依存しない正確な読解力，論旨把握力を養成するようにという大学からの強いメッセージが聞こえる。それに応えるには一歩ずつ，コツコツ努力するしかない。今日，今から，始めよう。

■ 数学 ■

1 ◇発想◇ (1)　条件の $\overrightarrow{AP} \cdot (\overrightarrow{BP} + \overrightarrow{CP}) = 0$ をうまく変形して，点 P が描く図形を求める。

(2)　絶対値記号をはずすために積分範囲を区切って定積分を計算し，$f(t)$ を求める。

(3)　2 つの四面体 P, Q はいずれも底面が xy 平面に平行な正三角形で，その重心も底面に対応する頂点も z 軸上にあることに注意する。P, Q の共通部分 R を考えてから切り口を考えるのではなく，P, Q の切り口をそれぞれ考えてから，切り口の共通部分を考える。

(4)　典型的な分数式の無限級数の問題である。部分和の計算は，加え合わせたときに打ち消し合うような変形をするのが鉄則である。

解答 (1)P(0, 2, 4)　(2)4 つ　(3)$\dfrac{13\sqrt{3}}{12}$　(4)43

━━━━━ ◀解　説▶ ━━━━━

≪小問 4 問≫

▶(1)　$\overrightarrow{AP} \cdot (\overrightarrow{BP} + \overrightarrow{CP}) = 0$ より

$$(\overrightarrow{OP} - \overrightarrow{OA})(2\overrightarrow{OP} - \overrightarrow{OB} - \overrightarrow{OC}) = 0$$

$$\therefore \quad (\overrightarrow{OP} - \overrightarrow{OA})\left(\overrightarrow{OP} - \frac{\overrightarrow{OB} + \overrightarrow{OC}}{2}\right) = 0$$

そこで，線分 BC の中点を M とおくと

$$(\overrightarrow{OP} - \overrightarrow{OA})(\overrightarrow{OP} - \overrightarrow{OM}) = 0$$

よって，点 P が動く範囲は A，M を直径の両端とする球面である。したがって，$|\overrightarrow{AP}|$ が最大になるのは P＝M のときであり

$$P(0, 2, 4)$$

▶(2)　$f(t) = 2\pi \displaystyle\int_0^{2t} |x - t| \cos(2\pi x)\,dx - t\sin(4\pi t)$

$$= 2\pi \int_0^t |x-t| \cos(2\pi x)dx$$

$$+ 2\pi \int_t^{2t} |x-t| \cos(2\pi x)dx - t\sin(4\pi t)$$

$$= -\int_0^t (x-t) \cdot 2\pi\cos(2\pi x)dx$$

$$+ \int_t^{2t} (x-t) \cdot 2\pi\cos(2\pi x)dx - t\sin(4\pi t)$$

ここで

$$\int_0^t (x-t) \cdot 2\pi\cos(2\pi x)dx$$

$$= \Big[(x-t) \cdot \sin(2\pi x) \Big]_0^t - \int_0^t 1 \cdot \sin(2\pi x)dx$$

$$= 0 - \Big[-\frac{1}{2\pi}\cos(2\pi x) \Big]_0^t$$

$$= \frac{1}{2\pi}\{\cos(2\pi t) - 1\}$$

また

$$\int_t^{2t} (x-t) \cdot 2\pi\cos(2\pi x)dx$$

$$= \Big[(x-t) \cdot \sin(2\pi x) \Big]_t^{2t} - \int_t^{2t} 1 \cdot \sin(2\pi x)dx$$

$$= t\sin(4\pi t) - \Big[-\frac{1}{2\pi}\cos(2\pi x) \Big]_t^{2t}$$

$$= t\sin(4\pi t) + \frac{1}{2\pi}\{\cos(4\pi t) - \cos(2\pi t)\}$$

よって

$$f(t) = -\int_0^t (x-t) \cdot 2\pi\cos(2\pi x)dx$$

$$+ \int_t^{2t} (x-t) \cdot 2\pi\cos(2\pi x)dx - t\sin(4\pi t)$$

$$= \frac{1}{2\pi}\{-\cos(2\pi t) + 1 + \cos(4\pi t) - \cos(2\pi t)\}$$

$$= \frac{1}{2\pi}\{-\cos(2\pi t) + 1 + 2\cos^2(2\pi t) - 1 - \cos(2\pi t)\}$$

$$= \frac{1}{\pi}\{\cos^2(2\pi t) - \cos(2\pi t)\}$$

$$= \frac{1}{\pi}\{\cos(2\pi t) - 1\}\cos(2\pi t)$$

したがって，$f(t) = 0$ となるための条件は

$$\cos(2\pi t) = 1,\ 0$$

すなわち，整数 n を用いて

$$2\pi t = 2n\pi,\ \frac{\pi}{2} + n\pi$$

$$\therefore\quad t = n,\ \frac{1}{4} + \frac{n}{2}$$

このうち，閉区間 $[0,\ 1]$ に属する相異なるものは

$$t = 0,\ \frac{1}{4},\ \frac{3}{4},\ 1$$

の 4 つである。

▶(3)　まず，四面体 P の平面 $z = \dfrac{1}{3}$ による切り口を調べる。A$(2,\ 0,\ 0)$，B$(-1,\ \sqrt{3},\ 0)$，C$(-1,\ -\sqrt{3},\ 0)$，D$(0,\ 0,\ 2)$ とおく。3 点 A，B，C は同一平面 $z = 0$（xy 平面）上にあり，図 1 のように 1 辺の長さが $2\sqrt{3}$ の正三角形の頂点である。四面体 P を平面 $z = \dfrac{1}{3}$ で切ったときの切り口は，D$(0,\ 0,\ 2)$ の z 座標に注意すると，図 2 のような正三角形 A′B′C′ である。

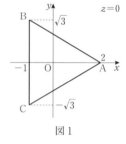

図 1

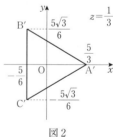

図 2

　次に，四面体 Q の平面 $z = \dfrac{1}{3}$ による切り口を調べる。E$(-2,\ 0,\ 1)$，F$(1,\ -\sqrt{3},\ 1)$，G$(1,\ \sqrt{3},\ 1)$，H$(0,\ 0,\ -1)$ とおく。3 点 E，F，G は同一平面 $z = 1$ 上にあり，図 3 のように 1 辺の長さが $2\sqrt{3}$ の正三角形の頂点である。四面体 Q を平面 $z = \dfrac{1}{3}$ で切ったときの切り口は，H$(0,\ 0,\ -1)$ の z 座標に注意すると，図 4 のような正三角形 E′F′G′ である。

　以上より，P と Q の共通部分 R を平面 $z = \dfrac{1}{3}$ で切ったときの切り口は

図 5 の網かけ部分となる。これは，1 辺の長さが $\dfrac{4\sqrt{3}}{3}$ の正三角形から，

1 辺の長さが $\dfrac{\sqrt{3}}{3}$ の正三角形を 3 つ切り取ったものであるから，求める

面積は

$$\frac{1}{2}\left(\frac{4\sqrt{3}}{3}\right)^2\sin60°-3\times\frac{1}{2}\left(\frac{\sqrt{3}}{3}\right)^2\sin60°$$

$$=\frac{\sqrt{3}}{4}\left(\frac{16}{3}-3\times\frac{1}{3}\right)$$

$$=\frac{13\sqrt{3}}{12}$$

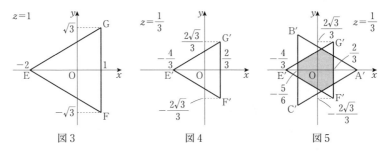

図 3　　　　　　　図 4　　　　　　　図 5

▶(4)　$\displaystyle\sum_{n=6}^{\infty}\frac{1800}{(n-5)(n-4)(n-1)n}$

$$=\sum_{n=6}^{\infty}450\left\{\frac{1}{(n-5)n}-\frac{1}{(n-4)(n-1)}\right\}$$

$$=\sum_{n=6}^{\infty}\left\{90\left(\frac{1}{n-5}-\frac{1}{n}\right)-150\left(\frac{1}{n-4}-\frac{1}{n-1}\right)\right\}$$

$$=\lim_{n\to\infty}\sum_{k=6}^{n}\left\{90\left(\frac{1}{k-5}-\frac{1}{k}\right)-150\left(\frac{1}{k-4}-\frac{1}{k-1}\right)\right\}$$

ここで

$$90\sum_{k=6}^{n}\left(\frac{1}{k-5}-\frac{1}{k}\right)$$

$$=90\left(1+\frac{1}{2}+\frac{1}{3}+\frac{1}{4}+\frac{1}{5}-\frac{1}{n-4}-\frac{1}{n-3}-\frac{1}{n-2}-\frac{1}{n-1}-\frac{1}{n}\right)$$

また

$$150\sum_{k=6}^{n}\left(\frac{1}{k-4}-\frac{1}{k-1}\right)$$

$$=150\left(\frac{1}{2}+\frac{1}{3}+\frac{1}{4}-\frac{1}{n-3}-\frac{1}{n-2}-\frac{1}{n-1}\right)$$

よって

$$\sum_{n=6}^{\infty}\frac{1800}{(n-5)(n-4)(n-1)n}$$

$$=\lim_{n\to\infty}\sum_{k=6}^{n}\left\{90\left(\frac{1}{k-5}-\frac{1}{k}\right)-150\left(\frac{1}{k-4}-\frac{1}{k-1}\right)\right\}$$

$$=\lim_{n\to\infty}\left\{90\left(1+\frac{1}{2}+\frac{1}{3}+\frac{1}{4}+\frac{1}{5}-\frac{1}{n-4}-\frac{1}{n-3}-\frac{1}{n-2}-\frac{1}{n-1}-\frac{1}{n}\right)\right.$$

$$\left.-150\left(\frac{1}{2}+\frac{1}{3}+\frac{1}{4}-\frac{1}{n-3}-\frac{1}{n-2}-\frac{1}{n-1}\right)\right\}$$

$$=90\times\frac{137}{60}-150\times\frac{13}{12}$$

$$=43$$

2

◆発想◆　(1)　まず，S の正の約数の個数が 3 個となるのは
$$S=p^2 \quad (p=2,\ 3,\ 5)$$
のときであることに注意する。次に，この条件を満たす目の出方を慎重に考える。

(2)　まず，S の正の約数の個数が 4 個となるのは
$$S=p^3 \quad (p=2,\ 3,\ 5)$$
または
$$S=pq \quad (p,\ q=2,\ 3,\ 5) \quad \text{ただし，} p\neq q$$
のときであることに注意する。次に，この条件を満たす目の出方を慎重に考える。

解答　(1)　S の正の約数の個数が 3 個となるのは
$$S=p^2 \quad (p=2,\ 3,\ 5)$$
のときであり，この条件を満たす目の出方は

　(i) p の目（$p=2,\ 3,\ 5$）が 2 回出て，その他の目はすべて 1

　(ii) $4(=2^2)$ の目が 1 回出て，その他の目はすべて 1

の場合がある。

・$n=1$ のときは(ii)の場合だけであり

$$P_3 = \frac{1}{6}$$

・$n \geqq 2$ のときは(i)と(ii)の場合があり

$$P_3 = 3 \times {}_nC_2 \left(\frac{1}{6}\right)^2 \left(\frac{1}{6}\right)^{n-2} + {}_nC_1 \frac{1}{6}\left(\frac{1}{6}\right)^{n-1}$$

$$= 3 \times \frac{n(n-1)}{2} \cdot \left(\frac{1}{6}\right)^n + n \cdot \left(\frac{1}{6}\right)^n$$

$$= \left\{\frac{3}{2}n(n-1) + n\right\}\left(\frac{1}{6}\right)^n$$

$$= \frac{1}{2}n\{3(n-1)+2\}\left(\frac{1}{6}\right)^n$$

$$= \frac{1}{2}n(3n-1)\left(\frac{1}{6}\right)^n \quad (\text{これは } n=1 \text{ のときも成立})$$

以上より

$$P_3 = \frac{1}{2}n(3n-1)\left(\frac{1}{6}\right)^n \quad \cdots\cdots(\text{答})$$

⑵　S の正の約数の個数が 4 個となるのは

$$S = p^3 \quad (p=2,\ 3,\ 5)$$

または

$$S = pq \quad (p,\ q = 2,\ 3,\ 5) \quad \text{ただし，} p \neq q$$

のときであり，この条件を満たす目の出方は

(iii) p の目 $(p=2,\ 3,\ 5)$ が 3 回出て，その他の目はすべて 1

(iv) 4 の目と 2 の目が 1 回ずつ出て $(4 \cdot 2 = 2^3)$，その他の目はすべて 1

(v) 2，3，5 の目から 2 つが 1 回ずつ出て，その他の目はすべて 1

(vi) $6 (=2 \cdot 3)$ の目が 1 回出て，その他の目はすべて 1

の場合がある。

・$n=1$ のときは(vi)の場合だけであり

$$P_4 = \frac{1}{6}$$

・$n=2$ のときは(iv)〜(vi)のすべての場合があり

$$P_4 = {}_2C_1 \left(\frac{1}{6}\right)^2 + {}_3C_2 \times 2 \cdot 1 \left(\frac{1}{6}\right)^2 + {}_2C_1 \cdot \left(\frac{1}{6}\right)^2 = 10 \cdot \left(\frac{1}{6}\right)^2$$

・$n \geqq 3$ のときは(iii)〜(vi)のすべての場合があり

$$P_4 = 3 \times {}_n C_3 \left(\frac{1}{6}\right)^n + n(n-1)\left(\frac{1}{6}\right)^n$$

$$+ {}_3 C_2 \times n(n-1)\left(\frac{1}{6}\right)^n + {}_n C_1 \cdot \left(\frac{1}{6}\right)^n$$

$$= \left\{\frac{1}{2}n(n-1)(n-2) + n(n-1) + 3n(n-1) + n\right\}\left(\frac{1}{6}\right)^n$$

$$= \frac{1}{2}n\{(n-1)(n-2) + 2(n-1) + 6(n-1) + 2\}\left(\frac{1}{6}\right)^n$$

$$= \frac{1}{2}n(n^2+5n-4)\left(\frac{1}{6}\right)^n \quad (これは n=1, 2 \text{ のときも成立})$$

以上より

$$P_4 = \frac{1}{2}n(n^2+5n-4)\left(\frac{1}{6}\right)^n \quad \cdots\cdots (答)$$

━━━━━ ◀解　説▶ ━━━━━

≪サイコロの目の積の正の約数の個数に関する確率の問題≫

▶(1)　まず, S の正の約数の個数が 3 個となるのは

$$S = p^2 \quad (p=2, 3, 5)$$

のときであることに注意する。次に, この条件を満たす目の出方を考えれ
ばよい。ただし, 4 の目が出れば 1 回で $S=2^2$ となることに注意が必要
である。

▶(2)　まず, S の正の約数の個数が 4 個となるのは

$$S = p^3 \quad (p=2, 3, 5)$$

または

$$S = pq \quad (p, q=2, 3, 5) \quad \text{ただし, } p \neq q$$

のときであることに注意する。次に, この条件を満たす目の出方を考えれ
ばよい。ただし, 4 の目と 2 の目が 1 回ずつ出れば 2 回で $S=2^3$ となり,
6 の目が出れば 1 回で $S=2\cdot3$ となることに注意が必要である。

3　◆発想◆　(1)　面積 D_1 を求めるには, 原点 O を中心とし直線 l
に接する円の半径を求めればよいが, それは点と直線の距離の公
式から容易に計算できる。

(2)　面積の積 $D_1 D_2$ を求める方法として, 2 つの方法が考えられ
る。1 つは面積 D_2 を計算してから $D_1 D_2$ を求める方法であり,

　　　もう 1 つは直接 D_1D_2 を求める方法である。前者の場合，3 点 O,
　　　A，B を通る円の中心を求めれば D_2 が求まる。後者の場合，図
　　　形をよく観察することにより D_1D_2 を求めることができる。

解答 (1)　$p \neq 0$ のとき直線 l の方程式は

$$y = \frac{q-1}{p}x + 1 \qquad \therefore \quad (q-1)x - py + p = 0$$

よって，原点 O と直線 l との距離を r_1 とすると

$$r_1 = \frac{|p|}{\sqrt{(q-1)^2 + (-p)^2}} = \frac{|p|}{\sqrt{p^2 + (q-1)^2}}$$

であるから

$$D_1 = \pi r_1{}^2 = \pi \frac{p^2}{p^2 + (q-1)^2} \quad \cdots\cdots(\text{答})$$

(2)　3 点 O, A, B を通る円の中心は，線分 AB の垂直二等分線と線分
OA の垂直二等分線の交点であることに注意する。

　　点 B(p, q) は円 $C : (x-2)^2 + (y-2\sqrt{3})^2 = 1$ 上を動くから $q > 1$ であ
り，線分 AB の垂直二等分線の方程式は

$$y - \frac{q+1}{2} = -\frac{p}{q-1}\left(x - \frac{p}{2}\right)$$

一方，線分 OA の垂直二等分線の方程式は $y = \dfrac{1}{2}$ であるから，これを上
の式に代入すると

$$\frac{1}{2} - \frac{q+1}{2} = -\frac{p}{q-1}\left(x - \frac{p}{2}\right)$$

$$-\frac{q}{2} = -\frac{p}{q-1}x + \frac{p^2}{2(q-1)}$$

$$-q(q-1) = -2px + p^2$$

$$\therefore \quad x = \frac{p^2 + q(q-1)}{2p} = \frac{p^2 + q^2 - q}{2p} \quad (p \neq 0)$$

よって，3 点 O, A, B を通る円の中心は $\left(\dfrac{p^2 + q^2 - q}{2p}, \dfrac{1}{2}\right)$ であるから，
その円の半径を r_2 とすると

$$r_2{}^2 = \left(\frac{p^2 + q^2 - q}{2p}\right)^2 + \left(\frac{1}{2}\right)^2 = \frac{(p^2 + q^2 - q)^2 + p^2}{4p^2}$$

以上より

$$D_1 = \pi r_1{}^2 = \pi \frac{p^2}{p^2 + (q-1)^2}$$

$$D_2 = \pi r_2{}^2 = \pi \frac{(p^2 + q^2 - q)^2 + p^2}{4p^2}$$

であり

$$D_1 D_2 = \pi^2 \frac{p^2}{p^2 + (q-1)^2} \frac{(p^2 + q^2 - q)^2 + p^2}{4p^2}$$

$$= \frac{\pi^2}{4} \cdot \frac{(p^2 + q^2 - q)^2 + p^2}{p^2 + (q-1)^2}$$

ここで

$$(p^2 + q^2 - q)^2 + p^2$$
$$= \{p^2 + (q-1)^2 + q - 1\}^2 + p^2$$
$$= \{p^2 + (q-1)^2\}^2 + 2(q-1)\{p^2 + (q-1)^2\} + (q-1)^2 + p^2$$

であることに注意すると

$$D_1 D_2 = \frac{\pi^2}{4} \{p^2 + (q-1)^2 + 2(q-1) + 1\}$$

$$= \frac{\pi^2}{4}(p^2 + q^2)$$

点 B$(p,\ q)$ は中心 $(2,\ 2\sqrt{3})$，半径 1 の円周上を動くから

$$4 - 1 \leqq \sqrt{p^2 + q^2} \leqq 4 + 1$$

$$\therefore \quad 9 \leqq p^2 + q^2 \leqq 25$$

したがって，$D_1 D_2$ の最小値と最大値は

最小値：$\dfrac{9}{4}\pi^2$，最大値：$\dfrac{25}{4}\pi^2$　……(答)

別解　$\left(D_1 D_2 = \dfrac{\pi^2}{4}(p^2 + q^2)\ の別の計算の仕方\right)$

三角形 OAB に正弦定理を用いると

$$\frac{\text{OA}}{\sin \angle \text{OBA}} = 2r_2$$

$$\therefore \quad r_2 = \frac{1}{2\sin \angle \text{OBA}}$$

一方，$\sin \angle \text{OBA} = \dfrac{r_1}{\text{OB}}$ であるから

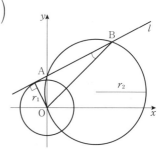

$r_1 = \text{OB} \cdot \sin \angle \text{OBA}$

$\qquad = \sqrt{p^2 + q^2} \sin \angle \text{OBA}$

よって

$D_1 D_2 = \pi {r_1}^2 \cdot \pi {r_2}^2$

$\qquad = \pi(\sqrt{p^2 + q^2} \sin \angle \text{OBA})^2 \cdot \pi \left(\dfrac{1}{2\sin \angle \text{OBA}} \right)^2$

$\qquad = \dfrac{\pi^2}{4}(p^2 + q^2)$

◀解　説▶

≪関連して変動する 2 つの円の面積の積の最大・最小≫

▶(1)　原点 O を中心とし，直線 *l* に接する円の半径 r_1 が求まれば，面積 D_1 が求まる。半径 r_1 は点と直線の距離の公式から容易に求めることができる。

▶(2)　面積 D_2 を求めるには 3 点 O，A，B を通る円の半径 r_2 が求まればよい。この円の中心は線分 OA の垂直二等分線と線分 AB の垂直二等分線の交点であるから，円の中心は比較的容易に求めることができる。面積の積 $D_1 D_2$ の式をきれいな形に変形するのに少し工夫を要する。一方，面積 D_2 そのものを求めることなく，面積の積 $D_1 D_2$ を求める方法もある（〔別解〕の方法）。

$\boxed{4}$　◇発想◇　(1)　一般に，方程式 $f(x)=0$ が極値をもつための必要十分条件は $f'(x)$ が正と負の符号をとることである。それに注意して，条件(I)と(II)が成り立つように，自然数の組 (a, b) が満たすべき条件を考える。

(2)　$f_{a,b}(x)$ の係数と $g_{a,b}(x)$ の係数の間に対称性があることに注意する。

(3)　(1)，(2)との関連に注意して手掛かりを探す。(2)の考察から条件(III)を満たすとき，$g_{a,b}(x)=0$ も相異なる 3 つの実数解をもつことがわかり，(1)の条件(I)と(II)の両方を満たすことになる。よって，求める自然数の組 (a, b) としては(1)で求めたもの以外にはないことに注意する。あとは個別に条件(III)を満たすかどうかをチェックしていけばよい。

解答

(1)　$f_{a,b}(x) = x^3 + 3ax^2 + 3bx + 8$ より

$$f'_{a,b}(x) = 3x^2 + 6ax + 3b$$
$$= 3(x^2 + 2ax + b)$$
$$= 3\{(x+a)^2 - a^2 + b\}$$

条件(I)を満たすためには，$f'_{a,b}(x)$ が正と負の符号をとればよいから

$$-a^2 + b < 0 \quad \therefore \quad b < a^2 \quad \cdots\cdots①$$

同様に，$g_{a,b}(x) = 8x^3 + 3bx^2 + 3ax + 1$ より

$$g'_{a,b}(x) = 24x^2 + 6bx + 3a$$
$$= 3(8x^2 + 2bx + a)$$
$$= 3\left\{8\left(x + \frac{b}{8}\right)^2 - \frac{b^2}{8} + a\right\}$$

条件(II)を満たすためには，$g'_{a,b}(x)$ が正と負の符号をとればよいから

$$-\frac{b^2}{8} + a < 0 \quad \therefore \quad a < \frac{b^2}{8} \quad \cdots\cdots②$$

さらに，自然数の組 $(a,\ b)$ は

$$a + b \leqq 9 \quad \cdots\cdots③$$

を満たしている。①，②より

$$a < \frac{b^2}{8} < \frac{a^4}{8}$$

$$a^3 > 8 \quad \therefore \quad a > 2$$

(i)$a = 3$ のとき

③より　　$b \leqq 6$

②より　　$b^2 > 24 \quad \therefore \quad b \geqq 5$

よって　　$(a,\ b) = (3,\ 5),\ (3,\ 6)$

これは①を満たす。

(ii)$a \geqq 4$ のとき

③より　　$b \leqq 9 - a \leqq 9 - 4 = 5$

②より　　$b^2 > 32 \quad \therefore \quad b \geqq 6$

よって，これは不適。

(i)，(ii)より

$$(a,\ b) = (3,\ 5),\ (3,\ 6) \quad \cdots\cdots(答)$$

(2)　$g_{a,b}(x) = 8x^3 + 3bx^2 + 3ax + 1 = 0$ とするとき，$x \neq 0$ であるから

$$8+3b\frac{1}{x}+3a\frac{1}{x^2}+\frac{1}{x^3}=0$$

$$\therefore \quad \left(\frac{1}{x}\right)^3+3a\left(\frac{1}{x}\right)^2+3b\left(\frac{1}{x}\right)+8=0$$

よって，$f_{a,b}(x)=x^3+3ax^2+3bx+8=0$ の 3 つの解が α, β, γ とすると

$$\frac{1}{x}=\alpha, \ \beta, \ \gamma \qquad \therefore \quad x=\frac{1}{\alpha}, \ \frac{1}{\beta}, \ \frac{1}{\gamma}$$

すなわち，$g_{a,b}(x)=8x^3+3bx^2+3ax+1=0$ の 3 つの解は

$$\frac{1}{\alpha}, \ \frac{1}{\beta}, \ \frac{1}{\gamma} \quad \cdots\cdots(\text{答})$$

(3) (2)の考察より，条件(Ⅲ)を満たすとき，$g_{a,b}(x)=0$ も相異なる 3 つの実数解をもつ。このとき，$f_{a,b}(x)$，$g_{a,b}(x)$ ともに極値をもつから，条件(Ⅰ)，(Ⅱ)の両方を満たす。よって，(1)の結果より

$$(a, \ b)=(3, \ 5), \ (3, \ 6)$$

であることが必要である。

(ⅲ) $(a, \ b)=(3, \ 5)$ のとき

$$f_{a,b}(x)=x^3+9x^2+15x+8$$
$$f'_{a,b}(x)=3x^2+18x+15$$
$$\qquad\quad =3(x^2+6x+5)$$
$$\qquad\quad =3(x+5)(x+1)$$

ここで

$$f_{a,b}(-5)=-125+225-75+8=33>0$$
$$f_{a,b}(-1)=-1+9-15+8=1>0$$

であるから，$f_{a,b}(x)=0$ はただ 1 つの実数解をもつ。したがって，この場合は条件(Ⅲ)を満たさないので不適。

(ⅳ) $(a, \ b)=(3, \ 6)$ のとき

$$f_{a,b}(x)=x^3+9x^2+18x+8$$
$$f'_{a,b}(x)=3x^2+18x+18$$
$$\qquad\quad =3(x^2+6x+6)$$

$x^2+6x+6=0$ を解くと

$$x=-3\pm\sqrt{3}$$

ここで，$f_{a,b}(x)=x^3+9x^2+18x+8$ を x^2+6x+6 で割り算すると，商

が $x+3$, 余りが $-6x-10$ と求まるから

$$f_{a,b}(x)=(x^2+6x+6)(x+3)-6x-10$$

であり

$$f_{a,b}(-3-\sqrt{3})=-6(-3-\sqrt{3})-10=8+6\sqrt{3}>0$$

$$f_{a,b}(-3+\sqrt{3})=-6(-3+\sqrt{3})-10=8-6\sqrt{3}<0$$

であるから, $f_{a,b}(x)=0$ は相異なる 3 つの実数解をもつ。したがって, この場合は条件(Ⅲ)を満たすので適する。

(iii), (iv)より

$$(a,\ b)=(3,\ 6)\quad\cdots\cdots(答)$$

━━━ ◀解　説▶ ━━━

≪3 次関数の極値, 3 次方程式の実数解≫

▶(1)　一般に, 方程式 $f(x)=0$ が極値をもつための必要十分条件は, $f'(x)$ が正と負の符号をとることである。そこで, 条件(Ⅰ)と(Ⅱ)から, 自然数の組 $(a,\ b)$ が満たすべき条件を求めればよい。

▶(2)　$f_{a,b}(x)$ と $g_{a,b}(x)$ の係数の対称性に気がつけば容易である。

▶(3)　(2)の考察から条件(Ⅲ)を満たすとき, $g_{a,b}(x)=0$ も相異なる 3 つの実数解をもつことになり, (1)の条件(Ⅰ)と(Ⅱ)の両方を満たすことになる。よって, 求める自然数の組 $(a,\ b)$ としては(1)で求めたもの以外にはないことがわかる。あとは個別に条件(Ⅲ)を満たすかどうかをチェックするだけである。

❖講　評

2022 年度も大問 4 題の出題で, 試験時間は 120 分である。$\boxed{1}$ は小問 4 問で解答のみを所定の欄に記入する形式で, 残りの 3 題は解答までの過程も記述する形式である。

$\boxed{1}$　(1)座標にこだわらず, 条件の $\overrightarrow{AP}\cdot(\overrightarrow{BP}+\overrightarrow{CP})=0$ をベクトル方程式と見ることがポイントである。何でもかんでも座標で考える受験生が多いので要注意である。座標で考えることももちろん可能ではあるが, 効率は悪くなる。

(2)絶対値記号を含む定積分の典型的な問題である。積分範囲を区切って素直に定積分を計算すればよい。

(3)図形的なセンスを必要とする問題である。四面体 P と Q の共通部分 R を考えようとするとわかりにくくなる。P, Q それぞれの切り口を考えてから，その切り口の共通部分を考えるのがポイントである。また，本問は結果だけを答えればよいので，要領よく答えを出すようにしたい。

(4)典型的な分数式の無限級数の問題である。本問は計算がやや面倒であるが，こういう計算も出てくるのだと知っておくことは心構えとして大切である。

②　(1)整数と確率の融合問題である。正の約数の個数は素因数分解から判断できる。ただし，サイコロの目には素数もあれば素数でないものもあることに注意する必要がある。出た目の積 S の正の約数の個数が 3 個となるのは $S=p^2$ （$p=2$, 3, 5）のときであるが，4 の目が出れば 1 回で $S=2^2$ となることに注意が必要である。

(2)出た目の積 S の正の約数の個数が 4 個となるのは

$\qquad S=p^3$ （$p=2$, 3, 5）

または

$\qquad S=pq$ （p, $q=2$, 3, 5）　ただし，$p \neq q$

のときであるが，4 の目と 2 の目が 1 回ずつ出れば 2 回で $S=2^3$ となり，6 の目が出れば 1 回で $S=2\cdot3$ となることに注意が必要である。

③　(1)面積 D_1 は，原点を中心とし l に接する円の半径を求めればよい。半径は点と直線の距離の公式から容易に求まる。この問題は基本問題である。

(2)面積の積 D_1D_2 を計算する方法が 2 つある。すぐに思い浮かぶのは面積 D_2 を求めてから積 D_1D_2 を計算する方法である。3 点 O，A，B を通る円の中心を求めれば円の半径がわかり，D_2 が求まる。ただし，そのあと面積の積 D_1D_2 の式をきれいな形に整理するのに少し工夫を要する。もう一つの方法は D_2 を求めることなく，直接 D_1D_2 を計算する方法である。図をよく観察して D_1D_2 を求めることができる。この方法の場合，D_1D_2 が最初からきれいな形で求まって計算は簡単になる。いろいろな解法を思いつくためには，日頃から別解を考える習慣をつけておくことが重要である。

④　(1)極値をもつかどうかを判断することは基本問題であるが，得ら

れた不等式を満たす自然数の組 (a, b) を求めるところで柔軟な思考力が問われる。思考力を養うためには考える習慣をつける以外にはない。典型的な問題の解法を覚えるというような学習スタイルでは，本問に限らず，考える問題には対応できない。

　(2) $f_{a,b}(x)$ の係数と $g_{a,b}(x)$ の係数の間に対称性があることを見抜くことがポイントである。それに気がつけば簡単な問題である。ここで注意したいことは，問題を慌てずによく見るということである。問題の式の特徴などに十分に注意しないで解こうとする受験生が多いが，これは悪い癖である。まずは問題をしっかりと読むことが大切である。

　(3)ここでも入試問題を解くための秘訣が重要となる。つまり，各設問のつながりを意識するということである。いわゆる「誘導」を意識するということである。(2)から $f_{a,b}(x)=0$ が相異なる 3 つの実数解をもてば，$g_{a,b}(x)=0$ も相異なる 3 つの実数解をもつことがわかり，さらに(1)で考えたように，条件(I)と(II)の両方が成り立つこともわかる。したがって，求める自然数の組 (a, b) は(1)の答えの中から見つければよい。設問の(1)，(2)，(3)がしっかり結びついていることに注意しよう。

■ 物理 ■

I **解答**　問 1 ．$F_1 = -3kx_1 + 2kx_2$
　　　　　　　$F_2 = 2kx_1 - 3kx_2$

問 2 ．ア．$x_1{}^2$　イ．$A_1{}^2$　ウ．$(mA_1\omega)^2$

問 3 ．エ．$\dfrac{1}{2}m(A_1{}^2 + A_2{}^2)\omega^2$　オ．$\dfrac{1}{2}k(3A_1{}^2 - 4A_1A_2 + 3A_2{}^2)$

問 4 ．カ・キ．$(m\omega^2 - 3k)$, $2k$　（カ，キは順不同）

問 5 ．$\omega_1 = \sqrt{\dfrac{k}{m}}$，$\omega_2 = \sqrt{\dfrac{5k}{m}}$

問 6 ．$d = L$

問 7 ．最小値：$L - 2A_1$　最大値：$L + 2A_1$

◀解　説▶

≪2 物体の単振動≫

▶問 1 ．N_1 の位置が x_1，N_2 の位置が x_2 のとき，4 本のバネの伸びまたは縮みは，次図のようになるので

　　　$F_1 = -kx_1 - 2k(x_1 - x_2)$, $F_2 = 2k(x_1 - x_2) - kx_2$

　∴　$F_1 = -3kx_1 + 2kx_2$, $F_2 = 2kx_1 - 3kx_2$

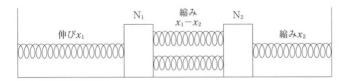

▶問 2 ．N_1 の位置 x_1 が $x_1 = A_1\sin\omega t$ と表せる場合，N_1 の速度 v_1 は

　　　$v_1 = \dfrac{dx_1}{dt} = A_1\omega\cos\omega t$

よって，運動量 P_1 は

　　　$P_1 = mv_1 = mA_1\omega\cos\omega t$

ここで，$\sin^2\omega t + \cos^2\omega t = 1$ であることを用いて

　　　$\dfrac{x_1{}^2}{A_1{}^2} + \dfrac{P_1{}^2}{(mA_1\omega)^2} = 1$　（→ア～ウ）

参考 N_1 の単振動の振幅が A_1 なので，速さの最大値は $A_1\omega$ であり，$t=0$ では x_1 が増加していることから，$v_1=A_1\omega\cos\omega t$ と考えてもよい。上記の〔解説〕では，速度 v_1 が位置 x_1 の時間変化率であることを用いて，微分公式を利用した。

▶問3．N_2 の速度を v_2 とすると，$v_2=\dfrac{dx_2}{dt}=A_2\omega\cos\omega t$ であることを用いて，運動エネルギーの合計は

$$K=\frac{1}{2}mv_1{}^2+\frac{1}{2}mv_2{}^2$$

$$=\frac{1}{2}m(A_1\omega\cos\omega t)^2+\frac{1}{2}m(A_2\omega\cos\omega t)^2$$

$$=\frac{1}{2}m(A_1{}^2+A_2{}^2)\omega^2\cos^2\omega t \quad (\rightarrow エ)$$

位置エネルギーの合計は

$$U=\frac{1}{2}kx_1{}^2+\frac{1}{2}k(x_1-x_2)^2\times2+\frac{1}{2}kx_2{}^2$$

$$=\frac{1}{2}k(3x_1{}^2-4x_1x_2+3x_2{}^2)$$

$$=\frac{1}{2}k(3A_1{}^2-4A_1A_2+3A_2{}^2)\sin^2\omega t \quad (\rightarrow オ)$$

▶問4．N_1，N_2 の加速度を a_1，a_2 とすると，N_1，N_2 の運動方程式は，それぞれ

$$ma_1=F_1,\ ma_2=F_2$$

ここで，$a_1=-\omega^2x_1$，$a_2=-\omega^2x_2$ であることを用いて

$$-m\omega^2x_1=-3kx_1+2kx_2,\ -m\omega^2x_2=2kx_1-3kx_2$$

$$\begin{cases}(-mA_1\omega^2+3kA_1-2kA_2)\sin\omega t=0\\(-mA_2\omega^2-2kA_1+3kA_2)\sin\omega t=0\end{cases}$$

$$\therefore\quad\begin{cases}(m\omega^2-3k)A_1+2kA_2=0\\2kA_1+(m\omega^2-3k)A_2=0\end{cases} \quad (\rightarrow カ・キ)$$

参考 単振動における加速度と位置の関係式は，加速度が速度の時間変化率であることを用いて

$$a_1=\frac{dv_1}{dt}=-A_1\omega^2\sin\omega t=-\omega^2x_1$$

などとしてもよい。

▶問5．$A_1 \neq 0$，$A_2 \neq 0$ のとき，（式2）より

$$\frac{A_2}{A_1} = -\frac{m\omega^2 - 3k}{2k} = -\frac{2k}{m\omega^2 - 3k}$$

$$(m\omega^2 - 3k)^2 - (2k)^2 = 0$$

$$(m\omega^2 - k)(m\omega^2 - 5k) = 0$$

$$\therefore \quad \omega^2 = \frac{k}{m}, \ \frac{5k}{m}$$

$\omega > 0$ より

$$\omega = \sqrt{\frac{k}{m}}, \ \sqrt{\frac{5k}{m}}$$

$\omega_1 < \omega_2$ より

$$\omega_1 = \sqrt{\frac{k}{m}}, \ \omega_2 = \sqrt{\frac{5k}{m}}$$

▶問6．$\omega = \omega_1 = \sqrt{\dfrac{k}{m}}$ のとき

$$A_2 = -\frac{m\omega^2 - 3k}{2k}A_1 = A_1$$

このとき，N_1 と N_2 の距離は

$$d = L + x_2 - x_1$$

$$= L + A_2 \sin\omega_1 t - A_1 \sin\omega_1 t$$

$$\therefore \quad d = L$$

▶問7．$\omega = \omega_2 = \sqrt{\dfrac{5k}{m}}$ のとき

$$A_2 = -\frac{m\omega^2 - 3k}{2k}A_1 = -A_1$$

このとき，N_1 と N_2 の距離は

$$d = L + x_2 - x_1$$

$$= L - 2A_1 \sin\omega_2 t$$

よって　　最小値：$L - 2A_1$　　最大値：$L + 2A_1$

II **解答** 問1．$V_D = 2\sqrt{2}\,V_1$，$P_D = \dfrac{\sqrt{2}\,nRT_1}{8V_1}$，$T_C = \dfrac{\sqrt{2}}{2}T_1$

問 2．仕事：$-\dfrac{\sqrt{2}-1}{2}nRT_1$　熱量：$-\dfrac{5(\sqrt{2}-1)}{4}nRT_1$

問 3．$1-\dfrac{(1+2\sqrt{2})nRT_1}{4Q_{AB}}$

問 4．$\alpha=-\dfrac{4}{5}$, $\beta=\dfrac{6}{5}$

━━━━━◀解　説▶━━━━━

≪単原子分子理想気体の状態変化≫

▶問 1．断熱変化では $PV^{\frac{5}{3}}=$一定 が成り立つので，絶対温度を T とすると，$TV^{\frac{2}{3}}=$一定 も成り立つ（参考を参照）。このとき，状態 D→A を考えて

$$0.5T_1V_D{}^{\frac{2}{3}}=T_1V_1{}^{\frac{2}{3}} \quad \therefore \quad V_D=2\sqrt{2}\,V_1$$

状態 D での状態方程式より

$$P_D=\frac{nR\times0.5T_1}{V_D}=\frac{\sqrt{2}\,nRT_1}{8V_1}$$

状態 C と D において，ボイル・シャルルの法則より

$$\frac{P_C\times4V_1}{T_C}=\frac{P_DV_D}{0.5T_1}$$

状態 C→D は定圧変化なので，$P_C=P_D$ を用いて

$$T_C=\frac{2V_1}{V_D}T_1=\frac{\sqrt{2}}{2}T_1$$

参考　$PV^{\frac{5}{3}}=$一定 のとき，$TV^{\frac{2}{3}}=$一定 が成立することを確認しよう。

$$PV^{\frac{5}{3}}=PV\times V^{\frac{2}{3}}=nRT\times V^{\frac{2}{3}}$$

閉じ込められた気体では物質量 n は一定なので，この式より，$TV^{\frac{2}{3}}$ ＝一定 が成立することがわかる。

▶問 2．過程 C→D で理想気体がした仕事を W_{CD}，理想気体が得た熱量を Q_{CD} とする。定圧変化より

$$W_{CD}=P_C(V_D-V_C)=\frac{\sqrt{2}\,nRT_1}{8V_1}(2\sqrt{2}\,V_1-4V_1)=-\frac{\sqrt{2}-1}{2}nRT_1$$

また，単原子分子理想気体の定圧モル比熱は $\dfrac{5}{2}R$ なので

$$Q_{CD} = n \cdot \frac{5}{2} R \cdot (T_D - T_C) = \frac{5}{2} nR \left(0.5 T_1 - \frac{\sqrt{2}}{2} T_1 \right)$$

$$= -\frac{5(\sqrt{2}-1)}{4} nRT_1$$

▶問 3．過程 B→C で理想気体が得た熱量を Q_{BC} とする。単原子分子理想気体の定積モル比熱は $\frac{3}{2} R$ なので

$$Q_{BC} = n \cdot \frac{3}{2} R \cdot (T_C - T_B) = \frac{3}{2} nR \left(\frac{\sqrt{2}}{2} T_1 - T_1 \right)$$

$$= -\frac{3(2-\sqrt{2})}{4} nRT_1$$

1 サイクルで理想気体が吸収した熱量は Q_{AB}，放出した熱量は $|Q_{BC} + Q_{CD}|$ であるので，熱効率 e は

$$e = 1 - \frac{|Q_{BC} + Q_{CD}|}{Q_{AB}} = 1 - \frac{(1 + 2\sqrt{2}) nRT_1}{4Q_{AB}}$$

▶問 4．$P_B < P_A$，$P_B > P_C = P_D$ より，状態 E は状態 D→A の間に存在する。状態 B と E において，ボイル・シャルルの法則より

$$\frac{P_E V_E}{T_E} = \frac{P_B \cdot 4V_1}{T_1}, \quad P_E = P_B$$

であるから

$$\frac{V_E}{T_E} = \frac{4V_1}{T_1} \qquad \therefore \quad T_E = \frac{V_E}{4V_1} T_1 \quad \cdots\cdots①$$

また，過程 E→A は断熱変化であるので，$TV^{\frac{2}{3}} = $ 一定 を用いて

$$T_E V_E^{\frac{2}{3}} = T_1 V_1^{\frac{2}{3}}$$

式①を代入して

$$\frac{V_E}{4V_1} T_1 V_E^{\frac{2}{3}} = T_1 V_1^{\frac{2}{3}} \qquad \therefore \quad V_E = 4^{\frac{3}{5}} V_1 = 2^{\frac{6}{5}} V_1$$

また，式①より

$$T_E = \frac{2^{\frac{6}{5}} V_1}{4V_1} T_1 = 2^{-\frac{4}{5}} T_1$$

よって　　$\alpha = -\frac{4}{5}$, $\beta = \frac{6}{5}$

参考　問題の気体の状態変化を，縦軸を圧力 P，横軸を体積 V とする状

態図で表すと，右図のようになる。この
図を自力で描くことができれば，各設問
にも取り組みやすいであろう。

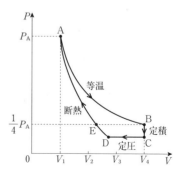

Ⅲ **解答** 問1．$Q_0 = \dfrac{\varepsilon_0 a^2 V}{d}$ 問2．$U_0 = \dfrac{\varepsilon_0 a^2 V^2}{2d}$

問3．$-\dfrac{(\varepsilon_r - 1)\varepsilon_0 a^2 V^2}{2\varepsilon_r d}$ 問4．$\dfrac{a + (\varepsilon_r - 1)b}{a}$ 問5．$\dfrac{1}{2}\varepsilon_r(\varepsilon_r - 1)V^2$

問6．③ 問7．$Q_A = C_A V_0 \sin\omega t$ 問8．ア．$\omega C_A V_0$ イ．$\left(\omega t + \dfrac{\pi}{2}\right)$

問9．$\dfrac{1}{\omega C_A}$，電流の最大値は増加する。

◀解 説▶

≪コンデンサーと誘電体・交流≫

▶問1．初期状態での電気容量を C_0 とすると，$C_0 = \varepsilon_0 \dfrac{a^2}{d}$ であるので

$$Q_0 = C_0 V = \frac{\varepsilon_0 a^2 V}{d}$$

▶問2．$U_0 = \dfrac{1}{2}C_0 V^2 = \dfrac{\varepsilon_0 a^2 V^2}{2d}$

▶問3．誘電体を完全に挿入したときの電気容量を C_1 とすると，
$C_1 = \varepsilon_r \varepsilon_0 \dfrac{a^2}{d}$ である。静電エネルギーの変化量 ΔU は

$$\Delta U = \frac{Q_0{}^2}{2C_1} - \frac{Q_0{}^2}{2C_0}$$

$$= \frac{1}{\varepsilon_r}U_0 - U_0$$

$$= -\frac{(\varepsilon_r - 1)\varepsilon_0 a^2 V^2}{2\varepsilon_r d}$$

▶問 4．誘電体が挿入された面積 ab のコンデンサーと，面積 $a(a-b)$ の真空コンデンサーが並列接続されている（右図）とみなしてよいので

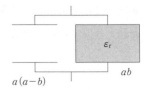

$$C = \varepsilon_r \varepsilon_0 \frac{ab}{d} + \varepsilon_0 \frac{a(a-b)}{d}$$

$$= \varepsilon_r \frac{b}{a} C_0 + \frac{a-b}{a} C_0$$

$$= \frac{a+(\varepsilon_r-1)b}{a} \times C_0$$

▶問 5．外力のする仕事は，コンデンサーに蓄えられた静電エネルギーの変化に等しい。コンデンサーに蓄えられた電気量 Q_1 は，$Q_1 = C_1 V = \varepsilon_r C_0 V$ であることに注意して

$$W = \frac{Q_1{}^2}{2C_0} - \frac{Q_1{}^2}{2C_1}$$

$$= \frac{1}{2} \varepsilon_r{}^2 C_0 V^2 - \frac{1}{2} \varepsilon_r C_0 V^2$$

$$= \frac{1}{2} \varepsilon_r (\varepsilon_r - 1) V^2 \times C_0$$

▶問 6．交流電源に接続されたコンデンサーは，充電・放電を繰り返し，その周期は，交流の周期と一致する。よって，③が正しい。

▶問 7．$Q_A = C_A V_A = C_A V_0 \sin\omega t$

▶問 8．$I = \dfrac{\varDelta Q_A}{\varDelta t} = \omega C_A V_0 \cos\omega t = \omega C_A V_0 \sin\left(\omega t + \dfrac{\pi}{2}\right)$　（→ア，イ）

参考　上記の〔解説〕では，時間変化が微小であることから，$\dfrac{\varDelta Q_A}{\varDelta t} = \dfrac{dQ_A}{dt}$ と考えて，微分公式を用いた。問題文に与えられた近似公式を用いると，以下のような計算となる。

$$\varDelta Q_A = C_A V_0 \sin\omega(t+\varDelta t) - C_A V_0 \sin\omega t$$

$$= C_A V_0 (\sin\omega t\cos\omega\varDelta t + \cos\omega t\sin\omega\varDelta t) - C_A V_0 \sin\omega t$$

$$\fallingdotseq C_A V_0 (\sin\omega t \cdot 1 + \cos\omega t \cdot \omega\varDelta t) - C_A V_0 \sin\omega t$$

$$= \omega C_A V_0 \cos\omega t \cdot \varDelta t$$

$$\therefore \quad I = \frac{\varDelta Q_A}{\varDelta t} = \omega C_A V_0 \cos\omega t = \omega C_A V_0 \sin\left(\omega t + \frac{\pi}{2}\right)$$

▶問9. 電流の最大値を I_0 とすると，問8の結果より，$I_0 = \omega C_A V_0$ である。よって，抵抗に相当する量（リアクタンス）は

$$\frac{V_0}{I_0} = \frac{1}{\omega C_A}$$

また，$I_0 = \omega C_A V_0$ より，ω を増やすと，電流の最大値は増加する。

◆講　評

2021 年度は大問2題の出題であったが，2022 年度は大問3題の出題となった。難易度としてはやや易化した。

Ⅰ　4本のバネにつながれた2物体の運動を考える。単振動の性質を利用して解き進めることができるが，速度・加速度は，それぞれ位置・速度の時間変化率であることから，微分公式を用いると解きやすい。誘導が丁寧なので方針をたてやすいが，正確な計算力が試されている。特に問1は注意深く解いておきたい。

Ⅱ　単原子分子理想気体の状態変化についての問題である。問題に与えられた状態図は V-T グラフであるため，全体像をつかみづらい。自分で P-V 図を描くことができれば，取り組みやすい。また，断熱変化で用いる $PV^{\frac{5}{3}} = $ 一定 または $TV^{\frac{2}{3}} = $ 一定 の式を利用する際には，計算ミスのないよう慎重に計算を進めたい。

Ⅲ　コンデンサーと誘電体・交流に関する問題である。典型的な問題であり，難易度も高くない。問題文から物理状況を読み取る力と，標準的な電磁気分野の知識が問われている。

全体として，物理の標準的な理解を前提として，問題文の読解力，正確な数式処理能力が問われており，物理の総合力が試されている。

化学

 解答　ア．非金属　イ．貴ガス（希ガス）　ウ．16
　　　　　　　エ．ケイ素　オ．リン　カ．金属　キ．酸化数
ク．鉄　ケ．Fe^{2+}

◀解　説▶

≪生物を構成する元素の性質≫

▶ア．共有結合を形成するのは非金属元素である。

▶イ・ウ．原子価 0 は 18 族の貴ガス（希ガス），原子価 2 は 16 族の元素である。

▶エ・オ．第三周期までの非金属元素で，水素，16 族，17 族，18 族を除く元素は B, C, N, Si, P の 5 つ。ここから文中にある B, N, C を除くと，エ，オに当てはまる元素は Si, P となる。

▶カ・キ．金属元素には典型元素と遷移元素があるが，遷移元素は複数の酸化数を取り得る。

▶ク・ケ．地球上に最も多く存在する遷移元素は鉄である。鉄のイオンには Fe^{2+} と Fe^{3+} があるが，還元剤となるのは Fe^{2+} である。

$$Fe^{2+} \longrightarrow Fe^{3+} + e^-$$

II **解答**　問 1．ア．SiO_2　イ．CaF_2　ウ．へき開
　　　　　　問 2．1.15×10^{-8}〔cm〕　問 3．167
問 4．4，5，2，1，3

◀解　説▶

≪イオン結晶の性質・結晶格子・融点≫

▶問 1．ア．石英の主成分は二酸化ケイ素 SiO_2 である。

イ．蛍石の主成分はフッ化カルシウム CaF_2 である。

ウ．結晶に強い力が加わったとき，ある特定の方向，特定の面に沿って割れやすい性質のことをへき開という。

▶問 2．ナトリウムイオンの半径を x〔cm〕とすると

$$2(x + 1.67 \times 10^{-8}) = 5.64 \times 10^{-8}$$

$$\therefore \quad x = 1.15 \times 10^{-8} \text{[cm]}$$

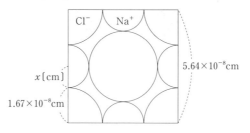

▶問3．塩化セシウム型の単位格子中には Cs^+ と Cl^- が1つずつ含まれている。塩化セシウムの式量を M とすると

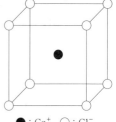

$$\frac{\dfrac{M}{6.02 \times 10^{23}} \times 1}{(4.10 \times 10^{-8})^3} = 4.02 \text{[g/cm}^3]$$

$$\therefore \quad M = 166.9 \fallingdotseq 167$$

●：Cs^+　○：Cl^-

▶問4．1〜5のうち，1．SrO と 3．MgO は2価の陽イオンと陰イオンからなるイオン結晶，2．NaF，4．NaI，5．NaBr は1価の陽イオンと陰イオンからなるイオン結晶である。イオンの価数が大きいほど静電気力（クーロン力）は大きくなるので，2，4，5よりも1，3の方が融点は高い。また，イオン半径が小さい方が静電気力は大きくなる。イオン半径は $Sr^{2+} > Mg^{2+}$ なので，融点は MgO > SrO となる。同様に，イオン半径は $I^- > Br^- > F^-$ なので，融点は NaF > NaBr > NaI となる。

Ⅲ **解答**　問1．ア．青銅　イ．黄銅鉱　ウ．陽極泥
　　　　　　問2．(i)—③　(ii)—①

問3．$7.72 \times 10^7 \text{[C]}$

問4．亜鉛は銅よりもイオン化傾向が大きいため，粗銅板からは銅と共に溶解するが，陰極では亜鉛イオンより還元されやすい銅(Ⅱ)イオンのみが還元されてしまうため。

◀解　説▶

≪銅を含む合金，銅の電解精錬≫
▶問1．ア．銅とスズの合金は青銅である。
イ．銅の主要な鉱石は黄銅鉱である。

ウ．電解精錬で陽極の下に生じる沈殿物は陽極泥とよばれる。

▶問 2．(i)銅と亜鉛の合金を黄銅（真ちゅう）といい，五円硬貨や楽器に使用されている。

(ii)銅とニッケルの合金を白銅といい，五十円硬貨や百円硬貨に使用されている。

▶問 3．陰極の反応は

$$Cu^{2+} + 2e^- \longrightarrow Cu$$

よって，この電気分解に要した電気量は

$$\frac{25.4 \times 10^3}{63.5} \times 2 \times 9.65 \times 10^4 = 7.72 \times 10^7 [C]$$

▶問 4．亜鉛は銅よりもイオン化傾向が大きいため，陽極の粗銅板に含まれる亜鉛は銅と共に溶液中に溶け出す。しかし，陰極ではイオン化傾向が小さい銅の方が亜鉛より析出しやすい。つまり，銅(Ⅱ)イオンは還元されるが亜鉛イオンは還元されないため，亜鉛の単体が陰極に析出することはない。

Ⅳ　解答　問 1．②，③
　　　　　問 2．ア．無極性

イ．ファンデルワールス力（分子間力）　ウ．昇華

問 3．$AgCl + 2NH_3 \longrightarrow [Ag(NH_3)_2]Cl$

問 4．(i)あるイオンを含む溶液が平衡状態にあるとき，同じイオンを含む別の電解質を加えると，そのイオンが減少する方向に平衡が移動し，電離度や溶解度が減少すること。

(ii)$s(s+0.855) = 1.82 \times 10^{-10}$，$s\left(s + \dfrac{50}{58.5}\right) = (1.35 \times 10^{-5})^2$ など

(iii)$2.1 \times 10^{-10} [mol/L]$

◀解　説▶

≪ハロゲンの単体と化合物の性質，共通イオン効果，溶解度積≫

▶問 1．①誤文。ハロゲンの価電子数は 7 である。

④誤文。塩化鉄(Ⅲ)や鉄粉を触媒とし，ベンゼンに塩素を反応させると，置換反応によりクロロベンゼンを生じる。また，触媒のはたらきは活性化エネルギーを小さくすることであり，反応熱は変わらない。

⑤誤文。ヨウ素デンプン反応は，加熱すると呈色が見られなくなる。

▶問 2．ア．ハロゲンの単体は無極性分子であり，分子量が大きいほど沸点は高くなる。

イ．分子量が大きいほど分子間にはたらくファンデルワールス力は大きくなる。

ウ．固体が直接気体に変化することを昇華という。

▶問 3．最もよくアンモニア水に溶解するハロゲン化銀は塩化銀である。塩化銀にアンモニア水を加えると，ジアンミン銀（Ⅰ）イオンを形成して溶解する。

▶問 4．(i) 塩化銀の飽和溶液中では以下の溶解平衡が成り立っている。

$$AgCl \rightleftharpoons Ag^+ + Cl^-$$

この飽和水溶液に塩化ナトリウムを加えると，溶液中の Cl^- が増加するため，Cl^- が減少する左方向に平衡が移動して $AgCl$ の溶解度が減少する。

(ii) $NaCl$（式量 58.5）を加えた後に溶解している $AgCl$ のモル濃度が s〔mol/L〕のとき，溶液中の Ag^+，Cl^- のモル濃度はそれぞれ

$$[Ag^+] = s \text{〔mol/L〕}$$

$$[Cl^-] = s + \frac{50}{58.5} \fallingdotseq s + 0.855 \text{〔mol/L〕}$$

よって，成立する溶解度積の式は

$$K_{sp} = [Ag^+][Cl^-] = s(s+0.855) = (1.35 \times 10^{-5})^2 = 1.82 \times 10^{-10}$$

(iii) 加えた塩化ナトリウムの濃度に比べて s の値は十分小さいとすると，$s + 0.855 \fallingdotseq 0.855$ と近似できるので

$$s \times 0.855 = 1.82 \times 10^{-10}$$

$$\therefore s = 2.12 \times 10^{-10} \fallingdotseq 2.1 \times 10^{-10} \text{〔mol/L〕}$$

 Ⅴ **解答** 問 1．ア．L　イ．アミノ　ウ．β-シート　エ．トリ

問 2．③　問 3．⑤

問 4．フェニルアラニン，チロシン，トリプトファンから 2 つ

問 5．システイン

━━━ ◀解 説▶ ━━━

≪アミノ酸，タンパク質の構造と性質≫

▶問1．ア．鏡像異性体は D 体と L 体に区別される。タンパク質を構成するアミノ酸は L 体である。

イ．アミノ酸のアミノ基とニンヒドリンが反応して青紫～赤紫色に呈色する反応をニンヒドリン反応という。

ウ．タンパク質の二次構造のうち，らせん構造のものを α-ヘリックス構造，波形の構造のものを β-シート構造という。

エ．ビウレット反応はトリペプチド以上のポリペプチドで起こる呈色反応である。

▶問2．難問。アラニンの側鎖はメチル基 CH_3- であり，②，③がこれに該当する。これらのうち，②が D-アラニン，③が L-アラニンである。

▶問3．アラニンは中性アミノ酸，リシンは塩基性アミノ酸，グルタミン酸は酸性アミノ酸である。中性アミノ酸の等電点は中性（やや酸性），酸性アミノ酸の等電点は酸性，塩基性アミノ酸の等電点は塩基性なので，等電点の小さい順はグルタミン酸，アラニン，リシンとなる。

▶問4．芳香族アミノ酸にはフェニルアラニン，チロシン，トリプトファンがある。

フェニルアラニン

チロシン

トリプトファン

▶問5．硫黄原子をもつアミノ酸にはシステイン，メチオニンがあるが，システインがもつチオール基 $-SH$ が酸化されて生じるジスルフィド結合 $-S-S-$ が三次構造に関与する。

$$HS-CH_2-CH-COOH$$
$$NH_2$$
システイン

$\boxed{VI}$ **解答** 問1. ③ 問2. ③ 問3. ③ 問4. ② 問5. ③
問6. **B** よりも **A** の方が側鎖が大きいことから, 分子同士が接近しにくく分子間力が小さいため, **A** の方がやわらかい素材となる。

━━━━━━━━◀ 解 説 ▶━━━━━━━━

≪酢酸の分子量, DNA と RNA, タンパク質, 糖, 接着剤, 合成高分子化合物≫

▶問1. 酢酸 CH_3COOH の分子量は 60 であるのに対し, 実験から計算された分子量は 2 倍の 120 である。これは酢酸が二量体 $(CH_3COOH)_2$ となっていることによるものである。

▶問2. 難問。①誤文。水溶液中では DNA, RNA ともに負に帯電している。

②誤文。RNA ウイルスのように, 2 本鎖構造の RNA も存在する。

④誤文。RNA と DNA の塩基間でイオン結合を形成することはない。

⑤誤文。DNA は負に荷電しているため, 正に荷電しているヒストンとの親和性は高い。

▶問3. ①誤文。タンパク質を熱で変性させると, 水素結合は切断される。

②誤文。タンパク質の結合様式はペプチド結合, ナイロン 66 の結合様式はアミド結合, 共に $-NHCO-$ である。

④誤文。酵素などの球状タンパク質は生体内で生命活動を維持するため, 表面は親水性のアミノ酸残基で覆われている。

⑤誤文。基質が酵素の活性部位にはまり, 酵素—基質複合体とよばれる中間体が生成されても, この反応は平衡反応であるため, 別の生成物とならずに元の基質に戻る場合もある。

▶問4. ②誤文。フルクトースは還元糖ではあるが, アルデヒド基をもつアルドースではなく, ケトン基をもつケトースである。

▶問5. ①誤文。デンプンは低分子化合物ではなく, 高分子化合物である。

②誤文。酢酸セルロース（アセチルセルロース）は天然高分子化合物ではなく, セルロースから製造される合成高分子化合物である。

④誤文。メラミンとホルムアルデヒドの反応は付加重合ではなく, 付加縮合である。また, アルキド樹脂は多価アルコールと多価カルボン酸から合成されるポリエステル樹脂のことであり, メラミンとホルムアルデヒドの

付加縮合で合成される樹脂はメラミン樹脂である。

⑤誤文。ブタジエンの付加重合で得られるポリブタジエンには，極性のある原子団は存在しない。

▶問 6．側鎖が大きい高分子化合物 A は分子同士が接近しにくいため，分子間力が弱く，やわらかい素材となる。ソフトコンタクトレンズに利用されており，シリコーンハイドロゲル素材と呼ばれている。一方，高分子化合物 B はポリメタクリル酸メチルであり，アクリル樹脂ともよばれる堅い素材で，かつてはハードコンタクトレンズに使用されていた。

❖講　評

　試験時間は 60 分，大問数は 6 題であった。解答形式は記述式とマーク式の併用で，大問Ⅰ，Ⅱは全問記述式，大問Ⅲ～Ⅵが記述式とマーク式の併用であった。計算問題は 4 問，論述問題は 3 問であった。大問Ⅴ，Ⅵの有機分野では，教科書では取り扱われていない内容の問題，詳細な知識を要する問題が出題された。

　Ⅰは生物の構成元素についての空所補充問題。文章はやや読解しづらいところもあるかもしれないが，解答する語句，数字，イオン式は決して難しいものではないので，しっかり文章を理解して完答したい大問である。

　Ⅱはイオン結晶に関する大問であった。問 1 のウで解答する「へき開」という語句は覚えていない受験生もいたかもしれない。しかし，教科書にも記載されている用語であり，近年の入試問題ではしばしば問われる傾向にある。問 2，問 3 は結晶格子の計算問題。問われている内容は長さ，密度という基本的なものだったが，塩化ナトリウム型，塩化セシウム型の図が与えられていないので，それぞれの結晶格子にはどのようにイオンが配置されているのかをしっかり覚えていないと解答が困難であった。問 4 はイオン結晶の融点の高低を解答する問題。同じ構造のイオン結晶の融点は，イオンの価数とイオン半径によって決まるということを知っていれば問題なく解答できただろう。

　Ⅲは銅の合金と電解精錬が出題された。問 1，問 2 は基本的な知識を問う問題，問 3 は電気分解の基本計算問題なので，短時間での完答が望ましい。問 4 は粗銅中の亜鉛に関する論述問題であった。陽極で銅と共

に溶け出す理由だけでなく，陰極では析出しない理由も求められている
ので，文章をうまくまとめるのにやや時間を要したかもしれない。

　Ⅳはハロゲンを題材とした総合問題。問 1 では，無機としてのハロゲ
ンの性質だけでなく，有機で反応させるハロゲンについても問われてい
る。正しいものをすべて選ぶタイプの正誤問題だったので，やや迷うと
ころもあったかもしれない。問 4(i)の論述問題では共通イオン効果の説
明が求められた。共通イオン効果を理解できていても，いざ簡潔にまと
めようとすると難しかったのではないだろうか。(ii)で解答する「溶解度
積の式」は解答の仕方がやや不明確で迷いが生じる。$s(s+0.855)$ だけ
を求められているとも，$s(s+0.855)=1.82\times10^{-10}$ を求められていると
も捉えることができるが，(ii)に飽和溶液のモル濃度が与えられているこ
とから，解答は $s(s+0.855)=1.82\times10^{-10}$ とした。また，(ii)では有効
数字の指定がされていないため，(ii)に記されている数値に合わせて 3 桁
で記したもの，0.855 の部分を分数で記したもの，1.82×10^{-10} の部分を
$(1.35\times10^{-5})^2$ のまま記したもの，いずれの解答の仕方も可と思われる。

　Ⅴはタンパク質，アミノ酸の知識を問う大問であった。基本的なもの
がほとんどだが，問 2 で L-アラニンの構造を選択しなければならなか
ったのが非常に難しい。鏡像異性体には D 体と L 体があり，タンパク
質を構成するアミノ酸がすべて L 体であることまでは，入試でよく求
められる知識だが，D 体，L 体の立体構造を判別することを求められる
のは珍しい。教科書範囲外の知識となるので，ほとんどの受験生が②，
③の二択で悩んだだろう。

　Ⅵは様々な有機化合物に関する知識問題であった。問 2 では DNA と
RNA に関して，化学の教科書には載っていないような細かな知識が問
われており，解答はかなり困難である。消去法での選択も難しく，多く
の受験生が困惑したと思われる。問 3 〜問 5 は，天然・合成高分子化合
物に関してしっかり知識を習得できていれば解答可能であり，正解した
い問題であった。問 6 はコンタクトレンズ素材となる合成高分子化合物
の問題。高分子化合物 A はほとんどの受験生が初めて見る物質であっ
ただろうが，高分子化合物 B はポリメタクリル酸メチルであり，主な
用途は強化ガラス，水槽などという知識と共に教科書にも載っている物

質である。それに気付けば, **A** の方がやわらかいと思えるであろうし, 明らかな構造の違いは側鎖の大きさであり, 理由が分子間力にあることにも気付けるだろう。

生物

$\boxed{\text{I}}$ **解答**　問1．ア．前庭　イ．半規管　ウ．うずまき管
　　　　エ．空気中の化学物質（揮発性物質）

オ．液体中の化学物質（水溶性物質）

問2．毛様筋が収縮して水晶体の厚さを変え，網膜上に鮮明な像を結ぶ。
（30字以内）

別解　毛様体の収縮により水晶体の厚さが変わり，焦点距離が変化する。
（30字以内）

問3-1．X：桿体細胞　Z：赤錐体細胞

問3-2．

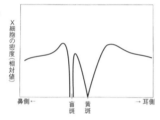

問4．光によってロドプシンが分解され，桿体細胞の感度が低下する。
（30字以内）

問5．一次構造：ペプチド結合

三次構造：ジスルフィド結合（S-S結合）

問6．閾値未満の刺激では興奮せず，閾値以上で一定の興奮が生じる。
（30字以内）

◀解　説▶

≪適刺激とヒトの受容器，ヒトの視覚，全か無かの法則≫

▶問1．ウ．うずまき管内の基底膜の上にはコルチ器と呼ばれる器官があり，コルチ器にはおおい膜に接触した感覚毛をもつ聴細胞が存在する。

▶問2．「毛様筋」または「毛様体」と，「水晶体」の語句は必ず含めるようにしたい。

▶問3-1．明所ではたらく錐体細胞には青錐体細胞，緑錐体細胞，赤錐体細胞の3種類があり，それぞれ 420, 530, 560 nm 付近の波長の光を最

もよく吸収している。このことから，図１の W 細胞が青錐体細胞，Y 細胞が緑錐体細胞，Z 細胞が赤錐体細胞となる。残る X 細胞は，うす暗い場所でよくはたらく桿体細胞とわかる。

▶問 3 - 2．問 3 - 1 より，桿体細胞の分布の様子を図示すればよい。視神経が網膜を貫いている盲斑には視細胞はまったく分布していない。桿体細胞は黄斑の中心窩には分布せず，網膜の周辺部に多く分布する。

▶問 4．桿体細胞に含まれる感光物質のロドプシンは，光が当たるとオプシンとレチナールに分解される。これにより桿体細胞の感度が低下し，暗い場所から明るい場所へ移動しても，やがてまぶしさを感じなくなる。30字と字数が少ないため，ロドプシンが分解される点にだけ言及すればよいであろう。

▶問 5．多数のアミノ酸がペプチド結合によってつながったものが，タンパク質の一次構造である。また，アミノ酸のうちシステインは硫黄（S）を含んでおり，この硫黄どうしの結合であるジスルフィド結合（S−S 結合）によって形成される立体構造が三次構造である。

▶問 6．必ず含めるべき語句は「閾値」である。ニューロンは，閾値以上の強さの刺激には一定の大きさの興奮を示し，閾値より小さい刺激には興奮しない。

Ⅱ　**解答**　問 1．ア−Ⅰ　イ−B　ウ−D　エ−U　オ−P
　　　　　　カ−P

問 2．G，Ⅰ

問 3．脂肪組織を発達させることで，放熱を防ぐ。（20 字以内）

問 4．遊泳を妨げず，脱落しない記録計を用いる。（20 字以内）

問 5．・水温や水深が変化しても筋温は一定である。（20 字以内）
　　　・深い水深でも長時間連続して遊泳できる。（20 字以内）

問 6．・深い水深まで潜ることができる。（15 字以内）
　　　・短時間遊泳し，海面に浮上する。（15 字以内）

問 7．筋温を高く維持し，活動性を高めている。（20 字以内）

━━━━━◀解　説▶━━━━━

≪恒温動物と変温動物の体温調節，行動記録，変温動物の分類≫

▶問 1．低温刺激により体温が低下すると，間脳視床下部が感知し，交感

神経が作用して立毛筋や皮膚の血管が収縮して放熱が抑制される。また，チロキシン，糖質コルチコイド，アドレナリンなどのホルモンが分泌され，肝臓などで代謝が促進されることにより発熱量が増加する。

▶問2．魚類のカジカと，は虫類のグリーンアノールが変温動物である。アルマジロ，ツパイ，アリクイ，ガゼル，ヌートリア，ワラビー，カモノハシは哺乳類，フィンチ，エナガ，キーウィは鳥類で恒温動物である。

▶問3．アカマンボウは，初めて見つかった温血魚として発表された魚類である。えら付近の特殊な血管構造が発熱に関与していると考えられている。だが，本問では胴体部にある発達した組織が問われているため，上記の専門的な知識は必要としない。セイウチやアザラシ等の寒い海域に生息する海生哺乳類が分厚い脂肪組織をもつことを知っていれば，それがヒントになっただろう。

▶問4．標識再捕法における標識の条件と同様であることに気がつけばよい。記録計は簡単にはずれないものであり，かつ，記録計を装着された個体の行動が，装着されていない個体と変わらないことが注意すべき点である。

▶問5．図1より，水温や水深に関わらず，筋温はほぼ一定に保たれていることがわかる。また，水温が低く水深の深い場所でも長時間連続して遊泳できることが読み取れる。

▶問6．水深に着目すると，水深100ｍ以内を遊泳するアカマンボウに対して，ハナゴンドウは水深400ｍあたりまで潜ることがわかる。一方で，哺乳類であるハナゴンドウは，魚類のアカマンボウのように長時間連続して遊泳することはできず，呼吸のために頻繁に海面まで浮上していることが読み取れる。

▶問7．筋温を高く維持することにより活動性を向上させ，素早く遊泳して獲物を捕食できる点が生存競争に有利に作用していると考えられる。

 解答　問1．ア—M　イ—T　ウ—L　エ—J　オ—E　カ—P

問2-1．Y

問2-2．より弱光下でも光合成を行い，有機物を合成できる。(25字以内)

問 2 - 3．X：光化学反応　Y：炭酸固定反応

問 3 - 1．10.5%　問 3 - 2．34.4 mg/m²/日

問 4．遺体・排出物中の化学エネルギーを，熱エネルギーに変換する。

（30 字以内）

━━━◀解　説▶━━━

≪植物の光合成反応，生態系における有機物の移動≫

▶問 1．リード文中の「植物が一定期間内に光合成によって生産した有機物の総量」は総生産量，「植物自身が呼吸で消費した有機物量」は呼吸量であり，「総生産量−呼吸量＝純生産量」となる。また，「植物の成長と繁殖に使われる」有機物量は成長量であり，「成長量＝純生産量−（被食量＋枯死・死滅量）」となる。

▶問 2 - 1．弱光条件に順応している葉は陰葉であり，強光条件に順応した陽葉に比べて光補償点も光飽和点も小さい。陰生植物と陽生植物の関係に類似する。これより，X が陽葉，Y が陰葉と判断できる。

▶問 2 - 2．光合成による CO_2 の吸収量と呼吸による CO_2 の放出量が等しくなる光の強さが光補償点であり，光補償点よりも光が強いと植物は光合成により有機物を蓄積することができる。したがって，光補償点が小さいと，より弱光下でも光合成速度が呼吸速度を上回ることになるため，有機物を蓄積して成長できることになる。

▶問 2 - 3．X の葉に 6 キロルクスの光を当てたとき，限定要因となっているのは光の強さである。すなわち，光を強くすれば，さらに光合成速度は増加する。したがって，この場合に光合成速度を決めている反応は光化学反応であると考えられる。一方，6 キロルクスという光の強さは，Y の葉にとっては光飽和点よりも強い光であり，これ以上光を強くしても光合成速度は変わらない。よって，光合成速度を決めているのは炭酸固定反応ということになる。

▶問 3 - 1．

$$消費者のエネルギー効率 = \frac{その栄養段階の同化量}{1つ前の栄養段階の同化量} \times 100〔\%〕$$

であるから，表 1 より一次消費者の同化量は 59.3 mg/m²/日，生産者の同化量（純生産量）は 564.2 mg/m²/日 であることより

$$\frac{59.3}{564.2} \times 100 = 10.51 \fallingdotseq 10.5[\%]$$

▶問 3 - 2．生態系において分解者に供給される有機物量は，生産者の枯死量＋消費者の死滅量＋消費者の不消化排出量である。表 1 より

　　　　生産者の枯死量＝15.5[mg/m²/日]　　　　　　　……①

　　　　消費者の死滅量＝1.2＋0.2＝1.4[mg/m²/日]　……②

　　　　消費者の不消化排出量＝摂食量－同化量

　　　　　　　　　　　　＝1つ前の栄養段階の被食量－その栄養段階の同化量

よって

　　　　一次消費者の不消化排出量＝74.1－59.3＝14.8[mg/m²/日]　……③

　　　　二次消費者の不消化排出量＝12.7－10.0＝2.7[mg/m²/日]　　……④

①＋②＋③＋④ より

　　　　15.5＋1.4＋14.8＋2.7＝34.4[mg/m²/日]

▶問 4．菌類・細菌類は，生態系における分解者である。よって，分解者とエネルギーの関係についてまとめればよい。生産者の光合成によって取り込まれた太陽の光エネルギーは，化学エネルギーに変換されて有機物中に蓄えられる。このエネルギーの一部は有機物とともに上位の消費者へと移動し，各栄養段階の生物に利用される。生物の遺体・排出物中の有機物は分解者によって無機物へと分解され，有機物中の化学エネルギーは最終的に熱エネルギーとなって生態系外へ放出される。

❖講　評

　Ⅰ　適刺激とヒトの受容器，ヒトの視覚，タンパク質の立体構造に関する問題であった。問 3 - 1 では，錐体細胞 3 種を示す頻出のグラフに桿体細胞も加わった目新しい内容だった。また，問 3 - 2 は描図問題で，日頃から教科書に登場するグラフをどれだけよく見て理解していたかが問われた。論述問題は，30 字以内が 3 問出題された。

　Ⅱ　恒温動物と変温動物の体温調節，魚類や海生哺乳類の行動記録，変温動物の分類などについて問われた。実験上の注意点を問う問題，与えられたグラフを読み取る問題が出されたが，難易度は決して高くはない。しかし，15 字以内の論述問題が 2 問，20 字以内が 5 問と多く，指定字数にまとめるのに時間を要する内容であった。

Ⅲ 植物の光合成反応，生態系における有機物の移動とエネルギーの流れに関する出題である。2 問で最大 55 字分の論述問題のほか，グラフを読み取る力や，表で与えられた数値を用いた計算力が問われた。エネルギー効率や有機物量を求める計算問題は標準的であり，ミスなく解答したい。

2022 年度は論述問題は 12 問で，総字数は最大で 275 字と，2021 年度の 215 字に比べて約 3 割ほど増加している。また，早稲田大学ならではの，少ない字数での論述問題が 2022 年度も出題された。字数制限の有無に関わらず，論述問題の解答には時間を要するため，十分な時間を充当できるよう時間配分には留意したい。

地学

Ⅰ **解答** 問 1．㋐第四　㋑ローレンタイド　㋒小さい
　　　　㋓大きい　㋔ミランコビッチ・サイクル

問 2．4.1

問 3．スカンジナビア氷床が発達していた時期は，氷床の荷重で地殻が沈降した状態でアイソスタシーが成り立っていたが，氷床の消失によってその荷重が失われたことで，現在はアイソスタシーが崩れた状態であり，浮力によって地殻が上昇しているから。

問 4．カール（他に，U字谷，モレーン）

問 5．(A)，(B)，(C)，(D)

問 6．※

問 7．移入の年代：16 万年前，4 万年前

バイソンが 2 回にわたりアジア大陸から北アメリカ大陸に移入した時期はいずれも氷期であり，氷床の発達によって海水準が低下し，両大陸が地続きになっていたと考えられる。また，バイソンはその特徴から寒冷地に適応した哺乳類であり，間氷期の後に寒冷化が進行する度に進化し多様化している。

※問 6 については，設問の記述に不適切な部分があったため，解答の有無・内容にかかわらず，受験生全員に得点を与える措置を取ったことが大学から公表されている。

◀解　説▶

≪第四紀の氷期・間氷期サイクル，アイソスタシー，熱塩循環≫

▶問 1．㋒・㋓深海底に生息する有孔虫は海水中のイオンを取り込んで殻をつくるため，有孔虫殻の酸素同位体比は，その有孔虫が生息していた当時の海水中の酸素同位体比を示す。また，海水中の ^{18}O と ^{16}O の比は，^{18}O を含む水分子と ^{16}O を含む水分子の比となる。海水が蒸発する際，^{16}O を含む水分子の方が ^{18}O を含む水分子よりも軽いため蒸発しやすいが，氷期には海から蒸発した水分子が氷床として陸に固定されてしまうため，海水中の ^{16}O を含む水分子が暖かい時期よりも少ない状態となってしまう。酸素同位体比を求める式において，^{18}O に対する ^{16}O の割合が減少すると，

酸素同位体比の値は大きくなることから，寒冷な時期ほど，有孔虫殻の酸素同位体比は大きくなる。

▶問 2．図 1 とリード文で示されている 3 つの周期は，地球の公転軌道の離心率，地軸の傾き，地軸の歳差運動の変動周期で，ミランコビッチ・サイクルとよばれる。このうち，空欄(A)とされているのは地軸の傾きの変動周期であり，約 4.1 万年周期である。なお，図 1 中の矢印から周期を読み取ろうとすると約 4.3〜4.4 万年となる。

▶問 3．地殻はマントルよりも平均密度が小さく，マントルに浮かんだような状態で浮力と重力がつり合っており，このつり合いをアイソスタシーという。ここではスカンジナビア氷床の発達と消長に関しての設問であるため，氷床が発達するとその荷重で地殻は沈降し，逆に氷床が溶けるとアイソスタシーを回復するために上昇することを説明すればよい。

▶問 4．氷河地形として挙げられるものとしては，侵食によって形成されるカールや U 字谷のほか，氷河でけずり取られた礫が堆積した地形であるモレーンも候補となる。これらはいずれも本州中部の山岳地帯でも確認されている。

▶問 5．北大西洋北部では，海水が大気によって冷却されて低温になることに加え，海氷の形成によって海水が高塩分化することで，密度が大きい海水が生じている。北大西洋北部で形成されて沈み込んだ密度が大きい海水を北大西洋深層水といい，この沈み込みが駆動力となって生じている深層循環を，熱塩循環という。各選択肢について，下線部(3)で示されているように中緯度まで海氷が分布していた場合，本来北大西洋深層水が形成される高緯度海域が海氷で覆われ，大気による冷却で密度の大きい海水が形成されるという通常の仕組みが起こりにくくなってしまうと考えられる。すると，北大西洋深層水の流量は減少し，また，より低緯度で密度の大きい海水の形成と沈み込みが生じるようになると考えられる。したがって，選択肢の(A)，(B)は正しい。このとき，北大西洋深層水の沈み込む流量が減少すると，現在では北大西洋深層水が占めている海洋深部に南極底層水が分布範囲を拡大して流れ込むことができると考えられ，(C)も正しい。さらに，同じく下線部(3)に示されている状況では，メキシコ湾流から北大西洋海流へと至る暖流が弱まってしまい，高緯度への熱輸送量も減少すると考えられるので，(D)も正しい。

▶問 7．バイソンが北アメリカ大陸に移入した時期については，図 3 において破線から実線に変化している年代値を読み取ればよく，1 回目が 160×千年前で 16 万年前，2 回目が 40×千年前で 4 万年前である。これらの時期は，図 1 からいずれも気温が低い（酸素同位体比が大きい）氷期の最盛期に近いことがわかるが，陸生哺乳類のバイソンが大陸間を移動するには，大陸間が地続きになっている必要がある。アジア大陸と北アメリカ大陸の間は現在ベーリング海峡となっているが，海水準が低下していた時期は地峡となっていたため，それを渡ってバイソンが移入できたと考えればよい。また，図 3 において分岐が生じている，すなわち，バイソンが進化し多様化している時期を図 1 と照らし合わせると，いずれも 33 万年前や 20 万年前頃の気温上昇のピーク（間氷期）の後，氷期の間に起こっていることが読み取れる。問題文では寒冷地に適したバイソンの特徴が示されていることから，それらを結び付けて考えればよい。

　解答　問 1．硬石膏：$CaSO_4$
　　　　　　　　炭酸カルシウム鉱物：$CaCO_3$
岩塩：$NaCl$

問 2．(B)・(D)

問 3．(ア)亜熱帯　(イ)下降　(ウ)熱帯　(エ)上昇　(オ)ハドレー循環

問 4．海水から塩類が除去され塩分が低下すると，凝固点が上昇するため，海氷が形成されやすくなる。海氷が増えると地球のアルベドが大きくなるため，太陽放射の吸収量が減って地球寒冷化を促進させることになる。

問 5．図 4 において，西地中海の沿岸部から中央部に向かって，蒸発に伴う晶出順序に従って蒸発岩が分布している。このことから，地中海の海水が蒸発によって減少することで次第に海面が低下し，浅いところから深いところへと順に蒸発岩が晶出し堆積したと考えられ，地中海が干上がったと解釈できる。

━━━━━━ ◀解　説▶ ━━━━━━

≪メッシニアン塩分危機，蒸発岩鉱物，ハドレー循環≫

▶問 1．岩塩と硬石膏の成分は，それぞれ塩化ナトリウムと硫酸カルシウムである。なお，石膏は硫酸カルシウムの 2 水和物であり，化学式は $CaSO_4 \cdot 2H_2O$ だが，硬石膏は無水物なので，化学式は $CaSO_4$ となる。

▶問２．海水の蒸発が進むと残留溶液が減少するため，$\left(\dfrac{残留溶液}{初生海水}\right)$の体積比は小さくなっていく。したがって，蒸発に伴う晶出順序は，図１において体積比が大きい方から小さい方に向かう順序なので，(B)が正しい。また，図１において，石膏と炭酸カルシウム鉱物の晶出が切り替わる体積比は 0.2 であり，残留溶液が初生海水の $\dfrac{1}{5}$ ということである。したがって，海水の体積が約 $\dfrac{1}{5}$ まで蒸発すると，炭酸カルシウム鉱物から石膏に切り替わって晶出すると判断できる。よって，(D)も正しい。

▶問３．赤道域では地表が強く暖められることで上昇気流が発達し，地表は低圧部となる。そこへ貿易風が吹き込むことで，赤道域は収束帯となっており，熱帯収束帯とよばれる。赤道域で上昇した空気は圏界面に沿って中緯度側へ向かうが，緯度 30° 付近で下降するため，亜熱帯高圧帯が形成される。この低緯度における鉛直方向の大気循環は，熱対流による大気循環を提唱した人物に因んでハドレー循環とよばれる。

▶問４．アルベドは地球が太陽光を反射する割合のことであり，地球寒冷化の促進に関しては，アルベドが大きくなることが挙げられる。使用語句に「凝固点」が含まれていることから，アルベドが大きくなる要因として海氷の量が増えることを示せばよいと考えられる。また，リード文中で，全海洋の海水から約６％の溶存イオンが除去された見積もりになると記載されていることから，メッシニアン塩分危機を原因とする全球的な気候変動とは，全海洋の塩分が低下することによるものと判断できる。塩分が低下すると海水の凝固点は上昇し，海水は生成されやすくなるので，これらを結び付けて述べればよい。

▶問５．干上がるということは，蒸発によって海水が減少するということなので，地中海において海水が蒸発して次第に海面が低下したことを示せばよい。問２の解答に関連して，図４に示されている西地中海の蒸発岩の分布から，沿岸部から中央部に向かって，より蒸発が進行した状態で蒸発岩が晶出したことが読み取れる。地形的に，地中海の沿岸部よりも中央部の方が深いので，この分布から，蒸発岩の堆積を伴う海面の低下が，海水の蒸発によって起こったものであると判断できる。

Ⅲ　**解答**　　問1．㋐火山ガス　㋑溶岩　㋒火山砕屑物（火砕物）
　　　　　　　　　　　㋓火砕

問2．単成

問3．

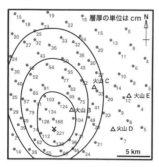

問4．風は　[南]　から　[北]　に向かって吹いていた。

問5．B→D→E→A→C

問6．火山名：火山 A，火山 C，火山 E
年代測定法の名称：放射年代測定

問7．火山 C：玄武岩　火山 E：安山岩　火山名：西之島

◀解　　説▶

《火山活動，火山噴出物，放射年代測定，火山岩》

▶問1．火山噴出物は，気体の火山ガス，液体のまま噴出した溶岩，固体
の火山砕屑物に区分され，火山砕屑物は火砕物ともよばれる。溶岩は，噴
出した液体が固化したものを示す場合もあるが，特に流下しているものは
溶岩流という。また，火山砕屑物や火山ガスなどの高温の混合物が，高速
で流れ下る現象を火砕流という。

▶問2．リード文より，1回の火山活動で1火山のみが噴火し，過去に火
山のなかった場所で噴火が起きていると示されていることから，火山A～
Eはそれぞれ1回の火山活動で形成された単成火山だと判断できる。なお，
複式火山とは火口の中に火口が生じるなど，複数の火山が重なっているも
のであり，複成火山とは，休止を含む複数回の噴火活動を繰り返すことで
形成され成長した火山である。

▶問3．25 cm，50 cm，100 cm のそれぞれの等層厚線を描く際には，例
えば25の線は20と30の中間を通る，というように周囲のデータを利用
して線を引けばよい。降下火砕堆積物は火口付近に最も厚く堆積するため，

火口の位置は，すべての層厚データの中で最も大きい 221 cm の地点であると考えられる。

▶問 4．描かれた等層厚線は，東西に比べて南北に長い分布を示し，また，火口のある南部で間隔が狭く北部で広くなっている。風によって運搬された降下火砕堆積物は，風下側に最も広い分布となることから，風は南から北に向かって吹いていたと判断できる。

▶問 5．地層累重の法則より，堆積している地層は下位ほど古く，上位ほど新しい。ここでは若い降下火砕堆積物を対象としていることから，地層の逆転はなく，そのまま読み取ればよい。露頭 1〜4 において読み取れる堆積順序はそれぞれ，以下のようになる。

　　　露頭 1：d→(α)→e　　露頭 2：b→a→c
　　　露頭 3：(β)→b→d　　露頭 4：b→e→a

したがって，これらを整理すると，(β)→b→d→(α)→e→a→c となるので，火山の活動順序は B→D→E→A→C となる。

▶問 6．^{14}C の量は，半減期である 5730 年が経過するごとに $\frac{1}{2}$ となる。

したがって，^{14}C の量が 16 分の 1 となった植物片 β は，$\frac{1}{16}=\left(\frac{1}{2}\right)^4$ より，

5730 年×4＝22920 年前の年代値を示す。植物片 α は β の年代値の $\frac{1}{3}$ なので，22920÷3＝7640 年前の年代値となる。α と β の間に堆積している b と d は，この間の年代値を示すことになるが，1 万年よりも若いことは確かめられない。一方，α より上位に堆積している e，a，c を噴出した活動は 7640 年前よりも若いことが確実である。よって，火山 A，C，E が当てはまる。

▶問 7．SiO_2 含有量による火山岩の分類は，約 45％〜約 52％が玄武岩，約 52％〜約 66％が安山岩とされている。スコリア丘は，比較的 SiO_2 含有量が少ないマグマの噴火で形成されるが，最近の噴火に伴って形成された例は，伊豆小笠原弧で陸地を拡大させた西之島である。

❖講　評
　2022 年度の大問数は 3 題で，2021 年度よりも減少した。問題分量も

やや減少したが，難度の高い問題が増えたため，全体の難易度は 2021 年度よりもやや難化したと言える。

　　Ⅰ　氷期・間氷期サイクルを題材とし，地史，海洋を中心とした出題。問 1，問 2 は基礎知識の空所補充問題。問 3 の論述はアイソスタシーに関する基本的な出題であった。問 5 は深層循環についての選択問題であるが，やや判断が難しい設問であった。問 7 の論述は，複数の図を的確に読み取った上で知識と結びつけて説明することが必要な設問であった。

　　Ⅱ　メッシニアン塩分危機を題材とした，鉱物と大気に関する出題。問 1 は蒸発岩の化学組成を問う基礎問題。問 2 は図からの読み取り内容を選択する設問。問 3 の空所補充はハドレー循環に関する基礎知識問題であった。問 4 は語句指定がある論述，問 5 は他の小問から連想できる論述であるが，本文や図の情報を的確に読み取る力と思考力が求められる設問であった。

　　Ⅲ　火山噴出物に関する出題。問 1 は基礎知識の空所補充問題。問 2 の用語選択は，用語を知らなくても本文の内容から判断できる。問 3 の描図問題は，頻出の地質図や地質断面図とは異なるものではあったが，難度は高くない。問 4 は問 3 が描ければ問題なく解答できる。問 5，問 6 は層序や年代値に関するオーソドックスな出題。問 7 は基礎知識問題だが，時事問題も出題された。

2021

年度

解答編

解答編

英語

I　解答
1－d　2－b　3－b　4－b　5－d　6－a
7－d　8－b　9－c　10－a

━━━━━◆全　訳◆━━━━━

≪文化心理学論≫

　私たちは疑問をはっきり言うことから共同研究を始めた。日本人研究者の忍先生はなぜアメリカの生活はこれほど異様なのか不思議に思った。アメリカ人研究者のヘーゼル先生は日本の奇妙さにまつわる逸話で迎え撃った。文化心理学は，奇妙をおなじみに，おなじみを奇妙に変えることである。私たちが分かち合った文化の出会いは，私たちを仰天させ，心理的な機能ということでは，文化がものをいうのだということを思い知らせたのだった。

　日本での数週間にわたる英語が堪能な学生相手の講義の後で，ヘーゼル先生はどうして学生は何も言わないのかしらと思った。質問もなく，論評もない。先生は学生に自分と違う考えに興味があると断言していた。それなのにどうして反応が何もないのか。議論や討論，批判的思考の印は，どこへ行ってしまったのか。たとえ先生が「麺類はどの店が一番おいしいか」という簡明な質問をしても，答えは常に，音が聞こえるほど息を吸った後，「どうでしょう」であった。日本の学生は好みも，思想も，意見も，心構えもないのか。こうしたものがないのなら，頭の中には何があるというのか。自分が何を考えているかを言わなかったら，どうしてその人のことがわかるというのか。

　忍先生はなぜアメリカの学生がただ講義を聴くだけではないのか，常にお互いの話を遮り，互いに，また教授と，話し合っていなければいけないと感じるのはなぜなのかを知りたいと思った。なぜ論評と質問が強い感情を表現し，競争力をもったのか。こうした言い争いの意味は何だったのか。

なぜ知性は，お互いをよく知っているクラスの中でさえ，他人を負かすことと結びついているように見えたのだろうか。

　忍先生は，客人に好みを聞きまくるアメリカの世話役への驚きを表明した。ワインがいいですか，ビールですか。清涼飲料ですか，ジュースですか。あるいは，コーヒーですか，紅茶ですか。なぜどうでもいい好みを聞いて面倒をかけるのか。世話役はこの場面にふさわしい飲み物が何なのかを確かにわきまえており，ただ何かふさわしいものを提供することができたのに。

　好きなものを選ぶのが面倒ですって。ヘーゼル先生は，日本でのとりわけ屈辱的な一体験の鍵を握っているのはこれなのかしらと思った。ヘーゼル先生以外は全員生粋の日本人の 8 人連れがフランス料理店に入った。誰もが一般的なレストランの作法に従い，メニューを読み込んだ。ウエーターが近づいてきて，そばに立った。ヘーゼル先生は，好みのオードブルとアントレを告げた。その次に続いたのは，日本人の世話役と日本人の客の間の張り詰めた話し合いであった。食事が出されると，それは先生が注文したものではなかった。席に着いていた人全員に，同じ食事が出された。これはひどく不快なことだった。自分の夕食を選べないのなら，どうしてそれを楽しめるだろうか。誰もが同じ食事を出されるのなら，メニューに何の意味があったのか。

　同じだという感覚は，日本ではよい，あるいは望ましい感覚なのだろうか。ヘーゼル先生が京都で寺の境内を歩いていたとき，通路に分かれ道があり，「順路」という標識があった。誰が順路を通りたいだろうか。特別な，人のあまり通らない道はどこだろうか。非順路を選ぶのは，アメリカ人には自明の進路かもしれないが，この場合には，その道は境内の外の寺のゴミ捨て場に続いていた。順路は退屈で何事もない道のことを示していたのではなく，適切であり，良好な道のことだったのである。

　こうしたやりとりが，私たちの実証研究の発端となり，私たちに，それぞれが一番よく知っている様式の他にも生活様式があることを思い知らせてくれた。これまで，大半の心理学は，中流の白人アメリカ人を対象に研究する中流の白人アメリカ人環境にいる心理学者によって生み出されてきた。他の社会文化環境では，人としてどうあるべきかや，意義ある人生をどう送るのかをめぐって様々な考え方や習慣があってもいいし，この違い

が心理的機能に影響を及ぼす。このような認識は，私たちが共同研究と文化心理学に関心を抱き続ける原動力となっている。

━━━━━━◀解　説▶━━━━━━

▶1．「下線部(1)を正しい順に並べたとき，5番目と9番目はどれか」　まず，並べ替えてできる文の意味を考える。直前の，「講義に対する反応が何もない」という内容を受けて，「先生は…と断言していた」となり，続いて「それなのにどうして反応が何もないのか」となるのだから，下線部は「意見を言うことはいいことだ（と断言した）」になると判断できる。選択肢から節が続くと判断できるから，assure の基本形 assure *A* that SV … という VOO 構文を想定する。that 節内の主語は語形から she（＝ヘーゼル先生）が想定されるから she was interested in ideas …(i)という文ができる。were は主語が複数名詞でなければならず，また hers があることを考え合わせると，ideas were different from hers（＝her ideas）…(ii)とできる。(i)と(ii)を関係詞 that で結合して assure の VOO 構文に埋め込めば，… assured [students（that）she was interested in ideas that were different from hers] となる。assure の目的語の標識である that は省略可能であるが，主格関係詞は原則として省略不可であることに注意する。できた文の5番目と9番目は in / different であるから，正解はdである。

▶2．「空所 [　2　] に最もふさわしい返答は何か」

a．「私の知ってる店は3つあります」

b．「場合によります（＝決められない）」

c．「2つ目の通りの奥です」

d．「この辺には麺類の店はないです」

学生は質問に答えないという記述を受けて「一番おいしい店は？」と聞いても，返事は「…」だったというのだから，当該空所にふさわしいのは，「返事にならない返事」だとわかる。よって，正解はbに決まる。

▶3．「空所 [　3　] に最もふさわしい答えを選べ」　当該空所部分には文が続いているから curious の後に節をつなぐ形を考える。curious に続く前置詞は about や as to が考えられるが，c．as to では節がつながらないので，間接疑問の節が前置詞の目的語となるaとbに絞られる。what は代名詞だから文の要素となるので，後続の文と不適合。よって，

正解は b に決まる。

▶ 4．「下線部(4)と最もよく一致する語句はどれか」

ａ．「～とうまくやっていく」

ｂ．「～に勝利する」

ｃ．「～を取り除く」

ｄ．「～と意思が通じ合う」

get the best of ～ は「～をしのぐ，負かす」といった意味。よって，正解は b に決まる。

▶ 5．「空所〔　5　〕に最もふさわしい答えを選べ」

ａ．「狭い選択肢」

ｂ．「重大な選択」

ｃ．「有意義な用件」

ｄ．「些細な決断」

当該空所を含む部分は「なぜ…で客を苦しめるのか」という意味。前文に「ワインがいいですか，ビールですか。清涼飲料ですか，ジュースですか。あるいは，コーヒーですか，紅茶ですか」とあり，すべて単に好みのものを選ぶことが求められている。「単なる好みの選択」を表すのにふさわしい d に決まる。

▶ 6．「空所〔　6　〕に最もふさわしい答えを選べ」

ａ．「読み込んだ」

ｂ．「教えた」

ｃ．「学習した」

ｄ．「強調した」

当該空所を含む部分は「誰もが一般的なレストランの作法に従い，メニューを…していた」という意味。フランス料理店でメニューを使ってすることといえば，メニューから料理をじっくり選ぶことであろう。よって，正解は a だとわかる。

▶ 7．「空所〔　7　〕に最もふさわしい答えを選べ」

ａ．「成功の予想」

ｂ．「同情的な答え」

ｃ．「不気味な印象」

ｄ．「同一だという感覚」

当該空所を含む部分は「…は，日本ではよい，あるいは望ましい感覚なのだろうか」という意味。次に導入されるのは「順路」という話題。順路とは，誰もが通る同じ道ということ。よって，ここには前段の後ろから4文目以降の「全員同じ料理」を受ける表現がくると読み取れる。よって，この検討に合致するdが正解だとわかる。

▶8.「下線部(8)は何を指しているか」　当該下線部を含む文は「それは境内の外の寺のゴミ捨て場に続いていた」の意。「ゴミ捨て場に行く道」とは，non-ordinary path「非順路」のこと。そうなっているのはbである。

▶9.「下線部(9)に置き換えることができないのはどれか」

a．「奮い立たせる，刺激する」

b．「挑発する，刺激する」

c．「許す」

d．「刺激する」

当該下線部は「～に燃料を供給する，焚きつける」という意味。allow には積極的に何かを生じさせるという意味はないから，正解はcに決まる。

▶10.「本文に関して正しいのは次のうちどれか」

a．「著者は，読者に非西洋的な環境を心理学に組み込むことを考慮するよう奨励している」　最終段（These exchanges inspired …）の内容に一致。

b．「ヘーゼル先生は，なぜ日本人は同一性に重きを置くかに明確な答えをもっている」　日本人の同一性重視に関しては，空所［　6　］と空所［　7　］を含む段落に記述されているが，そこにはヘーゼル先生が出した答えは何も記述されていない。

c．「忍先生は，ある問題について論議しようとするアメリカ人学生は，頭がよくないと示唆している」　アメリカ人学生の論争好きに関しては，下線部(4)を含む文に，「なぜ知性は，お互いをよく知っているクラスの中でさえ，他人を負かすことと結びついているように見えたのだろうか」とあり，むしろ論争と頭のよさとがリンクしているようだと論じられている。

d．「忍先生は，日本人はアメリカ人より情緒的に安定していると考えている」　本文には，日米両国人の情緒の安定度に関する記述はない。

◆━◆━◆━◆━◆　●語句・構文●　◆━◆━◆━◆━◆

（第1段）collaboration「共同研究，合作，協力」　out loud「声に出して，

大声で」 weird「異様な，風変わりな，気味の悪い」 anecdote「逸話，小話」 cultural psychology「文化心理学」 when it comes to ～「～ということになると」 functioning「機能すること」

（第2段）good command of ～「（語学など）が堪能であること」 comment「批評，論評」 critical thinking「批判的思考法」 straightforward「まっすぐな，直接の，わかりやすい」 invariably「いつも，決まって，変わることなく」 audible「音が聞こえる，聞き取れる」 intake「取り入れ，吸い込み，摂取量」

（第3段）interrupt「邪魔する，話を遮る」 competitive edge「他に負けない強み，競争力」 What is the point of ～?「～の意味は何か」 associate *A* with *B*「*A* を *B* と結びつけて考える」

（第4段）amazement「驚き，仰天」 bombard *A* with *B*「*A* を *B* で攻め立てる」 burden *A* with *B*「*A* に *B* を負わせる，*A* を *B* で苦しめる」 appropriate「適切な，妥当な」

（第5段）humiliating「屈辱的な」 script「脚本，台本，一連の作業」 announce「発表する，宣言する，知らせる」 Next was a tense conversation「次に来たのは張り詰めた話し合いだった」 C be S という，be を挟んで S と C が入れ替わる形式。disturbing「平穏を乱す，不安を招く」

（第6段）desirable「望ましい，当を得た」 fork「分岐（点），分かれ目」 denote「～を示す，意味する，象徴する」 unchallenging「刺激のない，興味をそそられない，魅力のない」

（第7段）inspire「生じさせる，奮い立たせる」 experimental「実験的な，実験に基づく」 way of life「生活様式，暮らしぶり」 setting「周囲の状況，環境，舞台，背景」 respondent「応答者，回答者」 sociocultural context「社会文化的な環境」

Ⅱ 解答

1－c 2－b 3－b 4－a 5－c 6－d
7－a 8－c 9－c 10－b

◆全 訳◆

≪2言語および2文化教育≫

幼稚園から始めたのだが，ジャパトリック＝スミス君は授業時間の大半

をスペイン語で教わる。初めは，わけがわからず難しかった。家族は英語を話していたからである。先生は絵を使ったり，身振りを使ったりしたので，言葉や考えを学ぶことができた。スミス君はあたかもおかしな新世界に入り込んでしまったかのように，失望し，わかってもらえないように感じた。

　だが，スミス君は今や 6 年生となったので，両言語をうまく話したり，読んだり，書いたりできる。またどちらの文化にも違和感がない。スミス君の子守とその家族はメキシコ出身であり，ほとんどスペイン語を話すのだが，彼らはスミス君の第 2 の家族となり，その文化のお祝い事や家族休暇をスミス君と分かち合っている。

　両言語と文化とを快適に行き来するジャパトリック君の能力は，アデラント市のビクトリア＝マガサン小学校でスミス君が出席している双方向没入（DI）課程のおかげである。その課程が 7 年前に始まったとき，大半の親たちは信用していなかった。しかし時代は変わった。今や待機名簿ができ，学校はもう 1 つ幼稚園クラスを増設して需要に応えている。

　全州での DI 課程の人気の高まりは，今日市場が全世界的になる中で，多言語技能は生徒に競争力を与えてくれる長所なのだという理解を反映している。実は，「グローバル経済に向けたカリフォルニア教育（Ed.G.E.）推進法」が，11 月の投票でカリフォルニア教師協会（CTA）によって支持されたが，その計画はこの能力を，生徒の多言語教育を受ける機会を拡大し，教師や親，学校が教育課程を決める力を強めるのを認めることで強化しようと努めている。

強まる流れ

　DI は幼稚園から始まり，授業の 90％は第 2 言語で，10％は英語でなされる。英語教育は徐々に増える。4 年生では比率は 50 対 50 になる。学校はこの原則を変えて，始めの英語の割合を高くしてもよい。目標は 2 言語識字力を養成し，生徒が 2 言語を流暢に話し，読み，書けるようにすることである。

　カリフォルニア全州の学校は DI 課程を拡大し，親の要求に応えようとしてきた。彼らは，多様化する州と世界経済の中で，第 2 言語が子どもたちの利益になると信じている。過去 10 年間にわたって，合衆国の DI 課

程の数は 10 倍に増加したと，合衆国教育省は指摘している。カリフォルニア州には，369 の 2 言語学校があり，その大半はスペイン語だとカリフォルニア州教育省（CDE）は言う。

「カリフォルニアという多様化する州ではそれが，明らかに流行になっています」と，エレナ＝ファハルド氏は論評している。氏は，CDE の言語政策・指導局理事である。

DI を実施した大半の地区では，その実施はかなり最近のことだったのであり，その課程の大多数は小学校でなされている。歴史の古い DI 課程をもつ地区，たとえばサンフランシスコ市やチコ市は，中学レベルの課程を作ったが，一方大急ぎでそれを作って，始めたものを生徒が続けられるようにしている地区もある。たとえば，フリーモント市は，標準中国語 DI 課程を中学校に入学することになる子どもたちのために作成中である。

この課程は，移民家族にも評判がいい。彼らは子どもたちに自分の母国語で読み書きしてもらいたいのである。また，少数民族家族にも受けている。彼らは子どもたちに自分たちの伝統遺産を維持してもらいたいのである。

1998 年の提案 227 号が，英語学習者は英語で教育されることを命じた後，ラテンアメリカ系住民の親たちは，廃止される 2 言語教育に代わるものとして，DI 課程をあてにした。すべての生徒に開かれており，英語学習者に特化してはいなかったから，DI 課程は成功してきたのである。（Ed.G.E. 推進法は，提案 227 号を無効とすることになった）

マガサン小学校では，多くの DI 課程登録者はメキシコやラテンアメリカ出身だと語るのは，ルビー＝サンドバル先生である。先生は，ジャパトリック君の 5・6 年生合同クラスを教えている。

「英語が主言語である国に住んでいる英語学習者にとって，双方向没入課程は，生徒の言語と文化を保護する方法です」と，アデラント地区教員協会会員は語る。

エイドリアン＝ルイス君は 6 年生で，幼稚園からその課程に参加していたが，ルイス君は祖父母とスペイン語で話すことができるのを楽しんでいる。「2 人は英語を話さないので，この授業がなければ，2 人と言いたいことを伝え合うことはできないでしょう」と語る。

すぐに結果は出ない

スタンフォード大学大学院教育学研究科の 2014 年の研究は，初期研究の成果と同じことを述べる。英語単独の教室の生徒は短期の成績はよいが，長期間にわたると，DI 課程の生徒が追いつき，最終的には学業面でも言語面でも追い抜くのである。スタンフォードの研究からわかるのは，中学の頃までには DI 課程の生徒が，英語単独課程にいた生徒より，相当高得点を取るようになるということである。

研究では，他の利点も明らかになっている。2 言語主義は生徒の推論力や注意制御，問題解決能力を向上させ，年齢が上がったときには，認知症になるのが遅くなるのである。

「第 2 言語を学習することは，生徒の脳を刺激するのに役立ちます」と，サンドバル先生は語る。「双方向没入課程では，生徒はよりたくさん頭の体操をします。だから彼らには何でも楽になるのです。学習障害のある生徒でさえ，第 2 言語を学ぶと学業面の成績が上がります」

チコ市の農村社会では，ローズデール小学校のスペイン語 DI 課程が，より包括的な環境を作り出すのに役立ってきたと，当地で勤務する先生方は述べる。

「たいてい，学校では校庭の一方の側にある生徒集団がいて，反対側に違う文化の別集団がいます」と述べるのは，ドン＝キンスロー先生である。先生は，5 年生を教え，チコ市統一教員協会会員である。「しかし，没入課程では，生徒はとても強く結びつき，分派はできません。大きな 1 つの社会があるだけです」

1 年生を受けもつ教員のルーデス＝キャセッタ先生は賛成する。「それが子どもたちの他者に対する理解と受容を広げることになるのです」と先生は言う。「またそれによって子どもたちは，違う文化の中にいるのがどういうことなのかを，見通すことができるのです。自国を出ることなく，別の文化がどんな風に見えるのかわかるのです」

しかし，始めは難しいかもしれないと，先生も認める。時に DI 課程の親たちは子どもたちが幼稚園であまり言葉を話していないのではないかと心配し，医者に診せに行ったりする。多くは，子どもたちは両言語を「処理」しているだけなのだが，それはちょっとばかり大変だったりする，とキャセッタ先生は言う。最終的に，子どもたちに何かが「カチッ」とひら

めき，たいていの場合，言語化が始まる。

━━━━━━━━━◀解　説▶━━━━━━━━━

▶1.「下線部(1)の言い換えとして最も適切なのは，次のうちどれか」

a.「2国間を往来する」

b.「外国語で話したり，読んだり，書いたりする」

c.「言語的・文化的な障壁を乗り越える」

d.「多文化的な行事に出席する」

当該下線部は「両言語と文化とを快適に行き来する」という意味。「快適に行き来する」とは，「移動に障害がない」ことだと読み取れる。よって，この検討から正解はcに決まる。

▶2.「下線部(2)と同じ意味で "edge" が使われているのは，次の文のうちどれか」

a.「私は川縁まで歩いた」

b.「大学は優位に立つためさらに多くの研究者を探している」

c.「彼の声には鋭い敵意があった」

d.「母と私はパニックになりかけた」

当該下線部の "edge" は competitive と相まって「（競争上の優位＝）競争力」という意味になる。よって，同じ意味になっているのはbだとわかる。

▶3.「下線部(3)の具体例として最も適切なものは次のうちどれか」

a.「子どもたちが級友と同じくらい流暢に英語を使うのを期待する，合衆国のスペイン語を話す家族」

b.「子どもたちが中国の公用語である，標準中国語で読み書きするのを期待する，合衆国の標準中国語を話す家族」

c.「子どもたちが韓国語ではなく英語で読み書きするのを期待する，合衆国の韓国語を話す家族」

d.「スペイン語の双方向没入（DI）課程に入るのを期待する，合衆国の英語を母語として話す家族」

当該下線部は「子どもたちに自分たちの伝統遺産を維持してもらいたい少数民族家族」という意味。これらの中で親と同じ言語を使うことになるものが正解だから，bに決まる。

▶4.「下線部(4)に語義が最も近いものを選びなさい」

a.「廃止された」

ｂ．「実施された」

ｃ．「施行された」

ｄ．「減らされた」

当該下線部が「廃止された」という意味になることは，直前の「英語学習者は英語で教育されることを命じた」という記述と「２言語教育」との関係を考慮すれば，ほぼつかめるだろう。よって，正解はａに決まる。

▶５．「下線部(5)を最もよく説明する語を選べ」

ａ．「包括的な」

ｂ．「密接に結びついた」

ｃ．「党派的な，派閥の」

ｄ．「同化された」

当該下線部は「校庭の一方の側にある生徒集団がいて，反対側に違う文化の別集団がいる」という意味。その直後の文の「しかし，没入課程では，生徒はとても強く結びつき，分派はできない」という発言から，「普通は分派ができる」とわかる。よって，正解はｃに決まる。

▶６．「双方向没入（DI）課程に関して，次の文のうち正しくないのはどれか」

ａ．「移民家族に人気がある」　**A GROWING TREND** 第５段冒頭（The programs are also …）に一致。

ｂ．「第２言語での授業が90％まで」　**A GROWING TREND** 冒頭に一致。

ｃ．「子どもたちの文化的な能力を養成する」　**RESULTS ARE NOT IMMEDIATE** 第６段第３文（"And it gives them …）の趣旨に合致する。

ｄ．「中学校レベルの方がよくある」　**A GROWING TREND** 第４段冒頭（Most of the districts …）に「その課程の大多数は小学校でなされている」とある。よって，一致しないので，これが正解。

▶７．「双方向没入（DI）課程の生徒に当てはまらないものは，次の成果のうちどれか」

ａ．「DI の生徒は，短期では英語単独課程の生徒よりも成績がよい」**RESULTS ARE NOT IMMEDIATE** 第１文に「英語単独の教室の生徒は短期の成績はよい」（Students in English-only classrooms perform …）とあるので，当てはまらない。よって，これが正解。

ｂ．「DI の生徒は学業と言語の両方の能力を伸ばすにはしばらくかかることがある」　**RESULTS ARE NOT IMMEDIATE** 冒頭の記述に当てはまる。

ｃ．「DI の生徒は英語単独の教室の生徒より優れた問題解決能力を身につけるかもしれない」　**RESULTS ARE NOT IMMEDIATE** 第 2 段（Research shows other benefits: Bilingualism …）の記述に当てはまる。

ｄ．「DI 課程は学習障害を持つ生徒でさえ学業面で成績が向上することを可能にするかもしれない」　**RESULTS ARE NOT IMMEDIATE** 第 3 段最終文（Even students with learning disabilities …）の記述に当てはまる。

▶ 8．「この文章の表題に最もふさわしいのはどれか」

ａ．「外国語教育」

ｂ．「効果的な包括的教育」

ｃ．「 2 言語および 2 文化教育」

ｄ．「早期幼児教育」

この文章は， 2 言語教育のもたらす利益をめぐる論述だから，正解は c に決まる。

▶ 9．「双方向没入課程の目的ではないものはどれか」

ａ．「子どもたちの異なる文化に対する前向きな姿勢を養成する」　**RESULTS ARE NOT IMMEDIATE** 第 6 段第 2・3 文（"It expands children's understanding and … what another culture looks like."）の記述から，目的であるとわかる。

ｂ．「子どもたちの 2 言語で話したり，読んだり，書いたりする能力を伸ばす」　**A GROWING TREND** 第 1 段最終文（The goal is to foster …）に記述されている。

ｃ．「移民の子どもたちが合衆国の文化に順応するのに役立つ」　**A GROWING TREND** 第 5 段（The programs are also …）には，「順応」とは逆の事態が記述されている。よって，目的だとは言いがたいので，これが正解。

ｄ．「子どもたちに学業や言語，文化の面で成績をよくしてもらう」　**A GROWING TREND** 第 1 段最終文（The goal is to foster …），**RESULTS ARE NOT IMMEDIATE** 第 1 段の内容から，目的であるこ

とが推認できる。

▶10.「双方向没入課程の今後生じそうな問題点は何か」

a.「生徒が母語に重大な欠陥があるという経験をするかもしれない」 こうした事態は，本文には何も記述がない。

b.「親が子どもたちの言語の発達に不安を抱くかもしれない」 **RESULTS ARE NOT IMMEDIATE** 最終段第 2 文（Sometimes DI parents worry that …）に述べられている事態から，この問題が起きてもおかしくないとわかる。よって，これが正解。

c.「親がその課程を受けている子どもたちと疎遠になるかもしれない」 親は子どもたちの話す 2 言語のうちのどちらかが母語であるから，そのような可能性はない。

d.「生徒が英語単独課程の仲間に追いつかないといけないという重圧を受けるかもしれない」 **RESULTS ARE NOT IMMEDIATE** 第 1 文の記述から，時間の経過とともに追いつけるのだから，そうした問題が生じると考える根拠はない。

英文の出典：Bilingual and Biliterate, California Educator Volume 20, Issue 9, May/June 2016 by Sherry Posnick-Goodwin, California Teachers Association

━━━━━━●語句・構文●━━━━━━

（第 1 段）kindergarten「幼稚園」 at first「初めは」 pantomime「身振りで表現する」 concept「概念，観念，構想」 frustrated「落胆した，挫折した」 as though 〜「あたかも〜かのように」

（第 2 段）now that SV「S が V だから〔なので〕」 feel at home「気楽にする，くつろぐ，精通している，達者である」 celebration「祝典，祭典，祝賀会」

（第 3 段）benefit「利益，利得，手当」 dual「2 の，二重の，二元的な」 immersion「没頭，夢中，浸漬」 skeptical「懐疑的な，疑い深い」 waiting list「補欠人名簿」 meet demand「需要を満たす，需要に応じる」

（第 4 段）popularity「大衆性，はやり，評判，人気」 multilingual「多言語を話せる」 asset「価値あるもの，長所，美点，財産，資産」 competitive「競争力の，競争に耐える，他に負けない」 ballot「投票，投票用紙」 seek to *do*「〜しようとする，努める」 solidify「凝固させる，固める，強固にする」 expand「〜を増やす，拡大する，膨張させる」

A GROWING TREND

（第 1 段）instruction「教育，教授」 ratio「比率，割合」 formula「常套句，手法，原則」 foster「〜を養成する，育成する」 biliteracy「2 言語の読み書き能力」 fluently「流暢に，すらすらと」

（第 2 段）diverse「様々な，多様な」 tenfold「10 倍の，10 倍に」 Department of Education「教育省」

（第 3 段）definitely「明確に，きっぱり」 trend「動向，傾向，流行」 administrator「管理者，行政官，理事」

（第 4 段）district「地区，区域」 implement「履行する，実行する，施行する」 scramble to *do*「先を争って〜する」 Mandarin「標準中国語，北京語」 in the works「進行中で，完成途上で」 （be）about to *do*「まさに〜しようとしている」

（第 5 段）ethnic「民族の，少数民族に関する，民族的な」 heritage「承継物，遺産，伝承，伝統」

（第 6 段）Proposition *A*「（住民投票にかける）提案〔条例〕*A*（数字）号」 mandate「義務づける，命令する」 Latino「（米国在住の）ラテンアメリカ系の」 specifically「明確に，特に，とりわけ」 flourish「繁栄する，栄える，成功している」

（第 7 段）enrollee「登録者，入会者」 combination「組み合わせ，結合，合同」

（第 8 段）preserve「保護する，保存する」 Teachers Association「教員協会，教師会」

RESULTS ARE NOT IMMEDIATE

（第 1 段）Graduate School「大学院」 echo「〜をそのまま繰り返す，忠実に写す」 finding「結論，成果，結果」 catch up to 〜「〜に追いつく」 counterpart「（対をなすものの）片方，対応物」 surpass「〜をしのぐ，〜に勝る」 substantially「大いに，かなり」

（第 2 段）bilingualism「2 カ国語使用，2 カ国語に通じること」 reason「推論する」 dementia「認知症」

（第 3 段）stimulate「刺激する，興奮させる」 learning disability「学習障害」

（第 4 段）rural「田舎の，農村の，農耕の」 inclusive「包括的な，全部

込みの」

（第5段）typically「概して，通常は」 playground「校庭」 observe「（観察に基づいて）述べる」 intertwine「より合わせる，織り合わせる，結びつける」 faction「党派，派閥，分派」

（第6段）perspective「見通し，展望，前途」 what it is like to *do*「～するというのはどういうことなのか」 間接疑問文。it は仮主語で不定詞以下が真主語となる。what は like の目的語だから，文字通りには「何に似ているか」である。without them having to *do*「彼らが～しなくてよいままに」 them は目的格であるが，動名詞 having の意味上の主語であることに注意。have to leave the country to see ～「～を知るために国を出る」 have to は義務を表し，ここでは to see ～ という「目的」を示す表現を伴っている。

（第7段）in the beginning「始め（のうち）は」 verbalize「言葉に表す」 process「加工する，処理する」 overwhelming「圧倒的な，抗しがたい」 eventually「最終的に，ついに，結局は」 click「カチッと音がする，ぱっとひらめく」 take off「離陸する，飛び上がる，うまく行き始める」

Ⅲ 解答

1—d　2—b　3—d　4—d　5—d　6—c
7—a　8—b　9—c　10—a

◆全 訳◆

≪宇宙で変わる人間の身体≫

　スコット＝ケリー氏は 340 日間，国際宇宙ステーションに乗り込んで地球を回りながら，自分自身のデータを集めた。氏は自分の腕から血液を抜いた。尿を保存した。コンピューターゲームをして記憶と反応速度を検査した。目の形を測定した。

　240 マイル下では，ケリー氏の双子の弟で，やはり宇宙飛行士を務めるマーク氏が全く同じ検査を行った。今や，この 2 人の男たちの比較によって，宇宙で人間の身体に何が起きるのかを知るまたとない機会が与えられたのだ。それも，分子レベルに至る細かさで。ケリー氏（55 歳）が地球に帰還してちょうど 3 年後の木曜に，NASA の研究者が，氏の身体は軌道にいる間に極めて多数の変化を経験していたことを報じた。DNA はい

くつかの細胞中で変異していた。氏の免疫系はたくさんの新たな信号を生み出していた。氏の微生物叢には，新種のバクテリアが入っていた。

　こうした生物学的な変化の多くは無害であり，地球に帰還した後に消えてしまうようであった。しかし，遺伝子の変異や，帰還後の認知検査の数値の低下を含め，修正されずに科学者に不安を生じさせたものもあった。一部の人々はそのリスクは制御できると考えたが，一方で宇宙飛行士が火星あるいはその向こうまで長期の旅をするのは安全なのか疑問を抱く人もいた。最終的な答えは，さらに多くの宇宙飛行士の研究で決まることだろう。

　「私はそれが，今日まででの人間対象の最も包括的な評価だと思います」と，エリック＝トポル博士は語った。博士はスクリプス研究所所長であるが，この研究には関与しなかった。「これに近いものが何かあったとは承知していません」

　宇宙飛行士が打ち上げられるようになってからほぼ 60 年経つけれども，宇宙生活に関して科学者がまだわからないことはたくさんある。専門誌『サイエンス』で発表された，NASA の双子研究のような調査を用いて，同局は宇宙飛行士を長期となる飛行に送り出す前に，疑問のいくつかに答えを出したいと願っている。

　2012 年に NASA はケリー氏を選び，ロシアのミハイル＝コルネンコ飛行士と合流して宇宙ステーションに乗り込み，1 年に及ぶ宇宙旅行挑戦の試験に挑んでもらった。以前の調査の倍の期間である。任務の発表に先立つ段階で，ケリー氏は担当者に自分と自分の双子の弟を比べる計画はあるかと尋ねた。「こんな 2 人の男がいるんだよ。遺伝的に同じ 2 人が」と告げたのを，ケリー氏は覚えていた。「2 人は面白い実験に役立つよ」

　担当者にはそんな計画はなかったが，すぐその申し出に応じることに決めた。マーク＝ケリー氏が同意してくれたので，NASA の双子研究が誕生したのだった。兄弟を比較することによって，NASA は任務中にスコット＝ケリー氏が経験した変化をよりよく理解できればよいと願っていた。

　「2 人が双子だということで，本当に選択肢がぐっと絞られるのです」と，スーザン＝ベイリー氏は語った。氏はコロラド州立大学の癌生物学者であり新研究の共著者である。「言えるのは，わかる限りでは，こうした変化は宇宙飛行のせいだということです」

10 の研究班が双子用の実験を立案した。大量の研究がどっとやって来そうだ。しかし，ケリー氏にとって，その経験は以前の任務と大差ないように感じられた。たとえば，無重力で自分の血液を抜くのは，日常茶飯事だった。「私のいた頃には 2，3 回こぼしちゃったことがありました」と，ケリー氏は言った。「ただ手を伸ばして，血の塊をつかめばいいだけです」

数多くの測定によって，科学者が最終的に見出したのは，ケリー氏はたった 6 カ月宇宙ステーションに滞在した宇宙飛行士とほぼ同じだけ変化を起こしたということだった。最後には生物学的な変化は，ゆっくりになったのであり，ことによると人体は宇宙で新たな平衡状態に達することを示唆しているのかもしれない。

━━━━━━━ ◀解　説▶ ━━━━━━━

▶1．空所［　1　］に入れられないものを選ぶ。a～c は文法的に正しいので入れられる。d は倒置が起きているが，この文は間接疑問文なので，疑問文の変形は生じない。よって，文法的に誤っているので入れられない。これが正解。

▶2．下線部(2)を置き換えるのに最もふさわしいものを選ぶ。この still は，比較級を修飾して「さらに」という意味になる用法。選択肢の中で，比較級を修飾できる副詞は b のみ。

▶3．下線部(3)に置き換えられないものを選ぶ。当該下線部は「今日まで」という意味。選択肢の中で，その意味にならないのは d．「そのうちに」である。

▶4．下線部(4)に置き換えられないものを選ぶ。当該下線部の指示対象は「双子実験」である。選択肢の中で，実質的にその意味にならないのは d．「この研究所」である。

▶5．下線部(5a)と(5b)が表しているものを選ぶ。当該下線部はどちらも 1 年間宇宙ステーションに乗り込む人物の発言であるから，スコット＝ケリー氏だとわかる。そうなっているのは d である。

▶6．空所［　6　］に入れるのに最もふさわしいものを選ぶ。take him up on the offer とすれば，「その人の申し出に応じる」の意となって，文意が通る。そうなっているのは c である。

▶7．「下線部(7)の言い換えとして最もふさわしいのは」

a．「私たちは観察された変化が宇宙飛行のせいであると確信している」

ｂ．「私たちは予定通り実験を行うほかない」

ｃ．「私たちは双子の兄弟を２人とも同時に宇宙に送り出すだろう」

ｄ．「私たちは双子の生物学的な検査以外の選択肢を生み出すだろう」

当該下線部は「選択肢の幅をぐっと狭める」という意味。その具体的な意味は直後の文に記述されている「こうした変化は宇宙飛行のせいだと言える」（"We can say that, … these changes are due to spaceflight."）である。よって，正解はａに決まる。

▶８．下線部(8)を置き換えるのに最もふさわしいものを選ぶ。当該下線部は「（雪崩のような→）～の殺到，どっと押し寄せること」という意味。選択肢はそれぞれ，ａ．「～の稲妻」，ｂ．「大量の～」，ｃ．「有害な」，ｄ．「迅速な」という意味だから，正解はｂに決まる。

▶９．空所 [9] に入れるのに最もふさわしいものを選ぶ。当該空所を含む部分は「ことによると人体は宇宙で新たな平衡状態に達することを…しているのかもしれない」という意味である。選択肢はそれぞれ，ａ．「主張している」，ｂ．「提案している」，ｃ．「示唆している」，ｄ．「忠告している」という意味。当該空所の直前に述べられている「変化がゆっくりになった」（the pace of biological change slowed）ことは，「平衡状態に達している」ことを示していると考えられるから，ｃがふさわしいとわかる。

▶10．「本文に関して正しいのは次のうちどれか」

ａ．「スコット＝ケリー氏は２度以上宇宙を旅した」 下線部(8)を含む段の第２文（But to Mr. Kelly, the …）に「その経験は以前の任務と大差ないように感じられた」とあり，missions が複数形なので，少なくとも以前に２度は宇宙を経験したことがわかる。よって，正解。

ｂ．「マーク＝ケリー氏はスコット氏に続いて宇宙へ出た」 双子の兄弟ともに宇宙飛行士であるが，どちらが先に宇宙飛行したのかは，本文には記述されていない。

ｃ．「スコット＝ケリー氏は，マーク氏の２倍長く宇宙に滞在した」 マーク氏がどれだけの期間宇宙にいたかは，本文には記述されていないので，２倍とはいえない。

ｄ．「マーク＝ケリー氏は宇宙にいるときに偶然負傷した」 マーク氏の宇宙滞在の詳細は，本文には記述されていない。

━━◆●語句・構文●◆━━━━━━━━━━━━━━━━━━

（第1段）circle「〜の周りを回る」　aboard「〜の中で〔中へ〕，〜に乗って」　urine「尿」

（第2段）twin「双子，双生児」　astronaut「宇宙飛行士」　carry out 〜「〜を実行する，実施する」　identical「同一の，同じ」　comparison「比較」　molecular「分子の」　orbit「軌道」　mutate「突然変異する，変化する」　immune system「免疫系」　a host of 〜「たくさんの〜」　microbiome「微生物叢（micro-：微小な，biome：生物群系）」

（第3段）biological「生物（学）の，生物による」　genetic「遺伝子の，遺伝的な」　cognitive「認知の，認識の」　provoke「挑発する，引き起こす，誘発する」　manageable「操作・管理できる，処理しやすい，御しやすい」

（第4段）comprehensive「包括的な，広範囲にわたる」　assessment「査定，評価，課税」　director「管理者，長官，局長，所長」

（第5段）aloft「空高く，空中に，飛んで」　investigation「調査，取り調べ，研究」　agency「（行政機関の）局，機関，庁，代理店，仲介」

（第6段）cosmonaut「（ロシアの）宇宙飛行士」　run-up「前段階，準備段階，助走，高騰」　announcement「発表，公表，告示」　official「高官，官僚，役人，担当者，職員」　make for 〜「〜に役立つ，寄与する」

（第8段）cancer「癌」　co-author「共著者」

（第9段）previous「以前の」　zero gravity「無重力」　routine「日課，おきまりの手順，日常茶飯事」　a couple「2つの，いくらかの」　a couple of 〜 の of が落ちた表現。spill「こぼれること，こぼれたもの」　reach out「手（腕）を伸ばす」　blob「粘りのある丸いしずく，どろっとした塊」

（第10段）measure「測定，計量，計測」　equilibrium「つり合い，平衡，均衡（equi-：等しい，libra＝balance　起源はラテン語）」

IV 解答　1─a　2─c　3─b　4─a　5─b　6─b
7─c　8─a　9─d　10─a

~~~~~~~~~~~◆全　訳◆~~~~~~~~~~~~~~~~~~~~~

≪子どもは生まれついての楽観派≫

　初対面の印象に基づいて誰かの性格判断をするのは気が引けるかもしれない。大人なら大半はおそらく，見知らぬ人間がいくつかの異なる環境下でどう振る舞うかを知って，新たに来た人がよい人なのか，悪い人なのか，信頼できる人なのかを判断したいものだろう。

　幼い子どもたちは，性格判断をする場合に際立って警戒心が薄い。幼い子どもたちはしばしばポジティビティ・バイアスを示す。それは，ポジティブな活動に焦点が絞られたり，自分や他人，動物や物に対してさえポジティブな判断を促す情報を選りすぐって処理したりする性向のことである。

　子どもたちがバラ色眼鏡で世界を見るとして，なぜそれが問題なのか。過度に楽観的な子どもたちは，知らずに危険な状況に陥ることになりかねないし，建設的なフィードバックから学習できなかったり，したがらなかったりしかねない。そして，「フェイクニュース」と無数の情報源の時代には，強力な批判的思考をもった子を育て，大人になったときに十分な知識を得て人生の判断ができるようにすることが，かつてないほど重要である。私のような心理学者は，ごく幼い頃に出現するように見えるこうした楽観を調査して，それがどう働くのかについてよりよく理解し，なぜどのようにそれが最終的に時間とともに消えていくのかを理解しようとしている。

　多くの点で，子どもたちは優れた思考力をもつ。幼年期に子どもたちはその環境の中から，注意深くデータを集め，世界に関する仮説を作ろうとする。たとえば，子どもたちは動物のような生きているものは，椅子といった無生物とは全く異なる振る舞いをすることを理解する。未就学児童でさえ，専門家と非専門家の違いがわかるし，専門家ごとに専門知識は異なることがわかる。医者は人間の身体がどう働くのかを知っているし，車がどう働くかを知っているのは機械工だといった具合だ。子どもたちは人間の正確さの記録をたどって，その人たちが未知の物体の名前といったことの知識源として信用できるかを決めさえする。

　これほどの疑い深さは，印象的であるが，それが，子どもたちが中立の判断ではなく，価値判断をするように言われたときには，痛いほどに欠けている。ここでは，子どもたちはポジティビティ・バイアスの明確な証拠

を見せてくれる。

　たとえば，同僚と私がこれまで示したのは，3 〜 6 歳児は 1 つのポジティブな行動を見さえすれば，お話の人物が善人だと判断するけれど，いくつかのネガティブな行動を見ないと悪人と判断しないということである。私がこれまでに見出したことには，子どもたちは見知らぬ人についてのネガティブな特徴の説明（たとえば「悪人」）を確実な性格判断から排除するが，ポジティブな特徴の説明（たとえば「善人」）はすぐに受け入れるということもある。

　子どもたちは専門的な知識に関する情報を非評価的な領域（犬の品種のことを知る場合のように）でうまく使う一方，否定的な評価をする専門家を信頼しようとしない。たとえば，私の研究室の調べでは，6 〜 7 歳児は飼育係によるなじみのない動物のポジティブな説明（「人なつっこい」のような）は信頼するが，ネガティブな説明（「危ない」のような）の方は無視するのだった。代わりに，ポジティブな説明をする素人を信頼した。

　そのほかの私たちの研究では，子どもたちは専門家の否定的な図画の査定を信じないで，代わりにポジティブに判断する素人団体の方を信用した。そして，未就学児童は問題解決やお絵かきについての自分自身の成績をポジティブに評価する傾向がある。仲間の方が上出来だと教えられた後になってさえも，である。

　要するに，研究からわかるのは，ポジティビティ・バイアスは早くも 3 歳から出現し，幼年期中期で頂点に達し，幼年期末期になって初めて弱まるということである。

　心理学者には，なぜ子どもたちがそれほど楽観的なのかは，はっきりとはわからない。一つには，大半の子どもたちが幸運にも幼年期にもつことができるポジティブな社会的経験のせいであろう。

　年齢とともに，子どもたちは厳しい現実に触れていく。子どもたちは自分の仲間も含め，人間同士の能力の違いがわかり始め，そしてこのことで他者との関係で自分がどこに立っているかという意識も生まれる。子どもたちは最後には，教師から評価的なフィードバックを受け取り，これまで以上に多様なネガティブな関係の経験を味わい始める。たとえば，いじめである。

　そうだとしても，子どもたちはしばしば頑固に楽観的なままである。逆

の証拠があるにしてもなのだ。ここでは異なる力が作用しているのかもしれない。ポジティブであることは子どもたちの心にあまりに強く根付いているので，子どもたちは相容れない証拠に注目し，それを人間に関する作業仮説に統合することに苦労するのかもしれない。アメリカの子どもたちはまた，他人に意地悪なことを言ってはいけないと教えられるし，厳しい事実を語る善意の人の意図に疑いを抱くのかもしれない。それゆえに，子どもたちは新しい知識を学ぶときに専門知識よりも善意の方に重きを置くのかもしれない。

━━━━━━━━━━ ◀解　説▶ ━━━━━━━━━━

▶ 1．下線部(1)を置き換えるのに最もふさわしいものを選ぶ。当該下線部は「無数の」という意味。myriad は「1 万」を表すギリシャ語起源の語。選択肢はそれぞれ，a．「数え切れない」，b．「事実上」，c．「疑わしい」，d．「確認されていない，確証のない」という意味だから，正解は a に決まる。

▶ 2．下線部(2a)と(2b)が表しているものを選ぶ。それぞれの it の指示対象は，幼い子どもたちのもつポジティビティ・バイアスのことである。ポジティビティ・バイアスとは，過度に楽観的に物事を見ること。それにふさわしいのは，c だとわかる。

▶ 3．「下線部(3)が指示しているのは何か」
a．「子どもたちが中立の判断をするとき」
b．「子どもたちが価値判断をするとき」
c．「子どもたちがポジティブな判断をするとき」
d．「子どもたちが疑い深い判断をするとき」
here は基本的に直前の内容を指示する。直前に記述されているのは「子どもたちが中立の判断ではなく，価値判断をするように言われたときに」だから，正解は b に決まる。

▶ 4．下線部(4)を置き換えるのに最もふさわしいものを選ぶ。当該下線部は「信じなかった，疑った」という意味。選択肢はそれぞれ，a．「疑った」，b．「感知した」，c．「誤解した」，d．「尊敬しなかった」という意味だから，正解は a に決まる。

▶ 5．「下線部(5)を正しい順に並べたとき，5 番目と 9 番目はどれか」 まず下線部を見て as early as 3 years of age「早くも 3 歳（から）」がつか

めるかどうか。残っているのは is present だけ。以上から is present as early as 3 years of age という英文ができる。よって，5番目，9番目は as / age であるから，正解は b である。

▶6．下線部(6)と同じアクセントをもつものを選ぶ。benevolence は第2音節にアクセント。-ence という語尾の語は，原則として2つ前の音節にアクセントがくる。選択肢の中で，同じく第2音節にアクセントのある単語は b である。

▶7．「本文で言及されているポジティビティ・バイアスの言い換えとして最もふさわしいのは」

a．「ポジティブなフィードバックから学ぶ性向」

b．「ポジティブな情報の効果的な利用」

c．「ポジティブな評価を好むこと」

d．「ポジティブな決断をする能力」

ポジティビティ・バイアスについては，第2段第2文後半（a tendency to focus on …）に「ポジティブな活動に焦点が絞られたり，自分や他人，動物や物に対してさえポジティブな判断を促す情報を選りすぐって処理したりする性向」と説明されている。よって，正解は c に決まる。

▶8．「本文の実験の説明で言及されていないのは，次のうちどれか」

a．「子どもたちは，否定的な評価が専門家からくると，それをすぐに受け入れる」　第7段第1文後半（they are reluctant to trust …）に反する。よって，正解。

b．「子どもたちは自分自身の能力をとてもポジティブに評価する」　第8段第2文（And preschoolers tend to evaluate …）に同趣旨の記述がある。

c．「子どもたちは『危険な』といった否定的な評価を無視しがちである」第7段第2文（For example, …）に同趣旨の記述がある。

d．「子どもたちは非評価的な領域で中立的な判断をすることができる」第5段第1文（This level of skepticism …）に同趣旨の記述がある。

▶9．「本文に最もよく合致するのは，次の文のうちどれか」

a．「アメリカの未就学児童は自分の言いたいことを言うようにと教えられる」　本文には記述されていない。

b．「ポジティビティ・バイアスの一つのありそうな理由は，『フェイクニ

ュース』である」「ポジティビティ・バイアスの理由」についての記述は，下線部⑸の次の段の第2文（It's likely due in part …）にあるが，「フェイクニュース」についてはそこでは触れられていない。

c．「子どもたちは専門家ではない人を専門家よりも信頼する」　下線部⑷を含む文（In our other research, children …）に，「ネガティブな発言をする専門家を信じないで，ポジティブな意見を言う非専門家を信じた」という内容の記述がある。これは，ネガティブな意見を信じないでポジティブな意見の方を子どもたちが信じることを示しているのであって，「専門家より非専門家を信じる」ことを示しているわけではない。

d．「ポジティビティ・バイアスがどこからくるのかは，必ずしも明らかというわけではない」　下線部⑸の次の段の第1文（Psychologists don't know for sure …）に同趣旨の記述がある。よって，これが正解である。

▶10．「本文によれば，なぜポジティビティ・バイアスは問題なのか」

a．「それが子どもたちを危険にさらすから」　下線部⑴の直前の文の前半の記述（Children who are overly optimistic …）に合致する。よって正解。

b．「それは時間とともに減衰するから」　これは「問題ではなくなる」理由であって，不適。

c．「それにはいじめやその他のネガティブな経験が含まれるから」「ネガティブな経験」については，本文の終わりから2つ目の段（With age, children are exposed …）に記述があるが，ポジティビティ・バイアスのもつ問題との関係は何も触れられていない。

d．「それが相容れない証拠にあまりに大きく注目するから」「相容れない証拠」についての記述は最終段第2文後半（Because positivity is so ingrained …）にあるが，それとポジティビティ・バイアスがもつ問題とがどう関わるかについては，はっきりした記述がない。

◆━◆━◆━◆━◆　●語句・構文●　◆━◆━◆━◆━◆━◆━◆━◆

（第1段）encounter「出会い，遭遇」　mean「劣った，卑劣な，意地の悪い」　trustworthy「信頼できる，当てになる」

（第2段）strikingly「際立って，著しく，人目を引くほど」　cautious「用心深い，慎重な」　selectively「選りぬいて，選りすぐって」　promote「促進する，助長する，振興する」

（第3段）overly「過度に，過剰に」　optimistic「楽観的な，楽天的な」unwittingly「無意識に，知らずに」　feedback「フィードバック，（自分に戻ってくる）反響，意見」　fake「偽の，まやかしの，インチキの」informed「物事をよく知った上での」　optimism「楽観主義，楽観論」figure out ～「～を理解する，～がわかる，解決する」

（第4段）sophisticated「洗練された，凝った，しゃれた，精巧な」　animate「生きている，生命のある」　preschooler「就学前の児童，未就学児童」can tell the difference「違いがわかる，区別できる」　mechanic「機械工，整備士」　track「後を追う，たどる」　accuracy「正確さ，精密さ，精度」

（第5段）skepticism「懐疑論，疑い」　sorely「痛いほど，ひどく，激しく」　make evaluative rather than neutral judgments は，evaluative が judgments にかかっている。すなわち make(V) [evaluative(形容詞1) rather than neutral(形容詞2)] judgments(O) という構造をつかむ。neutral「中立の，中性の」

（第6段）colleague「同僚」　only need to *do* ～ to *do* …「～しさえすれば，…できる」　reject「拒絶する，断る，却下する」　trait「特徴，特質，特性」　credible「信頼できる，当てになる」　readily「すぐに，直ちに，容易に」

（第7段）whereas「一方で，～であるのに，～にしても」　expertise「専門的な技術，知識，意見」　domain「分野，領域，範囲」　breed「品種，種族，血統，集団」　lab「研究室（laboratory の短縮形）」　zookeeper「（動物園の）飼育係」　disregard「～を無視する，注意を払わない」

（第8段）assessment「査定，評価，影響調査」　artwork「アートワーク（本文以外の挿絵，図画，図版など）」　laypeople「素人，門外漢，専門家でない人」　outperform「～より成績がよい」

（第9段）altogether「要するに，概して，全体的に見て」　late childhood「幼年期末期，幼年期の終わり頃」

（第10段）for sure「確かに，確実に」　due to ～「～のせいで，おかげで，ために」　in part「一つには，ある程度，いくぶん」

（第11段）expose *A* to *B*「*A* を *B* にさらす，触れさせる」　harsh reality「厳しい現実，過酷な現実」　peer「同等の人，同僚，仲間」　a variety of ～「様々な～」　bullying「いじめ」

（第12段）stubbornly「頑固に，執拗に，断固として」 contrary「正反対の，逆の」 at play「作用して，働いて」 ingrain「〜に深くしみこませる」 struggle to *do*「〜しようともがく，努力する」 integrate「〜を統合する，まとめる」 contradictory「矛盾する，相容れない，正反対の」 working theories「作業仮説」 well-meaning「善意の」 prioritize「〜に優先順位をつける，〜を優先させる」

V 解答

1－a　2－c　3－c　4－c　5－d　6－b
7－b　8－b　9－d　10－b

◆━━━◆全　訳◆━━━◆

≪しっかりマリーとぐうたらアナ≫

マリー：あー，本当に？　アナ。このお部屋もっと掃除してくれると思ったけど。

アナ　：それ，今年の私の抱負…。

マリー：で？

アナ　：そんなものは，1月末まででおしまい。

マリー：抱負って，1月までなの…？　そんなんだから，パジャマでのらくらして，ジャンクフード食べて，1週間ジムにも行ってないのね。

アナ　：毎朝ひどく痛い思いをするのにはうんざりしたの。いたるところが痛いのに，朝起きて授業に行くのは難しい。それに，月間無料体験，先週で終わったし，お金ないし。

マリー：たったの1カ月でジムをやめたの？　心配なのよ。今週授業だけは行ったの？

アナ　：来年一緒に卒業できないのはもうわかってる。だから何？　それに，この番組，授業よりずっとましよ。

マリー：ちょっと，しつけを受けないと，ほんとにだめね。

アナ　：あんたみたいに？

マリー：私の部屋はきれいだし，最終レポートも仕上げたし，今日はベジタリアン食しか食べてないわ。

アナ　：ポテトは野菜よ。

マリー：ポテトチップは違うわよ。もうほんとに悲しいわ，アナ。

アナ　：たぶん，私は自分って人間が気に入ってるし，新年の抱負もいら
　　　　ないし。

マリー：私もあなたみたいな人好きだけど，でもましな暮らし方をしてほ
　　　　しい。ほら，家賃は分担だけど，私はあなたの後片付けをするつ
　　　　もりはないの。

アナ　：うへっ，了解。ピザの箱，捨てとく。

マリー：それが始まり。たぶん，ブロッコリーとニンジンも下のお店で買
　　　　えるでしょ。

アナ　：いっぺんには無理よ，マリー。

━━━━━━━◀解　説▶━━━━━━━

▶1.「マリーがこの対話で怒っている理由としてふさわしくないのはど
れか」

a.「アナはお金がない」

b.「アナはまともに役目を分担していない」

c.「アナは新年の抱負をあきらめた」

d.「アナはちょっとしつけがいる」

マリー自身が言及していないのはaだから，正解はaに決まる。

▶2.「空所［　A　］に最もふさわしい語句はどれか」

a.「どうしてお医者さんに診てもらわなかったの？」

b.「朝ご飯に何を食べたの？」

c.「たったの1カ月でジムをやめたの？」

d.「運動が好きじゃないの？」

当該空所直前の「月間無料体験，先週で終わったし，お金ないし」という
発言への反応としてふさわしいものを考える。よって，正解はcだとわか
る。quit「やめる，放棄する」　A-A-A 型の不規則変化動詞。

▶3.「マリーとアナの関係は何か」

a.「母と娘」

b.「同僚」

c.「ルームメート」

d.「家主と借り主」

2人の関係がわかるのは，マリーの後ろから2番目の発言の第2文
(Look, we may share the rent)。「家賃を分担」していることから考え

る。よって，正解はcに決まる。

▶4.「下線部(1)の語句でアナが言おうとしているのはどういうことか」

a.「ごく小さいステップで階下まで歩くつもりよ」

b.「ほんとに子どもがほしいの」

c.「よくなりたいけど，急には変われないの」

d.「一人ぼっちはイヤ」

当該下線部は「ベビーステップ（赤ん坊のあゆみ）」という意味。直前でマリーが，ピザの箱を捨てたうえで野菜を買うよう言ったのに対し，「赤ん坊の歩き方＝よちよち歩き（なので，いっぺんには無理）」だと返答していると読み取れる。よって，この検討に合致するのはcだとわかる。

▶5.「マリーとアナの最も正確な性格付けはどれか」

a.「2人は似たような興味と責任感をもっている」

b.「2人は十分な家賃を稼ぐのに苦労している」

c.「2人はお互いを大切にしていない」

d.「2人は全く違う性格をしている」

対話全体から，2人が対照的な性格であると読み取れる。よって，正解はdがふさわしい。

▶6.「アナがジムに行かなくなった一つの理由は何か」

a.「運動のせいでアナは病気になった」

b.「続けていれば，お金を払わなくてはいけなかっただろう」

c.「大好きなテレビ番組が見られなくなった」

d.「そのせいで，授業に集中することが難しくなった」

「理由」については，アナの第3発言（I just got tired of …）で述べられている。その中に「月間無料体験，先週で終わったし，お金ないし」とある。よって，正解はbに決まる。

▶7.「この会話が行われた可能性が最も高い月はどれか」

アナの第2発言（Those things only last until …）と，続くマリーの発言の第1文から，新年から1カ月と少し過ぎていることが読み取れる。よって，bの2月が正解。

▶8.「お昼に一番マリーが食べていそうな料理は，次のうちどれか」

a.「ファストフード店のハンバーガー食」

b.「食品店の生野菜サラダ」

ｃ．「自家製フライドチキン」

ｄ．「ベーコン，レタス，トマトのサンドイッチ」

マリーの本日の食事については，その第6発言（My room is clean, I …）に「ベジタリアン食」とある。この中でベジタリアン食はｂしかない。

▶9．「2人の建物の1階にはおそらく何があるか」

ａ．「ピザの食堂」

ｂ．「衣料品店」

ｃ．「フィットネスセンター」

ｄ．「スーパー」

マリーの最終発言第2文（Maybe you could pick up …）から，「ブロッコリーとニンジン」を売っているお店があるとわかる。よって，この中でブロッコリーとニンジンを売っていそうなのはｄである。

▶10．「マリーはアナをどう思っているか」

ａ．「引っ越して出て行ってほしいと思っている」

ｂ．「アナが好きだけれど，がっかりだという思いがある」

ｃ．「ありのままのアナが好き」

ｄ．「アナが大嫌いだけれど，家賃がいる」

マリーのアナに対する思いは，マリーの後ろから2番目の発言の第1文（I like who you are …）にある。「好きだけど，直してほしいところがある」というわけである。よって，この検討に合致するのはｂである。

━━◆━◆━◆━◆━　●語句・構文●　━◆━◆━◆━◆━━

（マリーの第1発言）seriously「冗談抜きで，まじめに，本気で」

（アナの第1発言）New Year's resolution「新年の抱負」

（アナの第2発言）last「続く，もつ，持ちこたえる」

（マリーの第3発言）count「有効である，重要である」 sit around「漫然と過ごす，のらくら暮らす」

（アナの第3発言）get tired of ～「～にうんざりする，飽き飽きする」hurt「（傷などが）痛む」 besides「そのうえ」 out of cash「文無しで，現金がなくて」

（アナの第4発言）what's the point?「それが何だっていうのか」 way better「ずっとよい」 way は副詞であることに注意。

（マリーの第5発言）discipline「しつけ，修行，稽古」

（アナの第 7 発言）who I am「私のような人物」 先行詞が省かれている。
（マリーの第 8 発言）rent「家賃，部屋代」

❖講　評

　2021 年度は，2020 年度と同様，読解問題 4 題，会話文問題 1 題という構成であった。小問数は各大問 10 問の計 50 問。読解問題すべてに内容真偽の設問がみられたことに注意。4 つの読解問題のうち，3 つが教育関係のものであり，はっきりと問題傾向が表れている。総語数は 2800 語程度となり，2020 年度より 1000 語以上増え，試験時間 90 分を考慮すれば，受験生の負担はかなり重くなった。

　Ⅰはよく知られた日米の学生気質の話題。語句整序は和文がないので難度が高く力の差が出ただろうが，あまり時間をかけすぎると他に響くことを肝に銘じてほしい。

　Ⅱは「2 言語教育」が話題で，長めの英文ではあったが特に難しい表現もなく，取り組みやすかったであろう。

　Ⅲは「双子の宇宙飛行士」が話題で，『ニューヨークタイムズ』紙からの出題。空所［　6　］は，厳しい出題で苦労した人が多かっただろう。内容自体はわかりやすかった。

　Ⅳは「児童心理学」分野のポジティビティ・バイアスが話題。内容は特に専門性が高いものではない。下線部(1)はレベルが高かった。文全体の理解が問われる設問が多く，全体を俯瞰する力がなければ厳しい出題だったろう。

　Ⅴの会話文問題は，対照的な 2 人が登場して，こうした「ずれた」やりとりを苦にしない英語力が問われた。下線部(1)など，文脈なしには意味不明であるから，高い識別力が要求される出題だっただろう。

　総じて，強固な基礎の上に，十分な語彙力と読解スピードとが加わった英語力を要する問題ばかりになっていて，語学本来の学習過程を実践するように，コツコツ努力を続けるようにという大学からの強いメッセージが聞こえてくる。この声によく耳を傾け，一歩ずつ前進していこう。

数学

1　◆発想◆　(1)　実数係数の n 次方程式が虚数解をもつとき，その共役な複素数も解になるので，方程式の左辺の 2 次の因数が得られる。

(2)　線分 AB 上に点をとり，z 軸との距離を求め，この距離を半径とする円を考えると，求める立体の断面積が得られる。

(3)　$a>0$ に注意して 2 つの曲線を考えると，共通の接線をもつ共有点の x 座標は 0 より大，1 より小であることがわかる。x 座標に対応する y 座標の値，導関数の値は 2 曲線で一致するので，立式して解けばよい。

(4)　1 の箱に入る玉の色，2 の箱に入る玉の色を固定して，3 ～ 6 の箱に入る玉の 3 色の配置を考え，最後に実際の色を決めればよい。

解答　(1)　$-3\pm\sqrt{7}$　(2)　$\dfrac{2}{3}\pi$　(3)　$2(\sqrt{2}-1)e^{\sqrt{2}-2}$　(4)　30 通り

◀解　説▶

≪小問 4 問≫

▶(1)　$f(x)=x^4+5x^3-3x^2+4x+2$ とおく。

$f(x)=0$ は実数を係数とする方程式なので，$\dfrac{1+\sqrt{3}\,i}{2}$ を解にもつことより，その共役な複素数 $\dfrac{1-\sqrt{3}\,i}{2}$ も解にもつ。因数定理より，$f(x)$ は

$$\left(x-\dfrac{1+\sqrt{3}\,i}{2}\right)\left(x-\dfrac{1-\sqrt{3}\,i}{2}\right)=x^2-x+\dfrac{1^2-(\sqrt{3}\,i)^2}{4}=x^2-x+1$$

を因数にもつ。次の除法

$$\begin{array}{r}
x^2+6x\ +2 \\
x^2-x+1\ {\overline{\smash{\big)}\,x^4+5x^3-3x^2+4x+2}} \\
\underline{x^4-\ x^3+\ x^2\ \ \ \ \ \ } \\
6x^3-4x^2+4x \\
\underline{6x^3-6x^2+6x} \\
2x^2-2x+2 \\
\underline{2x^2-2x+2} \\
0
\end{array}$$

より

$$f(x)=(x^2-x+1)(x^2+6x+2)$$

なので，$f(x)=0$ の実数解は $x^2+6x+2=0$ の解，すなわち

$$x=-3\pm\sqrt{3^2-1\cdot2}=-3\pm\sqrt{7}$$

▶(2)　$\overrightarrow{\mathrm{BA}}=\overrightarrow{\mathrm{OA}}-\overrightarrow{\mathrm{OB}}$

$\qquad\qquad =(0-(-1),\ (-1)-0,\ 1-0)$

$\qquad\qquad =(1,\ -1,\ 1)$

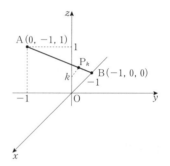

$0\leqq k\leqq1$ を満たす実数 k に対して

$$\overrightarrow{\mathrm{OP}_k}=\overrightarrow{\mathrm{OB}}+k\overrightarrow{\mathrm{BA}}$$

により，線分 AB 上の点 P_k を定めると

$$\overrightarrow{\mathrm{OP}_k}=(-1,\ 0,\ 0)+k(1,\ -1,\ 1)$$

$$=(k-1,\ -k,\ k)$$

から，$\mathrm{P}_k(k-1,\ -k,\ k)$ である。

z 軸と点 P_k との距離を d_k とおくと

$$d_k{}^2=(k-1)^2+(-k)^2=2k^2-2k+1$$

また，求める立体の平面 $z=k\ (0\leqq k\leqq1)$ における断面積は $\pi d_k{}^2$ である。

よって，求める立体の体積は

$$\int_0^1\pi d_k{}^2dk=\pi\int_0^1(2k^2-2k+1)dk$$

$$=\pi\left[\frac{2}{3}k^3-k^2+k\right]_0^1$$

$$=\pi\left(\frac{2}{3}\cdot1^3-1^2+1\right)=\frac{2}{3}\pi$$

▶(3)　$y=-x^2+2x=-(x-1)^2+1$

なので，$a>0$ に注意すると，下の図を考えればよい。

$y=-x^2+2x$ より　　　$y'=-2x+2$

$y=ae^x$ より　　　$y'=ae^x$

なので，題意から

$$\begin{cases} -x^2+2x=ae^x & \cdots\cdots① \\ -2x+2=ae^x & \cdots\cdots② \end{cases}$$

を満たす正の実数 x が存在するような a の値を求めればよい。①，②より

$$-x^2+2x=-2x+2 \qquad x^2-4x+2=0$$

$$x=-(-2)\pm\sqrt{(-2)^2-1\cdot2}=2\pm\sqrt{2}$$

を得る。

$a>0$，$e^x>0$ より，②から $-2(x-1)=ae^x>0$ なので

$x<1$ より　　　$x=2-\sqrt{2}$

である。よって，②より

$$a=\frac{-2(x-1)}{e^x}=\frac{-2\{(2-\sqrt{2})-1\}}{e^{2-\sqrt{2}}}=2(\sqrt{2}-1)e^{\sqrt{2}-2}$$

▶(4)　3 色の玉を○，×，△ で表し，まず，これらの配置を考える。

1 の箱に○があるとすると，もう 1 つの○は 3，4，5，6 の箱にある。2 の箱に×があるとすると，題意より 3 色の玉の配置は次の 5 通りである。

箱	1	2	3	4	5	6
	○	×	○	△	×	△
	○	×	△	○	×	△
	○	×	△	○	△	×
	○	×	△	×	○	△
	○	×	△	×	△	○

○，×，△ に対応する赤，黄，青を決める方法は $3!=6$ 通りあるので，求める玉の入れ方は

$$5\times6=30 \text{ 通り}$$

2　◇発想◇　(1)　座標平面の単位円上に相異なる 3 点 A，B，C をおくと記述しやすくなる。条件式から点 A を基準にした方がよいことがわかるので，例えば A(-1, 0) に固定する。β と γ は 0 以上の値しかとらないので，負の値もとる偏角を利用して 2 点

B, C を表す。

(2) (1)の結果より, $b=c$ となるのは, 2 点 B, C が直線 AO について対称であるときに限られる。垂心 H は直線 AO 上にあるので, 条件式からベクトルの内積を利用して H の位置を決定していく。

解答 (1) 点 O を原点とする座標平面の単位円上の相異なる 3 点 A, B, C を考え, 特に A$(-1, 0)$ としても一般性を失わない。

x 軸の正の部分を始線としたときの OB の偏角, OC の偏角をそれぞれ θ, φ とおく。ただし, $-\pi<\theta<\pi$, $-\pi<\varphi<\pi$, $\theta\neq\varphi$ とする。

円周角の定理より, 半直線 AO を始線としたときの AB の偏角, AC の偏角はそれぞれ $\dfrac{\theta}{2}$, $\dfrac{\varphi}{2}$ である。

ここで, 点 B の y 座標が 0 以上のとき

$$\frac{\theta}{2}=\angle\text{BAO}=\beta$$

0 未満のとき

$$\frac{\theta}{2}=-\angle\text{BAO}=-\beta$$

となる。同様に, 点 C の y 座標が 0 以上のとき

$$\frac{\varphi}{2}=\angle\text{CAO}=\gamma$$

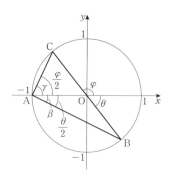

0 未満のとき

$$\frac{\varphi}{2}=-\angle\text{CAO}=-\gamma$$

である。

B$(\cos\theta, \sin\theta)$, C$(\cos\varphi, \sin\varphi)$ なので, $\overrightarrow{\text{OB}}=(\cos\theta, \sin\theta)$, $\overrightarrow{\text{OC}}=(\cos\varphi, \sin\varphi)$ である。点 A のおき方より $\overrightarrow{\text{OA}}=(-1, 0)$ なので

$$\vec{0}=\overrightarrow{\text{OA}}+b\overrightarrow{\text{OB}}+c\overrightarrow{\text{OC}}$$

$$=(-1+b\cos\theta+c\cos\varphi, \ b\sin\theta+c\sin\varphi)$$

$$\Longleftrightarrow \begin{cases} 0=-1+b\cos\theta+c\cos\varphi \\ 0=b\sin\theta+c\sin\varphi \end{cases}$$

$$\Longleftrightarrow \begin{cases} b\cos\theta+c\cos\varphi=1 & \cdots\cdots① \\ b\sin\theta+c\sin\varphi=0 & \cdots\cdots② \end{cases}$$

c を消去するために，$\sin\varphi\neq0$，$\cos\varphi\neq0$ のとき，$\sin\varphi\times①-\cos\varphi\times②$ より

$$\sin\varphi\cdot b\cos\theta-\cos\varphi\cdot b\sin\theta=\sin\varphi\cdot1-\cos\varphi\cdot0$$
$$\Longleftrightarrow b(\sin\varphi\cos\theta-\cos\varphi\sin\theta)=\sin\varphi$$
$$\Longleftrightarrow b\sin(\varphi-\theta)=\sin\varphi \quad \cdots\cdots③$$

b を消去するために，$\sin\theta\neq0$，$\cos\theta\neq0$ のとき，$\sin\theta\times①-\cos\theta\times②$ より

$$\sin\theta\cdot c\cos\varphi-\cos\theta\cdot c\sin\varphi=\sin\theta\cdot1-\cos\theta\cdot0$$
$$\Longleftrightarrow c(\sin\theta\cos\varphi-\cos\theta\sin\varphi)=\sin\theta$$
$$\Longleftrightarrow c\sin(\theta-\varphi)=\sin\theta \quad \cdots\cdots④$$

を得る。$-2\pi<\varphi-\theta<2\pi$，$\varphi-\theta\neq0$ なので，$\sin(\varphi-\theta)=0$ と仮定すると，$\varphi-\theta=\pm\pi$ である。$\sin\varphi=0$ において $-\pi<\varphi<\pi$ より $\varphi=0$ から $-\theta=\pm\pi$ となり $-\pi<\theta<\pi$ に反する。

よって，$\sin(\varphi-\theta)\neq0$ であり

$$\sin(\theta-\varphi)=\sin\{-(\varphi-\theta)\}=-\sin(\varphi-\theta)\neq0$$

も得られるので，③，④より

$$b=\frac{\sin\varphi}{\sin(\varphi-\theta)}, \quad c=\frac{\sin\theta}{\sin(\theta-\varphi)} \quad \cdots\cdots⑤$$

となる。

また，$\sin\varphi=0$ のとき，①，②は

$$\begin{cases} b\cos\theta+c=1 \\ b\sin\theta=0 \end{cases} \quad \text{すなわち} \quad b=0, \ c=1$$

となり，⑤は成り立つ。

さらに，$\cos\varphi=0$ のとき，①，②は

$$\begin{cases} b\cos\theta=1 \\ b\sin\theta+c=0 \end{cases} \quad \text{すなわち} \quad b=\frac{1}{\cos\theta}, \ c=-\frac{\sin\theta}{\cos\theta}$$

となり，⑤は成り立つ。

同様にして，$\sin\theta=0$，$\cos\theta=0$ のときも⑤は成り立つ。

次に，θ，φ は $\theta\neq\varphi$，$\theta\neq\varphi\pm\pi$ を前提として

$$\theta = \begin{cases} 2\beta & （B \text{ の } y \text{ 座標が } 0 \text{ 以上のとき}） \\ -2\beta & （B \text{ の } y \text{ 座標が } 0 \text{ 未満のとき}） \end{cases}$$

$$\varphi = \begin{cases} 2\gamma & （C \text{ の } y \text{ 座標が } 0 \text{ 以上のとき}） \\ -2\gamma & （C \text{ の } y \text{ 座標が } 0 \text{ 未満のとき}） \end{cases}$$

である。

$\beta \geqq 0$, $\gamma \geqq 0$ $(\beta \neq \gamma)$ で考える。

(i) $\theta = \pm 2\beta$, $\varphi = \pm 2\gamma$ （以下複号同順）のとき （B, C は直線 AO に対し同じ側）

⑤より

$$b = \frac{\sin(\pm 2\gamma)}{\sin(\pm 2\gamma - (\pm 2\beta))} = \frac{\pm \sin 2\gamma}{\pm \sin(2\gamma - 2\beta)} = \frac{\sin 2\gamma}{\sin(2\gamma - 2\beta)}$$

$$c = \frac{\sin(\pm 2\beta)}{\sin(\pm 2\beta - (\pm 2\gamma))} = \frac{\pm \sin 2\beta}{\pm \sin(2\beta - 2\gamma)} = \frac{\sin 2\beta}{\sin(2\beta - 2\gamma)}$$

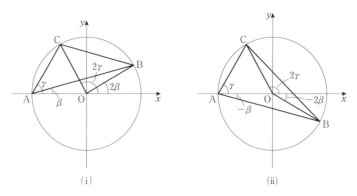

(i)　　　　　　　　　　(ii)

(ii) $\theta = \pm 2\beta$, $\varphi = \mp 2\gamma$ （以下複号同順）のとき （B, C は直線 AO に対し反対側）

⑤より

$$b = \frac{\sin(\mp 2\gamma)}{\sin(\mp 2\gamma - (\pm 2\beta))} = \frac{\mp \sin 2\gamma}{\mp \sin(2\gamma + 2\beta)} = \frac{\sin 2\gamma}{\sin(2\gamma + 2\beta)}$$

$$c = \frac{\sin(\pm 2\beta)}{\sin(\pm 2\beta - (\mp 2\gamma))} = \frac{\pm \sin 2\beta}{\pm \sin(2\beta + 2\gamma)} = \frac{\sin 2\beta}{\sin(2\beta + 2\gamma)}$$

以上よりまとめると

2 点 B，C が直線 AO に対して同じ側（B または C が
AO 上にある場合も含む）に位置するとき

$$b=\frac{\sin 2\gamma}{\sin(2\gamma-2\beta)},\quad c=\frac{\sin 2\beta}{\sin(2\beta-2\gamma)}$$

2 点 B，C が直線 AO に対して反対側に位置するとき

$$b=\frac{\sin 2\gamma}{\sin(2\gamma+2\beta)},\quad c=\frac{\sin 2\beta}{\sin(2\beta+2\gamma)}$$

……（答）

(2)　$b=c$ のとき $\overrightarrow{OA}=-2b\dfrac{\overrightarrow{OB}+\overrightarrow{OC}}{2}$ より，OB=OC と合わせて，直線

OA は線分 BC の垂直二等分線である。

よって，2 点 B，C は右図のように直線
AO について対称な位置にあり，$b\neq0$ を
満たす。

△ABC の垂心 H は直線 AO 上にあり，
直線 BH と AC は直交するから

$$\overrightarrow{OH}=k\overrightarrow{OA},\quad \overrightarrow{BH}\cdot\overrightarrow{CA}=0$$

を満たす実数 k の値を求めればよい。

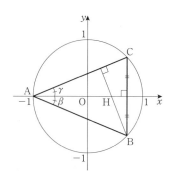

$|\overrightarrow{OA}|=1$ を用いると

$$\begin{aligned}
\overrightarrow{BH}\cdot\overrightarrow{CA}&=(\overrightarrow{OH}-\overrightarrow{OB})\cdot(\overrightarrow{OA}-\overrightarrow{OC})\\
&=(k\overrightarrow{OA}-\overrightarrow{OB})\cdot(\overrightarrow{OA}-\overrightarrow{OC})\\
&=k|\overrightarrow{OA}|^2-k\overrightarrow{OA}\cdot\overrightarrow{OC}-\overrightarrow{OA}\cdot\overrightarrow{OB}+\overrightarrow{OB}\cdot\overrightarrow{OC}\\
&=k-k\overrightarrow{OA}\cdot\overrightarrow{OC}-\overrightarrow{OA}\cdot\overrightarrow{OB}+\overrightarrow{OB}\cdot\overrightarrow{OC}\quad\cdots\cdots(*)
\end{aligned}$$

である。仮定より $\overrightarrow{OA}+b\overrightarrow{OB}+b\overrightarrow{OC}=\vec{0}$ なので，$\overrightarrow{OA}+b\overrightarrow{OB}=-b\overrightarrow{OC}$ から，
$|\overrightarrow{OA}|=|\overrightarrow{OB}|=|\overrightarrow{OC}|=1,\ b\neq0$ を用いて

$$\begin{aligned}
&|\overrightarrow{OA}+b\overrightarrow{OB}|^2=|-b\overrightarrow{OC}|^2\\
\Longleftrightarrow\ &|\overrightarrow{OA}|^2+2b\overrightarrow{OA}\cdot\overrightarrow{OB}+b^2|\overrightarrow{OB}|^2=b^2|\overrightarrow{OC}|^2\\
\Longleftrightarrow\ &1^2+2b\overrightarrow{OA}\cdot\overrightarrow{OB}+b^2\cdot1^2=b^2\cdot1^2\\
\Longleftrightarrow\ &\overrightarrow{OA}\cdot\overrightarrow{OB}=-\frac{1}{2b}\quad\cdots\cdots ⑥
\end{aligned}$$

である。同様に

$$\overrightarrow{\text{OA}} \cdot \overrightarrow{\text{OC}} = -\frac{1}{2b} \quad \cdots\cdots⑦$$

である。また，$b(\overrightarrow{\text{OB}}+\overrightarrow{\text{OC}})=-\overrightarrow{\text{OA}}$ より

$$|b(\overrightarrow{\text{OB}}+\overrightarrow{\text{OC}})|^2=|-\overrightarrow{\text{OA}}|^2$$

$$\Longleftrightarrow b^2(|\overrightarrow{\text{OB}}|^2+2\overrightarrow{\text{OB}}\cdot\overrightarrow{\text{OC}}+|\overrightarrow{\text{OC}}|^2)=|\overrightarrow{\text{OA}}|^2$$

$$\Longleftrightarrow b^2(1^2+2\overrightarrow{\text{OB}}\cdot\overrightarrow{\text{OC}}+1^2)=1^2$$

$$\Longleftrightarrow \overrightarrow{\text{OB}}\cdot\overrightarrow{\text{OC}}=\frac{1}{2}\left(\frac{1}{b^2}-2\right)=\frac{1-2b^2}{2b^2} \quad \cdots\cdots⑧$$

なので，⑥，⑦，⑧を（＊）に代入すると

$$\overrightarrow{\text{BH}}\cdot\overrightarrow{\text{CA}}=k-k\cdot\left(-\frac{1}{2b}\right)-\left(-\frac{1}{2b}\right)+\frac{1-2b^2}{2b^2}$$

$$=\frac{2b^2k+bk+b+1-2b^2}{2b^2}$$

である。$\overrightarrow{\text{BH}}\cdot\overrightarrow{\text{CA}}=0$，$b\neq0$ より

$$(2b^2+b)k+b+1-2b^2=0$$

$$\Longleftrightarrow b(2b+1)k=2b^2-b-1=(2b+1)(b-1)$$

$$\Longleftrightarrow (2b+1)\{bk-(b-1)\}=0$$

$$\Longleftrightarrow b=-\frac{1}{2} \quad \text{または} \quad k=\frac{b-1}{b}$$

を得る。ただし，$b=-\dfrac{1}{2}$ のとき，$\overrightarrow{\text{OA}}$ と $\overrightarrow{\text{OB}}$ のなす角を α（$0\leqq\alpha\leqq\pi$）

とおくと，⑥より

$$\overrightarrow{\text{OA}}\cdot\overrightarrow{\text{OB}}=-\frac{1}{2\left(-\dfrac{1}{2}\right)}=1$$

一方

$$\overrightarrow{\text{OA}}\cdot\overrightarrow{\text{OB}}=|\overrightarrow{\text{OA}}|\cdot|\overrightarrow{\text{OB}}|\cos\alpha=1\cdot1\cdot\cos\alpha=\cos\alpha$$

より，$\cos\alpha=1\Longleftrightarrow\alpha=0$ となり，A と B が一致して矛盾する。

よって，$b\neq-\dfrac{1}{2}$ なので，$k=\dfrac{b-1}{b}$ である。

ゆえに　$$\overrightarrow{\text{OH}}=\frac{b-1}{b}\overrightarrow{\text{OA}} \quad \cdots\cdots\text{(答)}$$

━━◀解　説▶━━

≪円上の３点によるベクトルの和が０になる条件≫

▶(1)　座標平面で A$(-1,\ 0)$ に固定して単位円上に A 以外の異なる２点 B，C をとると，偏角により一般化しやすくなる。結果として，

・B または C が直線 AO 上にあるとき

・２点 B，C が直線 AO に対して同じ側にあるとき

・２点 B，C が直線 AO に対して反対側にあるとき

で場合分けすることになる。△ABC が直角三角形のときを先に確認して，それ以外を考察する解法の流れもある。

▶(2)　(1)で図形的な考察がしっかりできていれば，$b=c$ から２点 B，C が直線 AO について対称であることがわかる。条件式から３つの内積 $\overrightarrow{OA}\cdot\overrightarrow{OB},\ \overrightarrow{OA}\cdot\overrightarrow{OC},\ \overrightarrow{OB}\cdot\overrightarrow{OC}$ の値を求める方法はよく使うので，慣れておきたい。

3　◆発想◆　(1)　$x=\dfrac{1}{2}$ のときの y の値は a の２次式で表されるので，定義域が $0\leqq a\leqq1$ の２次関数とみなして y 座標のとり得る値の範囲を求める。

(2)　(1)と同じように，x の値を固定したときの y の値は a の２次式なので，定義域が $0\leqq a\leqq1$ の２次関数とみなして，y 座標の最小値は x の式で表せる。さらに，この式の $0\leqq x\leqq1$ における最小値を考える。

(3)　x の値を固定したときの y の値について，(2)で求めた最小値に加えて最大値も x の式で表せるので，領域 A は３つの曲線と２直線 $x=0,\ x=1$ で囲まれた部分になる。

解答　(1)　$f(x)=x^3-2ax+a^2$ とおく。

$$y=f\left(\dfrac{1}{2}\right)=\left(\dfrac{1}{2}\right)^3-2a\cdot\dfrac{1}{2}+a^2$$

$$=a^2-a+\dfrac{1}{8}=\left(a-\dfrac{1}{2}\right)^2-\left(\dfrac{1}{2}\right)^2+\dfrac{1}{8}$$

$$= \left(a - \frac{1}{2}\right)^2 - \frac{1}{8}$$

において，$0 \leqq a \leqq 1$ より，グラフを考えて，求める範囲は

$$-\frac{1}{8} \leqq y \leqq \frac{1}{8} \quad \cdots\cdots(\text{答})$$

(2) $0 \leqq x \leqq 1$ を満たす x の値を固定すると

$$y = f(x) = x^3 - 2ax + a^2$$
$$= a^2 - 2xa + x^3$$

が y 座標の値になるので，$g(a) = a^2 - 2xa + x^3$

とおいて，$0 \leqq a \leqq 1$ における $g(a)$ の最小値を考える。

$$g(a) = (a-x)^2 - x^2 + x^3 = (a-x)^2 + x^3 - x^2$$

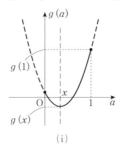
(i)

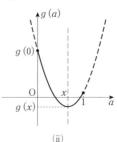
(ii)

(ⅰ)　$0 \leqq x < \dfrac{1}{2}$ のとき　　$g(x) \leqq g(a) \leqq g(1)$

(ⅱ)　$\dfrac{1}{2} \leqq x \leqq 1$ のとき　　$g(x) \leqq g(a) \leqq g(0)$

(ⅰ)，(ⅱ)より $g(a)$ の最小値は $g(x) = x^3 - x^2$ なので，$h(x) = x^3 - x^2$ とおき，$0 \leqq x \leqq 1$ における最小値を求める。

$$h'(x) = 3x^2 - 2x = 3x\left(x - \frac{2}{3}\right)$$

より，増減表は次のようになる。

x	0	$\cdots$	$\dfrac{2}{3}$	$\cdots$	1
$h'(x)$	0	$-$	0	$+$	
$h(x)$		$\searrow$	最小	$\nearrow$	

よって，求める y 座標の最小値は

$$h\left(\frac{2}{3}\right)=\left(\frac{2}{3}\right)^3-\left(\frac{2}{3}\right)^2=\frac{4}{9}\left(\frac{2}{3}-1\right)=-\frac{4}{27} \quad\cdots\cdots(\text{答})$$

(3)　　　$g(1)=1^2-2x\cdot1+x^3=x^3-2x+1$

　　　　　$g(0)=0^2-2x\cdot0+x^3=x^3$

より，(i)，(ii)で $y=g(a)$ と表すと，領域 A に属する点 (x, y) は

$0\leqq x<\dfrac{1}{2}$ のとき　　$x^3-x^2\leqq y\leqq x^3-2x+1$

$\dfrac{1}{2}\leqq x\leqq1$ のとき　　$x^3-x^2\leqq y\leqq x^3$

を満たすので，領域 A は次図の網かけ部分（境界含む）である。

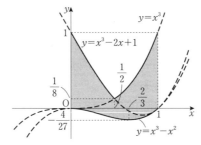

よって，領域 A の面積は

$$\int_0^{\frac{1}{2}}\{(x^3-2x+1)-(x^3-x^2)\}dx+\int_{\frac{1}{2}}^1\{x^3-(x^3-x^2)\}dx$$

$$=\int_0^{\frac{1}{2}}(x-1)^2dx+\int_{\frac{1}{2}}^1 x^2dx$$

$$=\left[\frac{(x-1)^3}{3}\right]_0^{\frac{1}{2}}+\left[\frac{x^3}{3}\right]_{\frac{1}{2}}^1$$

$$=\frac{1}{3}\left\{\left(\frac{1}{2}-1\right)^3-(0-1)^3\right\}+\frac{1}{3}\left\{1^3-\left(\frac{1}{2}\right)^3\right\}=\frac{7}{12} \quad\cdots\cdots(\text{答})$$

◀解　説▶

≪定数を含む 3 次関数のグラフの軌跡≫

▶(1)　$x=\dfrac{1}{2}$ を代入して，y を定義域が $0\leqq a\leqq1$ である a の 2 次関数とみなせばよい。この考え方を以下で応用していく。

▶(2)　x の値を固定すると，y を定義域が $0\leqq a\leqq1$ である a の 2 次関数とみなせる。各 x に対する y 座標の最小値が x の式で表せるので，さらに

その式の $0 \le x \le 1$ における最小値を求める。〔解答〕では，(3)で利用するために y 座標の最大値も x の式で表しておいた。

▶(3)　(2)で求めた各 x に対する y 座標の最大値・最小値を用いて，領域 A の境界の上部・下部を x の 3 次関数のグラフで表し，定積分で面積を計算する。上部の曲線は $x = \dfrac{1}{2}$ で場合分けのある関数のグラフである。

---

4 ◆発想◆　(1)　1 辺の長さ，上向き，下向きで場合分けして数える。

(2)　(1)の上向きのときを一般化する。1 辺の長さで場合分けして，正三角形の上の頂点の位置を考える。

(3)　n の偶奇で場合分けする。偶数のときを先に求めて，奇数のときは 1 段増やして正三角形の個数の増加を考える。別途，$n = 1$ のときを確認する。

解答　1 辺の長さが k の上向きの正三角形を $\triangle_k$，下向きの正三角形を ∇_k で表す。

(1)　5 段積んだとき

上向きの正三角形について

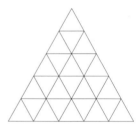

$\triangle_1$ は　　　$1+2+3+4+5=15$ 個

$\triangle_2$ は　　　$1+2+3+4=10$ 個

$\triangle_3$ は　　　$1+2+3=6$ 個

$\triangle_4$ は　　　$1+2=3$ 個

$\triangle_5$ は　　　1 個

下向きの正三角形について

∇_1 は　　　$1+2+3+4=10$ 個

∇_2 は　　　$1+2=3$ 個

よって，上向きと下向きとを合わせた正三角形の総数は

$$(15+10+6+3+1)+(10+3)=35+13=48 \text{ 個} \quad \cdots\cdots(\text{答})$$

(2)　n 段積んだとき

上向きの正三角形について

$\triangle_1$ は　　　　　　$1+2+\cdots+n$ 個

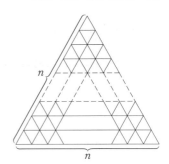

$\triangle_2$ は　　　　　$1+2+\cdots+(n-1)$ 個

$\triangle_3$ は　　　　　$1+2+\cdots+(n-2)$ 個

$\vdots$

$\triangle_{n-(k-1)}$ は　　　$1+2+\cdots+k$ 個

$\vdots$

$\triangle_{n-1}$ は　　　　$1+2$ 個

$\triangle_n$ は　　　　　1 個

よって，上向きの正三角形の総数は

$$\sum_{k=1}^{n}(1+2+\cdots+k)$$

$$=\sum_{k=1}^{n}\frac{k(k+1)}{2}=\frac{1}{2}\left(\sum_{k=1}^{n}k^2+\sum_{k=1}^{n}k\right)$$

$$=\frac{1}{2}\left\{\frac{1}{6}n(n+1)(2n+1)+\frac{1}{2}n(n+1)\right\}$$

$$=\frac{1}{12}n(n+1)\{(2n+1)+3\}$$

$$=\frac{1}{6}n(n+1)(n+2) \text{ 個}　\cdots\cdots(答)$$

(3)　1段のとき，下向きの正三角形は 0 個である。以下，$n\geqq2$ とする。

(i)　n が偶数のとき（$n=2m,\ m\geqq1$）

図1のように，下向きの正三角形で 1 辺の長さが最大のものは $\bigtriangledown_m$ である。

$\bigtriangledown_1$ は　　　　　$1+2+\cdots+(2m-1)$ 個

$\bigtriangledown_2$ は　　　　　$1+2+\cdots+(2m-3)$ 個

$\vdots$

$\bigtriangledown_{m-(k-1)}$ は　　$1+2+\cdots+(2k-1)$ 個

$\vdots$

$\bigtriangledown_{m-1}$ は　　　　$1+2+3$ 個

$\bigtriangledown_m$ は　　　　　1 個

よって，下向きの正三角形の総数は，$m=\dfrac{n}{2}$ にも注意して

$$\sum_{k=1}^{m}\{1+2+\cdots+(2k-1)\}$$

$$=\sum_{k=1}^{m}\frac{(2k-1)\cdot2k}{2}=2\sum_{k=1}^{m}k^2-\sum_{k=1}^{m}k$$

$$=2\cdot\frac{1}{6}m(m+1)(2m+1)-\frac{1}{2}m(m+1)$$

$$=\frac{1}{6}m(m+1)\{2(2m+1)-3\}$$

$$=\frac{1}{6}m(m+1)(4m-1)\quad\cdots\cdots(*)$$

$$=\frac{1}{6}\cdot\frac{n}{2}\left(\frac{n}{2}+1\right)\left(4\cdot\frac{n}{2}-1\right)$$

$$=\frac{1}{24}n(n+2)(2n-1)\ 個$$

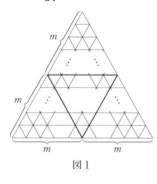

図 1

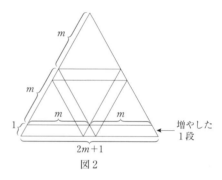

図 2

（ⅱ）　n が奇数のとき（$n=2m+1$，$m\geqq1$）

図 1 から 1 段増やして，下向きの正三角形の増数を考える（図 2）。

このとき，1 辺の長さが最大のものは，（ⅰ）と同じで ∇_m である。

∇_1 は　　　　　　　　　$1+2+\cdots+(2m-1)+\underline{2m}$ 個

∇_2 は　　　　　　　　　$1+2+\cdots+(2m-3)+\underline{(2m-2)}$ 個

$\vdots$

$\nabla_{m-(k-1)}$ は　　　　$1+2+\cdots+(2k-1)+\underline{2k}$ 個

$\vdots$

∇_{m-1} は　　　　　　$1+2+3+\underline{4}$ 個

∇_m は　　　　　　　　$1+\underline{2}$ 個

下線部が増数であり，その和は

$$2+4+\cdots+2(m-1)+2m$$

$$=2\{1+2+\cdots+(m-1)+m\}$$

$$=2\cdot\frac{1}{2}m(m+1)=m(m+1)$$

である。よって，下向きの正三角形の総数は，(i)の(∗)と $m=\dfrac{n-1}{2}$ を
用いて

$$\dfrac{1}{6}m(m+1)(4m-1)+m(m+1)$$

$$=\dfrac{1}{6}m(m+1)\{(4m-1)+6\}$$

$$=\dfrac{1}{6}m(m+1)(4m+5)$$

$$=\dfrac{1}{6}\cdot\dfrac{n-1}{2}\left(\dfrac{n-1}{2}+1\right)\left(4\cdot\dfrac{n-1}{2}+5\right)$$

$$=\dfrac{1}{24}(n-1)(n+1)(2n+3)\ \text{個}$$

$n=1$ のとき 0 個なので，この式は $n=1$ のときも成立する。

(i)，(ii)より，求める総数は

$$
\left.
\begin{array}{ll}
n \text{ が偶数のとき} & \dfrac{1}{24}n(n+2)(2n-1)\ \text{個} \\[2mm]
n \text{ が奇数のとき} & \dfrac{1}{24}(n-1)(n+1)(2n+3)\ \text{個}
\end{array}
\right\} \quad \cdots\cdots(\text{答})
$$

◀解　説▶

≪正三角形を段に積んでできる正三角形の総数≫

▶(1)　4 段積んだときの上向き 10 個，下向き 6 個に対して，1 段増やし
て正三角形の増加個数を考えてもよいが，〔解答〕では，(2)，(3)への一般化
を見越して単純に数えている。

▶(2)　上向きの正三角形は，上の頂点をどの位置にとれるかを考えると数
えやすい。和の計算を 2 重にすることになるが，法則は単純である。

▶(3)　下向きの正三角形は，下の頂点を意識すると数えやすい。下向きの
正三角形の 1 辺の最大値が 2 になるのは 4 段または 5 段積んだときであり，
最大値が 3 になるのは 6 段または 7 段積んだときなので，n の偶奇で場合
分けすればよいことに気づく。〔解答〕では，単純な偶数のときを先に求め，
偶数に 1 段増やして，正三角形の個数の増加を調べて奇数のときを計算し
た。

❖講　評

　2021 年度も大問 4 題の出題で，試験時間は 120 分である。1 は小問 4 問で解答のみを所定の欄に記入する方式で，残りの 3 題は記述式である。

　1　(1)虚数解をもつ実数係数 4 次方程式の実数解を求める基本的な問題である。

　(2)座標空間において，線分を z 軸のまわりに回転させてできる面をもつ立体の体積を求める問題である。立体の形がイメージできなくても，断面積は容易にわかるので，定積分するだけでよい。

　(3)2 つの曲線が共有点をもち，その共有点における接線の傾きが等しいことを立式して，x，a を変数として解く。曲線の概形から，x の値の範囲を絞ることもできる。

　(4)1 の箱，2 の箱に入る玉の色を固定して，3 色の玉の配置のパターンを考えると，数えもれや重複をなくすことができる。

　2　(1)座標平面の単位円，偏角をうまく利用すると記述しやすくなるが，図形と条件式から角度の条件を細かく調べる必要があり，正確な解答を書くのは非常に難しい。数学的な興味をもてたのであれば，試験のためだけでなく，時間をかけて自分なりの解答をまとめる機会を作ってほしい。

　(2)(1)が解けなくても，$b=c$ のときの条件式から 2 点 B，C が直線 OA について対称になることはわかる。(2)の方がかなり易しいので，(2)だけを解くことを選択するのも本番の試験では大切である。

　3　(1)集合の表現が少し難しそうに見えるが，a の 2 次関数を考えるだけである。

　(2)x の値を固定して，その値に対する a の 2 次関数の最小値を求め，x の値を動かして一番小さい値を決定する標準的な解法を用いる。

　(3)(2)と同様の方法で最大値を求め，最大値と最小値の差を定積分すればよい。(1)が(2)のヒント，(2)が(3)のヒントになっているので，誘導に気づくことができれば単純計算に持ち込める。

　4　(1)図を描いて数えるだけなので容易である。(2)，(3)への一般化も意識しておきたい。

　(2)上向きの正三角形だけであれば法則も単純であり，取り組みやすい。

(3)下向きの正三角形は法則が見えにくく，具体的な n の値で実験して推測しなければならないので難しい。1 段増やしたときの変化，2 段増やしたときの変化などに着目することがポイントとなる。

物理

I

解答　問1．$(1-\mu_0)mg$

問2．加速度の大きさ：$\dfrac{1-\mu}{2}g$　　張力の大きさ：$\dfrac{1+\mu}{2}mg$

問3．$b=-\dfrac{m}{2m+M}a$　　問4．$a=\dfrac{(1-\mu)(2m+M)}{3m+2M}g$

問5．方向：負の向き　　大きさ：$\dfrac{(1-\mu)m^2g}{3m+2M}$

問6．$\sqrt{\dfrac{2l}{a}}$　　問7．$\dfrac{m+M}{2m+M}\sqrt{2al}$

問8．方向：負の向き　　移動距離：$\dfrac{m}{2m+M}l$

問9．$(1-\mu)mgl$

◀解　説▶

≪台車と2物体の運動≫

▶問1．糸の張力の大きさを T_0，物体Bが手のひらから受ける垂直抗力の大きさを N_0 とすると，物体A，Bにはたらく力のつり合いより

　　$\mu_0 mg=T_0, \quad N_0+T_0=mg$

　∴　$N_0=mg-\mu_0 mg=(1-\mu_0)mg$

▶問2．物体A，Bの加速度の大きさを a_1，糸の張力の大きさを T_1 とすると，物体A，Bの運動方程式より

　　$ma_1=T_1-\mu mg$

　　$ma_1=mg-T_1$

2式を連立して

　　$a_1=\dfrac{1-\mu}{2}g, \quad T_1=\dfrac{1+\mu}{2}mg$

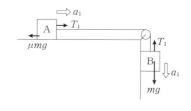

▶問3．糸の張力の大きさを T_2，物体Bが台車から受ける力を，図の右方向に R とする。台車から見た物体A，Bの運動方程式および物体Bにはたらく水平方向の力のつり合いより

$$ma = T_2 - mb - \mu mg \quad \cdots\cdots①$$
$$ma = mg - T_2 \quad \cdots\cdots②$$
$$R = mb \quad \cdots\cdots③$$

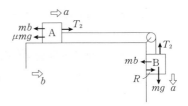

また，床の上で静止した人から見た台車の運動方程式より

$$Mb = \mu mg - T_2 - R \quad \cdots\cdots④$$

式①，④の辺々和をとると

$$ma + Mb = -mb - R$$

式③を代入して

$$ma + Mb = -mb - mb$$

$$\therefore \quad b = -\frac{m}{2m+M}a \quad \cdots\cdots⑤$$

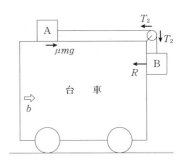

▶問 4．式①，②の辺々和をとると

$$2ma = (1-\mu)mg - mb$$

式⑤を代入して

$$2ma = (1-\mu)mg + \frac{m^2}{2m+M}a$$

$$\frac{3m+2M}{2m+M}a = (1-\mu)g$$

$$\therefore \quad a = \frac{(1-\mu)(2m+M)}{3m+2M}g \quad \cdots\cdots⑥$$

▶問 5．式③，⑤，⑥より

$$R = mb = -\frac{m^2}{2m+M}a = -\frac{(1-\mu)m^2 g}{3m+2M}$$

よって，力の方向は負の向き。大きさは $\dfrac{(1-\mu)m^2 g}{3m+2M}$

▶問 6．問 4 より，加速度 a は一定なので

$$\frac{1}{2}at^2 = l \quad \therefore \quad t = \sqrt{\frac{2l}{a}}$$

▶問 7．物体 A が位置 x_2 にあるとき，台車から見た物体 A の速度を v_r とすると

$$v_r = at = \sqrt{2al}$$

また，このとき床に静止した人から見た物体 A の速度を v，台車の速度

を V とすると，相対速度の関係より

$$v_r = v - V \quad \cdots\cdots ⑦$$

さらに，水平方向の運動量保存則より

$$0 = mv + (M+m)V \quad \cdots\cdots ⑧$$

式⑦，⑧より

$$v = \frac{m+M}{2m+M}v_r = \frac{m+M}{2m+M}\sqrt{2al}$$

▶問8．問7より，$v>0$，$V<0$ である。よって，台車は負の向きに移動する。また，⑧より

$$v : |V| = (M+m) : m$$

が成り立つので，床に静止した人から見て，物体Aと台車の移動距離の比も $(M+m) : m$ である。よって，台車の移動距離は

$$\frac{m}{(M+m)+m} \times l = \frac{m}{2m+M}l$$

▶問9．求める運動エネルギーの和を K とすると，エネルギー保存則より

$$mgl - \mu mgl = K \qquad \therefore \quad K = (1-\mu)mgl$$

参考 〔解説〕では動摩擦力のした仕事が $-\mu mgl$ であるとして，エネルギー保存則を用いた。ここで，$-\mu mgl$ は動摩擦力が物体Aにした仕事と台車に対してした仕事の和であることを確認しておこう。床に静止した人から見て，物体Aの移動距離を x，台車の移動距離を X とすると，動摩擦力がした仕事はそれぞれ，$-\mu mg \times x$，$-\mu mg \times X$ となる。よって，$x + X = l$ であることに注意して，仕事の和は

$$-\mu mg \times x + (-\mu mg \times X) = -\mu mgl$$

となり，相対的な移動距離 l を用いて表すことができることがわかる。

II

解答 問1．$V_0 = \dfrac{4\pi kQd}{S}$ 問2．$C_0 = \dfrac{S}{4\pi kd}$

問3．$Q_a = \dfrac{3}{5}C_0V_a$，$V_b = \dfrac{2}{5}V_a$

問4．㋒，㋔ 問5．㋑ 問6．S_c

問7．記号：㋓ 力のモーメントの大きさ：$\dfrac{V_cBL^2}{2R_1}$

◀解　説▶

≪コンデンサーを含む直流回路≫

▶問１．ガウスの法則より，極板間に生じる電気力線の本数は $4\pi kQ$ 本である。よって，単位面積あたりの電気力線の本数，すなわち電場の強さは $\dfrac{4\pi kQ}{S}$ であるので，極板間に生じる電位差は

$$V_0 = \frac{4\pi kQd}{S}$$

▶問２．$Q = C_0 V_0$ の関係を用いて

$$C_0 = \frac{Q}{V_0} = \frac{S}{4\pi kd}$$

参考　誘電率を ε として，電気容量は $C_0 = \varepsilon \dfrac{S}{d}$ であり，電位差は

$$V_0 = \frac{Q}{C_0} = \frac{Qd}{\varepsilon S}$$

と計算する方が，受験生にはなじみのある流れであろう。ただし，文字指定に注意して，$\varepsilon = \dfrac{1}{4\pi k}$ の関係式を用いる必要がある。

▶問３．C_b, C_c, C_d の合成容量は，

$C_0 + \dfrac{1}{2}C_0 = \dfrac{3}{2}C_0$ であるので，キルヒホッフの第二法則より

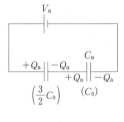

$$V_a = \frac{Q_a}{\dfrac{3}{2}C_0} + \frac{Q_a}{C_0}$$

$$\therefore \quad Q_a = \frac{3}{5}C_0 V_a$$

また，コンデンサー C_b に生じる電位差は

$$V_b = \frac{Q_a}{\dfrac{3}{2}C_0} = \frac{2}{5}V_a$$

▶問４．4つのスイッチをすべて開いた回路は，右の図の回路と同じである。ここで，図のように点 T を設定する。この回路は問3の回路と同じ形であるので，コンデンサー C_x に生じる

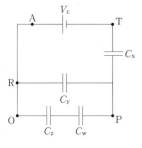

電位差は $\frac{3}{5}V_c$ であることがわかる。

以下，順に考察する。

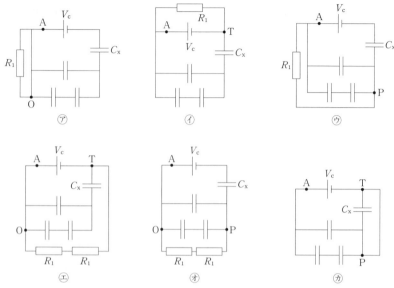

㋐ S_a と S_b のスイッチを入れることは，点 A と点 O を抵抗と導線でつ

なぐことに相当する（上図）。よって，C_x に生じる電位差は $\frac{3}{5}V_c$ のまま

であり，点 A を流れる電流は 0 である。

㋑ S_a と S_c のスイッチを入れることは，点 A と点 T を抵抗と導線でつ

なぐことに相当する（上図）。よって，C_x に生じる電位差は $\frac{3}{5}V_c$ のまま

であり，点 A を流れる電流は $\frac{V_c}{R_1}$ である。

㋒ S_a と S_d のスイッチを入れることは，点 A と点 P を抵抗と導線でつ

なぐことに相当する（上図）。よって，C_x に生じる電位差は V_c となり，

点 A を流れる電流は 0 である。

㋓ S_b と S_c のスイッチを入れることは，点 O と点 T を 2 つの抵抗と導

線でつなぐことに相当する（上図）。よって，C_x に生じる電位差は $\frac{3}{5}V_c$

のままであり，点 A を流れる電流は $\frac{V_c}{2R_1}$ である。

㋑　S_b と S_d のスイッチを入れることは，点 O と点 P を 2 つの抵抗と導線でつなぐことに相当する（上図）。よって，C_x に生じる電位差は V_c であり，点 A を流れる電流は 0 である。

㋕　S_c と S_d のスイッチを入れることは，点 P と点 T を導線でつなぐことに相当する（上図）。よって，C_x に生じる電位差は 0 であり，点 A を流れる電流は 0 である。

以上より，C_x の電位差が最大となるスイッチの組み合わせは㋒，㋑である。

▶問 5．問 4 の考察より，点 A を流れる電流が最大となるスイッチの組み合わせは㋐である。

▶問 6．十分な時間が経ったとき，コンデンサーには電流が流れないので，右の回路で考えればよい。

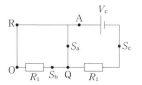

S_a を抵抗に替えたとき，点 A を流れる電流は

$$\frac{2V_c}{3R_1}$$

S_b を抵抗に替えたとき，点 A を流れる電流は　$\dfrac{V_c}{R_1}$

S_c を抵抗に替えたとき，点 A を流れる電流は　$\dfrac{V_c}{2R_1}$

S_d を抵抗に替えたとき，点 A を流れる電流は　$\dfrac{V_c}{R_1}$

以上より S_c である。

▶問 7．問 4 の考察より，回路に電流が流れるのは㋐，㋔のときである。

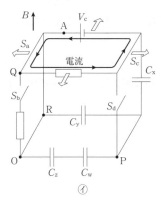

㋐

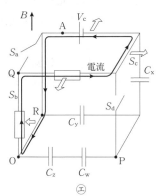

㋔

㋑のとき，回路を流れる電流は上図のようになり，電磁力は図中の白抜き矢印の向きにはたらく。よって，回路を回転させるような電磁力は生じていない。

㋓のとき，回路を流れる電流は上図のようになり，電磁力は図中の白抜き矢印の向きにはたらく。このとき，回路を回転させるような電磁力が生じている。電流の大きさが $\dfrac{V_c}{2R_1}$ であることから，重心まわりの力のモーメントの大きさは

$$\frac{V_c}{2R_1}BL \times \frac{L}{2} \times 2 = \frac{V_c BL^2}{2R_1}$$

❖講　評

　2020 年度は大問 3 題の出題であったが，2021 年度は例年通り大問 2 題の出題に戻った。難度はやや難化しており，時間的な余裕はない。

　I　台車と 2 物体の系についての問題である。問 3 以降では台車が動くので，台車から見て物体 A，B の運動を考える際には，慣性力を考慮する必要がある。台車から見た相対運動と床の上で静止した人から見た運動との関係に注意したい。問題文中の丁寧な誘導を読み取ることはもちろん，正の向きや記号の定義，解答の文字指定に忠実に従って解き進めたい。

　II　コンデンサーを含む直流回路についての問題である。問 1・問 2 は公式を用いて解答するのではなく，ガウスの法則から考えたい。問 4 以降は，立体的な回路を扱う上に，場合分けも多い。十分時間が経ったときにはコンデンサーには電流が流れないことに注目しながら，正確に処理したい。

　全体として，問題文の読解力，数式や場合分けの処理能力が高いレベルで要求される。その上で，物理法則の理解の深さを問う良問である。

$\boxed{\text{I}}$ $\boxed{\text{解答}}$ 問1．ア．Na_3AlF_6　イ．12　ウ．4　エ．自由電子
　　　　　問2．1－b　2－d　3－c　4－a

問3．酸化アルミニウムの融点を下げ，低い温度で融解させるため。

問4．23g

◀解　説▶

≪金属の性質，アルミニウムの製法と結晶格子≫

▶問1．ア．氷晶石の化学式は Na_3AlF_6，物質名はヘキサフルオリドアルミン酸ナトリウムである。

イ．面心立方格子の配位数は12である。

ウ．面心立方格子中の原子数は

$$\frac{1}{8}\times 8+\frac{1}{2}\times 6=4 \text{ 個}$$

エ．特定の金属原子に固定されることなく，金属中を動き回る価電子を自由電子という。

▶問2．1．電気伝導性が最大の金属は銀であり，次いで銅，金が大きい。

2．イオン化傾向が最大の金属はリチウムであり，次いで

$$K>Ca>Na>Mg>Al>Zn>Fe>Ni>Sn>Pb>(H_2)$$
$$>Cu>Hg>Ag>Pt>Au$$

である。

3．オスミウムが密度最大（22.587 g/cm³）の金属である。

4．タングステンが融点が最も高い（3422℃）金属である。

▶問3．酸化アルミニウムは融点が高い（2054℃）ので融解させることが難しいが，低融点の氷晶石 Na_3AlF_6 の融解液に少しずつ酸化アルミニウムを加えると，約960℃で融解させることができる。

▶問4．単位格子中の原子数は4なので，$(2.0)^3=8.0$〔cm³〕の質量は

$$\frac{27}{6.0\times 10^{23}}\times 4\times \frac{(2.0)^3}{(4.0\times 10^{-8})^3}=22.5\fallingdotseq 23 〔g〕$$

Ⅱ　**解答**　問 1．ア．ファンデルワールス

　　　　　　　　　　イ．極性引力（または水素結合）

問 2．体積：78.3%　質量：75.9%（または 76.0%）

問 3．5

問 4．窒素と水素からアンモニアを生成する反応は発熱反応であり，反応速度を大きくするため高温にすると，平衡がアンモニアが減少する方向に移動するから。また，アンモニア生成方向に平衡を移動させるためには高圧にする必要があるため。

問 5．$CaCO_3 \longrightarrow CaO + CO_2$

　　　　$NaCl + H_2O + CO_2 + NH_3 \longrightarrow NaHCO_3 + NH_4Cl$

　　　　$2NaHCO_3 \longrightarrow Na_2CO_3 + CO_2 + H_2O$

━━━━◀解　説▶━━━━

≪分子間力，空気の組成，ハーバー・ボッシュ法，アンモニアソーダ法≫

▶問 1．無極性分子，極性分子にかかわらず，分子間に働く弱い引力がファンデルワールス力である。一方，極性分子間にのみ働く静電気的な引力を極性引力という。極性引力のうち，H 原子と電気陰性度の大きい F, O, N 原子の間に働く強い極性引力を水素結合という。

▶問 2．体積の割合は分子数の割合と等しいので 78.3% である。質量の割合は，$N_2 = 28.0$, $O_2 = 32.0$ より

$$\frac{28.0 \times 0.783}{28.0 \times 0.783 + 32.0 \times 0.217} \times 100 = 75.94 \fallingdotseq 75.9 [\%]$$

▶問 3．1 ～ 5．すべて正文。

▶問 4．工業的に効率よくアンモニアを生成するということは，反応速度を大きく，かつアンモニア生成方向に平衡を移動させるということである。しかし，アンモニア生成反応は発熱反応なので，反応速度を大きくするため高温にすると，ルシャトリエの原理より平衡が逆反応方向に移動してしまう。また，反応式は

　　　　$N_2 + 3H_2 \rightleftharpoons 2NH_3$

であり，平衡を右に移動させるためには高圧条件が必要であり，容易ではない。

▶問 5．〔解答〕の 3 つの反応式の過程に加え，石灰石の熱分解で生じた CaO から $Ca(OH)_2$ を生成させ，さらにそれを $NaHCO_3$ と共に生成した

NH_4Cl と反応させることで NH_3 を生成させる過程も存在する。

$$CaO + H_2O \longrightarrow Ca(OH)_2$$

$$Ca(OH)_2 + 2NH_4Cl \longrightarrow CaCl_2 + 2NH_3 + 2H_2O$$

この反応で生じた NH_3 を食塩水に通じる。5つの過程をまとめると

$$2NaCl + CaCO_3 \longrightarrow Na_2CO_3 + CaCl_2$$

となる。

 解答　問 1．⑤
　　　　　　　　問 2．⑦

問 3．気体が溶ける量に影響する条件：⑦

増加させると気体が溶ける量が増える条件：⑤

問 4．アー⑤　イー④　ウー①

問 5．メカニズム：地球の温暖化が進むと，海洋への二酸化炭素の溶解度が小さくなり，海洋から大気に二酸化炭素が放出されるため，大気中の二酸化炭素が増大する。

判断の方法：気温と大気中の二酸化炭素濃度の変化を測定したデータを用いて，二酸化炭素濃度の増大が先に観測されていれば(1)が正しく，気温の上昇が先に観測されていれば(2)が正しいと判断できる。

━━━━━━ ◀解　説▶ ━━━━━━

≪地球の温暖化，平衡定数，温室効果ガス，気体の溶解度≫

▶問 1．設問文中の反応の反応式は

$$CO_2 + C \rightleftharpoons 2CO$$

である。固体であるコークス C は平衡に関与しない。化学平衡の法則より，平衡定数 K は

$$K = \frac{[CO]^2}{[CO_2]} \, [\text{mol/L}]$$

▶問 2．単原子分子 Ar，同じ元素からなる 2 原子分子 N_2，O_2 が温室効果に寄与しない気体である。よって，温室効果を引き起こす気体は，窒素酸化物，メタン CH_4，水蒸気 H_2O である。

▶問 3．気体の溶解量は圧力，温度，溶媒の量によって変化する。圧力，溶媒の量を増加させると気体の溶解量は増加するが，温度を上げると気体の溶解量は減少する。

▶問 4．各反応を化学反応式で表すと次のようになる。

ア．$CaCO_3 + CO_2 + H_2O \rightleftharpoons \underset{\mathcal{ア}}{\underline{Ca(HCO_3)_2}}$

イ．$\underset{\mathcal{イ}}{\underline{Ca(OH)_2}} + CO_2 \longrightarrow CaCO_3 + H_2O$

ウ．$CaCO_3 + \underset{\mathcal{ウ}}{\underline{CO_2}} + H_2O \longrightarrow Ca(HCO_3)_2$

▶問 5．(2)の因果関係を主張するためには，温度変化が気体濃度に与える影響を述べなければならない。温度が上昇すると，気体の溶解度が小さくなることで海洋中から二酸化炭素が放出される，その結果として大気中の二酸化炭素濃度が大きくなるということが(2)のメカニズムの一つと言える。判断の方法として用いる測定データは，気温や海水温の経年データ，大気中の二酸化炭素濃度の経年データが考えられる。どちらの変化が先に始まるかで(1)，(2)どちらの因果関係が正しいか判断できる。

IV **解答** 問 1．⑦　問 2．⑨　問 3．③
問 4．アニリンブラック　問 5．②　問 6．④

◀解　説▶

≪芳香族化合物の製法・性質，配向性，高分子，分離方法≫

▶問 1．ア．芳香族アミンであるアニリンは，アンモニアより H^+ を引き寄せる性質が弱く，アンモニアより弱い塩基性を示す。

イ・ウ．アニリンにさらし粉 $CaCl(ClO) \cdot H_2O$ の水溶液を加えると，ClO^- によって酸化され，赤紫色に呈色する。

▶問 2．エ．アニリンに氷酢酸または無水酢酸を作用させると，アセトアニリドを生じる。

オ．塩化ベンゼンジアゾニウム水溶液にナトリウムフェノキシドを加えると，p-ヒドロキシアゾベンゼン（p-フェニルアゾフェノール）を生じる。

▶問 3．$-NO_2$，$-COOH$，$-SO_3H$ はメタ配向性，$-Cl$ はオルト・パラ

配向性の基である。

▶問 4．アニリンを硫酸酸性の二クロム酸カリウムで酸化すると，黒色染料のアニリンブラックを生じる。

▶問 5．アミド結合をもつ高分子はナイロン 6 である。

$$\left[\begin{array}{cc} N-(CH_2)_5-C \\ | \qquad\qquad \| \\ H \qquad\qquad O \end{array}\right]_n$$

ビニロンはエーテル結合，アセテートはグリコシド結合とエステル結合，アミロースはグリコシド結合，ポリエステルはエステル結合をもつ。

▶問 6．4 種の化合物のうち，アニリンのみが反応する試薬は塩酸で，アニリン塩酸塩を生じる。

$$\langle\text{phenyl}\rangle-NH_2+HCl \longrightarrow \langle\text{phenyl}\rangle-NH_3Cl$$

アニリン塩酸塩は水層に溶けているので水層を回収し，これに水酸化ナトリウムを加えるとアニリンが遊離する。

$$\langle\text{phenyl}\rangle-NH_3Cl+NaOH \longrightarrow \langle\text{phenyl}\rangle-NH_2+H_2O+NaCl$$

$$\boxed{V} \quad \boxed{\text{解答}} \quad
\begin{array}{l}
\text{問 1．③}\quad \text{問 2．①}\quad \text{問 3．③}\quad \text{問 4．①}\quad \text{問 5．②} \\
\text{問 6．①}\quad \text{問 7．③}
\end{array}$$

━━━━━━ ◀解　説▶ ━━━━━━

≪油脂，合成洗剤，エステル化，ATP，核酸≫

▶問 1．パルミチン酸のみを構成成分とする油脂の構造式は

$$\begin{array}{l}
CH_2-OCO-C_{15}H_{31} \\
| \\
CH-OCO-C_{15}H_{31} \\
| \\
CH_2-OCO-C_{15}H_{31}
\end{array}$$

示性式は $C_3H_5(OCOC_{15}H_{31})_3$ である。よって，分子量は

$$12\times3+1\times5+(16\times2+12\times16+1\times31)\times3=806$$

▶問 2．①　正文。油脂を構成する高級脂肪酸の炭素数が多いほど油脂の分子量が大きく，分子間力が大きくなるため融点は高くなる。また，高級脂肪酸中に C=C 結合が多いと分子が折れ曲がった形となり結晶化しにくくなるため融点は低くなる。

▶問 3．③　誤文。アルキル硫酸エステル塩とは，代表的な合成洗剤であ

り，高級 1 価アルコールの 1-ドデカノール $C_{12}H_{25}OH$ などを濃硫酸で硫酸エステルとし，これを水酸化ナトリウム水溶液で中和して作られる。

$$C_{12}H_{25}OH + H_2SO_4 \longrightarrow C_{12}H_{25}-OSO_3H + H_2O$$

$$C_{12}H_{25}-OSO_3H + NaOH \longrightarrow C_{12}H_{25}-OSO_3Na + H_2O$$

よって，水酸化ナトリウムを用いるのは合成の第二段階である。

▶問 4. ① 正文。カルボン酸とアルコールのエステル化では，カルボン酸の $-OH$ とアルコールの $-OH$ の H 原子によって H_2O が生じる。

▶問 5. ② 正文。RNA を構成する糖はリボース，DNA を構成する糖はデオキシリボースである。この 2 つの糖の違いは，2′ の炭素に結合しているのが $-OH$ であるか $-H$ であるかという点だけである。

▶問 6. ① 正文。合成された RNA はポリヌクレオチドであり，ATP の末端のリン酸（γ の P の部分）とその隣のリン酸（β の P の部分）は RNA には存在しない。よって，生成した RNA に A が取り込まれているということから，α の P が ^{32}P で置換されていたということが推測される。

▶問 7. ① 誤文。常温で液体であるのはサリチル酸メチルであり，アセチルサリチル酸とポリエチレンテレフタラートは固体である。

② 誤文。ポリエチレンテレフタラートにもエステル結合は存在する。

アセチルサリチル酸　　　サリチル酸メチル

ポリエチレンテレフタラート

③ 正文。アセチルサリチル酸はサリチル酸と無水酢酸から，サリチル酸メチルはサリチル酸とメタノールから，ポリエチレンテレフタラートはエチレングリコールとテレフタル酸から合成される。

④　誤文。無水フタル酸を合成原料とするものはない。

⑤　誤文。1価アルコールが使われるのはメタノールを用いるサリチル酸メチルのみである。

❖講　評

　試験時間は 60 分，大問数は 5 題であった。記述式とマークシート法の併用となったため，設問数はやや多くなった。2021 年度の解答形式は Ⅰ・Ⅱ が記述式，Ⅲ・Ⅳ が記述式とマークシート法の併用，Ⅴ がマークシート法であった。計算問題は 3 問，論述問題は 4 問。2021 年度も，教科書で発展扱いとなっている内容，また，教科書では取り扱われていない内容の問題が出題されており，思考力・考察力を求められている。

　Ⅰ では金属の性質，アルミニウムの工業的製法，結晶の単位格子が出題された。問 2 の金属の性質に関して大きい順に並べた問題では，1 が電気伝導性，2 がイオン化傾向であることはすぐに選択できても，3・4 の密度，融点はやや迷うかもしれない。オスミウムやタングステンというあまり教科書では扱われない元素が最大となっているが，注目すべきは 3 に並ぶ水銀である。水銀は常温で液体であることに気づけば，3 が融点ではないことがわかる。問 1・問 3・問 4 は標準的な問題なので確実に得点したい。

　Ⅱ は窒素に関する大問であった。問 1 の空欄イに関して，「極性分子

間に働く分子間力」を表す語句なので「極性引力」と〔解答〕に記したが，この「極性引力」は教科書記載の語句ではない。そのため，H 原子とF，O，N 原子の間の場合のみになってしまうが，教科書に記載されている「水素結合」が適する語句とも考えられる。問 2 はやや計算が煩雑にはなるが，基本的な問題。問 3 は 4 で実在気体の状態方程式に触れているが，その知識さえあれば難しくはないだろう。問 4 のアンモニアの工業的製法と平衡移動の関係の論述問題は入試頻出内容であるため，問題演習を積んでいればきちんと解答できたと思われる。

　　Ⅲは地球温暖化と二酸化炭素濃度に関する大問であった。問 1 は固体である炭素を無視できるかどうかがポイント。問 3 は気体の溶解度，問 4 はカルシウム化合物に関する基本的な知識があれば問題なく解答できただろう。解答が難しかったと思われるのは問 5 の論述問題である。大学が発表している「出題の意図」においても，「地球の温暖化が原因となり結果として二酸化炭素の増大をもたらすメカニズムを論理的に導いていれば，その内容は問わない」「二つの因果関係のうち，どちらが正しいかを判断する方法が論理的に述べられていれば，その内容は問わない。ただし，問題文にあるように，相関関係だけでは因果関係を判断できないことに注意する」と記されており，論理的に考察し，それを簡潔に記述する能力を問われている。多くの受験生が戸惑い，文章をまとめるのに時間を要したであろう。

　　Ⅳは窒素を含む芳香族化合物を中心とした有機化学の大問であった。全体的に基本的な知識を問う問題であったが，問 1 の空欄アと問 3 の配向性がやや解答しにくかっただろう。アニリンとアンモニアの塩基性の強弱は，その理由が高校化学の範囲内では説明しきれないものである。また，官能基の配向性は教科書には発展内容として記載されているが，その配向性を完全に暗記できていない受験生も多かったのではないだろうか。

　　Ⅴはエステル結合を含むさまざまな有機化合物に関する大問であった。問 1 ～問 4，問 7 は油脂，高級脂肪酸，合成洗剤，エステル化，サリチル酸誘導体，PET といった入試頻出の化合物の基本的な知識を問う問題であり，短時間で正解を選択したい。問 5・問 6 で扱われた ATP に関する問題が見慣れないものであった。現行課程の教科書では ATP は

扱われておらず，それを基質とする RNA 合成にも，初めて触れる受験生がほとんどだったと思われる。しかし，問5は DNA と RNA の違いを問われているだけ，問6は RNA はポリヌクレオチドなので，β と γ の P は RNA に残ることはないということにだけ気づくことができれば解答は可能であった。

■ ■ ■ 生物 ■

Ⅰ 解答 問1．アーT　イーK　ウーN　エーM　オーR
カーC　キーP

問2．実験1：E　実験2：A・H

問3-1．①アミノ酸がセリンのままの同義置換で，タンパク質に影響はない。（30字以内）

②終止コドンが生じるため翻訳が停止し，タンパク質は短くなる。（30字以内）

問3-2．人が観賞用に飼育しているため。（15字以内）

━━━━━━━━ ◀解　説▶ ━━━━━━━━

≪動物の初期発生，キンギョの遺伝子突然変異≫

▶問1．カエルの未受精卵には，色素粒の多い動物半球と少ない植物半球がある。動物半球に精子が進入すると，精子進入点は将来の腹側となり，反対側に生じた灰色三日月環がある側は背側となる。一方，前後軸（頭尾軸）は未受精卵の段階で決まっており，動物極が頭，植物極が尾となる。

▶問2．実験1：神経胚では，予定運命がすでに決定している。そのため，褐色のスジイモリの予定表皮域に移植された白色のクシイモリの予定神経域は，そのまま神経に分化する。スジイモリ自体の神経も分化することから，白色と褐色の神経をもつ胚が生じることになる。

実験2：移植された褐色のスジイモリの原口背唇部からは，二次胚の脊索と，体節や神経管の一部が生じる。二次胚のその他の部分は宿主胚に由来するものであり，クシイモリの白色を呈する。

▶問3-1．図1で示された塩基配列をセンス鎖と考える。

①の塩基を含むトリプレットは TCA から TCG となり，アンチセンス鎖では AGT が AGC となる。AGT を写し取ったコドンは UCA であり，AGC を写し取ったコドンは UCG となる。これらのコドンを遺伝暗号表で見ると，どちらも同じセリンと読み取れる。このような塩基の変異を同義置換といい，コーディンタンパク質のアミノ酸配列は変化しない。

②の変異が生じたセンス鎖のトリプレットは GAG から TAG となり，

アンチセンス鎖は CTC が ATC となる。mRNA のコドンは，GAG が UAG に変わったと考えられる。GAG はグルタミン酸を指定するが，UAG は終止コドンとなるため翻訳が停止してしまい，タンパク質は本来よりも短くなってしまう。

▶問 3 - 2．リュウキンの尾が二股に分岐している形質は人為的に選抜されたものであり，このような品種は飼育下でのみ生育できると考えられる。

Ⅱ　**解答**　問 1．ア．静止　イ．ナトリウム　ウ．カリウム
　　　　　　　　エ．カルシウム　オ．カルシウム　カ．慣れ
キ．カルシウム

問 2．C

問 3．水溶性か大きい分子は脂質層を通りにくい。（20 字以内）

問 4．乾燥状態では気孔を閉じて蒸散を抑制する。（20 字以内）

問 5 - 1．

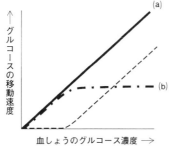

問 5 - 2．グルコースの再吸収速度が最大となった。（20 字以内）

問 6．アクアポリンを含む小胞がバソプレシンにより集合管側の細胞膜に移動する。（35 字以内）

━━━━━━━◀解　説▶━━━━━━━

≪細胞膜での物質輸送，植物のストレス応答，腎臓でのろ過と再吸収≫

▶問 1．ア〜ウ．静止電位の状態では，Na^+ チャネルと K^+ チャネルが閉じている一方，K^+ チャネルの一部が開いて K^+ が細胞外に流出することで静止電位が生じる。これに対して Na^+ チャネルが開いて Na^+ が細胞内に流入すると活動電位が発生する。

エ．ニューロンでアドレナリンが関与するチャネルは Ca^{2+} チャネルである。

オ．アメフラシの水管の感覚ニューロン末端で流入するイオンは，Ca^{2+}
である。

キ．筋収縮時にトロポニンと結合するイオンも Ca^{2+} である。

▶問 2．尿素は分子が小さいため，細胞膜での透過性が高い。他の選択肢
の物質はいずれも分子が大きいため通過しにくい。

▶問 3．水分子や糖，アミノ酸など極性のある物質や，イオンのように荷
電した物質，脂質に溶けにくい水溶性の物質，大きな分子は細胞膜を通過
しにくい。

▶問 4．アブシシン酸は，種子の発芽抑制，休眠芽の維持，気孔の閉鎖に
関与する。ここでは孔辺細胞とあるので，乾燥ストレスに応答して気孔を
閉じる作用について説明すればよい。

▶問 5 - 1．グルコースの再吸収速度が限界に達した後は，尿として排出
されてしまう。(b)が横ばいになってから(a)と同様の角度で増すグラフとな
る。

▶問 6．細胞質内にはアクアポリンを含む小胞があり，これがバソプレシ
ンの作用により集合管側の細胞膜に移動して融合するためアクアポリンの
数が増える。

| Ⅲ | 解答 | 問 1．アーO　イーG　ウーL　エーA　オーF |
| | | 問 2 - 1．D　問 2 - 2．B |

問 3．気温や土壌が十分でないか，人に管理されているため。(25 字以
内)

問 4 - 1．現存量：13.0%　純生産量：32.8%

問 4 - 2．生産者の平均寿命が短く，物質循環が速い。(20 字以内)

別解　海洋での生産者は植物プランクトンである。(20 字以内)

━━━━━━◀解　説▶━━━━━━

≪植生遷移，バイオームにおける現存量と物質生産≫

▶問 1．ア．生態系内の生物群集が環境要因から影響を受けることを作用
といい，逆に環境要因に影響を及ぼし，それらを変化させることを環境形
成作用という。

イ・ウ．土壌が十分形成される以前の，非常に厳しい環境条件でも進入し
て定着できる植物を先駆植物（パイオニア植物）という。ここでは種で問

われているので，先駆種を選べばよい。

エ・オ．日本は十分な降水量があるため，どの地域でも極相は森林となり，各地の気温に応じたバイオームが成立する。

▶問 2 - 1．地温は，裸地では概して高温で変化が激しく，森林では安定する。光は，裸地では強く照射されるが，遷移が進むにつれて地表までは届きにくくなる。養分は，土壌が形成されていくにつれて増加する。よって，遷移が進むにつれて減少する①は光であり，増加する②は養分である。なお，種間競争は環境条件には含まれない。

▶問 2 - 2．地衣類，イタドリ，ススキ，ヤシャブシなどは先駆種である。クロマツやアカマツは陽樹林，スダジイやアラカシは陰樹林を形成する。

▶問 3．降水量が十分であっても，高山帯は低温のため森林は形成されない。また，土壌が不十分な湿地や砂浜にも森林はできない。野焼きなどにより人為的に草原を維持しているところもあるであろう。

▶問 4 - 1．現存量：$\dfrac{170.2}{1308.5} \times 100 = 13.00 \fallingdotseq 13.0〔\%〕$

純生産量：$\dfrac{41.1}{125.4} \times 100 = 32.77 \fallingdotseq 32.8〔\%〕$

▶問 4 - 2．単位面積当たりの現存量を純生産量で割った値は，その生態系における生産者のおよその平均寿命（年）を表す。陸地，特に森林には樹木が多いため，一定面積内の生物体の量である現存量は大きい。それに対して，おもな生産者が植物プランクトンである海洋では，現存量は小さい。

❖講　評

　Ⅰ　動物の発生，移植実験，キンギョの突然変異に関する出題である。問 2 は，教科書の移植実験の図をどれだけよく見ていたかが問われる出題であった。問 3 は塩基配列の突然変異が与える影響や，リュウキンが絶滅しない理由を問う論述問題で，3 問で 75 字分の論述量であった。

　Ⅱ　細胞膜での物質輸送，植物のストレス応答，腎臓でのろ過と再吸収についての出題である。問 1 では，さまざまなイオンチャネルが問われた。問 2 と問 3 は，細胞膜を通過しやすい物質としにくい物質が扱われた。問 4 は植物のストレスへの応答，問 5 はグルコース再吸収，問 6

はアクアポリンの増加についての出題であった。問 3 〜問 6 は論述問題
で，全体で 95 字分の論述量である。また，問 5 - 1 では描図問題が出
題された。

　　Ⅲ　植生遷移と物質生産に関する出題である。問 1・問 2 では，遷移
の過程における植物や環境条件の変遷が問われた。問 3 は，草原が維持
される理由を 25 字以内にまとめる論述問題であった。問 4 は，現存量
と純生産量に関する計算問題およびそれらに関する 20 字の論述問題で
あった。

　　論述問題の総字数は 9 問で 215 字であり，2020 年度の 205 字と比べ
わずかに増加した。少ない字数での論述問題が例年の特徴であるので，
簡潔にまとめる練習をしっかりしておこう。描図問題や計算問題も出題
されているが決して難しくはないため手際よく解答し，論述問題の解答
に要する時間に余裕をもてるよう，時間配分に気をつけたい。

地学

I **解答** 問1．下図。

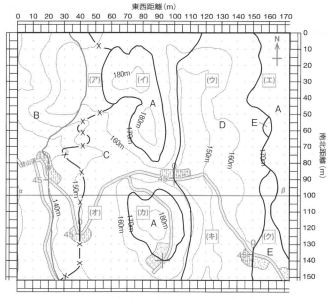

問2．㋐—C ㋑—A ㋒—D ㋓—A ㋔—C ㋕—A ㋖—D
㋗—E

問3．

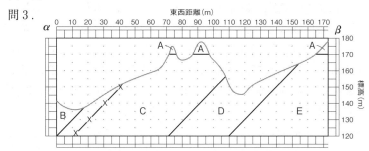

問4．岩石：枕状溶岩

成因：粘性の低い玄武岩質溶岩が水中で噴出し，急冷されることで，表面

が丸みを帯びて固まりながら重なった。

問5．(6)

問6．堆積した海底が炭酸塩補償深度よりも深かったから。

問7．西

問8．不整合面

問9．中央海嶺で噴出したマグマによって岩相Eの玄武岩から成る海底が生まれ，海洋プレートの運動で移動しながら，遠洋の深海底で岩相Dのチャートが，その上に岩相Cの泥岩が堆積した。岩相Cの堆積期間中には噴火によって火山砕屑物が堆積し，岩相Fとなった。中生代にはさらに上位に陸源性砕屑物として岩相Bの砂岩が堆積し，その後プレートの沈み込みにともなって大陸側に付加し，西に傾斜しながら陸化して侵食作用を受けた。新第三紀にはその削剥面上に岩相Aの礫岩が汽水域で堆積し，その後再び陸化した。

━━━━◀解　説▶━━━━

≪地質図と断面図，地史の読み取り，海洋プレート層序≫

▶問1．地表における岩相の境界線を描く（すなわち地質図を作成する）場合，岩相の境界面と地表面の交線を描くことになる。地表面の標高が等高線で示されるように，岩相の境界面の標高を走向線の分布で示し，各標高の走向線と同じ標高の等高線との交点を描いてそれらを結べば，地表における岩相の境界線を描くことができる。

　岩相Cに挟在する岩相Fも同様なので，岩相Fを例としてみると，まず東西距離40m，南北距離約125mの地点で，150mの等高線上に露頭が確認され，南北走向で西に45°傾斜していることが読み取れる。したがって，岩相Fの走向線は南北方向であり，標高が10mずつ異なる走向線を，西に向かって10m間隔で低くなっていくように描くことができる。すなわち，東西距離30mの位置に標高140m，東西距離40mの位置に標高150m，東西距離50mの位置に標高160m，東西距離60mの位置に標高170mの走向線を南北にそれぞれ描き，各標高の等高線との交点をとり，それらを結ぶ線を描けばよい。交点と交点の間を結ぶ際も，2本の走向線の間隔と2本の等高線の間隔に気をつけて，それらによって示される標高が一致するように線を描く。なお，図ではマス目状に補助点があるので，走向線を描かなくても，南北に並ぶ補助点を走向線として利用すればよい。

岩相Ｃと岩相Ｄの境界は，東西距離 100 m，南北距離 90 m の地点で標高 150 m の等高線と接しているが，ここでは，走向線と等高線が 1 点で接しているという扱いになるので，岩相の境界線を等高線と交わらせて描かないよう注意が必要である。また，東西距離約 90 m，南北距離約 140 m の地点で，岩相Ａが標高 170 m の等高線上で岩相Ｃの上位に水平に重なっていることが示されている。このことと，問題文にある「岩相Ａには，岩相Ｂ，Ｃ，Ｄ，およびＥのものと認められる礫が含まれていた」という情報から，標高 170 m 以上はすべて岩相Ａが不整合に覆っていると判断できる。したがって，図中の標高 170 m の等高線をすべて線で囲み，それ以上の標高はすべて岩相Ａが分布するように示す必要がある。

▶問 2．問 1 での岩相分布から，該当する岩相を答えればよい。(イ)，(エ)，(カ)については，標高 170 m 以上に位置する地点のため，いずれも岩相Ａである点に注意が必要である。

▶問 3．岩相Ｂ〜Ｅ，岩相Ｆはいずれも南北走向で西に 45° 傾斜している。したがって，走向に直交する東西断面図においては，すべて真の傾斜である 45° の角度で，西に傾斜する岩相境界および岩相Ｆを描けばよい。〔解答欄〕に地形断面が描かれているので，問 1 で描いた岩相境界線を地形断面の地表に投影し，そこから西に 45° 傾斜する線を描く方法もあるが，問 1 でも利用した走向線を地形断面に投影して岩相境界を描く方が確実である。例えば，最下位である岩相ＥとＤの境界は，東西距離 150 m の位置に標高 160 m の走向線がある。したがって，断面図においても，東西距離 150 m で標高 160 m の点を通り，西に 45° 傾斜する線を描けばよい。このときも〔解答欄〕の補助点を利用できる。なお，標高 170 m 以上は岩相Ａが他の地層の上位に水平に重なっているので，断面図においても標高 170 m にはすべて，水平な岩相境界を描く。

▶問 4．玄武岩質溶岩は高温で粘性が低いため流れやすいが，海嶺など水中で噴出すると，表面が急冷されることでガラス質の殻のようになり，丸みを帯びたチューブ状に固まる。しかし，内部は高温のため，表面を破って溶岩が流れ出たり，さらに他のチューブに重なるように流れて固結したりすることで，下方に垂れ下がるような丸い断面をもつ，枕を積み重ねたような形態の溶岩となる。これを枕状溶岩といい，水中で急冷された粘性の低い溶岩の特徴的な外形とされる。

▶問 5．チャートは主に二酸化ケイ素（SiO₂）から成る堆積岩である。したがって，二酸化ケイ素の骨格をもつ放散虫が当てはまる。浮遊性有孔虫とヌンムリテスは，石灰岩の主成分である炭酸カルシウム（CaCO₃）の骨格をもつ生物である。

▶問 6．岩相 C は，海洋プレート層序に典型的な，玄武岩（枕状溶岩）と遠洋性堆積物のチャートの上に重なる泥岩であり，遠洋性もしくは半遠洋性の堆積物だと考えられる。その堆積場は深海底となるが，炭酸カルシウムは低温高圧で溶解度が高くなるため，ある程度の深さを超えると海水に溶けてしまい，堆積できない。その深さを炭酸塩補償深度という。

▶問 7．図より，スケッチの構造は斜交葉理である（この場合はトラフ型斜交葉理）。南北断面（スケッチの左端部）と東西断面の模様から，南北断面が流れに直交する方向であり，東西断面が流れに平行な方向であると判断できる。斜交葉理は流水によって形成される堆積構造であり，葉理が層理面に斜交して下流側に傾斜するが，東西断面において，葉理はすべて西に向かって傾斜している。したがって，堆積当時は西に向かって流れていたと判断できる。

▶問 8．岩相 A と岩相 C の境界が削剝面をともなうということは，削剝されていた期間は堆積場になかったため，上下の層に時間的な隔たりができる。このように上下の地層が時間間隙をもって不連続に堆積している場合，その関係を不整合といい，その境界面を不整合面という。なお，岩相 A と岩相 C の不整合面は水平だが，下位の地層は傾斜しているため，ここでは上下の層の関係は傾斜不整合である。

▶問 9．地質断面図における上下関係から，岩相 E，D，C，B の順に堆積し，最後にそれらを岩相 A が傾斜不整合で覆っていることがわかる。まず岩相 E は水中で噴出した玄武岩質溶岩であり，これは中央海嶺で形成された海洋地殻であると考えられる。また，岩相 D のチャートは遠洋の深海で形成される堆積岩である。それがさらに岩相 B のような陸源性の砕屑岩と一緒に見られるということは，岩相 E，D，C，B の一連の岩相が海洋プレートの運動によって移動しながら形成されたということであり，それが大陸プレートに付加して付加体の一部になったものと考えられる。このように付加される前に形成された一連の岩相の並びを海洋プレート層序という。中央海嶺から海溝まで，遠洋から順に堆積物が重なって形成された

ものなので，岩相Ｃの泥岩も遠洋から半遠洋性の堆積物だと考えられる。また，岩相Ｆは岩相Ｃに挟在するので，岩相Ｃの堆積期間中に岩相Ｆをもたらした噴火活動が起こったことがわかる。岩相Ｂは砂岩なので，陸で生成された砕屑物（陸源性砕屑物）が海溝付近で堆積したものであるが，含まれるイノセラムスが中生代の示準化石である二枚貝なので，堆積時期が中生代とわかる。岩相Ｂ～Ｅは走向傾斜が同じであるため，これらが堆積した後に，西に傾く構造が形成されたことになる。先述の通り，これらは付加体の構成要素と考えられるが，岩相Ａに不整合で覆われているため，付加した後に陸で風化・侵食作用を受け，水平な削剝面上に岩相Ａの礫岩が堆積したことになる。岩相Ａから産出したビカリアは新生代新第三紀の示準化石であり，汽水域に生息していた巻貝なので，礫岩の堆積時期と堆積環境がわかる。最後に，現在の地形になるには，岩相Ａの堆積時からさらに隆起（もしくは海水準の低下）が起こり，陸化したと考えられる。

Ⅱ 解答

問1．プレートの名称：太平洋プレート
プレートの上面：和達‐ベニオフ帯（深発地震面）

問2．20 km

問3．※

問4．(1)

問5．Ｂの領域：(2)　Ｃの領域：(3)

問6．Ａの領域：岩手・宮城内陸地震　Ｂの領域：東北地方太平洋沖地震

※問3については，選択肢の記述に不適切な部分があり適切な解答に至らないおそれがあるため，受験生全員に得点を与えることとしたと大学から発表があった。

◀解　説▶

≪プレートの沈み込み帯と地震≫

▶問1．東北地方は大陸プレートである北米プレート上に位置し，東側から海洋プレートである太平洋プレートが沈み込んでいる。西南日本は大陸プレートであるユーラシアプレート上に位置し，海洋プレートであるフィリピン海プレートが沈み込んでいる。日本はこれらの4枚のプレートの収束境界にある。沈み込んだプレート（スラブ）に沿って発生する深発地震は約700 km 程度の深さまで面状に分布する。この領域は深発地震面と呼ばれるが，その分布を明らかにした和達清夫に因んで，和達‐ベニオフ

帯とも呼ばれている。

▶問2．図1において，東北地方の地下でAの領域に分布する震源は約20 km の深さまでしか分布していないことが，鉛直方向の目盛りから読み取れる。

▶問4．大問Ⅲでも出題されているように，地下では平均すると100 m につき約3℃ 温度が上昇する。したがって，その値で計算すると，約10 km 深くなると約300℃ 上昇することになる。岩石が溶融しない程度であっても，高温の温度条件下では岩石に力が加わると破壊されずに流動する変形が生じやすくなるため，地震が起こりにくくなる。そのため，内陸地震は約20 km 程度までの深さでしか発生しない。なお，(2)について，地殻は基本的に固体であるため，地殻下部では岩石がほとんど溶けているということは誤りである。また，(3)と(4)については，圧力や密度の上昇は地震が発生しなくなる要因とはいえず，深発地震の分布とも整合的ではない。

▶問5．海洋プレートが海溝から沈み込み始める際，プレートには沈み込む向きに曲げられるように力がかかるため，プレートの表面は引張場となり，プレートの内部は圧縮場となる。さらに沈み込んでいくと，図中のBやCの地点では，海洋プレートには再び平らに戻されるように力がかかるため，沈み込み時に引っ張られていたプレート表面は，元に戻されるように圧縮されると考えられる。同様に，沈み込み時に圧縮されていたプレートの内部は，元に戻されるように引っ張られることになる。したがって，Bは圧縮場となり，Cは引張場となる。圧縮場では上盤が下盤にずり上がる逆断層型，引張場では上盤が下盤に対してずり落ちる正断層型の地震が発生することになるため，その組み合わせを選べばよい。

▶問6．東北地方で発生した内陸地殻内地震（A）と海溝型地震（B）の名称を答えればよい。大きな被害を出し，気象庁に命名されている地震として，Aでは平成20年（2008年）岩手・宮城内陸地震が，Bでは平成23年（2011年）東北地方太平洋沖地震が挙げられる。なお，東日本大震災というのは震災の名称であって，地震の名称ではないので，誤りとなる。

Ⅲ	**解答**	問 1．(ｱ)地温勾配（地下増温率）
		(ｲ)放射性同位体（放射性元素）

(ｳ)・(ｴ) U・K　((ｳ)・(ｴ)は順不同)

問 2．(A) 3　(B) 5000

問 3．・微惑星の衝突のエネルギー

・金属の核が形成される際に解放された，重力による位置エネルギー

問 4．(b)

問 5．中央海嶺でマグマが噴出して海洋プレートが生産され，それが海底を移動しながら冷却されるため，海嶺から離れるほどプレートの温度が低くなるから。

問 6．$5.64 \times 10^{-1} \, \mathrm{Wm^{-2}}$

問 7．島弧の地下でマグマが発生して，その付近の地温が高くなっているから。

━━━━━━ ◀解　説▶ ━━━━━━

≪地球内部の温度構造，地殻熱流量≫

▶問 1．地下の温度上昇の割合である地温勾配は，地下増温率とも呼ばれる。また，放射性同位体とはウランの同位体 $^{238}\mathrm{U}$ のように放射能をもつ核種を指し，放射性元素とはウランのような元素を指すが，特に区別せず使われていることも多い。地球内部を構成する岩石に含まれる代表的な放射性元素としては，ウラン（U），トリウム（Th），カリウム（K）が挙げられ，これらは特に花崗岩質岩石に多く含まれる。

▶問 2．地球内部の温度構造については，マントルと核の境界で約 3000℃，中心で約 5000～6000℃ 前後と見積もられている。推定値に幅はあるが，選択肢の数値間隔が広いので 5000℃ を選択できる。この中心温度を用いて地表までの温度勾配を見積もると 100m につき約 0.1℃ となってしまうが，実際は地表付近の温度勾配はそれよりも大きく，地下数十 km までの温度勾配（地下増温率，地温勾配）は 100m につき 3℃ 程度となっている。

▶問 3．地球は微惑星の衝突によって成長したので，その際の衝突のエネルギーが熱エネルギーとして蓄積された。また，地球の内部構造は微惑星に含まれる岩石や金属がマグマオーシャンの状態で分化することで形成されたが，その際に密度が小さい岩石成分が外側へ移動してマントルを形成

し，密度が大きい金属（主に鉄）が沈むことによって核が形成された。これにより，重力による位置エネルギーが熱エネルギーとなって地球内部に蓄積された。

▶問 4．地殻熱流量＞火山活動＞地震 である。地殻熱流量は，地球の内部が高温であることによって地下から地表に伝わる熱エネルギーであり，地球全体で常にあるものなので，最も大きい。地震は発生場所が限定的であることに加え，地震が発生した場合のみエネルギーを放出する。また，大きなエネルギーを放出する地震は発生頻度が高くない。その一方で，火山活動としては，海嶺では常に海底を生産するマグマ活動が行われている。それに加え，活火山の場所は限定されるが，地下の熱は火山活動によって常に放出される状況になっている。したがって，地震よりも火山活動の方が地表で観測されるエネルギーが大きいと考えればよい。

▶問 5・問 7．地殻熱流量は，地下から地表に伝わる熱であるため，地下でマグマが発生し火山活動が生じている場所では，地下の比較的浅いところが高温になるため地温勾配が大きくなり，地殻熱流量が高くなる。

▶問 6．設問文より，この地点では深度 100 m で地温 40.0℃，深度 200 m で地温 70.0℃ であることから，深度差 100 m で温度差 30.0 K であり，地温勾配は $\frac{30.0}{100}=3.00\times10^{-1}$〔Km^{-1}〕である。岩石の熱伝導率が 1.88 Wm^{-1}K^{-1} なので

$$3.00\times10^{-1}\times1.88=5.64\times10^{-1}〔Wm^{-2}〕$$

Ⅳ　**解答**　問 1．㋐原始太陽系星雲　㋑微惑星　㋒46 億　㋓小惑星　㋔地球　㋕水素

問 2．天王星（海王星）

◀解　説▶

≪太陽系の形成，太陽系天体≫

▶問 1．太陽系の惑星は内側から，水星，金星，地球，火星，木星，土星，天王星，海王星であり，ほぼ同一平面上を同じ向きに公転している。これらは約 46 億年前に，原始太陽を中心とする原始太陽系星雲において，無数に形成された微惑星の衝突と合体によって成長してできたと考えられている。火星と木星の間には主に岩石質の小天体である小惑星が多数存在し

ており，この領域を小惑星帯という。小惑星帯より内側の惑星は岩石を主成分とし，地球型惑星と呼ばれる。一方，外側の惑星は，水素を主成分とする巨大惑星で，木星型惑星と呼ばれる。木星型惑星のうち木星と土星は巨大ガス惑星であるが，これは形成時に原始太陽系星雲のガスを多量にまとったためであると考えられており，太陽と同じく水素を主成分とする。

▶問 2．太陽系惑星の中でも最遠部に位置する天王星と海王星は，木星や土星よりもガスの割合が小さく，氷の成分が多いため，巨大氷惑星として天王星型惑星とも呼ばれる。したがって，ここでは天王星もしくは海王星が答えとなる。

❖講　評

　2021 年度の大問数は 4 題で，2020 年度より 1 題増えた。問題分量はやや増加したが，難度の高い問題が少ないため，全体の難易度は 2020 年度よりもやや易化したといえる。

　Ⅰ　出題頻度の高い地質・地史に関する出題。問 1 の地質図の描図は手のかかる問題だったが，問 3 の地質断面図の描図も含め，内容は基本的なものであった。問 2 は問 1 が描ければ問題なく解答できる。問 4 ～問 8 も基礎的な確認問題であった。問 9 の論述は，前後関係や地質時代だけでなく，岩石の形成場も踏まえて説明する必要があり，やや難度の高い出題であった。

　Ⅱ　東北地方を題材としたプレート収束域での地震に関する出題。問 1 と問 6 は基礎知識問題。問 2 は図から判断できる設問であった。問 4・問 5 はやや難度の高い知識問題であるが，図 1 から考えて判断できる設問でもあった。

　Ⅲ　地球内部の温度構造に関する出題。問 1 ～問 3 は基礎知識問題。問 4 の選択問題は，判断の根拠が示されておらず難度が高かった。問 5 と問 7 の論述問題は基本事項の確認であった。問 6 は計算問題だが，リード文に求め方も示されており容易な問題であった。

　Ⅳ　太陽系に関する出題。問 1 は基礎知識の空所補充問題，問 2 は惑星の名称を答えるのみであり，いずれも容易であった。

/////////////// · memo · ///////////////

////////////////// · **memo** · //////////////////

/////////////// · **memo** · ///////////////

//////////////// · **memo** · ////////////////

//////////////// · **memo** · ////////////////

大学赤本シリーズ

早稲田大学

教育学部〈理科系〉

理学科・数学科・複合文化学科〈理科系－B方式〉

別冊問題編

2025

矢印の方向に引くと
本体から取り外せます

目　次

問題編

※2023 年度以降の一般選抜新方式について，大学から公表されたサンプル問題を掲載しています。

2024
年度

問題編

一般選抜：理科系（B方式，C方式，D方式）

問 題 編

〔一般選抜：理科系（B方式）〕

▶試験科目・配点

教　科	科　　　　目	配　点
外国語	「コミュニケーション英語Ⅰ・Ⅱ・Ⅲ，英語表現Ⅰ・Ⅱ」，ドイツ語，フランス語のうちから1科目選択	50点
数　学*	数学Ⅰ・Ⅱ・Ⅲ・A・B（「確率分布と統計的な推測」を除く）	50点
理　科	「物理基礎，物理」，「化学基礎，化学」のうちから1科目選択	50点

▶備　考

- B方式は，理学科生物学専修では実施されない。
- 複合文化学科志願者は，文科系（A方式）または理科系（B方式）のどちらかを選択する。
- 外国語において，ドイツ語・フランス語を選択する場合は，大学入学共通テストの当該科目〈省略〉を受験すること。共通テストの配点（200点）を教育学部（B方式）の配点（50点）に調整して利用する。
- 数学科受験者の数学の得点は，調整後に2.0倍する。
- 複合文化学科受験者の外国語の得点は，調整後に1.5倍する。
- すべての教科で合格基準点（非公表）を設けており，基準点に満たない教科がある場合は，合計点が合格最低点を超えていても不合格となる。また，上記に加え，数学科は数学の合格基準点（B方式での数学科全受験者の平均点）も設けている。

*「数学」は，C方式と同一の問題とする。

〔一般選抜：理科系（**C方式**）〕

▶試験科目・配点

学　科	教　科	科　　　　　目	配　点
理学科 （生物学）	理　科**	出題は物理，化学，生物，地学からテーマを設定するが，特定の科目の細かい知識を持たずに解答が導き出せる問題とする。なお，問題によっては理系数学の基礎的な概念を把握していることが必要な場合もある。	150点
理学科 （地球科学）	理　科	出題は物理，化学，生物，地学からテーマ設定を行い，科目にとらわれない自然科学的思考力を問う問題とする。	150点
数学科	数　学*	数学Ⅰ・Ⅱ・Ⅲ・A・B（「確率分布と統計的な推測」を除く）	150点

▶備　考

• 大学入学共通テストの得点（5教科7科目：配点90点）と上記個別試験の得点（配点150点）を合算して，合否を判定する。

＊「数学」は，B方式と同一の問題とする。

＊＊理学科生物学専修の「理科」は，D方式と同一の問題とする。

〔一般選抜：理科系（**D方式**）―理学科生物学専修〕

▶試験科目・配点

教　科	科　　　　　目	配　点
理　科**	出題は物理，化学，生物，地学からテーマを設定するが，特定の科目の細かい知識を持たずに解答が導き出せる問題とする。なお，問題によっては理系数学の基礎的な概念を把握していることが必要な場合もある。	150点

▶備　考

• 大学入学共通テストの得点（3教科5科目：配点90点）と上記個別試験の得点（配点150点）を合算して，合否を判定する。

＊＊C方式と同一の問題とする。

英　語

(90分)

 Ⅰ　Read the following passage and answer the questions.

[1]　Pre-school children learn the meanings of more than ten new words each day, and they understand the meanings of those words well enough to use them in fluent communication.　They use these words to express a welter of opinions on what they think is good or bad, right or wrong, and all too readily wail "It's not fair!".　But how can a young child — and the rest of us — really know what these words mean?　After all, the most brilliant thinkers across millennia have found that these everyday notions — goodness, the difference between right and wrong, the nature of fairness — are sunk in conceptual quicksand. ₍₁₎ How can young children master concepts that philosophers struggle to analyse?

[2]　The answer is that philosophers wrestle with the challenge of providing a general theory of "deep" concepts — [　**2**　] — to explain the fundamental meaning of such notions as *good*, *fair*, *cause*, *mind* and so on.　But children and adults only have to get meaning sufficiently clear to deal with the specific communicative challenge of the moment. ₍₃₎ To communicate successfully, a cry of "It's not fair!" must express the outrage a child feels when given a smaller slice of cake or made to wait in a queue.　But this communication does not require the child (or the unfortunate parent) to have a general theory of fairness in mind.　Indeed, the "meaning" that allows us to get by successfully is often [　**A**　] shallow.

[3]　Consider, for example, how children use *alive* and *dead*.　Susan Carey, a developmental psychologist at Harvard, had the following

instructive and rather delightful interchanges with her daughter Eliza on the subject. When someone is shot on a TV programme, Eliza (three years and six months) explains: "He's dead — I can tell because he's not moving." This seems [B] similar to how we adults define *dead*. But then, Carey asks about Eliza's toy bear:

E : ... She'll always be alive.

S : Is she alive?

E : No — she's dead. HOW CAN THAT BE?

S : Is she alive or dead?

E : Dead.

S : Did she used to be alive?

E : No, she's middle-sized in between alive and dead. She moves sometimes.

And then comes the astonishing question:

E : How do dead people go to the bathroom?

S : What?

E : Maybe they have bathrooms under the ground.

S : Dead people don't have to go to the bathroom. They don't do anything; they just lie there. They don't eat or drink, so they don't have to go to the bathroom.

E : But they ate or drank before they died — they have to go to the bathroom from just before they died.

Eliza doesn't, surely, have a clear and distinct concept of *alive* and *dead*. Her toy bear is not alive; but then again, her bear moves sometimes, so it must be alive, or perhaps it's in some intermediate state. And dead people are, it seems, still carrying on with normal bodily functions. On a separate occasion (aged three years and eight months) she exclaims: "Isn't it funny — statues aren't alive, but you can still see them?" Her grandfather is not alive, and you can't see him, she notes.

[4] Eliza is clearly a very observant reasoner. And she is also an astute player of verbal charades. People throw around the words *alive*

and *dead*, but what are they getting at? Well, dead things don't seem to move; and you can't go to see dead people. But the idea that *alive* and *dead* only apply to biological organisms — which seems so central from an adult perspective — seems to be absent or perhaps only [　4　] for Eliza. What is really astonishing is that, in most of our interactions with pre-school children, we mostly don't have the faintest inkling that their understanding of words is so [　C　] different from ours. Just as with the interpretation of actions and gestures in charades, children learn to understand words well enough to make sense of the current, specific context in which they hear a word used. The motionless person who has been shot is called *dead*. Relatives and pets — who are no longer seen — are also described as dead. Young children can create their own charades for the adults around them, using those same words remarkably well — in fact, well enough that huge conceptual contradictions (such as toy bears being both alive and dead) almost never show up in daily conversation.

[5]　But the same issues arise when adults communicate. What is it, precisely, to be *alive*? Typical biology textbooks can do no better than a descriptive list: living things grow, reproduce, eat and excrete, regulate their internal chemistry and temperature, are composed of one or more cells, pass on their traits through their genes and so on. But this leaves tricky cases such as viruses (not composed of cells, not able to reproduce independently), viroids (circular RNA strands that replicate autonomously inside a host plant), prions (infectious proteins), and even the androids of the future (could a machine be conscious without being alive?). The definition of *life*, like the definitions of *good*, *justice*, *right* and *wrong*, has been the subject of endless and unresolved debates for millennia. And our conception of *life* is full of contradictions. Wouldn't an afterlife be a type of life? And if so, should the biological criteria be mostly thrown out? The people in an imagined afterlife aren't actually dead, are they? And what about cryogenic freezing — is suspended animation a form of life, or death, or does it fall somewhere

in between?

[6]　These types of questions are mostly irrelevant in the vast majority of linguistic charades we play in everyday communication — the tricky cases just don't arise much in ordinary conversation.　What matters is that we can get along well enough when dealing with the situations that actually occur in daily life.　We no more need a mental definition of *life* to talk about living relatives or dead pets than we need <u>a biological definition of *gorillas* to mime King Kong</u>.
₍₅₎

[7]　Both pre-school children and adults use words as players use gestures in charades — in creative, contradictory ways that are good enough to get through the language games of the moment.　In learning a language, we are learning to play creative conversational games with words.　And playing those conversational games requires paying attention to likely communicative objectives, the contents of the environment, and past linguistic usage — <u>the hidden parts of the communication iceberg</u> are just as important as the words themselves.
₍₆₎

1．Underline (1) means that
　　a． these ideas are extraordinary.
　　b． ordinary ideas are difficult to define.
　　c． common ideas do not have universal meanings across cultures.
　　d． it is quite uncommon to find these ideas in everyday conversation.

2．Choose the best answer that fits in blank [　2　].
　　a． concepts that are supposed to work in every possible case and context
　　b． concepts that children cannot understand or recognize
　　c． concepts that allow people to meaningfully connect with others
　　d． concepts that involve the darker side of the human mind

3．Based on the context, which of the following is **NOT** an example of underline (3)?
　　a． Expressing what one wants
　　b． Explaining a theory of fairness

2
0
2
4
年
度

一
般
選
抜

英
語

c．Finding the right word to communicate one's feelings

d．Asking for a bigger piece of cake

4．How do the authors define *fairness* in paragraphs [1]-[2]?

a．Everyone receiving an equal portion of cake

b．Just treatment without favouritism

c．Pre-schoolers waiting in line one by one

d．No clear definition is offered

5．What is the reason for the example of Eliza and her observations?

a．To talk about children's grasp of the meaning of life

b．To indicate cultural understandings of death

c．To illustrate contradictions in children's conceptual understanding

d．To explore children's relationship with the natural world

6．Which statement would best fit Eliza's understanding of life and death?

a．Statues are alive when you do not look at them.

b．Things that do not move or cannot be seen are not alive.

c．People who are shot on TV are not real, and cannot die.

d．Life and death are the same thing.

7．Blank [　4　] can be best filled by：

a．elementary

b．primary

c．secondary

d．necessary

8．What is meant by the word "charades" in this passage?

a．language changes

b．language games

c．sign languages

d．language signs

9．Choose the combination of words that best fits in blanks [　A　],
[　B　], and [　C　].

a．[　A　] promisingly　　　[　B　] unexpectedly

　　[　C　] radically

b. [　A　] promisingly　　　　[　B　] radically
　 [　C　] unexpectedly

c. [　A　] unexpectedly　　　　[　B　] promisingly
　 [　C　] radically

d. [　A　] unexpectedly　　　　[　B　] radically
　 [　C　] promisingly

e. [　A　] radically　　　　　 [　B　] unexpectedly
　 [　C　] promisingly

f. [　A　] radically　　　　　 [　B　] promisingly
　 [　C　] unexpectedly

10. All of the questions in paragraph [5] are best described as:

　a. questions with no clear answers available.

　b. questions that no philosophers have considered.

　c. questions that only scientists can answer.

　d. questions with clear spiritual and religious answers.

11. What is the authors' main message in paragraph [6]?

　a. Most people need not be concerned by philosophical questions of meaning.

　b. We need to memorize the definitions of words that other people use.

　c. People have numerous reasons to negotiate the meanings of life and death.

　d. Children's games are an important part of learning about life and death.

12. Which of the following could best replace underline (5) to create a similar analogy?

　a. an understanding of the planet Mars to study the sun

　b. the classification of pipes to play the videogame Super Mario Brothers

　c. the meaning of gorillas to say that they are 200 kilogram primates

　d. a scientific knowledge of flight mechanics to make a paper airplane

13. What is meant by underline (6)?

   a . the differences in mother tongue that are a titanic obstacle to communication

   b . the large amount of communication that remains unseen and unknown

   c . the communication between children and adults that is often deep, cold, and damaging

   d . the true intentions that are not revealed in intergenerational communication

14. Which statement best summarizes this article?

   a . People are able to communicate clearly using words because we already share a common understanding.

   b . We are constantly negotiating the meaning of different concepts even in daily interactions.

   c . Young children play charades because they are not good at using language the same way as adults.

   d . People in different countries use different nonverbal strategies to communicate when they lack the vocabulary to speak.

Ⅱ Read the article and answer the following questions.

[1]　Modern historians count 1967 as an especially busy year: the six-day war[1], the summer of love[2], Sgt Pepper[3], the first recorded deaths of American astronauts, the founding of the suburban utopia of Milton Keynes.　And also, half-forgotten in the crush, perhaps the most consequential event of all: the invention of the first device ever that permitted us to henceforward stop using a part of our brains.

---

[1]six-day war: 第三次中東戦争
[2]summer of love: アメリカを中心とする愛と平和を求めるヒッピー・ムーブメント
[3]Sgt Pepper: ビートルズのアルバム（Sgt. Pepper's Lonely Hearts Club Band）の名称

[2] A young Dallas engineer named Jerry Merryman and his team gave us, courtesy of his employers, Texas Instruments, the Cal-Tech electronic calculator. For $400 you could own a shirt-pocket-sized plastic box with buttons and symbols that, if pressed, would answer in an instant, and with impeccable accuracy, any simple arithmetical question you might ask it. And most important, it performed its work invisibly. The abacus and the slide rule might have been mental labour-saving devices, but they still required you to make some use of your grey matter; the Cal-Tech freed you up entirely, removing all mathematical tedium from your daily life.

[3] It was semiconductors and algorithms that helped make Merryman's magic, and for the 60 years since, and in the hands of other similarly blessed engineers, they have continued to do so, relentlessly.

[4] Their gifts have been all we might ever have wished for. Our brains can now relax. Whatever cerebral nooks and crannies we employed, for instance, to read paper maps, or to use sextants and compasses and chronometers to find out where we were, have now been put into cold storage: GPS has given us all the direction we might ever need. Not sure how to spell a word or how best to compose a sentence? From the 1980s onward there has been no urgent further need for an OED[4] or a copy of Fowler's Modern English Usage: Commodore's WordCheck and its successors have such matters taken care of.

[5] And after the presentation in April 1998 at a conference in Brisbane by two (now very rich) young Americans named Page and Brin, of their paper The Anatomy of a Large-Scale Hypertextual Web Search Engine, we had Google, which, for the past quarter-century, has been able to answer all our questions about just about anything in microseconds. OpenAI is currently inventing even more advanced

[4]OED: Oxford English Dictionary

things that promise to blow out of the water whatever still remains of the requirement to do mental work.

[6]　This has in recent months led to widespread hand-wringing. Our minds, it is said, will inevitably fall out of use, atrophying, or distending, whichever is worse.

[7]　The nightmare model — for our bodies — is a movie like Wall-E, that dystopian vision from 2008 in which humans, having abandoned their polluted and garbage-choked world, live out their lives in cocoons suspended in suborbital space. Here they have evolved into flaccid slobs[5], marooned in recliners, fed on high-calorie mush from squeeze-packs while gazing glassily at telescreens.

[8]　So now there comes a similarly dire vision for our minds. With machines doing all our daily mental tasks for us, our brains will become literally thoughtless, our minds a haven for endless daydreaming. We will become spiritually moribund. As inherent knowledge vanishes, no longer much needed since it is now always on tap at the slightest brush of a touch-glass surface, the concept of human wisdom, which is after all a mix of knowledge and experience, will evaporate. Society will slowly flounder and decay, body, mind and soul.

[9]　This is one vision of our future doom. But I am not a doomsayer — not so far as our minds are concerned, at least. I challenge the notion that all is now going to intellectual [　5 A　]. Rather I see ample reason for [　5 B　]. And I draw this [　5 C　] from the sextet of Ancient Greeks who laid the foundations for and defined the very idea of knowledge: Pythagoras, Socrates, Plato, Aristotle, Herodotus and Euclid.

[10]　These figures, rightly revered and sanctified by time, had minds essentially little different from the finest of our own today — except in one important respect: there was, in the centuries in which these men lived, so much less for them to know.

---

[5]flaccid slobs: 筋力が衰えた無気力な人々

[11]　Karl Popper's droll and much-quoted remark that "knowledge is finite but ignorance is infinite" is objectively true, of course — and yet the amount of knowledge in our contemporary mental universe is immeasurably more vast than that in which the intellectual elite of classical times existed. These six and their like travelled little (Aristotle excepted), existing in a world necessarily circumscribed by so little known geography, by very much less history, by the existence of so little written prior description.

[12]　Their minds, though steeped in the totality of contemporary knowledge, were thus almost *tabulae rasae* — nearly empty, [　6　], ready to think, primed for purpose.

[13]　Which is why our modern minds, once they have been purged of all that today's algorithms might now deem *unnecessary* information, will be as ready as theirs were to think, to inquire, to wonder, to contemplate, to imagine, to create.

[14]　So I see today's algorithmic revolution as a necessary cleansing, a movement by which we rid ourselves of all the accumulated bricolage of modern intellectual life, returning us to a more reasonable sound-to-noise ratio, gifting us with a renewed innocence, filled with potential.

[15]　Fanciful though it may sound, this new-made post-AI society could even see the emergence of a new Euclid, a new Plato, a new Herodotus. Such figures may now be waiting in the wings, ready to rise from the ashes of whoever created Milton Keynes, maybe to write us a new edition of the Ethics, or teach us afresh the true worth of human happiness, as Aristotle did so impeccably, 2,500 years ago.

[16]　If that is the true benefit of clearing our minds of the busywork that is perhaps best left to electronic others, then I can hardly wait.

1 . The author discusses underline (1) in so much detail because

　　a . he feels nostalgic about the year 1967.

　　b . he is impressed by its impeccable accuracy.

　　c . he thinks it was the first device that enabled us to stop using parts of our brains.

d . he wants to stress that electronic calculators have made our lives easier in the past 60 years.

2 . Underline ⑵ can be best replaced by:

  a . arithmetical instinct

  b . brain cells

  c . vague ideas

  d . electronic calculator

3 . Who are showing the "widespread hand-wringing" in underline ⑶?

  a . People who worry about their hands because of the amount of busywork they do every day

  b . People who worry about the exhausting mental work they need to perform

  c . People who worry that dystopian visions will cause us to abandon our polluted world

  d . People who worry that we will stop using our brains the way we are using them now

4 . The author mentions underline ⑷ because

  a . he wants to warn people that the movie presents a dystopian vision of the future which might cause nightmares.

  b . he is worried that in the future people might really end up spending day after day inside their homes in front of telescreens while feeding themselves with high-calorie jellies.

  c . he is trying to convince the reader that something similar to what has happened to human bodies in this movie will happen to human minds in the future.

  d . he wants to compare a pessimistic view of the future of the human body with a pessimistic view of the future of the human mind.

5 . Choose the combination of words that best fits in blanks [**5 A**], [**5 B**], and [**5 C**].

  a . [**5 A**] hell   [**5 B**] optimism

[**5 C**] hope

b. [**5 A**] heaven   [**5 B**] optimism
[**5 C**] hope

c. [**5 A**] hell   [**5 B**] pessimism
[**5 C**] despair

d. [**5 A**] heaven   [**5 B**] pessimism
[**5 C**] despair

6. Use the five choices below to fill in blank [**6**] in the best way. Indicate your choices for the FOURTH and FIFTH positions.

a. in

b. it all

c. ready

d. take

e. to

7. Underline (7) is used by the author because

a. he anticipates criticism of his vision of intellectual life in post-AI society.

b. he has doubts about the emergence of a renewed innocence in post-AI society.

c. he is not sure whether people will be aware of the relevance of Aristotle in post-AI society.

d. he thinks AI may trigger the emergence of new philosophers in post-AI society.

8. Which of the following statements is **NOT** in line with the content of the article?

a. Compared to the ancient Greeks, our minds are almost empty.

b. GPS has largely replaced sextants, compasses, and chronometers.

c. Thanks to AI technology, intellectual life may return to a more reasonable sound-to-noise ratio.

d. The first electronic calculator invented in 1967 was very different from an abacus.

9. Which of the following statements best reflects the opinion of the author?

a. The author is afraid that AI will turn future human beings into lazy daydreamers.

b. The author is not against AI, but he is worried about its possible negative effects.

c. The author thinks that AI will enable us to exercise our intellectual capacities more fully.

d. The author thinks that AI algorithms will surpass the ingenuity of ancient Greek philosophers.

10. What is the most appropriate title for this article?

a. Will our brains be able to relax?

b. Aristotle and Karl Popper were right

c. The algorithmic evolution is a nightmare

d. Will AI make us stupid?

 Ⅲ　Read the article and answer the following questions.

[1]　For decades, researchers, hospice caregivers and stunned family members have watched with awe as people with Alzheimer's or other forms of dementia suddenly regain their memories and personalities just before death. To their family members it might seem like a second lease on life, but for many experienced medical workers, it can be a sign the end is near. Christopher Kerr, chief executive officer and chief medical officer at the Center for Hospice and Palliative Care in Buffalo, N.Y., has studied the lucid visions of several hundred terminally ill people. He says these events "usually occur in the last few days of life." Such "terminal lucidity" is defined as the unexpected return of cognitive faculties such as speech and "connectedness" with other people, according to George Mason University's Andrew Peterson, a researcher of bioethics and consciousness who co-authored a study of the phenomenon commissioned by the National Institutes of Health.

[2]　This connectedness goes beyond the return of lost communication

ability and situational awareness. "One thing that seems to be quite [α] for family members who observe lucidity is something we call the 'old self' emerging," Peterson says. "There seems to be clear evidence that they're aware not merely of their surroundings ... but additionally understanding what their relationships to other people are" ─ be it the use of a nickname or a reference to a longstanding inside joke.

[3] As surprising as these events might seem, they are quite common. "Our study wasn't a prevalence study," says Jason Karlawish, a gerontologist at the Penn Memory Center and senior principal investigator of the NIH study. Nevertheless, he adds, "what we found is lucidity was more common than it was the exception in dementia patients, which would suggest that the idea of it being terminal is not entirely correct." Instead he suggests that episodes of lucidity should be seen as part of the "[β] experience" rather than as [γ] events. "We've actually found that a variety of these episodes occurred months, even years, before the person died," Karlawish notes. Even so, many experts including Kerr and Parnia[1] agree that most of these episodes are associated with the approach of death. "It's almost like they're preparing themselves to die," Parnia says.

[4] [A] The potential implications of these widespread, temporary cognitive resurgences are profound. [B] "It suggests there may be neural networks that are remaining, and/or pathways and neural function, that could help potentially restore cognitive abilities to individuals we otherwise think are permanently impaired," Peterson says.

[5] [C] "We don't actually know what's going on in the brain during the dying process that may in some way connect to these episodes," Peterson says. [D] Despite this uncertainty, other research into brain activity near or at the time of death could provide

---

[1]Sam Parnia: a critical care physician at NYU Langone Health

scientists and clinicians greater insight into some of the processes occurring in the diseased and dying brain.

WHAT HAPPENS IN THE BRAIN AS PEOPLE DIE?

[6]　In a study published in *Proceedings of the National Academy of Sciences USA* in May, researchers at the University of Michigan observed a surge of organized brain activity in two out of four comatose[2] people who were undergoing cardiac arrest[3] after being removed from life support. This work built on more than a decade of animal research, including a 2013 PNAS study that revealed a similar surge in synchronized brain activity in rats exposed to a cardiac toxin and a 2015 study in which rats were killed by asphyxiation[4]. In all of these investigations, the researchers found that gamma-wave activity surged within the first few minutes of cardiac arrest and then ceased. Gamma waves are a frequency of brain wave typically associated with wakefulness, alertness and memory recall.

[7]　Jimo Borjigin, a neurologist and an associate professor of molecular and integrative physiology at the University of Michigan, was involved in all three studies. The surge of gamma waves in dying subjects was particularly intense in a brain region Borjigin refers to as the "posterior cortical 'hot zone,'" located near the back of the skull. Some other researchers believe this region may also be essential to conscious experience. The parts of the brain in this area are related to visual, auditory and motion perception — a phenomenon Borjigin believes is involved in the out-of-body experiences reported by people who come close to death and recover. She adds that gamma-wave activation patterns akin to those observed in the comatose people are associated with activities that include the recognition of a familiar image — such as a human face — in healthy people.

---

[2]comatose: 昏睡状態の
[3]cardiac arrest: 心停止
[4]asphyxiation: 窒息

[8]　In both the human and animal studies, the subjects' brain showed a spike in activity after the sudden reduction of oxygen supply, Borjigin says. "It starts to activate this homeostatic[5] mechanism to get oxygen back, either by breathing harder or making your heart beat faster," she adds. Borjigin hypothesizes that much of the surge in more complex brain activity observed in humans and animals undergoing cardiac arrest is also a result of the brain attempting to reestablish homeostasis, or biological equilibrium, after detecting a lack of oxygen. She further speculates that these survival mechanisms may be involved in other changes in cognition surrounding death. "I believe dementia patients' terminal lucidity may be due to these kinds of last-ditch efforts of the brain" to preserve itself as physiological systems fail, Borjigin says.

[9]　NYU Langone's Parnia agrees that the brain's reaction to the loss of oxygen is at least partially responsible for lucid experiences surrounding death. Between 2017 and 2020 Parnia led a study called AWARE II, in which researchers monitored the brain activity of more than 500 critically ill people in the U.S. and U.K. who were receiving CPR[6]. The patients were exposed to audiovisual stimuli while undergoing CPR to test their memory of events after cardiac arrest. Those who survived were later interviewed about how aware they were during the resuscitation process. According to Parnia, one in five survivors reported lucid experiences that occurred after their heart stopped. The AWARE II team also observed an unexpected spike in brain activity during CPR, he says. "Within 20 seconds of cardiac arrest, the brain flatlines," Parnia says. Yet "usually within five minutes — but it could be longer — we're seeing a reemergence of a transient period of brain electricity." He adds that the frequencies of brain activity observed are similar to those associated with conscious experience.

---

[5]homeostatic: 恒常性の
[6]CPR: cardiopulmonary resuscitation の略，心肺蘇生法

[10]　Parnia believes the dying brain loses the usual suppression mechanisms that allow us to focus on individual tasks during our day-to-day lives. "When you die, your brain is deprived of oxygen and nutrients, so it shuts down," Parnia says. "This shutting down process takes away the brakes..., and suddenly what seems to be happening is: it gives you access to parts of your brain that you normally can't access.... All your thoughts or your memories or your interactions with everyone else come out." But he stresses that the experiences of people undergoing cardiac arrest are lucid, not merely hallucinations. "They're not delusional," Parnia says of the resuscitated people he studied, and what they're experiencing is "not dreams or hallucinations." Although his previous studies focused on resuscitated critically ill people, Parnia believes that terminal lucidity in people who are comatose or have dementia may be the product of a similar process. He is currently participating in a study on the latter phenomenon.

[11]　A full explanation for the conscious experiences of dying people remains elusive. But research increasingly paints a picture of death as an incredibly active and complex process — and, perhaps more importantly, "a humanized one," as Kerr describes it. As for people with dementia, Karlawish says that rather than assuming their consciousness has been irrevocably changed, "we should still pay close attention to their mind because some aspects are still there, though they may be quite damaged."

1. Blank [α] can be best filled by:
a. gleaming　　　　　　　　b. common
c. profound　　　　　　　　d. rare
2. Choose the combination of words that best fits in blanks [β] and [γ].
a. [β] abnormal　　　[γ] disease
b. [β] afterlife　　　[γ] exceptional

c. [　*β*　] disease 　　　　　　 [　*γ*　] abnormal

d. [　*β*　] exceptional 　　　 [　*γ*　] afterlife

3. The four blanks [　**A**　], [　**B**　], [　**C**　], and [　**D**　] show where the next sentence could be inserted. Choose the best choice.

Nevertheless, research into this phenomenon is still in its early phases.

4. According to paragraphs [1]-[5], which of the following claims is **NOT** consistent with the description of terminal lucidity?

　a. Terminal lucidity gives us clues to comprehend what is happening in the patient's brain.

　b. Terminal lucidity occurs when neutral networks that were regarded as damaged are restored.

　c. Terminal lucidity is explained as the sudden recovery of cognitive abilities.

　d. Terminal lucidity enables the patients to unexpectedly recollect their relationship with other people.

※4については，選択肢の記述に不適切な部分があったため，適切な解答に至らないおそれがあると判断し，解答の有無・内容にかかわらず，受験生全員に得点を与える措置が取られたことが大学から公表されている。

5. Which of the following is **NOT** mentioned in the description of the experiments using rats in paragraph [6]?

　a. Brain activity was observed after poison was administered.

　b. Gamma-wave activity was observed when deprived of oxygen.

　c. A surge of organized brain activity was observed in the last few days of life.

　d. They may have been more alert in the moments after their hearts stopped.

6. Which of the following claims is **NOT** consistent with Jimo Borjigin's assertions in paragraphs [7] and [8]?

　a. In experiments including both humans and animals, the brain activity of the subjects decreased after a sudden drop in oxygen levels.

  b . The areas of the brain near the back of the skull are involved in the out-of-body experiences of dying individuals.

  c . The comatose patients' gamma-wave activation patterns resemble those seen in healthy individuals who recognize a familiar image.

  d . The brain's attempt to restore biological balance when it notices a lack of oxygen may be the cause of terminal lucidity.

7 . How can we best describe the relationship between paragraph [8] and the previous two paragraphs?

  a . Paragraph [8] provides additional evidence supporting the previous paragraphs.

  b . Paragraph [8] summarizes the results of the previous paragraphs.

  c . Paragraph [8] criticizes the statements of the previous paragraphs.

  d . Paragraph [8] deepens the discussion provided in the previous paragraphs.

8 . Which one of the following statements is **NOT** appropriate for the description of the AWARE II study?

  a . Several seconds before cardiac arrest, brain activity was found to disappear.

  b . Researchers monitored the brain activities of critically ill people.

  c . Patients' memory of the resuscitation process was explored.

  d . Researchers observed an unexpected spike in brain activity during CPR.

9 . Underline (1) can be best paraphrased as:

  a . unusual   **b .** mistaken

  c . reasonable   **d .** psychological

10. Which is the closest in meaning to underline (2)?

  a . promising   **b .** incomplete

  c . overwhelming   **d .** significant

11. What does Jason Karlawish think about people with dementia?

2
0
2
4
年
度

一
般
選
抜

英
語

a . Their consciousness remains incredibly active.

b . Their consciousness fades away gradually.

c . Their consciousness is permanently impaired.

d . Their consciousness partly exists unchanged.

12. It can be reasonably inferred from the article that the author

　a . questions the idea that cognitive decline is a one-way process.

　b . holds superstitious beliefs about death based on scientific ways of thinking.

　c . has established a new technology to examine the dying process.

　d . supports investment in the treatment of cardiac disease.

13. What is the most appropriate title for this article?

　a . What happens in people's brains when they undergo cardiac arrest?

　b . What Alzheimer's patients experience when they are dying

　c . How does brain science explain life and death?

　d . Why dying people often experience a burst of lucidity

数 学

(120 分)

1 次の各問の解答を解答用紙の所定欄に記入せよ。

(1) $\dfrac{4}{9}$ を 2 進法の循環小数で表せ。

(2) x 座標，y 座標，z 座標がすべて整数であるような xyz 空間の点を格子点と呼ぶ。頂点がすべて格子点であるような xyz 空間内の正 6 角形の 1 辺の長さの最小値を求めよ。

(3) xy 平面上の多角形で，x 軸はこの多角形の対称軸であり，直線 $y = \dfrac{\sqrt{3}}{3}x$ もこの多角形の対称軸であるものを考える。このような多角形の辺の数の最小値を求めよ。

(4) xy 平面上に 3 点 O$(0,0)$，A$(1,0)$，B$(1,1)$ をとる。点 (x,y) が三角形 OAB の周および内部を動くときに点 $(x+y, xy)$ が動く範囲の面積を求めよ。

2 3つの複素数 z_1, z_2, z_3 に関する条件 P を次のように定める。

P：「z_1, z_2, z_3 はどれも 0 ではなく，互いに異なり，かつ

$$\{z_1{}^n \mid n \text{ は整数}\} = \{z_2{}^n \mid n \text{ は整数}\} = \{z_3{}^n \mid n \text{ は整数}\}$$

である。」

次の問いに答えよ。

（1）3つの複素数 z_1, z_2, z_3 が条件 P を満たしているとする。このとき $|z_1| = 1$ であることを示せ。また集合 $\{z_1{}^n \mid n \text{ は整数}\}$ の要素の個数は有限であることを示せ。

（2）条件 P を満たす3つの複素数 z_1, z_2, z_3 のうち，集合 $\{z_1{}^n \mid n \text{ は整数}\}$ の要素の個数が最小となるものを考える。このとき集合 $\{z_1{}^n \mid n \text{ は整数}\}$ を求めよ。

3 放物線 $C : y = x^2$ 上に点 $P(t, t^2)$ をとる。C の点 P における法線上に点 Q を，$PQ = 1$ であり，点 Q の y 座標が点 P の y 座標よりも大きくなるようにとる。点 Q の x 座標を $f(t)$ とおく。次の問いに答えよ。

（1）$f(t)$ を求めよ。

（2）t が $0 \leqq t$ の範囲を動くときの $f(t)$ の最小値を求めよ。

4 xy 平面上の原点 O を中心とする単位円を考える。この円周上に点 P をとり，O を極，x 軸の正の部分を始線とする点 P の偏角を θ とする。さらに、偏角が 3θ となる点 Q をこの円周上にとる。点 P を通る x 軸に垂直な直線と点 Q を通る y 軸に垂直な直線の交点を R とする。次の問いに答えよ。

（1）θ が 0 から 2π まで変化するとき，点 R の軌跡の概形をかけ。

（2）（1）の点 R の軌跡によって囲まれた部分の面積を求めよ。

（3）（1）の点 R の軌跡によって囲まれた部分を，x 軸の周りに 1 回転させてできる立体の体積を求めよ。

物　理

（60 分）

［I］　図 I － 1 のように，長さ L，質量 M で密度が一様な棒を，一人でゆっくりと垂直に立てることを考える。この人は，常に棒の端を棒に対して垂直な力で押す。また，棒の他端は頑丈な壁の隅に常に触れている。棒と床との角度を θ とし，棒の太さは無視し，棒に接するすべての部分の摩擦は無いものとする。重力加速度の大きさを g として，次の設問に答えよ。必要であれば，$\Delta\theta$ が非常に小さいときは，近似式 $\cos\Delta\theta = 1$，$\sin\Delta\theta = \Delta\theta$ を用いなさい。

図 I － 1

問 1　棒と床との角度が θ で静止しているとき，人が棒を垂直に押す力 F を，L，M，g，θ の中から必要な記号を用いて表せ。

問 2　問 1 の状態から，非常に小さな角度 $\Delta\theta$ だけ動かした。このとき人が棒にした仕事 ΔW を $\boxed{} \times \cos\theta$ と表すとき，$\boxed{}$ の中に入る式を $\Delta\theta$，L，M，g の中から必要な記号を用いて表せ。

問 3　棒が床に置かれている状態から垂直に立てるまでに，人がした仕事を，L，M，g の中から必要な記号を用いて表せ。

　　次に，図 I － 2 および図 I － 3 のように，長さ $2L$，質量 $2M$ で密度が一様な棒を，一人でゆっくりと垂直に立てることを考える。この人は，地面から高さ H のところを棒に対して垂直な力 F' で押しながら，壁に向かって近づいている。また，棒の端は頑丈な壁の隅に常に触れている。棒の壁に接している端を A，他端を B とし，棒の太さは無視する。棒に接するすべての部分の摩擦は無いものとする。重力加速度の大きさを g として，次の設問に答えよ。

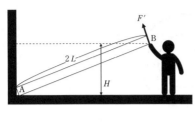

図Ⅰ-2　　　　　　　　　　　　　　　図Ⅰ-3

問4　図Ⅰ-2のように，棒の端Bを棒に対して垂直に力 F' で押し静止させた。この時の力 F' の大きさと，他端A が壁から受ける力 F_w の大きさを，それぞれ H，L，M，g の中から必要な記号を用いて表せ。

問5　図Ⅰ-3のように，人が棒を押す点と壁との距離を x とする。このとき人が棒を押す力 F' を，x，H，L，M，g の中から必要な記号を用いて表せ。

問6　人が押す力 F' の最大値および，そのときの x を，H，L，M，g の中から必要な記号を用いて表せ。

[Ⅱ]　図Ⅱ-1のような薄い金属板で作られた中空の金属球が2つある。金属球Aは半径 r，金属球Bは半径 R とする（$R > r$）。真空中でこれらの金属球を使用して次の操作を行った。真空の誘電率を ε_0，円周率を π とし，電位の基準は無限遠として，次の設問に答えよ。

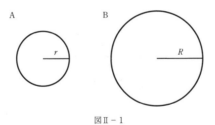

図Ⅱ-1

　図Ⅱ-2のように，金属球Bの中に，金属球Aを球の中心が一致するように入れ，金属球Aには $+Q$，金属球Bには $-Q$ の電荷を与え帯電させた。それぞれの金属球の電荷の分布は一様であるとする。

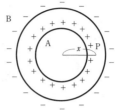

図Ⅱ－2

問1 中心からの距離が x（$r < x < R$）の点Pでの電場の強さ E はいくらか。Q, R, r, x, ε_0 の中から必要な記号を用いて答えよ。

問2 2つの金属球の電気容量はいくらか。Q, R, r, ε_0 の中から必要な記号を用いて答えよ。ただし、金属球の表面の電荷が球の外側に作る電位は、金属球の中心に電荷が集中したときと等しいものとする。

問3 真空中で、左から右に向かう一様な電場の中に、帯電していない中空の金属球を置くと、一様な電場と中空の金属球の表面に現れた電荷が作った電場が合成される。中空の金属球の表面に現れた電荷が作る電場の様子を、下の①～⑨の中から最もよく表している図をひとつ選べ。

一様な電場の向き

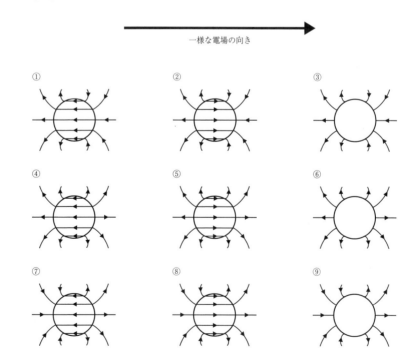

　帯電している物体の尖った部分から放電が起きやすいことを説明するために，図Ⅱ-3のように，真空中で半径 r の小さな金属球Cと遠く離れた半径 R の大きな金属球D（$r < R$）を細い導線で接続したモデルを考える。両球に合計で Q の電荷を与えたところ，金属球Cには電荷 Q_1，金属球Dには電荷 Q_2 がそれぞれ一様に帯電したとする（$Q = Q_1 + Q_2$）。導線の太さは無視できるものとして，次の設問に答えよ。

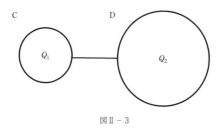

C　　　　　　　D

図Ⅱ-3

問4　金属球Cの表面の電荷の密度を ρ_1，金属球Dの表面の電荷の密度を ρ_2 とする。ρ_1 と ρ_2 を，Q，R，r，ε_0 の中から必要な記号を用いて表せ。

問5　金属球Cの表面の電場の強さを E_1 とし，金属球Dの表面の電場の強さを E_2 とする。E_1 と E_2 を，Q，R，r，ε_0 の中から必要な記号を用いて表せ。

　以上の電場の大きさの関係から，尖った部分（金属球Cに対応）から放電が起きやすいことがわかる。

[Ⅲ]　理化学研究所（仁科加速器科学研究センター）では，2003 年から 2012 年にわたり実験を積み重ねた結果，原子番号 113 の元素を合成することに成功した。この成果により，2015 年に国際純正・応用化学連合（IUPAC）は 113 番元素の命名権を日本に認め，2016 年に研究チームにより，113 番元素はニホニウム（元素記号 Nh）と命名された。

　　原子核に関する以下の設問に答えよ。ただし，電気素量を e，プランク定数を h とし，必要に応じて図Ⅲ－1 の元素周期表を用いること。なお，元素周期表の数字は原子番号を表し，記号は元素記号である。また，以下で β^- 崩壊を β 崩壊と書いている。

問 1　ニホニウム Nh の合成は，加速器で質量数 70 の亜鉛原子核（以降 ^{70}Zn と書く）を加速してビームを作り，質量数 209 のビスマス原子核（以降 ^{209}Bi と書く）に照射して行われた。次の核反応式はそれを示している。Nh の質量数 ［ア］を答えよ。さらに ［イ］に入る粒子名とその個数を答えよ。ただし，合成された Nh 原子核の中性子数は 165 である。

$$^{70}\text{Zn} + {}^{209}\text{Bi} \;\rightarrow\; {}^{[\text{ア}]}\text{Nh} + [\text{イ}]$$

問 2　真空中で静止しているイオン化された亜鉛原子（原子核として ^{70}Zn をもち，電子を k 個失ってイオン化していて質量が M である亜鉛原子）に電圧 V をかけて加速し，静止している ^{209}Bi に衝突させることを考える。イオン化された亜鉛原子がもつ衝突直前の運動エネルギーを，k，M，V，e，h の中から必要な記号を用いて表せ。また，そのド・ブロイ波（物質波）の波長を，k，M，V，e，h の中から必要な記号を用いて表せ。ただし，加速中に亜鉛原子のイオン化の状況は変化しないとする。

問 3　原子核 ^{70}Zn の結合エネルギーはいくらか。単位は MeV で示せ。ただし，統一原子質量単位を u として，下記の数値を用いよ。結果は，計算の最後に四捨五入し，有効数字 2 桁で 1.2×10^3 のように答えよ。

　　　　陽子の質量：1.0073 u
　　　　中性子の質量：1.0087 u
　　　　^{70}Zn の質量：6.9909×10 u
　　　　1 u $= 1.66 \times 10^{-27}$ kg
　　　　真空中の光速：3.00×10^8 m/s
　　　　電気素量：1.60×10^{-19} C

問 4　崩壊系列のひとつであるネプツニウム系列では，^{237}Np が α 崩壊，β 崩壊，γ 崩壊を繰り返してタリウム ^{205}Tl になる。その過程で質量数 213 のビスマス原子核 ^{213}Bi と質量数 209 のビスマス原子核 ^{209}Bi が生成される。^{213}Bi は 2 ％の確率で α 崩壊，98 ％の確率で β 崩壊をする。下図のように崩壊の流れを示すとき，^{213}Bi 原子核から ^{209}Bi 原子核に至るまでに生成される原子核を　A　，　B　，　C　にそれぞれ一つ書け。ただし，^{70}Zn のように質量数と元素記号で書くこと。さらに，α 崩壊か β 崩壊か，その種類を（ア），（イ），（ウ）にそれぞれ α か β で書け。

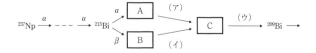

元素周期表

凡例：原子番号, 元素記号 / 元素名（例：1 H 水素）

1	2	3	4	5	6	7	8	9	10	11	12	13	14	15	16	17	18
1 H 水素																	2 He ヘリウム
3 Li リチウム	4 Be ベリリウム											5 B ホウ素	6 C 炭素	7 N 窒素	8 O 酸素	9 F フッ素	10 Ne ネオン
11 Na ナトリウム	12 Mg マグネシウム											13 Al アルミニウム	14 Si ケイ素	15 P リン	16 S 硫黄	17 Cl 塩素	18 Ar アルゴン
19 K カリウム	20 Ca カルシウム	21 Sc スカンジウム	22 Ti チタン	23 V バナジウム	24 Cr クロム	25 Mn マンガン	26 Fe 鉄	27 Co コバルト	28 Ni ニッケル	29 Cu 銅	30 Zn 亜鉛	31 Ga ガリウム	32 Ge ゲルマニウム	33 As ヒ素	34 Se セレン	35 Br 臭素	36 Kr クリプトン
37 Rb ルビジウム	38 Sr ストロンチウム	39 Y イットリウム	40 Zr ジルコニウム	41 Nb ニオブ	42 Mo モリブデン	43 Tc テクネチウム	44 Ru ルテニウム	45 Rh ロジウム	46 Pd パラジウム	47 Ag 銀	48 Cd カドミウム	49 In インジウム	50 Sn スズ	51 Sb アンチモン	52 Te テルル	53 I ヨウ素	54 Xe キセノン
55 Cs セシウム	56 Ba バリウム	57~71 ランタノイド	72 Hf ハフニウム	73 Ta タンタル	74 W タングステン	75 Re レニウム	76 Os オスミウム	77 Ir イリジウム	78 Pt 白金	79 Au 金	80 Hg 水銀	81 Tl タリウム	82 Pb 鉛	83 Bi ビスマス	84 Po ポロニウム	85 At アスタチン	86 Rn ラドン
87 Fr フランシウム	88 Ra ラジウム	89~103 アクチノイド	104 Rf ラザホージウム	105 Db ドブニウム	106 Sg シーボーギウム	107 Bh ボーリウム	108 Hs ハッシウム	109 Mt マイトネリウム	110 Ds ダームスタチウム	111 Rg レントゲニウム	112 Cn コペルニシウム	113 Nh ニホニウム	114 Fl フレロビウム	115 Mc モスコビウム	116 Lv リバモリウム	117 Ts テネシン	118 Og オガネソン

57~71 ランタノイド

57 La ランタン	58 Ce セリウム	59 Pr プラセオジム	60 Nd ネオジム	61 Pm プロメチウム	62 Sm サマリウム	63 Eu ユウロピウム	64 Gd ガドリニウム	65 Tb テルビウム	66 Dy ジスプロシウム	67 Ho ホルミウム	68 Er エルビウム	69 Tm ツリウム	70 Yb イッテルビウム	71 Lu ルテチウム

89~103 アクチノイド

89 Ac アクチニウム	90 Th トリウム	91 Pa プロトアクチニウム	92 U ウラン	93 Np ネプツニウム	94 Pu プルトニウム	95 Am アメリシウム	96 Cm キュリウム	97 Bk バークリウム	98 Cf カリホルニウム	99 Es アインスタイニウム	100 Fm フェルミウム	101 Md メンデレビウム	102 No ノーベリウム	103 Lr ローレンシウム

図Ⅲ－1

問5　問1で示したように生成されたニホニウム原子核は何回かの崩壊を続けて，質量数254のメンデレビウム ^{254}Md になった。^{254}Md になるまでに α 崩壊と β 崩壊をそれぞれ何回行うか。また，このニホニウムからメンデレビウムまで続く崩壊過程で，^{254}Md の二つ前に生成される原子核は何か。^{70}Zn のように質量数と元素記号で書け。

問6　一般的に，半減期が T の原子核が崩壊するとき，ある時刻 t での存在量 N は，

$$N = N_0 \left(\frac{1}{2} \right)^{\frac{t}{T}} \qquad (式1)$$

と書くことができる。ただし，N_0 は時刻 $t = 0$ のときの原子核の数である。一方，ある短い時間 Δt の間に崩壊する数 ΔN，つまり時刻 $t + \Delta t$ のときと時刻 t のときの N の差は，時刻 t のときの存在数 N と Δt の積に比例することも分かっている。つまり，

$$\Delta N = -\lambda N \Delta t \qquad (式2)$$

と書くことができる。ただし，λ は原子核ごとに異なる比例定数で，崩壊によって原子核の数は減少するので負号が付いている。（式1）を用いて ΔN と N の関係を求めると，次の（式3）を得る。$\boxed{\text{a}}$，$\boxed{\text{b}}$，$\boxed{\text{d}}$ に入る整数と $\boxed{\text{c}}$ に入る式を答えよ。

$$\Delta N = N \left\{ \left(\frac{\boxed{\text{a}}}{\boxed{\text{b}}} \right)^{\boxed{\text{c}}} - \boxed{\text{d}} \right\} \qquad (式3)$$

次に x が小さいときは，$A^x = 1 + x \log A$ と近似してよい。ここで $\log A$ は A の自然対数である。この近似式を用い，かつ半減期 T を使うと，（式2）の λ は $\boxed{\text{e}}$ と表すことができる。$\boxed{\text{e}}$ を求めよ。

問7　下のように，原子核 A_1 が崩壊して原子核 A_2 となり，原子核 A_2 が崩壊して原子核 A_3 となるような，崩壊が連続する場合を考える。

$$A_1 \; \rightarrow \; A_2 \; \rightarrow \; A_3 \; \rightarrow \; \cdots$$

原子核 A_1，A_2，A_3，…の半減期をそれぞれ T_1，T_2，T_3，…とし，また，時刻 $t = 0$ で，原子核 A_1 の数は N_0，原子核 A_2 以降の数はすべて0とする。次の（1）から（3）の場合に，原子核 A_1 と原子核 A_2 の数を時間の関数として表すとき，それぞれの関数のグラフの概形を最もよく示すグラフを，次の①〜⑫の中から選び，$\boxed{\text{あ}}$ 〜 $\boxed{\text{か}}$ に入れよ。同じ番号を何度使っても良い。

（1）　T_1 と比べて T_2 が非常に大きい場合，原子核 A_1 の数を表すグラフの概形は $\boxed{\text{あ}}$，原子核 A_2 の数を表すグラフの概形は $\boxed{\text{い}}$ である。

（2）　T_1 と比べて T_2 が非常に小さい場合，原子核 A_1 の数を表すグラフの概形は $\boxed{\text{う}}$，原子核 A_2 の数を表すグラフの概形は $\boxed{\text{え}}$ である。

（3）　T_1 と T_2 がほぼ同じ場合，原子核 A_1 の数を表すグラフの概形は $\boxed{\text{お}}$，原子核 A_2 の数を表すグラフの概形は $\boxed{\text{か}}$ である。

①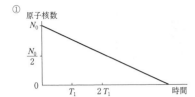

②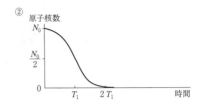

③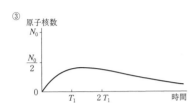

④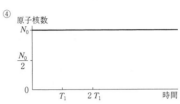

⑤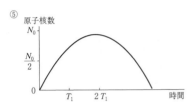

⑥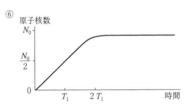

⑦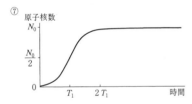

⑧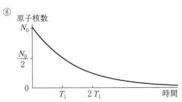

⑨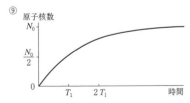

⑩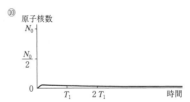

⑪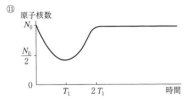

⑫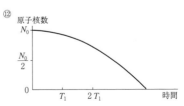

化　学

（60分）

Ⅰ　次の文章を読んで，**問1**～**問4**に答えよ。

　　炭素は周期表の14族に属し，原子は4個の　ア　をもつ。構成元素が同じで，原子の結合や構造が違うために化学
的性質が異なる物質を　イ　という。例えば，ダイヤモンドでは，構成する炭素原子がすべて　ウ　により強固に結
びついている。グラファイト（黒鉛）は，4個の　ア　のうち3個でなす層状の平面構造が，　エ　力で弱く結びつ
いており，電気伝導性を有する。また，グラフェンは，透明性や電気伝導性がグラファイトよりもさらに高くなることか
ら，機能的材料としての応用が期待されている。それ以外にも炭素の　イ　には，木炭やススなどの無定形炭素や，
C_{60} や C_{70} と表されるフラーレン，カーボンナノチューブなど，多様な形態が存在し，用途もさまざまである。
<u>a</u>

問1　文中の空欄　ア　～　エ　にあてはまる最も適切な語句を答えよ。

問2　結合様式から考えられる，ダイヤモンドの物理・化学的性質を2つ述べよ。

問3　近年，ダイヤモンド半導体の実用化が注目されている。ダイヤモンドと同じ結晶構造をもち，天然では隕石中で見
　　つかっている，炭素を含む半導体材料となる化合物の化学式を示せ。

問4　下線部 a について，グラフェンの構造をその特徴が分かるように図示せよ。ただし，炭素原子は黒丸●で，炭素原
　　子間の結合は実線で表し，25～30 の炭素数で描け。

Ⅱ　次の文章を読んで，**問1**〜**問3**に答えよ。

　アンモニアと塩化アンモニウムを混合した水溶液に，強酸や強塩基を少量加えても pH の変化は小さい。これを緩衝作用という。このような作用を示す，弱酸とその塩，あるいは弱塩基とその塩がつくる混合液を緩衝液という。実生活における例として，生体内で起きている化学反応があげられる。健康なヒトの血液は，炭酸と炭酸水素イオンの緩衝液である。治療で点滴をする際，体内の血液の pH が大きく変化しないように，血液パックには pH がおおよそ 7.4 に調整された溶液が用いられている。また細胞内も，リンを含むイオン間での作用により，酵素が活性を示す範囲内に pH が一定に保たれている。

問1　下線部 **a** について，アンモニア水に塩化アンモニウムを溶かした水溶液に，強塩基を少量加えたときに起きているイオン反応式を示せ。

問2　0.40 mol/L のアンモニア水 100 mL と 0.20 mol/L の塩酸 100 mL を混合した。

(i)　混合した水溶液中のアンモニアとアンモニウムイオンの濃度をそれぞれ求めよ。有効数字は 2 桁とする。

(ii)　この水溶液中の pH を求めよ。ただし，アンモニアの電離定数を 2.3×10^{-5} mol/L，$\log_{10} 2.3 = 0.36$，有効数字は 2 桁とする。

問3　下線部 **b** について，ヒトの細胞内では pH が 6.9 付近に保たれている。リンを含むイオンの間でどのような平衡が成り立っているか，イオン反応式を示せ。

Ⅲ　次の文章を読んで，**問1**〜**問7**に答えよ。

　ミョウバンは染色，医薬品，食品添加物など幅広く用いられる物質である。一般にミョウバンとよばれる物質は硫酸カリウムアルミニウム十二水和物のことであり，カリウムミョウバンまたはカリミョウバンともいう。そのほかの代表的なミョウバンとして，アンモニウムミョウバン，クロムミョウバン，鉄ミョウバンが存在する。カリウムミョウバンの生成方法は，硫酸アルミニウムと硫酸カリウムの混合水溶液を濃縮することであり，その結果として正八面体の外形をもつ結晶が得られる。カリウムミョウバンを水に溶かすと，硫酸アルミニウムと硫酸カリウムの混合水溶液と同じ種類のイオンに電離する。このような 2 種類以上の塩から生じ，もとの成分イオンがそのまま存在する塩を ア という。また，カリウムミョウバンの水溶液は イ 性を示す。

　カリウムミョウバン以外の ア の例として，さらし粉があげられる。さらし粉を水に溶かすと， ウ と次亜塩素酸カルシウムの混合水溶液と同じものになる。さらし粉が水溶液中で電離して生じる次亜塩素酸イオンは強い酸化作用をもつため，殺菌剤や漂白剤として利用される。現在，広く生産・販売されているさらし粉は，その成分から溶解度の大きい ウ を除いた高度さらし粉（主成分 エ ・$2H_2O$）とよばれる物質である。また，高度さらし粉に希塩酸を加えると，塩素を発生させることができる。

問1　文中の空欄 ア 〜 エ にあてはまる最も適切な語句および化学式を答えよ。ただし， ア 〜 ウ には語句を， エ には化学式を記せ。

問2 下線部 **a** について，カリウムミョウバンが水溶液中で電離するときのイオン反応式を示せ。

問3 カリウムミョウバン（硫酸カリウムアルミニウム十二水和物）を加熱すると，徐々に化合物の構成成分である水和水（結晶水）を失い，別の結晶に変化する。今回，硫酸カリウムアルミニウム十二水和物を加熱し，温度を 64.5℃に保つ操作を行った。その結果，新たに生成された化合物の質量は，もとの化合物に対して 65.8 %に減少していた。64.5℃で生成された化合物について，もとの化合物から水和水をいくつ失ったかを，小数点第一位を四捨五入して整数で答えよ。また，64.5℃で生成された化合物の化学式も記せ。なお必要であれば，次の原子量の数値を用いよ。水素：1.00，炭素：12.0，窒素：14.0，酸素：16.0，ナトリウム：23.0，アルミニウム：27.0，硫黄：32.0，塩素：35.5，カリウム：39.0，クロム：52.0。

問4 さらし粉は湿った水酸化カルシウムに気体の塩素を通じると生成できる。この反応を，イオン式を含まない化学反応式で示せ。

問5 さらし粉中の塩素は，塩化物イオンとして存在するものと，次亜塩素酸イオンとして存在するものがある。これらイオンの酸化数の値を答えよ。ただし，酸化数には符号を付すこと。

問6 下線部 **b** について，次亜塩素酸イオンが酸化剤として働くときの反応を，電子 e^- を含むイオン反応式で示せ。

問7 下線部 **c** の反応について，イオン式を含まない化学反応式で示せ。

Ⅳ   次の文章を読んで，**問1～問8**に答えよ。

　わたしたちの身の回りには様々な高分子化合物が存在している。特に炭素原子が中心になって結びついた化合物を有機高分子化合物といい，天然に存在するものは天然高分子化合物，人工的に合成されるものは合成高分子化合物とよばれている。合成高分子化合物のほとんどは石油からつくられ，繊維やゴム以外の用途に用いられたものを，合成樹脂（プラスチック）とよぶ。合成樹脂のうち，分子が　 **ア** 　構造だけでできており，加熱するとやわらかくなり塑性変形を起こすものを熱可塑性樹脂とよび，加熱により分子が　 **イ** 　構造をもつようになって硬化するものを熱硬化性樹脂とよぶ。

　合成樹脂は，軽く，強く，腐らないという特徴から，容器などに幅広く利用されている。しかし，これらの特徴が廃棄の際に欠点となることが指摘されている。特に，近年では，海洋や土壌中にマイクロプラスチックとよばれ，直径5 mm以下のプラスチック粒子が存在していることが指摘されている。これらの一部は海洋に生息する生物にも取り込まれていることが報告されており，その一部は人体にも取り込まれているとの懸念がある。また，マイクロプラスチックは海底に堆積した地層中からも発見されており，人類による地球環境への影響が顕在化するようになった 1950 年頃から増加しているとの指摘もなされている。

　このような課題への対策として，合成樹脂の再利用が積極的に行われており，特に，合成樹脂を熱分解して単量体にしたり，化学原料にしたりするリサイクル法を，　 **ウ** 　とよぶ。また，水中や土壌中の微生物によって分解される生分解性高分子も複数開発されており，これらの利用も拡まっている。

問1 文中の空欄　 **ア** 　～　 **ウ** 　にあてはまる最も適切な語句を答えよ。

問2 文中の下線部 **a** について，以下の文章の空欄 | **エ** |〜| **オ** | にあてはまる最も適切な語句を答えよ。

　　　多糖は天然高分子化合物の一つで，デンプンとセルロースは，それぞれ α-グルコースと β-グルコースが縮合重合した構造をもつ。また，デンプンのなかでも，ヨウ素デンプン反応で濃青色を呈するものは | **エ** |，赤紫色を呈するものは | **オ** | である。

問3 文中の下線部 **b** について，平均分子量が 7.91×10^4 のナイロン 66 の平均重合度を計算せよ。ただし，各元素の原子量は，水素：1.00，炭素：12.0，窒素：14.0，酸素：16.0 とする。

問4 文中の下線部 **c** について，熱硬化性樹脂のひとつであるアミノ樹脂は，特定の化合物とホルムアルデヒドを付加縮合させることで得られる。なかでも，耐熱性・耐薬品性に優れ，食器などによく利用される樹脂を得る際に用いられる化合物の構造式を，以下の例1にならって記せ。

例1

問5 文中の下線部 **d** について，すでに社会で広く利用されている樹脂のひとつに，ポリ乳酸が挙げられる。乳酸を縮合重合させると低分子量のポリ乳酸が生成される。さらに，以下に示す反応で高分子量のポリ乳酸を得ることができる。以下の図1に示す反応式中の**化合物A**の構造式を**問4**の例1にならって記せ。ただし，**化合物A**は，反応に用いた n 個の乳酸分子に対し，$\dfrac{n}{2}$ 個の分子を得ることができる。

$$\left[\begin{matrix} O-CH-CO \\ | \\ CH_3 \end{matrix} \right]_n \xrightarrow{\text{加熱}} \dfrac{n}{2}\,\text{化合物A} \xrightarrow{\text{金属イオン触媒}} \left[\begin{matrix} O-CH-CO \\ | \\ CH_3 \end{matrix} \right]_m$$

低分子量ポリ乳酸　　　　　　　　　　　　　　　　　　　　　　　　高分子量ポリ乳酸

図1　ポリ乳酸の反応式

問6 乳酸には，不斉炭素原子が含まれている。以下の例2にならって，乳酸の立体的な構造式をすべて記せ。

例2　（W, X, Y, Z は原子または分子を示す）

問7 ポリ乳酸の利活用を拡大することで，海洋や土壌中のマイクロプラスチックによる汚染が軽減されることが期待される。ポリ乳酸からなる合成樹脂が土壌中に埋没した場合，最終的にどのような化学物質になるか。得られるすべての化学物質を分子式で記せ。

問8　乳酸は，発酵作用により容易に得ることができる。例えば，グルコースなどの糖類に，乳酸菌とよばれる代謝により乳酸を生成する細菌を作用させることである。近年では，ポリ乳酸の利活用は「カーボンニュートラル」の観点から，地球温暖化の抑制に寄与すると想定されている。その理由を述べよ。

理　科

◀理学科生物学専修▶

（90分）

Ⅰ　以下の文章を読み，**問1〜問7**に答えなさい。**問1，問4**については解答を選び，**マーク解答用紙**の番号をマークしなさい。その他についてはそれぞれの解答を**記述解答用紙**に記入しなさい。

　生物の遺伝情報を担う DNA は，デオキシリボヌクレオチドを構成単位とする高分子化合物である。デオキシリボヌクレオチドは，糖の一種であるデオキシリボースにリン酸と塩基が結合した構造をとっている。DNA を構成する塩基にはアデニン（略号：A），グアニン（G），チミン（T），シトシン（C）の4種類がある。二本鎖 DNA 中では，熱を加えることで切断できる程度の弱い結合である水素結合（酸素原子や窒素原子に結合した水素原子と，それに近接した酸素原子や窒素原子との間に形成される）を介して A と T，G と C が対（これを塩基対といい，対をつくる塩基同士の関係を「相補的」という）を形成する。生物が子孫を残し，あるいは細胞の数を増やすためには，遺伝情報を担う DNA を複製することが必要である。DNA を複製する際には，二本鎖をほどいて2本の一本鎖にし，それぞれの一本鎖 DNA の塩基に相補的な塩基を持つ DNA を合成することにより二本鎖 DNA が複製される。相補的な塩基対をつくるための水素結合には，デオキシリボースと結合している側と反対側の原子が関与しており，**図1**において曲線で囲った，デオキシリボースと結合している側の原子は関与しない。A と G は T と C に比べて分子量が大きいが，形成される A：T と G：C の塩基対はほぼ同じ大きさの平面構造をとる。ただし，水素結合の数は A：T 対では2つ，G：C 対では3つと違いがある。このため，二本鎖 DNA 中に G：C 対が多い場合には，少ない場合に比べて熱に対する安定性が相対的に高くなる。

　バクテリア（細菌）に感染するウイルスであるバクテリオファージ（単にファージとも呼ぶ）の一種で，シアノバクテリアに感染するシアノファージ S-2L の DNA においては A の代わりにアミノ化された 2-アミノアデニン（略号：Z）が使われていることが 1977 年に明らかになった。つまり，Z，T，G，C の4種の塩基を含む DNA が S-2L のゲノム（遺伝情報の総体）を構成している。なお，このように Z を含む DNA によって構成されるゲノムは Z-ゲノムと呼ばれる。このファージの場合，Z と T，G と C が塩基対を形成する。また，水素結合の数は，Z：T 間では3で，A：T 間の水素結合数よりもひとつ多い。40年以上の時を経て最近 Z の生合成経路の解明が進んだ。この過程で Z を取り込んで DNA を合成する酵素も見つかり，さらに 2021 年には Z-ゲノムを持つバクテリオファージが新たに複数発見された。

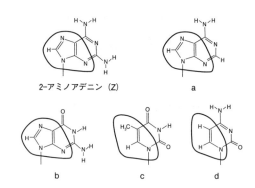

図1　塩基Zと4種類の塩基の構造

問1　**図1**は，塩基ZとDNAを構成する4つの塩基の構造を示している。本文中の記述から考えて，塩基A, G, T, C はそれぞれ図中の a ～ d のどの構造に該当するか。その組合せとして最も適当なものを次の①～⑨からひとつ選んで 番号で答えなさい。　M1

	A	G	T	C
①	a	b	c	d
②	b	c	d	a
③	c	d	a	b
④	d	a	b	c
⑤	a	b	d	c
⑥	b	a	d	c
⑦	c	b	a	d
⑧	a	d	c	b
⑨	b	a	c	d

問2　二本鎖DNAの水溶液を常温付近から連続的に加温していくと，ある温度でDNAの二本鎖構造が壊れ始め，さら に加温を続けると二本鎖構造は完全に壊れて2本の一本鎖に分かれる。この現象をDNAの熱融解と呼ぶ。融解は， A：T対の多い領域，次いでA：T対とG：C対の割合に偏りが少ない領域，最後にG：C対の多い領域，の順に進 む。**図2**にシアノファージS-2LのDNAと同じ長さ（鎖長）を有する通常のDNAの熱融解曲線を示す。**図2**を参考 に，シアノファージS-2LのDNAの熱融解曲線を想像して解答欄中の図に上書きしなさい。

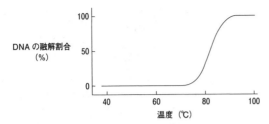

図2　シアノファージ S-2L の DNA と同じ鎖長を有する通常の DNA の熱融解曲線

〔解答欄〕解答欄中の図は図2と同じ。

問3　DNA は波長 260 nm 付近の紫外線を吸収する。また，水溶液中で DNA が規則正しい二本鎖構造をとっている場合とそうでない場合とを比べると，同じ量の DNA を含む溶液であっても後者の方が紫外線の吸収度合い（吸光度という）が大きい。さて，室温下で A，G，T，C からなる通常の二本鎖 DNA の水溶液と，これと同濃度の Z-ゲノムから得た二本鎖 DNA の水溶液のそれぞれに同じ量のある酵素を加えたところ，後者の水溶液だけで吸光度が上昇したとする。その場合，この酵素の性質としていくつかの可能性が考えられる。そのひとつを簡潔に答えなさい。ただし，この酵素自体による紫外線吸収は考慮しないものとする。

問4　ある種のシアノバクテリアが直径 $2 \mu m$ の球状の細胞を持ち，その中に 4,000,000 塩基対からなる DNA を持っているとする。この細胞の体積が DNA の体積の 1,000 倍あったとした場合，DNA の直径は次のように表すことができる。

DNA の直径（m）：$X \times 10^{-Y}$

このとき，X と Y に当てはまる整数として最も適当なものを次の①～⑨からそれぞれひとつずつ選んで番号で答えなさい。ただし，DNA の形状を円柱，塩基間の距離を 1/3 nm にそれぞれ近似して計算しなさい。なお，塩基の厚みは考えなくても良いものとする。

X：　M2

Y：　M3

①　1　②　2　③　3　④　4　⑤　5　⑥　6　⑦　7　⑧　8　⑨　9

問5　バクテリアは，ファージの侵入から自己を守るために制限酵素とよばれる酵素を用いてファージの DNA を切断する。制限酵素の多くは，次の**図3**に示すような 2 回回転対称（180°回転させると同じになる）構造をとった 4～8 塩基対からなる DNA 部分（パリンドローム構造）を認識して切断する。これに関する下の考察文の　ア　～　エ　に入る最も適当な数および　オ　・　カ　に入る最も適当な語句をそれぞれ答えなさい。

・・・GAATTC・・・
・・・CTTAAG・・・

図3　パリンドローム構造をとる制限酵素切断部位の例

4塩基対からなるパリンドローム構造とそれを認識してDNAを切断する制限酵素について考えてみよう。二本鎖DNAの片方の鎖だけを考えると，4つの塩基を並べてできる配列は，全部で ア 種類ある。しかし，二本鎖DNAの配列で考えると状況は異なってくる。4塩基対からなる二本鎖DNAの種類は， ア ではなく， イ である。そしてこのなかに，パリンドローム構造をとったものは ウ 種類存在する。パリンドローム構造をとったDNAの種類に関しては，その対称性を考えると容易に知ることができる。4塩基対の前半の配列が決まれば，後半の配列も自動的に決まるからである。次に制限酵素の種類について考える。制限酵素と認識配列との対応関係が1対1で，しかも細胞内に理論的に考えられる全ての認識配列に対応する制限酵素がある場合には，4塩基対のパリンドローム構造を認識して切断する酵素の種類も ウ 存在することになる。同じ条件が満たされている場合，6塩基対のパリンドローム構造を標的とする制限酵素の種類は エ と計算される。

ファージのDNAを制限酵素によって切断することができたとしても，バクテリアの持つ自己のDNAまで切断されてしまっては意味がない。自己のDNAが制限酵素によって切断されないようにするために理論的に考えられる方法としては，ファージとは オ の塩基を用いてDNAを構成する，同じ種類であっても何らかの化学修飾などにより カ を変えて制限酵素に認識されなくする，あるいは制限酵素の認識配列と同じDNA配列を自己のゲノムに持たない，などが考えられる。

問6 Z-ゲノムはシアノバクテリアが出現するよりも前の時代に既に存在したと推測されている。また，塩基Zは隕石中にも発見されている。このような点から考えると，太古の地球の生物がZ：T対とG：C対からなるDNAを保持していたとしても不思議ではないが，現存する生物（ファージは生物には含めない）にはZ：T対は見られない。進化の過程でZ：T対がA：T対に置き換わったのだと考えた場合，そのような進化が起こった理由を考察して簡潔に答えなさい。

問7 Z-ゲノムを持つファージは，塩基としてAを持たず，塩基の種類は他のファージや生物と同じ4種類である。塩基の種類が5種類に増えれば，DNAの持つ情報量を増やすことができるように思われるが，そのような生物は存在しない。5種類の塩基を使ってA：T対とZ：T対を共に形成する生物が存在しない理由を，DNAの複製の観点から考察して簡潔に答えなさい。

Ⅱ　以下の文章を読み，**問１～問４**に答えなさい。**問１，問４－１，問４－２**については解答を選び，**マーク解答用紙**の番号をマークしなさい。その他についてはそれぞれの解答を**記述解答用紙**に記入しなさい。

　生物や物体が自らの相対的・絶対的な位置を感知するための情報のことを位置情報とよぶ。身近な例では，GPS[注1]を用いた自動車や携帯電話などの位置特定があり，衛星からの電波が届くまでにかかった時間に速度を掛けて，GPS衛星と地上の受信機の間の距離を計算することで，現在位置を特定している。一方，生物は進化の過程で高い精度で位置情報を感知するシステムを獲得してきた。たとえばヨーロッパコマドリの渡りや北アフリカの砂漠アリの採餌行動のように，鳥や昆虫はさまざまな位置情報をもとに長距離を移動して目的地に到達する。個体の発生では個々の細胞が組織の中で自身の位置を正確に読み取ることで，特定の種類の細胞へと分化[注2]する。このように生物の行動や組織形成の過程を調べることで，自然界に存在する位置情報の実体と，これらを感知する仕組みが明らかになってきた。

注1　GPS：Global positioning system 全地球測位システム。

注2　分化：細胞が特定の機能を獲得すること。

問１　**下線部(1)**に関して，位置を特定するためにはGPS衛星を複数使う必要がある。これらのGPS衛星により地球上の端末の位置を特定する仕組みに関する記述として**誤っているもの**を次の①～④からひとつ選んで番号で答えなさい。

　M 4

　①　3基のGPS衛星から等距離にある3次元空間上の点は2つ以下である。

　②　地下や屋内ではGPS衛星による位置特定が困難になる場合がある。

　③　GPS衛星間の距離が接近するほど位置特定の精度は上昇する。

　④　GPS衛星の軌道が低いほど位置特定の精度は上昇する。

問２　**下線部(2)**に関して，渡りのような長距離移動を可能とする位置情報として，地磁気を使うことを考えてみた。地磁気は，地球の外核を構成する液体金属の電子が地球の自転により対流することで生み出され，偏角（軸の北である真北と地磁気の北である磁北の間の角度），伏角（地磁気の方向と地表面の間の角度），および強さの3つの要素を持ち（**図1**），地球上の各場所で固有の値を示す。そこで「ヨーロッパコマドリの各個体は地磁気を位置情報として渡りの方角を決めている」という仮説を検証するために，ヨーロッパコマドリ（以下，コマドリと表記）を捕獲して，以下の実験を行った。

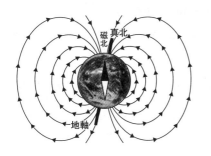
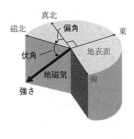

図1　地磁気の要素

実験1

捕獲したコマドリを自然光下で飼育したのち，渡りの季節に，光環境を調節していない通常の磁場の実験用ケージに移し（**図2A**），飛び立った方向を観測したところ，**図2B**に示す結果が得られた。次に，電磁コイルを用いてケージ内の磁場の条件を変えて同様の実験を行ったところ，各条件下において**図2C～F**の結果が得られた。なお，▲は個々のコマドリの到達点を示し，中央の矢印はこれらの方向の平均値としてのベクトルを表す。実験地点での通常の磁場は偏角0°，伏角＋66°，強さは0.46ガウス（G）であった。

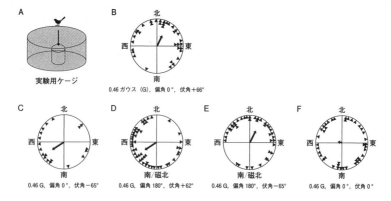

図2　磁場の操作と飛び立った方角

実験2

光の影響を調べるために，**実験1**と同じ実験用ケージを用いて，通常の磁場で異なる波長の単色光を照射して，飛び立った方向を観測したところ，**図3G～I**の結果が得られた。

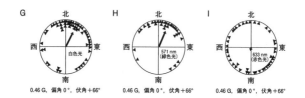

図3　単色光照射と飛び立った方角

問2－1　**実験1**の結果から，コマドリは地磁気をどのように位置情報として用いていると考えられるか。**図2B～F**の結果をもとに詳しく説明しなさい。

問2－2　生物が地磁気を感知する生体内分子（地磁気センサー）の候補として，これまで磁鉄鉱（Fe_3O_4）に連結した細胞膜上の受容体タンパク質が，磁気の方向と強さにより構造変化を起こすことで，磁気の情報を細胞内に伝達すると考えられてきた。一方，**実験2**の結果は地磁気センサーが光の影響も受けることを示している。**実験2**の結果をもとに，光の有無によって調節される地磁気センサーを自ら考案し，そのセンサーがはたらく仕組みを詳しく説明しなさい。

問3　下線部(3)に関して，砂漠アリは，見つけたエサを自分の巣に持ち帰るために，長距離の移動を経て帰巣することが

知られる。このような長距離移動を可能とする位置情報の実体を調べるために，以下の**実験3**と**実験4**が行われた。

実験3

砂漠アリのうち，平らな塩類平原に生息する砂漠アリは巣穴の入り口を砂で高く積み上げた「丘」を作ることが知ら

れるが，低木に囲まれた周辺部に生息する同種の砂漠アリは，丘は作らずに地面に穴を開けただけの巣穴を作る。そ

こで，平原の砂漠アリの丘を撤去し，帰巣時の巣の探索行動の軌跡（**図4A**）と帰巣の成功率（**図4B**）を記録し，

丘を撤去していない平原の砂漠アリおよび周辺部に生息する砂漠アリの行動と比較した。

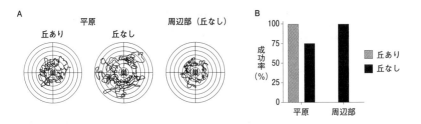

図4　丘が砂漠アリの帰巣に与える影響

実験4

巣の入り口から10 m離れた場所に給餌器を設置した練習用経路を設けて，アリの帰巣トレーニング（**図5A上**）を

行った。次に，給餌器に到達したアリに対し，**図5B**に示す脚の**施術a〜c**を行い，実験用経路（**図5A下**）で放し

てから，帰巣時のアリの巣の探索行動の軌跡をたどり，給餌器からの距離とその地点を通過した回数を記録した（**図**

6左）。次に施術を行ったアリを巣に戻し，2回目の採餌に出かけた個体に対して，給餌器で捕まえてそのまま実験

用経路に移し，同様に帰路での行動を記録した（**図6右**）。

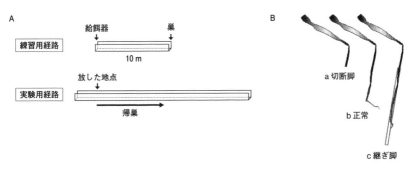

図5　アリの脚の長さの人為的操作と帰巣実験

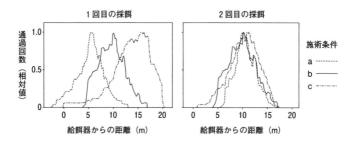

図6 脚の施術がアリの帰巣に与える影響

問3-1 **実験3**の結果から，丘はどのような位置情報を与えていると考えられるか，答えなさい。

問3-2 丘が位置情報として機能していることを立証するには，さらにどのような実験を追加したらよいか。ひとつ例を挙げて答えなさい。

問3-3 図6で示されたように，1回目の採餌と2回目の採餌では異なる結果が得られた。2回目の採餌行動の帰巣で**施術a，b，c**のパターンが重なった理由について，**実験4**の結果から説明しなさい。

問4 **下線部(4)**に関して，体の組織の中の細胞が位置情報を読み取る仕組みを調べるために，9個の細胞からなる組織のモデルを作成した。このモデルにおける，分泌源から一定量分泌され続けるタンパク質Pの濃度［P］と，Pを受け取る9個の細胞の分泌源からの距離の関係を**図7**に示す。さらに，■◢◣はこれらの細胞が［P］に応じて3種類の細胞に分化したことを示している。なお，個々の細胞の分泌源からの距離は，時間が経っても変化しなかった。これに関して以下の考察を行った。

図7において Pの ア な濃度勾配に対して分化する細胞の種類が イ に切りかわる仕組みとして，アナログからデジタルへの信号の変換のように，［P］がある ウ で，細胞が0か1かで応答して分化することを考えた。この場合，個々の細胞はPの エ を読み取ることで，分泌源からの距離に応じて異なる細胞に分化することができる。また，Pを受け取る側の細胞が，同じ［P］に対しても異なる応答能をもつと考えた場合も，異なる種類の細胞に分化させることができる。このような応答能の違いは，Pに結合して情報を伝える分子の オ や結合親和性の違いで説明することができる。

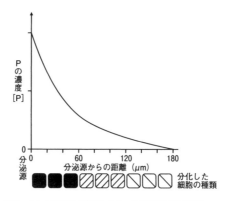

図7 タンパク質Pの濃度と分化した細胞の種類の関係

問4-1 ア ・ イ に入る語句の組合せとして最も適当なものを下の①～④から，ウ ・ エ に入る語句の組合せとして最も適当なものを下の①～⑨から，オ に入る語句として最も適当なものを下の①～④から，それぞれひとつずつ選んで番号で答えなさい。

ア・イ： M5

ウ・エ： M6

オ： M7

	ア	イ
①	急	緩やか
②	緩やか	急
③	不連続	連続的
④	連続的	不連続

	ウ	エ
①	濃度勾配	濃度
②	濃度勾配	濃度変化
③	濃度勾配	濃度勾配
④	濃度差	濃度
⑤	濃度差	濃度変化
⑥	濃度差	濃度勾配
⑦	閾値	濃度
⑧	閾値	濃度変化
⑨	閾値	濃度勾配

	オ
①	質量
②	数
③	水溶性
④	分子量

問4-2 **図7**に示すPの濃度勾配の形成と維持には，Pの分泌以外にPが拡散，分解されることが重要である。仮にPが分解されないと仮定した場合，時間が経過するとPの濃度勾配はどうなるか。次の図中のグラフ①～④から最も適当なものをひとつ選び，番号で答えなさい。なお，分泌と拡散の条件は変わらないものとする。 M8

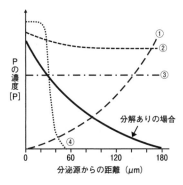

問4-3 実際の生物では，同種の個体間でも組織を構成する細胞の数にばらつきがみられるが，組織中の細胞の種類の相対的な位置と比率が保たれることで，発生が正常に進む。仮に**図7**のモデルに示した組織の長さを2/3にした場合，分化した細胞の種類の相対的な位置と数の比率を維持するには，Pの濃度勾配はどのようにあるべきか。解答用紙のグラフを完成させ，その際に分化する細胞の種類を書き入れなさい。ただし，細胞の大きさは変化しないものとする。

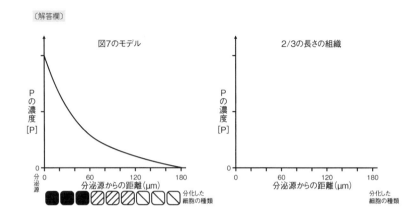

〔解答欄〕

問4-4　長さが2/3の組織でも，細胞の種類の比率と相対的な位置が保たれるようにPの濃度勾配が調節される仕組みについて，自らの仮説を立てて説明しなさい。

Ⅲ　以下の文章を読み，問1～問8に答えなさい。問1～問4，問7については解答を選び，マーク解答用紙の番号をマークしなさい。その他についてはそれぞれの解答を記述解答用紙に記入しなさい。

　地球は現時点で人類が生存できる唯一の天体であるが，月や火星，あるいは宇宙空間を人類の新たな居住地にしようという考えは古くから存在する。特に空想科学作品では，人類が宇宙に進出し，そこを第二の故郷として繁栄する様子がしばしば描かれる。図1Aは，物理学者ジェラード・オニールが考案した宇宙空間に作られる人工居住地（スペースコロニー。以下，コロニーと表記）の想像図であり，円筒形のコロニーが回転することで生じる遠心力によって本体内壁では疑似的な重力が得られる。本体内壁は6つの区画に分けられており，そのうちの3つは土壌や植生，居住地が配置される人工大地，残る3つは光が透過する窓となっている（図1B）。宇宙空間に張り出した反射鏡によって反射させられた太陽光がこの窓を透過することにより，コロニー内部の光環境が形成される（図1C）。コロニー内ではこの太陽光を用いて植物を生育させ，大気環境を維持している。このような閉鎖系で生物が生存し続けるためには，生態系内での物質循環を考慮して環境を整える必要がある。1980年代の初頭，ガラス張りの巨大な空間の中に熱帯林，海，サバンナなどを再現した実験施設に科学者が長期間にわたって居住する大規模な実験が行われたが，様々な問題が発生して2年間で終了となり，閉鎖生態系の維持が容易ではないことが示された。

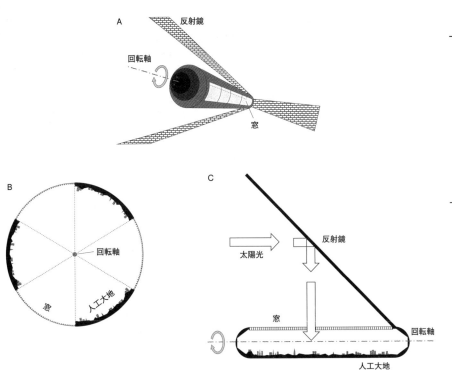

図1　スペースコロニー

A. 概観。**B.** 円筒部の横断面図。**C.** 縦断面図。

問1　下線部(1)に関して，そのような考えに至る理由のひとつとして人口（ヒト個体数）の増加が挙げられる。地球外部との出入りを考えない場合，ある時点 t（最初の時点を 0 とする）における地球上の生物の個体数 N(t) の変化は，出生数 B(t) と死亡数 D(t) によって説明できる。また，これらの数が非常に大きい時には，それぞれを時間の連続的な関数として近似することができる。その場合，個体数 N(t) を表す数式として最も適当なものを次の①〜⑤からひとつ選んで番号で答えなさい。　**M9**

① $N(t) = B(t) \times D(t)$

② $N(t) = N(0) + t \times B(t) - t \times D(t)$

③ $N(t) = \dfrac{d}{dt}B(t) - \dfrac{d}{dt}D(t)$

④ $N(t) = \displaystyle\int_0^t B(t) - \int_0^t D(t)$

⑤ $N(t) = N(0) + \displaystyle\int_0^t B(t) - \int_0^t D(t)$

問2 地球上の一部の地域の個体数を対象とする場合，その中の生物のある時点 t（最初の時点を 0 とする）における個体数 N(t) の変化を考えるためには，その時点の出生数 B(t) と死亡数 D(t) に加え，移入数 I(t) および移出数 E(t) も考える必要がある。次の**図2 A**，**図2 B** はそれぞれ，ある生物の B(t) − D(t) と I(t) − E(t) の時間変化のグラフである。ここから予想される個体数 N(t) のグラフの形として最も適当なものを下の**①**〜**⑤**からひとつ選んで番号で答えなさい。 M10

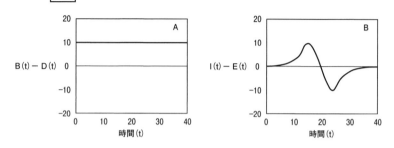

図2 ある生物の出生数，死亡数，移入数，および移出数の変化

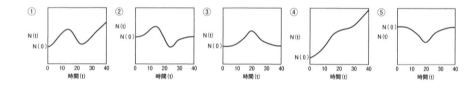

問3 **下線部(2)**に関して，人間の呼吸を支えるためには，植物による光合成で二酸化炭素を酸素に戻す必要がある。今，光や温度などが最適な条件下で，コロニー内の樹木は葉の面積 $1\,m^2$ あたり1日あたり2モルの二酸化炭素を吸収し，2モルの酸素を発生させると仮定する。また，コロニー内の森林には地表面 $1\,m^2$ に対して合計 $1\,m^2$ の葉が存在しているとする。一方，普通に活動しているヒトは1日あたり 20 モルの酸素を消費して 20 モルの二酸化炭素を放出する。この場合，コロニー内の森林は地表面 $1\,m^2$ あたり2モルの酸素を発生させるため，森林面積が $10\,m^2$ あれば一人の人間の呼吸に必要な酸素を供給することになる。これらについての考察として，**誤っているもの**を次の**①**〜**⑤**からひとつ選んで番号で答えなさい。なお，1モルの気体には 6.0×10^{23} 個の分子が含まれる。 M11

① コロニー内に入射する光量や温度を調整することで四季を創出する場合には，光合成速度が低い時期が含まれるため，一人の人間の呼吸を支えるための森林面積は $10\,m^2$ よりも大きくなる。

② 実際のコロニー内では植物とヒト以外の生物も呼吸を行うため，一人の人間に対して用意する森林の面積は $10\,m^2$ では不十分である。

③ コロニー内で大気が十分に循環していれば，場所によって人口密度に大きな差があってもコロニー内で必要となる森林の総面積は影響を受けない。

④ 光合成速度と地表面あたりの葉の面積のどちらかを2倍にできれば，必要な森林面積は 1/4 になる。

⑤ コロニー内の人口が増加すると酸素の消費量と二酸化炭素の放出量の両方が増加するため，結果的にコロニー内で必要となる森林の総面積は大きくなる。

問4　植物は人間に酸素だけでなく食物も供給する。これに関する次の考察文の ア ～ エ に入る語句の組合せとして最も適当なものを，下の①～⑧からひとつ選んで番号で答えなさい。 M12

　　呼吸が有機物を酸素で酸化する反応であるのに対して，光合成は二酸化炭素を還元して有機物を ア する反応である。コロニー内の植物を人間が直接食べる場合と，植物を牛などの家畜に食べさせてその肉を人間が食べる場合とを比べると，植物によって作られた有機物の利用効率という点では後者の方が イ 。その理由は，牛の ウ などにより，植物を摂食することで得た有機物が エ からである。

	ア	イ	ウ	エ
①	吸収	高い	呼吸	増加する
②	吸収	高い	成長	増加する
③	吸収	低い	呼吸	失われる
④	吸収	低い	成長	失われる
⑤	合成	高い	呼吸	増加する
⑥	合成	高い	成長	増加する
⑦	合成	低い	呼吸	失われる
⑧	合成	低い	成長	失われる

問5　光合成によって成長した植物は動物などに食べられ，食べられなかった植物もやがて枯死する。死んだ植物や動物は，土壌微生物によって分解される。仮にある瞬間から植物，動物，もしくは土壌微生物が生態系に存在しなくなった場合，その後にそれぞれどのようなことが起こると予想できるか，植物，動物，および土壌微生物の場合に分けて，理由を含めて簡潔に説明しなさい。

問6　植物に含まれる有機物の中で一番大きな割合を占めるのは，細胞壁の主成分であるセルロースである。セルロースは，多数の β-グルコースが直鎖状に結合した高分子であり，この構造の分解に関わる酵素群はセルラーゼと総称されている。そのうちの1種の酵素を，可溶化させたセルロースを含む溶液に添加し，適切な条件下でセルロースと反応させた。その結果，実験前後でセルロースの平均分子量の減少は認められたものの，溶液中のグルコース量は増加していなかった。この結果から，この実験ではどのようにセルロース分子の分解が進行したと考えられるか，簡潔に説明しなさい。

問7　**下線部(3)**に関して，次の**図3**は閉鎖生態系での長期居住実験において，実験開始以降の大気中の酸素および二酸化炭素濃度の変化を模式的に示したものである。ただし，実験開始からおよそ100日目以降では，大気中の二酸化炭素のみを人為的に除去するための設備が断続的に使用された。この結果の解釈として最も適当なものを下の①～⑤からひとつ選んで番号で答えなさい。 M13

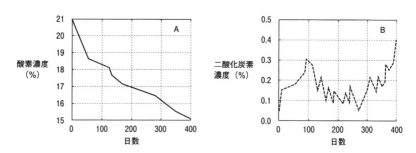

図3　閉鎖生態系実験における大気の変化

① 測定期間を通して，濃度の変化率は，酸素に比べて二酸化炭素の方が小さいと考えられる。

② 100日目までの酸素および二酸化炭素濃度の変化を定量的に比較すると，その間の濃度の変化を閉鎖生態系内の生物の呼吸と光合成のバランスによって説明することはできないと考えられる。

③ 100日目以降の酸素濃度の低下の原因は，閉鎖生態系内の生物の呼吸によって説明できると考えられる。

④ 人為的に二酸化炭素を除去すると，光合成の変化を通して酸素濃度の変化に大きく影響したと考えられる。

⑤ 人為的な二酸化炭素の断続的な除去により，実験期間を通じて二酸化炭素濃度を安定的に維持することができたと考えられる。

問8　今回用いられた閉鎖生態系は実際の地球生態系と比べて系のサイズが非常に小さい。また，地球生態系における生物中の炭素量と大気中の炭素量の比率がほぼ1：1であるのに対して，長期居住実験に使われた閉鎖実験系におけるその比率は100：1と，生物中の炭素量の方が相対的に多かった。同様に，土壌中の炭素量と大気中の炭素量の比率を比べた場合でも，閉鎖実験系では土壌中の炭素量が相対的に多かった。そのような条件では，なぜ閉鎖生態系において大気環境を維持することが難しいと考えられるかを簡潔に説明しなさい。

◀理学科地球科学専修▶

（90 分）

Ⅰ　トンガ噴火と潮位変動に関する次の文章を読んで，**問 1 ～問 8** に答えよ。

　2022 年 1 月 15 日 13 時ごろ（日本時間），南太平洋のトンガ諸島のフンガ・トンガ＝フンガ・ハアパイ火山で大規模な海底噴火が発生した。気象庁は即時に日本への影響を解析し，早ければ 15 日 21 時ごろに多少の潮位変化があるかもしれないが，被害の心配はないと発表した。

　ところが，想定より 1 時間以上早い時期に小笠原諸島で潮位の変動が観測され，その後，鹿児島や岩手でも 1 メートルを超える潮位変化が観測された。また，この現象は，奇妙なことに，日本における 2 hPa 程度の気圧の一時的な変化を伴っていた（図 1）。

　何が起きているのかが不明のまま，気象庁は，地震に伴う津波警報という既存の仕組みを使って，翌 16 日 0 時に日本全国に「津波警報・注意報」を発表した。各報道機関も 15 日 19 時ごろ「被害の心配はない」という一報を報道した後，16 日 0 時ごろには「津波警報が出たので避難」を呼びかける報道に切り替え，原因についても，「トンガで起きた火山が関連している可能性があるが原因は不明」だとするやや混乱した報道が出された。今回の事変では，実際の被害は少なかったものの，今後の安全確保のためにも，何が起きたのかその原因の究明が必要であり，正確な情報伝達も必須となる。

　その後，専門家による解析が進み，今回の潮位変動は津波ではなく，トンガの火山噴火による「大気波動の一種であるラム波の伝播によるもの」だという指摘が数多く報告された。台風による「うねり」や地震による「津波」ではない，想定外の原因による潮位変動が発生したことになる。

　ここでは，最初に海面上を伝播する一般的な波の性質を確認して，今回の火山噴火による大気波動によって引き起こされた波との違いを考察していく。

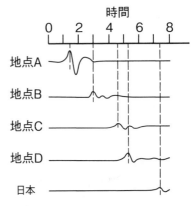

図 1　噴火後，太平洋の各地点，および，日本における気圧変動の様子（Kubota et al., 2022, Science, 377, 91-94 より引用）。

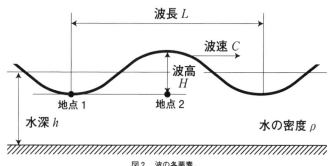

図2　波の各要素。

　図2では，水面に発生した波（三角関数に近似）の各要素が示されている。このうち，波高（H）と波長（L）が波の大きさを示す要素になる。また，波の伝播を示す要素としては，波速（C）と周期（T）がある。周期とは，波の峰から峰（もしくは波の谷から谷）が通過に要する時間である。_a

　波が振幅・伝播する原動力は，重力（あるいは表面張力）による復元力であり，これは波による盛り上がった部分や，へこんだ部分が平らな安定した状態に復元しようとする力である。例えば，図2の地点1は波のない平坦な状態より水圧が低くなっていて，地点2は平坦な状態より水圧が高くなっている。_bしたがって，地点2上部の水粒子は水圧によって下方向（ないしは谷方向）に移動し，地点1の水粒子は上方向（ないしは峰方向）に移動することになる。この運動によって波が振幅・伝播するのである。この水粒子の振動を波の通過とともに追跡すると，図3Aのように，その場で円運動をしていることになり，波の伝播とともに水粒子も移動しているわけではない。

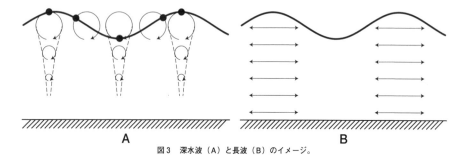

図3　深水波（A）と長波（B）のイメージ。

　さて，今まで言及してきた図3Aの波は「深水波^{注1}」とよばれる波である。深水波では，水面に発生した円運動が，直径が小さくなりつつ円運動のまま水中に伝播する。$h = L / 2$の水深では，水粒子の円運動は4％まで減衰するので，これ以深の水深ではほぼ波の影響が海底に及ばないと考えて良い。風が原因で沖合に発生・発達する「風波」や「うねり」が深水波の代表例である。風波やうねりの波長は，$L = 10^1 \sim 10^2$ mのオーダーになる。

　一方で，図3Bのように波の影響が海底面にまで及ぶことがあり（水深が波長の1／25より浅い場合），このような波を「長波^{注2}」とよぶ。この場合，海底面では水粒子が上下方向に動くことができないので，水平方向の往復運動になる。長波では，この海底面の水平な往復運動がそのまま水面まで波及する。「津波」は長波の代表例である。津波の波長は，$L = 10^4 \sim 10^5$ mのオーダーになる。

　深水波と長波の波長は，それぞれ**式1**と**式2**になる（ただし，重力加速度をgとする）。ここから深水波と長波の，単一波の波速も求まる。_c

$$\text{深水波：} \quad L = \frac{g}{2\pi} T^2 \qquad \textbf{(式1)}$$

$$\text{長波：} \qquad L = T\sqrt{gh} \qquad \textbf{(式2)}$$

　しかしながら，深水波は周期（波長）が微妙に異なる多数の波の群からなっており，このような波の群が全体として進行する速度を群速度といい，群速度は，上記の単一波の波速の１／２になる。
　　　　　　　　　d

注1　深水波は深海波と称することもある。

注2　長波は浅水波と称することもある。

問1　下線部**a**に関して，周期（T）を**図2**の波の各要素の記号を使って答えよ。

問2　下線部**b**に関して，**地点1**と**地点2**が平坦な状態よりどれだけ水圧が変化しているのかその絶対値を**図2**の波の各要素の記号を使って答えよ。

問3　下線部**c**に関して，深水波と長波の波速を求めよ。

問4　以下の文章**ア〜カ**から，深水波と長波に関する記述として，それぞれに対してふさわしいものを全て選べ。
　ア　$L／h = 25$ 程度の時に発生する波である。
　イ　$L／h = 1$ 程度の時に発生する波である。
　ウ　水深が深いほど，伝播速度が速くなる波である。
　エ　水深が浅いほど，伝播速度が速くなる波である。
　オ　波長が長いほど，伝播速度が速くなる波である。
　カ　波長が短いほど，伝播速度が速くなる波である。

問5　ある一地点にて複数の波長（周期）の波が発生したとする。それらが深水波であった場合と，長波であった場合，その合成された波形は，それぞれ伝播とともにどうなるのか答えよ。

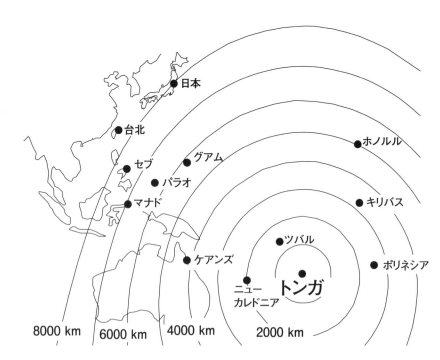

図4　トンガからの距離を示した地図。

問6　1月15日13時ごろにトンガ諸島の火山噴火で発生した海面の潮位変化は，うねりによる深水波でもなく，津波による長波でもなかったと考えられている。**図4**のトンガの位置にてうねりと津波が発生したとすると，日本に到達するのは何時間後になるのか，小数点第一位を四捨五入した値を答えよ。ただし，うねりは下線部**d**で示した群速度で伝播するとし，かつ，その周期は12秒だったとする。また，太平洋の水深は一律4500 mだったと仮定し，重力加速度は9.8 m／s²，円周率は3.1，44100の平方根は210とする。

問7　トンガ諸島の火山噴火で発生した波は，実際には「大気波動の一種であるラム波」に起因するものであったと考えられている。**図4**を参考にして，このことを考察した以下の文章の空欄を埋めよ。

　　1月15日13時ごろにトンガ諸島でうねりが発生し，減衰することなく日本に到達した場合，その到達日時は　**ア**　日　**イ**　時ごろになる。また，同様にトンガ諸島で津波が発生した場合，減衰することなく日本に到達した場合，その到達日時は　**ウ**　日　**エ**　時ごろになる。一方で，ラム波の速度は300 m／s程度であり，1月15日13時ごろにトンガ諸島でラム波が発生した場合，日本に到達する日時は　**オ**　日　**カ**　時30分程度になり，これは，**図1**の気圧変動の実測値と一致している。したがって，今回の潮位変化は，火山噴火に起因するラム波が第一波として日本に到達し，その後，ラム波と海の波が共鳴（プラウドマン共鳴）した第二波以降が1 mを超える潮位変化をもたらしたのだと考えられている。

問8　ラム波は大気と海洋の境界面にて二次元的に伝播される波である。このため，上空にエネルギーが拡散することがなく，遠方まで伝播しやすい。事実，このラム波による気圧変動は，**図1**に示したように太平洋の各地で観測された。**図1**の**地点A～D**に該当する地域名を**図4**から選び答えよ。

Ⅱ　マントルと地殻における火成作用と元素の挙動に関する次の文章を読んで，**問1〜問4**に答えよ。

　地球は表層部から順に，地殻，マントル，コアで構成される。地殻とマントルでは，火成作用，堆積作用，変成作用[注1]といった現象が発生している。地球化学的な観点からすると，3つの現象の各々が，固体地球の構成物の化学組成の多様性を生み出している。火成作用は「岩石溶融によるマグマの発生」と「発生したマグマの分化」を通じて，多様性の生成に貢献している。マグマの分化とは，最初に存在するマグマから別の化学組成のマグマが作られる現象であり，最も代表的なのは結晶分化作用である。

　岩石溶融によるマグマの発生過程では，鉱物集合体である岩石が部分溶融する（**図1A**および**A**の拡大図）。天然に産する結晶を鉱物という。部分溶融とは全体が溶融せずに一部が溶融することである。岩石は複数の鉱物から構成されるため，溶融開始の温度と全体が溶融する温度の差が数100℃もある。地下で岩石の温度を数100℃上げることは難しいため，部分溶融によるマグマ発生が一般的である。部分溶融した岩石内では，「固相である鉱物」と「液相であるメルト（溶融体）」が共存する。とけ残った鉱物の集合体からメルトが分離し，ある離れた場所に集まってたまると（**図1B**），新たなマグマが発生したという。結晶分化作用が起きるとき，マグマはメルトの他に鉱物を含むようになっている（**図2A**）。鉱物は温度低下によりマグマのメルト部分から晶出したものである。つまりメルトを構成していた元素が析出したものである。マグマは多くの元素から構成されるため，複数の種類の鉱物が同時に晶出することも多い。ある種の鉱物がマグマから晶出した瞬間，それはマグマ全体に均等に存在しているはずである（**図2A**）。その鉱物がメルトに対し相対運動する場合，時間の経過と共に，マグマの中には，その鉱物に富む部分と乏しい部分が発生する<u>（**図2B**）</u>。このように鉱物とメルトが分離して，最初に存在するマグマとは異なる化学組成のマグマが作り出される過程のことを結晶分化作用という。岩石溶融によるマグマの発生と結晶分化作用の両方に共通するのは，鉱物とメルトの分離である（**図1，2**）。鉱物とメルトは互いに異なる化学組成をもつため，それらの分離により，最初に存在する物質（岩石およびマグマ）とは異なる化学組成をもつマグマが作られる。

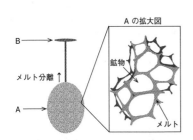

図1　部分溶融した岩石（A）と発生したマグマ
　　　（B）の模式図。

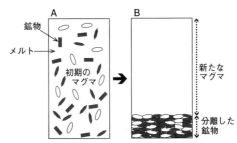

図2　結晶分化作用の模式図。Aは初期状態を，Bは鉱物とメルトの分離後（全ての鉱物種が沈降する場合）を描いている。

　岩石溶融によるマグマ発生や，結晶分化作用の実態を探る上で，物質収支計算を用いることがある。ここでの物質収支とは，新たなマグマが生み出される前後で，個々の元素の質量が保存されることを前提とする。最初に存在する物質（岩石およびマグマ），そこから分離する鉱物，新たに生み出されるマグマの間には，構成元素の濃度を示した図において一定の関係がある（**図3**）。マグマや火成岩に含まれる元素は，それらのバルク[注2]での濃度に応じて，主成分元素と微量成分元素に分けて扱われる。一般的なマグマや火成岩において，主成分元素の酸化物の各々は，おおよそ0.1重量％以上を占める（**表1**）。また主成分元素の酸化物は，マグマや火成岩の質量の100％近くを占める。火成岩の主要な鉱物，具体的には体積比の大きい鉱物の化学組成も，主成分元素の酸化物によって100重量％近くが表現される（**表1**）。一方で微量成分元素は，マグマおよび火成岩においておおよそ0.1重量％未満であるものである。

　上述の物質収支計算において，主成分元素と微量成分元素の取り扱い方は異なる。主成分元素については，鉱物，メルト，ならびに，それらの集合体（マグマおよび岩石）の主成分元素の組成を，そのまま計算に使用する。一方，微量成分元素では分配係数（D）を用いて計算する。メルトと鉱物の平衡が成立していれば，以下の式が成立する。

$$D ＝鉱物中の元素 E の濃度（C_S）／メルト中の元素 E の濃度（C_L）（式 1）$$

　同じ元素の分配係数も鉱物の種類ごとに異なる値をもち，また厳密には鉱物やメルトの化学組成により値が変化する。メルトと共存する鉱物が複数（n 種類）ある場合，固体全体の分配係数（バルクの分配係数；D^{bulk}）は，個々の鉱物の分配係数（D_i）と，個々の鉱物の鉱物集合体全体における重量比（W_i）により算出できる。

$$D^{bulk} = \sum_{i=1}^{n} W_i D_i \qquad\qquad （式 2）$$

　マグマ生成時の条件を探る上で，物質収支計算の結果と火成岩のバルク組成の分析値の比較が行われる。求める条件では，主成分元素と微量成分元素のどちらにおいても，計算結果と分析値が合うはずである。

注1　火成岩や堆積岩が生成時とは異なる温度条件と圧力条件に置かれて，固体の状態のまま，構成鉱物種を変化させる現象のこと。

注2　バルクとは，場所により化学組成が異なる物体の全体という意味。複数の鉱物やメルトの集合体である火成岩とマグマ，ならびに，それらの中の鉱物集合体に対して用いる。バルクの組成やバルクの分配係数（**式 2**）など。火成岩やマグマの化学組成といった場合，特に断りがなければ，それらのバルク組成のこと。

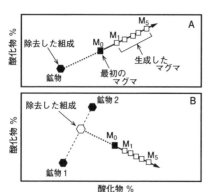

図 3　マグマ（M_0）から鉱物を取り去って生成するマグマの組成（M_1～M_5）。2 元素の酸化物の重量比を縦軸と横軸にとった図への表示。A は取り去る鉱物が 1 種類の，B は取り去る鉱物が 2 種類の場合。除去した鉱物の M_0 に対する重量比の違いが M_1～M_5 を生む。

問 1　**冒頭文**の下線部 **a** と関連し，静止状態のマグマ内における単一の鉱物の運動を考える。鉱物の形態は球で近似でき，鉱物とマグマ中のメルトは各々が均質である（空隙や気泡を含まない）。またマグマ内での鉱物の体積比は低く，鉱物同士が衝突等の干渉をしない。次の文章の　**ア**　から　**エ**　に入る最も適切な語句または数式を記せ。**ウ**　には語句を，その他の全てに数式を記せ。数式は，g（重力加速度，m/s^2），r（球状鉱物の半径，m），ρ_c（鉱物の密度，kg/m^3），ρ_m（メルトの密度，kg/m^3），η（メルトの粘性率，Pa・s）および，すぐ下の文章に出現する記号を用いるものとする（ただし R と k は除外する）。

　鉱物が動き始める前は，鉱物に対し浮力と重力がかかっている。鉛直方向下向きを正にとったとき，2 つの力の合力は　**ア**　である。　**ア**　の数式より，鉱物がマグマ内で沈降するか上昇するかは，　**イ**　の値の正負で決まっていることがわかる。鉱物が動き始めると，鉱物はメルトから抵抗力 R［N］も受ける。抵抗力 R は物体の運動速度 v［m/s］と比例した大きさをもち，$R = kv$（k は比例定数）と表現される。マグマ中で運動する鉱物については，$k = 6\pi\eta r$ である。抵抗力と残りの力がつり合ったときの物体の運動速度を　**ウ**　速度という。鉱物がマグマ内で沈降するとき，鉛直方向下向きの　**ウ**　速度の大きさ v［m/s］は　**エ**　と書き表せる。マグマがマグマだまりのような限られた空間にある場合，上昇した鉱物はマグマだまりの最上部（天井部）に集まり，沈降した鉱物はマグマだまりの底に集まる。

問2　**問1**で出現した粘性率は流体の粘り気を表す数値であり，メルトの化学組成や温度と相関をもつ。メルトの粘性率は玄武岩質マグマ注3で $10^2 \sim 10^4$ [Pa・s]，安山岩質マグマ注3で $10^4 \sim 10^7$ [Pa・s] である。**問1**で扱った，鉱物の ウ 速度は，これら2つのマグマの間で最大でどの程度の差があるか。玄武岩質マグマを1とした場合の安山岩質マグマでの値を，有効数字2桁で求めよ。比較にあたり，鉱物の密度および鉱物のサイズは同じであるものとする。またメルト密度は2つのマグマで同じであるものとする。

注3　マグマを化学組成や温度で区別するのに，そのマグマが冷却され最終的に固結して生成する火山岩の名称をつける。

問3　**問1**におけるメルトに対する鉱物の相対運動の考察と，**冒頭文**で扱った岩石ならびにマグマに関する主成分元素濃度の表示法や図示法の説明を踏まえ，次の(i)～(iv)の問いに答えよ。

　　ある火山の一回の噴火で生成した複数の火山岩試料を解析し，**結果1**から**結果3**を得た。火山岩を生成したマグマは，その全てが同一のマグマだまり（**図1 B**のこと）に由来した。異なる場所にあったマグマが，個々の試料を作り出した。マグマだまりは，マグマだまりの形成から上述の噴火が発生するまでの間，物質の出入りのない閉鎖的な系注4にあった。

注4　観察や解析において，周囲とは切り離して考える部分のこと。

結果1：個々のマグマのバルクの主成分元素濃度を2元素の濃度を縦軸と横軸にとった変化図に示した（**図4**）。全体として直線的な変化傾向を示す。マグマ α とマグマ β のデータを**表1**に示す。

結果2：マグマだまりにおいて，全てのマグマは鉱物Aから鉱物Dの4種類の鉱物を含有していた。鉱物の化学組成にはマグマ間での差異はなく同一とみなせる（**表1**が代表的なデータ）。

結果3：マグマだまりにおけるマグマのメルト部分の化学組成は，異なるマグマ間で同一とみなせる。

　　以上より，**図4**のバルク組成の多様性は，マグマが含有していた鉱物の体積比の違いによるものと考えられる。鉱物の体積比の違いが発生する前に，マグマだまりのマグマでの鉱物の晶出は停止していた。

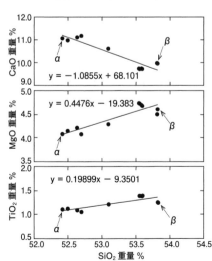

図4　ある噴火で生成した火山岩の主成分元素のデータ。黒丸が個々の試料に対応。α と β は**表1**にもデータを示す。直線はデータ全体の変化傾向を示す。

表1　個々のマグマのバルク組成と，マグマだまりに含まれていた鉱物の組成。

	バルク組成		鉱物組成			
	マグマ α	マグマ β	鉱物 A	鉱物 B	鉱物 C	鉱物 D
主成分元素の重量比（%）						
SiO₂	52.42	53.82	52.56	46.94	54.58	0.13
TiO₂	1.10	1.24	0.37	0.00	0.19	10.46
Al₂O₃	17.29	14.79	2.13	33.61	1.16	3.24
FeO	11.59	13.03	9.86	1.04	16.05	84.06
MnO	0.18	0.22	0.26	0.00	0.37	0.35
MgO	4.08	4.60	16.15	0.12	25.54	1.67
CaO	11.07	9.96	18.49	16.92	2.08	0.09
Na₂O	1.82	1.83	0.18	1.34	0.03	0.00
K₂O	0.37	0.42	0.00	0.03	0.00	0.00
P₂O₅	0.08	0.09	0.00	0.00	0.00	0.00
合計	100.00	100.00	100.00	100.00	100.00	100.00
密度（kg／m³）	なし	なし	3300	2650	3400	5200

主成分元素の合計値が100重量%になるよう再計算してある。

(i)　図4の直線的な変化傾向が単一鉱物種のマグマに占める体積比の変化で制御されている場合，その鉱物種として最も適切なものをAからDより一つ選び答えよ。

(ii)　(i)で選択した鉱物種のマグマにおける重量比は，マグマβを基準（0％）にした場合，マグマαでどの程度変化しているか。その数値を重量パーセントの単位で，有効数字3桁で答えよ。マグマαの方で重量比が高い場合は数値の前に「＋」を，低い場合は「−」をつけること。計算は表1のSiO₂の重量%データを使用して行うこと。

(iii)　マグマだまりの天井部にマグマα，天井部よりも深いところにマグマβが存在し，マグマαとマグマβの間には2つの間の化学組成をもつマグマが存在した。この成層構造の発生に問1のメカニズムが関わっており，マグマのSiO₂濃度と鉱物量が(i)と(ii)の設問通りに変化していた。このとき，マグマ中のメルトの密度として適切な領域を，解答欄にて斜線で塗りつぶせ。なおマグマの温度（1150℃）は既知であったが，マグマだまりの存在した深度（圧力）やメルトの含水量は分からないため，図5ではメルトのもちうる密度の全範囲を大気圧（1.0×10^5 Pa）から4.0×10^8 Paの範囲で示している。一方，マグマ中の鉱物の密度は，表1に示す値をもつもののとする（上述の温度と圧力の範囲では一定値とみなせる）。

〔解答欄〕解答欄の図は図5と同じ。

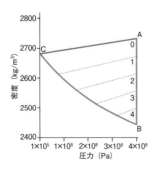

図5　マグマを構成していたメルトの密度。A−B−Cで囲まれた範囲が4.0×10^8 Paまでの範囲でメルトがもちうる密度の全範囲。密度は圧力とメルト中の含水量により変化する。個々の点線はメルトに含まれる水の重量%の等値線。

(iv)　一連の検討により，マグマだまりの中のさらに深い場所に存在していたマグマは地表に出現していないと推定された。マグマだまり全体で，マグマ中のメルトと全ての鉱物に(iii)で決定したような，密度上の大小関係があるものとする。噴火発生時にマグマだまりのさらに深い場所に存在していたマグマは，噴出したマグマに比べ，含有鉱物の種類や量において，どのような特徴をもっている可能性があるかを述べよ。

問 4　**冒頭文**の 3 段落目以降と関連し，岩石溶融によるマグマの発生と結晶分化作用における微量成分元素の挙動を考える。以下の(i)~(v)の問いに答えよ。

(i)　**冒頭文**の下線部 **b** の物質収支計算と関連し，微量成分元素についての物質収支を考える。**冒頭文の式 1** も使用する。ここでは最も単純なモデルを考える。下記の　**オ**　と　**カ**　にあてはまる，最も適切な数式を，すぐ下の文章に出現する記号と，**式 1** の記号を使用して示せ。

微量成分元素 E について，初期状態のバルクでの濃度を C_0 とする。部分溶融やマグマの結晶化が進行し，ある瞬間に，系全体に占めるメルトの比率が F になったとする（$0 < F < 1$）。その瞬間の元素 E の濃度がメルトにおいて C_L，鉱物全体（鉱物集合体のバルク）で C_S であれば，$C_0 = $〔　**オ**　〕$\times C_S + F \times C_L$ である。メルトと固相全体の分配係数（D^{bulk}）を用いると，この式を C_S を使わずに表現でき，$C_L / C_0 = 1 / $〔　**カ**　〕と書き表せる。この式は，岩石の溶融過程とマグマの結晶化の両方に使用することができる。ただし溶融の進行過程では F の値が増加し，結晶化の進行過程では F の値が減少していくため，メルト中の微量成分元素の時間変化に関しては，2 つの過程で真逆になる。なお F の実際の値は，主成分元素の物質収支計算から制約を置くことが多い。

(ii)　(i)と関連し，**図 6** に F と C_L / C_0 の関係を示した。そこには D^{bulk} が 10，5，2，1，0.1，0.01 の場合のデータが曲線および直線で示されている。直線 **A** と曲線 **D** の D^{bulk} 値を解答欄に記せ。

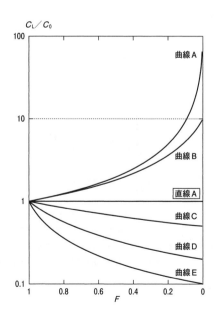

図 6　微量成分元素の物質収支計算で決定される，
F と C_L / C_0 の関係図。

(ⅲ)　バルクの分配係数 D^{bulk} の値が全く同じ 2 元素 X と Y がある場合，任意の F における両元素の濃度の比は，初期状態での比と等しいはずである。そのことを証明せよ。

(ⅳ)　(ⅲ)の原理を用いて，①～④の 4 種類のマグマの中から，結晶分化作用による親子関係にないものを一つ選び，番号で答えよ。親マグマとは最初に存在したマグマ（**図3** の M₀）を，子マグマとは親マグマから発生したいくつかのマグマ（**図3** の M₁～M₅）である。結晶分化作用の発生過程において，微量成分元素 X と Y のバルクでの分配係数の値は常に等しく，また変化しなかったものとする。ppm とは百万分率のことである。

①　元素 X　　40 ppm，　元素 Y　　62 ppm
②　元素 X　　65 ppm，　元素 Y　　198 ppm
③　元素 X　　94 ppm，　元素 Y　　285 ppm
④　元素 X　　140 ppm，　元素 Y　　422 ppm

(ⅴ)　海洋島で発生する玄武岩質マグマは，マントルの岩石の部分溶融により発生したものである。様々な微量成分元素のうち，原子番号が 57～71 の希土類元素に着目しマグマの発生過程を検討する。海洋島における代表的な玄武岩質マグマの希土類元素についてのスパイダー図[注5]を**図7**に示す。部分溶融においてメルトと共存する鉱物の組み合わせは，かんらん石＋直方（斜方）輝石＋単斜輝石＋ざくろ石である。これらの鉱物とメルトの間の希土類元素の分配係数データを**図8**に示す。**図6**も利用して，次の文章の ｜ **キ** ｜ から ｜ **コ** ｜ に入る最も適切な語句または数値を記せ。｜ **キ** ｜ には数値を，その他の全てに語句を記せ。｜ **キ** ｜ については**図8**の縦軸に表示されている数値から選択すること。｜ **ク** ｜ と ｜ **ケ** ｜ については，**図8**内から適切な用語を選んで使用すること。

[注5]　横軸に元素をとることで，元素間の濃度の高低を示した図。

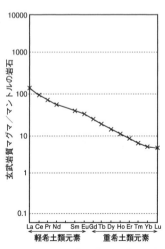

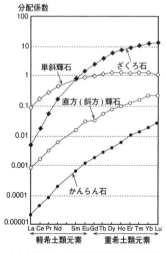

図7　海洋島の玄武岩質マグマの希土類元素のスパイダー図。マントルの岩石での濃度に対し，個々の元素が何倍の濃度をもつかを示した図。横軸の左から右に向けて原子番号が大きくなる順番で元素を並べている。原子番号 57～63（La～Eu）を軽希土類元素，64～71（Gd～Lu）を重希土類元素とよぶ。

図8　玄武岩質メルト–鉱物間の希土類元素の分配係数。元素による分配係数の変化を鉱物ごとの折線グラフで示す。

　マントルの岩石と玄武岩質マグマの希土類元素濃度を比較すると，**図7**の全ての元素について，マグマで高い。これは，マグマ発生時の固相全体の分配係数（バルクの分配係数，D^{bulk}）が，全ての元素で　キ　未満であったことを示す。　ク　と　ケ　の2つの鉱物では重希土類元素の分配係数が高く　キ　を上回るのに対し，残りの鉱物では　キ　未満である。岩石とマグマの間に見られる元素濃度の関係が発生するには，とけ残り鉱物に占める　ク　と　ケ　の体積比は　コ　必要がある。マントルの岩石に比べ，マグマでの濃度上昇が顕著であるのは軽希土類元素である。このことは，鉱物単体の分配係数が，**図8**の全ての鉱物について軽希土類元素よりも重希土類元素で大きいことと調和的である。

//////////////// · **memo** · ////////////////

//////////////// · **memo** · ////////////////

//////////////// · **memo** · ////////////////

//////////////// · **memo** · ////////////////

//////////////// · **memo** · ////////////////

2023
年度

問題編

■一般選抜：理科系（Ｂ方式，Ｃ方式，Ｄ方式）

〔一般選抜：理科系（Ｂ方式）〕

▶試験科目・配点

教 科	科　　　　目	配　点
外国語	「コミュニケーション英語Ⅰ・Ⅱ・Ⅲ，英語表現Ⅰ・Ⅱ」，ドイツ語，フランス語のうちから1科目選択	50 点
数 学*	数学Ⅰ・Ⅱ・Ⅲ・Ａ・Ｂ（「確率分布と統計的な推測」を除く）	50 点
理 科	「物理基礎，物理」，「化学基礎，化学」のうちから1科目選択	50 点

▶備 考

- Ｂ方式は，理学科生物学専修では実施されない。
- 複合文化学科志願者は，文科系（Ａ方式）または理科系（Ｂ方式）のどちらかを選択する。
- 外国語において，ドイツ語・フランス語を選択する場合は，大学入学共通テストの当該科目〈省略〉を受験すること。共通テストの配点（200点）を教育学部（Ｂ方式）の配点（50点）に調整して利用する。
- 数学科受験者の数学の得点は，調整後に 2.0 倍する。
- 複合文化学科受験者の外国語の得点は，調整後に 1.5 倍する。
- すべての教科で合格基準点（非公表）を設けており，基準点に満たない教科がある場合は，合計点が合格最低点を超えていても不合格となる。また，上記に加え，数学科は数学の合格基準点（Ｂ方式での数学科全受験者の平均点）も設けている。

*「数学」は，Ｃ方式と同一の問題とする。

〔一般選抜：理科系（C方式）〕

▶試験科目・配点

学　科	教　科	科　　　目	配　点
理学科 （生物学）	理　科**	出題は物理，化学，生物，地学からテーマを設定するが，特定の科目の細かい知識を持たずに解答が導き出せる問題とする。なお，問題によっては理系数学の基礎的な概念を把握していることが必要な場合もある。	150点
理学科 （地球科学）	理　科	出題は物理，化学，生物，地学からテーマ設定を行い，科目にとらわれない自然科学的思考力を問う問題とする。	150点
数学科	数　学*	数学Ⅰ・Ⅱ・Ⅲ・A・B（「確率分布と統計的な推測」を除く）	150点

▶備　考

• 共通テストの得点（5教科7科目：配点90点）と上記個別試験の得点（配点150点）を合算して，合否を判定する。

＊「数学」は，B方式と同一の問題とする。

＊＊理学科生物学専修の「理科」は，D方式と同一の問題とする。

〔一般選抜：理科系（D方式）—理学科生物学専修〕

▶試験科目・配点

教　科	科　　　目	配　点
理　科**	出題は物理，化学，生物，地学からテーマを設定するが，特定の科目の細かい知識を持たずに解答が導き出せる問題とする。なお，問題によっては理系数学の基礎的な概念を把握していることが必要な場合もある。	150点

▶備　考

• 共通テストの得点（3教科5科目：配点90点）と上記個別試験の得点（配点150点）を合算して，合否を判定する。

＊＊C方式と同一の問題とする。

英語

(90 分)

I　Read the article and answer the following questions (1)–(11).

[1]　People are suddenly very concerned about the perils of rewriting history.　We must be vigilant, apparently, to the possibility that great swaths of the past will be forgotten or, worse, "erased".　We must remain alert to the risk that our history will be "whitewashed"—as if
(1)
there were enough whitewash in the world—with the difficult, complex bits disappeared.　Meanwhile, unaware of all the controversy he has caused, Edward Colston's[1] statue lies peacefully at the bottom of Bristol harbour.

[2]　Historians are not too worried at the threat posed by "rewriting history".　This is because rewriting history is our occupation, our professional endeavour.　We are constantly engaged in a process of re-evaluating the past and reinterpreting stories that we thought we knew.　Despite what Leopold von Ranke—one of the pioneers of modern historical research—said, history is not only about finding out "how it actually happened", but also about how we think about the past and our relationship to it.　The past may be [　2 A　] but history is [　2 B　], and it is [　2 C　] in the present.

[3]　The other important thing to hold on to in this debate is that statues do not do a particularly effective job of documenting the past or educating people about it.　Much has been written recently about
(3)
British "imperial nostalgia", and the idea that as a nation we yearn for the empire that, for many of us, ended before we were born.　But this country's relationship to its imperial history is built more on erasure

---
[1] エドワード・コルストン：イギリスの奴隷貿易商，慈善家

and forgetting than on remembering — it is a series of silences from the past. The number of monuments to men who enslaved other humans or who killed hundreds of unarmed civilians or who performed other horrific crimes in the service of empire, or the woman who presided over them, stands [　4　] the number of critically engaged conversations we have about empire's crimes. Every time a statue comes down, we learn a little more.

[4]　Some people would have it that the British are just too polite to talk about the dark side of imperialism. But it isn't shame about the past that prevents us from having these conversations. For the British to be ashamed of their imperial history, they would have to know about it, and to understand both the worst excesses of imperial violence and the simple daily injustice of imperial rule.

[5]　But many British people don't know about this, and mostly they don't care to find out. Instead, as a nation, we <u>exonerate</u> the actions of people in the past by claiming that it was simply a different time, with different values, forgetting that many brave people at the time protested against these atrocities, and resisted, and worked tirelessly so that they might be uncovered or condemned.

[6]　The outcry about the removal of the statue shows that some people in Britain are uncomfortable with any critique of Britain's past. But they want it both ways: to be free of guilt for historical sins, but to be proud of what they see as historical achievements. The most obvious example of this is the way that the British are comfortable talking about the slave trade only through Britain's much-lauded part in ending the slave trade. But the men whose statues are being pulled down were not abolitionists but enslavers: owning up to their crimes is much more difficult for many British people than simply walking past them in the street. And for other British people, having to see these statues every day, sitting in lecture theatres and concert halls named after these men, is a daily act of violence that has become unbearable.

[7]　Many of these statues, and concert halls, and lecture theatres,

were built and named either in the late Victorian period, or in the dying days of empire in the middle of the 20th century. This isn't a coincidence. Empire was continually constructed as a political and cultural project at home both while the colonies and their populations were being subjugated overseas and when those colonies fought back and took their independence. Empire did not just "happen" to the British — the empire was not gained in a fit of absence of mind — and imperialism was a cultural project as much as a political, military or economic endeavour, one that had to be constantly rejuvenated. These statues do not provide a neutral narration of this country's history, they are political monuments to anxieties about Britain's status at the times that they were erected.

[8]　The claim that removing the statue is "whitewashing" history is a pretence that these statues were somehow part of a nuanced conversation about Britain's imperial past. But they weren't, not least because we have statues to slave owners, but no statue to the victims of the slave trade or other victims of imperial violence. Since 2007, there has been a Museum of Slavery in Liverpool, but there is no Museum of Empire — although our museums are full of plundered treasures from Britain's former imperial possessions — and there is no national memorial to the victims of the slave trade. If you want to talk about whitewashing history, perhaps start here.

[9]　As our ideas about the world change, it is natural that so too does our attitude to the heroes and victories that our ancestors chose to commemorate. When those heroes were anything but heroic, leaving their statues standing is an insult to the modern values we claim to hold. This isn't a sinister erasure of history: this is re-evaluating our history based on new evidence and ideas. This is historiography. And if the criticism is that bringing down Colston means we might have to pull down some more statues, then sure: bring it on. This historian approves.

1. From the article, it can be inferred that the author thinks the removal of Edward Colston's statue is

   a. a good idea because the removal helps people become less anxious about the imperial past.

   b. not a good idea because the removal merely erases the inconvenient history.

   c. not a problem because people's view of history changes as research progresses.

   d. a problem because the opportunity to learn about the imperial past is lost forever.

2. Underline (1) **CANNOT** be replaced by

   a. erased   **b.** removed

   c. brushed up   **d.** wiped out

3. Choose the words that best fit in blanks [2 A], [2 B], and [2 C].

   a. [2 A] alive   [2 B] dead
      [2 C] constructed

   b. [2 A] alive   [2 B] constructed
      [2 C] dead

   c. [2 A] dead   [2 B] alive
      [2 C] constructed

   d. [2 A] dead   [2 B] constructed
      [2 C] alive

   e. [2 A] constructed   [2 B] alive
      [2 C] dead

   f. [2 A] constructed   [2 B] dead
      [2 C] alive

4. The author introduces underline (3) in order to

   a. deny that British imperial history has been forgotten or erased.

   b. show regret that the great tradition of Britain has not been passed down to the present day.

   c. suggest that some people have suffered because of British nationalism.

 d . warn against the conservative tendency to romanticize the past in Britain.

5 . Choose the best answer that fits in the blank [4   ].

 a . out   **b .** in comparison to

 c . in contrast to   **d .** for

6 . The main point of paragraph [4] is that the British people should

 a . avoid careless conversations about the imperial past.

 b . understand the legacy of imperial rule and violence.

 c . glorify their own past imperial history.

 d . be less polite when talking about their imperial history.

7 . Underline (5) can be best replaced by

 a . convict   **b .** forgive

 c . blame   **d .** highlight

8 . Which of the following statements best describes the author's ideas in paragraph [6]? Choose the **TWO** best statements.

 a . Some people believe that walking past statues of historic figures would lead to the redemption of their historical sins and the restoration of Britain's achievements.

 b . Some people object to the idea of coming across certain kinds of historical memorials since they feel they are too horrendous.

 c . Some people claim that historical statues should not be publicly exhibited, and that they should be preserved somewhere unrelated to the former British colonies.

 d . Some people protest against the demolition of certain monuments because they feel conflicted between taking responsibility for the past and honoring the past.

 e . Some people insist that monuments of former slave owners are important because they help people reflect on their historical background.

9 . The primary purpose of paragraph [7] is to show that

 a . the British Empire was known to be an important cultural and political project both at home and in its overseas colonies.

b. while some people argue against the presence of historical monuments, we need to be more aware of the dangers of pulling them down and whitewashing historical facts.

c. we should not underestimate the historical value of certain statues, halls, and lecture theatres, simply because they were founded in previous centuries.

d. historical objects demonstrate how British people tried to narrate their own history to show their own strength while the colonies were fighting for their independence.

10. Underline ⑹ indicates that the author wants to

a. present an alternative hypothesis about erecting historical monuments.

b. introduce a new argument to look at history from a different standpoint.

c. provide support for her claim about the importance of historical monuments.

d. reject the opposing viewpoint to make her argument stronger.

11. Which of the following sentences best describes the author's attitude towards history?

a. Even with new evidence and ideas, revising our attitudes towards past heroes and victories is ethically wrong and should be strongly discouraged.

b. We can learn a lot from statues because they provide a nuanced perspective on the British Empire as long as we look at them closely through the lens of modern values.

c. As history provides a solid and definite source of evidence and ideas, we should attempt to commemorate our ancestors' historical achievements and ignore criticism from the general public.

d. Historians are always rewriting history, so people do not need to worry about reevaluating their opinions by drawing on new evidence and ideas.

II　Read the article and answer the following questions (1)–(16).

[1]　Do your facial movements broadcast your emotions to other people? If you think the answer is yes, think again. This question is under contentious debate. Some experts maintain that people around the world make specific, recognizable faces that express certain emotions, such as smiling in happiness, scowling in anger and gasping with widened eyes in fear. They point to hundreds of studies that appear to demonstrate that smiles, frowns, and so on are universal facial expressions of emotion. They also often cite Charles Darwin's 1872 book *The Expression of the Emotions in Man and Animals* to support the claim that universal expressions evolved by natural selection.

[2]　Other scientists point to a mountain of counterevidence showing that facial movements during emotions vary too widely to be universal beacons of emotional meaning. People may smile in hatred when plotting their enemy's downfall and scowl in delight when they hear a bad pun. In Melanesian culture, a wide-eyed gasping face is a symbol of aggression, not fear. These experts say (1)the alleged universal expressions just represent cultural stereotypes. To be clear, both sides in the debate acknowledge that facial movements vary for a given emotion; the disagreement is about whether there is enough uniformity to detect what someone is feeling.

[3]　(2)This debate is not just academic; the outcome has serious consequences. Today you can be turned down for a job because a so-called emotion-reading system watching you on camera applied artificial intelligence to evaluate your facial movements unfavorably during an interview. In a U.S. court of law, a judge or jury may sometimes hand down a harsher sentence, even death, if they think a defendant's face showed a lack of remorse. Children in preschools across the country are taught to recognize smiles as happiness, scowls as anger and other expressive stereotypes from books, games and posters of disembodied

faces. And for children on the autism spectrum, some of whom have difficulty perceiving emotion in others, these teachings do not translate to better communication.

[4] So who is right? The answer involves an unwitting physician, a scientific error and a century-long misinterpretation of Darwin's writing. Ironically, his own observations offer a powerful resolution that is transforming the modern understanding of emotion.

[5] The assumption of universal facial expressions can be traced back to several sources, most notably a set of photographs by 19th-century French physician Guillaume-Benjamin-Amand Duchenne. In the early days of photography, Duchenne electrically stimulated people's facial muscles and photographed the contractions.

[6] His photographs inspired Darwin to propose in *Expression* that certain facial movements were universal signs of emotion. In happiness, Darwin wrote, people smile. In sadness, they frown. The way the story is usually told, Darwin discovered that emotions have innate, biologically based expressions that are made and recognized universally and shared with other animals. That story presents facial movements as a sort of signaling system in which you can look at a person's face, detect their emotional state and receive important information to keep you — and them — alive and healthy.

[7] Or so it would seem. A preponderance of evidence shows that Darwin was wrong, and his mistake was a doozy. In real life, people express a given emotion with tremendous variability. In anger, for example, people in urban cultures scowl (or make some of the facial movements for a scowl) only about 35 percent of the time, according to meta-analyses of studies measuring facial movement during emotion. Scowls are also not specific to anger because people scowl for other reasons, such as when they are concentrating or when they have gas. The same tremendous variation occurs for every emotion studied — and for every other measure that purportedly tells us about someone's emotional state, whether it's their physiology, voice or brain activity.

[8]　Emotion AI systems, therefore, do not detect emotions. They detect physical signals, such as facial muscle movements, not the psychological meaning of those signals. The conflation of movement and meaning is deeply embedded in Western culture and in science. An example is a recent high-profile study that applied machine learning to more than six million internet videos of faces. The human raters, who trained the AI system, were asked to label facial movements in the videos, but the only labels they were given to use were emotion words, such as "angry," rather than physical descriptions, such as "scowling." Moreover there was no objective way to confirm what, if anything, the anonymous people in the videos were feeling in those moments.

[9]　There's also considerable evidence that facial movements are just one signal of many in a much larger array of contextual information that our brain takes in. Show people a grimacing face in isolation, and they may perceive pain or frustration. But show the identical face on a runner crossing the finish line of a race, and the same grimace conveys triumph. The face is often a weaker signal of a person's internal state than other signals in the array.

[10]　Darwin's *Expression* suggests that instances of a particular emotion, such as anger, share a distinct, immutable, physical cause or state — an essence — that makes the instances similar even if they have superficial differences. Scientists have proposed a variety of essences, some of which are easily seen, such as facial movements, and others, such as complex, intertwined patterns of heart rate, breathing and body temperature, that are observed only with specialized instruments. This belief in essences, called essentialism, is compellingly intuitive. It's also pernicious because it is virtually impossible to prove that an essence doesn't exist. People who believe in essences but fail to observe them despite repeated attempts often continue to believe in them anyway. Researchers, in particular, tend to justify their belief by suggesting that tools and methods are not yet sufficient to locate the

essences they seek.

[11] A solution to this conundrum can be found in Darwin's more
famous book *On the Origin of Species,* written 13 years before
Expression. Ironically, it is celebrated for helping biology "escape the
paralyzing [5] of essentialism," according to heralded biologist
Ernst Mayr. Before *Origin* was published, scholars believed that each
biological species had an ideal form, created by God, with defining
properties — essences — that distinguished it from all other species.
Think of this as the "dog show" version of biology. In a dog show,
each competitor is judged against a hypothetical ideal dog. Deviation
from the ideal is considered error. Darwin's *Origin* proposed, radically,
that a species is a vast population of varied individuals with no essence
at its core. The ideal dog doesn't exist — it is a statistical summary of
many diverse dogs. Variation is not error; it is a necessary ingredient
for natural selection by the environment. When it came to emotions,
however, Darwin [6] essentialism, ignoring his most important
discovery.

[12] The power of essentialism led Darwin to some beautifully
ridiculous ideas about emotion, including that emotional imbalance can
cause frizzy hair and that insects express fear and anger by frantically
rubbing their body parts together.

[13] Essentialism likewise appears to lure designers of emotion AI
systems to follow Darwin down this comfortable path, with its
assumption that emotions evolved via natural selection to serve
important functions. But if you actually read *Expression,* you'll find
that Darwin barely mentioned natural selection. He also did not write
that facial expressions are functional products of evolution. In fact, he
wrote the opposite: that smiles, frowns, eye widening and other
physical expressions were "purposeless" — vestigial movements that no
longer serve a function. He made this statement more than 10 times in
Expression. For Darwin, emotional expressions [7] that we've
evolved. By his logic, if we share expressions with other animals, but

the expressions are functionally useless for us, they must have come from a long-gone, common ancestor for whom the expressions were useful.

[14] *Expression* has been cited incorrectly for more than 100 years. How did this happen? I discovered the answer lurking in the work of (8) an early-20th-century psychologist, Floyd Allport. In his 1924 book *Social Psychology*, Allport made a sweeping inference from Darwin's writing to say that expressions begin as vestigial in newborns but quickly assume useful social functions. He wrote, "Instead of the biologically [9 A   ] reaction being present in the ancestor and the [9 B   ] vestige in the descendant, we regard both these functions as present in the descendant, the former serving as a basis from which the latter develops."

[15] Allport's idea, though incorrect, was attributed back to Darwin and eagerly adopted by like-minded scientists. They could now write about facial expressions as universal and claim to be the heirs of the unassailable Charles Darwin. With a single sentence, Allport [10   ] the Western understanding of emotions, not only in science but in law, medicine, the eyes of the public and now emotion AI systems.

[16] Nevertheless, this scientific tale has a happy ending because there is a name for the kind of variation we observe in real-life instances of emotion. It's the same variation that Darwin himself observed in animal species. In *Origin*, Darwin described an animal species as a collection of varied individuals with no biological essence at its core. This key observation became known more generally as population thinking, and it's supported by the modern study of genetics.

[17] Population thinking has been revolutionizing biology for the past century, and it is now revolutionizing the science of emotion. Like a species, a given emotion such as fear, grief or elation is a vast population of varied instances. People may indeed widen their eyes and gasp in fear, but they may also scowl in fear, cry in fear, laugh in the face of fear and, in some cultures, even fall asleep in fear. There is

no essence. Variation is the norm, and it is intimately linked to a person's physiology and situation, just as variation in a species is linked to the environment its members live in.

[18] An increasing number of emotion researchers are taking population thinking more seriously and moving beyond the essentialist ideas of the past. It is time for emotion AI proponents and the companies that make and market these products to cut the hype and acknowledge that facial muscle movements do not map universally to specific emotions. The evidence is clear that the same emotion can accompany different facial movements and that the same facial movements can have different (or no) emotional meaning. [　11　].

[19] Darwin's *Expression* is best viewed as a historical text, not a definitive scientific guide. That leads to a deeper lesson here: Science is not truth by authority. Science is the quantification of doubt by repeated observation in varied contexts. Even the most exceptional scientists can be wrong. Fortunately, mistakes are part of the scientific process. They are opportunities for discovery.

1 . How can underline (1) in paragraph [2] best be interpreted?

  a . The apparent universal expressions are similar to cultural stereotypes.

  b . What others call universal expressions are instances of cultural stereotypes.

  c . What we know as cultural stereotypes are caused by universal expressions.

  d . So-called cultural stereotypes have all but replaced universal expressions.

2 . Which of the following sentences is **NOT** an appropriate replacement of underline (2) in paragraph [3]?

  a . There are important reasons why we should not be indifferent to this debate.

  b . One might argue that it does not matter whether facial expressions are universal, but it does matter.

c . Consider the following serious examples of cases in which facial expressions are not recognized correctly.

d . It is not difficult to think of cases for which the outcome of the debate could be crucial.

3 . Which of the following statements is **NOT** in line with the content of the article?

a . The outcome of the debate on facial expressions has real-life consequences, such as being rejected for a job.

b . Some experts contend that so-called universal expressions simply represent cultural stereotypes.

c . Academics on both sides of the debate agree that facial expressions vary for a given emotion.

d . The argument over universal facial expressions of emotion is solely theoretical.

4 . Who made the "scientific error" in underline (3) in paragraph [4]?

a . Duchenne   　　　　　　**b .** Darwin

c . Mayr   　　　　　　　　**d .** Allport

5 . Which of the following statements is **NOT** in line with the content of the article?

a . Some people scowl when they are concentrating.

b . Scowls are more often than not an indication of anger for people in urban cultures.

c . Scowling is sometimes an indication of delight.

d . Scowling does not necessarily indicate having gas.

6 . What is the "conundrum" in underline (4)?

a . Instances of a particular emotion sharing an essence

b . The variety of essences proposed by scientists

c . The intuitive and harmful belief in essences

d . The lack of tools and methods to locate essences

7 . Choose the answer that best fits blank 〔　5　〕 from a-d, and the answer that best fits blank 〔　6　〕 from e-h.

For blank 〔　5　〕:　　　　　　　For blank 〔　6　〕:

a . catch　　　　　　　　　　　**e .** fell prey to

b . grip　　　　　　　　　　　　**f .** fell foul of

c . fist　　　　　　　　　　　　**g .** fell back on

d . punch　　　　　　　　　　　**h .** fell out with

8 . Which of the following statements about the content of paragraphs [5]–[11] is true?

a . Darwin argued that facial expressions have played an important role in the evolution of emotions through natural selection.

b . Darwin celebrated the concept of essentialism proposed by Ernst Mayr for its important role in the development of biology.

c . Darwin ordered the French physician Duchenne to make photographs of people's facial expressions.

d . Darwin wrote about the relation between facial expressions and emotions after his work on natural selection.

9 . Use the eight choices below to fill 〔　7　〕 in the best way. Indicate your choices for the **THIRD** and **SEVENTH** positions.

a . animals　　　　　**b .** humans　　　　　**c .** evidence

d . compelling　　　　**e .** and　　　　　　　**f .** that

g . are　　　　　　　**h .** were

10. Underline ⑻ can be best replaced by:

a . hidden　　　　　　　　　　**b .** exposed

c . revealed　　　　　　　　　**d .** forgotten

11. Choose the words that best fit in blanks 〔　9 A　〕 and 〔　9 B　〕.

a . 〔　9 A　〕 purposeless　　　〔　9 B　〕 expressionless

b . 〔　9 A　〕 purposeless　　　〔　9 B　〕 expressive

c . 〔　9 A　〕 useful　　　　　　〔　9 B　〕 expressive

d . 〔　9 A　〕 useful　　　　　　〔　9 B　〕 expressionless

12. Blank 〔　10　〕 can best be filled by:

a . misdirected　　　　　　　　**b .** misapprehended

c . mistreated　　　　　　　　 **d .** miscalculated

13. Which of the following statements is **NOT** in line with the content

of the article?

a. Population thinking is becoming increasingly popular among emotion researchers.

b. Population thinking views humans and animals as being essenceless.

c. Population thinking was originally proposed by a famous psychologist, Floyd Allport.

d. Population thinking makes sense from the viewpoint of genetics.

14. Choose the correct phrase to fill in blank [　11　].

a. Uniformity, not variety, is the rule.

b. Variety, not uniformity, is the rule.

c. Variety and uniformity are the rule.

d. Variety and uniformity are not the rule.

15. It can be reasonably inferred from the article that the author agrees with the idea that

a. facial expressions are universal signs of emotions.

b. species have no essences.

c. insects express fear and anger by rubbing their body parts.

d. emotions evolved via natural selection.

16. The most appropriate title for this article is:

a. Darwin was Wrong: Your Facial Expressions Do Not Reveal Your Emotions

b. Darwin's *On the Origin of Species* and *The Expression of the Emotions in Man and Animals*: A Comparison.

c. Facial Expressions: Darwin as a Pioneer of Essentialism

d. Our Debt to Darwin: How Darwin's Work on Facial Expressions Revolutionized the AI Industry

e. From Darwin to Allport: A History of Social Psychology

III　　Read the article and answer the following questions (1)-(5).

[1]　Texting, emailing, and posting on Facebook and other social media sites are by far the most common digital activities students undertake while learning, according to Rosen.[1]　That's a problem, because these operations are actually quite mentally complex, and they draw on the same mental resources — using language, parsing meaning — demanded by schoolwork.

[2]　David Meyer, a psychology professor at the University of Michigan who's studied the effects of divided attention on learning, takes a firm line on the brain's ability to multitask: "Under most conditions, the brain simply cannot do two complex tasks at the same time.　It can happen only when the two tasks are both very simple and when they don't compete with each other for the same mental resources.　An example would be folding laundry and listening to the weather report on the radio.　That's fine.　But listening to a lecture while texting, or doing homework and being on Facebook — each of these tasks is very demanding, and each of them uses the same area of the brain, the prefrontal cortex."

[3]　Young people think they can perform two challenging tasks at once, Meyer acknowledges, but "they are deluded," he declares.　It's difficult for anyone to properly evaluate how well his or her own mental processes are operating, he points out, because most of these processes are unconscious.　And, Meyer adds, "there's nothing magical about the brains of so-called 'digital natives' that keeps them from suffering the inefficiencies of multitasking.　They may like to do it, they may even be addicted to it, but there's no getting around the fact that it's far better to focus on one task from start to finish."

[4]　Researchers have documented [　1　] when students multitask while doing schoolwork.　First, the assignment takes longer to

---
[1]Larry Rosen: a psychology professor at California State University-Dominguez Hills（この記事の前節で触れられている）

complete, because of the time spent on distracting activities and because, upon returning to the assignment, the student has to re-familiarize himself with the material.

[5]　Second, the mental fatigue caused by repeatedly dropping and picking up a mental thread leads to more mistakes. The cognitive cost of such task-switching is especially high when students alternate between tasks that call for different sets of expressive "rules"—the formal, precise language required for an English essay, for example, and the casual, friendly tone of an email to a friend.

[6]　Third, students' subsequent memory of what they're working on will be impaired if their attention is divided. Although we often assume that our memories fail at the moment we can't recall a fact or concept, the failure may actually have occurred earlier, at the time we originally saved, or encoded, the memory. The moment of encoding is what matters most for retention, and dozens of laboratory studies have demonstrated that when our attention is divided during encoding, we remember that piece of information less well—or not at all. As the unlucky student spotlighted by Rosen can attest, we can't remember something that never really entered our consciousness in the first place. And a study last month showed that students who multitask on laptops in class distract not just themselves but also their peers who see what they're doing.

[7]　Fourth, some research has suggested that when we're distracted, our brains actually process and store information in different, less useful ways. In a 2006 study in the *Proceedings of the National Academy of Sciences*, Russell Poldrack of the University of Texas-Austin and two colleagues asked participants to engage in a learning activity on a computer while also carrying out a second task, counting musical tones that sounded while they worked. Study subjects who did both tasks at once appeared to learn just as well as subjects who did the first task by itself. But upon further probing, the former group proved much less adept at extending and extrapolating their new

knowledge to novel contexts — a key capacity that psychologists call transfer.

[8]　Brain scans taken during Poldrack's experiment revealed that different regions of the brain were active under the two conditions, indicating that the brain engages in a different form of memory when forced to pay attention to two streams of information at once. The results suggest, the scientists wrote, that "even if distraction does not decrease the overall level of learning, it can result in the acquisition of knowledge that can be applied less flexibly in new situations."

[9]　Finally, researchers are beginning to demonstrate that media multitasking while learning is negatively associated with students' grades. In Rosen's study, students who used Facebook during the 15-minute observation period had lower grade-point averages than those who didn't go on the site. And two recent studies by Reynol Junco, a faculty associate at Harvard's Berkman Center for Internet & Society, found that texting and using Facebook — in class and while doing homework — were negatively correlated with college students' GPAs. "Engaging in Facebook use or texting while trying to complete schoolwork may tax students' capacity for cognitive processing and preclude deeper learning," write Junco and a coauthor. (Of course, it's also plausible that the texting and Facebooking students are those with less willpower or motivation, and thus likely to have lower GPAs even aside from their use of technology.)

1．According to Meyer, multitasking is a problem when

　a．multiple easy tasks are performed at the same time.

　b．neither of the tasks involves the prefrontal cortex of the brain.

　c．tasks that involve distant brain areas are performed together.

　d．two tasks that use the same brain area are conducted at once.

2．Which of the following best completes blank [　1　]?

　a．a cascade of negative outcomes that occur

　b．a multitude of strategies for working efficiently

出典追記：You'll Never Learn!, Slate on May 3, 2013 by Annie Murphy Paul

c . a series of phenomena that promote learning

d . a range of common student perceptions reported

3 . The author's main point in paragraph [6] is that

  a . information saved during multitasking blocks storage of new information.

  b . multitasking does not affect storage of information in memory.

  c . stimulation of the brain by multitasking increases memory capacity.

  d . the information one intends to encode cannot be saved properly during multitasking.

4 . The author mentions Poldrack's brain scans in order to point out

  a . the involvement of wider brain areas in memory encoding during multitasking.

  b . the moment at which brain activity suddenly increases during multitasking.

  c . the uniqueness of the quality of memory encoded during multitasking.

  d . the way in which memory encoded during multitasking is recalled later.

5 . Which of the following would be the best title for this passage?

  a . Does multitasking improve students' course grades?

  b . How good is the brain at multitasking?

  c . How special are the brains of multitasking digital natives?

  d . When is multitasking effective?

数学

（120 分）

1　次の各問の解答を解答用紙の所定欄に記入せよ。

（1）$0 < b < 100$ を満たす実数 b に対し，点 $(10, b)$ から放物線 $C : y = x^2$ に相異なる 2 本の接線を引き，この 2 本の接線の C における接点をそれぞれ P_1，P_2 とする。実数 b が $0 < b < 100$ の範囲で動くとき，3 角形 OP_1P_2 の面積の最大値を求めよ。ただし，O は原点を表す。

（2）袋の中に赤玉 5 個と白玉 5 個が入っている。次の規則に従って袋から玉を無作為に取り出す。

　　　ステップ 1. 袋から玉を 3 個取り出す。

　　　ステップ 2. ステップ 1 で取り出した玉の中に含まれている赤玉の数と
　　　　　　　　　同じ数の玉を袋から取り出す。

　　このとき，2 回取り出した玉の中で，赤玉が合計 3 個となる事象の確率を求めよ。ただし，ステップ 1 の後，取り出された玉を袋に戻さない。

（3）$x_0 = 0, y_0 = -1$ のとき，非負整数 $n \geqq 0$ に対して，

$$x_{n+1} = \left(\cos \frac{3\pi}{11} \right) x_n - \left(\sin \frac{3\pi}{11} \right) y_n$$
$$y_{n+1} = \left(\sin \frac{3\pi}{11} \right) x_n + \left(\cos \frac{3\pi}{11} \right) y_n$$

で定義される数列において，x_n が最小値をとる最初の n を求めよ。

（4）辺の長さが $3, 4, 5$ の 3 角形がある。それぞれの辺の中点上に 3 つの点 A, B, C

があり，ある時刻から同時に動き出し，3 点とも反時計回りに速さ 1 で 3 角形の周上を回る（ある辺から頂点に到達したらその頂点を含む別の辺へと進む）とする。3 角形 ABC の面積が最大になるときの面積を求めよ。

2　3 角形 ABC に対して，点 P を 3 角形 ABC の内部の点とする。また，直線 AB, BC, CA 上の点で，点 P に最も近い点をそれぞれ X, Y, Z とする。線分 PA, PB, PC の長さをそれぞれ a, b, c とし，その和を s とする。線分 PX, PY, PZ の長さをそれぞれ x, y, z とし，その和を t とする。$\angle APB = 2\gamma$ とし，その 2 等分線と直線 AB の交点を X′ とする。このとき，次の問いに答えよ。

（1）3 角形 ABC は正 3 角形であり，点 P は $\angle A$ の 2 等分線上にあるときの $\dfrac{s}{t}$ の最小値を求めよ。

（2）線分 PX′ の長さを $a, b, \cos\gamma$ を用いて表せ。

（3）3 角形 ABC と点 P（ただし，点 P は 3 角形 ABC の内部の点）を任意に動かすときの $\dfrac{s}{t}$ の最小値を求めよ。$\angle BPC = 2\alpha$，$\angle CPA = 2\beta$ としたとき，以下の不等式が成立することを利用してもよい。

$$(a + b + c) - 2(\sqrt{ab}\cos\gamma + \sqrt{bc}\cos\alpha + \sqrt{ca}\cos\beta) \geqq 0$$

3　実数 $a, b > 0$ に対し，$a \leqq b$ の場合は $a \leqq x \leqq b$ の範囲，$a > b$ の場合は $b \leqq x \leqq a$ の範囲における $y = \log x$ のグラフを $C_{a,b}$ とする。このとき，次の問いに答えよ。

（1）点 $(2, -1)$ と $C_{2,b}$ 上の点との距離の最小値を b を用いて表せ。

（2）直線 $x = a$ と直線 $x = b$ の間で，$C_{a,b}$ と x 軸によって囲まれる部分を x 軸のまわりに 1 回転して得られる立体の体積を $S_{a,b}$ とする。$S_{1,b}$ を b を用いて表せ。

（3）$S_{a,b}$ を (2) で定義したものとする。$S_{a,a+1}$ が最小値をとる a の値を求めよ。

4 座標平面上の点 $(0,1)$ を中心として半径 1 の円を C とする。点 $\mathrm{P}(x,y)$ が $y \geqq 0$ の範囲にあり，P から C までの最短距離は ay であるとする。ただし，a は $0 < a < 1$ を満たす定数である。このとき，次の問いに答えよ。

(1) 点 P が円 C の円周上または外部にあるとき，$\mathrm{P}(x,y)$ が満たす方程式を求めよ。

(2) 点 P が円 C の円周上または内部にあるとき，$\mathrm{P}(x,y)$ が満たす方程式を求めよ。

(3) $x = \dfrac{1}{2}$ かつ $0 \leqq y \leqq 2$ を満たす点 $\mathrm{P}(x,y)$ がちょうど 3 個存在するような定数 a の範囲を求めよ。

（60 分）

[Ⅰ]　図Ⅰ-1のように，水平な地面上で，質量 m_A の物体Aが大きさ v_A の初速度で地面から打ち出された。物体Aの初速度ベクトルと地面とのなす角（仰角）を α（$\alpha < 90°$）とする。その瞬間に，物体Aから水平に ℓ_B 離れた地面の真上の高さ h の場所から，質量 m_B の物体Bが初速度0で自由落下を始めるとする。重力加速度の大きさを g とし，物体Aと物体Bの大きさおよび空気抵抗は無視する。必要に応じて，$1 + \tan^2\theta = \dfrac{1}{\cos^2\theta}$ および $2\sin\theta\cos\theta = \sin 2\theta$ の公式を用いること。

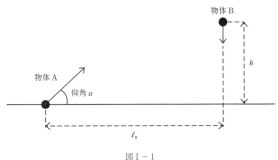

図Ⅰ-1

問1　2物体AとBが衝突するときの $\tan\alpha$ の値を，m_A，m_B，g，h，ℓ_B の中から必要な記号を用いて表せ。

問2　地面からの高さ $\dfrac{h}{2}$ で物体Aと物体Bが衝突するような v_A を，m_A，m_B，g，h，ℓ_B の中から必要な記号を用いて表せ。

問3　ちょうど地面で物体Aと物体Bが衝突するような v_A を，m_A，m_B，g，h，ℓ_B の中から必要な記号を用いて表せ。

　　次に，図Ⅰ-2のように十分に広い平面上で，質量 m_C の物体Cが，初速度の大きさが v_C で，ある仰角で発射されるとする。物体Cの大きさおよび空気抵抗は無視する。

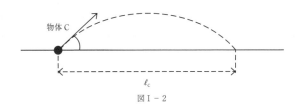

図Ⅰ-2

問4 物体 C の着地点が最も遠くなるような仰角を β（$\beta < 90°$）とする。物体 C が仰角 β で発射されるとき，発射点と着地点の距離 ℓ_c を，m_c，v_c，g の中から必要な記号を用いて表せ。

問5 水平，垂直方向のどちらかに等速直線運動する装置に物体 C を載せる。はじめに，装置が地面に対して水平方向に v_x の大きさの速度をもった状態で運動する。物体 C を地面と同じ高さから進行方向に向かって仰角 β で発射したとき，物体 C の着地点は発射点から ℓ_x 離れた距離にあるものとする。

次に，装置が地面に対して鉛直上向きに v_y の大きさの速度をもった状態で運動する。物体 C を地面と同じ高さから仰角 β で発射したとき，物体 C の着地点は発射点から ℓ_y 離れた距離にあるものとする。いずれの場合も装置に対する物体 C の初速度の大きさは v_c である。ここで $\ell_x = \dfrac{1}{2} \ell_y$ の関係が成り立つとき，v_y の大きさを v_x と v_c を用いて表せ。

〔解答欄〕 $v_y = \boxed{} \times v_x + \boxed{} \times v_c$

問6 質量 500 kg の物体が地球の周りを等速円運動する場合を考える。なお，地球を質量 5.97×10^{24} kg，半径 6400 km の球とし，万有引力定数を $G = 6.67 \times 10^{-11}$ N·m²/kg² とする。また，空気抵抗は無視できるものとする。この物体が地表に沿って周回するための最小の速度（第一宇宙速度）の大きさはいくらか。最も近いものを次の中から選び記号で答えよ。

(あ) 時速 7.9 km (い) 秒速 11.2 km (う) 分速 473 km (え) 秒速 28,400 m

問7 宇宙ロケットは人工衛星を効率よく地球周回軌道に投入するため，赤道になるべく近い低緯度の発射地点から打ち上げられ，地球自転方向である東向きに飛ばすことが多い。地球の自転周期が 24 時間であるとき，赤道上の地表面の自転速度の大きさは第一宇宙速度の大きさの何%か。最も近いものを次の中から選び記号で答えよ。

(あ) 1% (い) 5% (う) 10% (え) 25%

問8 静止衛星の軌道を静止軌道とよぶ。半径 R_m の火星の自転周期を，半径 R_e の地球と同じ 24 時間とする。地球の静止軌道（円軌道）の地表面からの高度を r_e，地球の質量を M_e，火星の質量を M_m とするとき，火星の静止軌道（円軌道）の地表面からの高度 r_m を，R_m，R_e，M_e，M_m，r_e の中から必要な記号を用いて表せ。

問9 近年，探査車を使った火星地表面の探査が活発になってきている。大気の存在する惑星に探査車を着陸させるときには，パラシュート（落下傘）の空気抵抗（火星大気による抵抗）を利用して減速させることが多い。パラシュートを1つ開いた探査車 S 1 の速さが v のとき，空気抵抗の大きさを $f = kv$（k は定数）とする。探査車の質量が m_s，火星の重力加速度が g_m のとき，速さ v で降下中の探査車に生じる加速度の大きさを，v，k，m_s，g_m の中から必要な記号を用いて表せ。なお探査車の降下方向（鉛直下向き）を正とする。降下中の大気圧は高度によらず一定と仮定する。

問10 問9の問題について，パラシュートを2つ開いた探査車 S 2（質量は S 1 と同じ）の速さが v のとき，空気抵抗の大きさを $f = 2kv$（k は定数）とする。探査車 S 2 のパラシュートを使った降下について，地球大気の場合の終端速度 v_e を，R_e，R_m，M_e，M_m，k，m_s，g_m の中から必要な記号を用いて表せ。なお，火星の大気圧は地球の $\dfrac{1}{200}$ とし，空気抵抗の大きさは大気圧に比例するものとする。それぞれの惑星において，降下中の大気圧は高度によらず一定と仮定する。

問11　次の文中の記号【A】から【H】に対して最も適切な語句または記号を，選択肢から選び，番号で答えよ。ただし，異なる記号には異なる番号が当てはまる。

　　宇宙の誕生やその後の進化や構造に関連するさまざまな知見を得るため，探査機が到達できない太陽系外の天体について望遠鏡などでの観測が進められてきた。エドウィン・ハッブルは電磁波の波長が本来の波長よりも【A】く観測される【B】とよばれる現象により，宇宙が膨張していることを示した。このことは基本的には音波のドップラー効果と同じ考え方で理解できる。

　　一方，原子核を構成する陽子や中性子などを総称して【C】とよび，それらは【D】とよばれる素粒子で構成される。今から【E】億年前のビッグバン後，素粒子はごく短い時間の間に誕生し，数分後には原子核が形成された。このような宇宙誕生の名残として現在でも観測可能な 2.7 K の黒体に似た放射を【F】とよぶ。

　　ある天体を観測するとき，観測者との間に質量の大きな別の天体があると，ある天体は複数の位置に同時に観測されることがある。この現象を【G】効果とよぶ。大きな質量をもつ天体が周辺の空間を歪めることが原因である。さらに渦巻銀河において観測可能な天体質量によって生じる引力は，この銀河の回転によって生じる遠心力とつり合いが取れないことが知られている。このようなことから考えられる，観測できない未知の物質を【H】とよぶ。

　　下記がこの**問11**における語句または記号の選択肢である。番号で答えること。

(1)　干渉作用	(2)　プリズム効果	(3)　赤方偏移	(4)　長
(5)　短	(6)　強	(7)　弱	(8)　核子
(9)　クォーク	(10)　ニュートリノ	(11)　タウ粒子	(12)　X 線
(13)　電子	(14)　プロトン	(15)　35	(16)　46
(17)　138	(18)　1360	(19)　6500	(20)　宇宙マイクロ波背景放射
(21)　COBE	(22)　黒体放射	(23)　インフレーション	(24)　パルサー
(25)　中性子星	(26)　ガンマ線バースト	(27)　重力レンズ	(28)　相対性理論
(29)　トンネル	(30)　ワームホール	(31)　ダークマター	(32)　ダークサイド
(33)　ブラックホール			

[Ⅱ]　図Ⅱ-1のように，電気容量 C のコンデンサー，自己インダクタンス L のコイルとスイッチ S からなる回路が，十分に長い 2 本の平行な導体のレールに接続されている。レールは間隔が d で，水平面に対して角度 θ だけ傾いていて，質量 m の導体棒 PQ が 2 本のレールに対して直交するように置かれている。2 本のレールによって作られた平面に対して垂直方向に磁束密度 B の一様な磁場がかけられている。導体棒 PQ はレールに対して直交したまま摩擦なく動き，レールに沿って下向きを正の向きとしてその運動を表すことにする。電気抵抗は全て無視でき，重力加速度の大きさを g とする。

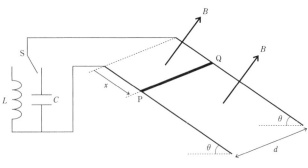

図Ⅱ-1

はじめ，S を帯電していないコンデンサーに接続して，導体棒 PQ をレールの上端から静かにはなした。レール上を運動する導体棒 PQ に発生する起電力は，コンデンサーの耐電圧を超えないものとする。

問 1　導体棒 PQ がレールを滑り落ち，速度が v になったときにコンデンサーに蓄えられる電気量を，C，v，B，d，m の中から必要な記号を用いて表せ。

問 2　このとき，導体棒 PQ を流れる電流を I とすると，導体棒 PQ にはたらく合力はいくらになるか。I，B，d，m，g，θ の中から必要な記号を用いて表せ。

ここから，短い時間 Δt の間に導体棒 PQ の速度が Δv だけ増え，コンデンサーに蓄えられる電気量が ΔQ だけ増えたとする。

問 3　このとき，$I = \dfrac{\Delta Q}{\Delta t}$ であることを用いて，I を C，B，d，m，Δv，Δt の中から必要な記号を用いて表せ。

問 4　$\dfrac{\Delta v}{\Delta t}$ を導体棒 PQ の加速度とみなして，**問 2** の結果を用いて導体棒 PQ に関する運動方程式を立てることができる。**問 3** の結果も用いてこの運動方程式を解き，導体棒 PQ を流れる電流を，C，B，d，m，g，θ の中から必要な記号を用いて表せ。

問 5　導体棒 PQ がレールの上端から x だけレール上を滑り落ちたときの，導体棒 PQ の速さを，C，B，d，m，g，x，θ の中から必要な記号を用いて表せ。

次に，導体棒 PQ をレールの上端に戻し，S をコイルに接続した後に導体棒 PQ を静かにはなす。導体棒 PQ がレールの上端から x だけ滑り落ちたときの速度を v，コイルに流れている電流を I とする。そこからさらに，導体棒 PQ は短い時間 Δt の間に $\Delta x = v\Delta t$ だけ移動した。

問 6　Δt の間の電流の増加量を ΔI とするとき，$\dfrac{\Delta I}{\Delta x}$ を B，d，m，L の中から必要な記号を用いて表せ。

問 7　導体棒 PQ をはなした瞬間に，コイルに電流は流れていないことをふまえて，導体棒 PQ が x だけ滑り落ちたときの電流を，B，d，m，L，x の中から必要な記号を用いて表せ。

問 8　問 7 の結果を用いて導体棒 PQ にはたらく力を考えることにより，導体棒 PQ は単振動することがわかる。この単振動の振幅と周期はいくらか。それぞれ，B，d，L，m，g，θ の中から必要な記号を用いて表せ。

化学

（60 分）

Ⅰ　次の文章を読んで，**問 1 ～問 5** に答えよ。

　私達の身のまわりには，金属をはじめとする無機物質が，様々な分野で広く利用されている。これら無機物質の多くは，構成する粒子が規則的に配列した固体（結晶）として存在する。一方，構成単位の配列に規則性をもたない固体物質は，　ア　という。　ア　の典型例であるガラスには，一定の融点はなく，加熱により変形する。

　結晶は構成粒子の配列や結合の種類によって，その特徴が大きく異なる。ケイ素は常温常圧下でダイヤモンドと同じ結晶構造をとり，単位格子中の原子数は　イ　個である。ケイ素の結晶中の 1 原子に注目すると，最も近い距離に存在する原子は　ウ　個である。アルゴンは常温常圧下で無色無臭の気体であるが，－190℃以下の低温かつ常圧下では結晶となる。アルゴンの結晶は，常温常圧下における銀と同じ結晶構造をもつ。カリウムはアルカリ金属であり，常温常圧下で結晶として存在する。カリウムの単体は，水や空気中の酸素と反応するので，安定に保存するために　エ　中に入れる必要がある。

問 1　文中の空欄　ア　～　エ　にあてはまる最も適切な語句と数字を答えよ。ただし，　ア　と　エ　は語句で，　イ　と　ウ　は数字で記せ。

問 2　常温常圧下でのケイ素の結晶について，単位格子の 1 辺の長さを a としたとき，ケイ素原子の原子半径 r はどのように表せるか。最も適切なものを以下から一つ選び，番号で答えよ。ただし，長さの単位は全て cm とする。

①　$\dfrac{a}{8}$　　　　②　$\dfrac{\sqrt{2}\,a}{8}$　　　　③　$\dfrac{\sqrt{3}\,a}{8}$　　　　④　$\dfrac{\sqrt{2}\,a}{4}$

⑤　$\dfrac{\sqrt{3}\,a}{4}$　　　　⑥　$\dfrac{a}{2}$　　　　⑦　$\dfrac{3\sqrt{3}\,a}{8}$　　　　⑧　$\dfrac{3\sqrt{3}\,a}{4}$

問 3　アルゴンの原子間に働くような力で結合する結晶を何とよぶか，漢字で記せ。

問 4　ケイ素，アルゴン，カリウムの各結晶について，結合力の小さいものから順に左から並べよ。

問 5　アルゴンの結晶の密度 g/cm³ を有効数字 3 桁で答えよ。ただし，アルゴン原子を剛体球とし，最近接の原子は互いに接しているものとする。また，アルゴンの結晶の単位格子について，その 1 辺の長さを 5.43×10^{-8} cm とする。なお，アルゴンの原子量を 40.0，アボガドロ数を 6.02×10^{23}/mol，$(5.43)^3 = 160$ として計算せよ。

Ⅱ 次の文章を読んで，**問1～問5**に答えよ。

酸化還元反応は，私達の生活に最も身近な化学反応といえる。例えば，金属が錆びる反応や電池の電極で起こる反応は，一見別の機構で起こる反応のように見えるが，どちらも酸化還元反応である。一次電池には正極と負極があるが，負極では ア 反応が起こり，電子が イ される。金属の錆びる反応や電池の電極反応では，金属が酸化還元反応を起こし，酸化還元滴定でもよく利用される。シュウ酸と過マンガン酸カリウムの反応では，単体の金属は反応に関わらない。電池と似たような反応が起こる電気分解においても，電極に金属を用いない場合もある。電気分解では，2つの極をそれぞれ陽極と陰極と呼び，陽極において ウ 反応が起こる。

問1　文中の空欄 ア ～ ウ にあてはまる最も適切な語句を漢字2文字で記せ。

問2　金属鉄の錆びる（腐食）現象を考えるには，金属のイオン化傾向が参考となる。鉄は日常的に使用される金属であるが，空気中に放置するとすぐに腐食する。腐食を防ぐ方法としてめっきがあり，ブリキは鉄（鋼板）の表面に別の金属をめっきして，腐食を抑えたものである。ブリキが錆びにくい理由を，金属のイオン化傾向の考えから説明せよ。

問3　電池のなかでも，燃料電池は今後様々な用途での利用が見込まれ，開発や実用化が進められている。燃料電池は，外部から供給される水素と空気中の酸素の化学反応を利用している。燃料電池の負極では水素がイオン化し，正極では水が生成される。この正極で起こっている反応を，電子を含むイオン反応式で示せ。なお，電子は e^- で表せ。

問4　下線部aの反応で，酸化された元素の酸化数の変化を，＋2→＋3のように矢印（→）を介して数字で示せ。ただし，酸化数には符号も付すこと。

問5　陽極に炭素（黒鉛），陰極に鉄を用いて塩化ナトリウム水溶液の電気分解を行った。以下の(1)，(2)の問いに答えよ。
　(1)　陽極と陰極で起こる化学変化を，それぞれ電子 e^- を含むイオン反応式で示せ。
　(2)　0.50 A の電流を 30 分通じたとき，両極から発生する気体の体積 L（標準状態）の合計を有効数字2桁で答えよ。ただし，発生した気体の電解液への溶解は無視してよい。また，ファラデー定数を 9.65×10^4 C/mol，標準状態の気体のモル体積を 22.4 L/mol とする。

Ⅲ　次の文章を読んで，**問1〜問5**に答えよ。

　酸素および硫黄は周期表の　ア　族に属する典型元素であり，価電子を　イ　個もち，　ウ　価の陰イオンになりやすい。酸素・硫黄の単体には，各々に同素体が見られる。酸素には，酸素とオゾンの同素体がある。酸素・硫黄の化合物は，それぞれ，酸化物・硫化物とよばれる。化学結合に関しては，酸素・硫黄の相手の元素が非金属元素であれば　エ　結合を，金属元素であれば　オ　結合をつくる。

　硫黄と酸素の化合物である二酸化硫黄は，工業的には硫黄を燃焼させ発生させる。実験室においては，いくつかの方法で，発生させることができる。その一つは，<u>亜硫酸ナトリウムに希硫酸を加える方法である</u>。この方法では，弱酸の塩と強酸を反応させると発生する，弱酸の　カ　という現象を利用している。二酸化硫黄は，酸化剤・還元剤両方の働きをする。二酸化硫黄と硫化水素を反応させた場合，二酸化硫黄は　キ　剤の働きをする。<u>金属イオンを含む水溶液に硫化水素を通じると，電離してできた硫化物イオンが金属イオンと結合して，水に溶けにくい硫化物の沈殿を生成する場合がある</u>。

a の位置：下線部「亜硫酸ナトリウムに希硫酸を加える方法である」
b の位置：下線部「弱酸の塩と強酸を反応させると発生する，弱酸の　カ」
c の位置：下線部「金属イオンを含む水溶液に硫化水素を通じると…沈殿を生成する場合がある」

問1　文中の空欄　ア　〜　キ　にあてはまる最も適切な語句と数字を答えよ。ただし，　ア　〜　ウ　は数字，　エ　〜　キ　は語句で記せ。

問2　上述の文中に出現する気体について，正しく述べた選択肢をすべて選べ。
　① オゾンは特異臭をもつ淡青色の有毒な気体で，酸素に分解する際に還元作用を示す。
　② 二酸化硫黄は，刺激臭をもつ無色の有毒な気体である。
　③ 硫化水素は，腐卵臭をもつ黄色の有毒な気体である。
　④ 同じくらいの分子量をもつ酸素と硫化水素の沸点は，極性分子である硫化水素の方が低い。
　⑤ 硫化水素と二酸化硫黄は共に，下方置換で捕集する。

問3　下線部 **a** の化学反応式を記せ。

問4　下線部 **b** の化学反応式を記せ。

問5　下線部 **c** の実験を常温常圧下で行った際に，以下の**グループ1**と**グループ2**の各々に含まれるすべての金属イオンに共通して起こる反応について，正しく述べた選択肢を全て選べ。
　グループ1：マンガン，亜鉛，カドミウム　　　**グループ2**：カルシウム，ナトリウム，アルミニウム
　（選択肢）
　① アルカリ性〜中性の水溶液中で，硫化物の沈殿が発生する。
　② 酸性の水溶液中で，硫化物の沈殿が発生する。
　③ 水溶液の pH によらず，硫化物の沈殿が発生しない。
　④ 硫化物の沈殿が発生する場合，黒色である。
　⑤ 硫化物の沈殿が発生する場合，黒色以外の色である。

IV　次の文章を読んで，**問1〜問7**に答えよ。

　深海底の堆積物中には，様々な鉱物粒子や化石硬組織に加え，有機化合物も多く含まれている。それらの有機化合物の多くは，海洋中または堆積物中に棲息する生物により生産された化合物であり，これらを分子化石とよぶこともある。一般的な深海底堆積物に含まれる有機化合物は，1.0 重量％未満程度であるが，まれに 20.0 重量％を超えるほどに含まれることもある。このような有機化合物に含まれる各種の元素の含有量や，元素の質量組成を調べる操作を，　ア　とよぶ。堆積物試料に含まれる有機化合物中には，水素・炭素・酸素など様々な元素が含まれるが，乾いた酸素の雰囲気下で，堆積物試料に含まれる有機化合物の完全燃焼を助ける酸化剤を使用し，高温の燃焼管の中で試料を完全燃焼させることで，各元素の酸化物を得ることができる。

　図1の装置では，<u>酸化剤を配置した燃焼管中に乾いた酸素を流し</u>，<u>発生した酸化物を捕集し</u>，その重量を測定することで，有機化合物の含有量や質量組成を調べることができる。ここで，3 つの異性体をもつ脂肪族炭化水素の有機化合物 4.32 mg を完全燃焼させたところ，二酸化炭素 13.20 mg と水 6.48 mg のみが発生した。

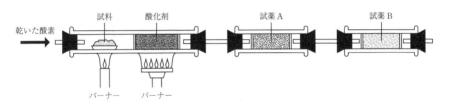

図1　有機化合物燃焼装置の概要

問1　文中の空欄　ア　に入る，最も適切な語句を記せ。

問2　文中の下線部 **a** について，酸化剤として使用される物質の化学式を記せ。

問3　文中の下線部 **b** について，発生した酸化物を捕集するための試薬と捕集される酸化物の組み合わせとして，正しいものを①から④のなかから一つ選び，番号で答えよ。

	試薬 A		試薬 B
①	塩化カルシウムにより水を捕集	→	ソーダ石灰により二酸化炭素を捕集
②	塩化カルシウムにより二酸化炭素を捕集	→	ソーダ石灰により水を捕集
③	ソーダ石灰により二酸化炭素を捕集	→	塩化カルシウムにより水を捕集
④	ソーダ石灰により水を捕集	→	塩化カルシウムにより二酸化炭素を捕集

問4　この有機化合物の組成式および分子式を記せ。ただし，原子量は，水素 = 1.0，炭素 = 12.0，酸素 = 16.0 とする。

問5　この有機化合物の 3 つの異性体すべての構造式を記せ。

問6　この有機化合物を解析したところ，側鎖のない分子であることがわかった。この化合物名を記せ。

問7　この有機化合物は，国内外において，地熱発電の一種であるバイナリー発電に利用されることがある。バイナリー発電とは，地熱地帯において，熱水の熱を利用し，配管 A を流れる流体（これを二次流体とよぶ）を加熱・気化させることでタービンを回して発電するシステムで，熱水の温度が100℃未満でも運用可能である（図2）。バイナリー発電の二次流体として，この有機化合物が使用される理由を記せ。

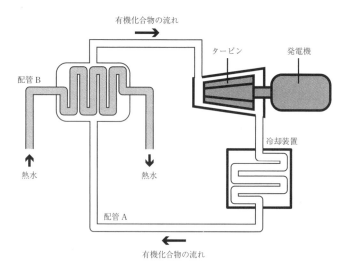

図2　バイナリー発電システムの模式図

■■ ■ 理科 ■ ■■

◀理学科生物学専修▶

（90 分）

I　以下の文章を読み，**問 1 ～問 6** に答えなさい。**問 1，問 2，問 4** については解答を選び，マーク
　　解答用紙の番号をマークしなさい。その他についてはそれぞれの解答を**記述解答用紙**に記入しなさ
　　い。

光は物質の中を通過すると吸収されて弱まる。例えば**図 1** のように硫酸銅の水溶液は波長が 800 nm 付近の光を吸収し，その吸収の度合いを示す吸光度は濃度に比例するので，この吸光度の大きさから溶液の濃度を求めることができる。では，この吸光度はどのように求めるのだろうか。**図 2 A** のように内側の幅が 1 cm の透明な容器に入れた水溶液にある強さの光を通したとき，中の物質に吸収されて透過してきた光が 1/10 になったとしよう。この時，透過率は 10 ％，吸収率は 90 ％となる。**図 2 B** のように同じ容器をもう一つ置いておけば，光はさらに 1/10 になるので，全体では 1/100 となり，透過率は 1 ％，吸収率は 99 ％となる。これは，**図 2 C** のように，容器を 2 つ置く代わりに物質の濃度を 2 倍にしても同じになる。つまり，濃度を倍にすれば，確かに吸収率は大きくなるが，倍になるわけではない。しかし，ここで，(1) <u>透過率の対数をとって符号を逆にした数値を考えてみよう。透過率を T とすれば，この数値は，$-\log(T)$ となる。透過率が 10 ％の時は，$-\log(0.1)$ は 1，透過率が 1 ％の場合は，$-\log(0.01)$ は 2 となって，この数値，すなわち吸光度は濃度に比例する</u>。**図 1** の縦軸の値は，まさにこのようにして求めた吸光度である。したがって吸光度と吸収率は異なるものである。**図 1** のように波長を横軸にとったグラフをスペクトルという。吸光度のスペクトルが吸収スペクトル，吸収率のスペクトルが吸収率スペクトルである。濃度が異なっても物質が同じであれば，例えば極大値を 1 とした吸収スペクトルの相対的な形は変化しない。また，希薄な溶液では，吸収スペクトルと吸収率スペクトルの形の違いは大きくないが，(2) <u>物質の濃度がいくら高くなっても吸収率が 100 ％を超えることはあり得ないから，濃度が高くなるにつれて吸収率スペクトルは吸収スペクトルとは異なる形に徐々に変化していく</u>ことになる。

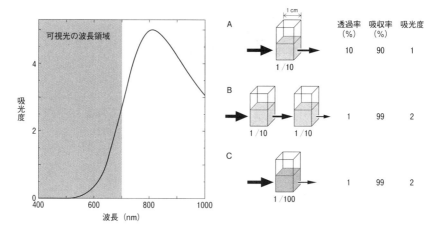

図1　硫酸銅水溶液の吸収スペクトル　　　　図2　試料を通る光の透過

　吸収でなくても，光によって引き起こされる現象であれば，スペクトルとしてあらわすことができる。例えば，光合成によって発生する酸素の量を，照射した光あたりで縦軸にとってグラフ（光合成の作用スペクトルという）に示すことができる。**図3A**は，そのようにして作成した緑藻のアオサの仲間の光合成の作用スペクトルである。光が吸収されなければ光合成は起こらないので，光合成の作用スペクトルの中で，光合成色素による光の吸収が少ない波長領域では光合成も低いはずである。実際に，光合成の作用スペクトルの形は，光合成色素であるクロロフィル *a* および *β*-カロテンの吸収スペクトル（**図3B**）と共通の特徴をもつ。光合成のスペクトルは，照射した光あたりではなく，吸収した光あたりで示すこともできる。**図3C**は，緑藻のクロレラについて，吸収した光子(注1)1個あたりに何分子の酸素が発生するのかを示したスペクトルである。このような吸収光子あたりのスペクトルを，量子収率スペクトルと呼ぶ。

注1　光子：光を一種の粒子として考えたときに，光の最小単位となる粒子を光子と呼ぶ。

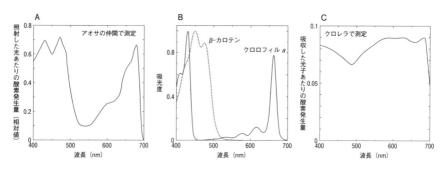

図3　3種類のスペクトル

A．光合成の作用スペクトル，B．光合成色素の吸収スペクトル（それぞれの色素の吸光度の最大値を1として示す）およびC．光合成の量子収率スペクトル（光子1個あたりに発生する酸素の分子数を示す）。

問1 図1の吸収スペクトルの次に挙げる特徴 a ～ c の内，硫酸銅の水溶液が肉眼で青く見えることに寄与しているもの
はどれか。その特徴を過不足なく含むものを下の①～⑦からひとつ選んで番号で答えなさい。 M 1

a　400 nm から 500 nm の間にはほとんど吸収がない。

b　600 nm から 700 nm の間に吸収が見られる。

c　800 nm 付近に非常に大きな吸収が見られる。

①　a　　　　　　　　②　b　　　　　　　　③　c　　　　　　　　④　a，b

⑤　a，c　　　　　　　⑥　b，c　　　　　　　⑦　a，b，c

問2 図2のBとCにおける試料の吸光度は同一である。これは，BとCの2つの量的な特徴から算出した値がBとCの
間で等しいことを反映している。この値の単位として最も適当なものを次の①～⑥からひとつ選んで番号で答えなさ
い。 M 2

①　g/m^3　　　　　　　　②　g/m^2　　　　　　　　③　g/m

④　g　　　　　　　　　⑤　m　　　　　　　　　⑥　g・m

問3 下線部(1)に関して，このように吸光度や吸収率の計算のもととなるのは透過率であり，ある波長で透過率を測定す
るためには，試料に照射される前の光の量と，試料を透過した後の光の量を測定する必要がある。試料を透過した後
の光量を測定することは難しくないが，試料に照射される前の光の量を測定するためには光を遮る必要があり，その
場合試料に光を照射することはできなくなってしまう。また，図2に書かれているような容器で試料を測定する場合，
容器自体の透過率も 100 ％ではない可能性がある。それらを考慮に入れた時，硫酸銅水溶液の透過率を正確に知るた
めに，自分なら何をどのように測定するか，簡潔に答えなさい。

問4 下線部(2)に関して，図2の測定に用いた濃度の高い硫酸銅水溶液の吸収率スペクトルとして最も適当なグラフを，
次の①～⑥からひとつ選んで番号で答えなさい。 M 3

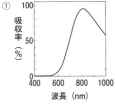
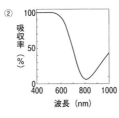
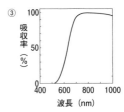
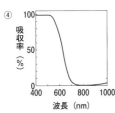
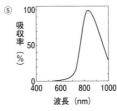
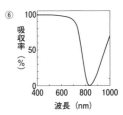

問5 下線部(3)に関して，図3のアオサやクロレラの主要な光合成色素はクロロフィル *a* と *β*-カロテンであってその他
の色素は含まれていないと仮定し，これらの生物の基本的な光合成のメカニズムは同一であると考えた場合，図3の

3つのスペクトルから，クロロフィル a と β-カロテンの光合成における役割と効率について情報を得ることができる。

問5-1　波長の異なる光が光合成に利用される際の光の吸収の効率と吸収した光の利用の効率は，それぞれどのように違うと考えられるか。スペクトル**A**と**C**の 550 nm 付近と 650 nm 付近の値を比較して簡潔に答えなさい。

問5-2　β-カロテンが光合成においてはたらく際の光の吸収の効率と吸収した光の利用の効率は，クロロフィル a と比較してそれぞれどのようであると考えられるか。スペクトル**A**，**B**および**C**の 480 nm 付近の値を比較して簡潔に答えなさい。

問6　図3**C**に関する以下の考察文の空欄　**ア**　～　**エ**　に入る最も適当な数値もしくは語句をそれぞれ答えなさい。ただし，空欄　**ア**　と　**ウ**　には整数を，空欄　**イ**　には数値を有効数字2桁で，　**エ**　には語句を入れなさい。また，計算にあたっては，アボガドロ数（物質量1モルを構成する粒子の数）は 6.0×10^{23} mol^{-1} とし，$(6.6 \times 10^{-34}) \times (3.0 \times 10^8)$ を 2.0×10^{-25} としなさい。

　1個の光子の持つエネルギー E（単位を J とする）は，その光の波長 λ から，E = hc/λ として計算できる。ここで，h はプランク定数と呼ばれる定数で 6.6×10^{-34} J・s であり，c は光速度で 3.0×10^8 m/s である。図3**C**によれば，400 nm の光子を吸収した場合には，約　**ア**　個の光子を吸収すると1分子の酸素が発生することになるので，そのために必要な光エネルギーは，1 nm が 10^{-9} m であることを考えると　**ア**　×　**イ**　J となる。他方，$CO_2 + H_2O \rightarrow [CH_2O] + O_2$ という光合成の化学反応を進めるのに必要なエネルギーは，約 480 kJ mol^{-1} である。従って，光合成の反応における光エネルギーの有機物の化学エネルギー量への変換効率（エネルギー効率）は約　**ウ**　％である。一方で，図3**C**によれば，より波長の長い 680 nm の光を吸収した場合にも，光合成により発生する酸素分子の数は，400 nm の光子の場合とそれほど大きく変わらない。この二つの波長の光子の持つエネルギーを比較すると，400 nm の光の方が約 1.7 倍大きいので，波長の長い光が吸収されたときの方が，光合成のエネルギー変換効率は　**エ**　なる。

Ⅱ　以下の文章を読み，**問1～問4**に答えなさい。**問1，問2－1，問3－2，問3－4，問4－1** については解答を選び，マーク解答用紙の番号をマークしなさい。その他についてはそれぞれの解答を**記述解答用紙**に記入しなさい。

自然界で観測される現象は，時間軸に沿った状態の変化としてとらえることができる。 物質の状態が周期的に振動する と，リズムが形成される。物理的な世界によって生み出されたリズムは生命現象に影響を与え， 地球の自転による明暗 の 24 時間単位の周期は生物の活動に影響を及ぼし，公転による 1 年単位の周期（ここでは季節性周期とよぶ）は冬眠や 渡りのタイミングなどを決めている。このように生物の活動は物理的な時間に依存しているが，同じ物理的時間を共有し ていても呼吸間隔や寿命など，異なる生理的時間をもつことも知られている。たとえば同じほ乳類でもヒトとハツカネズ ミでは妊娠期間の長さが大きく異なり，受精後ヒトは約 270 日，ハツカネズミは 19 日前後で誕生する。近年これらの生 理的時間の違いを生み出すしくみが明らかになってきた。

問1　下線部(1)に関して，次の①～⑨のうち周期性を示すことがないものはどれか。最も適当なものをひとつ選んで答え なさい。**M 4**

①　二足歩行　　　　　　　②　心拍　　　　　　　　　③　冥王星の動き

④　振り子　　　　　　　　⑤　昆虫の羽ばたき運動　　⑥　睡眠

⑦　細胞分裂　　　　　　　⑧　サイコロの出目　　　　⑨　潮汐

問2　下線部(1)に関して，自律的に振動する化学反応の例として知られるベロウソフ・ジャボチンスキー反応（以下 BZ 反応とよぶ）では，鉄（Fe）などの金属塩を臭素酸イオンにより酸化，マロン酸により還元することで，溶液が赤 い状態（鉄イオンが還元型）と青い状態（鉄イオンが酸化型）の間を振動する（**図1**）。高校生の小沼らは，赤色で 振動が停止し，反応が終了したと考えられていた BZ 反応の溶液を放置したまま下校したが，その後振動が再開して いるのを発見した。そこで，マロン酸と臭素酸イオンの初濃度を様々に変えて BZ 反応を行ったところ，濃度によっ て異なる 3 つの振動パターンが観測された（**図2A**）。それぞれの振動パターンは，マロン酸と臭素酸イオンの初濃 度の特定の組合せにおいて出現することがわかった（**図2B**）。

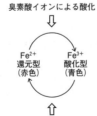

臭素酸イオンによる酸化

Fe²⁺　　　Fe³⁺
還元型　　酸化型
（赤色）　（青色）

マロン酸による還元

図1　BZ 反応における酸化還元状態の変化

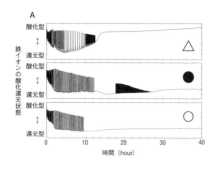
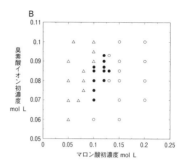

図2　BZ 反応の振動パターンの長期変化

鉄イオンの酸化還元状態は，時間とともに酸化型と還元型の間を細かく振動し，やがて一定の状態に落ち着く。Ａはその過程で観測された代表的な 3 つの振動パターン（△，●および○）を表し，Ｂはそれらの 3 つの振動パターンがマロン酸の初濃度と臭素酸イオンの初濃度のどの組合せで出現したかを示したグラフである。

問2−1　図2の実験結果の説明として最も適当な記述を次の①〜⑤からひとつ選んで答えなさい。　M 5

　① マロン酸の初濃度にかかわらず，反応停止時の溶液は赤色を呈する。

　② 臭素酸イオンの初濃度にかかわらず，反応停止時の溶液は青色を呈する。

　③ マロン酸の初濃度にかかわらず，臭素酸イオンの初濃度を調節すれば，反応停止時の溶液を赤色にすることができる。

　④ 臭素酸イオンの初濃度にかかわらず，マロン酸の初濃度を調節すれば，反応停止時の溶液を赤色にすることができる。

　⑤ マロン酸の初濃度にかかわらず，臭素酸イオンの初濃度を調節すれば，振動が再開される条件を作ることができる。

問2−2　振動にみられるような状態の時間変化を表すモデルとして，次の**数式 1**を作成した。この数式をもとにＸ軸を時間 t，Ｙ軸を状態を表す量 X_t とした曲線グラフを作成しなさい。ただし X_0 の値は 0，X_1 の値は 1 とする。

$$数式 1 \quad X_t = X_{t-1} - (X_{t-2} + 1)$$

問2−3　**数式 1**において 2 つ前の状態（X_{t-2}）を取り除くと，異なるパターンが得られる。このことから，X_{t-2} は振動においてどのような役割を果たすと考えられるか，答えなさい。

問3　**下線部(2)**に関して，生物における 24 時間周期のリズムと 1 年単位の周期が，生物の活動に与える影響を調べるために，北緯 74 度〜81 度に生息し，夏季に白夜，冬季に極夜の環境下におかれるスバールバルライチョウを用いて以下の実験を行った。

実験 1

光条件が遺伝子の発現(注1)に与える影響を調べるために，スバールバルライチョウを**図 3 Ａ**のように 6 時間明期，18 時間暗期の周期で継続的に飼育したのちに，最後の 24 時間を異なる光条件下におき（**対照群Ａ**と**実験群Ｂ**），5 時間

ごとに脳組織を取り出して，脳組織の中の発現が日周変動することが知られている遺伝子 *Cry1*（以下，遺伝子名は斜体で表す）の発現量を調べたところ，**図 3 B**の結果が得られた。

注 1　遺伝子の発現：遺伝子の配列情報にもとづいて RNA，タンパク質が順次合成され，機能を発揮すること。

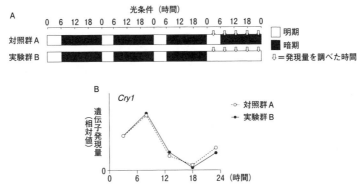

図 3　異なる光条件下における *Cry1* 遺伝子の発現量の変化

実験 2

季節性遺伝子（発現が年周期で変動する遺伝子のこと）*Tshb* と *Dio3* はそれぞれ *Tshb* が冬に（暗期が長い条件で）発現が抑えられる遺伝子，*Dio3* は夏に（明期が長い条件で）発現が抑えられる遺伝子であることが知られている。そこで光条件が季節性遺伝子の発現に与える影響を調べるために，**実験 1** と同じ実験条件において，*Tshb* と *Dio3* の発現変化を調べたところ，**図 4** の結果が得られた。

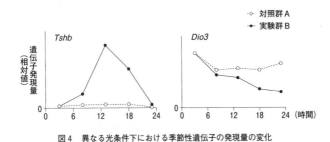

図 4　異なる光条件下における季節性遺伝子の発現量の変化

問 3 − 1　遺伝子の発現は，光環境の変化によって調節を受ける場合がある一方，生物が体内にもつ生物時計によっても調節を受ける場合がある。**実験 1** の結果から考えると，*Cry1* の発現はどちらによって調節されていると考えられるか。その理由も含めて簡潔に答えなさい。

問 3 − 2　**実験 2** での**実験群 B**をそのまま明期を続けてさらに 24 時間遺伝子の発現を調べることを計画した。その際に予想される *Dio3* の発現量の変化を表すグラフは，次の 6 つのグラフのどれに近いと考えられるか。最も適当なものを①〜⑥からひとつ選んで答えなさい。ただし描かれている X 軸および Y 軸の範囲は**図 4** と

同じとする。 M6

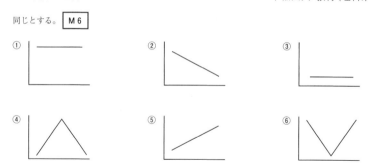

実験3

次に，明暗の条件がスバールバルライチョウの活動量と季節性遺伝子の発現に与える影響を調べるために，8週間にわたり光周期をずらしていく実験を行い（**図5A**），スバールバルライチョウの活動量を調べた（**図5B**）。さらに8週目の明期が始まって1時間後に季節性遺伝子の発現量を調べたところ，*Tshb* は変化がみられず，*Dio3* は発現量が減少した（**図5C**）。

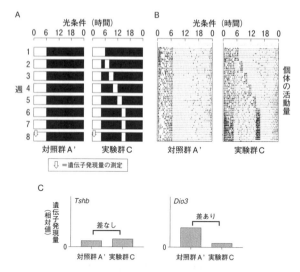

図5　光周期操作が個体の活動量と季節性遺伝子の発現に与える影響

Bの個体の活動量のグラフでは，活動が高い時間帯を黒塗りで示している。

問3－3　図5A，Bの結果から，光条件とスバールバルライチョウの個体の活動量にはどのような関係があるか，簡潔に説明しなさい。

問3－4　**実験2**では，**実験群B**は**対照群A**と比較して *Tshb*，*Dio3* ともに発現量に差がみられたが，**実験3**では**実験群C**は**対照群A'**と比較して *Dio3* にのみ差がみられた。しかしながら，これだけでは**実験群C**の光条件が

Tshb の発現に影響を与えないとはいえない。**実験 3** において *Tshb* の発現量の変化をみるには，8 週目の明期が始まって何時間後に脳組織を取り出して測定するのがよいか。最も適当なものを次の①〜⑥からひとつ選んで答えなさい。 M 7

① 5 時間　　　　　　　② 9 時間　　　　　　　③ 13 時間

④ 17 時間　　　　　　⑤ 21 時間　　　　　　⑥ 25 時間

問 3 − 5　スパールバルライチョウが白夜においても 24 時間の周期を維持していることの生理的意義を自分なりに考えて答えなさい。ただし，**実験 1，2 および 3** の結果と論理的に矛盾しないこと。

問 3 − 6　スパールバルライチョウでは各個体間で季節性周期が同調している。このことの意義について考察し，記述しなさい。

問 4　**下線部(3)**に関して，ヒトとハツカネズミは，*Hes7* 遺伝子の発現の振動を利用して，脊椎骨にみられるような繰り返し構造をつくっている。この *Hes7* の発現は，まず *Hes7* 遺伝子から RNA が合成され，その情報に従って Hes7 タンパク質が合成されると，Hes7 タンパク質自身が *Hes7* 遺伝子に結合して RNA の合成を抑えることで振動する（**図6**）。**図7 A，B** はそれぞれハツカネズミとヒトの組織における *Hes7* の発現量の時間変化をあらわし，**図7 C** はさらにハツカネズミがもっている *Hes7* 遺伝子の配列を，ヒトの *Hes7* 遺伝子の配列に入れ替えた場合の，ハツカネズミの組織における発現量の時間変化を表す。この結果，いずれの組織でも *Hes7* の発現が振動したが，それぞれ異なる周期を示した。

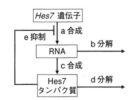

図6　*Hes7* 遺伝子の発現の調節
a〜e はそれぞれ作用を表す。

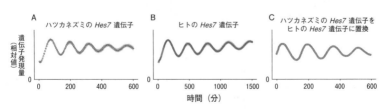

図7　ハツカネズミとヒトの *Hes7* 遺伝子の発現振動

問 4 − 1　Hes7 遺伝子の発現の振動に関して，**図6** の作用をそれぞれひとつだけ変えた場合に予想される変化として，最も適当な組み合わせを次の①〜⑨からひとつ選んで答えなさい。 M 8

①　d の分解を遅くすると振動が早くなる。e の抑制を取り除くと振動が早くなる。

②　d の分解を遅くすると振動が早くなる。e の抑制を取り除くと振動が遅くする。

③　dの分解を遅くすると振動が早くなる。eの抑制を取り除くと振動が停止する。

④　dの分解を遅くすると振動が遅くなる。eの抑制を取り除くと振動が早くなる。

⑤　dの分解を遅くすると振動が遅くなる。eの抑制を取り除くと振動が遅くする。

⑥　dの分解を遅くすると振動が遅くなる。eの抑制を取り除くと振動が停止する。

⑦　dの分解を遅くすると振動が停止する。eの抑制を取り除くと振動が早くなる。

⑧　dの分解を遅くすると振動が停止する。eの抑制を取り除くと振動が遅くなる。

⑨　dの分解を遅くすると振動が停止する。eの抑制を取り除くと振動が停止する。

問 4 - 2　図7の結果は，ハツカネズミの *Hes7* 遺伝子をヒトの *Hes7* 遺伝子に入れ替えただけでは，ヒトの *Hes7* 遺伝子の振動を再現することができないことを示している。ハツカネズミの組織にヒトの *Hes7* 遺伝子の振動速度を再現するためには，図6のa～eの作用の一部を操作する必要がある。その作用をa～eの中からひとつ選んで記号を記入し，変更内容（どのように変えるか）を答えなさい。

Ⅲ　以下の文章を読み，**問 1～問 5** に答えなさい。**問 1，問 2 - 1，問 4 - 1，問 5 - 1，問 5 - 2** については解答を選び，マーク解答用紙の番号をマークしなさい。その他についてはそれぞれの解答を**記述解答用紙**に記入しなさい。

生物のエネルギー代謝は，主に細胞内で合成されるATP（アデノシン三リン酸）という物質を仲立ちとして行われている。ATPは，アデニンとリボースが結合したアデノシンに，3分子のリン酸が結合した化学物質である（図1）。リン酸同士の結合は高エネルギーリン酸結合とよばれ，ATPがアデノシン二リン酸（ADP）とリン酸に分解される際に大きなエネルギーが放出される。また，ADPに再びリン酸が結合することによって，ATPは再合成される。ATPの分解エネルギーはさまざまな生命活動に利用されている。

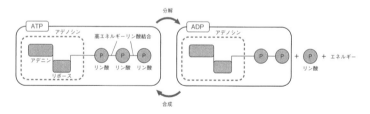

図 1　ATP の分解と合成

筋肉の収縮にもATPの分解エネルギーが使われている。筋細胞に刺激が伝わると，細胞膜（注1）に一過性の電位の変化が生じる。すると，筋細胞内にある小胞体膜（注1）で囲まれた筋小胞体の内部から，カルシウムイオン（Ca²⁺）がカルシウムチャネルとよばれるタンパク質を通して放出される。カルシウムイオンの作用によって，ミオシンフィラメントとアクチンフィラメントの結合を阻害しているタンパク質の位置がずれ，両者が相互作用できるようになる。そうして，ミオシンフィラメントがATPの分解エネルギーを使い，アクチンフィラメントをたぐり寄せることで，筋肉が収縮する。その後，カルシウムイオンは再び筋小胞体に取り込まれ，結合を阻害していたタンパク質が再びはたらき筋肉は弛緩する（図2）。

注1　細胞膜，小胞体膜：主にリン脂質やタンパク質からなる厚さ 5 〜 6 nm の膜で，通常イオンや ATP はほとんど通さない。

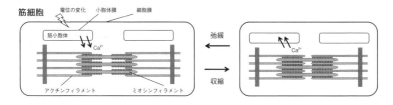

図2　筋細胞の収縮

問1　**下線部**(1)に関して，体重 50 kg の A さんが，ある日 1,680 kcal の食事を摂取した。そのエネルギーの 50 ％が A さんの体内での ATP 合成に使われた。この日，A さんの体内では，ADP から ATP の再合成は 1 分子あたり平均しておよそ何回行われたことになるか，次の①〜⑥から 1 つ選んで答えなさい。なお，A さんは 4 × 10^{13} 個の細胞を持ち，1 つの細胞には 0.001 ng（1 ng = 1 × 10⁻⁹ g）の ATP が存在するものとする。また，ADP から ATP を合成するために 30 kJ/mol のエネルギーが使われるものとし，1 cal = 4.2 J とする。また，ATP の分子量は 500 とする。

$$4 \times 10^{13}, \quad 0.001\,\text{ng} = 1 \times 10^{-9}\,\text{g}, \quad 30\,\text{kJ/mol}, \quad 1\,\text{cal} = 4.2\,\text{J}$$

M 9

①　30 回 ②　150 回 ③　300 回
④　1,500 回 ⑤　3,000 回 ⑥　15,000 回

問2　ホタルの発光にも ATP が関わっている。ホタルの発光器では，発光物質であるルシフェリンが酵素であるルシフェラーゼの作用で ATP を消費して光を発する（ルシフェリン−ルシフェラーゼ反応）。現在，この反応による発光を利用し，カビや細菌の ATP を検出する衛生検査キットが発売されている。この検査キットでは，採取したサンプルをあらかじめ抽出試薬（細胞内から ATP を抽出するための細胞膜を溶かす成分が含まれる）で処理した後，ルシフェリンとルシフェラーゼを含む溶液を加え，光測定器（ルミノメーター）で発光を測定する。

問2−1　この検査キットで，前日に開封したペットボトルの麦茶の中に細菌が繁殖しているかどうかを調べた。次の a 〜 f のうち検査の手順として**誤っているもの**はどれか。最も適当なものを下の①〜⑨からひとつ選びなさい。　**M10**

a　抽出処理する前に，大きなゴミを取り除くために細菌のサイズより荒い目のフィルターでろ過した。

b　結果が再現できるかどうかを確認するため，同じ検査を同じ条件で 3 回行った。

c　ATP と十分に反応させるために，ルシフェリンとルシフェラーゼを含む溶液を加えた後に 3 時間おいて測定した。

d　対照として，開封直後の麦茶を検査した。

e　対照として，ADP を加えた麦茶を検査した。

f　ATP の混入が無いかどうかを確認するために，抽出試薬のみを検査した。

①　a，b ②　a，c ③　a，d ④　b，d ⑤　b，e
⑥　b，f ⑦　c，d ⑧　c，e ⑨　c，f

問2−2　この検査キットでは，ニンジンやトマトをすりつぶした直後の自家製野菜ジュースに細菌がいるかどうか

を調べることができない。その理由を簡潔に説明しなさい。

問3 ガソリン車はエンジンにおいてガソリンの燃焼エネルギーを運動エネルギーに変換して走行する。一般的なガソリン車のエネルギー変換効率は 30〜40 ％程度であり，残りの大半は熱として廃棄されている。これを筋肉のエネルギー変換効率と比べてみよう。**下線部(2)**に関して，ある人が腕の筋肉を1回収縮させて126 J の仕事を行った。この時，6.0×10^{-3} mol の ATP が ADP に分解された。筋肉が1回収縮するときのエネルギー変換効率は何％になるか。ただし，ATP が ADP に分解される際に，30 kJ/mol のエネルギーが得られるものとする。

問4 **下線部(2)**および**図2**に関して，生体から取り出した直後の生きている筋肉は生筋とよばれる。生筋を 50 ％グリセリン溶液に長時間浸すと，筋収縮に必要なタンパク質の構造（アクチンフィラメントやミオシンフィラメント）だけが残り，細胞膜や小胞体膜およびその他のタンパク質は失われる。これはグリセリン筋と呼ばれ，筋肉の収縮機構を調べるための実験モデルとして用いられる。

> **問4-1** 次の a〜f のうち，弛緩した状態の生筋とグリセリン筋に次の操作を行った場合に収縮がみられるものはどれか。最も適当なものを下の①〜⑨からひとつ選びなさい。 ‖M11‖
>
> | 操作 | 生筋 | グリセリン筋 |
> |---|---|---|
> | 電気刺激を与える | a | b |
> | ATP を含む溶液に浸す | c | d |
> | カルシウムイオンを含む溶液に浸す | e | f |
>
> ① a，b ② a，c ③ a，d ④ a，e ⑤ a，f
> ⑥ b，c ⑦ b，e ⑧ c，d ⑨ c，f

> **問4-2** 生筋は収縮した後に弛緩するが，グリセリン筋は収縮した後に弛緩しない。その理由を簡潔に答えなさい。

問5 **下線部(3)**に関して，ミオシンフィラメントは，モータータンパク質とよばれるミオシンが多数より合わさって繊維状に束ねられた構造をとっている。筋肉の収縮にはミオシンフィラメントの側面より突き出ている部分（頭部と呼ばれる）が重要なはたらきをしている（**図3 A**）。ミオシン頭部で ATP が分解されることにより，アクチンフィラメントとミオシンフィラメントの間で運動が発生する。この運動発生の詳細なメカニズムを**図3 B**に示す。ADP の解離と共にミオシン頭部に連結している棒状の可動腕がスイングする。その結果，アクチンフィラメントは約5 nm 左方向へ滑る（**図3 B ステップ①〜②**）。ADP が解離したあとのミオシン頭部に ATP が結合すると，ミオシン頭部はアクチンフィラメントより離れる（**図3 B ステップ③〜④**）。ATP の分解と同時にスイングした可動腕が元の状態に回復する（**図3 B ステップ⑤**）。ミオシンは**ステップ①〜⑤**のサイクルを繰り返すことでアクチンフィラメントを5 nm ずつ手繰り寄せ，筋収縮が発生していると考えられている。

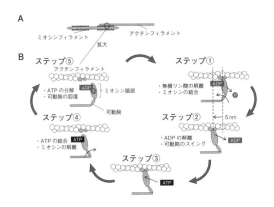

図3　アクチンフィラメントに沿って動くミオシンの運動モデル

図 3 B におけるミオシンの運動メカニズムは，ATP を含む生理的溶液中において，筋肉から抽出した 1 個のミオシンの動きを測定する実験から明らかになってきた（**図 4 A**）。まず，1 個のミオシンをガラス基板に固定する。次に，1 本のアクチンフィラメントの端にビーズを付け，そのアクチンフィラメントをミオシンの上に置く。この状態で，ミオシン可動腕のスイングによってアクチンフィラメントが引っ張られると，ビーズの位置がずれる。**図 4 A** のように 1 個のミオシンで実験した場合，**図 3** の**ステップ⑤**の状態になるとアクチンは元の位置に戻る。このビーズの位置変化を位置検出器で検出すると，**図 4 B** のような軌跡が得られる。ここでは，5 秒の間に 2 回ミオシンがアクチンを手繰り寄せている。

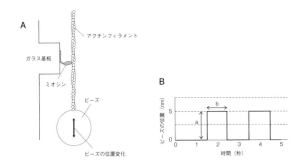

図 4　アクチンフィラメントに沿って動くミオシン 1 分子の運動計測
A．実験の模式図。B．実験から得られたビーズの軌跡。

問 5－1　この実験において，溶液中の ATP 濃度を下げていったところ**図 4 B** のビーズの軌跡に変化が見られた。この変化とはどのようなものか。**図 3 B** を踏まえ，次の①〜④からひとつ選んで答えなさい。　M12

①　a が高くなり，b は変化しない　　　　　　②　a が低くなり，b は変化しない

③　a は変化せず，b が長くなる　　　　　　　④　a は変化せず，b が短くなる

問 5－2　可動腕の長さを人工的に 2 倍にしたミオシンを用いて，同様の実験を行った。この場合，**図 4 B** で示され

るビーズの軌跡にどのような変化がみられるか。**図3B**を踏まえ、次の①～⑤から1つ選んで答えなさい。ただし、可動腕の長さの変化はミオシン頭部の機能には影響しないものとする。 M13

① aが高くなり、bは変化しない ② aが低くなり、bは変化しない

③ aは変化せず、bが長くなる ④ aは変化せず、bが短くなる

⑤ a、b共に変化しない

問5－3 動物が死んで代謝が完全に停止し、アクチンとミオシンの結合を阻害するタンパク質の機能が失われた後、数時間経過すると死後硬直という現象がおきる。この現象にはアクチンフィラメントとミオシンの結合状態が関わっている。**図3B**から死後硬直が起こっているときの状態を推測し、死後硬直がおこる理由を簡潔に説明しなさい。

◀理学科地球科学専修▶

（90 分）

I　地球の磁場に関する次の文章を読んで，**問 1～問 7** に答えよ。

　古くから地球には磁場があることが知られており，地球が帯びている磁場を地磁気とよぶ。地磁気は，強さと方向が地球史を通じて様々に変化してきた。地球の内部構造は，地表面から中心に向かい，岩石からなる地殻とマントル，および金属からなる核から構成される。核は，主に液体の鉄から構成される外核と，主に固体の鉄からなる内核に区分される。外核は液体であることから流動しており，この外核の流動が地磁気を生み出している。電流のまわりには磁場ができることが知られており，地磁気は外核の流動により生じた電流により維持されていると考えられている。この考え方をダイナモ理論とよぶ。地球表層で観測される磁場の約 90 ％は，棒磁石が形成する磁場によって表される双極子磁場に近似することができる。ここでは，地球の磁場は，地磁北極と地磁南極をもつ双極子磁場であるとして考える。地磁気の南北の極の位置は，地球の回転軸に対して不規則に摂動したり，徐々に変化したりすることが知られている。その原因は完全には明らかになっていない。また，この双極子磁場の極性は不規則な時間間隔で逆転することも知られている。地磁気の極性が安定している期間も様々で，数万年程度のこともあれば，数千万年間安定なこともある。過去6600 万年間における地磁気の逆転の平均的な頻度は，100 万年あたり 2 ないし 3 回程度である。一方，およそ 1 億年前には，4000 万年間も地磁気の逆転がなく，極性が安定していた期間もある。

　過去の地球の地磁気は，溶融した岩石（マグマ）が固結する過程で，鉄を含む鉱物がそのキュリー点[注1]を下回る温度まで冷却された際に獲得する磁場や，鉱物や岩石片が水中などで沈積する際の磁性を帯びた粒子の配列方向として，種々の岩石に記録される。ここでは，地球上のある地点における地磁気の強さを全磁力（$\vec{H}$）とよび，このような岩石に記録されている磁気を残留磁気とよぶ。過去の地球において磁場が現在の磁場の極性と同一であった場合，その時代を正磁極期とよび，現在の磁場の極性と逆向きであった場合を逆磁極期とよぶ。地球表面における全磁力の水平分力（$\vec{H_0}$）の地理的な真北からのずれの角度を偏角（δ）とよび，ある地点の岩石に記録されている偏角を計測することで過去の地球の磁場の極性を知ることができる。また，$\vec{H}$ と水平面のなす角（θ）を伏角とよび，赤道から高緯度地域に移動するにつれ，その角度が大きくなる。

　このような岩石に記録されている磁気を用いて過去の地球の地磁気を研究する分野を古地磁気学とよぶ。一方，現在の磁場を観測すると，残留磁気の影響により，本来観測されるべき磁場とは異なる磁場が観測されることがあり，このような現象を磁気異常とよぶ。地下からのマグマの噴出とその固結により新しい地殻が形成されている大洋中央海嶺[注2]においてマグマが冷却されると，鉄に富む鉱物がその時点での地磁気の方向を獲得する。海洋調査船上から大洋中央海嶺付近の海洋地殻表面の地磁気を測定すると，正磁極期に形成された海洋地殻上では磁場が強化され，逆磁極期に形成された海洋地殻上では磁場が打ち消されるような効果がある。海嶺の伸長方向に対し鉛直な方向に沿って地磁気を測定すると，海嶺から離れるにつれて，磁場が強化されている範囲と打ち消されている範囲が繰り返し出現することが観測された。さらに，磁場の強弱のパターンは，大洋中央海嶺を挟んで対称に配列していることも観測された。後に，この強弱のパターンに対応する地点から海洋地殻を構成する岩石の採取が行われ，その放射年代と残留磁気の計測が行われたことにより，海洋地殻は大洋中央海嶺で生産され，大洋中央海嶺から遠ざかるように移動することによって大陸地殻を移動させていることが立証された。

[注1]　その温度以上では強磁性体の強磁性が失われ，常磁性体となる温度。

[注2]　大洋の中央部にあり周囲の深海底より高い山脈状の地形。活発なマグマの噴出とその固結により，海洋地殻が新たに生産される。

問 1　下線部 **a** に関して，次の文章の　ア　から　ケ　に入る最も適切な語句，数値，または数式を記せ。ただし，カ については子午面または赤道面のいずれかの語句を，キ，ク については，東，西，南，北のいずれかの語句を記し，ケ については有効数字 3 桁で記せ。

　真空中で十分に長い直線状の導線に電流を流すと，電流の周囲に磁場が発生する。電流 I_P が流れる導線から距離 r_P の点における磁場の強さ H_P は，$H_P =$ ア で示される。ここで，真空中で十分に長い直線状の導線 α，β，γ が**図 1** のように互いに平行に配列している場合を考える。それぞれの導線に，I_A，I_B，I_C の電流が**図 1** 中で示す向きに流れている。ただし，$I_A > I_B > I_C$ とする。このとき，原点に生じる磁場の向きは，原点から イ 象限方向となる。また，x 方向の磁場の強さ（H_x）と y 方向の磁場の強さ（H_y）を I_A，I_B，I_C，および a を用いて表すと，H_x と H_y は，それぞれ $H_x =$ ウ ，$H_y =$ エ となる。

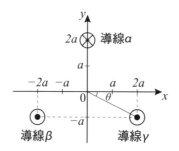

図 1　直線電流の流れ。ただし，⊗は紙面手前側から裏側に向かう方向を，⊙は紙面裏側から手前側に向かう方向を示す。

　このような直線電流だけでなく，円形電流も磁場をつくる。地球の磁場は，外核に存在する溶融した鉄が環状に流動することにより，それが円形電流となり磁場が生じていると考えることができる。真空中で半径 r_q の円形の導線に電流 I_q を流したときの円の中心における磁場の強さ H_q は，$H_q =$ オ で示される。ここで，地球が完全な球体で，地球内部および外部は真空であり，地球内部に円形の導線が存在すると仮定し，地球の中心からの円形導線の半径を r_C，地球の半径を r_E，円形導線に流れる電流を I_E とする（**図 2**）。経度 0°緯度 0°の地表面に接するように地球の直径に対して十分に長い直線導線を配置した場合，地球の中心に生ずる磁場を打ち消すためには，直線導線を カ 方向に配置し，キ から ク に電流を流す必要がある。地球の中心部での磁場の強さを 5.00×10^2 A／m，外核に発生する円形電流の半径を 3.00×10^6 m，地球の半径を 6.00×10^6 m，$\pi = 3.14$ としたとき，地球の磁場を打ち消すためにこの直線電流に流すべき電流は ケ A となる。

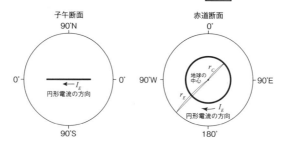

図 2　地球内部を円形電流が流れると仮定し，その様子を示した模式図。

問2　地球表面のある地点において，現在の磁束密度を測定したところ，その水平成分は 20784 nT（ナノテスラ），鉛直成分は 12000 nT であった。この地点における伏角の角度を求めよ。

問3　以下の**図3**は，現在の地球上の北半球で観測される地磁気の磁束密度の分布を示している。日本列島からみると，磁北極は北北東方向にあるが，東京都における現在の偏角はおよそ 7°W である。偏角が西向きとなる理由について**図3**からわかることを説明せよ。

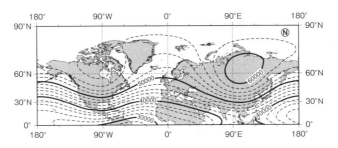

図3　現在の北半球で観測される磁束密度の分布。単位は nT（ナノテスラ）。Ⓝは磁北極の位置を示す。図は，Alken et al., 2021, *Earth, Planets and Space*, v. 73:49 を改変。

問4　以下の**図4**は，現在の地球上で観測される地磁気の伏角の分布を示している。解答用紙の図中の磁南極の位置にⓈ印を記入せよ。

編集部注：解答用紙の図は図4に同じ。

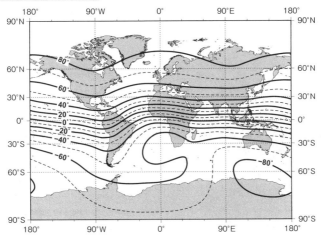

図4　現在の地球上で観測される伏角の分布。図は Alken et al., 2021, *Earth, Planets and Space*, v.73:49 を改変。

問5　下線部**b**に関して，次の文章を読み，地質時代のカラブリアン[注3]／チバニアン[注4]境界付近では，地球の磁場にどのような変化があったか述べよ。

注3 180〜77.4万年前まで期間を示す地質年代名

注4 77.4〜12.9万年前までの期間を示す地質年代名

注5 258〜1.17万年前までの期間を示す地質年代名

注6 258万年前〜現在までの期間を示す地質年代名

チバニアンの下限付近では，地球の磁場に大きな変化があったことが知られている。実際に千葉県の北緯約35.3°東経約140.1°に露出する地層において調査したところ，伏角に**図5**のような変化があった。

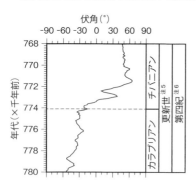

図5 カラブリアン／チバニアン境界付近の年代の地層に記録された磁気の変化。データは Haneda et al., 2020, *Progress in Earth and Planetary Science*, v.7:44. から引用。

問6 下線部cに関して，次の文章を読み，北アメリカ大陸とヨーロッパ大陸との関係にどのような時代変遷があったかを述べよ。

北アメリカの岩石とヨーロッパの岩石を用いて，残留磁気を測定したところ，それぞれの大陸の岩石が示す各時代における磁北極の位置が**図6**に示す地点であることがわかった。

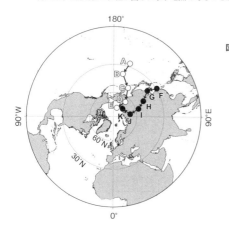

図6 北アメリカ大陸およびヨーロッパ大陸の岩石に記録された磁気から示された，各大陸の岩石が示す磁北極の位置の時系列変動。黒丸および白抜丸は，それぞれ，北アメリカ大陸から得られたデータおよびヨーロッパ大陸から得られたデータを示す。アルファベットは以下の年代を示す。A：約4.4〜3.2億年前，B：約3.2〜3.0億年前，C：約3.0〜2.5億年前，D：約2.5〜2.0億年前，E：約1.5〜0.7億年前，F：約4.4〜3.6億年前，G：約3.2〜3.0億年前，H：約3.0〜2.5億年前，I：約2.5〜2.4億年前，J：約2.4〜2.0億年前，K：約2.0〜1.5億年前。図は McElhinny, 1973, Palaeomagnetism and plate tectonics, Cambridge University Press を改変。

問7 下線部dに関して，**図7**に，実際に測定された大洋中央海嶺からの距離とその放射年代との関係を示す。海洋底の拡大速度の変化に関して，この図から読み取れることを述べよ。

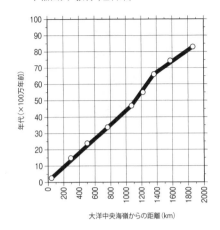

図7 大洋中央海嶺からの距離（横軸）と年代（縦軸）の関係。折れ線は平均的傾向を示す。データは Cande and Kent, 1992, *Journal of Geophysical Research*, v.97, p.13917-13951 から引用。

大洋中央海嶺からの距離 (km)

Ⅱ 固体地球の温度と圧力に関する次の文章を読んで，**問 1 ～問 7** に答えよ。

　地殻は固体地球の表層部を構成する（**図 1**）。地殻の厚さは，地球上の場所により異なる。しかし最も厚い場合でも，地表から地殻最深部までの距離は約 60 km である。地殻は岩石から構成され，岩石には，様々な元素が含まれている。岩石は結晶の集合体であり，岩石の状態は温度・圧力により固体と液体の間で変化する。地殻内の温度は，太陽放射エネルギーの影響を受けない地下数 10 m 以深になると，深さとともに高くなっていく。地殻における圧力は，岩石が存在することにより発生している。地殻が主に岩石から構成されることと，岩石は静止しているとみなせることから，この圧力を静岩圧とよぶ。水圧の導出法を参考にすると，静岩圧を数式で表すことができる。地表からみて深度 h m の距離に底面のある岩石柱（**図 2**）が，岩石柱の底面に対して与える圧力 P Pa は，岩石柱の底面積を S m²，岩石柱の総重量を m kg，重力加速度を g m／s² とした場合， ア Pa と表すことができる。岩石の密度が ρ kg／m³ である場合， ア は ρ を使用して イ と書き換えることができる。地殻は密度の異なる複数の種類の岩石から構成され，地殻全体として層状構造をもつ（**表 1**）。各々の岩石の存在深度が分かると，$P =$ イ の式をもとに，地殻内の深度ごとの静岩圧を算出することができる。

　温度や圧力の変化に応じた地殻の岩石の状態変化の例として，溶融がある。溶融により発生した液体が集まり，岩石から分離するとマグマになる。マグマには，上述の静岩圧がかかっている。マグマの温度や，マグマにかかる圧力の変化は，マグマの状態も変化させる。その変化の一つに，マグマの発泡がある。発泡とはマグマ中に気体が出現する現象であり，揮発性成分の溶解度の変化が要因となっている。発泡を考える上で最も重要な成分は，マグマに溶解している量の多い H_2O である。マグマに占める気体の体積比が大きいまま，マグマが地表に噴出し，冷却され固結すると，軽石という空隙の体積比の高い岩石を発生させる。気体を含むマグマが地表に噴出せず地下にとどまった場合，マグマが冷却し固結するまでに十分な時間があり，気体はマグマから抜け出る。そのため地下にとどまったマグマから生成した岩石には，空隙の多いものはない。

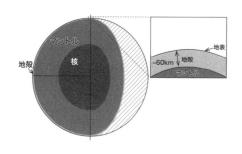

図1　固体地球の層状構造。

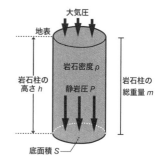

図2　静岩圧発生の模式図。

表1　地殻を構成する岩石の密度の例。

分布深度	岩石名	密度（kg／m³）
浅部	A	2600
中間部	B	2750
深部	C	2900

問1　下線部 a と関連し，地殻を構成する元素の質量%の大小関係を図3に示す。また図3の A から E の元素の説明を以下に示す。A から E に該当する最も適切な元素名を元素記号で示せ。

元素A：この元素には同素体が存在し，複数の同素体が地球の気圏も構成している。

元素B：価電子4個を持つ典型元素である。単体は灰白色～灰黒色で金属に似た光沢を持っており，半導体として集積回路（IC）や太陽電池に利用される。

元素C：典型元素で金属元素でもある。工業的製造にあたり，まずは地殻から採取したボーキサイトから，この元素の純粋な酸化物を作成する。さらに，この酸化物を融解塩電解する。

元素D：遷移元素である。工業的製造にあたり，この元素を含有する酸化物にコークスと石灰石を加えた上で，加熱し還元する。

元素E：アルカリ土類金属元素である。この元素を含む塩類の水溶液は，橙赤の炎色反応を示す。

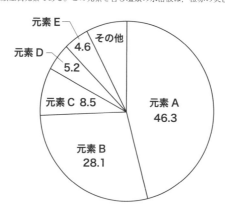

図3　地殻（大陸部）を構成する元素の比率（質量%）。

問2　文中の空欄 ア と イ に入る数式を，文中の記号を使用して記せ。

問3　静岩圧が地表における大気圧の値と同じになるような深度（m）を有効数字2桁で求めよ。静岩圧は**表1**の**岩石A**により発生しているものとする。大気圧を 1.0×10^5 Pa とする。また重力加速度を $9.8 \,\mathrm{m/s^2}$ とする。

問4　**表1**に示すように，地殻の最浅部に**岩石A**からなる層が，それよりも深い地殻の中間部に**岩石B**からなる層が存在する。**岩石B**からなる層内の地点Xは地表からみて深度37 kmにあり，地点Xの静岩圧は 9.8×10^8 Pa である。この時，地表から地点Xまでを占めている，**岩石A**からなる層と**岩石B**からなる層の各々の厚み（km）を有効数字2桁で求めよ。重力加速度を $9.8 \,\mathrm{m/s^2}$ とする。

問5　下線部**b**と関連し，完全な固体であった岩石が溶融し始めるために，温度や圧力はどのように変化すれば良いか。温度一定と圧力一定のそれぞれの場合について答えよ。ただし溶融の開始する温度は，圧力の上昇とともに高くなるものとする。

問6　下線部**c**と関連し，マグマの発泡を**図4**に描いた。以下の(i)と(ii)の問いに答えよ。
  (i)　発泡により元のマグマの質量の2.00 %が，マグマ中に存在する H_2O の気体になったものとする。マグマ1.00 Lから発生する気体の体積（L）を有効数字3桁で求めよ。気体発生時の圧力を 1.00×10^8 Pa，温度は807℃とする。気体発生前のマグマの密度を 2.20×10^3 g／Lとし，気体発生後の密度変化はないものとする。またマグマからの気体の離脱はないものとする。ここでは気体定数 R を 8.31×10^3 Pa・L／（K・mol），H_2O を理想気体として扱って良いものとし，H_2O の分子量を18.0とする。
  (ii)　(i)の状況で，気体を含むマグマ全体における気体部分の体積比（%）を有効数字3桁で求めよ。

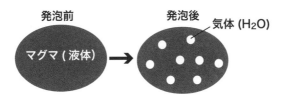

図4　マグマ発泡の模式図。

問7　**問6**と関連し，マグマに含まれる実在気体の理想気体からのずれの程度の温度や圧力による変化を考えたい。次の文章の空欄 ア から カ にあてはまる最も適切な語句を答えよ。

  理想気体とは，分子自身の ア が0で，イ 力がないと仮定された気体である。実在気体においては，気体全体に占める分子自身の ア の比率は，温度一定の場合，圧力の増加と共に ウ なる。一方，イ 力の影響は，圧力一定の場合，温度が エ いほど無視できるが，それは分子の オ が激しくなるからである。また イ 力は，分子量が大きいほど，あるいは カ が大きいほど強くなる。一般に，常温常圧下の気体は理想気体とみなすことができる。マグマ中の気体は，それよりも高温高圧下にある。

/////////////////// · **memo** · ///////////////////

問

題

編

理学科生物学専修C・D方式「理科」

大学より,「この問題は,2023年度一般選抜より新設する『共通テスト＋一般（C方式およびD方式)』の個別試験をイメージするために作成したサンプルであり,実際に出題される問題とは異なります」と発表されている。

【試験時間】 90分

【入学者に求める力】

理学科生物学専修では,物理・化学・数学といった自然科学的な背景や意味を理解しつつ,生物学における様々な課題を解決する人材の養成を目指している。価値観が多様化し,種々の課題が顕在化している現代社会においては,単に暗記した知識を引き出すだけでは,複雑化する課題を発見し,解決することは難しい。そして,この点は自然科学の研究においても同様である。自然界の対象に向き合い,実験を通してその背景にある原理を追求する際には,実験結果を整理し,そこから自らの頭脳により情報を抽出・解析して仮説を立て,さらにそれを検証していくプロセスを繰り返すことが必須である。知識を持っているだけで考えることをしなければ,研究はできない。考えることをいとわない学生を生物学専修は求めている。そのため生物学専修は,自然科学的な思考力・考察力を問うことに重点を置いた個別試験を導入し,これに知識を確認するための大学入学共通テストを組み合わせる入試方式に移行することにした。

大学入学共通テストでは,5教科（C方式）または3教科（D方式）が選択可能である。どちらの方式の受験生にも同じ個別試験を課する。個別試験の出題範囲は広く理科全体とし,専門的な特定科目の暗記知識を単純に問うことはせず,自然科学的な理解による論理的な思考力や考察力を求める出題とする。このような個別試験に対応するために,様々な教科・科目で学ぶ物事の意味や問題の背景を考える習慣を入学者に求めたい。

Ⅰ　以下の文章を読み，問1～問6に答えよ。（45点）

　スズメの仲間で，肉食性の鳥であるモズは，「はやにえ」をつくる習性で知られる。「はや
にえ」とは，カエルや虫などの様々な小動物を縄張り内の木の枝先等に刺して放置したもので
ある。10月ごろに縄張り争いが落ち着くとモズは「はやにえ」をつくり始め，小動物を見つけ
にくくなる真冬に「はやにえ」を食べる。モズは，冬には植物の実も食べるものの，2月から
の繁殖シーズンを迎えるにあたって「はやにえ」が貴重な栄養源になっていると考えられる。
餌（えさ）が豊富な時期に採った木の実などを土のなかなどに隠して越冬のための食糧にする
習性は「貯食」と呼ばれ，ヤマガラなどの小鳥ではよく見られる。そのため，このようなモズ
の「はやにえ」は貯食のためであるとする仮説が考えられてきた。一方で，オスがつがい相手
を獲得するためであるとする仮説も考えられている。そこで，モズの「はやにえ」が何を目的
としてつくられているのかを調べるため，以下の**実験1～実験3**が行われた。

実験1

　モズの縄張りが確定する10月以降，繁殖シーズンが終わる5月までの間，モズの縄張りのな
かで調査を行い，「はやにえ」の生産数（新たにつくられる数）と消費数（確認されていたも
ののうち消費された数）を月ごとに数えたところ，**図1**の棒グラフの結果が得られた。また，
えさとなる小動物の活動の指標となる平均最低気温の変化を同じグラフのなかに実線で示し
た。

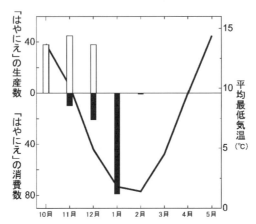

図1　「はやにえ」がつくられた個数と消費された個数の変化

（西田有佑 (2021) 野鳥 86: 1–10のデータに基づいて作図）

実験2

　モズの場合，求愛行動にはオスの歌（さえずり）が重要な意味をもっており，歌唱速度が大きいオスほどつがい相手の獲得に成功しやすいことが知られていた。そこで，オスが縄張り内で消費した「はやにえ」の量と，そのオスの歌唱速度（1秒あたりのさえずり数）を調べたところ，**図2**の結果が得られた。

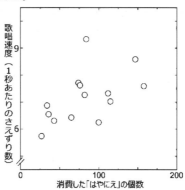

図2　「はやにえ」の消費量と歌唱速度の関係

（西田有佑 (2021) 野鳥 86: 1–10のデータに基づいて作図）

実験3

　「はやにえ」をできる限り除去するという操作，あるいは「はやにえ」をそのままにしておいたうえでその3倍量の給餌をするという操作を行い，それらがオスの歌唱速度とつがい相手の獲得成功率に与える影響を調べたところ，**図3**の結果が得られた。

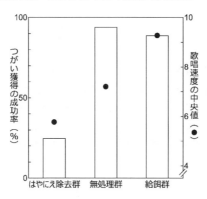

図3　えさの量が歌唱速度とつがい相手の獲得成功率に与える影響

（西田有佑 (2021) 野鳥 86: 1–10のデータに基づいて作図）

問1 モズのつがいは一夫一妻制をとる。一夫一妻制の動物では，オスが縄張りをつくって一定の空間を専有し，そこにメスを受け入れて独占するという仕組み（縄張り制）を備えていることが多い。このとき，縄張り制にはどのような利益があって維持されていると考えられるか答えなさい。

問2 文章中で説明されたモズの習性と**図1**のグラフの結果を踏まえると，モズの行動に関してどのような考察が可能か。その考察として**適当でない**記述を以下の選択肢①〜⑤から1つ選んで番号で答えなさい。

① 「はやにえ」がつくられる数は，平均最低気温に反比例する。
② つくられた「はやにえ」の多くは1月末までに消費される。
③ 2月のモズの主食は植物の実であると推定できる。
④ 「はやにえ」がつくられている時期にも一部の「はやにえ」は消費されている。
⑤ 「はやにえ」は繁殖シーズンにはつくられず，また消費もほとんどされない。

問3 **実験2**の結果を示す**図2**のグラフは，消費する「はやにえ」の個数の多い個体ほど歌唱速度が大きいという傾向を表している。しかし，このことだけでは，「はやにえ」を多く消費したことによって歌唱速度が上がったと結論することはできない。その理由として最も適当な記述を以下の選択肢①〜⑤から1つ選んで番号で答えなさい。

① 歌唱速度には上限があるから。
② 「はやにえ」となった動物の種類が考慮されていないから。
③ 「はやにえ」を多く食べたことで歌唱速度が上がるのは不自然だから。
④ 生産した「はやにえ」の数が不明だから。
⑤ どちらもえさの豊富な縄張りを持てたことの結果かもしれないから。

問4 **実験3**の結果を示す**図3**のグラフは，「オスが『はやにえ』をつくるのは，冬に『はやにえ』を食べて良好な栄養状態を維持し，繁殖シーズンに歌唱速度を上げることにより，つがい相手の獲得成功率を高めるためである」とする仮説を支持しているように見える。しかしながら，必要な対照実験が足りないために仮説の検証としては十分ではない。仮説の検証には，どのような対照実験を追加すればよいか答えなさい。

問5 鳥類の多くの種において，つがい相手を獲得するためにオスがメスにえさを与える求愛給餌と呼ばれる行動が知られている。モズの「はやにえ」は求愛給餌に使われることはなく，つがい形成以前にオスからメスに積極的に与えられることはない。この理由として最も適当なものを以下の選択肢①〜⑤から1つ選んで番号で答えなさい。

① 「はやにえ」を求愛給餌のためにメスに与えると，同じく求愛給餌をする他種と競合してしまうから。

② 「はやにえ」を食べなければオスは冬を越すことができないから。

③ 「はやにえ」を食べたメスの栄養状態がよくなるから。

④ 「はやにえ」を食べたメスがつがい相手になるという保証がないから。

⑤ 「はやにえ」を失うことで他のオスに縄張りを侵害されてしまうから。

問6 別種のモズでは，「はやにえ」の役割が異なっている可能性がある。架空のモズである「ワセダモズ」では，つがい相手の獲得成功率はオスの歌唱速度に影響されないとする。そこで，ワセダモズのオスにおける「はやにえ」の役割を調べるために，モズで行われた**実験3**と同じ実験を行ったところ，まったく同様の結果が得られた。ワセダモズのオスにおける「はやにえ」の役割に関して，この結果はどのように解釈することができるか自分の考えを述べなさい。

Ⅱ 以下の文章を読み，問1～問6に答えよ。（45点）

生物は，さまざまな方法で環境の情報を感知し，それに応答して細胞内の状態を変化させている。たとえば植物の細胞では，細胞質で合成されるフィトクロムが光受容体タンパク質としてはたらく。フィトクロムは，赤色光（660 nm）を吸収するとPr型からPfr型に変換され，Pfr型は遠赤色光（730 nm）を吸収すると，Pr型に可逆的に戻る。Pfr型のフィトクロムは，細胞質からDNAが収納されている核に入り，発芽や成長に関連する遺伝子のはたらきを制御する（**図1**）。このフィトクロムのはたらく仕組みを明らかにするために，種子の発芽における光の影響を調べる以下の**実験1**～**実験3**を行った。

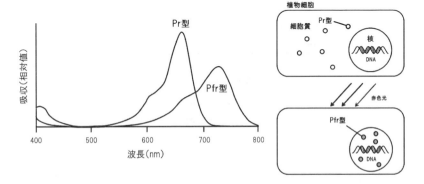

図1 フィトクロムの吸収スペクトル（左）と細胞内での配置（右）

（吸収スペクトルは Vierstra and Quail, 1983に基づいて作図）

実験1

　暗所に置いていたレタスの種子に，赤色光（R：660 nm）と遠赤色光（FR：730 nm）を交互に照射し，その後に発芽した種子の割合を数えたところ，**図2**の結果が得られた。

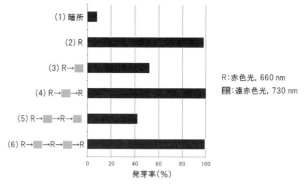

図2　赤色光／遠赤色光による発芽誘導

（Borthwick et al., 1952のデータに基づいて作図）

実験2

　ある植物の葉を透過する前後の太陽光の光量を測定したところ，**図3**の結果が得られた。

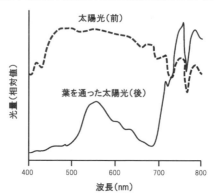

図3　葉を透過する前後の太陽光の光量

（『植物の光センシング』秀潤社のデータに基づいて作図）

実験3

　ある植物を暗所で育てると，その芽生えは胚軸が長いヒョロヒョロとしたモヤシとなった。この芽生えに赤色光を当てたところ，葉を広く展開し葉緑体を発達させ光合成を始めた（**図4 A**）。そこでこの植物がフィトクロムタンパク質をつくれなくなるように遺伝子操作を施した

ところ，芽生えに光を当ててもモヤシになった（**図4B**）。フィトクロムタンパク質は2つの領域（N領域とC領域）から構成される。それぞれの領域の機能を調べるために，フィトクロムタンパク質のN領域のみ，あるいはC領域のみを合成させた植物の芽生えに赤色光を当てたところ，いずれもモヤシの形を示した（**図4C**，**図4D**）。一方，N領域に核移行シグナル（特定のアミノ酸配列で，このシグナルをもつタンパク質は核に入る）を人工的にもたせたところ，赤色光下ではモヤシの形にならずに，葉を広く展開した（**図4E**）。

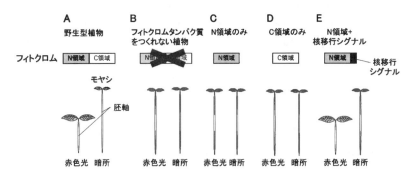

図4　芽生えの形に対するフィトクロムと光の効果

問1　**実験1**と**実験2**の結果から考えると，**図2**の(1)～(6)の条件のうち，Pfr型が蓄積しているのはどの条件だと考えられるか。最も適当な条件の組合せを以下の選択肢①～⑤から1つ選んで番号で答えなさい。

①　(1)

②　(1), (2), (4), (6)

③　(1), (3), (5)

④　(2), (4), (6)

⑤　(3), (5)

問2　**実験1**の暗所に置いた植物もしくは一連の光照射を行った直後の植物に，それぞれ**実験2**で用いた葉を透過した光を照射してからその後に発芽した種子の割合を数える実験を行った。葉を透過した光を照射することにより発芽する種子の割合が**実験1**の場合より増加するのは，**図2**の(1)～(6)の条件のうち，どの条件だと考えられるか。最も適当な条件の組合せを以下の選択肢①～⑤から1つ選んで番号で答えるとともに，**実験1**のどのような情報をもとにその選択肢を選んだのかについて，その論理の流れを簡潔に説明しなさい。

   ① （1）

   ② （1），（2），（4），（6）

   ③ （1），（3），（5）

   ④ （2），（4），（6）

   ⑤ （3），（5）

問3 **実験1**と**実験2**の結果から，種子が周囲の環境を感知することで生存率を高めていることが推測できる。フィトクロムを介して種子が感知する具体的な自然環境と，その感知によってなぜ生存率が高まるのかを説明しなさい。

問4 **実験3**の結果から推定されるフィトクロムタンパク質の2つの領域の機能を，N領域とC領域のそれぞれについて答えなさい。

問5 **実験3**の結果は，光環境の信号を受け取ることができなかった場合には，植物の形は日常見かける芽生えの形ではなく，モヤシの形になることを示している。実は，モヤシという形は植物が芽生える時の生存戦略にとって重要である。この形が植物にとって利点となる自然環境を1つ挙げ，その環境でどのような利点が生じるのかを説明しなさい。

問6 タンパク質自身はほとんど光を吸収することができない。したがって，光受容体タンパク質は光を吸収するために，「発色団」とよばれる光を吸収する構造をもつ。フィトクロムタンパク質の場合はフィトクロモビリンという発色団が共有結合している。フィトクロモビリンの構造は光を吸収すると変化する。その小さな構造変化が，フィトクロムタンパク質の大きな構造変化を引き起こし，フィトクロムタンパク質の機能が変化する。上記の文章や実験から，フィトクロムタンパク質の性質に関して正しいと判断できるものを，下記の選択肢からすべて選んで番号で答えなさい。

   ① 赤色光と遠赤色光を1つの分子が同時に吸収することができる。

   ② 遠赤色光による構造変化によって，核内に入ることができるようになる。

   ③ 一度構造変化を行うと，元の構造に戻ることができない。

   ④ 赤色光による構造変化によって，遺伝子のはたらきを制御できるようになる。

   ⑤ 赤色光が当たると，その量を大きく増加させることによって植物の生育に寄与する。

[III]　以下の文章を読み，問１〜問８に答えよ。（60点）

　　図1は地球上の様々な緯度における大気中の二酸化炭素（CO_2）濃度の経時変化を示している。また，**図2**は地球全体での炭素の貯留量と１年間での移動量を示した図である。大気中の炭素の大部分はCO_2として存在している。海洋によるCO_2の放出・吸収は，風速や大気−表層水間のCO_2濃度差に依存している。また，水温が低いほうがより多くのCO_2が溶け込めるため，結果的により多くのCO_2が表層水に吸収される。しかし，陸域によるCO_2の放出・吸収に比べると，海洋によるCO_2の放出や吸収の季節変化は小さい。陸域においては，セメント製造や化石燃料の使用といった人間活動を通して大気中にCO_2が放出されている。また，自然に発生する火災や，生物による呼吸や有機物の分解によってもCO_2が直接的に大気へと放出されている。植物は光合成による有機物生産（純一次生産）を介して大気中のCO_2を吸収しているため，森林伐採や開墾といった土地利用の変化もCO_2の吸収や放出に影響を及ぼす。このように，大気CO_2濃度は人為的要因と自然的要因の両方によって影響を受ける。人為的要因による放出の中でも特に化石燃料の消費に伴う放出は大きく，増加する世界のエネルギー需要を満たすためにこの化石燃料の消費は現在も増え続けている。

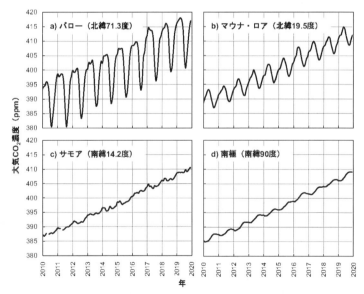

図1　異なる地点における大気CO_2濃度の季節・年による変動

（横軸の各年の目盛りはその年の１月１日にあたる）

（NOAA ESRL Carbon Cycle, http://www.esrl.noaa.gov/gmd/ccgg/のデータに基づいて作図）

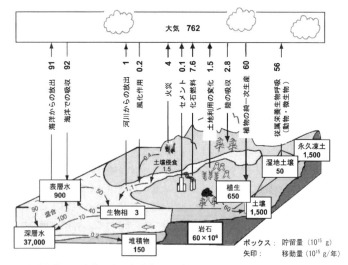

図2 地球全体での炭素の主要な貯蔵量（ボックス）と年間移動量（矢印）

ボックス内の値は1月1日における値を示すものとする。

（加藤知道監訳 生態系生態学 第二版より，一部改変）

問1 **図1**のグラフを用いて，観測された大気CO_2濃度の2010年から2020年の間における変化と各年における季節変化について考えたとき，このグラフから読み取れることとして適切なものを，以下の選択肢①〜⑥から1つ選んで番号で答えなさい。

① いずれの地点でもこの期間中に大気CO_2濃度は5—10 ppm増加した。また，バローにおける大気CO_2濃度の季節変化幅はいずれの年でも15—20 ppmであった。

② いずれの地点でもこの期間中に大気CO_2濃度は5—10 ppm増加した。また，南極では大気CO_2濃度がいずれの年でも4月から8月にかけて減少した。

③ いずれの地点でもこの期間中に大気CO_2濃度は5—10 ppm増加した。また，赤道に近いサモアでは大気CO_2濃度の季節変化は不明瞭で，いずれの年でも年間の変化幅は1 ppm以下であった。

④ いずれの地点でもこの期間中に大気CO_2濃度は20—25 ppm増加した。また，バローにおける大気CO_2濃度の季節変化幅はいずれの年でも15—20 ppmであった。

⑤ いずれの地点でもこの期間中に大気CO_2濃度は20—25 ppm増加した。また，南極では大気CO_2濃度がいずれの年でも4月から8月にかけて減少した。

⑥ いずれの地点でもこの期間中に大気CO_2濃度は20—25 ppm増加した。また，赤道に近いサモアでは大気CO_2濃度の季節変化は不明瞭で，いずれの年でも年間の変化幅は1 ppm以下であった。

問2　　**図3**は，北半球中緯度域のある地点における
大気CO_2濃度の季節的な変化を模式的に示
したものであり，春から夏にかけて大気CO_2
濃度が減少し，秋から冬にかけて増加する様
子が見られる。このCO_2濃度の季節変化の主
な要因を，**図2**中の矢印（移動量）の項目か
ら2つ選んで答えなさい。

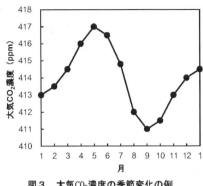

図3　大気CO_2濃度の季節変化の例

問3　　**図3**で示されている大気CO_2濃度の変化率を適切に表しているグラフを，以下の選択肢①～
⑧から1つ選んで番号で答えなさい。

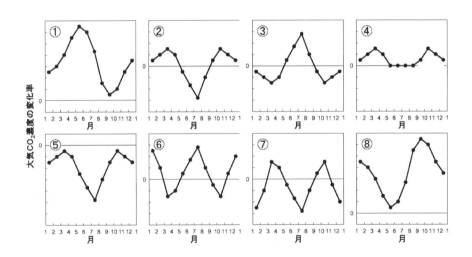

問4　　**図1**からは，大気CO_2濃度の季節変化幅が北半球では大きく，南半球では小さいことが読み
取れる。南北半球で大気CO_2濃度の季節変化幅が異なる理由を簡潔に説明しなさい。

問 5 **図 2**中の矢印で示された経路の年間移動量の値を合計することで，大気中に含まれている炭素が 1 年間で6.2×10^{15} g増加することが分かった。もし化石燃料の使用による炭素放出が無いと仮定した場合には，大気中の炭素の年間変化量がいくらになるか計算しなさい。計算結果は，大気中の炭素が増加する場合はプラスの符号，減少する場合はマイナスの符号をつけ，解答欄の様式にあうように小数点第一位までの値で示すこと。

（解答欄の様式）

大気中の炭素の年間変化量： ＿＿＿＿＿＿＿＿＿＿＿＿＿$\times 10^{15}$ g/年

問 6 **図 2**中の値が2020年のデータであり，2021年以降の化石燃料の消費およびそれに伴う炭素放出がいずれの年においても2020年よりも1%高くなると仮定した場合に，10年後（2030年1 月 1 日）において大気中に含まれる炭素量がいくらになるか計算しなさい。なお，計算結果は解答欄の様式にあうように整数で答えなさい。

（解答欄の様式）

2030年に大気に含まれる炭素量： ＿＿＿＿＿＿＿＿＿＿＿＿＿$\times 10^{15}$ g

問 7 **図 2**で示されている深層水においては，表層からの有機物供給（生物遺骸などの沈降）がある一方で，深層水中の溶存態の炭素は混合や湧昇によって深層から表層へと戻されている。このことは深層水中の炭素が表層水中の炭素と絶えず入れ替わっていることを意味するが，地球全体で考えたときにはその入れ替わる速度は非常にゆっくりとしたものである。**図 2**において，深層水から堆積物への炭素の移動が無視できるくらい小さく，かつ深層水中に入ってきた炭素がそのまま順番に出ていくと仮定した場合に，炭素が深層水中に留まっている時間は何年になるか計算し，整数で答えなさい。

問 8 この 1 世紀の間の大気中のCO_2の増大と地球の温暖化の 2 つの現象の間には明確な相関関係がみられる。しかしすでに見てきたように大気CO_2濃度の変動を考える上では，大気だけでなく海洋や生物圏をも考慮する必要がある。また，2 つの現象の間の相関関係が明らかだったとしても

    (1) CO_2濃度の増大 → 地球の温暖化

    (2) 地球の温暖化 → CO_2濃度の増大

という全く逆の 2 つの因果関係のどちらが正しいかは判断できない。(2)の因果関係を主張する立場に立ち，その因果関係が 2 つの現象の間の相関関係をもたらすメカニズムをひとつ考えて，簡潔に説明しなさい。また，そのメカニズムを前提に，地球のどのような測定データを用いれば(1)(2)どちらの因果関係が正しいかを判断できるかを考えて，その判断の方法と因果関係の根拠を答えなさい。

理学科地球科学専修C方式「理科」

　大学より，「この問題は，2023年度一般選抜より新設する『共通テスト＋一般（C方式）』の個別試験をイメージするために作成したサンプルであり，実際に出題される問題とは異なります」と発表されている。

【試験時間】90分

【出題の意図や狙い，入学者に求める力】

　理学科地球科学専修では，自然科学的な思考力・判断力・表現力を問う問題を出題する。地球環境や生態系の改変，国家の枠組みを超えた俯瞰的な地球観に基づく持続可能な社会の構築が求められる中，これからの自然科学を学修・研究する者には，自然科学における事象の本質を見抜き，物理・化学・生物・地学の垣根にとらわれず思考する力と，自らの意見を的確に発信できる総合力を求めたい。

　今回のサンプル問題では，大問Ⅰにて自然科学の総合力を問う題材として，地球における白金族元素の挙動・分布を取り上げた。文章とグラフの意味を適切に読み取れば，白金族元素の分布の異常とその要因となった太陽系規模の変動が理解できるはずである。大問Ⅱでは，論理的に構築・検証された自然科学的事象を深く読み取り，思考する題材として，海洋における炭素の輸送・移動に関する研究成果を取り上げた。文章を深く読み取り，図表を適切に解読すれば，何が海洋炭素の輸送を担っていて，それが地球史における地球表層環境の変動に及ぼす影響を理解できるはずである。

I 後期重爆撃事変に関する文を読み，以下の問いに答えよ。(75 点)

　46 億年前，小天体の集積によって地球は誕生した（**図 1A**）。地球は誕生直後に金属鉄と岩石が層分離し，前者は地球深部に核（コア）として，後者は外側のマントルとして存在している（**図 1B**）。これに伴って，地球上に存在する元素は，金属鉄（Fe）と親和性を示す元素と，岩石（主に Si）と親和性を示す元素とに分離・再配分された。(1) 鉄と共に核に濃集した元素を親鉄元素，マントルに濃集した元素を親石元素（**図 2**）という。

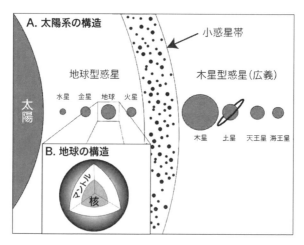

図 1 太陽系の概略図。A. 惑星と小惑星帯の位置関係。B. 地球の層構造の概略図。

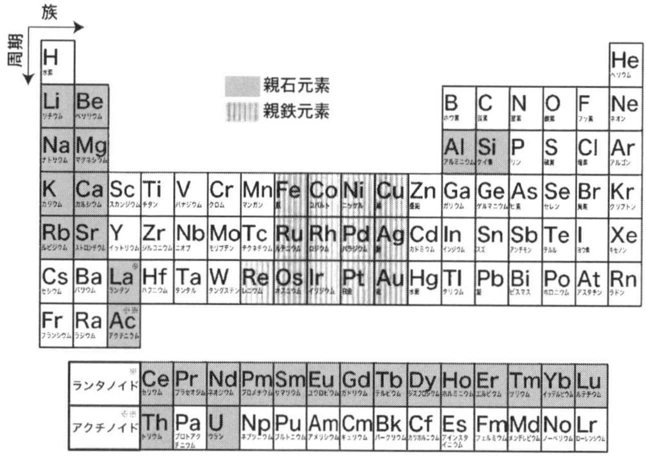

図 2 周期表における主要な親石元素と親鉄元素の分類。

　したがって，親鉄元素は地球創成期に核に集積して，マントルにおけるその存在度は減少した。しかしながら，マントルの実際の化学組成はこの事実と反する結果を示している。特に顕著なのが，親鉄元素の中でも白金族と呼ばれる，ルテニウム（Ru），ロジウム（Rh），パラジウム（Pd），オスミウム（Os），イリジウム（Ir），白金（Pt），およびレニウム（Re）のマントルにおける存在度である。

　図3は，実際の白金族元素のマントル中の存在度（黒丸）と理論値（白丸）を示している。(2)<u>白金族のマントル存在度は，理論値より優位に過剰となっている。</u>マントルに理論値以上の白金族元素が存在する原因は，単純なマントルと核の層分離では説明できない。このマントルにおける白金族元素の存在度の矛盾点は，「マントル中の親鉄元素の過剰」と称され，地球科学における大きな謎とされている。

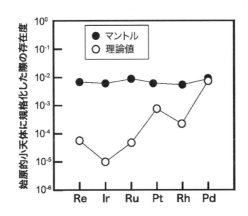

図3 マントルにおける白金族の実測値（●）と存在度理論値（○）。ここで言う規格化とは、始原的小天体における存在度で割り算した値を指す。理論値は 20 GPa 条件下におけるものが示されている。　Mann et al., 2012, *Geochim. Cosmochim. Acta*, 84 593-613 を改変。

　一方で，アポロ探査機による月試料の回収によって新知見がもたらされ，「マントル中の親鉄元素の過剰」問題は転機を迎えた。**図4**は，月探査による小天体衝突溶融物の形成年代とクレーター形成年代から見積もられた，月における小天体衝突の頻度の推移を示している。

　46億年前の太陽系が誕生した直後では，宇宙空間をただよう小天体の数が多かったことから，その衝突頻度は高かったものの，その後，小天体が少なくなるとともに衝突イベントは指数関数的に減少してきた。

　ところが，月においては，小天体衝突イベントが40～38億年前に再活発化していることがわかった（**図4**）。この現象は，誕生後まもない月の表層に大変動をもたらすことになるので，「後期重爆撃事変」などと呼ばれるようになった。もしも，月が「後期重爆撃事変」を受けたのであれば，

隣接する天体である地球も，同様の大変動を経験した可能性が高い。その場合，46 億年前に核とマントルが層分離したのち，すなわち地球の外側のマントルから親鉄元素が取り除かれたのちに，小天体の重爆撃によって親鉄元素（とりわけ白金族）が地球の外側（マントル）に再度，供給されることになる。

　このようにして「後期重爆撃事変」（図 4）が，「マントル中の親鉄元素の過剰」問題（図 3）の解決につながる可能性が出てきた。さらに注目されるのが，「後期重爆撃事変」が起こったとされる 40〜38 億年前というタイミングである。(3) <u>この時期は地球の歴史上，特に重要な転換期であると認識されており，「後期重爆撃事変」が地球にどのような環境変動を与えたのかを解明することは重要な問題である。</u>

　「後期重爆撃事変」は，地球科学と惑星科学における諸問題解決にとって都合が良い仮説として認識されているが，不可解な点も存在する。月や地球に衝突する小天体の量は，46 億年前が最頻値であり，その数が指数関数的に減少したのにかかわらず，その 6 億年後の時期に，なぜ衝突イベントが急増したのかが説明できない（図 4）。言い換えれば，「後期重爆撃事変」を起こした小天体は太陽系形成ののち，6 億年間におよぶ長期間，どの惑星にも衝突することなく，安定した軌道で存在し続けていたことになる。安定軌道に乗っていた大量の小天体が，なぜ，6 億年後に，突如として不安定になって，月と地球に降りそそいだのかが不明であった。

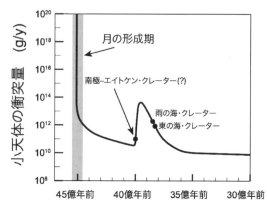

図 4　月サンプルの衝撃溶融物の年代とクレーター年代から見積もった隕石衝突量の年代変化，ならびに，一部の月のクレーターの形成年代。Ryder, 2002, *J. Geophy. Res.*, 107, 5022.を改変。

　図 5 は，近年，示された木星型惑星（木星，土星，天王星，海王星）の公転半径の時系列変化をシミュレーションした結果である。誕生初期の土星，天王星，海王星の周囲には氷小天体が豊富に残っていた。これらは，土星，天王星，海王星の重力によって，太陽系の外側や内側に弾き出される。太陽系の外側に弾き出される場合，天王星・海王星の重力は弱すぎて，太陽系外まで小天体を弾き出すことができない場合が多い。この場合，氷小天体はいずれ元の位置に戻り，惑星は小天体

を弾き出した際に獲得した角運動量が相殺されるので，惑星自体の軌道は変化しない。しかし，土星，天王星・海王星の重力によって，小天体が太陽系の内側に弾き出された場合，その先には，超巨大惑星である木星が存在する（**図 1**）ので，その重力によって，小天体は太陽系外に弾き出される。結果，土星，天王星・海王星の軌道は小天体から角運動量をもらったままになり，これらの惑星の軌道は徐々に外側にずれる。

このようにして，(4) 土星，天王星，海王星の公転軌道は大きくなり，小惑星を太陽系外に弾き出し続けた木星は公転軌道が小さくなっていく。木星と土星の公転軌道が変化すれば，両者の公転周期も変化し，いずれはその比が 1：2 という整数値になる。この 2 つの超巨大惑星の公転周期が整数値になると，軌道共鳴が発現して土星は強い重力摂動を受けることになり軌道が変化する（**図 5**）。この影響を受けて，天王星と海王星の公転軌道も，急激かつ大規模に変化した（**図 5**）。(5) このような軌道の変化を「惑星の大移動」と呼んでいる。

「惑星の大移動」によって木星型惑星の公転軌道が大きく変化したが，この影響は，木星の内側に存在する小惑星帯にも及んだと考えられる（**図 1**）。木星型惑星が構築した新たな公転軌道への変化によって，安定軌道に乗っていた小惑星帯の多くの小天体の軌道が不安定になり，地球型惑星に降り注いだと考えられている。これが，「後期重爆撃事変」の駆動力であったと考えられている。

このようにして，「マントル中の親鉄元素の過剰」，「後期重爆撃事変」，「惑星の大移動」といった諸現象が結びついて，地球科学・惑星科学における問題の解消につながったと考えられている。

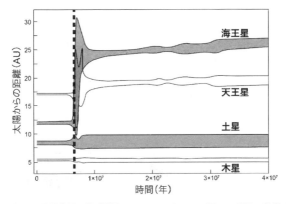

図 5 太陽系誕生以降の木星型惑星の軌道進化のシミュレーション。個々の惑星の軌道の幅は長半径と短半径を示す。縦の破線は木星と土星の公転周期が 1：2 になった時期を示している。AU（天文単位）は太陽から地球までの距離に相当する単位。Tsiganis et al., 2005, *Nature*, 435, 459-461.を改変。

問 1　下線部（1）について，**図 2**の周期表のうち，主要な親石元素は，性質が類似する第 1 族のアルカリ金属元素と，第 2 族のアルカリ土類金属元素の一群であることがわかる。この例のように典型元素においては，周期表の同じ族（縦方向）に並ぶ元素は，性質が類似することが一般的である。この理由を解説せよ。

問2 下線部（2）と**図3**について，以下の選択肢から正しい記述のものを全て選べ。

(a) 白金族のマントル存在度は，予想される存在度より，元素によって最大で1000倍，最小で1倍ほど過剰となっている。

(b) 白金族のマントル存在度は，予想されている存在度より，元素によって最大で10000倍，最小で100倍ほど過剰となっている。

(c) **図3**に示されている白金族のうち，予想されている存在度よりマントル存在度が最も過剰となっているのはイリジウム（Ir）である。

(d) **図3**に示されている白金族のうち，予想されている存在度よりマントル存在度が最も過剰となっているのはパラジウム（Pd）である。

問3 下線部（3）について，以下の選択肢から最もふさわしい記述のものを選べ。

(a) 「後期重爆撃事変」の時期，地球では多くの種・属の大量絶滅事変が起こったとされている。

(b) 「後期重爆撃事変」の時期，地球では生命が誕生したとされている。

(c) 「後期重爆撃事変」の時期，地球大気が二酸化炭素とメタンを主成分とするものから，酸素を主成分にするものに変化したとされている。

問4 下線部（4）について，惑星の公転周期（T）と太陽からの距離（a）には，k を定数とした $T^2 = ka^3$ という関係が成り立つ。この関係式が全ての惑星について成り立つことを証明するために，定数 k を，万有引力定数（G）と太陽質量（M）を用いて答えよ。ただし，簡単のため，**図6**のように惑星は太陽の周りで円軌道を取るものとする。円軌道で等速運動する惑星（質量＝m）では，引力と遠心力が釣り合っている。また，公転周期（T）とは，惑星が速度 v で円軌道を周回するのに要する時間に相当する。

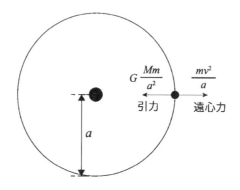

図6 惑星の公転軌道の概略図。

問5 下線部（5）と**図5**について，このシミュレーションから読み取れる正しい記述を，以下の選択肢から全て選べ。

(a) 天王星と海王星の太陽からの位置関係は，誕生当時では今と逆だった。

(b) 土星・天王星・海王星は誕生当初，太陽の周りを円軌道に近い公転軌道をとっていたが，

　　　「惑星の大移動」によって，楕円軌道に変化した。

(c)　「惑星の大移動」によって，海王星は地球と太陽の距離の 13 倍ほど外側に移動した。

(d)　「惑星の大移動」によって，天王星は地球と太陽の距離の 20 倍ほど外側に移動した。

問 6　天王星と海王星は太陽から遠いところに位置しているので，この位置で大型惑星を形成させる
のには，極端に長い時間が要すると言われている。この理由を考察して答えよ。また，天王
星と海王星の実際の形成時期は，そのほかの惑星と大きくは変わらないと考えられているが
その理由も答えよ。

[Ⅱ]　以下の文章と図は，海洋表層から深層への炭素の輸送を担う生物ポンプに関する研究の一部に
ついて述べたものである。文章をよく読み，図を参照しながら問いに答えよ。（75 点）

海洋の生物ポンプによる炭素輸送

　地球の海洋と海棲生物の相互作用と，その地球史における変遷は，大気の化学組成，気候システ
ムの改変，長期間における惑星の居住適性などに重要な役割を果たしてきた。この相互作用の変遷
の中でも，重要な要素の一つは海洋における炭素の生物ポンプである。海洋における炭素の生物ポン
プでは，太陽光の豊富な海洋表層における光合成と，その後の粒子状有機物の沈降により，大気
中の炭素が海洋深層や海底へと移送されていく。これにより，海洋の化学組成や，大気中の二酸化
炭素や酸素の濃度が調整されている。現世の海洋観測に基づくと，生物ポンプの有効性は様々な物
理的，化学的，生物学的因子により支配されている。これらの効果には，有機物に富むマリンスノ
ー[1]粒子の凝集や分解，生物による代謝作用，海棲生物の鉛直日周運動，動物プランクトンによる植
物プランクトンの捕食と糞粒の生成や，マリンスノー凝集物と海洋中に懸濁する他の高密度物質と
の相互作用などが挙げられる。これらのすべての因子は，地質時代を通じて大きく変化してきたこ
とから，全地球的な生物地球科学[2]的循環に大きな変化をもたらした可能性がある。

　一次生産を行う真核生物の誕生，動物プランクトンの誕生，あるいは一次生産者に広く見られる
ようになった鉱物バラスト作用[3]などの，地球史に見られる生物の革新的進化が，時代を通じて炭素
の生物ポンプの本質を改変してきたと考えられてきた。地球史の多くの時代において，海洋の一次
生産者としては単細胞の原核生物が優勢であったと考えられるが，新原生代（10 億年前から 6.35
億年前）の間には真核生物（藻類）の一次生産者（したがって，原核生物より細胞のサイズが大き
い植物プランクトン）がより優勢になる転換期があった。その後の，先カンブリア時代とカンブリ
ア紀境界付近での植物プランクトンを捕食する動物プランクトンの放散によって，海洋表層の生態
系がさらに改変され，動物プランクトンの糞粒中への有機物の濃集が始まった。古生代（5.4～2.4
億万年前）に起きた，より大型で水柱中を鉛直日周運動する動物プランクトンの登場は，炭素の海
洋深層への輸送をより加速することとなった。

　一次生産者による生体鉱化作用[4]は，地球史のさらに最近になって広く見られるようになった。例

---

[1]マリンスノー：　肉眼で観察可能な海洋中を沈降する懸濁物質。
[2]生物地球科学：　生命圏，雪氷圏，水圏，土壌圏，大気圏，地圏などからなる自然環境の組成を支配
する，化学的，物理的，生物的，および地球科学的な過程や反応を研究する分野。
[3]鉱物バラスト作用：　珪酸塩や炭酸塩の生体鉱物や塵などにより生物の総密度が増加すること。
[4]　生物が鉱物を形成する作用。バイオミネラリゼーション。

えば，炭酸塩の殻を持つ植物プランクトンは1.5〜1.0億年前に，珪酸塩の殻を持つ植物プランクトンは新生代（6500万年前）以降に重要な一次生産者となった。これらのすべての変化は，海洋の炭素生物ポンプの動態に大きな影響を与えた可能性があり，大気─海洋系の酸化，同位体異常，大規模な気候摂動や多細胞生物の進化の遠因になった可能性もある。しかし，長い地質時代を通じての海洋における炭素の生物ポンプの様相や効率の大きな変化の要因として，生物学的作用，生態学的作用，非生物的環境要因のいずれがより重要であったかを系統的に比較した研究は限られている。

海洋の炭素生物ポンプの機構的モデル

　本論では，海洋の炭素生物ポンプのあらたな機構的モデルを提唱し，地球史を通じて生物ポンプの効率がどのように変化してきたかを評価する。確率論的な粒子の凝集・運搬過程と，温度・酸素濃度に依存した有機物の分解を組み合わせたことが，本論における重要な点である（図1a）。このモデルの本質的要素をなす海水中の凝集体は，植物プランクトンの細胞（例えば，珪藻，大型の骨格をもたない藻類，様々な捕食戦略と生態をもつ小さいサイズのピコプランクトン[5]または動物プランクトン）と陸源の塵粒子の集合である。海洋の最表層では，ピコプランクトンや藻類全体の一次生産，藻類による炭酸塩の生産，海洋表層への塵の供給があることを仮定し，これらの物質から構成されると想定される粒子の原型を生成する。この粒子は，その後，海洋表層から沈降し，凝集／分解や呼吸による有機物の分解などを通じて互いに影響を及ぼし合う。

　(1) 海洋深層では，粒子の凝集体は粒子同士の衝突頻度と凝集体生成効率（ひっつきやすさ）により制御される。粒子同士の衝突頻度は，一連の粒径に依存する過程により制御される。すなわち，極小の粒子はブラウ運動により互いに接し，大きい粒子は海洋中の流れ（せん断流[6]）や差別的沈降（大きな粒子はより早く沈降し，より小さい粒子を吸着していく）により互いに接することとなる。また，モデルでは凝集体に関与する動物プランクトンの作用を組み込み，一次生産，動物プランクトンの遊泳速度，海水中の乱流，動物プランクトン糞粒サイズのすべてをパラメーター化した。動物プランクトンは幾つかのグループに細分され，それらは，小型，大型，凝集体を消化せず排出するか否かなどである。さらに，海洋中での鉛直方向の日周運動の影響を評価するために，移動性と非移動性の動物プランクトンも設定した。小型，大型の動物プランクトンいずれも凝集体をより小型の凝集体娘粒子群に分解するか，あるいは消化後，前体部[7]の長さに応じて様々な大きさの糞粒を形成する能力を持つように設定した。動物プランクトンと凝集体との相互作用の頻度は，行動的（例えば活発か静穏かなど），および物理的（例えば乱流など）遭遇の両者をパラメーター化して表現する。したがって，本論のモデルは，単一の先行研究によるモデルの追随ではなく，様々な先行研究により開発された複数のプランクトンや動物プランクトンのモデルを統合したものである。

　本論のモデルは，生物ポンプに与える水温や酸素濃度の効果も系統的に評価できるように設計されている。モデルにおける有機物の分解速度はべき乗則に従うと想定しており，これは酸化環境における有機物の分解効果を考慮している。また，炭素の生物ポンプの効率に対する温度の効果を考慮するために，このべき乗則に温度依存係数，Q_{10}[8]を組み込んだ（多くの生物系においてQ_{10}は1.5〜2.5程度）。様々な生態系において，温度は有機物の分解速度を制御する重要な因子である。しか

---

[5] ピコプランクトン：　大きさが直径0.2〜20μmのプランクトン。

[6] せん断流：　流れと垂直方向に流速の値が変化するような流れ。

[7] 甲殻類等の頭部と胸部が結合した頭胸部。

[8] Q_{10}：　温度が10℃上昇した際に，化学反応の速度が何倍になるかを示す指標。

し，大気中の酸素濃度変化や海洋表層生態系の変革などの影響と比べて，海洋深層への炭素の移送に対する温度変化の効果はよくわかっていない。これは，べき乗則に従う有機物の無機化過程に比べて，炭素の分解に関する温度変化の効果がよく理解されていないのと同様である。

　このようなモデルの設計のもとで，地球生命系の歴史的変遷という観点から炭素生物ポンプの効果を左右する主要な因子を明らかにするために，地球の海棲浮遊生物生態系の主な進化段階における変化を解析するシミュレーションを行った。特に，示すべきシナリオは，(2) (ア) ピコプランクトンが一次生産者の大半で陸上植生の欠如による海洋への塵輸送量が多かった先カンブリア時代，(イ) 真核生物の藻類が主要な生産者となった新原生代後期，(ウ) 真核生物の影響がより大きくなると同時に動物プランクトンによる糞粒の形成が始まった顕生累代初期，(エ) 鉱物バラストを持つ真核生物の藻類が日周運動をする動物プランクトンと共存し，陸上生態系に維管束植物が存在し海洋への塵輸送量が減少した複雑な現代型システム，の 4 つである。各々のシナリオにおいて，大気中の酸素濃度を境界条件[9]とした推測統計学的処理を行い，他のモデル内のパラメーターについては，ランダムに設定した初期値を与えて有機炭素の移送効率と海洋中での酸素到達水深を計算した。さらに，個別の生物学的革新（たとえば，生体鉱化作用）や捕食戦略（例えば，凝集体を消化せず排出する機能の有無）の効果がより明瞭に現れるシミュレーションの探索も行った。

（出典　Fakhraee et al., 2020, Nature Geoscience, vol. 13, p. 812-816 を改変）

---

[9]境界条件：　ある関数についての微分方程式で，考えている領域の境界におけるその関数またはその導関数が満たすべき条件。数値実験においては，実験開始時に人為的に変化させる初期パラメーターを指す。

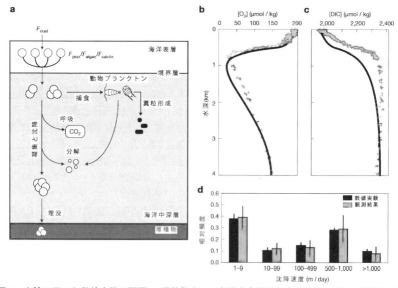

図1　本論に用いた数値実験の概要。a；堆積物中への有機炭素埋没効率を制御する主たる要因。様々
な大きさの白丸は有機炭素を示す。F_{dust}, F_{pico}, F_{algae}, $F_{calcite}$は，それぞれ，風により運ばれ海
洋表面に落下する塵，ピコプランクトンにより生成される有機炭素，真核生物の藻類より生成
される有機炭素，方解石の相対的流量を示している。b；海洋中の酸素濃度の鉛直分布に関す
る，この研究における数値実験結果と，実際の観測結果との比較。黒線が数値実験の結果で，
灰十字は北太平洋における観測結果を示す。c；海洋中の溶存無機素濃度の鉛直分布に関す
る，この研究における数値実験結果と，実際の観測結果との比較。黒線が数値実験の結果で，
灰十字は北太平洋における観測結果を示す。d；沈降速度ごとに区分した際の，各沈降速度を
示す沈降粒子相対頻度分布。黒塗は本研究の数値実験を示し，灰塗は北太平洋における観測結
果を示す。誤差を示すエラーバーは標準偏差を示す。

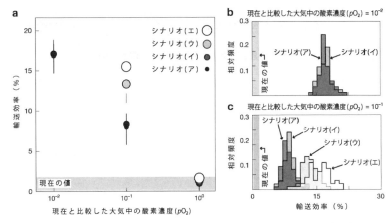

図2　シナリオ（ア）から（エ）までのプランクトンの生態系の変化と炭素生物ポンプの輸送効率。
　　a；大気中の酸素濃度の変化に対する輸送効率の変化。記号の色は本文の各シナリオに対応する。灰塗帯は現在の海洋における観測値を示す。b；大気中の酸素濃度を現在の1%とした条件下での数値実験結果の詳細図。c；大気中の酸素濃度を現在の10%とした条件下での数値実験結果の詳細図。

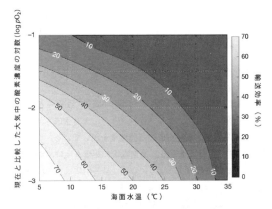

図3　海面水温と大気中の酸素濃度の変化が炭素生物ポンプに及ぼす影響。大気中の酸素濃度は対数表示であることに注意。輸送効率は海洋表層で生産された有機炭素のうち，海底面まで到達した有機炭素の割合として算出。

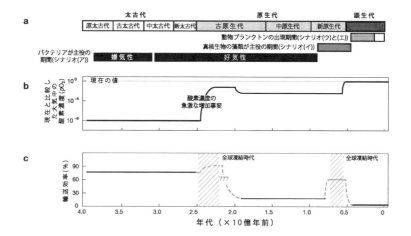

図4　地質時代を通じた炭素生物ポンプの輸送効率。a；海洋生態系の変遷。b；大気中の酸素濃度の変遷（黒実線）。灰実線は現在の大気中の酸素濃度の値を示す。c；海洋における炭素の生物ポンプの輸送効率の変遷。黒実線で示された範囲が本研究の数値実験により求められた値で、灰破線は推定値を示す。斜線の帯は全球凍結時代を示す。

問1　本論で用いたモデルの概略は図1aに示されている。また、下線部（1）に示される沈降する粒子iとjが凝集する確率$P_{i,j}$は以下の式で表すことができる。

$$P_{i,j} = \gamma(z) \times \frac{\beta(i,j)}{\beta_{ref}} \times \frac{F_{NPP}(z)}{F_{NPP_{ref}}} \times \frac{F_{dust}(z)}{F_{dust_{ref}}}$$

F_{dust}、F_{pico}、F_{algae}、および$F_{calcite}$は、それぞれ、海洋表層で生産される粒子に含まれる、風により運ばれ海洋表面に落下する塵、ピコプランクトンにより生成される有機炭素、真核生物の藻類より生成される有機炭素、方解石の相対的流量を示している。これらの粒子は、動物プランクトンによる捕食、呼吸による無機化、分解などの影響を受けながら海洋表層から深層へと沈降するにつれて、凝集体を形成するようになる。最終的にはこの粒子は海底堆積物に埋没する。γは粒子の粘着性、βは粒子iとjの衝突確率、F_{NPP}とF_{dust}は賞味の一次生産と塵の流量、zは水深を示す。β_{ref}、F_{NPPref}、$F_{dustref}$は、それぞれ、衝突確率、賞味の一次生産の流量、および塵の流量の標準値を示す。この条件下において、賞味の一次生産の増減が粒子の衝突確率に与える影響を述べよ。

問2　本モデルは全地球史を通じた炭素生物ポンプの移送効率の再現を目的としている。図1b-dは、境界条件を現世の環境条件に設定し行ったシミュレーション結果と、実際の現世北太平洋における観測結果を示している。図1bは海洋中の酸素の濃度（$[O_2]$ (μmol/kg)）の水深ごとの値を示し、図1cは海水に溶存している無機炭素[10]の濃度（$[DIC]$ (μmol/kg)）の水深ごとの値を示して

_____

[10]　CO_2、H_2CO_3、HCO_3^-、CO_3^{2-}の総和

いる。**図1b, c**の黒線はシミュレーション結果を，灰十字は観測結果を示している。また，**図1d**は海洋中に存在する全粒子の沈降速度の頻度分布を示している。黒塗はシミュレーション結果を示し，灰塗は現世の海洋における観測結果を示している。これらの結果から，本モデルにはどのような特徴があると考えられるかを述べよ。

問3　**図2**は，有機炭素の無機化に温度依存性は無いと仮定して行った，プランクトンの生態の変化が炭素の生物ポンプに与える影響を検討したシミュレーション結果である。現在と比較した大気中の酸素濃度は，現在を1とした際の大気中の相対的酸素濃度を示している。**図2a**は，海洋表層から深層への賞味の炭素移送量の変化を，大気中の酸素濃度の変化に対して示した結果である。賞味の炭素移送量は，海洋表層から搬出された有機物のうち，海底面に到達する有機物の割合として示している。文中の下線部（2）にある（ア）〜（エ）のシナリオで行ったシミュレーションの結果を示しており，傍線の示す誤差範囲は90%の信頼区間を示す。**図2b, c**は2つの異なる大気中の酸素濃度条件下のデータをより詳細に示した図である。現世の海洋における有機炭素移送効率は灰色の帯で示してある。この図から，シナリオ（ア）から（イ）へと変化した際の，炭素移送効率の変化についてわかることを述べよ。

問4　シナリオ（ア）とシナリオ（ウ）を比較した場合，**図2**からわかること，および，その変化に伴い，海洋の水深ごとの酸素濃度にどのような変化が起きたと考えられるかを述べよ。

問5　**図3**は，大気中の酸素濃度と海面水温の変化に対する，賞味の炭素移送量の変化を示したコンター図である。賞味の炭素移送量は，海洋表層から搬出された有機物のうち，海底面に到達する有機物の割合として示している。**図3**と**図2**を比較して，賞味の炭素輸送量に対し，海面水温や大気中の酸素濃度の変化はどのような影響力をもっているかを述べよ。

問6　**図4**は，本モデルによる地質時代を通じた炭素生物ポンプの強度の変化予測である。**a**は海洋における生態系の変化を，**b**は大気中の酸素濃度の変化を，**c**は本研究による炭素生物ポンプの移送効率のシミュレーション結果である。大局的には極貧酸素状態であった先カンブリア時代は，移送効率は比較的高く，全球凍結時期には一時的に移送効率が上昇する。問1から5までの間で考察してきた内容，および**図4**から，本研究で明らかになったことの要約を述べよ。

数学科C方式「数学」

　大学より，「この問題は，2023年度一般選抜より新設する『共通テスト＋一般（C方式）』の個別試験をイメージするために作成したサンプルであり，実際に出題される問題とは異なります」と発表されている。

【試験時間】 120分

【出題の意図や狙い，入学者に求める力】

　自然科学においては様々な事象が数学的に表現され，処理され，研究されてきた。現代では，社会科学や人文科学においても積極的に数学が活用されている。高等学校の学習指導要領の目標では，「数学における基本的な概念や原理・法則の体系的な理解を深め，事象を数学的に考察し表現する能力を高め，創造性の基礎を培うとともに，数学のよさを認識し，それらを積極的に活用して数学的論拠に基づいて判断する態度を育てる」とされている。早稲田大学教育学部数学科の入試においては，上に述べた目標がどれほど達成されているかを評価すべく，サンプル問題として以下のような高等学校で履修する分野で幅広く問題を提示する。特に，第2問から第4問は完全記述式として，論理的構成力や表現力を求めている。

第1問：高次方程式，空間座標とベクトルおよび積分の応用，指数関数および導関数，場合の数
第2問：平面上のベクトル，平面図形，三角比，三角関数
第3問：二次関数の値の変化，微分の考え，積分の考え
第4問：場合の数，数列とその和

【留意事項】

　大学より，「数学科における共通テスト＋一般（C方式）の個別試験は，理科系（B方式）『数学』と同一問題となります」とアナウンスされている。

　サンプル問題として，2021年度の理科系（B方式）「数学」の問題が例示されているが，ここでは掲載を省略する。

問 題 編

■一般選抜：理科系（B方式）

▶試験科目・配点

教　科	科　　　　　目	配　点
外国語	「コミュニケーション英語Ⅰ・Ⅱ・Ⅲ，英語表現Ⅰ・Ⅱ」，ドイツ語，フランス語のうちから1科目選択	50 点
数　学	数学Ⅰ・Ⅱ・Ⅲ・A・B	50 点
理　科	「物理基礎，物理」，「化学基礎，化学」，「生物基礎，生物」，「地学基礎，地学」のうちから1科目選択	50 点

▶備　考

- 複合文化学科志願者は，文科系（A方式）または理科系（B方式）のどちらかを選択する。
- 「数学B」は「確率分布と統計的な推測」を除く。
- 数学科受験者の数学の得点は調整後の得点を 2.0 倍する。
- 複合文化学科受験者の外国語の得点は調整後の得点を 1.5 倍する。
- 理学科地球科学専修志願者で，理科の地学選択者については，理学科 50 名のうち若干名を「地学選択者募集枠」として理科の他の科目選択者とは別枠で判定を行う。
- すべての教科で合格基準点（非公表）を設けている。基準点に満たない教科がある場合は，合計点が合格最低点を超えていても不合格となる。また，上記に加え，数学科は数学の合格基準点（数学科の全受験者の平均点）も設けている。
- 英語以外の外国語は省略。

英語

(90 分)

I Read this article and answer the questions below.

[1] In 1871, Charles Darwin tackled "the highest and most interesting problem for the naturalist ... the descent of man." Challenging the status quo, Darwin deployed natural and sexual selection, and his recently adopted "survival of the fittest," producing scenarios for the emergence of humankind. He explored evolutionary histories, anatomy, mental abilities, cultural capacities, race, and sex differences. Some conclusions were innovative and insightful. His recognition that differences between humans and other animals were of degree, not of kind, was trailblazing. His focus on cooperation, social learning, and cumulative culture remains core to human evolutionary studies. However, some of Darwin's other assertions were dismally, and dangerously, wrong. "Descent" is a text from which to learn, but not to venerate.

[2] Darwin saw humans as part of the natural world, animals that evolved (descended) from ancestral primates according to processes and patterns similar for all life. For Darwin, to know the human body and mind, we must know other animals and their (and our) descent with modification across lineages and time. But despite these ideal frames and some innovative inferences, "Descent" is often problematic, prejudiced, and injurious. Darwin thought he was relying on data, objectivity, and scientific thinking in describing human evolutionary outcomes. But for much of the book, he was not. "Descent," like so many of the scientific tomes of Darwin's day, offers a racist and sexist view of humanity.

[3] Darwin portrayed Indigenous peoples of the Americas and Australia as less than Europeans in capacity and behavior. Peoples of the African continent were consistently referred to as cognitively depauperate, less capable, and of a lower rank than other races. These assertions are [A] because in "Descent" Darwin offered refutation of natural selection as the process differentiating races, noting that traits used to characterize them appeared nonfunctional relative to capacity for success. As a scientist this should have given him pause, yet he still, baselessly, asserted evolutionary differences between races. He went beyond simple racial rankings, offering justification of empire and colonialism, and genocide, through "survival of the fittest." This too is [B] given Darwin's robust stance against slavery.

[4] In "Descent," Darwin identified women as less capable than (White) men, often akin to the "lower races." He described man as more courageous, energetic, inventive, and intelligent, invoking natural and sexual selection as justification, despite the lack of concrete data and biological assessment. His adamant assertions about the centrality of male agency and the passivity of the female in evolutionary processes, for humans and across the animal world, resonate with both Victorian and contemporary misogyny.

[5] In Darwin's own life he learned from an African-descendant South American naturalist, John Edmonstone in Edinburgh, and experienced substantive relations with the Fuegians aboard the HMS Beagle. His daughter Henrietta was a key editor of "Descent." Darwin was a perceptive scientist whose views on race and sex should have been more influenced by data and his own lived experience. But Darwin's racist and sexist beliefs, echoing the views of scientific colleagues and his society, were powerful mediators of his perception of reality.

[6] Today, students are taught Darwin as the "father of evolutionary theory," a genius scientist. They should also be taught

Darwin as an English man with injurious and unfounded prejudices that warped his view of data and experience. Racists, sexists, and white supremacists, some of them academics, use concepts and statements "validated" by their presence in "Descent" as support for erroneous beliefs, and the public accepts much of it uncritically.

[7] "The Descent of Man" is one of the most influential books in the history of human evolutionary science. We can acknowledge Darwin for key insights but must push against his unfounded and harmful assertions. Reflecting on "Descent" today one can look to data demonstrating unequivocally that race is not a valid description of human biological variation, that there is no biological coherence to "male" and "female" brains or any simplicity in biological patterns related to gender and sex, and that "survival of the fittest" does not accurately represent the dynamics of evolutionary processes. The scientific community can reject the legacy of bias and harm in the evolutionary sciences by recognizing, and acting on, the need for diverse voices and making inclusive practices central to evolutionary inquiry. In the end, learning from "Descent" illuminates the highest and most interesting problem for human evolutionary studies today: moving toward an evolutionary science of humans instead of "man."

1. How can we describe the relationship between paragraphs [1] and [2]?

   a. Paragraph 2 provides additional evidence to support the argument in the previous paragraph.

   b. Paragraph 2 contrasts with the previous paragraph.

   c. Paragraph 2 discusses a different topic from the previous paragraph.

   d. Paragraph 2 deepens the discussion provided in the previous paragraph.

2. Both [A] and [B] can best be filled by

a. confounding   b. cumulative

c. appealing   d. influential

3. The author mentions the people in underline (1) to indicate that

   a. Darwin's relations with these people formed the grounds for his evolutionary theory.

   b. Darwin held a racist and sexist view toward these people based on personal experiences with them.

   c. Darwin had biased views about race and sex even though he had close relationships with these people.

   d. Darwin wrote his most important work together with these people.

4. What does the author think about Charles Darwin and his theory of evolution?

   a. Looking more closely at his unfounded and harmful assertions, we can recognize Darwin's view of scientific data and experience.

   b. Respecting Darwin's contributions to science, we should also recognize the prejudice and danger in his evolutionary theory.

   c. By learning more about "The Descent of Man," we can develop our understanding of the biological traits of males and females.

   d. Based on the idea of "survival of the fittest," we should critically reconsider the importance of human evolution.

5. According to the author, Darwin's view toward women is

   a. naïve   b. discriminatory

   c. subtle   d. obsessive

6. According to the article, which of the following statements is true?

   a. Most of Darwin's analyses of humans and other animals have been scientifically proven wrong.

   b. The theories of "survival of the fittest" and "natural selection" should be treated separately.

   c. Darwin's ideas about men and women reflect the era's gender stereotypes.

　d . Students should learn more about racists, sexists, and white supremacists.

7 . Which **TWO** of the following statements are **NOT** in line with the content of the article?

　a . Darwin's gender bias should be acknowledged together with his contributions to science.

　b . Darwin's theory of evolution affects present-day notions of the struggle for existence in Europe.

　c . Darwin's ideas contain numerous controversial aspects of which many people are unaware.

　d . Darwin abandoned his theory of natural selection because of counterevidence from racial differences.

　e . Darwin believed that there were differences in the mental abilities of Europeans and non-Europeans.

8 . Based on the passage, how does the author believe Darwin should be treated?

　a . We should reject Darwin's ideas to better understand human evolution.

　b . Darwin should be acknowledged as a pioneer of gender and racial equality.

　c . We should present Darwin in light of both positive and negative aspects of his theories.

　d . Darwin should be excluded from textbooks for his sexist and racist views.

9 . It can be reasonably inferred that the article is written from the perspective of someone who is

　a . a renowned social scientist making a field report.

　b . a participant in a recent debate in the field of anthropology.

　c . a psychologist looking at racial and gender differences.

　d . a legal activist for scholars' right of free speech.

10. Which of the following is **NOT** a good example of the kind of

research the author would support?

a . Research that focuses on the role that women played in human evolution.

b . Research that further exposes how Darwin's ideas were used to justify colonialism.

c . Research that uses genetic tests to identify racial superiority.

d . Research that questions the dual nature of sex differences.

II Read this article and answer the questions below.

[1] Who took care of the first baby? The trouble with this extremely good question is that it presupposes we know facts we do not actually know. Or, as Tim White, a helpful and not-at-all sardonic paleoanthropologist at the University of California, Berkeley, put it, "Good luck finding the first baby!"
(1)

[2] His point is that the chain of evolution is long and has no clear beginning. It's easy to look at the fossil record and sort what you find into categories of "human" and "not human," but that comes from the vantage point of hindsight. (And even that categorization isn't really all that easy. But we'll get to that later.)

[3] In the moment nobody would have known any specific baby
(2)
was the first human. There was never a day when an ape-like Lucy the Australopithecus gave birth to a human baby and everybody was like, "Whoa! What the heck is up with THAT kid!?" (Translated
(3)
from the original Australopithecine) There wasn't even a moment when our more closely related immediate ancestors, Homo erectus, were standing around staring at a Homo sapiens baby. Instead, it's more like when you spot the first buds on trees … and then look around one day and realize spring is in full bloom. It didn't happen overnight. There was a slow, gradual change.

[4] The job of sorting living things into separate tidy categories is simultaneously valuable science … and also kind of a load of pure
(4)

applesauce. The idea of "species"$_{(5)}$ originally came from a time before the theory of evolution had been pieced together. Carl Linnaeus and the other European protoscientists believed that the Christian God had created animals, plants, and humans in their current forms — each species clearly distinct from one another.

[5]　But taxonomy, like the things it classifies, has evolved. Part of that evolution is the recognition that the boundaries between species are actually pretty messy. The ways we visually identify a species aren't fixed — over a few generations, animals will change behavior and appearance if they move somewhere new or if the places where they live change. When that happens, are they still the same species?

[6]　Likewise, in school, you may have learned that different species can't produce viable offspring together. And, yet, animals of different species are often able to interbreed. (Consider the liger.)

[7]　"[　A　] classification doesn't reflect [　B　] evolution, it just can't be done," White said.

[8]　And if classifying living, breathing animals into clear and obvious species is that complicated, imagine trying to do it with the fossil record, where you may have only a couple of incomplete specimens of any given possible species. To take one tiny group of fossils and compare them with another and decide, yeah, we all pretty much agree those are two different species "can sometimes take decades of uncertainty and debate," said paleoanthropologist Rick Potts, who heads the Human Origins Program at the Smithsonian Institution.

[9]　In general, he told me, scientists distinguish between Homo sapiens and the not-quite humans who came before based on features like a rounded skull, "as opposed to something that looks longer and more drawn-out, with a low forehead," Potts said. He also characterized Homo sapiens as having a distinctly small face that sits almost completely beneath the part of the skull that holds our brains.

"Early humans, the face looks hafted onto the front of the brain case. It sticks out," he said.

[10] But these distinctions don't always make it easy to decide what is a modern human and what isn't. Take, for example, the 259,000-year-old fossil remains found at the Florisbad site in South Africa. This partial skull is among the examples that vie for the title "world's oldest human remains," but whether it's truly human or proto-human depends on context we just don't have, Potts said.

[11] The skull is round, as you'd expect for a Homo sapiens, but it's also thicker than our skulls typically are. For the most part it's got characteristics that are clearly Homo sapiens, but it's also got a few others you'd associate with older species. If we had a bunch of skulls from that site, we would have a clearer picture of what was going on, Potts said. We could see whether this was a group of particularly early Homo sapiens or one individual in a group of proto-humans who just happened to be a little more on the human side. But there's just the one skull. So the scientists keep arguing about it.

[12] Whoever the first baby was, somebody did take care of it. Evolutionarily, somebody had to, because modern human babies require more care, for longer periods of time (and probably by more people) than ancestral apes' babies did. Three million years ago, those ancestors grew up much faster than we do today. Examination of layers of enamel in fossil teeth shows that early hominids were getting their first molar at age 3, twice as fast as us. Modern humans grow up more slowly because the development of our large, complex brain takes lots of energy, Potts said. "Brains are really expensive. We grow up slowly, and it takes a long time for that brain to mature."

[13] And as our species developed, so did the rituals and culture we placed around caring for babies — and losing them.

[14] Just last week, the journal *Nature* published a paper documenting the oldest known human burial on the continent of

Africa. Found under an overhang in a cave in Kenya, the grave pit contained the bones of a 2- or 3-year-old child who lived some 78,000 years ago. Unambiguously Homo sapiens, the child was also unambiguously cared for. The positioning of the bones suggests
(6)
that the body had been wrapped tightly in a shroud and laid on its side, its head on a pillow.

[15]　That kind of elaborate caring behavior and the whole concept of human babies existing are inextricably linked together. As brains got bigger, babies needed more, and their ever-larger-brained parents had more creativity to fulfill those needs. You're [　C　]. The change was too gradual for that. But the process of creating a fully human baby also created fully human caregivers.

[16]　"To that child's mother and father, it was their baby," White said. "And it died."

1 . Why did Tim White say underline (1)?

　a . Because it was an extremely good question.

　b . Because, although willing to help, he could not do the research himself.

　c . Because he was skeptical about the chances of success.

　d . Because he thinks we should take the vantage point of hindsight.

2 . Underline (2) can best be replaced by

　a . At this current time

　b . When the time was right

　c . At that point in time

　d . In no time at all

3 . Why did the author add that underline (3) was translated from the Australopithecine language?

　a . To provide additional information

　b . To add a humorous flavor to the text

　c . To avoid any possible misunderstanding about the language

出典追記：Who Took Care Of The First Baby?, FiveThirtyEight on May 11, 2021 by Maggie Koerth that Lucy spoke

d. To strengthen the force of the argument made about Lucy

4. What is the meaning of underline ⑷?

a. a bunch of nonsense

b. a lot of good science

c. a well-formed recipe

d. an important discovery

5. Why did the author put the word "species" in underline ⑸ between quotation marks?

a. Species is not a word that most people know.

b. The idea of a species has changed since the term was coined.

c. Babies are a different species of human and need care.

d. Human beings are special species compared to other animals.

6. 〔 A 〕 and 〔 B 〕 can best be filled by

a. 〔 A 〕 Dynamic 〔 B 〕 flexible

b. 〔 A 〕 Static 〔 B 〕 rigid

c. 〔 A 〕 Rigid 〔 B 〕 dynamic

d. 〔 A 〕 Flexible 〔 B 〕 static

7. Which sentence best summarizes paragraph [9]?

a. Early humans and pre-humans had different skull features.

b. Humans with larger faces are more closely related to pre-humans.

c. Homo sapiens faces protrude noticeably forwards.

d. The rounded homo sapiens skull is the cause of our smaller faces.

8. Which of the following words **CANNOT** replace underline ⑹?

a. definitely **b.** obviously

c. unimaginably **d.** unquestionably

9. Use the eight choices below to fill in 〔 C 〕 in the best way. Indicate your choices for the **THIRD** and **SIXTH** positions.

a. find **b.** a human **c.** never

d. nonhuman　　　　**e.** with　　　　　**f.** going to

g. baby　　　　　　　**h.** parents

10. Which of the following statements is in line with the content of the article?

　a. Scientists associate relatively low foreheads with more complex brains.

　b. An increase in human brain size increased the demand for caregiving.

　c. Human skulls gradually became thicker due to a growth in size of the human brain.

　d. Layers of enamel in fossil teeth form evidence for greater childcare capacity.

III　　Read this article and answer the questions below.

[1]　After Britt Wray married in 2017, she and her husband began discussing whether or not they were going to have children. The conversation quickly turned to climate change and to the planet those children might inherit.

[2]　"It was very, very heavy," said Dr. Wray, now a postdoctoral fellow at Stanford University and the London School of Hygiene and Tropical Medicine. "I wasn't expecting it." She said she became sad and stressed, crying when she read new climate reports or heard activists speak.

[3]　Jennifer Atkinson, an associate professor of environmental humanities at the University of Washington, Bothell, became depressed after students told her they couldn't sleep because they feared social collapse or mass extinction.

[4]　There are different terms for what the two women experienced, including eco-anxiety and climate grief, and Dr. Wray calls it eco-distress. "It's not just anxiety that shows up when we're waking up to the climate crisis," she said. "It's dread, it's grief, it's

fear."

[5]　It's also not unusual. Over the past five years, according to researchers at Yale University and George Mason University, the number of Americans who are "very worried" about climate change has more than doubled, to 26 percent. In 2020, an American Psychiatric Association poll found that more than half of Americans are concerned about climate change's effect on their mental health.

[6]　Dr. Lise Van Susteren, a psychiatrist based in Washington, D. C., and co-founder of the Climate Psychiatry Alliance, an organization building a directory of climate-aware therapists, said she had "absolutely" seen a surge in patients seeking help with climate anxiety in recent years.

[7]　But as the prevalence of climate anxiety has grown, so has the number of people working to alleviate it, both for themselves and those around them.

[8]　Dr. Wray, for example, who holds a Ph. D. in science communication, began reading everything she could about anxiety and climate change, eventually shifting her own research to focus on it entirely. She shares her findings and coping techniques in a weekly newsletter, *Gen Dread*, with more than 2,000 subscribers. In the spring of 2022, she plans to publish a book on the topic.

[9]　"My overall goal is to help people feel less alone," Dr. Wray said. "We need to restore ourselves so we don't burn out and know how to be in this crisis for the long haul that it is."

[10]　Dr. Atkinson, in hopes of assuaging her feelings and those of her students, designed a seminar on eco-grief and climate anxiety.

[11]　Eco-distress can manifest in a range of ways, from anguish over what the future will hold to extreme guilt over individual purchases and behaviors, according to Dr. Van Susteren. Though its symptoms sometimes mirror those of clinical anxiety, she said she saw eco-distress as a reasonable reaction to scientific facts — one that, in mild cases, should be addressed but not pathologized. (In cases of

extreme anxiety, Dr. Van Susteren said it was important to seek professional help.)

[12] For many Americans, counseling for climate distress is relatively [A]. In some communities, however, especially in less wealthy countries, it may seem more like a rare privilege.

[13] Kritee, a senior climate scientist at the Environmental Defense Fund, has feet in both worlds. Based in Boulder, Colorado, Dr. Kritee (she has a single name) leads workshops and retreats for people experiencing climate grief. She also works with farmers in India whose livelihoods are directly threatened by the extreme droughts and floods that come with climate change.

[14] Dr. Kritee, who has a doctorate in biochemistry and microbiology, said she believed people of all backgrounds should process their feelings about climate change. She makes her services affordable through scholarships, scaled payments and donation-based classes. Some of her sessions are open only to people of color, who are often on the front lines of climate change, and whose ecological grief, she said, is often compounded by racial trauma.

[15] Regarding the white and affluent, who most likely will not feel climate change's worst effects, Dr. Kritee said it was crucial they confront their grief, too. In doing so, she said, they can begin to contemplate questions like, "If I am hurting so much, what is happening to people who are less privileged?"

[16] Some of her past workshop participants have been inspired to make lifestyle changes or volunteer for environmental campaigns, choices that could, when undertaken collectively, benefit the planet as a whole. "We cannot encourage people to take radical action without giving them tools to express their anger and grief and fear," Dr. Kritee said.

[17] Sherrie Bedonie, a social worker and co-founder of the Native American Counseling and Healing Collective, a group practice owned by four Native American women, shared that view. While her clients

don't use terms like eco-anxiety, Ms. Bedonie said Native people were "always grieving" the loss of their land and culture and encourages her clients to face their feelings. "If people aren't ready or they run from grief, it'll continue to haunt them," she said.

[18]　As for non-Native people, Ms. Bedonie said she hoped part of their grieving process would be acknowledging past and present traumas inflicted upon Indigenous communities. Then, she said, we'll be able to "come together" and "start the healing process of Mother Earth."
(2)

[19]　And that's what people dealing with climate grief generally underscore: that grief for the planet shouldn't be buried. In fact, when processed communally, it might actually be a potent weapon.

[20]　"What's really important is we start normalizing this," Dr. Wray said. "Not only to help people who are dealing with this very [　B　] distress, but also because allowing those transformations to happen is hugely energizing for [　C　] climate movement."

[21]　According to Dr. Wray, the growing number of people worried about climate change could be the catalyst for its solution ― so much so, that she and her husband have decided to try for a baby. "As soon as we're not alone in these feelings anymore," she said, "it's not nearly as bad."

[22]　Science backs her up: Studies suggest that social support can provide resilience to stress and that feelings of belonging can increase motivation.

[23]　Dr. Atkinson, too, said she thought her seminar's greatest value has been its ability to connect like-minded people. As she put it: "Who wants to stand up and fight the system when they feel like they're doing it alone?"

[24]　Over the years, however, her views on eco-distress have changed. "Our anger comes from a desire for justice, our grief arises from compassion," she said. "If we got rid of those feelings, we'd lose the whole motivation to stay in this fight. So that's been the real

surprise: The thing I wanted to overcome turned out to be a kind of superpower."

1．Which of the following is **NOT** mentioned as an example of eco-anxiety?

　　a. Lack of sleep due to anxiety about social collapse and mass extinction

　　b. Taking part in a tree-planting program due to worry about severe deforestation

　　c. Becoming sorrowful and depressed when hearing climate reports or activist warnings

　　d. Fearing climate change and the future of the earth where one's children will live

2．Which of the following is the best summary of paragraphs [5] through [8]?

　　a. As climate anxiety has been widely prevalent, famous universities have played important roles in extending help to anxious people.

　　b. As climate anxiety has been widely prevalent, people have started to look out for themselves first.

　　c. As climate anxiety has been widely prevalent, academic publications have been regarded as important sources of correct information.

　　d. As climate anxiety has been widely prevalent, people have begun to work to decrease the anxiety about climate issues.

3．[　A　] can best be filled by

　　a. unavailable　　　　　　　**b.** extravagant

　　c. accessible　　　　　　　**d.** expensive

4．Underline (1) refers to which **TWO** of the following?

　　a. biochemistry and microbiology

　　b. different types of communities

　　c. workshops and retreats for patients

出典追記：©The New York Times

d. the United States and India

5. Which of the following is **NOT** appropriate for the description of Dr. Kritee's workshops?

　a. Her workshops enable individuals to share their thoughts and feelings regardless of their different backgrounds.

　b. Her workshops enable wealthy people to recognize how their lives are increasingly subject to environmental problems.

　c. Her workshops enable individuals to express their negative emotions without taking action.

　d. Her workshops enable people of color to notice that their ecological disturbance is intertwined with racial trauma.

6. In underline ⑵, Ms. Bedonie expresses that

　a. we should know that Indigenous people always suffer distinctive problems that others cannot understand.

　b. we should understand that people of different backgrounds need to work together while embracing a traditional sentiment.

　c. we should save the natural environment because the earth is essentially important for Indigenous people like a mother.

　d. we should coin a new term instead of "eco-anxiety" because it is not suitable for Indigenous people and their background.

7. [　B　] and [　C　] can best be filled by

　a. [　B　] reasonable　　　[　C　] actionable

　b. [　B　] reasonable　　　[　C　] irrational

　c. [　B　] irrational　　　[　C　] actionable

　d. [　B　] irrational　　　[　C　] reasonable

8. Which of the following is **NOT** mentioned in paragraphs [21] through [24]?

　a. Dr. Atkinson's workshop can connect similarly oriented people.

　b. Scientific studies can increase people's feelings of belonging.

　c. People's anxiety can turn into a prescription to cope with it.

　d. Negative feelings can incite people to fight against the problem.

9．The author believes the most important way to confront eco-anxiety is to

　a．consult a doctor when feeling extreme anxiety about climate issues.

　b．solve economic disparity and racial discrimination through taxation programs.

　c．share people's anxieties and let them feel more connected to take action.

　d．convert one's anxiety into joy and hope for climate change success.

10．Which of the statements about scientists/activists is true?

　a．Ms. Bedonie believes that too much grief over the earth should be avoided because it hinders interracial understandings of the environmental distress.

　b．Dr. Kritee emphasizes the importance of sympathy for the less fortunate in her workshops in the first world.

　c．Dr. Atkinson can ease her students' anxiety about the future of the earth because she teaches them how to endure eco-distress without outside assistance.

　d．Dr. Wray and her husband have given up having children because their future will be less hopeful in a racially diverse society.

 IV　　Read passages 1 and 2 and answer the questions below.

Passage 1

5 Reasons to Support Affirmative Action in College Admission

For much of American history, elite colleges and universities were largely reserved for wealthy, predominantly white Americans. Only in the 20th century did these institutions begin to actively prioritize diversity and expand access by adopting tools such as affirmative action — the narrowly tailored practice of considering race and ethnicity as part of a holistic evaluation of a student's application. Affirmative action is one of the best tools colleges and universities have to promote diversity and ensure that those who are otherwise shut out of the American postsecondary system have a chance to earn a quality degree*.

While the U.S. Supreme Court has repeatedly upheld the use of race in admissions, some groups continue to undermine access for students of color. These forces have found a strong ally in the Trump administration, which has leveraged the might of the federal government to threaten affirmative action. After failing to demonstrate that affirmative action hurts white students, they have changed tactics and began to promote the myth that helping some students of color access education results in discrimination against well-qualified Asian American students. This harmful myth perpetuates inaccurate narratives of homogeneity in Asian American communities; disregards significant socio-economic differences between ethnicities; and ignores the stark intraracial disparities affirmative action helps to alleviate. This tactic is not new; groups and individuals that seek to preserve unfair systems have long attempted to sow division in communities of color.

Despite their efforts to impede the nation's progress toward educational equity and pit communities of color against each other, leading civil rights groups continue to defend the use of affirmative action, and research continues to demonstrate its need. Race-conscious admissions practices remain necessary in the fight for racial equity in higher education. In this column, we explore five reasons to support affirmative action in college admissions.

Table 1. Five reasons to support affirmative action in college admissions

1. Students of color remain underrepresented on college campuses
2. Prioritizing diversity benefits students of all races
3. Affirmative action in education promotes diversity in ways a focus on income alone cannot
4. Affirmative action helps colleges take steps toward greater equity in admissions
5. Affirmative action helps promote social mobility

For decades, elite colleges and universities closed their doors to students of color. As a result, students of color remain vastly underrepresented at the country's top-tier institutions. Affirmative action combats the effects of this discrimination by allowing colleges and universities to be more intentional in the ways they evaluate applicants. Put simply, affirmative action ensures colleges and universities provide opportunity to those historically shut out of the system because of their race, ethnicity, income, or identity. For this reason, it is critically important that policymakers and legislators work to protect the use of race-conscious admissions policies across the country. If not, inequality will continue to persist, and the American higher education system will fail to serve those that could benefit the most.

注　degree　学位

Passage 2

Affirmative action opponents ask Supreme Court to hear case over Harvard's policy

I. Opponents of affirmative action asked the Supreme Court on Thursday to use their case against Harvard to overrule precedent that has long allowed consideration of race in admissions and particularly enhanced opportunities for Black and Hispanic students.

Ⅱ. The challengers claim that as Harvard College favors certain minority students, it unlawfully discriminates against Asian Americans by stereotyping them and limiting their numbers in the first-year class.

Ⅲ. If the justices agree to hear the dispute, Students for Fair Admissions v. Harvard, it will set up a major confrontation over university practices first endorsed by the high court in 1978 and affirmed in 2003. <u>The challengers</u> say a 2003 ruling in a (3) University of Michigan case, Grutter v. Bollinger, should be struck down.

Ⅳ. Arising in this era of accelerated racial tensions and reckoning*, the case would present one of the biggest battles of the 2021-22 Supreme Court session. The filing comes too late for the current term.

Ⅴ. "Harvard's mistreatment of Asian-American applicants is appalling," the SFFA challengers contend, arguing that "Harvard engages in racial balancing and ignores race-neutral alternatives" for campus diversity.

Ⅵ. Lower US courts sided with Harvard, rejecting the assertions of bias, racial balancing and workable race-neutral alternatives to generate diversity. <u>In November, a Boston-based US appeals</u> (4) <u>court ruled that Harvard's screening process does not stereotype or penalize Asian-American applicants.</u>

注　reckoning:（人種的不平等の）是正

---

1. Based on Passage 1, why did colleges and universities adopt affirmative action in the 20ᵗʰ century?

　　a. The U.S. Supreme Court upheld the use of race in a holistic evaluation in the process of reviewing applications.

　　b. Some measures were needed to prevent the discrimination against well-qualified Asian American students.

c . Some groups continued to support access for students of color to elite colleges and universities.

d . Colleges and universities hoped to admit students with different ethnic and racial backgrounds.

2 . Based on Passage 1, which of the following phrases is **NOT** relevant to affirmative action?

a . Promoting diversity on campus

b . Considering ethnicity in admissions

c . Sowing division in communities of color

d . Supporting racial equity in higher education

3 . Which of the following best paraphrases underline ⑴?

a . if affirmative action is not taken

b . if diversity is promoted

c . if a quality degree is not earned

d . if race and ethnicity are considered

4 . Which **TWO** paragraphs in Passage 2 together exemplify underline ⑵?

a . Paragraph Ⅰ

b . Paragraph Ⅱ

c . Paragraph Ⅲ

d . Paragraph Ⅳ

e . Paragraph Ⅴ

f . Paragraph Ⅵ

5 . Which of the "five reasons" in *Table 1* is best illustrated by the following passage?

Despite the barriers low-income students and students of color face to gain access to higher education, research has shown that once admitted to top-tier institutions, low-income students complete their degree at higher rates and earn almost as much as wealthy students postgraduation. These findings suggest that all students, regardless of background, benefit from the value top-tier institutions provide. So while some argue that low-income students and students of color may be overwhelmed by the academic rigor at selective colleges, research suggests the opposite.

Affirmative action can help to level the playing field by ensuring all students — regardless of wealth, privilege, or background — have a chance to benefit from the advantages selective colleges provide. As a result, low-income students and students of color increase their chances of emerging from poverty and stepping into the middle class.

a. 1 **b**. 2 **c**. 3 **d**. 4 **e**. 5

6. What is the relationship between passages 1 and 2?

a. Passage 2 supports the view of Passage 1 with some concrete examples.

b. Passage 2 exemplifies a case against affirmative action discussed in Passage 1.

c. Passage 2 elaborates on the benefits of affirmative action explained in Passage 1.

d. Passage 2 focuses on causes of affirmative action; Passage 1 on its effects.

7. According to Passage 2, why did opponents of affirmative action argue against Harvard's policy?

a. Harvard allegedly overruled precedent that had long allowed consideration of race in admissions.

b. Harvard may have unfairly admitted many more Asian American students than Black and Hispanic students.

c. Harvard may have used affirmative action to discriminate against a certain minority group of students.

d. Harvard's use of affirmative action in admissions may have achieved racial and educational equity.

8. It can be reasonably inferred that "the challengers" in underline

⑶ believe that the use of affirmative action in college admissions is

　a . unconstitutional because it is considered to lead to racial balancing.

　b . constitutional if it treats race as one factor among many.

　c . unconstitutional even if it promotes diversity in the classroom.

　d . constitutional because it treats all applicants equally.

9 . The author of Passage 1 would be most likely to perceive underline ⑷ to be

　a . an unexpected and irrational decision.

　b . a court decision in favor of Asian-American students.

　c . a rational decision in support of affirmative action.

　d . a decision in support of homogeneity in Asian American communities.

10. Which of the underlined sentences（A，B，C，D）in Passage 1 provides the best evidence for the answer to Question 9?

　a . A　　　　　　**b .** B　　　　　　**c .** C　　　　　　**d .** D

出典追記：

　〔Passage 1 および設問 5〕　5 Reasons to Support Affirmative Action in College Admissions, the Center for American Progress on October 1, 2019 by Connor Maxwell and Sara Garcia（https://www.americanprogress.org/article/5-reasons-support-affirmative-action-college-admissions/）

　〔Passage 2〕　Affirmative action opponents ask Supreme Court to hear case over Harvard's policy, CNN on February 25, 2021 by Joan Biskupic

数学

（120 分）

1　次の各問の解答を解答用紙の所定欄に記入せよ。

(1)　座標空間内に 3 点 A$(2,\ 0,\ 0)$，B$(0,\ 4,\ 0)$，C$(0,\ 0,\ 8)$ をとる。

2 つのベクトル $\overrightarrow{\mathrm{AP}}$ と $\overrightarrow{\mathrm{BP}}+\overrightarrow{\mathrm{CP}}$ の内積が 0 となるような点 P$(x,\ y,\ z)$ のうち，$|\overrightarrow{\mathrm{AP}}|$ が最大となる点 P の座標を求めよ。

(2)　$t \geqq 0$ に対して

$$f(t)=2\pi\int_0^{2t}|x-t|\cos(2\pi x)dx-t\sin(4\pi t)$$

と定義する。このとき

$$f(t)=0$$

をみたす t のうち，閉区間 $[0,\ 1]$ に属する相異なるものはいくつあるか。

(3)　座標空間内の 4 点 $(2,\ 0,\ 0)$，$(-1,\ \sqrt{3},\ 0)$，$(-1,\ -\sqrt{3},\ 0)$，$(0,\ 0,\ 2)$ を頂点とする四面体を P，4 点 $(-2,\ 0,\ 1)$，$(1,\ -\sqrt{3},\ 1)$，$(1,\ \sqrt{3},\ 1)$，$(0,\ 0,\ -1)$ を頂点とする四面体を Q とする。R を P と Q の共通部分とする。R を平面 $z=\dfrac{1}{3}$ で切ったときの切り口の面積を求めよ。

(4)　次の無限級数の和は自然数となる。その自然数を求めよ。

$$\sum_{n=6}^{\infty}\frac{1800}{(n-5)(n-4)(n-1)n}$$

2　サイコロを n 回投げて出た目の積を S とする。S の正の約数の個数が k 個となる確率を P_k とする。次の問いに答えよ。

(1)　P_3 を n の式で表せ。

⑵　P_4 を n の式で表せ。

$\boxed{3}$　　O$(0, 0)$，A$(0, 1)$，B(p, q) を座標平面上の点とし，p は 0 でないとする。A と B を通る直線を l とおく。O を中心とし l に接する円の面積を D_1 で表す。また 3 点 O，A，B を通る円周で囲まれる円の面積を D_2 とおく。次の問いに答えよ。

⑴　D_1 を p，q を使って表せ。
⑵　点 $(2, 2\sqrt{3})$ を中心とする半径 1 の円周を C とする。点 B が C 上を動くときの D_1 と D_2 の積

　　　$D_1 D_2$

　　の最小値と最大値を求めよ。

$\boxed{4}$　　自然数 a，b に対し，3 次関数 $f_{a,b}(x)$，$g_{a,b}(x)$ を

$$f_{a,b}(x) = x^3 + 3ax^2 + 3bx + 8$$
$$g_{a,b}(x) = 8x^3 + 3bx^2 + 3ax + 1$$

で定める。次の問いに答えよ。

⑴　次の条件(I)，(II)の両方をみたす自然数の組 (a, b) で，$a+b \leqq 9$ となるものをすべて求めよ。
　　(I)$f_{a,b}(x)$ が極値をもつ。
　　(II)$g_{a,b}(x)$ が極値をもつ。
⑵　3 次方程式 $f_{a,b}(x) = 0$ の 3 つの解が α，β，γ であるとき，3 次方程式 $g_{a,b}(x) = 0$ の解を α，β，γ を使って表せ。
⑶　次の条件(III)をみたす自然数の組 (a, b) で，$a+b \leqq 9$ となるものをすべて求めよ。
　　(III)3 次方程式 $f_{a,b}(x) = 0$ が相違なる 3 つの実数解をもつ。

物理

(60 分)

Ⅰ 水平で摩擦がない床の上で，質量が同じ m の小物体 N_1 と N_2 が，質量の無視できるバネ定数 k の 4 本の同じバネでつながれて，図Ⅰ-1 のように置かれている。両端のバネは左右にある垂直な壁に固定されて，つり合いの状態（図Ⅰ-1）では 4 本のバネはそれぞれ自然長 L となっている。以下の問では，図Ⅰ-1 の左右方向に N_1 と N_2 が振動する場合を考え，N_1 と N_2 の位置を表すには，図Ⅰ-1 のようにそれぞれのつり合いの位置から右方向を正とする変位 x_1，x_2 を用いる。

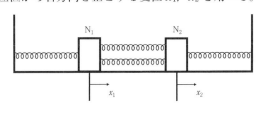

図Ⅰ-1

問1　N_1 の位置が x_1，N_2 の位置が x_2 のとき，N_1 と N_2 がバネから受ける力をそれぞれ F_1，F_2 とする。F_1，F_2 を m，k，L，x_1，x_2 の中から必要な記号を用いて表せ。

　一般的に N_1 と N_2 は複雑な振動をするが，ここでは簡単な場合を扱う。$t=0$ のとき，つり合いの状態にあった N_1，N_2 に初速度を加えて，N_1 と N_2 をそれぞれ同じ角振動数 ω（$\omega>0$）で単振動させた。位置 x_1，x_2 が時間 t の関数として下記の（式1）のように表せる場合を考える。ただし，A_1，A_2 の絶対値はそれぞれ L に比べて十分に小さい値とする。

$$\left.\begin{array}{l} x_1 = A_1 \sin\omega t \\ x_2 = A_2 \sin\omega t \end{array}\right\} \quad （式1）$$

問2　（式1）のように単振動しているときの N_1 の運動量を P_1 とする。

座標 x_1 と運動量 P_1 の関係式を下記のように分数の和で書くとき，　ア　，　イ　，　ウ　に何が入るか，x_1, A_1, A_2, L, ω, m の中から必要な記号を用いて表せ。

$$\frac{\boxed{ア}}{\boxed{イ}} + \frac{P_1{}^2}{\boxed{ウ}} = 1$$

問3　N_1 と N_2 が（式1）のように単振動しているとき，N_1 と N_2 の運動エネルギーの合計 K，4本のバネの弾性力による位置エネルギーの合計 U を，それぞれ下記のように書くと，　エ　，　オ　に何が入るか，それぞれ A_1, A_2, L, k, ω, t, m の中から必要な記号を用いて表せ。

$$K = \boxed{エ}\cos^2\omega t, \quad U = \boxed{オ}\sin^2\omega t$$

問4　N_1, N_2 の加速度と（式1）を考えて運動方程式を作りそれらを整理すると，下記の（式2）のようになる。　カ　と　キ　に何が入るか，k, m, L, ω の中から必要な記号を用いて表せ。

$$\left.\begin{array}{l}\boxed{カ}A_1 + \boxed{キ}A_2 = 0 \\ \boxed{キ}A_1 + \boxed{カ}A_2 = 0\end{array}\right\} \quad (式2)$$

問5　$A_1 \neq 0$, $A_2 \neq 0$ として（式2）を解くと，ω に対して2つの解を得ることができる。ω の解で小さい方を ω_1，大きい方を ω_2 とする。ω_1 と ω_2 を，それぞれ k, m, L の中から必要な記号を用いて表せ。

問6　N_1 と N_2 は，$t=0$ のときつり合いの状態にあった。$\omega = \omega_1$ で $A_1 > 0$ の場合，任意の時刻 t_1 の N_1 と N_2 の距離 d を，A_1, k, m, L, ω_1, t_1 の中から必要な記号を用いて表せ。

問7　上の問6と同様に，N_1 と N_2 は，$t=0$ のときつり合いの状態にあった。$\omega = \omega_2$ で $A_1 > 0$ の場合，N_1 と N_2 の距離の最小値と最大値を，A_1, k, m, L, ω_2 の中から必要な記号を用いて表せ。

II　なめらかに動く軽いピストンを取り付けたシリンダーに，n モルの単原子分子理想気体を閉じ込めた熱機関がある。その体積 V と絶対温度 T の変化を示す状態図は図II-1のようであり，過程 A→B は等温変化，過程 B→C は定積変化，過程 C→D は定圧変化，過程 D→A は断熱変化である（表II-1を参照。ただし，P_A, P_B, P_C, P_D はそれ

ぞれ状態 A，B，C，D の圧力である）。圧力を P としたとき，断熱変化では，$PV^{\frac{5}{3}}=$ 一定 が成り立つ。なお，気体定数を R とする。

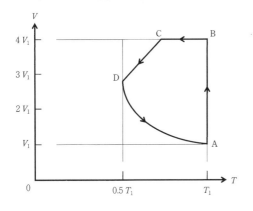

表Ⅱ-1

状態	温度	体積	圧力
A	T_1	V_1	P_A
B	T_1	$4V_1$	P_B
C	T_C	$4V_1$	P_C
D	$0.5T_1$	V_D	P_D

図Ⅱ-1

問 1　状態 D での体積 V_D と圧力 P_D と，状態 C での絶対温度 T_C を，それぞれ T_1，V_1，n，R の中から必要な記号を用いて表せ。

問 2　過程 C→D で理想気体がした仕事と，理想気体が得た熱量を，それぞれ T_1，V_1，n，R の中から必要な記号を用いて表せ。

問 3　過程 A→B で理想気体が得る熱量を Q_{AB} として，この熱機関の熱効率を，T_1，V_1，n，R，Q_{AB} の中から必要な記号を用いて表せ。

問 4　この熱機関の 1 サイクルには，状態 B と同じ圧力の状態 E が存在する。状態 E の絶対温度 T_E と体積 V_E を，$T_E=2^{\alpha}T_1$ ならびに $V_E=2^{\beta}V_1$ と表すときの α と β にあてはまる数値を答えよ。

Ⅲ　図Ⅲ-1 は，スイッチ S と，電位差 V の電池と，コンデンサーが設置された回路であり，これらは真空中に置かれているものとする。ここでコンデンサーは，一辺の長さが a の正方形金属極板からなる平行板コンデンサーであり，その極板の間隔は d とする。極板間の電場は一様とし，真空の誘電率を ε_0 とする。

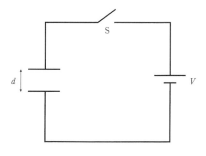

図Ⅲ-1

問1　まずはスイッチ S を閉じて，平行板コンデンサーを十分に充電する。以降，これを初期状態とよぶ。平行板コンデンサーに蓄えられた電気量 Q_0 を，a，d，V，ε_0 の中から必要な記号を用いて表せ。

問2　平行板コンデンサーに蓄えられた静電エネルギー U_0 を，a，d，V，ε_0 の中から必要な記号を用いて表せ。

問3　次に，初期状態からスイッチ S を開いた。そして，一辺の長さが a の正方形で，厚さが d の誘電体（比誘電率 $\varepsilon_r > 1$）を，平行板コンデンサーに完全に挿入した。誘電体を挿入したことによる静電エネルギーの変化量を，a，d，V，ε_0，ε_r の中から必要な記号を用いて表せ。

問4　スイッチ S を開いたまま，問3の誘電体を平行板コンデンサーから一部引き抜いて，誘電体が長さ b（$b < a$）だけ残っている場合を考える。すなわち平行板コンデンサーには誘電体が面積 $a \times b$ だけ入っている。このときのコンデンサーの電気容量を C とする。問1の初期状態での電気容量を C_0 として，$C = \boxed{} \times C_0$ と表すとき，$\boxed{}$ の中を a，b，ε_r の中から必要な記号を用いて表せ。

問5　再度，初期状態に戻し，問3と同じ大きさの誘電体を平行板コンデンサーに対してゆっくりと完全に挿入した。その後，スイッチ S を開いてから外力 F を加えて，誘電体を平行板コンデンサーから完全に引き抜いた。このとき，外力 F のする仕事 W を，$W = \boxed{} \times C_0$ と表すとき，$\boxed{}$ の中を ε_r，V の中から必要な記号を用いて表せ。

これまでは直流電源であったが，これを図Ⅲ-2のように交流電源に置

き替える。平行板コンデンサーの電気容量を C_A として，スイッチ S を閉じて交流電圧 $V_A = V_0\sin\omega t$ を加えた場合を考える。ここで t は時刻，V_0 は最大電圧，ω は交流電圧の角周波数である。

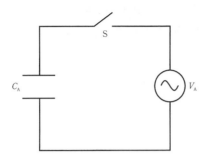

図Ⅲ-2

問6　コンデンサーを直流電源につないだ場合は，スイッチを閉じると一瞬電流は流れるもののすぐに直流電流は流れなくなる。しかし，交流電源では交流電流を流し続けられる。その理由をもっとも正確に述べている文章を，次の4つから1つだけ選び，記号で答えよ。

①　交流電流は極性が規則的に変化するので，コンデンサーが示す充電・放電の特性は一切無効になってしまうため。

②　交流電流は極性が規則的に変化するので，コンデンサーは極性が交互に変化する交流と同じ周期で，放電だけをし続けるため。

③　交流電流は極性が規則的に変化するので，コンデンサーは極性が交互に変化する交流と同じ周期で，充電・放電を繰り返すため。

④　交流電流は極性が規則的に変化する。しかしながら，コンデンサーの特性から極板間に発生する電界の向きは常に一定方向になるため。

問7　ある時刻 t のときの平行板コンデンサーに蓄えられた電気量 Q_A を，C_A，V_0，t，ω の中から必要な記号を用いて表せ。

問8　平行板コンデンサーに流れる電流 I を，下記のように $I = \dfrac{\Delta Q_A}{\Delta t}$ と書くとき，　ア　，　イ　に何が入るか，C_A，V_0，t，ω の中から必要な記号を用いて表せ。なお，時間変化が微小なとき（すなわち Δt が十分に小さいとき）に，$\cos\omega\Delta t \fallingdotseq 1$，$\sin\omega\Delta t \fallingdotseq \omega\Delta t$ と近似できるものとする。

$$I = \frac{\Delta Q_A}{\Delta t} = \boxed{\quad \text{ア} \quad} \sin \boxed{\quad \text{イ} \quad}$$

問9　図Ⅲ-2の回路において，抵抗に相当する量を，C_A，V_0，t，ω の中から必要な記号を用いて表せ。また，交流電圧の角周波数 ω を増やすと，回路を流れる電流の最大値はどのように変化するか答えよ。

化学

（60 分）

I 次の文章を読んで，文中の空欄 ア ～ ケ にあてはまる最も適当な語句を答えよ。それぞれの解答を記述解答用紙に記入せよ。ただし， ウ は数字で， ケ はイオン式で答えよ。また， エ と オ は，原子番号の小さいものを先に答えること。

　自然界に存在する元素の中で，生物がその構成要素として用いるものは限られる。生体分子の骨格となる基本元素の場合，水中でイオン化して溶けだしては困るので，共有結合を作る ア 元素である必要がある。このうち，原子番号が大きい元素は，安定な化合物を作りにくいだけでなく地球上の存在量も少ないことが多いので，第三周期までの元素を考えよう。原子価が 2 以下の元素だけでは線状の化合物しか作れないから，ある程度複雑な化合物を作るためには，原子価が 3 以上の元素が必要となる。したがって，水素のほか，原子価が 0 の イ ，原子価 1 のハロゲン，原子価 2 の第 ウ 族の元素が除かれる。これらの条件を満たす候補元素は 5 つである。この中で，結合に関与し得る電子の軌道の数と価電子の数が異なる元素は安定な化合物を作りにくいため，ホウ素と窒素は基本元素としては使いにくい。残る 3 つの元素のうち，炭素は，原子番号がより大きい エ と オ より原子半径が小さく，安定な化合物を作りやすい。これが，「有機物」の基本元素として炭素が使われている理由と考えられる。

　一方で，生命の反応の中でも酸化還元反応には， ア 元素より カ 元素が重要な役割を果たす。Na^+，Mg^{2+}，Ca^{2+} といったイオンも生体内で様々な働きをするが，酸化還元には，複数の キ を取り得る元素が必要となる。この目的には，遷移元素が主に用いられる。遷移元素の中で地球上の存在量が格段に多いのは ク である。二酸化炭素から有機物を合成する反応は還元反応であり，その際の還元剤として ケ の形の ク イオンを使う生物もある。

Ⅱ 　次の文章を読んで，問1〜問4に答えよ。それぞれの解答を記述解答用紙に記入せよ。

　物質の構成粒子が規則正しく配列した固体を結晶といい，自然界に鉱物として産出するものも多い。例えば，石英ガラスの原料となる石英（主成分　ア　）や，フッ化水素の製造に用いられる 蛍 石（主成分　イ　）などがある。

　多数の陽イオンと陰イオンが静電気力（クーロン力）によるイオン結合を形成してできる結晶をイオン結晶と呼び，塩化ナトリウム型や塩化セシ
　　　　　　　　　　　　　　　　　　　　　　　　　　　a
ウム型などいくつかの構造がある。同じ構造をもつイオン結晶どうしでは，
b
イオン結合の強さが結晶の融点を左右することが多い。また，イオン結晶は一般にかたいが，強い力を加えると結晶の特定な面に沿って割れやすい性質がある。この性質を　ウ　という。

問1　文中の空欄　ア　〜　ウ　にあてはまる最も適当な化学式と語句を答えよ。ただし，　ア　と　イ　には化学式を，　ウ　には語句をそれぞれ記せ。

問2　下線部aに関して，常温常圧における塩化ナトリウム結晶の単位格子の1辺の長さを 5.64×10^{-8} cm とする。塩化物イオン Cl^- のイオン半径が 1.67×10^{-8} cm のとき，ナトリウムイオン Na^+ のイオン半径（cm）を有効数字3桁で答えよ。

問3　下線部bに関して，常温常圧における塩化セシウム結晶の密度を 4.02 g/cm³ としたとき，塩化セシウムの式量を有効数字3桁で答えよ。ただし，塩化セシウム結晶の単位格子の1辺の長さを 4.10×10^{-8} cm，アボガドロ定数を 6.02×10^{23}/mol，$4.10^3 = 69.0$ として計算せよ。

問4　以下の1〜5のイオン結晶は，いずれも常温常圧で塩化ナトリウム型の構造をもつ。これらを融点が低い順に左から並べ，番号で記せ。

1．酸化ストロンチウム　　　　2．フッ化ナトリウム
3．酸化マグネシウム　　　　　4．ヨウ化ナトリウム
5．臭化ナトリウム

Ⅲ 　次の文章を読んで，問1〜問4に答えよ。問1，問3，問4については，それぞれの解答を記述解答用紙に記入せよ。問2につい

ては解答を選び，マーク解答用紙の番号をマークせよ。

　銅は金や銀と同じく第 11 族に属する遷移元素で，典型元素の金属の単体に比べて融点が高く，延性や展性に富むといった特徴をもつ。銅は，紀元前 9,000 年頃には人類によって利用されていた最古の金属と考えられている。銅にスズを混ぜた　ア　と呼ばれる合金は，銅単体よりも融点は低いがかたいという特性から，鉄よりも古くから道具の材料として利用され，文明の発達に大きく寄与した。

　天然において，銅の多くは　イ　（主成分 $CuFeS_2$）として存在する。不純物を含んだ粗銅（純度約 99％）は　イ　を原料として得られる。粗銅板を陽極，純銅板を陰極とし，0.2～0.5 V 程度の低電圧で硫酸銅（Ⅱ）$CuSO_4$ の希硫酸溶液を電気分解することで，陽極から溶け出した銅イオン Cu^{2+} が陰極に析出する。このようにして，純度の高い純銅（純度 99.99％以上）が得られる（電解精錬）。このとき，不純物である一部の金属は陽極の下にはがれ落ちてたまる。これを　ウ　という。

問1　文中の空欄　ア　～　ウ　にあてはまる最も適当な語句を答えよ。
問2　下線部 a に関して，銅は他の金属との合金として様々な用途に用いられる。下記(i), (ii)の合金に含まれる適切な金属の組み合わせを①～④より選べ。　M1　　M2
　(i)　黄銅　　M1
　(ii)　白銅　　M2
　①　銅とニッケル　　　　　　　②　銅と鉄
　③　銅と亜鉛　　　　　　　　　④　銅とマグネシウム
問3　下線部 b に関して，陰極において 25.4 kg の純銅を得ることができた。これに要した電気量（C）を有効数字 3 桁で求めよ。ただし，電流は銅の酸化還元のみに使われるものとする。また，銅の原子量を 63.5，ファラデー定数を 9.65×10^4 C/mol とする。
問4　下線部 c に関して，陽極の粗銅板中に不純物として亜鉛が含まれている場合，陽極下に堆積せずに銅と共に陽イオンとなって溶けだす。しかし陰極では銅のみが析出する。その理由を簡潔に答えよ。

IV 元素の周期表の第 17 族に属する元素はハロゲン元素と呼ばれ，フッ素，塩素，臭素，ヨウ素，アスタチン，テネシンの 6 元素から構成される。このうちのフッ素からヨウ素までのハロゲン元素に関する以下の問 1 〜問 4 に答えよ。なお，問 1 については解答を選び，マーク解答用紙の番号をマークせよ。問 2 〜問 4 については，それぞれの解答を記述解答用紙に記入せよ。

問 1 以下の 5 つの文章から正しいものをすべて選べ。 M3

① ハロゲン元素は 17 個の価電子をもち，一価の陰イオンになりやすい。

② ハロゲン元素の単体は二原子分子として存在し，酸化力が強い。

③ 水溶液中で $2KI + Cl_2 \rightarrow 2KCl + I_2$ の反応は起こるが，逆反応は実質的に起こらない。

④ 塩化鉄(Ⅲ)の無水物を触媒として用いてベンゼンに塩素を反応させるとシクロベンゼンが生成する。この時用いる触媒は反応熱を下げ，結果として反応を促進する。

⑤ デンプンを含む溶液にヨウ素を加えるとヨウ素デンプン反応が起こり，青〜青紫色に呈色する。溶液を加熱するとより鋭敏にこの反応を観察できる。

問 2 以下の文中の空欄 ア 〜 ウ にあてはまる最も適当な語句を漢字で書け。

ハロゲンの単体のように ア 分子からなる物質の沸点は，分子量が大きくなるほど高くなる。これは分子量が大きくなるほど イ が大きくなるからである。固体ヨウ素は代表的な分子結晶であるが，分子結晶は一般的にやわらかく，融点が低い。固体ヨウ素をはじめ，二酸化炭素やナフタレンなどの ア 分子からなる固体を常圧で加熱すると液体になることなく，直接気体になる。この変化を ウ という。

問 3 銀イオン Ag^+ を含む溶液にフッ化物イオン F^- 以外のハロゲン化物イオンを加えるとハロゲン化銀の沈殿が生じる。このハロゲン化銀の沈殿のなかで，アンモニア水に最もよく溶解するハロゲン化銀について，その溶解過程を化学反応式で答えよ。

問 4 室温で塩化銀の飽和溶液 1 L に 50 g の塩化ナトリウムを加え，よ

く撹拌したところ，塩化ナトリウムは完全に溶解したが，白色の沈殿が
生じた。以下の(i)～(iii)の問いに答えよ。

(i) 沈殿を生じる理由は共通イオン効果で説明される。この共通イオン
効果とはどういうものか，簡潔に説明せよ。

(ii) 塩化ナトリウムを加えた後の溶液に溶けている塩化銀のモル濃度 s
（mol/L）を求めたい。この溶液に対して成立する溶解度積（mol^2/L^2）
の式を s を用いて書け。ただし，塩化銀の飽和溶液の室温でのモル濃
度を $1.35×10^{-5}$ mol/L とし，ナトリウム，塩素の原子量をそれぞれ
23.0，35.5 とする。

(iii) 加えた塩化ナトリウムの濃度に比べると s の値は十分小さいことを
考慮して，s の値を有効数字 2 桁で答えよ。

V

次の文章を読んで，問 1 ～問 5 に答えよ。なお，問 1，問 4，問
5 については，それぞれの解答を記述解答用紙に記入せよ。問 2，
問 3 については，それぞれ解答を選び，マーク解答用紙の番号をマークせ
よ。

　タンパク質を構成するアミノ酸は，アミノ基とカルボキシ基が同一の炭
素原子に結合した α-アミノ酸であり，主要なものは 20 種類である。20
種類のアミノ酸のうち，グリシン以外は不斉炭素原子をもつため鏡像異性
体が存在するが，タンパク質を構成するアミノ酸は ア 体である。ア
ミノ酸はその等電点から，酸性アミノ酸，中性アミノ酸，塩基性アミノ酸
に分類できる。例えばアラニンは中性アミノ酸である。アミノ酸を等電点
よりも小さい pH のもとでろ紙で電気泳動を行うと，陰極に移動する。ろ
紙上のアミノ酸は，ニンヒドリン溶液を噴霧し，加熱によって イ 基
を発色させて検出することができる。タンパク質の構造としては，一次構
造，二次構造，三次構造，四次構造がある。二次構造としては，らせん状
に巻いた α-ヘリックス構造とジグザグ状に折れ曲がった ウ 構造が
あり，主に水素結合により形成される。タンパク質の水溶液に水酸化ナト
リウムと硫酸銅（Ⅱ）水溶液を加えると赤紫色となる。このビウレット反応
は， エ ペプチド以上の長さの分子でみられる。ベンゼン環をもつア
ミノ酸を含むタンパク質水溶液に濃硝酸を加えて加熱し，さらにアンモニ

ア水を加えると橙黄色になる。この反応をキサントプロテイン反応という。硫黄をもつアミノ酸を含むタンパク質の水溶液に水酸化ナトリウムを
加えて加熱し，さらに酢酸鉛（Ⅱ）水溶液を加えると黒色の沈殿が生じる。

問1　文中の空欄　ア　〜　エ　にあてはまる最も適切な語句を答えよ。

問2　下線部aに関して，タンパク質中に含まれるアラニンの構造を以下
　　から選べ。　M4

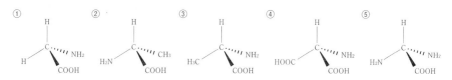

問3　下線部bに関して，以下はアラニン，リシン，グルタミン酸の等電
　　点を小さいものから順に並べたものである。正しいものを選べ。　M5

① アラニン 　　　　　リシン 　　　　　　　グルタミン酸
② アラニン 　　　　　グルタミン酸 　　　　リシン
③ リシン 　　　　　　グルタミン酸 　　　　アラニン
④ リシン 　　　　　　アラニン 　　　　　　グルタミン酸
⑤ グルタミン酸 　　　アラニン 　　　　　　リシン
⑥ グルタミン酸 　　　リシン 　　　　　　　アラニン

問4　下線部cに関して，ベンゼン環をもつアミノ酸を二つ答えよ。

問5　下線部dに関して，硫黄分子をもつアミノ酸のうち，三次構造に関
　　与するアミノ酸を答えよ。

Ⅵ　　有機化合物に関する以下の問1〜問6に答えよ。なお，問1〜問
　　　5については，それぞれの解答を選び，マーク解答用紙の番号を
マークせよ。問6については，解答を記述解答用紙に記入せよ。

問1　気体状態にした酢酸と気体の状態方程式を用いて，酢酸の分子量を
　　実験的に求めた。その結果，分子量は約120と計算された。この結果に
　　関して正しい記述を次のなかから選べ。　M6

① 気体状態にする過程で酢酸が分解したため，このような数値になっ
　　た。

② 気体状態にする過程で酢酸が脱水縮合したため，このような数値に
なった。

③ 酢酸が二量体を形成したため，このような数値になった。

④ 酢酸が電離してイオン化したため，このような数値になった。

⑤ 酢酸の分子量として，ほぼ正しい数値が得られた。

問2 DNA と RNA に関する次の記述のなかから正しいものを選べ。
M7

① 水溶液中で DNA は正に帯電しているが，RNA は負に帯電してい
る。

② RNA と DNA は塩基の一部が異なるため，RNA は DNA のよう
に 2 本鎖構造をとることができない。

③ 2 本鎖構造をとった DNA を NaCl 水溶液に溶かした場合と純水に
溶かした場合を比べると，DNA 間に働く反発力は，前者の方が小さ
い。

④ RNA の塩基部分は，溶媒の pH によっては DNA の塩基部分との
間でイオン結合を形成することができる。

⑤ ヒストンと呼ばれる塩基性のタンパク質（正に荷電したアミノ酸残
基を多く含む）と DNA の親和性は低い。

問3 タンパク質に関する次の記述のなかから正しいものを選べ。 M8

① タンパク質を熱で変性させても水素結合は切れない。

② タンパク質とナイロン 66 は共に高分子化合物であるが，単位分子
を繋ぐ結合様式は異なる。

③ 水溶性タンパク質の水溶液は親水コロイド溶液であり，多量の電解
質を加えると沈殿する。

④ 球状タンパク質の表面は，疎水性のアミノ酸残基で覆われている。

⑤ どのような物質であれ，いったん酵素の活性部位にはまり込めば，
いずれ構造の異なる物質に変えられる。

問4 糖に関する次の記述のなかから間違っているものを選べ。 M9

① α-グルコースのように 6 個の原子からなる環状の構造を六員環と
いう。

② 環状構造をとったフルクトースにはアルデヒド基があるため還元性
を示す。

③　β-グルコースも環状構造をとったガラクトースもヘミアセタール
　　構造をもっている。

④　スクロースは還元性を示さない。

⑤　フルクトースはグルコースの異性体である。

問5　接着剤は化学的な力，物理的な力，あるいはその両者によって，ふ
　　たつの物体を結合する。接着剤に関係する次の記述のなかから正しいも
　　のを選べ。 M10

①　接着剤としても使われるデンプンは，天然の低分子化合物である。

②　接着剤としても使われる酢酸セルロースは，木材繊維等の主成分で
　　ある天然の高分子化合物である。

③　尿素とホルムアルデヒドを付加縮合させて得られる化合物は，接着
　　剤などに使用される。

④　メラミンとホルムアルデヒドを付加重合させて得られる化合物は，
　　アルキド樹脂であり接着剤には使用されない。

⑤　ブタジエンを重合して得られる合成高分子化合物には極性のある原
　　子団が多く含まれるため，多用途の接着剤の原料として利用されてい
　　る。

問6　図1に示す高分子化合物 A と B は，コンタクトレンズの材料とし
　　て使われている。相対的にどちらがやわらかい素材になるかを答えた上
　　でその理由を答えよ。

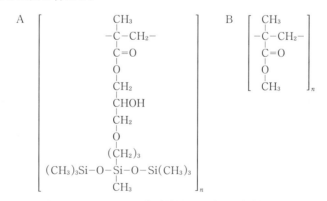

図1．コンタクトレンズの材料となる高分子化合物の例

■■■生物■■■

（60 分）

Ⅰ 以下の文章を読み，問 1 〜問 6 に答えなさい。

　動物は外界からさまざまな刺激を受容し，これらの情報を統合的に処理
(1)
することで，生存に必要な行動をとっている。たとえばヒトの眼の網膜は
可視光線の受容器としてはたらき，光が水晶体で屈折して網膜に到達
(2)
し，明るさや波長に応じて異なる光受容細胞が反応することで，感覚ニュ
(3)
ーロンへと信号が伝えられる。感覚ニューロンの情報はさらに中枢神経系
で統合され，大脳の視覚野において形や色などの高度な認識が行われる。
中枢神経系ではニューロンが密に集合し，刺激の強さに応じて個々のニュ
ーロンが全か無かの法則に従って応答する。その情報がニューロン間，さ
(4)
らにニューロン–効果器の間でシナプスを介してすばやく正確に伝えられ
る。

表 1 　適刺激とヒトの受容器

適刺激	受容器		感覚
可視光線	眼	網膜	視覚
からだの傾き	耳	ア	平衡覚
からだの回転		イ	
音波		ウ	聴覚
エ	鼻	嗅上皮	嗅覚
オ	舌	味蕾（味覚芽）	味覚

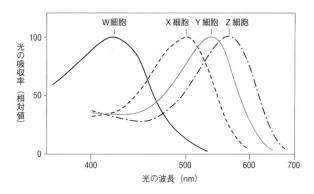

図1　ヒト網膜の視細胞の光吸収スペクトル

問1　下線部(1)について，適刺激と受容器の対応を示す表1の空欄　ア
　　〜　オ　に最も適切な語句を入れて表を完成させなさい。

問2　下線部(2)に関して，ヒトの眼の遠近調節のしくみについて30字以
　　内で説明しなさい。

問3　下線部(3)に関して，下記の問に答えなさい。

　問3-1　図1はヒトの網膜を構成する視細胞とそれぞれの光の吸収率
　　　を表したグラフである。XとZの細胞を何というか，それぞれ名称
　　　を答えなさい。

　問3-2　ヒトの右眼の網膜におけるX細胞の空間的位置と密度の関係
　　　をグラフに表し，解答用紙の図を完成させなさい。

〔解答欄〕

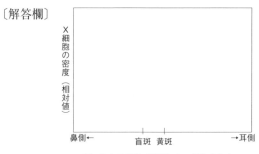

図　ヒトの網膜（右眼）のX細胞の分布

問4　下線部(3)に関して，明順応について「ロドプシン」という語句を用いて 30 字以内で説明しなさい。

問5　アミノ酸の配列はタンパク質の一次構造を決めるが，視物質を構成するアミノ酸の置換は，タンパク質の立体構造を変化させ，視覚に影響をもたらすことが知られている。たとえば，緑色の光を受容するオプシンタンパク質において 203 番目のシステインがアルギニンに変わると，本来の三次構造をつくるのに必要な結合が形成できなくなり，色覚の変化をおこす。このオプシンの一次構造および三次構造の形成に必要な結合をそれぞれ何というか，答えなさい。

問6　下線部(4)の法則について 30 字以内で説明しなさい。

Ⅱ　　以下の文章を読み，問 1〜問 7 に答えなさい。

恒温動物では，体温維持のためにさまざまな調節系がはたらく。ヒトでは体温の低下を中枢神経系の　ア　が感知して体内の反応を起こし，イ　筋が震え，筋肉に次いで熱の産生が多い　ウ　で物質の分解が起こり，産生された熱は　エ　によって体内へ分配される。熱の損失をふせぐために，心臓の拍動が抑制され，皮膚の毛細血管の　オ　と立毛筋の　カ　が起こる。変温動物では，外界の温度に応じて体温が変化する。このため，絶えずえらが環境の水温にさらされる魚類では，体温を水温以上に保持することは難しい。しかし特定の組織や器官で体熱を産生する魚類がある。例えば，マグロの筋肉の温度は局所的に水温よりも高くなり，活動性が向上している。アカマンボウは，えらを通過する血液を温めるしくみをもつ。水深，水温，筋温を連続測定する記録計をアカマンボウに装着して海洋へ放流し，その後に回収した記録計から図 1 の測定値を得た。この結果より動物学者達は，マグロやアカマンボウは，生存競争に有利な地位を獲得していると考えている。また，クジラ偶蹄目のハナゴンドウの遊泳深度を図 1 のアカマンボウと同様に調べた結果を図 2 に示す。

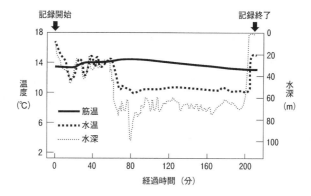

図1　アカマンボウの遊泳深度と，筋温および水温の変化

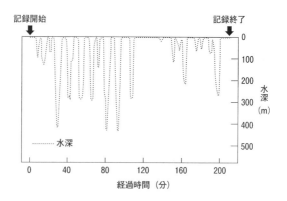

図2　ハナゴンドウの遊泳深度の変化

問1　文中の空欄　ア　〜　カ　に入る最も適切な語句を下記の［語群］から選び，A〜Xの記号で答えなさい。同じ語句を複数回選んで良い。

［語群］

A	平　滑	B	骨　格	C	腎　臓
D	肝　臓	E	脾　臓	F	延　髄
G	正中隆起	H	脳下垂体	I	視床下部
J	視　床	K	扁桃体	L	骨　髄
M	肺	N	皮　膚	O	拡　張

P 収 縮	Q 弛 緩	R 促 進
S 抑 制	T 維 持	U 血 液
V リンパ	W 吸 熱	X 化学エネルギー

問2　下線部(1)に関して，下記の動物のうち変温動物をすべて選び，A〜Lの記号で答えなさい。

A アルマジロ	B フィンチ	C ツパイ
D アリクイ	E エナガ	F ガゼル
G カジカ	H ヌートリア	I グリーンアノール
J キーウィ	K ワラビー	L カモノハシ

問3　下線部(3)に関して，アカマンボウはこのしくみのための発熱によりエネルギーを消費している。産生した熱を効率的に維持するために，アカマンボウは胴体部にどのような組織を発達させていると考えられるか，20字以内で説明しなさい。

問4　下線部(4)に関して，このような実験で注意すべき最も重要なことは何か，20字以内で説明しなさい。

問5　図1に示された水温と水深に注目し，明確に読み取れるアカマンボウの特徴を2点挙げ，それぞれ20字以内で説明しなさい。

問6　図1と図2より，ハナゴンドウがアカマンボウと大きく異なる性質をもつことを示す測定結果を2点挙げ，それぞれ15字以内で説明しなさい。

問7　下線部(5)のマグロやアカマンボウが生存競争で有利になる理由について，下線部(2)と(3)で示すことから考えられることを20字以内で説明しなさい。

Ⅲ　以下の文章を読み，問1〜問4に答えなさい。

　植物の光合成反応は，光エネルギーを使って ア や NADPH を合成する反応（光化学反応）と， イ から取り込んだ CO_2 を有機物に合成する反応（炭酸固定反応）に分けられる。後者の反応では光エネルギーは必要ではなく，前者の反応で得られた ア や NADPH が使われる。図1は，同一植物個体の中で光の当たり方が異なる位置についている X，Yの2つの葉の見かけの光合成速度（CO_2 吸収速度）を模式的に示した

ものである。ここから，置かれている光環境が違うと光合成速度の光に対する応答性が異なる(1)ことがわかる。例えば，光合成速度と呼吸速度が等しくなった時の光の強さである　ウ　は，X に比べて Y で小さい。

　植物が一定期間内に光合成によって生産した有機物の総量から，植物自身が呼吸で消費した有機物量を差し引いたものは　エ　量とよばれる。　エ　量の一部は枯死量，被食量となり，残りが植物の成長と繁殖に使われる。被食量は，この植物を餌として利用する消費者から見れば　オ　量であり，ここから　カ　量と呼吸量を除いたものが消費者の生産量である。表 1 はある架空の生態系において食物連鎖を通じてどれだけの有機物が移動するかをまとめたものである。有機物の移動を考えることで，生態系内のエネルギーの流れを知ることができる(2)。

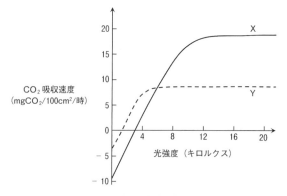

図 1　異なる位置についた葉の光合成速度

表 1　生態系における食物連鎖を通じた有機物の移動（単位は mg/m²/日）

栄養段階	総生産量（同化量）	呼吸量	エ 量（生産量）	被食量	枯死・死滅量	成長量
生産者	564.2	120.0	444.2	74.1	15.5	354.6
一次消費者	59.3	19.2	40.1	12.7	1.2	26.2
二次消費者	10.0	6.0	4.0	0.0	0.2	3.8

問1　文中の空欄　ア　～　カ　に入る最も適切な語句を下記の［語群］から選び，A～V の記号で答えなさい。ただしそれぞれの語句は 1 回しか選べないものとする。

[語群]

A	クロロフィル	B	脱　落	C	チラコイド
D	光飽和点	E	摂　食	F	ADP
G	体外分泌	H	O_2	I	葉肉細胞
J	純生産	K	植物生産	L	光補償点
M	ATP	N	NADP	O	消　費
P	不消化排出	Q	総光合成	R	最大光合成速度
S	最適光強度	T	気　孔	U	分　解
V	二次生産				

問2　図1および下線部⑴に関して，下記の問に答えなさい。

　問2‐1　図1に示された X，Y の 2 つの葉のうち，日陰に順応しているのはどちらか記号で答えなさい。

　問2‐2　個葉の光合成量を考えたとき，Y の ｜　ウ　｜ が小さいことの利点を 25 字以内で説明しなさい。

　問2‐3　X と Y 両方の葉に 6 キロルクスの光を照射して光合成をさせた時，それぞれの葉において光合成速度を決めている反応の名前を答えなさい。

問3　表1に関して，下記の問に答えなさい。なお，計算結果は小数点第二位を四捨五入し，小数点第一位までの値で答えなさい。

　問3‐1　この生態系における一次消費者のエネルギー効率（％）を求めなさい。

　問3‐2　この生態系において分解者に供給される有機物量（mg/m²/日）を求めなさい。

問4　下線部⑵に関して，生態系におけるエネルギーの流れという点において，菌類・細菌類が果たしている役割を 30 字以内で説明しなさい。

地学

（60 分）

Ⅰ　氷期・間氷期サイクルに関する下の文章を読み，問いに答えよ。

　地球史において最も新しい紀で，258 万年前から始まった　(ア)　紀は，地球の南北両極における大陸氷床の拡大と縮小の繰り返しによって特徴づけられる，氷期・間氷期サイクルが顕著に見られる時代である。約 300 万年前に北半球にも大陸氷床が発達し，これ以降，氷期・間氷期サイクルが顕在化するようになった。

　約 100 万年前以降，現在までの時代は，およそ 10±2 万年ごとに氷期・間氷期が繰り返されてきた。各氷期・間氷期の 1 対の中では，温暖な間氷期は 1 万年～1.5 万年程度しか継続せず，残りの期間が氷期に相当する。南極氷床に加え，北アメリカ大陸には　(イ)　氷床が，ヨーロッパ大陸にはスカンジナビア氷床が，グリーンランドにはグリーンランド氷床が発達し，現在の北半球ではグリーンランド氷床のみが残存している。最終氷期の日本においては，山岳に氷河が存在したことが確認されており，本州中部の山岳地帯の一部では，氷河作用による地形が観察される。また，東京都中野区江古田に分布する江古田植物化石層からは，カラマツ，トウヒなど，現在では亜高山帯に分布する針葉樹の化石が産出することから，低地においても寒冷な気候であったことがわかる。

　この氷期・間氷期サイクルに伴う氷床量の変動史は，深海底に棲息する有孔虫の殻中の酸素同位体比（$\delta^{18}O^{(注1)}$）に記録されている（図 1）。有孔虫殻の酸素同位体比が　(ウ)　時期ほど氷床量が小さく温暖な気候であり，　(エ)　時期ほど氷床量が大きく寒冷な気候であったことを示している。また，氷期には海氷の分布域も拡大し，特に最終氷期の北大西洋では，北緯 50° 程度あるいはそれ以南にまで海氷が分布していたと考えられている。図 1 からは上述の氷期・間氷期の約 10±2 万年の周期性が読み取れるが，その他にも約　(A)　万年と約 2.3 万年の周期性も確認することがで

きる。これは　オ　が氷床量変動に影響していることを示している。図
1 からは読み取れないが，グリーンランドの氷床コアからは，およそ 7 万
年前から 2 万年前の間に，急激な気候変動が繰り返されていたことが知ら
れている。これらの急激な気候変動では，数十年の間に気温が約 10℃ も
上昇し，その後 1000 年程度かけて再び寒冷化するというサイクルが繰り
返された。これをダンスガード・オシュガー・サイクルと呼んでおり，最
終氷期には，　オ　に起因する氷期・間氷期サイクルとは異なる時間規
模のサイクルがあったことも知られている。

(注1) $\delta^{18}O$ は以下の式で表される酸素同位体比の表記法。

$$\delta^{18}O = 1000 \times \left(\frac{\left(\frac{^{18}O}{^{16}O}\right)_f}{R} - 1 \right) \qquad \left(\frac{^{18}O}{^{16}O}\right)_f \text{ は有孔虫殻中の } \frac{^{18}O}{^{16}O} \text{ 比} \qquad R \text{ は定数}$$

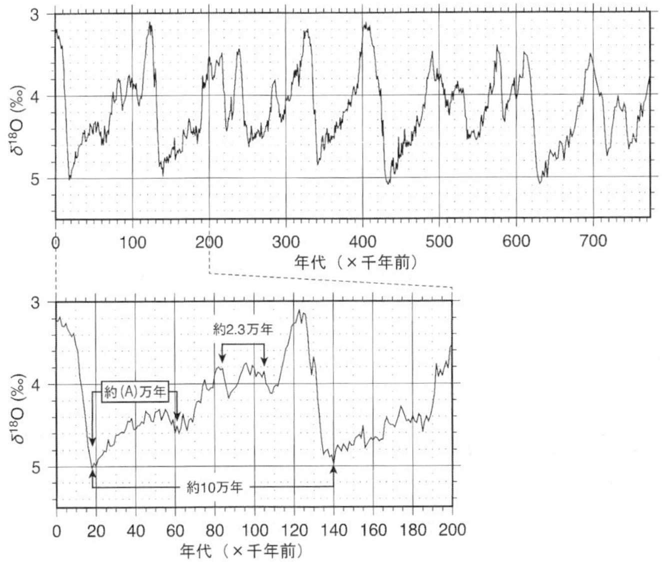

図1　深海底に棲息する有孔虫殻の酸素同位体比の変動史。ただし，‰（パーミル）は千分率を示す。データは Lisiecki
and Raymo, 2005, *Paleoceanography*, v.20:PA1003. から引用。

問 1　文中の空欄　ア　〜　オ　に入る，最も適切な語を記せ。

問 2　文中，および図 1 中の空欄　(A)　に入る，最も適切な数値を記せ。

問 3　下線部(1)に関して，スカンジナビア氷床が消失した現在のスカンジ

ナビア半島周辺では，図 2 に示すような速度（mm／年）で地殻が上昇している。地殻が沈降していた理由と現在上昇している理由を述べよ。

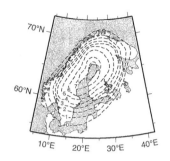

図2 現在のスカンジナビア半島の地殻の上昇速度。点線と点線上の数値は，海水準に対する地殻の上昇速度の等値線とその上昇速度（mm／年）を示す。Rosentau et al., 2012, *Baltica*, v.25, p.113-120. を改変。

問4 下線部(2)に関して，該当する地形の名称を 1 つ記せ。

問5 下線部(3)に関して，現在の大西洋と比較して，最終氷期の大西洋における熱塩循環のようすについて述べた以下の文章から正しいものをすべて選べ。

(A) 北大西洋深層水が沈み込む緯度がより低緯度になった。

(B) 北大西洋深層水の流量が減少した。

(C) 北大西洋深層水よりさらに深い水深にある南極底層水の分布範囲が拡大した。

(D) 北半球の西岸強化流による高緯度への熱輸送量が減少した。

問6 図 1 に示されている有孔虫殻の酸素同位体比は，各時代における海水の酸素同位体比と同一であり，その変化はすべて氷床量の変化に起因すると仮定する。最終氷期に形成された氷床の酸素同位体比を $-40‰$，現在の海洋の表面積を $360 \times 10^6 \, \mathrm{km}^2$，現在の海洋の体積を $1350 \times 10^6 \, \mathrm{km}^3$，海洋を水深が一様な立方体であると仮定する。現在の南極氷床の体積を $25 \times 10^6 \, \mathrm{km}^3$ とすると，最終氷期に最も氷床が拡大した時期には，現在と比較して，現在の南極氷床の何倍の体積の氷床が存在していたことになるか計算せよ。ただし，海水の密度を $1.00 \, \mathrm{g/cm}^3$，氷床の密度を $0.90 \, \mathrm{g/cm}^3$ とする。また，現在の海水準に対する，最終氷期に最も氷床が拡大した時期の海水準を計算せよ。計算結果はいずれも有効数字 3 桁で記せ。

※問 6 については，設問の記述に不適切な部分があったため，解答の有無・内容にかかわらず，受験生全員に得点を与える措置を取ったことが大学から発表されている。

問 7　バイソンはウシ科に含まれる大型の哺乳類で，頭部から肩にかけて長い体毛で覆われていることが特徴である。図 3 は，アジア大陸と北アメリカ大陸に棲息していた，あるいは棲息しているバイソンの系統の概略を示している。バイソンは北アメリカ大陸に 2 回に渡り移入しているが，その年代を答えよ。また，図 1 と図 3 を比較し，バイソンの地理的分布，多様化の時間的変遷，およびその要因について述べよ。

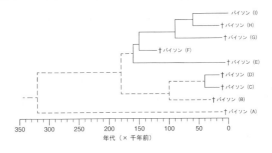

図 3　アジア大陸と北アメリカ大陸から発見されたバイソンの化石に基づく，各大陸におけるバイソンの進化と年代の概略図。バイソン(A)〜(I)はそれぞれのバイソンのグループを示す。破線（バイソン(A)および(B)）はアジア大陸におけるバイソンの推定棲息年代を，実線（バイソン(C)〜(I)）はアメリカ大陸におけるバイソンの推定棲息年代を示す。短剣符（†）は各々のグループが絶滅したことを示す。Froese et al., 2017, *PNAS*, v.114, p.3457-3462. を改変。

Ⅱ　　メッシニアン塩分危機に関する下の文章を読み，問いに答えよ。

蒸発岩・化学岩は，海水や湖水の蒸発によって溶存イオンが晶出した堆積岩である。したがって，蒸発岩の存在は，過去の乾燥気候を示唆する指標として活用できる。代表的な蒸発岩鉱物の種類には，石膏（硬石膏），
(1)
炭酸カルシウム鉱物，岩塩などがある。これらの鉱物が海水から晶出する際には，明確な順番がある（図 1）。このことから，晶出鉱物種によって
(2)
どれほど乾燥化が進行したのかを推察することが可能となる。

蒸発岩に関わる地質事変として最も有名なのがメッシニアン塩分危機である。約 500〜600 万年前（メッシニアン期）に，地中海全域が蒸発岩で覆われる事変が発生した（図 2）。もともと，地中海は比較的乾燥した地
(3)
中海性気候に属し（図 3），さらに地形的にも河川水の流入が少ないので，

　海水の蒸発量が卓越する傾向にある。ジブラルタル海峡を経由した大西洋からの海水流入が途絶えると，現在でも地中海は数千年で完全に干上がることになる。メッシニアン期においては，地殻変動の影響で現在のジブラルタル海峡も閉鎖的になり，地中海への海水供給が制限されたと考えられている。

　この結果，メッシニアン期に地中海の海水を 30 回以上蒸発させないと，まかなえない量の蒸発岩が堆積している。この量は全海洋の海水から約 6 ％の溶存イオンが除去された見積もりになる。このように大規模であった地中海における蒸発岩の形成は，全球規模の気候変動を引き起こした可能性があるのだが，メッシニアン塩分危機を原因とする全球的な気候変動の直接的証拠は明確になっていない。
(4)

　メッシニアン塩分危機をめぐる最大の論争点は，地中海が完全に干上がり砂漠化したのか，あるいは，地中海にはある程度の海水が存在していたのか，という点である。前者，地中海が干上がったとする根拠の 1 つは，蒸発岩の分布状況にある。図 4 は，西地中海（現在のイベリア半島・アフリカ・コルシカ島が囲む海域）におけるメッシニアン期の堆積物の分布図である。この蒸発岩の分布は，地中海全体が干上がったことを示していると考えられる。
(5)

　その後，海水準の低下によるジブラルタル海峡の浸食や地殻変動によって，大西洋と地中海が開通したと考えられている。この際には海水が一気に地中海に流れ込み，地球史上最大級の落差と給水量を有する滝が誕生した。ある試算では，約 2 年で地中海が海水で充塡されたことになり，この地質事変はザンクリアン洪水と呼ばれている。

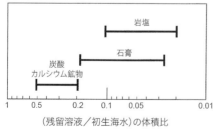

（残留溶液／初生海水）の体積比

図 1　平均的な海水から蒸発岩鉱物が晶出する順序。
　　　Friedman and Sanders, 1978, *Principles of sedimentology*, 527pp. を一部改変。

図 2　メッシニアン期の岩塩と石膏の推定分布範囲。
　　　Manzi et al., 2012, *J. Sediment. Res.*, v.82, p.991-1005. を一部改変。

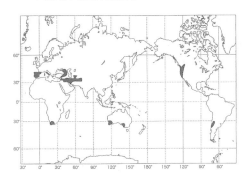

図3　現世における地中海性気候の世界分布（見やすさのため，実際の分布より誇張されている）。

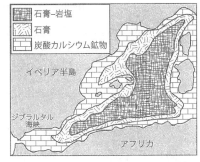

図4　西地中海（バレアス海）の蒸発岩の推定分布。Manzi et al., 2012, *J. Sediment. Res.*, v.82, p.991-1005. を一部改変。

問1　下線部(1)に関して，海水中に溶存するイオンのうち，蒸発岩鉱物の晶出に関わる陽イオンは Na，Mg，Ca，K であり，陰イオンは Cl，SO_4，CO_3 である。これを参考にして，硬石膏，炭酸カルシウム鉱物，岩塩の化学式を答えよ。

問2　下線部(2)に関して，図1を参考にして以下の文章から正しいものをすべて選べ。

(A)　海水が連続的に蒸発すると，岩塩，石膏，炭酸カルシウム鉱物の順番で鉱物が晶出する。

(B)　海水が連続的に蒸発すると，炭酸カルシウム鉱物，石膏，岩塩の順番で鉱物が晶出する。

(C)　石膏と炭酸カルシウム鉱物の晶出の切り替わりは，海水の体積が約1/2まで蒸発した際に行われる。

(D)　石膏と炭酸カルシウム鉱物の晶出の切り替わりは，海水の体積が約1/5まで蒸発した際に行われる。

問3　下線部(3)の特徴を示す気候が発達する理由を，図3をもとに説明している以下の文章の空欄を埋めよ。

　　地中海性気候は，北緯30°と南緯30°に帯状分布を示すことから，□　⑦　□高圧帯の影響下にあり，大気の鉛直方向の　⑴　流が卓越するために雲が発生しにくく乾燥する。一方で，熱帯雨林気候は赤道直下に分布し，この地域では　⑨　収束帯の影響下にあり，大気の鉛直方向

の　エ　流が卓越するために雲が発生しやすく湿潤となる。

　北緯・南緯 30° で　ア　高圧帯を，赤道で　ウ　収束帯を発生さ
せる要因となっている全球規模の大気循環を　オ　という。

問4　下線部(4)に関して，メッシニアン塩分危機が引き金となって起こり
　うる可能性のある地球寒冷化の促進シナリオを，以下の用語を使用して
　説明せよ。

　　　【海水】　　【凝固点】　　【アルベド】

問5　下線部(5)に関して，地中海が干上がったとする解釈の理由を，図4
　を用いて解説せよ。

Ⅲ　　陸上火山に関する下の文章を読み，問いに答えよ。

　火山活動の歴史を知るには，火山噴出物の層序や年代値の情報が必要と
なる。層序を決定する際には，噴出物の種類ごとの分布特性に注意を払う
必要がある。火山噴出物には，地下のマグマが地表で冷え固まったものの
ほか，マグマや地下水に起源を持つ気体である　ア　も含まれる。地下
のマグマが破砕されずに連続的な流体のまま火口から噴出したものは
イ　であり，マグマが破砕され噴出したものは　ウ　である。　イ
流は比較的遠方まで到達することがあるが，その流れは地形の影響を大き
く受ける。噴出直後のマグマの破砕物の一群が高温のまま地表を流れ下る
のは　エ　流であり，その流下も地形の影響を受ける。このように，地
表を流下する噴出物は，火口から見て限られた方位のみに存在するため，
その噴出物の存在だけでは火山活動史の決定に結びつかないことが多い。

　一方，マグマの破砕物の一群が火口から上空に向け放出され，しばらく
空中に留まった後に着地すると，降下火砕堆積物が生み出される。この時，
マグマの破砕物の運搬は上空の風向や風速の影響を受けるため，降下火砕
堆積物の空間分布形態には多様性がある。分布方位が広く，かつ，遠方まで
分布する場合には，層序の決定に有用である。図は，ある地域の多数の露頭
を調査し得られた降下火砕堆積物の等層厚線である。25 cm 未満の等層厚
線は描かれていない。調査の結果，火山A〜Eの各々から噴出した降下火砕
堆積物a〜eを確認した。ただし，図には火山Aの場所と降下火砕堆積物
a の等層厚線を示していない。この地域では，1回の火山活動で1火山の

みが噴火し，活動と活動の間には十分な時間間隙があったことが分かった。
また，火山活動の度に，過去に火山のなかった場所で噴火が起きていること
も判明した。つまり，火山 A 〜 E の各々は [オ] 火山ということになる。

問 1　文中の空欄 [ア] 〜 [エ] に入る最も適切な用語を記せ。

問 2　文中の空欄 [オ] に入る用語を下から選べ。

複式　　　　複成　　　　単成

問 3　下線部(1)について，問 3 の解答用紙に示す層厚データを元に，降下
火砕堆積物 a の 25 cm，50 cm，100 cm の等層厚線を実線にて示せ。ま
た，火山 A の火口を×印で記せ。

〔解答欄〕

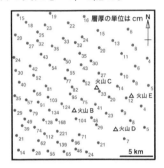

問 4　問 3 の結果をもとに，火山 A 噴火時の風について述べた文を完成せ
よ。解答欄の四角に東・西・南・北のいずれかを記入すること。

〔解答欄〕　風は [　　　] から [　　　] に向かって吹いていた。

問 5　下線部(2)について，以下の条件のもと，火山 A 〜 E の活動順序を決
定し，解答欄の四角に A 〜 E のいずれかを，右に向かって新しくなる順
に記入せよ。露頭 1 〜 4 は図にも示されている。ここでは，「降下火砕
堆積物」を「堆積物」と省略して記す。

・露頭 1 では，堆積物 e の下位に植物片 α を，さらに下位に堆積物 d
を確認した。

・露頭 2 では，堆積物 c の下位に堆積物 a を，さらに下位に堆積物 b を
確認した。

・露頭 3 では，堆積物 d の下位に堆積物 b を，さらに下位に植物片 β
を確認した。

・露頭 4 では，堆積物 a の下位に堆積物 e を，さらに下位に堆積物 b を

確認した。

- 露頭 1 ～ 4 で，堆積物 a ～ e のいずれかが欠けているのは，薄い堆積物は噴火後に保存されなかったためである。

問6　問5の植物片 β の ^{14}C の量は，植物が生きていた時の量の16分の1であった。大気中の ^{14}C の濃度が時代によらず一定であること，^{14}C の半減期を 5730 年であるとし，植物片 β の年代値（1950 年を起点として何年前のものであるかを表す数値）を求めた。同様の方法で植物片 α の年代値を求めたところ，植物片 β の年代値の3分の1であった。これら年代値と層序から，1万年よりも若いことが確実な火山をA～Eより全て選べ。また，このように元素の原子核の半減期を利用した年代測定法を一般に何というか記せ。

問7　火山Cと火山Eの火口域にはスコリア丘が存在している。スコリアの SiO₂ 含有量は火山Cで 49.7 ～ 50.3 重量%，火山Eで 55.1 ～ 55.6 重量%の範囲にあった。各々のスコリアの化学組成に対応した火山岩の名称を記せ。また最も最近，日本の国土でスコリア丘が形成された火山の名称を，下の選択肢から1つ選べ。

草津白根山　　　雲仙岳　　　西之島　　　有珠山　　　御嶽山

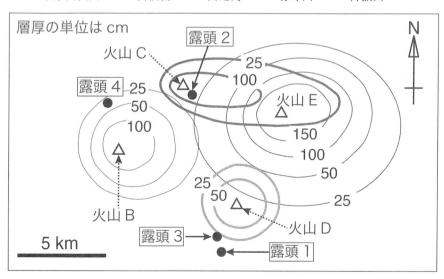

2021
年度

問題編

■一般選抜：理科系（Ｂ方式）

問題編

▶試験科目・配点

教　科	科　　　　　　　　　目	配　点
外国語	「コミュニケーション英語Ⅰ・Ⅱ・Ⅲ，英語表現Ⅰ・Ⅱ」，ドイツ語，フランス語のうちから1科目選択	50 点
数　学	数学Ⅰ・Ⅱ・Ⅲ・Ａ・Ｂ	50 点
理　科	「物理基礎，物理」，「化学基礎，化学」，「生物基礎，生物」，「地学基礎，地学」のうちから1科目選択	50 点

▶備　考

- 教育学科初等教育学専攻，複合文化学科志願者は，文科系（Ａ方式）または理科系（Ｂ方式）のどちらかを選択する。
- 「数学Ｂ」は「確率分布と統計的な推測」を除く。
- 数学科受験者の数学の得点は調整後の得点を2.0倍する。
- 複合文化学科受験者の外国語の得点は調整後の得点を1.5倍する。
- 理学科地球科学専修志願者で，理科の地学選択者については，理学科50名のうち若干名を「地学選択者募集枠」として理科の他の科目選択者とは別枠で判定を行う。
- すべての教科で合格基準点（非公表）を設けている。基準点に満たない教科がある場合は，合計点が合格最低点を超えていても不合格となる。また，上記に加え，数学科は数学の合格基準点（数学科の全受験者の平均点）も設けている。
- 英語以外の外国語は省略。

■■英語■■

(90 分)

I Read this article and answer the questions below.

We began our collaboration by wondering out loud. Japanese researcher Shinobu wondered why American life was so weird. American researcher Hazel countered with anecdotes about the strangeness of Japan. Cultural psychology is about making the strange familiar and the familiar strange. Our shared cultural encounters astonished us and convinced us that when it comes to psychological functioning, culture matters.

After weeks of lecturing in Japan to students with a good command of English, Hazel wondered why the students did not say anything — no questions, no comments. She assured [in / ideas / she / that / from / were / interested / different / was / hers / students], so why was there no response? Where were the arguments, debates, and signs of critical thinking? Even if she asked a straightforward question, "Where is the best noodle shop?" the answer was invariably an audible intake of air followed by, "[2]." Didn't Japanese students have preferences, ideas, opinions, and attitudes? What is inside a head if it isn't these things? How could you know someone if she didn't tell you what she was thinking?

Shinobu was curious [3] American students shouldn't just listen to a lecture and why they felt the need to be constantly interrupting each other and talking over each other and the professor. Why did the comments and questions reveal strong emotions and have a competitive edge? What was the point of this arguing? Why did intelligence seem to be associated with getting the best of another person, even within a class where people knew each other well?

Shinobu expressed his amazement at American hosts who bombard their guests with choices. Do you want wine or beer, or soft drinks or juice, or coffee or tea? Why burden the guest with [5]? Surely the host knew what would be good refreshment on this occasion and could simply provide something appropriate.

Choice as a burden? Hazel wondered if this could be the key to one particularly humiliating experience in Japan. A group of eight — all native Japanese except for Hazel — was in a French restaurant, and everyone was following the universal restaurant script and [6] the menu. The waiter approached and stood nearby. Hazel announced her choice of appetizer and entrée. Next was a tense conversation among the Japanese host and the Japanese guests. When the meal was served, it was not what she had ordered. Everyone at the table was served the same meal. This was deeply disturbing. If you can't choose your own dinner, how could it be enjoyable? What was the point of the menu if everybody is served the same meal?

Could [7] be a good or a desirable feeling in Japan? When Hazel walked around the grounds of a temple in Kyoto, there was a fork in the path and a sign that read: "ordinary path." Who would want to take the ordinary path? Where was the special, less-traveled path? Choosing the non-ordinary path may be an obvious course for Americans, but in this case it led to the temple dump outside the temple grounds. The ordinary path did not denote the dull and unchallenging way, but meant the appropriate and the good way.

These exchanges inspired our experimental studies and remind us that there are ways of life beyond the ones that each of us knows best. So far, most of psychology has been produced by psychologists in middle-class White American settings studying middle-class White

American respondents. In other sociocultural contexts, there can be different ideas and practices about how to be a person and how to live a meaningful life, and these differences have an influence on psychological functioning. This realization fuels our continuing interest in collaboration and in cultural psychology.
(9)

1. When the underlined words in sentence (1) are put in the correct order, what are the fifth and ninth words?

  a. from / ideas　　　　　　　　**b.** students / that

  c. was / that　　　　　　　　　**d.** in / different

2. What is the best possible answer for 〔　2　〕?

  a. There are three noodle shops I can tell you

  b. It depends

  c. At the end of the second avenue

  d. We do not have a noodle shop around here

3. Choose the best answer that fits in 〔　3　〕.

  a. about what　　　　　　　　**b.** about why

  c. as to　　　　　　　　　　　**d.** as for

4. Which is the best phrase that is consistent with (4)?

  a. getting along with　　　　　**b.** triumphing over

  c. getting rid of　　　　　　　**d.** communicating with

5. Choose the best answer that fits in 〔　5　〕.

  a. limited selections　　　　　**b.** heavy choices

  c. significant concerns　　　　**d.** trivial decisions

6. Choose the best answer that fits in 〔　6　〕.

  a. studying　　　　　　　　　**b.** teaching

  c. learning　　　　　　　　　**d.** emphasizing

7. Choose the best answer that fits in 〔　7　〕.

  a. an expectation of success

  b. a sympathetic answer

  c. an impression of weirdness

  d. a sense of sameness

8．What does underline ⑻ indicate?

   a．the ordinary path　　　　　　　**b**．the non-ordinary path

   c．the obvious course　　　　　　　**d**．the fork in the path

9．Underline ⑼ CANNOT be replaced by

   a．inspires　　　　　　　　　　　　**b**．provokes

   c．allows　　　　　　　　　　　　　**d**．stimulates

10．Which of the following is true about the text?

   a．The authors encourage the reader to consider incorporating nonwestern contexts into psychology.

   b．Hazel has a definitive answer for why Japanese people emphasize sameness.

   c．Shinobu suggests that American students who attempt to argue about an issue are not intelligent.

   d．Shinobu thinks Japanese people are more emotionally stable than American people.

II　Read this article and answer the questions below.

Beginning in kindergarten, Ja'Patrick Smith was taught in Spanish most of the school day. At first it was confusing and difficult, because his family speaks English. Teachers used pictures and pantomimed so he could learn words and concepts. He felt frustrated and misunderstood, as though he had entered a strange new world.

But now that he's in sixth grade, he can speak, read and write well in both languages. He also feels at home in both cultures. His baby-sitter and her family, who come from Mexico and speak mostly Spanish, have become his second family, sharing cultural celebrations and family vacations with him.

Ja'Patrick's ability to move comfortably between two languages and cultures is a benefit of the dual immersion (DI) program he attends at Victoria Magathan Elementary School in Adelanto. When the program began seven years ago, most parents were skeptical. But times have changed. Now there's a waiting list, and the school has added another kindergarten class to meet demand.

The increasing popularity of DI programs throughout the state reflects an understanding that multilingual skills are an asset that can give students a competitive edge in today's global marketplace. In fact, the California Education for a Global Economy (Ed. G. E.) Initiative, supported by CTA* on the November ballot, seeks to solidify this edge by expanding students' access to multilingual education, and allowing teachers, parents and schools more control over the curriculum.

A GROWING TREND

DI begins in kindergarten, with 90 percent of instruction in a second language and 10 percent in English. English instruction increases gradually; by fourth grade the ratio is 50:50. Schools may vary this formula with a higher percentage of English in the beginning. The goal is to foster biliteracy, so students can speak, read and write fluently in two languages.

Schools throughout California have expanded DI programs to meet the demands of parents, who believe a second language benefits children in a diverse state and a global economy. Over the past decade, the number of DI programs in the U.S. has increased tenfold, notes the U.S. Department of Education. California has 369 dual-language schools, most of them Spanish, according to the California Department of Education (CDE).

"It's definitely becoming a trend in our diverse state of California," comments Elena Fajardo, administrator of the CDE's Language Policy and Leadership Office.

Most of the districts that implemented DI did so fairly recently, and the majority of their programs are in elementary schools. Districts with older DI programs, such as San Francisco and Chico, have created programs at the secondary level, while others are scrambling to create them so students can continue what they've started. Fremont, for example, has a Mandarin DI program in the works for children about to enter middle school.

The programs are also popular with immigrant families who want their children to read and write in their native language — and ethnic families who want their children to maintain their heritage.
(3)

After Proposition 227 of 1998 mandated that English learners be taught in English, Latino parents turned to DI programs to replace bilingual education programs that were dismantled. Because they are
(4)
open to all students and not specifically English learners, DI programs have flourished. (The Ed. G. E. Initiative would repeal Prop. 227.)

At Magathan Elementary School, many DI enrollees are from Mexico and Latin America, says Ruby Sandoval, who teaches Ja'Patrick's fifth- and sixth-grade combination class.

"For English learners living in a country where English is the main language, a dual immersion program is a way of preserving students' language and culture," says the Adelanto District Teachers Association member.

Adrian Ruiz, a sixth-grader who has been in the program since kindergarten, enjoys being able to converse with his grandparents in Spanish. "They don't speak English, so without this class, I would not be able to communicate with them," he says.

RESULTS ARE NOT IMMEDIATE

A Stanford Graduate School of Education study in 2014 echoes findings of earlier studies: Students in English-only classrooms perform better in the short term, but over the long term, DI students catch up to their counterparts and eventually surpass them academically and linguistically. The Stanford study finds that by middle school, students in DI programs score substantially higher than students enrolled in English-only programs.

Research shows other benefits: Bilingualism improves students' reasoning skills, attention control, problem-solving skills, and when they're older, the delay of dementia.

"Learning a second language helps to stimulate students' brains," says Sandoval. "In a dual immersion program, students exercise their brains more, so everything comes easier to them. Even students with learning disabilities do better academically when they learn a second language."

In the rural community of Chico, Rosedale Elementary School's Spanish DI program has helped create a more inclusive environment, say teachers who work there.

"Typically at schools you have a group of students on one side of the playground and another group from another culture on the other side of the playground," observes Don Kinslow, a fifth-grade teacher and member of the Chico Unified Teachers Association. "But in an immersion program, the students are so intertwined, there aren't factions. There's just one big community."

First-grade teacher Lourdes Cassetta agrees. "It expands children's understanding and acceptance of others," she says. "And it gives them a perspective of what it's like to be in a different culture without them having to leave the country to see what another culture looks like."

But in the beginning, she admits, it can be difficult. Sometimes DI parents worry that their children aren't verbalizing much in kindergarten, and take them to a doctor. Often, says Cassetta, the children are merely "processing" both languages and it's a bit overwhelming. Eventually, something "clicks" for children, and in most cases, verbalization takes off.

*CTA: California Teachers Association

1．Which of the following best paraphrases underline (1)?

　a．to go back and forth between two countries

　b．to speak, read, and write in foreign languages

c. to overcome linguistic and cultural barriers

d. to attend multicultural events

2. Which of the uses of "edge" in the following sentences has a meaning similar to underline (2)?

a. I walked to the edge of the river.

b. Universities are looking for more researchers to get an edge.

c. There was an edge of hostility in his voice.

d. My mother and I were on the edge of panic.

3. Which of the following is most appropriate as an example of underline (3)?

a. Spanish-speaking families in the US who expect their children to use English as fluently as their classmates.

b. Mandarin-speaking families in the US who expect their children to read and write in Mandarin, the official language of China.

c. Korean-speaking families in the US who expect their children to read and write English rather than Korean.

d. Native English-speaking families in the US who expect to enter a Spanish dual immersion (DI) program.

4. Choose the word closest in meaning to underline (4).

a. abolished   **b.** implemented

c. enforced   **d.** decreased

5. Choose the word which best describes underline (5).

a. inclusive   **b.** intertwined

c. factious   **d.** assimilated

6. Which of the following descriptions is NOT correct with regard to dual immersion (DI) programs?

a. popular with immigrant families

b. up to 90% of instruction in a second language

c. fostering children's cultural competence

d. more common at the secondary level

7. Which of the following findings is NOT applicable to students in dual immersion (DI) programs?

a. DI students outperform students in English-only programs in the short term.

b. It may take a while for DI students to develop both academic and language skills.

c. DI students may develop better problem-solving skills than students in English-only classrooms.

d. DI programs may allow even students with learning difficulties to perform better academically.

8. The most appropriate title for this article is:

a. Foreign language education

b. Effective inclusive education

c. Bilingual and bicultural education

d. Early childhood education

9. What is NOT the goal of the dual immersion program?

a. to foster children's positive attitudes toward different cultures

b. to develop children's speaking, reading and writing skills in two languages

c. to help immigrants' children to conform to US culture

d. to have children perform well academically, linguistically, and culturally

10. What is the potential problem with the dual immersion program?

a. Students may experience serious deficiencies in their native language.

b. Parents may be concerned about their children's language development.

c. Parents may become distant from their children in the program.

d. Students may have pressure to catch up to their peers in English-only programs.

Ⅲ Read this article and answer the questions below.

For 340 days, Scott Kelly circled the Earth aboard the International Space Station, gathering data about himself. He drew blood from his arms. He saved his urine. He played computer games to test his memory and reaction speed. He measured the shape of his eyes.

Two hundred and forty miles below, Mr. Kelly's twin brother, Mark, who also served as an astronaut, carried out identical tests. Now, a comparison of these two men has provided a unique opportunity to learn what happens to the human body in space — down to the molecular level. On Thursday, just over three years after Mr. Kelly, 55, returned to Earth, NASA researchers reported that his body experienced a vast number of changes while in orbit. DNA mutated in some of his cells. His immune system produced a host of new signals. His microbiome gained new species of bacteria.

Many of these biological changes seemed harmless, disappearing after he returned to Earth. But others — including genetic mutations and, after his return, declines in cognitive test scores — did not correct themselves, provoking concern among scientists. Some considered the risks manageable, while others wondered [　1　] to take long journeys to Mars or beyond. Final answers will depend on studies of still more astronauts.
(2)

"I believe it's the most comprehensive assessment of human beings to date," said Dr. Eric Topol, director of the Scripps Research
(3)
Translational Institute, who was not involved in the study. "I don't know that there's been anything close to this."
(4)

Although astronauts have been carried aloft for almost six decades, there's much about life in space that scientists still don't understand. With investigations like the NASA Twins Study, published in the journal *Science*, the agency hopes to answer some of the questions before sending astronauts on longer flights.

In 2012, NASA picked Mr. Kelly to join the Russian cosmonaut
(5a)
Mikhail Kornienko aboard the space station for a yearlong examination of the challenges of space travel, twice as long as previous studies.

In the run-up to the mission's announcement, Mr. Kelly asked
officials if they had any plans to compare him to his twin. "We have
these two guys who are genetically identical," Mr. Kelly recalled
telling them. "They'd make for an interesting experiment."

Officials had no such plans, but soon decided to take him [　6　]
the offer. Mark Kelly agreed, and the NASA Twins Study was born.
By comparing the brothers, NASA hoped to better understand the
changes that Scott Kelly experienced during his mission.

"The fact that they're twins really narrows down the alternatives,"
said Susan Bailey, a cancer biologist at Colorado State University and
a co-author of the new study. "We can say that, as best as we can
tell, these changes are due to spaceflight."

Ten research teams designed experiments for the twins; they are
likely to bring an avalanche of research. But to Mr. Kelly, the
experience didn't feel very different from previous missions. Drawing
his own blood in zero gravity, for example, was a familiar routine.
"I've had a couple spills in my time," Mr. Kelly said. "You just reach
out and grab the blobs of blood."

By many measures, the scientists eventually found, Mr. Kelly
changed about as much as astronauts who stayed on the space
station for only six months. Eventually the pace of biological change
slowed, [　9　] that perhaps the human body reaches a new
equilibrium in space.

1. [　1　] CANNOT be filled by
    a. whether it would ever be safe for astronauts
    b. whether for astronauts it would ever be safe
    c. whether it ever would be safe for astronauts
    d. whether for astronauts would it ever be safe
2. Underline (2) can best be replaced by
    a. until　　　　　　　　　　　**b.** yet
    c. quite　　　　　　　　　　　**d.** quiet

出典追記：©The New York Times

3．Underline ⑶ CANNOT be replaced by

   a．so far   **b**．up to now

   c．as yet   **d**．in time

4．Underline ⑷ CANNOT be replaced by

   a．this experiment   **b**．this mission

   c．this comparison   **d**．this institute

5．Underlines ⑸a and ⑸b stand for

   a．⑸a　Mark Kelly   ⑸b　Scott Kelly

   b．⑸a　Scott Kelly   ⑸b　Mark Kelly

   c．⑸a　Mark Kelly   ⑸b　Mark Kelly

   d．⑸a　Scott Kelly   ⑸b　Scott Kelly

6．〔　6　〕can best be filled by

   a．in on   **b**．on in

   c．up on   **d**．on up

7．The meaning of underline ⑺ can best be paraphrased as:

   a．We are sure that the changes observed are due to spaceflight.

   b．We have no choice but conduct the experiments as planned.

   c．We will send both of the twin brothers simultaneously into space.

   d．We will develop other options than biological tests of the twins.

8．Underline ⑻ can best be replaced by

   a．a lightning of   **b**．a whole lot of

   c．harmful   **d**．speedy

9．〔　9　〕can best be filled by

   a．insisting   **b**．proposing

   c．suggesting   **d**．advising

10．Which of the following is true about the text?

   a．Scott Kelly travelled to space more than once.

   b．Mark Kelly followed his brother into space.

   c．Scott Kelly was in space twice as long as his brother.

   d．Mark Kelly accidently hurt himself while in space.

IV Read this article and answer the questions below.

You might hesitate to make a character judgment about someone based on a first encounter. Most adults would probably want to see how a stranger acts in several different circumstances, to decide whether someone new is nice, mean or trustworthy.

Young children are strikingly less cautious when making character judgments. They often show a positivity bias: a tendency to focus on positive actions or selectively process information that promotes positive judgments about the self, others, or even animals and objects.

Why does it matter if children see the world through rose-colored glasses? Children who are overly optimistic may unwittingly find themselves in unsafe situations, or they may be unable or unwilling to learn from constructive feedback. And in an era of "fake news" and myriad informational sources, it's more important than ever to
(1)
raise strong critical thinkers who will grow into adults who make informed life decisions. Psychologists like me investigate this optimism that seems to emerge very early in life to figure out more about how it works ― and how and why it eventually decreases
(2a)   (2b)
over time.

In many ways, children are sophisticated thinkers. In early childhood, they carefully gather data from their environment to construct theories about the world. For example, children understand that animate objects, such as animals, operate very differently from inanimate objects, such as chairs. Even preschoolers can tell the difference between experts and non-experts, and they understand that different kinds of experts know different things ― like how doctors know how human bodies work and mechanics know how cars work. Children even track people's records of accuracy to decide whether they can be trusted as learning sources for things like the names of unknown objects.

This level of skepticism is impressive, but it is sorely lacking when

children are asked to make evaluative rather than neutral judgments.
<u>Here</u>, children show clear evidence of a positivity bias.
(3)

For example, my colleagues and I have shown that 3- to 6-year-olds only need to see one positive behavior to judge a story character as nice, but several negative behaviors to judge a character as mean. I've also found that children reject negative trait descriptions about strangers (such as "mean") from credible judges of character, but readily accept positive trait descriptions (like "nice").

Whereas children use information about expertise effectively in non-evaluative domains — like when learning about dog breeds — they are reluctant to trust experts who make negative evaluations. For example, my lab found that 6- and 7-year-olds trusted positive descriptions of an unfamiliar animal (such as "friendly") by a zookeeper, but disregarded negative descriptions (like "dangerous"). Instead they trusted a non-expert who gave positive descriptions.

In our other research, children <u>mistrusted</u> an expert's negative
(4)
assessment of artwork and instead trusted a group of laypeople who judged it positively. And preschoolers tend to evaluate their own performance on problem solving and on drawing positively even after being told that they were outperformed by a peer.

Altogether, research reveals that the positivity bias [as / present /
(5)
years / is / of / early / as / 3 / age], peaks in middle childhood, and weakens only in late childhood.

Psychologists don't know for sure why kids are so optimistic. It's likely due in part to the positive social experiences that most children are lucky enough to have early in life.

With age, children are exposed to harsher realities. They begin to see differences in performance among people, including their peers, and this gives them a sense of where they stand in relation to others. They eventually receive evaluative feedback from their teachers and start to experience a greater variety of negative relational experiences, like bullying.

Even so, children often remain stubbornly optimistic despite contrary evidence. There may be different forces at play here: Because positivity is so ingrained in children's minds, they may struggle to pay attention to and integrate contradictory evidence into their working theories about people. American children are also taught not to say mean things about others and may question the intentions of well-meaning people that speak hard truths. This may be the reason that children prioritize benevolence over expertise when learning new information.
₍₆₎

1. Underline (1) can best be replaced by
   a. countless **b.** virtual
   c. dubious **d.** unconfirmed

2. Underlines (2a) and (2b) stand for
   a. (2a) optimism (2b) life
   b. (2a) life (2b) optimism
   c. (2a) optimism (2b) optimism
   d. (2a) life (2b) life

3. What does underline (3) refer to?
   a. when children make neutral judgments
   b. when children make evaluative judgments
   c. when children make positive judgments
   d. when children make skeptical judgments

4. Underline (4) can best be replaced by
   a. doubted **b.** perceived
   c. misunderstood **d.** disrespected

5. When the underlined words in sentence (5) are put in the correct order, what are the fifth and ninth words?
   a. present / early **b.** as / age
   c. as / present **d.** early / years

6. Underline (6) has the same accent as
   a. generosity **b.** accomplishment

出典追記：Children are natural optimists — which comes with psychological pros and cons, The Conversation on April 17, 2018 by Janet J. Boseovski

c. optimism　　　　　　　　**d.** verification

7. The positivity bias as referred to in the article can best be paraphrased as

  a. a tendency to learn from positive feedback

  b. the effective use of positive information

  c. a preference for positive evaluations

  d. the capacity to make positive decisions

8. Which of the following is NOT mentioned in the description of the experiments in the article?

  a. Children readily accept negative evaluations when they come from experts.

  b. Children evaluate their own performance very positively.

  c. Children tend to ignore negative evaluations such as "dangerous."

  d. Children are capable of making neutral judgments in non-evaluative domains.

9. Which of the following statements best agrees with the article?

  a. American preschoolers are taught to say what they mean.

  b. One likely reason for the positivity bias is "fake news."

  c. Children trust non-experts more than they trust experts.

  d. It is not entirely clear where the positivity bias comes from.

10. According to the article, why is the positivity bias a problem?

  a. Because it puts children at risk.

  b. Because it decreases over time.

  c. Because it involves bullying and other negative experiences.

  d. Because it pays too much attention to contradictory evidence.

V　Read this dialogue and choose the best answer for each question.

Marie: Ugh, seriously, Anna? I thought you were going to clean up this room more often.

Anna: That was my New Year's resolution …

Marie: But?

Anna: Those things only last until the end of January.

Marie: Resolutions only count in January ...? So that's why you've been sitting around in your pajamas, eating junk food and not going to the gym all week.

Anna: I just got tired of feeling so sore every morning. It's hard to get up and go to class when everything hurts. Besides, I finished the free month trial last week and I'm out of cash.

Marie: [　A　] I'm worried about you. Did you even go to class this week?

Anna: I already know I'm not graduating with you next year, so what's the point? Besides, this show is way better than class.

Marie: You really need to get some discipline.

Anna: Like you?

Marie: My room is clean, I finished my final reports, and I only ate vegetarian food today.

Anna: Potatoes are a vegetable.

Marie: Potato chips aren't. This is really sad, Anna.

Anna: Maybe I like who I am and don't need New Year's resolutions.

Marie: I like who you are too, but I still want you to do better. Look, we may share the rent, but I'm not going to clean up after you.

Anna: Ugh, fine. I'll throw away the pizza boxes.

Marie: That's a start. Maybe you could pick up some broccoli and carrots at the store downstairs, too.

Anna: <u>Baby steps</u>, Marie.
　　(1)

1. What is NOT a likely reason why Marie is upset in this dialogue?

　a. Anna has no money.

　b. Anna does not do her fair share.

　c. Anna gave up her New Year's resolution.

　d. Anna needs to get some discipline.

2．Which phrase best fits in 〔　A　〕?

　　a . Why didn't you go see a doctor?

　　b . What did you eat for breakfast?

　　c . You quit the gym after only a month?

　　d . You don't like exercise?

3．What is Anna and Marie's relationship?

　　a . mother and daughter　　　　**b .** co-workers

　　c . roommates　　　　　　　　　**d .** landlady and tenant

4．What does Anna mean by the phrase in underline ⑴?

　　a . "I am going to walk downstairs with very small steps."

　　b . "I really want to have a child."

　　c . "I want to improve, but cannot change all at once."

　　d . "I don't want to be left alone."

5．Which characterization of Marie and Anna is the most accurate?

　　a . The two have similar interests and responsibilities.

　　b . The two are struggling to make enough rent money.

　　c . The two do not value each other.

　　d . The two have very different personalities.

6．What is one reason Anna stopped going to the gym?

　　a . Exercise made her ill.

　　b . If she continued, she would have to pay money.

　　c . She couldn't watch her favorite TV shows.

　　d . It made it hard for her to concentrate in class.

7．What is the most likely month for this conversation to occur?

　　a . January　　　　　　　　　　**b .** February

　　c . November　　　　　　　　　 **d .** December

8．Which of these foods did Marie most likely have for lunch?

　　a . a hamburger meal from a fast food restaurant

　　b . a fresh salad from the grocery store

　　c . home-made fried chicken

　　d . a bacon, lettuce, and tomato sandwich

9．What is probably on the first floor of their building?

　　　a. a pizza restaurant　　　　　b. a clothing store

　　　c. a fitness center　　　　　　d. a supermarket

10. What does Marie think of Anna?

　　　a. She wants her to move out.

　　　b. She likes her but finds her frustrating.

　　　c. She loves her just the way she is.

　　　d. She hates her but needs rent money.

数学

（120 分）

1　次の各問の解答を解答用紙の所定欄に記入せよ。

(1)　方程式 $x^4+5x^3-3x^2+4x+2=0$ は複素数 $\dfrac{1+\sqrt{3}\,i}{2}$ を解にもつ。この方程式の実数解をすべて求めよ。

(2)　座標空間に 2 点 A$(0,\ -1,\ 1)$ と B$(-1,\ 0,\ 0)$ をとる。線分 AB を z 軸のまわりに 1 回転してできる面と 2 つの平面 $z=0$, $z=1$ とで囲まれた部分の体積を求めよ。

(3)　座標平面上の 2 つの曲線 $y=ae^x$ と $y=-x^2+2x$ が共有点をもち，かつ，その共有点において共通の接線をもつような正の定数 a の値を求めよ。

(4)　箱が 6 個あり，1 から 6 までの番号がついている。赤，黄，青それぞれ 2 個ずつ合計 6 個の玉があり，ひとつの箱にひとつずつ玉を入れるとする。ただし，隣り合う番号の箱には異なる色の玉が入るようにする。このような入れ方は全部で何通りあるかを求めよ。

2　点 O を中心とする半径 1 の円の周上に相異なる 3 点 A, B, C があり，実数 $b,\ c$ に対して
$$\overrightarrow{\mathrm{OA}}+b\overrightarrow{\mathrm{OB}}+c\overrightarrow{\mathrm{OC}}=\vec{0}$$
の関係を満たしている。このとき，次の問いに答えよ。

(1)　$\angle\mathrm{BAO}=\beta$, $\angle\mathrm{CAO}=\gamma$ とするとき，b と c の値を求めよ。

(2)　$\triangle\mathrm{ABC}$ の垂心を H とする。$b=c$ のとき，$\overrightarrow{\mathrm{OH}}$ を $\overrightarrow{\mathrm{OA}}$ および b を用いて表せ。

$\boxed{3}$　実数 a が $0 \le a \le 1$ を満たしながら動くとき，座標平面において 3 次関数 $y = x^3 - 2ax + a^2$ $(0 \le x \le 1)$ のグラフが通過する領域を A とする。このとき，次の問いに答えよ。

(1) 直線 $x = \dfrac{1}{2}$ と A との共通部分に属する点の y 座標のとり得る範囲を求めよ。

(2) A に属する点の y 座標の最小値を求めよ。

(3) A の面積を求めよ。

$\boxed{4}$　1 辺の長さが 1 の正三角形を下図のように積んでいく。図の中には大きさの異なったいくつかの正三角形が含まれているが，底辺が下側にあるものを「上向きの正三角形」，底辺が上側にあるものを「下向きの正三角形」とよぶことにする。例えば，この図は 1 辺の長さが 1 の正三角形を 4 段積んだものであり，1 辺の長さが 1 の上向きの正三角形は 10 個あり，1 辺の長さが 2 の上向きの正三角形は 6 個ある。また，1 辺の長さが 1 の下向きの正三角形は 6 個ある。上向きの正三角形の総数は 20 であり，下向きの正三角形の総数は 7 である。こうした正三角形の個数に関して，次の問いに答えよ。

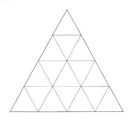

(1) 1 辺の長さが 1 の正三角形を 5 段積んだとき，上向きと下向きとを合わせた正三角形の総数を求めよ。

(2) 1 辺の長さが 1 の正三角形を n 段（ただし n は自然数）積んだとき，上向きの正三角形の総数を求めよ。

(3) 1 辺の長さが 1 の正三角形を n 段（ただし n は自然数）積んだとき，下向きの正三角形の総数を求めよ。

物理

（60 分）

I　図 I - 1 のように，なめらかで水平な床の上に滑車のついた質量 M の直方体の台車が置かれている。同じ質量 m をもつ物体 A，B を，伸び縮みしない軽い糸でつなぎ，滑車にかけた。物体 B はつねに床に垂直な台車の側面から離れることはなく，なめらかに上下することができる。物体 A と台車の上面の間には摩擦力がはたらき，静止摩擦係数を μ_0，動摩擦係数を μ（$\mu<\mu_0<1$）とする。それ以外，すべての摩擦は無視できる。また，滑車と糸の質量は無視できる。図の右方向を正の向きとし，重力加速度の大きさを g として，以下の設問に答えよ。

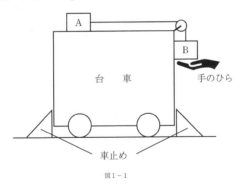

図 I - 1

　はじめに，台車には車止めをつけて動かないようにし，物体 B は手のひらで支えられている。

問 1　糸がたるみなく張られていて，物体 A にはたらく摩擦力が最大のとき，物体 B が手のひらから受ける垂直抗力の大きさを μ_0，m，g を用いて表せ。

問 2　糸がたるみなく張られているとき，手のひらを静かに取りさったところ，糸はたるまずに物体 A，B が動き出した。このときの物体 A，B の加速度の大きさと糸の張力の大きさを，μ，m，g のうちから必要な

ものを用いて表せ。

　次に，図Ⅰ-2のように車止めを外して，台車が左右に動けるようにした。以下の設問では図の右方向を正の向きとして答えよ。

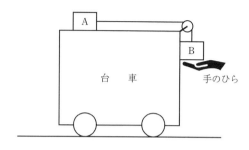

図Ⅰ-2

問3　台車と物体A，Bは静止していて，糸はたるみなく張られている。手のひらを静かに取りさったところ，台車が動き出した。このとき，台車には滑車を介して糸の張力がはたらいている。台車から見た物体Aの加速度をa，床の上で静止した人から見た台車の加速度をbとするとき，bをm，M，aを用いて表せ。

問4　aをμ，m，M，gを用いて表せ。

問5　このとき，物体Bが台車から受ける力の方向と大きさをそれぞれ答えよ。ただし，大きさはμ，m，M，gを用いて表せ。

問6　問3のように，手のひらを取りさると，物体Aは台車上面を移動する。図Ⅰ-3は，移動の初めの位置x_1からx_2まで，距離lだけ移動したときの図である。移動した時間をa，lを用いて表せ。

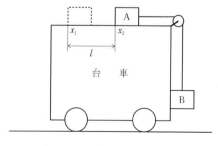

図Ⅰ-3

問7　水平方向について，台車と物体A，Bの運動量の和は保存されて

いる。このことを利用して，物体 A が位置 x_2 にあるときの，床に静止した人から見た物体 A の速度を m, M, a, l を用いて表せ。

問8 物体 A が位置 x_1 から位置 x_2 まで移動する間に，台車はどちらの方向にどれだけ移動したかをそれぞれ答えよ。ただし，移動距離は m, M, l を用いて表せ。

問9 物体 A が位置 x_2 にあるとき，物体 A，B と台車がもっている運動エネルギーの和はいくらか。μ, m, g, l を用いて表せ。

II 以下の設問に答えよ。ただし，クーロンの法則の比例定数を k とする。

問1 面積 S の金属板 2 枚を用いて平行板コンデンサーを作製する。極板間の距離は d とする。両極板にそれぞれ $+Q$, $-Q$ の電荷を与えたとき，極板間に生じる電位差 V_0 を求めよ。

問2 問1の平行板コンデンサーの電気容量 C_0 を k, d, S を用いて表せ。

問3 電気容量 C_0 のコンデンサーを複数用いて，図II-1のような回路を作る。電池の起電力は V_a とする。コンデンサー C_a に蓄えられる電荷 Q_a を，C_0 と V_a を用いて表せ。また，コンデンサー C_b に生じる電位差 V_b を，V_a を用いて表せ。

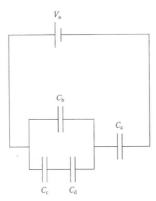

図II-1

次に，図II-2のように一辺の長さが L の立方体の形で構成される回路を作る。各頂点で 3 本の導線が直角に交わっている。この回路にはスイッ

チ S_a〜S_d があり，独立に開閉できる。回路内のコンデンサー（C_w〜C_z）の電気容量はすべて C_0 であり，2 つの抵抗の抵抗値はともに R_1 とする。また，電池の起電力は V_c とする。

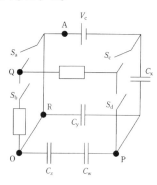

図Ⅱ-2

問4　S_a から S_d までの 4 つのスイッチのうち，いずれか 2 つのスイッチを同時に入れて，十分な時間が経ったときの，コンデンサー C_x に生じる電位差を比較する。コンデンサー C_x の電位差が最大となるようなスイッチの組み合わせを，以下の㋐〜㋕からすべて選び，記号で答えよ。

㋐　S_a と S_b 　　　　　㋑　S_a と S_c 　　　　　㋒　S_a と S_d

㋓　S_b と S_c 　　　　　㋔　S_b と S_d 　　　　　㋕　S_c と S_d

問5　S_a から S_d までの 4 つのスイッチのうち，いずれか 2 つのスイッチを同時に入れて十分な時間が経ったときの，点 A を流れる電流を比較する。この電流が最大となるようなスイッチの組み合わせを，問 4 の㋐〜㋕からすべて選び記号で答えよ。

問6　S_a から S_d までの 4 つのスイッチのうち，ひとつを抵抗値 R_1 の抵抗に取り替え，残りのスイッチを同時に入れて十分な時間が経ったときの，点 A を流れる電流を比較する。この電流が最小となるためには，どのスイッチを抵抗に替えれば良いか，S_a〜S_d の記号からすべて選び答えよ。

問7　スイッチと抵抗を図Ⅱ-2 の状態に戻す。磁束密度 B の一様な磁場が，点 O から点 Q の向きにある場合を考える。回路は動かないように固定されている。いずれか 2 つのスイッチを同時に入れて十分な時間を経過させる。このとき，回路を回転させるような電磁力が生じている場

合がある。このようなスイッチの組み合わせを選び，問4の㋐〜㋕の記号で答えよ。さらにこの力について，固定を外した瞬間の重心まわりの力のモーメントの大きさを求めよ。なお，この回路の重心は立方体の中心にあるとする。

化学

（60 分）

Ⅰ　次の文章を読んで，問 1 ～問 4 に答えよ。それぞれの解答を記述
解答用紙に記入せよ。

　金属は展性や延性に富み，熱伝導性や電気伝導性が大きい。金属の精錬
方法は金属のイオン化傾向の大小に依存する。単体のアルミニウムは，原
料鉱石のボーキサイト（主成分 $Al_2O_3 \cdot nH_2O$）を精錬して得られる酸化
アルミニウムを，氷晶石　ア　とともに融解塩（溶融塩）電解すること
で製造される。
　アルミニウム結晶の単位格子は面心立方格子であり，その配位数は
イ　である。アルミニウムの単位格子中には，合計　ウ　個のアルミ
ニウム原子が含まれている。アルミニウムの価電子は特定の原子の間で共
有されるのではなく，　エ　としてすべての原子によって共有されてい
る。アルミニウムは加工性に優れ，数多くの産業分野で幅広く利用されて
いる。

問 1　文中の空欄　ア　～　エ　にあてはまる最も適当な語句，化学
　　式，数字を答えよ。ただし，　ア　には化学式を，　イ　と　ウ
　　には数字を，　エ　には語句をそれぞれ記せ。
問 2　下記の 1 ～ 4 はそれぞれ金属のある性質を大きい順に並べたもので
　　ある。
　1．銀＞銅＞金＞アルミニウム＞マグネシウム＞亜鉛
　2．リチウム＞マグネシウム＞アルミニウム＞亜鉛＞鉄＞銅
　3．オスミウム＞白金＞金＞水銀＞鉛＞銀
　4．タングステン＞オスミウム＞白金＞鉄＞ニッケル＞銅
　1 ～ 4 はどのような性質を示したものか。それぞれ下記 a ～ d から選
　び答えよ。

　　a．融　点　　　　　　　　　b．電気伝導性
　　c．密　度　　　　　　　　　d．イオン化傾向

問3　下線部aに関して，氷晶石を加える理由を簡潔に答えよ。

問4　下線部bに関して，1辺の長さが 2.0 cm の立方体のアルミニウムの結晶がある。このアルミニウム結晶の質量〔g〕を有効数字2桁で答えよ。ただし，アルミニウム原子は剛体球とし，最近接の原子は互いに接しているものとする。また，アルミニウムの原子量を 27，アボガドロ定数を 6.0×10^{23}/mol，アルミニウムの単位格子の1辺の長さを 4.0×10^{-8} cm として計算せよ。

II	次の文章を読んで，問1〜問5に答えよ。それぞれの解答を記述解答用紙に記入せよ。

　窒素分子 N_2 は分子数で空気成分の 78.3% を占める。N_2 は窒素原子同士が共有結合で結びついているが，N_2 分子同士も　ア　力で結びついている。　ア　力は N_2 のように無極性分子でもごく短時間に電荷の偏りが生じるために働くが，アンモニア分子などのように常に電荷の偏りをもつ極性分子間に働く　イ　よりもその結合の力は小さい。　ア　力や　イ　による結合力など，分子と分子の間に働く弱い力を分子間力という。

　ドイツの化学者ハーバーは化学平衡の理論に基づいて空気中の N_2 を固定する研究を行い，1909 年，水素 H_2 と反応させてアンモニアを実験室レベルで合成することに成功した。これをうけて，ボッシュは工業的に生産する反応装置を開発し，アンモニアを工業的に大量生産する道を拓いた。これらの業績によりハーバーは 1918 年に，ボッシュは 1931 年にノーベル化学賞を受賞した。

問1　文中の空欄　ア　，　イ　にあてはまる最も適当な語句を答えよ。

問2　下線部aに関して，残りの気体分子を全て酸素分子 O_2 とすると，N_2 の体積と質量はそれぞれ何%か，有効数字3桁で答えよ。ただし，窒素，酸素の原子量をそれぞれ 14.0，16.0 とする。

問3　分子間力に関する以下の5つの記述のうち，正しい記述はいくつあ

るか，0 から 5 の数で答えよ。

1. N_2 を冷却すると液体や固体になるのは分子間に分子間力が働いているからである。

2. 無極性分子間に働く分子間力は分子の質量が大きくなるほど強くなり，分子の融点が高くなる。

3. 極性分子間に働く分子間力は無極性分子間に働く分子間力より大きく，分子量が同程度の場合，極性分子の沸点は高くなる。

4. 実在気体の状態方程式では圧力に対して分子間力に対する補正が必要で，実測される圧力を P とすると補正された圧力は $P+(n^2/V^2)a$ となる。ただし，n は気体のモル数，V は実在気体の体積，a は気体の種類によって決まる定数である。

5. 実在気体では温度が下がるほど分子間力の影響が相対的に大きくなるのは，低温では分子の熱運動が低下するためである。

問4　空気中の N_2 と H_2 を反応させてアンモニアを生成する反応は可逆反応である。この反応で実験室レベルでアンモニアを合成することは可能であるが，工業レベルで効率的に生成させることは容易でない。その理由を化学平衡の原理から簡潔に答えよ。

問5　炭酸ナトリウムは炭酸ソーダとも呼ばれ，ガラスや石鹸の原料として非常に重要な化合物である。工業的に食塩と石灰石から炭酸ナトリウムを製造する方法はアンモニアソーダ法，あるいはソルベー法として知られている。この方法では，石灰石を高温で分解して生じた二酸化炭素を，アンモニアを吸収させた飽和食塩水に通じ，生じた化合物を熱分解して炭酸ソーダを作る。この反応過程を化学反応式で答えよ。

Ⅲ　次の文章を読んで，問 1 ～問 5 に答えよ。問 1 ～問 4 については，それぞれの解答を選び，マーク解答用紙の番号をマークせよ。問 5 については，それぞれの解答を記述解答用紙に記入せよ。

近年，大気中の二酸化炭素濃度は増加の一途をたどっており，現在は
0.04％を超えている。近代以降の人間活動が地球温暖化という地球環境問
題を引き起こしたことには疑いがないように思われる。大気中の二酸化炭
素濃度の増大は，それと平衡にある海洋中の二酸化炭素濃度をも増加させ，

このことは別の地球環境問題の引き金にもなりかねない。一方で，アメリ
カの産業界などを中心に，二酸化炭素濃度の増大が地球温暖化をもたらし
ているのではない，とする懐疑的な考えも根強く残っている。

問1　下線部aに関して，二酸化炭素は炭素の燃焼（酸化）によって生じ
　　　るが，二酸化炭素を赤熱したコークス（炭素）と反応させると，逆に還
　　　元されて一酸化炭素を生じる。この反応の平衡定数として最も適当なも
　　　のを，以下からひとつ選び，番号で答えよ。 M 1

　　①　$[CO]/[CO_2][C]$　　　　　　　②　$[CO]^2/[CO_2][C]$

　　③　$[CO]/[CO_2]^2[C]$　　　　　　④　$[CO]/[CO_2]$

　　⑤　$[CO]^2/[CO_2]$　　　　　　　⑥　$[CO]/[CO_2]^2$

　　⑦　$[CO]/[CO_2][C]^2$

問2　下線部bに関して，地球温暖化の原因のひとつとして温室効果が挙
　　　げられる。異なる元素からなる分子は赤外線を吸収するため，その気体
　　　は温室効果を引き起こすが，単原子分子の気体および同じ元素からなる
　　　2原子分子の気体は，赤外線をあまり吸収しないので温室効果にそれほ
　　　ど寄与しない。大気の組成と，人間活動などによって大気に放出される
　　　気体の種類を考えた場合に，二酸化炭素以外にどのような気体が温室効
　　　果を引き起こすか。窒素，酸素，アルゴン，水蒸気，窒素酸化物，メタ
　　　ンのうち，温室効果を引き起こす気体を過不足なく含むものを，以下か
　　　らひとつ選び，番号で答えよ。 M 2

　　①　窒素，酸素，アルゴン

　　②　窒素，酸素，アルゴン，水蒸気

　　③　アルゴン，窒素酸化物，水蒸気

　　④　アルゴン，窒素酸化物，メタン

　　⑤　アルゴン，窒素酸化物，メタン，水蒸気

　　⑥　窒素酸化物，メタン

　　⑦　窒素酸化物，メタン，水蒸気

問3　下線部cに関して，溶媒に気体が溶ける量に影響する条件と，増加
　　　させると気体が溶ける量が増える条件を過不足なく含むものを，以下か
　　　らそれぞれひとつ選び，番号で答えよ。

　気体が溶ける量に影響する条件：│ M 3 │

　増加させると気体が溶ける量が増える条件：│ M 4 │

　① 圧　力　　　　　② 温　度　　　　　③ 溶媒の量

　④ 圧力，温度　　　⑤ 圧力，溶媒の量　　⑥ 温度，溶媒の量

　⑦ 圧力，温度，溶媒の量

問4　下線部 d に関して，海洋の地球環境問題についての以下の文章の空

　欄　│ ア │ ～ │ ウ │ に当てはまる最も適当な物質名を，以下からそれ

　ぞれひとつ選び，番号で答えよ。ただし，同じ物質名をくり返し選んで

　もよい。

　ア │ M 5 │　イ │ M 6 │　ウ │ M 7 │

　　海洋生態系において，その多様性の維持に大きな役割を果たしている

　サンゴ礁の骨格は，炭酸カルシウムを主成分とする。炭酸カルシウムは

　水に溶けにくいが，二酸化炭素を含む水には │ ア │ を生じて溶ける。

　この反応のしくみは，│ イ │ 水溶液に二酸化炭素を通じると白濁し，

　さらに │ ウ │ を通じると再び透明になる現象からも理解できる。この

　ように海洋の二酸化炭素の濃度の増大は，サンゴ礁の破壊につながる。

　① 二酸化炭素　　　　　　② 塩化水素

　③ 炭酸カルシウム　　　　④ 水酸化カルシウム

　⑤ 炭酸水素カルシウム　　⑥ 酸化カルシウム

　⑦ 塩化カルシウム

問5　下線部 e に関して，大気中の二酸化炭素の増大と地球の温暖化の二

　つの現象の間には明確な相関関係がみられる。しかし，二酸化炭素の動

　態を考える上では，大気だけでなく海洋や生物圏をも考慮する必要があ

　る。また，二つの現象の間の相関関係が明らかだったとしても，そこか

　らだけでは

　　⑴　二酸化炭素の増大→地球の温暖化

　　⑵　地球の温暖化→二酸化炭素の増大

　という全く逆の二つの因果関係のどちらが正しいかは判断できない。⑵

　の因果関係を主張する立場に立ち，その因果関係が二つの現象の間の相

　関関係をもたらすメカニズムをひとつ考えて，簡潔に説明せよ。また，

　そのメカニズムを前提に，地球のどのような測定データを用いれば⑴

　⑵どちらの因果関係が正しいかを判断できるかを考えて，その判断の方

法を答えよ。

IV 次の文章を読んで，問1〜問6に答えよ。問1，2，3，5，6については，それぞれの解答を選び，マーク解答用紙の番号をマークせよ。問4については，解答を記述解答用紙に記入せよ。

ベンゼンに濃硝酸と濃硫酸の混合液（以下混酸という）を作用させるとニトロベンゼンが生じる。同様に，混酸を用いてトルエンをニトロ化すると，o- や p- の位置がニトロ化されてニトロトルエンが生じる。また，混酸を用いてトルエンを高温でニトロ化すると，2,4,6-トリニトロトルエン（TNT）が得られる。フェノールに混酸を加えて加熱すると，2,4,6-トリニトロフェノール（ピクリン酸）を生成する。ニトロベンゼンをスズ（または鉄）と濃塩酸で還元するとアニリン塩酸塩となり，水酸化ナトリウムを加えるとアニリンが遊離する。アニリンは，工業的にはニッケルなどを触媒としてニトロベンゼンを水素で還元して作られている。アニリンは塩基性を示すが，その塩基性はアンモニアより　ア　。アニリンをさらし粉水溶液で　イ　すると，　ウ　を呈する。アニリンに硫酸酸性の二クロム酸水溶液を加え　イ　すると，水に溶けにくい黒色の物質ができる。アニリンに氷酢酸を加えて加熱するか，無水酢酸を作用させると，アミド結合をもつ　エ　が生成する。アニリンの希塩酸溶液を氷冷しながら，亜硝酸ナトリウム水溶液を加えると塩化ベンゼンジアゾニウムが得られる。塩化ベンゼンジアゾニウム水溶液にナトリウムフェノキシドを加えると，アゾ基をもつ橙赤色の　オ　が生成する。ジアゾニウム塩からアゾ化合物をつくる反応をジアゾカップリングという。

問1　文中の空欄　ア　，　イ　，　ウ　にあてはよる最も適当な語句の組み合わせを以下からひとつ選び，番号で答えよ。 M 8

①　ア：弱い　イ：還元　ウ：黄色

②　ア：強い　イ：還元　ウ：黄色

③　ア：弱い　イ：還元　ウ：赤紫色

④　ア：強い　イ：還元　ウ：赤紫色

⑤　ア：弱い　イ：酸化　ウ：黄色

⑥　ア：強い　イ：酸化　ウ：黄色

⑦　ア：弱い　イ：酸化　ウ：赤紫色

⑧　ア：強い　イ：酸化　ウ：赤紫色

問2　文中の空欄　エ　，　オ　にあてはまる最も適当な化合物名の
　　組み合わせを以下からひとつ選び，番号で答えよ。　M 9

①　エ：アリザリン　　　　　　　オ：*o*-ヒドロキシアゾベンゼン

②　エ：アセチルサリチル酸　　オ：*o*-ヒドロキシアゾベンゼン

③　エ：アセトアニリド　　　　オ：*o*-ヒドロキシアゾベンゼン

④　エ：アリザリン　　　　　　　オ：*m*-ヒドロキシアゾベンゼン

⑤　エ：アセチルサリチル酸　　オ：*m*-ヒドロキシアゾベンゼン

⑥　エ：アセトアニリド　　　　オ：*m*-ヒドロキシアゾベンゼン

⑦　エ：アリザリン　　　　　　　オ：*p*-ヒドロキシアゾベンゼン

⑧　エ：アセチルサリチル酸　　オ：*p*-ヒドロキシアゾベンゼン

⑨　エ：アセトアニリド　　　　オ：*p*-ヒドロキシアゾベンゼン

問3　下線部aのようにトルエンのニトロ化はオルト・パラ配向性を示す。
　　それに対してメタ配向性を示すものもある。ニトロ化においてメタ配向
　　性を示さないベンゼンの一置換体を以下からひとつ選び，番号で答えよ。
　　M10

①　ニトロベンゼン　　　　　②　安息香酸

③　クロロベンゼン　　　　　④　ベンゼンスルホン酸

問4　下線部bの物質の名称を答えよ。

問5　下線部cのアミド結合をもつ高分子を以下からひとつ選び，番号で
　　答えよ。　M11

①　ビニロン　　　　②　ナイロン6　　　③　アセテート

④　アミロース　　　⑤　ポリエステル

問6　アニリン，ニトロベンゼン，フェノール，トルエンを含むジエチル
　　エーテル溶液から，アニリンのみを分離したい。最も適当な手法を以下
　　からひとつ選び，番号で答えよ。　M12

①　希塩酸を加え振り混ぜた後，エーテル層を回収した。

②　炭酸水素ナトリウムを加え振り混ぜた後，エーテル層を回収した。

③　水酸化ナトリウムを加え振り混ぜた後，エーテル層を回収した。

④　希塩酸を加え振り混ぜた後，水層を回収し，水酸化ナトリウムを加

えた。

⑤ 炭酸水素ナトリウムを加え振り混ぜた後，水層を回収し，希塩酸を
加えた。

⑥ 水酸化ナトリウムを加え振り混ぜた後，水層を回収し，希塩酸を加
えた。

V エステル結合を含む化合物に関する以下の問について，それぞれ
の解答を選び，**マーク解答用紙の番号をマークせよ。**

問1 高級脂肪酸としてパルミチン酸（$C_{15}H_{31}-COOH$）のみを構成成分
とする油脂の分子量として正しいものをひとつ選べ。水素，炭素，酸素
の原子量をそれぞれ 1，12，16 として計算せよ。 M13

① 538 ② 758 ③ 806

④ 854 ⑤ 860

問2 油脂を構成する高級脂肪酸の構造と油脂の融点の関係に関する記述
として正しいものをひとつ選べ。 M14

① 炭素原子の数が多いほど融点は高く，$C=C$ 結合が多いほど融点は
低くなる。

② 炭素原子の数が多いほど融点は低く，$C=C$ 結合が多いほど融点は
高くなる。

③ 炭素原子の数と融点との間に明確な関係はないが，$C=C$ 結合が多
いほど融点は低くなる。

④ $C=C$ 結合の数と融点との間に明確な関係はないが，炭素原子の数
が多いほど融点は高くなる。

⑤ 分子構造と融点の間には明確な関係はない。

問3 アルキル硫酸エステル塩に関する記述として間違っているものをひ
とつ選べ。 M15

① 疎水基をもっている。

② 親水基をもっている。

③ 合成の第一段階で水酸化ナトリウムを用いる。

④ 界面活性剤の性質をもつ。

⑤ 合成する際に高級1価アルコールが用いられる。

問 4　カルボン酸とアルコールが縮合するとエステルが生成する。その際，
　　　H_2O も生成するが，その −OH の由来に関する記述として正しいもの
　　　をひとつ選べ。 M16

　　① 　カルボン酸に由来する。

　　② 　アルコールに由来する。

　　③ 　確率に支配されており，約 50%がカルボン酸に由来し，約 50%が
　　　　アルコールに由来する。

　　④ 　反応時の温度に依存し，高温になるほどアルコールに由来する割合
　　　　が高くなる。

　　⑤ 　どちらに由来するかは，未解明である。

問 5　図 1 には ATP（アデノシン 5′-三リン酸）の構造が示されている。
　　　ATP は，RNA 合成の際に基質のひとつとして用いられるが，DNA
　　　合成の基質にはならない。その理由として正しいものをひとつ選べ。
　　　 M17

　　① 　1′ の炭素に DNA には含まれない塩基が結合しているから。

　　② 　2′ の炭素に水酸基が結合しているから。

　　③ 　3′ の炭素に水酸基が結合しているから。

　　④ 　2′ と 3′ の各炭素に水酸基が結合しているから。

　　⑤ 　5′ の炭素に三リン酸が結合しているから。

問 6　ATP（図 1）の三つのリンのうちひとつを放射性同位体 ^{32}P で置
　　　換したもの（ATP＊とする）とその他の基質とを用いて，DNA を鋳
　　　型として RNA 合成を行ったところ，生成した RNA 1 分子当たり，
　　　ATP＊に由来する放射性化合物（A とする）が複数取り込まれている
　　　ことが明らかになった。この事実から推測されることとして正しいもの
　　　をひとつ選べ。 M18

　　① 　α の P が ^{32}P で置換されていた。

　　② 　β の P が ^{32}P で置換されていて，別の基質の 2′ の炭素と結合した
　　　　水酸基とエステル結合を形成した。

　　③ 　γ の P が ^{32}P で置換されていた。

　　④ 　A は RNA 分子の末端には存在しない。

　　⑤ 　RNA 分子内に A が連なった配列が存在する。

問 7　アセチルサリチル酸，サリチル酸メチル，ポリエチレンテレフタラ

ートの三者に見られる共通点，または相違点に関する記述として正しい
ものをひとつ選べ。 M19

① 室温で液体であるのは，アセチルサリチル酸だけで，他の二つは固体である。

② アセチルサリチル酸とサリチル酸メチルはエステル結合をもつが，ポリエチレンテレフタラートにはエステル結合はない。

③ 各化合物の合成原料のひとつにカルボキシ基が存在する。

④ 各化合物に共通した合成原料のひとつは無水フタル酸である。

⑤ 各化合物を合成する過程では1価アルコールが共通して使われる。

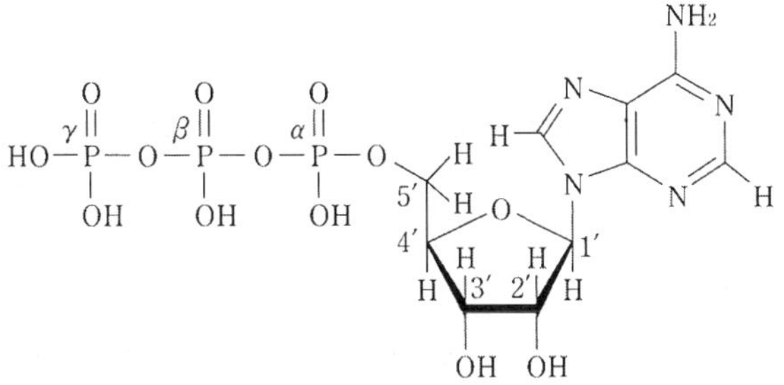

図1．ATP の構造

「′」を付した数字は糖部分の炭素の位置を示し，ギリシャ文字 α, β, γ は三リン酸部分のリンの位置を示す。

生物

(60 分)

Ⅰ　以下の文章を読み，問 1 〜問 3 に答えなさい。

　多くの動物は左右相称の形を示し，　ア　や　イ　などの体軸が発生の早い段階で決まる。カエルでは，受精時に精子が卵の　ウ　から進入し，精子が持ち込む　エ　のはたらきによって　オ　が起こり，　オ　の方向は，精子の進入点側では　カ　に向かい，進入点の反対側では　キ　に向かう。このように精子の進入時に　ア　が決まり，　イ　は　カ　と　キ　を結ぶ軸と一致する。精子進入点の反対側では　ウ　の細胞質が灰色三日月環としてあらわれ，原腸形成が始まる。シュペーマンとマンゴルドはイモリの移植実験によりオーガナイザーを発見した。オーガナイザーではコーディンなどがはたらき，魚ではコーディン遺伝子の変異が尾ひれの形に変化をもたらすことが報告されている。

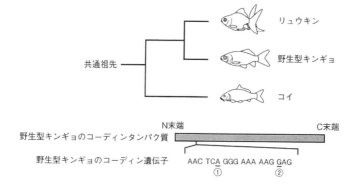

図 1　魚類の系統樹とコーディン遺伝子

表 1　遺伝暗号表

1番目の塩基	2番目の塩基								3番目の塩基
	U		C		A		G		
U	UUU	フェニルアラニン	UCU	セリン	UAU	チロシン	UGU	システイン	U
	UUC		UCC		UAC		UGC		C
	UUA	ロイシン	UCA		UAA	（終止）	UGA	（終止）	A
	UUG		UCG		UAG		UGG	トリプトファン	G
C	CUU	ロイシン	CCU	プロリン	CAU	ヒスチジン	CGU	アルギニン	U
	CUC		CCC		CAC		CGC		C
	CUA		CCA		CAA	グルタミン	CGA		A
	CUG		CCG		CAG		CGG		G
A	AUU	イソロイシン	ACU	トレオニン	AAU	アスパラギン	AGU	セリン	U
	AUC		ACC		AAC		AGC		C
	AUA		ACA		AAA	リシン	AGA	アルギニン	A
	AUG	メチオニン（開始）	ACG		AAG		AGG		G
G	GUU	バリン	GCU	アラニン	GAU	アスパラギン酸	GGU	グリシン	U
	GUC		GCC		GAC		GGC		C
	GUA		GCA		GAA	グルタミン酸	GGA		A
	GUG		GCG		GAG		GGG		G

問1　文中の空欄　ア　～　キ　にあてはまる最も適切な語句を次の語群から選び，A～Tの記号で1つ選び答えなさい。ただしそれぞれの語句は1回しか選べないものとする。

A　リボソーム　　　　B　正中線　　　　　C　植物極
D　mRNA　　　　　　E　卵　割　　　　　F　ミトコンドリア
G　卵細胞　　　　　H　受　精　　　　　I　左右軸
J　染色体　　　　　K　前後軸　　　　　L　植物半球
M　中心体　　　　　N　動物半球　　　　O　割　球
P　動物極　　　　　Q　DNA　　　　　　R　表層回転
S　誘　導　　　　　T　背腹軸

問2　下線部(1)に関して，クシイモリ胚（白色）とスジイモリ胚（褐色）を用いて移植実験を行った。次の実験1と実験2のそれぞれの胚の発生について，あてはまる結果を下記のA～Hより全て選びなさい。

実験1　クシイモリの神経胚の予定神経域の一部を切り取り，スジイモリの神経胚の予定表皮域に移植し，スジイモリ胚を発生させた。

実験 2 　スジイモリの初期原腸胚の原口背唇部を切り取り，クシイモリ
　　　　の初期原腸胚の予定表皮域に移植し，クシイモリ胚を発生させた。

A 　全て白色の細胞から構成される一次胚が形成された。

B 　全て褐色の細胞から構成される一次胚が形成された。

C 　全て白色の細胞から構成される二次胚が形成された。

D 　全て褐色の細胞から構成される二次胚が形成された。

E 　神経が褐色の細胞と白色の細胞から構成される一次胚が形成された。

F 　表皮が褐色の細胞と白色の細胞から構成される一次胚が形成された。

G 　白色の脊索をもつ二次胚が形成された。

H 　褐色の脊索をもつ二次胚が形成された。

問 3 　下線部(2)に関して，次の問に答えなさい。

　問 3 - 1 　図 1 は魚類の系統樹と野生型のキンギョのコーディンタンパ
　　　ク質と対応するコーディン遺伝子の塩基配列をトリプレットごとに
　　　示している。尾が二股に分かれるリュウキンのコーディン遺伝子の
　　　塩基配列を調べたところ，下線で示した塩基にそれぞれ①Aから G
　　　への変異，②G から T への変異が見られた。これらの変異がそれぞ
　　　れコーディンタンパク質に与える影響について，表 1 の遺伝暗号表
　　　を参考にしてそれぞれ 30 字以内で説明しなさい。

　問 3 - 2 　リュウキンのように尾が二股に分岐したキンギョは捕食され
　　　やすい。

　　　　このような生物が絶滅していない理由について 15 字以内で説明
　　　しなさい。

Ⅱ 　以下の文章を読み，問 1 ～問 6 に答えなさい。

　多細胞生物では，細胞間や細胞内外で様々な物質が移動する。エネルギ
ーを使うことなく細胞膜を通過しやすい分子もあるが，細胞膜を通過しに
くい分子は，細胞膜上の輸送タンパク質（輸送体）を介して細胞内外を移
動し，電荷をもつイオンはイオンチャネルを通路にして移動する。神経細
胞の 　ア 　電位は，　イ 　チャネルがほとんど閉じている状態であっ
ても 　ウ 　チャネルの一部が常に開いているために発生する。ニューロ
ンではアドレナリン受容体にアドレナリンが結合すると，G タンパク質

が ｜ エ ｜ チャネルに結合してチャネルを開き，細胞内の ｜ エ ｜ イオン濃度が高まる。アメフラシの水管に刺激を与えると，感覚ニューロンでは ｜ オ ｜ チャネルから ｜ オ ｜ イオンが流入し，運動ニューロンに向けて神経伝達物質が放出されて，えらを引っ込める反射が起きる。しかし同じ刺激を繰り返すとこの反射は弱まる。これを ｜ カ ｜ という。筋肉では神経の興奮が伝わると筋小胞体の膜にある ｜ キ ｜ チャネルが開き，トロポニンと結合する ｜ キ ｜ イオンが放出される。植物の葉ではストレスに応答してアブシシン酸が孔辺細胞でカリウムチャネルを開く。ヒトの腎臓では物質の移動が複雑にはたらいて尿をつくる。全身を循環する血液は腎臓の糸球体に入り，ボーマンのうを経て原尿ができる。健康であればその後の再吸収によってほとんどのグルコースは尿にでることはない。多くの水も再吸収されるが，その量は集合管のアクアポリンの数で変化する。

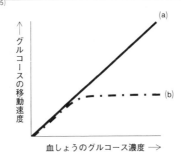

図1 腎臓におけるグルコースの移動

問1 文中の空欄 ｜ ア ｜ ～ ｜ キ ｜ にあてはまる最も適切な語句を答えなさい。

問2 下線部(1)に関して，次のА～Ｆの物質のうち，細胞膜を最も通過しやすい分子を選び，記号を答えなさい。

A グリセリン B インスリン C 尿 素
D グルコース E スクロース F アルブミン

問3 下線部(2)に関して，細胞膜を通過しにくい理由を20字以内で説明しなさい。

問4 下線部(3)に関して，この植物のストレスへの応答について20字以内で説明しなさい。

問5　図1はヒトの腎臓において，糸球体におけるグルコースのろ過速度 (a)と，その後のグルコースの再吸収の速度(b)が示されている。下線部(4)に関して，次の問に答えなさい。

問5-1　解答欄のグラフに，グルコースの尿への排出速度を点線で示しなさい。

〔解答欄〕

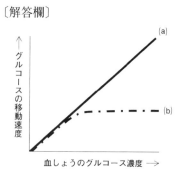

問5-2　血しょうのグルコース濃度が高まると(b)がほとんど変化しなくなる理由を 20 字以内で説明しなさい。

問6　下線部(5)に関して，アクアポリンの数はどのようにして増えるのだろうか？　35 字以内で説明しなさい。

$\boxed{\text{III}}$　以下の文章を読み，問1～問4に答えなさい。

　植物群集は，周辺の様々な環境要因から影響を受けるだけでなく，それらを変化させるという　ア　作用を有している。遷移は，この作用の結果生じた新たな環境に対応できる植物種へと移り変わっていくことにより進行していく。

　火山噴火跡地のような裸地から始まる一次遷移では，その初期段階における環境条件は非常に厳しく，そのような場所に進入・定着できる種は　イ　と呼ばれている。時間の経過に伴う岩石の風化と，植物の枯死体などが有機物となって蓄積することで　ウ　が形成され，　イ　以外の植物種が定着できるようになる。日本のように　エ　が多い地域では，植物群落はやがて森林へと移り変わっていく。遷移が　オ　に達すると全体としてはそれ以上大きな変化は見られなくなる。

　植物群落の現存量や純生産量はバイオームによって大きく異なり，それ
らを比較することで各バイオームにおける生産の特徴を知ることができる。
(3)

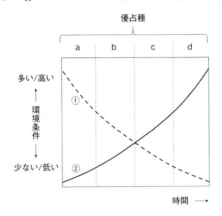

図1　遷移に伴う環境変化と種の移り変わり

表1　各バイオームにおける現存量と純生産量

	面積 $(10^6 km^2)$	現存量		純生産量	
		平均値 (kg/m^2)	合計 $(10^{12} kg)$	平均値 $(kg/(m^2 \cdot 年))$	合計 $(10^{12} kg/年)$
海洋全体	361.0	0.01	3.9	0.29	102.8
陸地全体	149.3	8.8	1308.5	0.84	125.4
森林	44.4	24.9	1106.4	1.53	67.9
草原	42.6	4.0	170.2	0.96	41.1
荒原	33.3	0.7	23.4	0.24	8.1
他	29.0	0.3	8.5	0.29	8.3
地球全体	510.3	2.6	1312.4	0.45	228.2

問1　文中の空欄　ア　～　オ　にあてはまる最も適切な語句を次の
　　語群から選び，A～Pの記号で1つ選び答えなさい。ただしそれぞれの
　　語句は1回しか選べないものとする。

A　降水量　　　　　B　安定相　　　　　C　創始者
D　人工林　　　　　E　外来種　　　　　F　極　相
G　先駆種　　　　　H　定着促進　　　　I　生態系
J　群　落　　　　　K　反　対　　　　　L　土　壌

M　森林限界　　　　　　　N　台　風　　　　　　　O　環境形成

P　二次遷移

問2　図1は下線部(1)で述べている植物種の移り変わりを，火山噴火跡地の群落内における2つの環境条件（①および②）の変化とあわせて模式的に示したものである。これに関して，次の問に答えなさい。

問2‐1　図中の①および②の環境条件を示す組み合わせとして最も適切なものを，次のA〜Fの中から1つ選び答えなさい。

選択肢	環境条件①	環境条件②
A	地温	光
B	養分	光
C	種間競争	養分
D	光	養分
E	光	地温
F	養分	種間競争

問2‐2　図中の優占種a〜dの組み合わせとして最も適切なものを，次のA〜Fの中から1つ選び答えなさい。

選択肢	優占種			
	a	b	c	d
A	地衣類	イタドリ	スダジイ	ヤシャブシ
B	地衣類	ススキ	クロマツ	アラカシ
C	イタドリ	スダジイ	クロマツ	ヤシャブシ
D	イタドリ	ススキ	スダジイ	アカマツ
E	スダジイ	地衣類	ススキ	アカマツ
F	スダジイ	イタドリ	アカマツ	アラカシ

問3　下線部(2)に関して，日本の主要なバイオームは照葉樹林や夏緑樹林などの森林であるが，　エ　が多い地域であっても長期にわたって草原が維持されている場所も存在する。その理由を25字以内で説明しなさい。

問4　表1は下線部(3)に関連して，様々なバイオームにおける現存量および純生産量をまとめたものである。これに関して，次の問に答えなさい。

問 4 - 1 草原生態系の現存量と純生産量が，陸地全体の現存量と純生産量に占める割合（％）をそれぞれ求めなさい。なお，値は小数点第二位を四捨五入し，解答欄には小数点第一位までを記入すること。

問 4 - 2 現存量を純生産量で割った値を計算すると，陸地に比べて海洋の方が非常に小さい値となる。このことは海洋生態系のどのような特徴を示しているか，20 字以内で説明しなさい。

地学

（60 分）

I 　下の図はある地域の登山道沿いに分布する露頭と，観察できた岩相を示した図である。岩相Aは礫岩，岩相Bは砂岩，岩相Cは泥岩，岩相Dはチャート，岩相Eは玄武岩，岩相Fは岩相Cに挟在する凝灰岩であった。岩相Aには，岩相B，C，D，およびEのものと認められる礫が含まれていた。また，岩相Aからはビカリア，岩相Bからはイノセラムスの化石が産出した。この図に関する下の問いに答えよ。ただし，下の図中の細線は標高を示し，地層の逆転や断層，褶曲はないものとする。

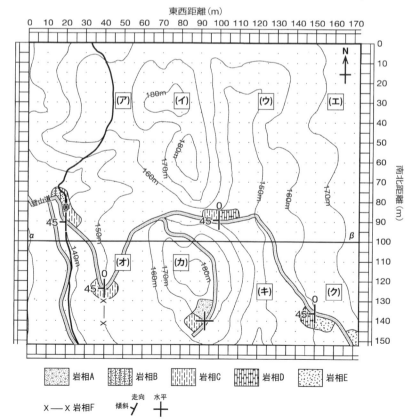

問1　図中の岩相Bと岩相Cの境界線のように，解答用紙の図中に各岩相の境界線を描け。岩相Fについては，凡例のパターンを用いて記せ（例えば，X ── X ── X ── X）。

〔解答欄〕

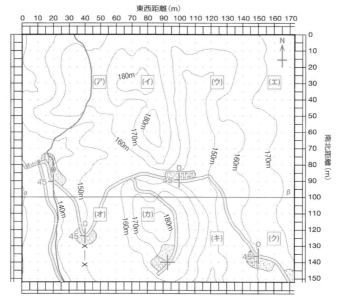

問2　図中の (ア) から (ク) の部分に分布する岩相をアルファベットで答えよ。ただし，登山道は地表の岩石の分布には影響を与えないものとする。

問3　図中の $\alpha-\beta$ 間の断面図を描け。解答用紙の図中に，それぞれの岩相の境界を実線で示し，実線で囲まれた領域，あるいは実線と図の枠線で囲まれた領域内に分布する岩相をアルファベットで記せ。岩相Fについては，問1と同様に記せ。ただし，解答用紙の図中の灰色線は地形を示す。

〔解答欄〕

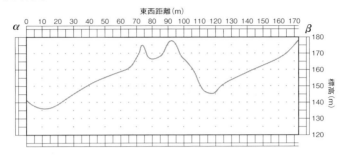

問4 岩相Eを構成する玄武岩は以下のスケッチに示すような構造を呈していた。このような岩石を何と呼ぶか。また、その成因について記せ。

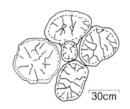

問5 岩相Dを構成するチャートは、ある特定の化石から構成されていた。該当する化石として最も適切なものを以下の(1)～(6)の中から1つ選べ。

(1) 浮遊性有孔虫 　　(2) 筆　石 　　(3) 渦鞭毛藻

(4) アンモナイト 　　(5) ヌンムリテス 　　(6) 放散虫

問6 岩相Cからは珪質の殻や有機膜の殻をもつ化石は産出したが、炭酸カルシウムの殻をもつ化石が全く産出しなかった。この理由として考えられることを記せ。ただし風化の影響はないものとする。

問7 岩相Aの一部には砂岩の部分があり、砂岩の部分には以下のスケッチに示すような構造が見られた。この地層が堆積した当時の流向の下流側を方位で記せ。

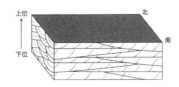

問8 岩相Aと岩相Cの境界は削剥面をともなっていた。このような面の名称を記せ。

問9　岩相Aから岩相Fにより代表されるこの地域に露出する地層は，どのような場所で形成され，どのような歴史（地史）を経て，現在の分布となったと考えられるかを説明せよ。

Ⅱ　図1は東北地方および周辺海域のプレート収束域における地下200 km までの東西断面を示している。白点は地震の震源を示し，地震の発生場所は，主に A（大陸地殻内部），B（沈み込む海洋プレートの上面境界部），C（沈み込む海洋プレート内部）の領域に分けられる。この図に関する下の問いに答えよ。

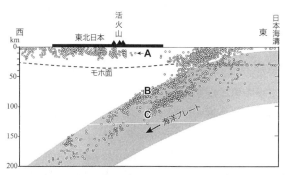

図1　東北地方および周辺海域の東西断面の震源，活火山の分布と海洋プレートの沈み込み

問1　図の灰色で示した部分は，沈み込む海洋プレートを示している。この海洋プレートの名称を記せ。また，沈み込む海洋プレート上面（Bのプレート境界領域）を何と呼ぶか，答えよ。

問2　Aの大陸地殻内部の活断層で発生する地震は内陸地震と呼ばれている。その震源の深さはおよそ何 km よりも浅いか，答えよ。

問3　東北地方の陸上で観測された地震について，AとBで起こった地震の揺れ方の特徴について，下から正しいものを1つ選び，番号で答えよ。

(1)　最大震度は，Aの地震が常にBの地震より大きい。

(2)　これまでに記録されているマグニチュードの最大値は，Aの地震がBの地震より大きい。

(3)　初期微動継続時間（P-S 時間）はAの地震の方がBの地震よりも短い。

(4)　Aで1つの活断層が引き起こす大地震の再来周期は，Bで起こる大

地震の再来周期より短い。

※問 3 については，選択肢の記述に不適切な部分があり，適切な解答に至らないおそれがあるため，受験生全員に得点を与えることとしたと大学から発表があった。

問4　Aの領域より深部の大陸地殻下部では地震が発生していない。その理由として考えられる原因のうちふさわしいものを1つ選び，番号で答えよ。

(1)　地殻深部ほど温度が高いため，岩石が破壊せずに流動しやすいためである。

(2)　地殻下部では岩石がほとんど溶けているため，地震が発生しない。

(3)　地殻深部ほど圧力が高くなるため，地震が発生しない。

(4)　地殻深部ほど岩石の密度が高くなるため，地震が発生しない。

問5　図1に示したモホ面より深部におけるBの領域とCの領域では異なる力が働いており，その結果，異なる断層運動が発生して地震を起こしている。2つの領域の各々について，その組み合わせとして主要なものを番号で答えよ。なお，ここで述べる圧縮や引張の方向は，プレートの沈み込む方向と一致するものとみなす。

(1)　圧縮場・正断層　　　　　　　(2)　圧縮場・逆断層

(3)　引張場・正断層　　　　　　　(4)　引張場・逆断層

問6　東北地方のAの領域とBの領域で発生した代表的な被害地震の名称を1つずつ挙げよ。

Ⅲ　地球内部の温度構造と，関連する地学現象に関する次の文章を読み，下の問いに答えよ。

　地球内部の温度は，太陽放射エネルギーの影響を受けない地下数 10 m 以深になると，深さとともにしだいに高くなっていく。地球表層部の深さ 10 km 程度までは掘削等により温度は実測されている。平均すると 100 m あたり　(A)　℃ 程度，温度が高くなる。地球内部に向け温度の上昇する割合を　(ア)　という。全球的視点に立てば　(ア)　が存在することは，地球深部がきわめて高温の状態にあり，冷たい地表に向かって熱伝導や対流などのメカニズムにより，熱が流れ出ていることで説明される。地球中心部の温度は約　(B)　℃ と考えられている。このことは，地球深部では地球表層部よりも　(ア)　が小さいことを示唆するが，それは地球深部

では対流が生じているためである。地球深部で高温状態が保たれているのは，熱エネルギーが蓄えられているためである。地球形成時に獲得した熱
エネルギーのほか，その後現在に至るまで地球内部で継続して発生している熱エネルギーがある。後者の熱エネルギーは，地球内部を構成する岩石
中の　イ　の崩壊により生成している。熱源となる代表的な　イ　として，　ウ　・Th・　エ　が挙げられる。

　地球内部に蓄積された熱エネルギーは，地球表層部で観測される諸現象
のエネルギーに転換されている。高温の地球内部から地表に向けて流れ出る熱量を地殻熱流量という。地殻熱流量は単位面積を単位時間に流れ出る
熱量であり，　ア　と岩石の熱伝導率の積で求められる。地球全体の地殻熱流量の平均値は約 $0.087\,\mathrm{Wm^{-2}}$ であるが，陸域の平均値は約
$0.065\,\mathrm{Wm^{-2}}$，海洋地域の平均値は約 $0.101\,\mathrm{Wm^{-2}}$ であり，海洋地域の方が高い。海洋地域の地殻熱流量は，中央海嶺で最も高く，そこから遠ざか
るにつれて低くなっていき，プレート収束境界である海溝付近で最も低くなる。

問1　文中の　ア　，　イ　に適切な用語を，　ウ　，　エ　に元素
　　記号を入れよ。

問2　文中の　(A)　，　(B)　について，最も適切な数値を下の選択肢
　　から1つずつ選び，その数値を記せ。

　　0.3，1，3，10，30，50，100，200，300，1000，2000，5000，10000，
　　15000，20000

問3　下線部(1)について，どのようなエネルギーが地球内部の熱エネルギーに変化したのか，代表的な2つのエネルギーを挙げよ。

問4　下線部(2)の諸現象には地震や火山活動が含まれる。これらと地殻熱
　　流量について，全球でのエネルギーの大小関係として最も適切なものを
　　選択肢から1つ選び，記号で答えよ。

　(a)　地震＜地殻熱流量＜火山活動　　　(b)　地震＜火山活動＜地殻熱流量

　(c)　火山活動＜地殻熱流量＜地震　　　(d)　火山活動＜地震＜地殻熱流量

　(e)　地殻熱流量＜火山活動＜地震　　　(f)　地殻熱流量＜地震＜火山活動

問5　下線部(4)の変化が見られる理由を記述せよ。中央海嶺で起きている
　　現象も含めること。

問6 島弧のある地点では，深さ 100 m の深度で地温が 40.0℃，深さ 200 m の深度で地温が 70.0℃ であるとともに，この深度の岩石の熱伝導率は 1.88 Wm^{-1}K^{-1} であった。下線部(3)を参考にして地殻熱流量を Wm^{-2} の単位で計算し，有効数字 3 桁の数値で答えよ。

問7 問6の地点が，陸域の平均値に比べ著しく高い地殻熱流量を持つことについて，最も可能性の高い理由を述べよ。

IV 太陽系に関する次の文章について，下の問いに答えよ。

太陽系は，原始太陽の形成と，それを取り巻く ［ ⑦ ］ と呼ばれるガスと塵からなる円盤が形成されたことに始まる。この円盤内で塵が合体して ［ ⑦ ］ として成長し，さらにそれが衝突・合体を繰り返して原始惑星が形成された。その形成は約 ［ ⑦ ］ 年前の出来事であった。火星と木星の間の軌道に集中する ［ ⑦ ］ は，［ ⑦ ］ またはその破片であると考えられており，惑星の形成時の記録を残している可能性が高い。探査機はやぶさ2が，有機物や水を含むことが期待される ［ ⑦ ］ のリュウグウからの試料採取を行う目的が，惑星形成および生命誕生の謎に迫ることにある。

［ ⑦ ］ より内側を公転している惑星を ［ ⑦ ］ 型惑星，その外側を公転している惑星を木星型惑星（広義）と呼ぶ。［ ⑦ ］ 型惑星は主にケイ酸塩鉱物からなる岩石から構成されるのに対し，木星型惑星は，ガスの割合が大きい巨大ガス惑星と，氷の成分が多い巨大氷惑星に分けられている。木星型惑星の大気は，主に ［ ⑦ ］ とヘリウムから構成されている。

問1 空欄 ［ ⑦ ］ 〜 ［ ⑦ ］ に，適当な用語を入れよ。

問2 下線部(1)を代表する惑星の名前を記せ。

//////////////// · **memo** · ////////////////

/////////////// · **memo** · ///////////////

教学社 刊行一覧

2025年版　大学赤本シリーズ

国公立大学（都道府県順）

374大学556点 全都道府県を網羅

全国の書店で取り扱っています。店頭にない場合は，お取り寄せができます。

1 北海道大学（文系−前期日程）	
2 北海道大学（理系−前期日程）	医
3 北海道大学（後期日程）	
4 旭川医科大学（医学部〈医学科〉）	医
5 小樽商科大学	
6 帯広畜産大学	
7 北海道教育大学	
8 室蘭工業大学／北見工業大学	
9 釧路公立大学	
10 公立千歳科学技術大学	
11 公立はこだて未来大学	総推
12 札幌医科大学（医学部）	医
13 弘前大学	医
14 岩手大学	
15 岩手県立大学・盛岡短期大学部・宮古短期大学部	
16 東北大学（文系−前期日程）	
17 東北大学（理系−前期日程）	医
18 東北大学（後期日程）	
19 宮城教育大学	
20 宮城大学	
21 秋田大学	医
22 秋田県立大学	
23 国際教養大学	総推
24 山形大学	医
25 福島大学	
26 会津大学	
27 福島県立医科大学（医・保健科学部）	医
28 茨城大学（文系）	
29 茨城大学（理系）	
30 筑波大学（推薦入試）	医 総推
31 筑波大学（文系−前期日程）	
32 筑波大学（理系−前期日程）	医
33 筑波大学（後期日程）	
34 宇都宮大学	
35 群馬大学	医
36 群馬県立女子大学	
37 高崎経済大学	
38 前橋工科大学	
39 埼玉大学（文系）	
40 埼玉大学（理系）	
41 千葉大学（文系−前期日程）	
42 千葉大学（理系−前期日程）	医
43 千葉大学（後期日程）	医
44 東京大学（文科） DL	
45 東京大学（理科） DL	医
46 お茶の水女子大学	
47 電気通信大学	
48 東京外国語大学 DL	
49 東京海洋大学	
50 東京科学大学（旧 東京工業大学）	
51 東京科学大学（旧 東京医科歯科大学）	医
52 東京学芸大学	
53 東京藝術大学	
54 東京農工大学	
55 一橋大学（前期日程）	
56 一橋大学（後期日程）	
57 東京都立大学（文系）	
58 東京都立大学（理系）	
59 横浜国立大学（文系）	
60 横浜国立大学（理系）	
61 横浜市立大学（国際教養・国際商・データサイエンス・医〈看護〉学部）	

62 横浜市立大学（医学部〈医学科〉）	医
63 新潟大学（人文・教育〈文系〉・法・経済科・医〈看護〉・創生学部）	
64 新潟大学（教育〈理系〉・理・医〈看護を除く〉・歯・工・農学部）	医
65 新潟県立大学	
66 富山大学（文系）	
67 富山大学（理系）	医
68 富山県立大学	
69 金沢大学（文系）	
70 金沢大学（理系）	医
71 福井大学（教育・医〈看護〉・工・国際地域学部）	
72 福井大学（医学部〈医学科〉）	医
73 福井県立大学	
74 山梨大学（教育・医〈看護〉・工・生命環境学部）	
75 山梨大学（医学部〈医学科〉）	医
76 都留文科大学	
77 信州大学（文系−前期日程）	
78 信州大学（理系−前期日程）	医
79 信州大学（後期日程）	
80 公立諏訪東京理科大学	総推
81 岐阜大学（前期日程）	医
82 岐阜大学（後期日程）	
83 岐阜薬科大学	
84 静岡大学（前期日程）	
85 静岡大学（後期日程）	
86 浜松医科大学（医学部〈医学科〉）	医
87 静岡県立大学	
88 静岡文化芸術大学	
89 名古屋大学（文系）	
90 名古屋大学（理系）	医
91 愛知教育大学	
92 名古屋工業大学	
93 愛知県立大学	
94 名古屋市立大学（経済・人文社会・芸術工・看護・総合生命理・データサイエンス学部）	
95 名古屋市立大学（医学部〈医学科〉）	医
96 名古屋市立大学（薬学部）	
97 三重大学（人文・教育・医〈看護〉学部）	
98 三重大学（医〈医〉・工・生物資源学部）	医
99 滋賀大学	
100 滋賀医科大学（医学部〈医学科〉）	医
101 滋賀県立大学	
102 京都大学（文系）	
103 京都大学（理系）	医
104 京都教育大学	
105 京都工芸繊維大学	
106 京都府立大学	
107 京都府立医科大学（医学部〈医学科〉）	医
108 大阪大学（文系） DL	
109 大阪大学（理系）	医
110 大阪教育大学	
111 大阪公立大学（現代システム科学域〈文系〉・文・法・経済・商・看護・生活科〈居住環境・人間福祉〉学部−前期日程）	
112 大阪公立大学（現代システム科学域〈理系〉・理・工・農・獣医・医・生活科〈食栄養〉学部−前期日程）	医
113 大阪公立大学（中期日程）	
114 大阪公立大学（後期日程）	
115 神戸大学（文系−前期日程）	
116 神戸大学（理系−前期日程）	医

117 神戸大学（後期日程）	
118 神戸市外国語大学 DL	
119 兵庫県立大学（国際経商・社会情報科・看護学部）	
120 兵庫県立大学（工・理・環境人間学部）	
121 奈良教育大学／奈良県立大学	
122 奈良女子大学	
123 奈良県立医科大学（医学部〈医学科〉）	医
124 和歌山大学	
125 和歌山県立医科大学（医・薬学部）	医
126 鳥取大学	医
127 公立鳥取環境大学	
128 島根大学	医
129 岡山大学（文系）	
130 岡山大学（理系）	医
131 岡山県立大学	
132 広島大学（文系−前期日程）	
133 広島大学（理系−前期日程）	医
134 広島大学（後期日程）	
135 尾道市立大学	総推
136 県立広島大学	
137 広島市立大学	
138 福山市立大学	総推
139 山口大学（人文・教育〈文系〉・経済・医〈看護〉・国際総合科学部）	
140 山口大学（教育〈理系〉・理・医〈看護を除く〉・工・農・共同獣医学部）	医
141 山陽小野田市立山口東京理科大学	総推
142 下関市立大学／山口県立大学	
143 周南公立大学	新 総推
144 徳島大学	医
145 香川大学	医
146 愛媛大学	医
147 高知大学	医
148 高知工科大学	
149 九州大学（文系−前期日程）	
150 九州大学（理系−前期日程）	医
151 九州大学（後期日程）	
152 九州工業大学	
153 福岡教育大学	
154 北九州市立大学	
155 九州歯科大学	
156 福岡県立大学／福岡女子大学	
157 佐賀大学	医
158 長崎大学（多文化社会・教育〈文系〉・経済・医〈保健〉・環境科〈文系〉学部）	
159 長崎大学（教育〈理系〉・医〈医〉・歯・薬・情報データ科・工・環境科〈理系〉・水産学部）	医
160 長崎県立大学	総推
161 熊本大学（文・教育・法・医〈看護〉学部・情報融合学環〈文系型〉）	
162 熊本大学（理・医〈看護を除く〉・薬・工学部・情報融合学環〈理系型〉）	医
163 熊本県立大学	
164 大分大学（教育・経済・医〈看護〉・理工・福祉健康科学部）	
165 大分大学（医学部〈医・先進医療科学科〉）	医
166 宮崎大学（教育・医〈看護〉・工・農・地域資源創成学部）	
167 宮崎大学（医学部〈医学科〉）	医
168 鹿児島大学（文系）	
169 鹿児島大学（理系）	医
170 琉球大学	医

いつも受験生のそばに──赤本

入試対策
赤本プラス

赤本プラスとは、**過去問演習の効果を最大にするためのシリーズ**です。「赤本」であぶり出された弱点を、赤本プラスで克服しましょう。

大学入試 すぐわかる英文法 🅓
大学入試 ひと目でわかる英文読解
大学入試 絶対できる英語リスニング 🅓
大学入試 すぐ書ける自由英作文
大学入試 ぐんぐん読める
　　　英語長文（BASIC）🅓
大学入試 ぐんぐん読める
　　　英語長文（STANDARD）🅓
大学入試 ぐんぐん読める
　　　英語長文（ADVANCED）🅓
大学入試 正しく書ける英作文
大学入試 最短でマスターする
　　　数学I・II・III・A・B・C
大学入試 突破力を鍛える最難関の数学
大学入試 知らなきゃ解けない
　　　古文常識・和歌
大学入試 ちゃんと身につく物理
大学入試 もっと身につく
　　　物理問題集（①力学・波動）
大学入試 もっと身につく
　　　物理問題集（②熱力学・電磁気・原子）

入試対策
英検®
赤本シリーズ

英検®（実用英語技能検定）の対策書。
過去問集と参考書で万全の対策ができます。

▶過去問集（**2024年度版**）
英検®準1級過去問集 🅓
英検®2級過去問集 🅓
英検®準2級過去問集 🅓
英検®3級過去問集 🅓

▶参考書
竹岡の英検®準1級マスター 🅓
竹岡の英検®2級マスター 🎧 🅓
竹岡の英検®準2級マスター 🎧 🅓
竹岡の英検®3級マスター 🎧 🅓

🎧 リスニングCDつき　🅓 音声無料配信
🆕 2024年新刊・改訂

入試対策
赤本プレミアム

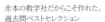

赤本の教学社だからこそ作れた、
過去問ベストセレクション

東大数学プレミアム
東大現代文プレミアム
京大数学プレミアム［改訂版］
京大古典プレミアム

入試対策
赤本メディカル
シリーズ

過去問を徹底的に研究し、独自の出題傾向をもつメディカル系の入試に役立つ内容を精選した実戦的なシリーズ。

［国公立大］医学部の英語［3訂版］
私立医大の英語（長文読解編）［3訂版］
私立医大の英語（文法・語法編）［改訂版］
医学部の実戦小論文［3訂版］
医歯薬系の英単語［4訂版］
医系小論文 最頻出論点20［4訂版］
医学部の面接［4訂版］

入試対策
体系シリーズ

国公立大二次・難関私大突破へ、自学自習に適したハイレベル問題集。

体系英語長文　　体系世界史
体系英作文　　　体系物理［第7版］
体系現代文

入試対策
単行本

▶英語
Q&A即決英語勉強法
TEAP攻略問題集 🎧
東大の英単語［新装版］
早慶上智の英単語［改訂版］

▶国語・小論文
著者に注目! 現代文問題集
ブレない小論文の書き方 樋口式ワークノート

▶レシピ集
奥薗壽子の赤本合格レシピ

入試対策　共通テスト対策

赤本手帳（2025年度受験用）プラムレッド
赤本手帳（2025年度受験用）インディゴブルー
赤本手帳（2025年度受験用）ナチュラルホワイト

入試対策
風呂で覚える
シリーズ

水をはじく特殊な紙を使用。いつでもどこでも読めるから、ちょっとした時間を有効に使える!

風呂で覚える英単語［4訂新装版］
風呂で覚える英熟語［改訂新装版］
風呂で覚える古文単語［改訂新装版］
風呂で覚える古文文法［改訂新装版］
風呂で覚える漢文［改訂版］
風呂で覚える日本史［年代］［改訂新装版］
風呂で覚える世界史［年代］［改訂新装版］
風呂で覚える倫理［改訂版］
風呂で覚える百人一首［改訂版］

共通テスト対策
満点のコツ
シリーズ

共通テストで満点を狙うための実戦的参考書。
重要度の増したリスニング対策は
「カリスマ講師」竹岡広信が一回読みにも
対応できるコツを伝授!

共通テスト英語（リスニング）
　満点のコツ［改訂版］🆕 🅓
共通テスト古文 満点のコツ［改訂版］🆕
共通テスト漢文 満点のコツ［改訂版］🆕

入試対策　共通テスト対策
赤本ポケット
シリーズ

▶共通テスト対策
共通テスト日本史（文化史）

▶系統別進路ガイド
デザイン系学科をめざすあなたへ

英語の過去問、解きっぱなしにしていませんか？

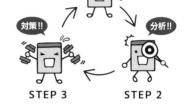

大学合格のカギとなる勉強サイクル

STEP 1 解く!!
STEP 2 分析!!
STEP 3 対策!!

過去問を解いてみると、自分の弱い部分が見えてくる！

受験生は、英語のこんなことで悩んでいる…!?

【英文読解編】
- 😞 単語をつなぎ合わせて読んでます…
- 😐 まずは頻出の構文パターンを頭に叩き込もう
- 😞 下線部訳が苦手…
- 😐 SVOC を丁寧に分析できるようになろう

【英語長文編】
- 😞 いつも時間切れになってしまう…
- 😐 速読を妨げる原因を見つけよう
- 😞 何度も同じところを読み返してしまう…
- 😐 展開を予測しながら読み進めよう

【英作文編】
- 😞 ［和文英訳］ってどう対策したらいいの？
- 😐 頻出パターンから、日本語⇒英語の転換に慣れよう
- 😞 いろんな解答例があると混乱します…
- 😐 試験会場でも書けそうな例に絞ってあるので覚えやすい

【自由英作文編】
- 😞 何から手をつけたらよいの…？
- 😐 志望校の出題形式や頻出テーマをチェック！
- 😞 自由と言われてもどう書き始めたらよいの…？
- 😐 自由英作文特有の「解答の型」を知ろう

こんな悩み😞をまるっと解決😊してくれるのが、赤本プラスです。

大学入試 ひと目でわかる **英文読解**
英文読解
英文構造がビジュアルで理解できる！

大学入試 ぐんぐん読める **英語長文**
BASIC / STANDARD / ADVANCED
英語長文
6つのステップで、英語が「正確に速く」読めるようになる！

New 大学入試 正しく書ける **英作文**
英作文
頻出パターン×厳選例文でムダなく［和文英訳］対策！

大学入試 すぐ書ける **自由英作文**
自由英作文
頻出テーマ×重要度順 最大効率で対策できる！

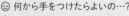